Im Zeitalter von Genetik und Hirnforschung droht der Psychologie die Gefahr, unter die Räder einer naturalistischen Konzeption des Menschen zu geraten. Es ist jedoch ein zentrales Merkmal des Menschen, daß er sich nicht für die Gehirne oder Gene seiner Mitmenschen interessiert, sondern für ihre Gefühle und Wünsche. Die Persönlichkeitsentwicklung von Kindern ist in erheblichem Maße von den psychologischen Einstellungen ihrer Bezugspersonen zu ihnen abhängig, und Kinder möchten verstehen, was andere fühlen und über sie denken. Ihre Seele und ihr Wohlbefinden entwickeln sich im Dialog mit anderen, in der Regel den engsten Bezugspersonen. Die Bedeutung zwischenmenschlicher Beziehungen für die seelische Entwicklung von Kindern ist zentrales Thema dieses Buches.

In den theoretischen Teilen geht es um die Frage, wie schon kleinste Kinder lernen oder wissen, daß Personen nicht nur bewegte und belebte Objekte sind, sondern beseelte Wesen. Es ist die Seele des anderen, die Kinder schon früh wahrnehmen und deren Äußerungen sie berühren und bewegen wie kein anderes Ereignis in ihrer dinglichen Umwelt. Schon Säuglinge sind also Mentalisten, keine Behavioristen, und deshalb können Kinder auch nicht von Computern oder Robotern erzogen werden.

In den praxisbezogenen Teilen des Buches geht es um die konkreten Ausformungen und Veränderungen in der Beziehungsgestaltung zwischen Eltern und Kindern: Welchen Einfluß hat etwa die zunehmende Berufstätigkeit der Mütter auf die Entwicklung der Kinder, welchen Effekt hat etwa ein verstärktes väterliches Engagement im Erziehungsprozeß, oder welche Folgen haben mißlungene – insbesondere gewaltsame – Erziehungspraktiken auf die spätere Lebensgestaltung dieser Kinder.

Martin Dornes, Dr. phil. habil., geb. 1950, ist Soziologe, Entwicklungspsychologe und Gruppenanalytiker. Nach langjährigen klinischen Tätigkeiten in Psychiatrie, Psychosomatik, Sexualmedizin und Medizinischer Psychologie sowie Lehrtätigkeit als Privatdozent für Psychoanalytische Psychologie ist er derzeit Mitglied im Leitungsgremium des Instituts für Sozialforschung in Frankfurt am Main.

Weitere Bücher des Autors im Fischer Taschenbuch Verlag: ›Der kompetente Säugling‹ (Bd. 11263); ›Die frühe Kindheit‹ (Bd. 13548) und ›Die emotionale Welt des Kindes‹ (Bd. 14715).

Unsere Adresse im Internet: www.fischerverlage.de

Martin Dornes

Die Seele des Kindes

Entstehung und Entwicklung

Fischer Taschenbuch Verlag

4. Auflage: Mai 2013

Originalausgabe
Veröffentlicht im Fischer Taschenbuch Verlag,
einem Unternehmen der S. Fischer Verlag GmbH,
Frankfurt am Main, Mai 2006

Lektorat: Anita Jantzer

Satz: Fotosatz Otto Gutfreund GmbH, Darmstadt
Druck und Bindung: Druckerei C. H. Beck, Nördlingen
Printed in Germany
ISBN 978-3-596-17051-7

Inhalt

Einleitung

In diesem Buch behandle ich eine Reihe von Themen. Im Zentrum steht die Bedeutung zwischenmenschlicher Beziehungen für die Entwicklung des kindlichen Seelenlebens und – allgemeiner gesprochen – für das kindliche Wohlergehen. Das mag im Zeitalter humangenetischer Forschung für manche eine »alteuropäische« Überzeugung sein, für mich ist es keine. So wichtig genetische Forschungsergebnisse für unsere Vorstellungen über die Entstehung von Persönlichkeitszügen sein können – jedes Blatt wird langweilig, wenn man es überreizt. Deshalb habe ich mich immer gehütet, bei aller Vorliebe für die Psychoanalyse, *deren* Blatt zu überreizen und eine Integration von psychoanalytischer Theorie und entwicklungspsychologischer Forschung angestrebt. Nach Fertigstellung dreier Bücher zu diesem Thema hatte ich gedacht, nun sei alles, oder zumindest das Wichtigste, gesagt, aber das war ein Irrtum. Die Forschung schreitet unaufhörlich fort und es entstehen immer wieder neue faszinierende Theorien über das kindliche Seelenleben, auch von seiten der Psychoanalyse, deren meines Erachtens ungerechtfertigter Niedergang in der allgemeinen Wertschätzung dennoch nicht zu übersehen ist.

Dieser Niedergang hängt mit vielen Faktoren zusammen: ihrer Langsamkeit, die im Zeichen eines wachsenden Modernisierungstempos antiquiert wirkt; ihrer tatsächlichen oder vermeintlichen Vergangenheitsorientierung, die im Angesicht einer zunehmenden Gegenwarts- und Zukunftsorientierung außer Kurs gerät (s. Dornes 2000 a, Kap. 4) – vielleicht aber auch damit, daß sie vom technischen Fortschritt nicht profitieren kann. Während die heute haussierenden Disziplinen wie Gehirnforschung, Genforschung oder Kosmologie Apparate benutzen können, um attraktive Bilder und öffentliche Aufmerksamkeit zu produzieren, ist die Psychoanalyse refraktär gegen diese Form des Fortschritts und deshalb möglicherweise nicht spektakulär genug, um ein breites Interesse auf sich zu ziehen. Diese Eigenart ist in einer Erlebnisgesellschaft ein echter »Wettbewerbsnachteil«, den man stoisch und weltabgewandt ertragen kann. Da ich dem Spektakel skeptisch und dem Wettbewerb ambivalent gegenüberstehe, hege ich für diese Option durchaus Sympathien, beschreite aber dennoch einen anderen, weniger isolationistischen Weg. Er läuft auf eine »Fusion« der Psychoanalyse mit den Nachbardisziplinen hinaus (für eine andere Option s. Strenger 2002, Kap. 1 und 2005, Kap. 6). Dadurch treten manche ihrer Besonderheiten in den Hintergrund und es wird randunscharf, was Psychoanalyse *eigentlich* ist. Ich schlage vor, diese Unschärfe in Kauf zu nehmen und auf Kernbestandsdefinitionen nach dem Motto: Essentiell für die Psychoanalyse ist »... die infantile Sexualität, die Triebtheorie, der Ödipuskomplex« usw. zu verzichten, wenn auch vielleicht schweren Herzens. Die Psychoanalyse wird dann zum Bestandteil einer interdisziplinären »Science of Mind«, zu der viele Disziplinen beitragen: Philosophie, Soziologie, Pädagogik, Psychologie, Anthropologie, Eth(n)ologie, Gehirnforschung, Genetik und einige andere. Der zentrale Beitrag der Psychoanalyse zur Wissenschaft von der Seele besteht in meiner Sichtweise in der Herausarbeitung der Bedeutung der frühen emotional getönten und häufig von unbewußten Elementen beeinflußten zwischenmenschlichen Beziehungen, die die Textur und das Klima des Seelenlebens (mit)bestimmen.

Teile der postempiristischen Wissenschaftstheorie, insbesondere die sogenannte »Nicht-Aussagekonzeption von Theorien« (s. dazu Stegmüller 1987 a und Balzer 1997), sind zu der Auffassung gelangt, daß jede Theorie über einen »Kern« verfügt, der nicht widerlegbar ist beziehungsweise gegen Widerlegungen immunisiert werden kann, etwa dadurch, daß man den Anwendungs- oder Aussagebereich der Theorie einschränkt. Auch viele psychoanalytische Theoreme kann man so formulieren, daß sie widerlegungsimmun werden (Kurzüberblick bei Dornes 2001). Dafür zahlt man allerdings einen Preis. Er besteht darin, daß eine solcherart eingeschränkte Theorie, selbst wenn sie in einem strengen wissenschaftstheoretischen Sinn nicht widerlegbar ist, den Kontakt zum übrigen Weltwissen verliert und dadurch entweder uninspirierend oder unplausibel oder beides wird. Diesem Problem wende ich mich im *ersten* Kapitel zu. Dort nehme ich Stellung zu einer Kontroverse zwischen zwei einflußreichen Psychoanalytikern der Gegenwart, von denen der eine (André Green) die Kleinkindforschung als irrelevant für die Psychoanalyse betrachtet, der andere (Daniel Stern) einer der führenden Vertreter einer modernisierten psychoanalytischen

Entwicklungstheorie ist. Die Kontroverse behandelt das grundsätzliche Problem, ob die Psychoanalyse zu ihrer Weiterentwicklung und Aktualisierung auf den Kontakt zu Nachbardisziplinen angewiesen ist oder ob sie eine autonome, epistemisch selbstgenügsame Disziplin ist, welche sich einzig auf die im klinischen Setting gesammelten Daten stützen sollte und den Kontakt zu anderen Disziplinen nicht benötigt. Ich diskutiere die Vor- und Nachteile der jeweiligen erkenntnistheoretischen Überzeugungen und komme zu dem Ergebnis, daß die epistemische Isolation der Psychoanalyse ihr mehr schadet als nützt und deshalb keine empfehlenswerte Option ist.

Im *zweiten* Kapitel befasse ich mich mit einer verwandten Frage. Hier geht es nicht mehr darum, ob Psychoanalyse und Entwicklungspsychologie wissenschafts- oder erkenntnistheoretisch unvereinbar sind, sondern darum, ob sie hinsichtlich ihrer anthropologischen Grundüberzeugungen inkompatibel sind. Häufig wird argumentiert, die psychoanalytische Anthropologie gehe von einer konstitutionellen Unangepaßtheit des Menschen aus. Diese soll zu einer unaufhebbaren Konflikthaftigkeit und Irrationalität der menschlichen Existenz führen. Im Unterschied dazu vertritt die Kleinkindforschung ein dialogischeres Verständnis der menschlichen Natur. Dieses Menschenbild ist aber nicht unpsychoanalytisch, sondern schließt an den »romantischen« Strang innerhalb der Psychoanalyse an, der von Autoren wie Ferenczi, Balint, Winnicott und Kohut repräsentiert wird und von Anfang an mit dem »heroischeren« Menschenbild Freuds und Melanie Kleins koexistierte. In dieser Sicht der menschlichen Natur sind Konflikte zwar ebenfalls unvermeidlich, ihre Unvermeidbarkeit wird aber weniger in der menschlichen Natur verankert als in den Schwierigkeiten der Umwelt, sich auf diese Natur einzustellen. Reimut Reiche hat einmal gesagt, die Kleinkindforschung sei eine entwicklungspsychologische Variante des Habermasianismus. Dies scheint mir eine zutreffende Qualifizierung. Im zweiten Kapitel wird der »Habermasianische Zug« der Kleinkindforschung deutlich, allerdings ohne explizit thematisiert zu werden. Er liegt darin, daß beide Theorierichtungen ihren Fokus auf Interaktion, Kommunikation und intersubjektive Verständigung richten, auch wenn die Verständigung, von der die Kleinkindforscher sprechen, nicht wie bei Habermas eine sprachliche ist, sondern eine vorsprachliche. Mit Habermas teile ich zwei weitere Grundüberzeugungen: zum einen die, daß man Wahrheit nicht an den Wissenschaften vorbeiproduzieren sollte, und obzwar dieses Statement gegen Adorno und Heidegger gemünzt war, kann man es ebenso gut gegen eine epistemisch selbstgenügsame Psychoanalyse wenden, die ich im ersten Kapitel kritisiere. Zum zweiten ist mir auch Habermas' vielbeklagter Rationalismus sympathisch und ich halte den Säugling mindestens ebenso sehr für ein rationales Wesen wie für ein prä- oder irrationales. Darüber hinaus bin ich davon überzeugt, daß es körpernahe und leibhafte Formen von Vernünftigkeit gibt, die von Psychoanalyse und Philosophie bisher nur unzureichend thematisiert worden sind (s. Pothast 1998 sowie, in einem anderen Sinn, Stephan 2004 und Perler/Wild 2005).

Im *dritten* Kapitel vertiefe ich das Thema der zwischenmenschlichen Bezogenheit und stelle die kaum bekannte Theorie des norwegischen Soziologen und Entwicklungspsychologen Stein Bråten vor. In interaktionistischen Subjekttheorien wird üblicherweise die soziale Genese des Selbst betont und die Auffassung vertreten, daß das Selbst aus der Spiegelerfahrung mit dem Anderen entsteht. (Dieser Faden wird im fünften Kapitel aufgenommen.) Bråtens Theorie hingegen setzt einen originellen anderen Akzent und besagt, daß manche Aspekte des Selbst nicht durch die soziale Interaktion konstituiert werden, sondern ihr vorausgehen und daß das Subjekt schon vor jedem sozialen Kontakt eine soziale Konstitution hat. Eine zweite zentrale Idee Bråtens ist, daß der Säugling von Anfang an die Welt nicht nur – wie bei Piaget – aus seiner egozentrischen Perspektive wahrnimmt, sondern in der Lage ist, die Perspektive des Anderen auf die Welt mitzuempfinden. Diese gefühlshafte »alterozentrische« Teilhabe versorgt ihn mit einem Wissen davon, wie der Andere sich fühlt, der ihm deshalb unmittelbar vertraut ist und dessen Innenwelt er nicht aus seinen Verhaltensweisen durch kognitive Operationen erschließen muß. Implikationen für eine Theorie der Empathie, für präsymbolische Aspekte des Wiederholungszwanges und andere psychoanalytische Theorieteile werden diskutiert.

Auch im *vierten* Kapitel befasse ich mich mit frühen Formen von Intersubjektivität. Im Mittelpunkt steht hier die Bedeutung zwischenmenschlicher emotionaler Verbundenheit für die Fähigkeit zur Symbolbildung. Die Kernthese dieses Kapitels, die unter Rekurs auf die Symbolentstehungstheorie des Londoner Psychoanalytikers und Autismusforschers Peter Hobson entwickelt wird, lautet, daß das symbolische Denken eine seiner Wurzeln in der vorsprachlichen Interaktion hat und nicht (nur) in Rechnerleistungen des Gehirns. Dabei kann man mit Hobson den Übergang von der dyadischen zur triadischen

Interaktion beim Kind in der Zeit um neun Monate herum als zentral betrachten. Hier lernt der Säugling, daß es nicht nur (s)eine Sicht der Welt gibt, sondern daß andere Personen, mit denen er sich emotional verbunden fühlt, andere Einstellungen zur Welt haben als er selbst. (Bråten zufolge ist dies bereits mit drei Monaten der Fall.) Weil der Säugling sich mit diesen Personen identifiziert, wird er von ihren Einstellungen »bewegt«, in ihre Perspektive »hineingezogen« und lernt so neue Weltsichten kennen. Dieser Prozeß der Dezentrierung ist die »Urszene« des Denkens. Ergebnisse der Autismus- und Primatenforschung sollen diese Idee untermauern. Die diesbezügliche Grundaussage im zweiten und dritten Teil des Kapitels lautet, daß die Mängel in der Symbolfunktion bei autistischen Menschen und bei Schimpansen zumindest teilweise auf ihre – wahrscheinlich konstitutionell bedingte – eingeschränkte emotionale Ansprechbarkeit für expressive Äußerungen von Artgenossen zurückzuführen sind. Solch eingeschränkte Ansprechbarkeit führt dazu, daß sie von den Einstellungen ihrer Gefährten zur Welt nicht berührt werden, sie nicht verstehen und deshalb in ihrer eigenen Welt verbleiben. Für die Ergebnisse der Primatenforschung habe ich mich stark auf die Theorie und Befunde des Primatologen und Entwicklungspsychologen Michael Tomasello gestützt.

Im *fünften* Kapitel gebe ich einen Überblick über die Arbeiten der Londoner Forschungsgruppe um Peter Fonagy. Sie verbinden zwei in der Entwicklungspsychologie derzeit prominente Forschungsgebiete, die *Theory of Mind*-Forschung und die Bindungsforschung, mit der Psychoanalyse und zeichnen in einem umfassend angelegten Entwurf den stufenweisen Erwerb der Fähigkeit zur Mentalisierung nach. Mit Mentalisierung ist die Fähigkeit gemeint, sich selbst und andere als Wesen mit seelischen Zuständen (mental states) zu verstehen und sich mit dem eigenen Seelenleben und dem anderer auf gehaltvolle Weise zu befassen. Diese Fähigkeit ist nach Auffassung der Autoren das Resultat zwischenmenschlicher Beziehungen. Ein Eckstein ihrer Theorie ist das soziale Biofeedbackmodell der Affektspiegelung. Es beschreibt, wie der Säugling sich seiner eigenen Affekte dadurch bewußt wird, daß er die Reaktionen anderer auf sich wahrnimmt, sich also selbst im anderen (er)kennen lernt. Selbstbewußtheit und die Ausbildung sekundär-symbolischer Repräsentationen primär körperlicher Affektzustände, durch die die Affektregulation verbessert wird, sind in dieser Theorie ebenfalls ein Ergebnis gelungener zwischenmenschlicher Interaktion. Die intersubjektive Bezogenheit ist also auch hier die Matrix des Seelenlebens. Das Originelle oder, wenn man so will, das Psychoanalytische des Ansatzes der Fonagy-Gruppe liegt darin, daß sie auch im Zeitalter des Humangenomprojekts nicht, wie viele Kognitionspsychologen, eine Reifungsgeschichte der Entwicklung des Geistes schreiben, sondern eine Interaktionsgeschichte. Die Bedeutung der zwischenmenschlichen Interaktion für die Entwicklung des Denkens und Fühlens ist der rote Faden, der ihre Ausführungen zu den verschiedensten Themen durchzieht und die Qualität früher zwischenmenschlicher Beziehungen wird als konstitutiv für normale und pathologische Varianten der Fähigkeit betrachtet, sich selbst und andere als denkende und fühlende Wesen zu verstehen.

Das *sechste* Kapitel behandelt eines der (vermeintlichen) Essentials der Psychoanalyse – die infantile Sexualität. Vor nunmehr hundert Jahren hat Freud (1905) mit seinen »Drei Abhandlungen zur Sexualtheorie« an den Schlaf der Welt gerührt und das Bild vom unschuldigen Säugling nachhaltig in Frage gestellt. Von der berühmten Phasentheorie der sexuellen Entwicklung mit ihren Stufen oral, anal, phallisch-genital hat fast jeder schon einmal gehört und sie kann zu Recht als nahezu selbstverständlicher Bestandteil allgemeinen Kulturwissens gelten. In den letzten 30 Jahren hat sich jedoch die Einstellung zur Sexualität erheblich gewandelt. Deren Enttabuisierung und »Modernisierung« (s. dazu aus unterschiedlichen Perspektiven Reiche 2004a, Schmidt 2000, 2004 und Sigusch 2005, 2006) kann Theorien über ihre Bedeutung nicht unberührt lassen. In Teilen der Psychoanalyse hat sich dementsprechend eine Verschiebung des Interesses vom Trieb zum Selbst und von der Sexualität zur Identität vollzogen, die unter dem Kürzel »Narzißmustheorien« bekannt geworden ist. Nach Klärung begrifflicher Fragen, beispielsweise der, mit welcher Berechtigung man Phänomene wie das Daumenlutschen sinnvollerweise als »sexuell« bezeichnen kann, skizziere ich diese Verschiebung und komme zu dem Ergebnis, daß in der zeitgenössischen Säuglings- und Kleinkindforschung Eltern und Kinder nicht so sehr Triebobjekte füreinander sind als vielmehr Resonanzräume für eine Vielfalt seelischer Bedürfnisse, von denen keines in seiner Bedeutung für die kindliche Entwicklung privilegiert werden sollte. Die Relativierung der Bedeutung der Sexualität spaltet, wie ich auf Vorträgen zu diesem Thema häufig bemerkt habe, immer noch die Geister – zumindest die psychoanalytischen. Ich habe jedoch kein Interesse an Spaltungen, sondern nur daran, die Wandlungen der Auffassungen zu diesem Thema darzustellen und überlasse es dem Leser, seine eigenen Schlußfolgerungen zu ziehen, die mit meinen nicht übereinstimmen müssen.

Die nächsten drei Kapitel befassen sich mit eher praktischen Fragen, die ein breites öffentliches Interesse gefunden haben. Das *siebte* Kapitel behandelt die möglichen Folgen mütterlicher Berufstätigkeit für die kindliche Entwicklung. In allen westlichen Industrieländern ist seit Anfang der 1970er Jahre ein Anstieg der Berufstätigkeit von Müttern zu verzeichnen. Er geht einher mit einer zunehmenden Zahl von Kindern, die nicht-elterlich betreut werden. Die möglichen Folgen solcher Betreuung für die kindliche Entwicklung werden seit Jahrzehnten kontrovers diskutiert. Manche Autoren sind von ihrer Schädlichkeit überzeugt, andere halten sie für unproblematisch. Kontrovers ist indes nicht mehr die mütterliche Berufstätigkeit als solche, sondern nur die mütterliche Vollzeitberufstätigkeit in den ersten zwei Lebensjahren des Kindes. Neuere Forschungen dazu haben sich insbesondere mit den möglichen Folgen einer solchen umfangreichen und frühen nicht-elterlicher Betreuung für drei Bereiche der kindlichen Entwicklung beschäftigt: die Bindungsqualität, die kognitive Entwicklung und die Aggressionsentwicklung. Als Resultat ergibt sich, daß frühe und extensive nicht-elterliche Betreuung die Bindungsqualität nicht beeinträchtigt, in bezug auf die kognitive Entwicklung weitgehend neutral ist und die Aggressivität nur geringfügig und zeitweilig steigert. Insgesamt können keine wirklich substantiellen Effekte positiver oder negativer Art festgestellt werden. Nach wie vor gilt, daß der Einfluß der Interaktionsqualität zwischen Mutter und Kind für die kindliche Entwicklung weit bedeutender ist, als der von Qualität und Quantität der nicht-elterlichen Betreuung. Die Familie bleibt also auch unter den gewandelten Bedingungen des Aufwachsens die wichtigste Sozialisationsinstanz.

Wer von der Mutter spricht, sollte vom Vater nicht schweigen. Das *achte* Kapitel behandelt deshalb den Beitrag des Vaters zur kindlichen Entwicklung. Auch dieses Thema gibt Anlaß zu vielerlei Befürchtungen. Manche Autoren sehen nicht in der zunehmenden Berufstätigkeit von Müttern eine Gefahr für die Kinder, sondern im »Verschwinden der Väter«. Dieses Verschwinden, das seit Mitscherlichs (1963) berühmtem Buch über den Weg in die vaterlose Gesellschaft immer wieder diagnostiziert wurde, ist von zweierlei Art. Zum einen verschwinden Väter durch die wachsende Zahl von Scheidungen und diese Form des Verschwindens kann durchaus zu Problemen führen. Zum anderen aber soll auch das »Vaterprinzip« in modernen Gesellschaften geschwächt sein, so daß selbst anwesende Väter – und der moderne Vater befaßt sich, wie gezeigt wird, durchaus mehr und liebevoller mit seinem Kind als die Väter vergangener Generationen – eine eher schwache Figur abgeben. Schwächung des Vaterprinzips meint, daß sich auf Grund gesellschaftlicher Wandlungen die kulturelle Leitvorstellung vom Vater, die einst in kollektiv geteilten Bildern von Größe und Stärke verkörpert war, verändert und zwar in Richtung auf einen zwar freundlichen, aber im Ganzen doch eher harmlosen »Papa«. Dem realen Vater fehlt gewissermaßen der Rückhalt in einer gesellschaftlich geteilten kraftvollen Vorstellung von Vaterschaft. Eine mögliche Folge dieses fehlenden Rückhalts soll sein, daß die kindlichen Bedürfnisse nach starken und schützenden Vätern nicht mehr hinreichend befriedigt werden, die Realität deshalb ungefiltert auf sie einstürzt und das Bedürfnis nach Schutz und Stärke sich an Schwundformen des Väterlichen wie Idole oder Ideologien hängt oder aber pathologische Auswege in Kriminalität und Drogensucht sucht. Nach Durchmusterung solcher Theorien gebe ich – wie schon bei der Berufstätigkeit von Müttern – Entwarnung und zeige, daß moderne Väter kein Fluch für ihre Kinder sind, sondern eher ein Segen und daß Befürchtungen über eine übermäßige »Feminisierung« der Erziehung unbegründet sind.

Diese Argumentationslinie wird im *neunten* Kapitel fortgesetzt, das sich mit den familiären Wurzeln der Jugendgewalt befaßt. Im Unterschied zu der Auffassung, übermäßig freizügige Erziehungsmethoden seien für (den Anstieg der) Jugendgewalt verantwortlich, zeigt die Forschungsliteratur zum Thema, daß der harte Kern der 5 % schwerkriminellen jugendlichen Mehrfachgewalttäter, die für 50 % aller Gewalttaten verantwortlich sind, häufig aus gewalttätigen Elternhäusern stammt. Diese Jugendlichen sind also in ihrer Kindheit selbst Opfer schwerer Gewalthandlungen geworden, die sie später ausagieren. Elterliche Gewalt gegen Kinder ist eine wesentliche Quelle von Jugendgewalt und jugendliche Gewalttäter sind häufig seelisch schwer geschädigte Menschen, die nicht der Strafe bedürfen – davon haben sie bereits im Übermaß »genossen« –, sondern der Resozialisierung. Diese stößt indes oft an eine Grenze und die Rückfallquoten bei Rehabilitationsmaßnahmen jeglicher Provenienz sind hoch, unter anderem deswegen, weil Gewalttätigkeit früh in der Kindheit entsteht und rasch charakterologisch so verhärtet, daß sie späteren Interventionen nur noch begrenzt oder mit erheblichem Aufwand zugänglich ist. Daraus folgt ein Plädoyer für Frühintervention.

Manche mögen diese Sicht auf Gewaltentstehung für eine Verharmlosung halten und nach wie vor an der Idee hängen, daß moderne Erziehungsmethoden, wenn nicht für Gewalt, so doch »irgendwie« für andere, eher unklar artikulierte Probleme verantwortlich sein könnten. Im *Epilog* folge ich dieser Intuition, weil auch ich mich des Eindrucks nicht gänzlich erwehren kann, daß die liberalisierten Erziehungspraktiken der letzten 30 Jahre nicht nur segensreiche Wirkungen entfaltet haben. Insgesamt haben sich die Erziehungsziele von Gehorsam, Ordnung und Fleiß zu Selbständigkeit, Selbstverwirklichung und Kreativität verschoben und die Erziehungspraktiken vom Befehlen zum Verhandeln. Diese Diskursivierung der Erziehung schafft, so die These des Epilogs, auf der einen Seite Individuen, die weniger Triebangst, weniger Über-Ich-Angst und weniger Charakterstarre haben, aber vielleicht auch weniger Charakterstärke. Kurz: Der »psychische Apparat« ist heutzutage zwar demokratischer und flexibler geworden, aber zugleich auch fragiler und weniger belastbar. Dieses aufregende Thema kann indes nur noch angedeutet, aber nicht mehr ausgeschöpft werden.

Zugleich schließt sich damit ein Kreis. Vor einigen Jahren habe ich mich, nach längerer Tätigkeit in der Medizinischen Psychologie, dem Frankfurter Institut für Sozialforschung angeschlossen, das unter seinem derzeitigen Leiter Axel Honneth ein Forschungsprogramm zu den »Paradoxien kapitalistischer Modernisierung« entworfen hat (für erste Beschreibungen s. Hartmann 2002, Honneth 2002, Hartmann/Honneth 2004). Ohne bei den Details dieses Programms und den Schwierigkeiten des Paradoxienbegriffs (etwa in Abgrenzung zu dem des Widerspruchs, der Ambivalenz oder der Dialektik) zu verweilen, gehe ich davon aus, daß es auch so etwas wie »Paradoxien familialer Modernisierung« gibt. Diese kommen unter anderem darin zum Ausdruck, daß die Individuen unter spätmodernen Erziehungsformen und Lebensbedingungen zugleich freier und lebendiger, aber auch verletzlicher und weniger entschlußfreudig werden. Dieses Thema verdient es, ausführlich behandelt zu werden, was ein Projekt für die Zukunft ist.

Abschließend danke ich Birgit Diestel, Angela Dunker und Martin Löw-Beer für ihre unerschöpfliche Bereitschaft, meine Texte zu lesen und meine Gedanken zu beflügeln. Meine Dankbarkeit ist größer, als in diesen knappen Worten zum Ausdruck kommt.

Kapitel 1 Wissenschaftstheoretische Kontroversen über Psychoanalyse und Kleinkindforschung

Einleitung

Einer der häufigsten Einwände gegen die Psychoanalyse lautet, sie enthalte bestenfalls interessante Spekulationen, die aber wissenschaftlicher Überprüfung nicht standhielten. Dieser Einwand ist so alt wie die Psychoanalyse selbst. Auch die Reaktionen darauf haben sich nicht geändert. Im Grunde werden immer zwei Optionen geltend gemacht. Die eine ist, die Behauptung selbst zu widerlegen und den Beweis der wissenschaftlichen Reputierlichkeit der Psychoanalyse anzutreten. Die andere ist, den Vorwurf der Unwissenschaftlichkeit zu umgehen, indem man darauf hinweist, daß die Psychoanalyse gar keine Wissenschaft im herkömmlichen Sinne sei (oder, seltener, überhaupt keine Wissenschaft). Deshalb könnten an die Gültigkeit ihrer Aussagen auch nicht die in anderen Disziplinen – insbesondere den Naturwissenschaften – akzeptierten Kriterien zur Überprüfung von Aussagen angelegt werden.

Beide Versuche haben nicht allgemein überzeugt, weder die Kritiker der Psychoanalyse noch die Psychoanalytiker selbst. Auch unter letzteren wird die Frage, ob die Psychoanalyse eine Wissenschaft ist beziehungsweise sein soll oder nicht (und wenn ja, welche), nach wie vor kontrovers diskutiert. Manche sehen die einzige Antwort auf die Kritik in verschärfter Verwissenschaftlichung, andere in der Abkoppelung vom Wissenschaftsbetrieb.[1] Die Alternative scheint also entweder, die

1 In der Regel arbeiten die ersten in wissenschaftlichen Institutionen, die zweiten in der Praxis. Das Sein bestimmt das Bewußtsein. Die Besonderheiten der verschiedenen Tätigkeitsfelder lassen die dort Tätigen unterschiedliche Dinge als relevant einschätzen.

Forschungsbemühungen zu verstärken, unter Inkaufnahme des Risikos, das Spezifische der Psychoanalyse dabei aus den Augen zu verlieren; oder aber das Spezifische der Psychoanalyse zu bewahren unter Inkaufnahme des Risikos, vom Wissenschaftsbetrieb »abgehängt« zu werden und das zu werden, wofür andere die Psychoanalyse schon lange halten – eine Sekte.

Beides sind keine guten Aussichten. Kann man diese Alternativen vermeiden und sowohl an Wissenschaftlichkeit gewinnen als auch das Spezifische der Psychoanalyse bewahren? Die Debatte um die Relevanz oder Irrelevanz der Kleinkindforschung für die Psychoanalyse hat unter anderem genau diese Frage zum Gegenstand. Deshalb soll über sie hier ausführlicher berichtet werden. Sie ist paradigmatisch für den möglichen Stellenwert beziehungsweise die Entbehrlichkeit von Forschung für die Psychoanalyse und hätte auch an anderen Gegenständen abgehandelt werden können: Ist die experimentelle Traumforschung relevant für die Psychoanalyse? Ist die Gehirnforschung relevant für die Psychoanalyse? Ist die Psychotherapieforschung relevant für die Psychoanalyse? Auch diese Fragen werden kontrovers diskutiert. Ich beschränke mich auf die Kleinkindforschung.

Historisch betrachtet ist diese Debatte nichts Neues. Ihre Wurzeln reichen zurück bis ins Jahr 1925, als Bernfeld die erste Monographie über Psychoanalyse und Säuglingsforschung schrieb. Auch in den Freud-Klein-Kontroversen der Britischen Psychoanalytischen Gesellschaft in den 40er Jahren (King/Steiner 1991), wurde ebenso heftig wie heute um die Bedeutung von Direktbeobachtungen an kleinen Kindern und die Schlußfolgerungen, die man daraus für die Psychoanalyse ziehen oder nicht ziehen soll, gestritten. Zwei zeitgenössische Debatten nehmen diesen Faden wieder auf: Zum einen die um Peter Wolffs Artikel, der 1996 unter dem programmatischen Titel »The irrelevance of infant observations for psychoanalysis« erschienen ist.[2] Zum zweiten die Debatte zwischen André Green und Daniel Stern, die 1997 in London stattfand und mitttlerweile, nebst Kommentaren anderer Psycho-

2 Wolff (1996), mit Kommentaren von Tyson, Barrat, Fonagy, Osofsky, Seligman, Shapiro, Wilson und einer Antwort von Wolff. Zwei Jahre später gab es eine kürzere Fortsetzung (s. Silverman 1998, Nahum 1998 und Wolff 1998). Zepf (2006) hat diese Debatte jüngst fortgesetzt und der Kleinkindforschung – wie Green und Wolff – Unwissenschaftlichkeit und Irrelevanz für die Psychoanalyse attestiert.

analytiker, in Buchform vorliegt (Sandler et al. 2000).[3] Sie ist der Hauptgegenstand meiner Überlegungen.

André Green über Kleinkindforschung

Zunächst einige persönliche Eindrücke. Als Joseph Sandler die Tagung eröffnete, lag eine erwartungsvolle Spannung in der Luft. Viele waren gekommen, um dem Kampf der Titanen beizuwohnen. Es war bekannt, daß beide schon andernorts kontrovers diskutiert hatten und man erwartete den finalen »show-down«. André Green, der das erste Wort hatte, ließ sich nicht lange bitten und erfüllte alle Erwartungen, die man an eine kriegerische Auseinandersetzung haben kann. In kompromißloser Weise fegte er die Säuglingsforschung vom Tisch. Ein zentrales Argument war: Die Psychoanalyse ist keine Wissenschaft und wenn sie versucht, eine zu werden, verrät sie das Beste was sie hat, ihre Spezifität, nämlich die Erforschung der Subtilitäten des »Austauschs von Worten« (Freud 1916/17, S. 9) zwischen Analytiker und Patient, die empirisch nicht erforscht werden können, ohne sie bis zur Unkenntlichkeit zu entstellen, zu banalisieren und zu trivialisieren. Die Säuglingsforschung hat für die Psychoanalyse deshalb keine Bedeutung, weil der spezifische Gegenstand der Psychoanalyse nicht der Säugling ist, sondern das Unbewußte (Green 2000 a, S. 447), *und zwar das Unbewußte, wie es in der analytischen Situation erscheint* (ebd., S. 460 f.). Was sie interessiert, ist nicht das Infantile, sondern das Infantile im Erwachsenen (ebd., S. 453) und dazu hat die Säuglingsforschung per definitionem nichts beizutragen. Das war Klartext.

Ein zweites Argument lautete: Die Säuglingsforschung erfüllt nicht die von ihr selbst hochgehaltenen Kriterien von Wissenschaftlichkeit. Sie ist pseudowissenschaftlich, keine »science«, sondern »science fiction« und genauso spekulativ wie die wildesten Theorien von Melanie

3 Die Teile des Buchs, die sich mit der Kleinkindforschung befassen, sind ins Deutsche übersetzt (s. Zeitschrift für psychoanalytische Theorie und Praxis, Heft 4/2000 und Heft 1/2001). Der erste Teil des Buchs enthält die im Newsletter der International Psychoanalytic Association 1996 abgedruckte Diskussion zwischen Wallerstein und Green über die (Ir)Relevanz der Psychotherapieforschung für die Psychoanalyse und einen einleitenden Essay von Riccardo Steiner.

Klein (nur nicht so interessant). Das ist pikant und nicht schlecht eingefädelt. Green versucht, den Gegner mit seinen eigenen Waffen zu schlagen. Die Behauptung ist nicht, daß die Säuglingsforschung zu behavioristisch, sondern daß sie zu spekulativ ist. Dazu gleich mehr.

André Green über die Besonderheit der Psychoanalyse

Trotz der heftigen Polemik ging von Greens Vortrag eine erhebliche Faszination aus, und zwar deshalb, weil man, bei allen Schwierigkeiten, die man mit seinem zuweilen groben Ton haben kann, anerkennen muß, daß er ein brillanter Geist ist. Er ist nicht nur ein großer Denker, sondern auch ein großer Redner, der alle Register zu ziehen versteht, aber er ist auch direkt und polemisch bis zur Unhöflichkeit und leidenschaftlich von der Richtigkeit seiner Auffassungen überzeugt. Selbstzweifel kennt er nicht, oder gibt sie zumindest nicht zu erkennen. Daß das Leben und die Theorien darüber Kompromisse sind – nicht mit ihm! Unmißverständlich machte er klar, daß mit ihm keine Kompromisse zu machen sind. »Ein Krieger und Verteidiger von Freuds Werk, wie er es versteht« (Steiner 2000, S. 5), war zu betrachten, zu bewundern und zu fürchten.

Der zweite nachhaltige Eindruck von Greens Vortrag war, daß er sich ernste Sorgen um die Zukunft der Psychoanalyse macht. Er befürchtet den Verlust eines geliebten Objekts – weniger persönlich ausgedrückt: er befürchtet, daß die Psychoanalyse als eine wertvolle kulturelle Errungenschaft und als eine einzigartige Weise, über das unbewußte Funktionieren des menschlichen Geistes nachzudenken, verloren geht oder unter die Räder einer diese Einzigartigkeit nivellierenden oder ignorierenden Forschung gerät. Er sieht also die Bedrohung dort, wo andere die Rettung sehen. Denn auch die Forscher machen sich Sorgen um die Zukunft der Psychoanalyse und versuchen, sie gegen ihre Kritiker zu verteidigen, indem sie (berechtigten) Einwänden Rechnung tragen, die Theorie modifizieren, weiterentwickeln etc. Sie sehen das nicht als eine Bedrohung der Psychoanalyse, sondern als den Versuch ihrer Rettung. Sie können das so sehen, weil sie Greens Auffassung nicht teilen, daß damit das Spezifische und Einzigartige der Psychoanalyse verraten werde. Sie sind der Meinung, daß Greens Auffassung von Spezifität zu eng ist und daß man die Psychoanalyse *nicht* auf das psychoanalytische Setting festlegen beziehungsweise einengen sollte. So betrachtet, verraten sie tatsächlich, was Green für das Einzigartige hält, und plädieren implizit oder explizit für eine »Amalgamierung« der Psychoanalyse mit anderen Wissenschaften.

Und genau das ist Greens Alptraum. Amalgamierung bedeutet für ihn Auslöschung des Einzigartigen, Spezifischen – Mißachtung dessen, was nur die Psychoanalyse im klinischen Setting zum Wissen über den Menschen beitragen kann. Die Vorgehensweise der Forschung – auch die der Psychotherapieforschung an erwachsenen Patienten – ist inadäquat, »weil sie nicht dem Typus mentalen Funktionierens des Patienten in der Sitzung und dem korrespondierenden Geisteszustand des Analytikers ... gerecht werden« kann (Green 2000 a, S. 460). In anderen Worten: Jede Überprüfung psychoanalytischer Aussagen ist *grundsätzlich* unangemessen, da sie nicht erfaßt, was für Greens Psychoanalyseverständnis wichtig ist. Vielmehr schafft der Versuch der Überprüfung – durch die mit dem Prozeß der Aufzeichnung und/oder Operationalisierung einhergehende Transformation von Daten und Begriffen – nach Green *unvermeidlich* Artefakte. Das läuft darauf hinaus zu behaupten, daß psychoanalytische Daten grundsätzlich nicht in andere »Frameworks« zu übersetzen sind, ohne ihre Substanz zu verlieren. Wäre dies wirklich unausweichlich, so könnte die Psychoanalyse epistemisch selbstgenügsam und autark werden, was Greens Anliegen zu sein scheint. Sie würde dann nämlich in ihrem und durch ihr Setting Phänomene beobachten und/oder produzieren, die sie ausschließlich in diesem Setting auch »überprüfen« könnte. Zur Überprüfung kämen wiederum nur Methoden in Frage, die der Entstehung eines »bestimmten Typus mentalen Funktionierens« angemessen sind – also wahrscheinlich nur das Nachdenken, die freie Assoziation und die kollegiale Diskussion. Green (2000 a, S. 458) betrachtet nämlich die »sogenannte wissenschaftliche Methode« als irrelevant für den Gegenstand der Psychoanalyse. Wie dann eine Überprüfung von im klinischen Setting gewonnenen Aussagen (etwa über Symptomentstehung und -veränderung, oder über die Veränderung von Persönlichkeitsstrukuren, oder über kurative Faktoren und Prozesse) möglich sein soll – und zwar in einer Weise, die systematisch, kontrolliert und auch für außerhalb der psychoanalytischen Situation befindliche Forscher nachvollziehbar ist –, ist unklar. Vielmehr entsteht der Eindruck, daß Green mit Begriffen wie »Spezifität der Psychoanalyse« (ebd., S. 445, 460 f.), »psychoanalytische Erfahrung« (ebd., S. 455, 461), »psychoanalytischer Geisteszustand« (ebd., S. 442, 456, 460, 463) oder »Standpunkt des psychoanalytischen Denkens« (ebd., S. 440) eine Art konzeptueller Apartheid vertritt, in der sich psychoanalytisches und wissenschaftliches Wissen wie Feinde, oder, in der Formulierung Greens (ebd.), wie »Fremde« in der multikulturellen Gemeinschaft der Psychoanalytiker gegenüberstehen.

Man sieht, es geht auch um Identitätsfragen und darum, ob man die eigene Identität durch Aus-/Abgrenzung oder durch Grenzaufweichung retten oder bereichern kann. Green ist für Abgrenzung. Er berücksichtigt damit nicht hinreichend die gut belegte Tatsache, daß »bahnbrechende Neuerungen in einer Disziplin oft von Personen eingeführt (werden), die enge Kontakte zu einer anderen Disziplin unterhalten« (Balzer 1997, S. 25) und daß »die meisten der wirklich innovativen intellektuellen Arbeiten heutzutage interdisziplinär (sind), und zwar sowohl was die Fragen angeht als auch im Hinblick auf die verwendeten Methoden« (Tomasello 1999 a, S. 10). Aber er wirft damit eine interessante Frage auf, nämlich: Was ist *die* Essenz *der* Psychoanalyse? Green läßt keinen Zweifel daran, daß er es weiß und die anderen sich täuschen. Wenn diejenigen, die Forschung betreiben, darauf hinweisen, daß sie ja schließlich auch Psychoanalytiker seien und eine psychoanalytische Ausbildung genossen hätten, findet er das unzureichend. Die anderen haben nur eine »Deckausbildung« absolviert, wie Green in Anlehnung an Freuds Konzept der Deckerinnerung (1899; 1904, Kap. 4) sagt. Eine Ausbildung also, die etwas wesentliches maskiert, daß nämlich die Betreffenden nicht verstanden haben, was Psychoanalyse ist.[4] Mit einer gewissen Verwunderung fragt man sich, woher Green die Gewißheit nimmt, daß *sein* Verständnis von Psychoanalyse das einzig richtige ist – wo doch schon Freud zu Lebzeiten vierzehn, sich zum Teil widersprechende, Definitionen dessen gegeben hat, was Psychoanalyse ist (zusammengestellt bei Kutter 1989, S. 84 f.).

Green bedient sich bei der Festlegung dessen, was er für die Substanz der Psychoanalyse hält, einer bestimmten Strategie. Er zitiert Freud dort zustimmend, wo er mit ihm einer Meinung ist und kritisiert ihn dort, wo er nicht mit ihm übereinstimmt. Weisen die Vertreter der Psychoanalyse als Wissenschaft darauf hin, daß Freud selbst die Psychoanalyse als Wissenschaft bezeichnet habe, macht er geltend, daß Freud

4 In der deutschen Übersetzung ist aus der »Deckausbildung« etwas freundlicher ein »Grundkurs in Psychoanalyse« geworden (S. 443).

sich hier getäuscht habe, denn eine Wissenschaft der Psychoanalyse existiere nicht (Green 2000 a, S. 440). Weisen die Vertreter der Amalgamierung von Psychoanalyse und Psychologie darauf hin, daß Freud selbst die Psychoanalyse als eine allgemeine (Persönlichkeits)psychologie verstanden habe, meint Green, obwohl Freud diesen Eindruck manchmal erweckt habe, beruhe diese Auffassung letztlich auf einer oberflächlichen Interpretation seiner Schriften (2000 d, S. 249) und sei ein irriges Projekt gewesen, das spätestens seit Hartmann als gescheitert betrachtet werden müßte (2000 a, S. 444 f.). Weisen sie darauf hin, daß Hartmanns Begriff der neutralen Ich-Energie, der dem Ich eine von den Trieben unabhängige Kraftquelle zusprechen sollte (und in manchen psychoanalytischen Kreisen als anti-freudianische Ursünde der Ich-Psychologie gilt), auch bei Freud zu finden sei,[5] so antwortet er, Freud habe diesen Gedanken nur einmal geäußert, mit ihm gewissermaßen herumgespielt und die Tatsache, daß er ihn nicht mehr aufgenommen habe, belege, daß er ihn verworfen habe (Green 2000 c, S. 108). Und so geht es fort.

Green gelingt es damit, den Rechtfertigungsdruck von der Psychoanalyse, wie er sie versteht, zu nehmen und den anderen aufzubürden. Nicht die Psychoanalyse muß sich vor der Forschung rechtfertigen, sondern die Forscher vor der Psychoanalyse. Das Ergebnis seiner Überprüfung ist, daß ihnen die Rechtfertigung nicht gelingt und nicht gelingen kann, weil sie nicht verstanden haben, was Psychoanalyse ist. Das ist gut eingefädelt, denn es erzeugt – manche würden sagen: endlich – bei *den anderen* einen erheblichen Über-Ich-Druck. Wer läßt sich schon gerne sagen – sofern er Psychoanalytiker ist oder der Psychoanalyse nahesteht –, daß er nicht verstanden hat, was Psychoanalyse ist. Sehr hübsch paßt hier ein Kommentar Greens zu Bowlby. Dieser wird mit der Äußerung zitiert, Anna Freud und andere hätten keine Ahnung gehabt, was Wissenschaft sei (Green 2000 b, S. 98). Greens Antwort ist, daß Bowlbys Ansichten über die Bindungstheorie »vollkommen irrelevant« seien (ebd.), weil er keinen Beitrag zur »psychoanalytischen Erfahrung« geleistet habe (2000 a, S. 461). Green rechtfertigt sich also nicht dafür, daß die Psychoanalytiker keine Ahnung von wissenschaftlichen Methoden haben, sondern klagt die Wissenschaftler an, daß sie keine Ahnung von Psychoanalyse haben (Emde, Fonagy, Peterfreund, Cooper und Olds sind weitere Ahnungslose). Angriff ist die beste Ver-

5 Freud spricht von indifferenter Energie (1923, S. 272 f.).

teidigung, und Green ist ein Meister des Angriffs. Wenn es ihm geraten erscheint, wechselt er allerdings die Strategie. Dann klagt er die Wissenschaftler an, sie würden ihren eigenen Ansprüchen nicht gerecht und betrieben Pseudowissenschaft, so zum Beispiel die Säuglingsforschung und insbesondere Daniel Stern, dessen Theorien er ausführlich kritisiert.[6]

6 Erkenntnistheoretisch ist Green erkennbar von Bion beeinflußt. »Forschungsrelevant sind für Bion nur die in der Sitzung mit psychoanalytischen Mitteln beobachteten Phänomene, alle anderen Mittel (z. B. Tonbandaufzeichnungen) lehnt er ebenso ab wie die Auswertung außerklinischer Phänomene, etwa mit Hilfe statistischer Erhebungen« (Engel 2000, S. 19; ähnlich S. 13 f., 18). Man kann nun versuchen, die in einer solchen Festlegung implizit enthaltene Auffassung von der Unübersetzbarkeit bestimmter Daten in andere »Frameworks« und die daraus resultierende Selbstbezüglichkeit der Überprüfung respektive Unmöglichkeit oder Unnötigkeit einer externen Überprüfung wissenschaftstheoretisch durch Rekurs auf den sog. »Theorieholismus« von Duhem, Quine und Davidson zu rechtfertigen. Ich habe mich andernorts mit diesem Problem ausführlicher befaßt (Dornes 2001) und dort meiner Skepsis Ausdruck gegeben, ob dies eine wirklich durchzuhaltende Strategie ist. Wissenschafts*politisch* halte ich sie derzeit für fatal, wissenschafts*theoretisch* wäre sie legitim, wenn sich ein wahrheitstheoretischer Kohärentismus oder die Idee inkommensurabler Begriffsschemata widerspruchsfrei begründen ließe. Dem kann ich hier nicht weiter nachgehen. Für Leser, die mehr an Psychoanalyse als an Philosophie interessiert sind, verweise ich auf eine ebenso umfangreiche wie vorzügliche Arbeit von Raguse (1998), in der differenziert dargestellt wird, was »Spezifität der Psychoanalyse« heißen kann. Raguse vertritt m. E. eine Konzeption von Psychoanalyse, die der von Green stellenweise ähnelt, ist allerdings an einem entscheidenden Punkt etwas zurückhaltender. Er räumt nämlich ein, daß es »möglich sein (dürfte), Erkenntnisse der analytischen Situation so zu transformieren, daß sie naturwissenschaftlich untersucht und verstanden werden können. Damit solche Untersuchungen Relevanz haben, ist allerdings zu fordern, daß die Transformationen so geschehen, daß die spezifisch analytische Erkenntnis nicht zerstört wird« (ebd., S. 690). Ob und wie das möglich ist, bleibt ein offenes Problem. Laplanche (z. B. 1987, S. 54 ff.) diskutiert ebenfalls das Problem der Spezifität der Psychoanalyse. Er teilt mit Green das Bestreben, eine solche nachzuweisen, steht allerdings der (Entwicklungs-)Psychologie wesentlich aufgeschlossener gegenüber als Green. Wer auf die Bewahrung der Spezifität der Psychoanalyse Wert legt und dennoch keine Chinesische Mauer zwischen ihr und den Nachbardisziplinen errichten will, kann bei Laplanche gute Argumente finden. Für weitere Ausführungen zu seiner Theorie siehe Kapitel 6.

Daniel Stern über Psychoanalyse und Kleinkindforschung

Was machte Stern daraus? Zunächst auch hier ein Eindruck. Stern ist ebenfalls eine charismatische Figur, aber sein Charisma ist von anderer Art. Es kommt gewissermaßen auf leisen Sohlen und ist von einer liebenswürdigen, einladenden, nicht überwältigenden Natur. Er schien mir deshalb von der Heftigkeit des Angriffs zunächst ein wenig überrumpelt. Aber wo wirkliches Charisma ist, entfaltet es sich auch unter widrigen Umständen. Der gedruckte Text allein kann die suggestive Kraft seines Auftretens – ähnlich wie bei Green – nur unzulänglich vermitteln, wie Steiner (2000, S. 6) richtig bemerkt. Seine Stimme, ihre Modulation, seine Körpersprache, alles Nonverbale an ihm ist von einer beeindruckenden Musikalität. Wenn er vom Säugling spricht, erhält man für Momente eine Ahnung davon, wie dieser sich fühlen könnte, wenn er die Welt erlebt. Stern ist einer der wenigen Redner – vielleicht sogar der einzige, den ich kenne – dem es gelingt, in Sprache zu fassen, was sich in Sprache letztlich nicht vollständig fassen läßt: vorsprachliches Erleben. So weit zu den Eindrücken, nun zu den Argumenten.

Die beiden zentralen Argumente von Stern sind spiegelbildlich zu denen von Green und besagen, daß die Kleinkindforschung erstens nicht unwissenschaftlich ist und zweitens, daß sie relevant ist für die Psychoanalyse, wenn auch nicht in einem direkten so doch in einem indirekten Sinn. Zunächst zum ersten Punkt.

Kleinkindforschung und Direktbeobachtung

In Diskussionen über Säuglings- und Kleinkindforschung ist häufig zu hören, daß diese nur Verhalten beobachte, die Psychoanalyse aber auf das intrapsychische Erleben abziele. Sandler (2000, S. 105) hat dieses Mißverständnis richtiggestellt. Er weist darauf hin, daß die Säuglingsforscher ja nicht nur zählen, ob und wann sich der Säugling an der Nase kratzt, sondern daß sie von Verhaltensbeobachtungen *Schlußfolgerungen* auf das Erleben ziehen und *Modelle* entwickeln über das, was in der Psyche des Säuglings vor sich gehen könnte. In Frage steht also nicht, ob die Säuglingsforschung behavioristisch ist – das ist sie nicht, auch wenn ihr *Ausgangspunkt* das beobachtbare Verhalten ist. In Frage steht allenfalls, ob ihre Schlußfolgerungen zu wissenschaftlicheren Aussagen über das Erleben des Säuglings führen als die Schlußfolgerungen aus anderen Datenquellen – und genau das bestreitet Green (2000 a, S. 449 ff.). Betrachten wir das Problem genauer.

Theorie und Beobachtung I: Narration

Sterns Theorie der protonarrativen Hüllen (Stern 1995, Kap. 5) wird von Green besonders attackiert. Er hält diese Theorie für »pure Spekulation« und für »wissenschaftlich keineswegs bewiesen« (Green 2000 a, S. 451). Er tadelt Stern und die Säuglingsforschung nicht für ihren Fokus auf das beobachtbare Verhalten, sondern dafür, daß *ihre Schlußfolgerungen* aus den mit korrekter Methodologie erhobenen Fakten Fiktionen sind, für die sie *unbegründet* einen höheren Grad an Wissenschaftlichkeit in Anspruch nehmen als zum Beispiel Melanie Klein für ihre Überlegungen. Die Kritik bezieht sich also nicht auf die Wissenschaftlichkeit der Funde, sondern auf die Ideen oder Theorien, die daraus abgeleitet beziehungsweise damit belegt werden (ebd., S. 449). »Die Kluft zwischen den Fakten und den Ideen ist nicht kleiner als in Melanie Kleins phantastischsten Spekulationen« (ebd., S. 453).

Man könnte diese Debatte schnell beenden, und zwar mit folgendem Argument. Ja, die Säuglingsforschung ist genauso spekulativ wie die Theorie von Melanie Klein. Sie ist eine alternative Spekulation, nicht besser oder schlechter begründet als jene. Den Wissenschaftsanspruch sollte sie aufgeben und nur in Anspruch nehmen, einen interessanten neuen Diskurs über das Säuglingserleben anregen zu wollen – und das ist ihr in der Tat gelungen. Wenn man jedoch einräumt, daß die Säuglingsforschung nur eine alternative, das Denken anregende, mehr oder weniger gut begründete Spekulation ist, so kann man andere Theorien nicht mehr als unwissenschaftlich zurückweisen, sondern höchstens als weniger anregend.

Das wäre auch eine Möglichkeit, aber Stern hält am Wissenschaftsanspruch fest und verteidigt seine Theorie der protonarrativen Hüllen als *begründete* Schlußfolgerung. »Die sich einstellenden Beobachtungen und ihre Interpretationen unterliegen den Beschränkungen, die vom gegenwärtigen Stand des akzeptierten, angesammelten wissenschaftlichen Wissens über Babys ausgehen und müssen diesen respektieren... Daher sind meine Schlußfolgerungen, obwohl spekulativ, doch nicht pure Erfindung, denn sie sind tief durchdrungen von einem etablierten Kontext (des wissenschaftlichen Wissens; M. D.) und durch diesen auch beschränkt« (Stern 2000 a, S. 472 f.). Was kann man davon halten?

Ich halte Sterns Theorie der protonarrativen Hüllen (ausführlich dargestellt bei Dornes 1997, Kap. 4) weder für besonders handlich noch für klinisch besonders relevant, aber darum geht es hier nicht. Es geht darum, ob sie »bewiesen« werden kann. Green findet sie »keineswegs bewiesen«. Stern hält sie für bewiesen, nämlich indirekt, weil sie »durchdrungen« ist vom Kontext des wissenschaftlichen Wissens. Er unterscheidet zwischen plausiblen Hypothesen und überprüftem Wissen (Stern 2000 a, S. 472 f.). Eine Hypothese ist dann plausibel und *keine* pure Spekulation, wenn sie sich in Übereinstimmung mit dem übrigen Weltwissen befindet. Sie ist dann allerdings noch nicht bewiesen oder direkt überprüft. Stern geht es gar nicht so sehr um die Überprüfung als vielmehr um die Erzeugung von Hypothesen. Deshalb geht Greens Kritik an ihm vorbei. Green fragt: Wo sind die (direkten) Beweise für die Richtigkeit deiner Hypothesen? Stern antwortet: Ich will gar nicht (direkt) beweisen, daß meine Theorie der protonarrativen Hüllen wahr ist im Sinne einer überprüften Hypothese, sondern nur, daß es eine *plausible* Hypothese ist. Um plausibel zu sein, genügt es, wenn sie »tief durchdrungen« ist vom Kontext des übrigen wissenschaftlichen Wissens. Green und Stern argumentieren also auf unterschiedlichen Ebenen. Green will *direkte* Beweise und betrachtet deren Fehlen als Indiz für Unwissenschaftlichkeit. Stern bringt *indirekte* Beweise bei und betrachtet dies als ausreichenden Beleg für die Wissenschaftlichkeit seiner Theorien.

Gibt es noch andere, direktere Formen des Beweises, die Greens Forderung eher entsprechen würden? Ein Aspekt von Sterns Theorie, an dem sich das »Beweisproblem« gut demonstrieren läßt, ist in der Diskussion zu kurz gekommen. Das Konzept der protonarrativen Hüllen besagt unter anderem, daß der Säugling Interaktionen in Gestalten erlebt, die dynamisch wie eine Erzählung strukturiert sind. Interaktionserleben hat einen Anfang, einen Höhepunkt und einen Schluß, in dem die Spannung aufgelöst wird. Welche »direkten« Belege gibt es dafür, daß der Säugling an einer Interaktionssequenz eine dynamische Kontur von Anfang, Höhepunkt und Schluß überhaupt wahrnimmt, was die Voraussetzung dafür ist, daß er sie als »protonarrativ« erlebt?

Zum Zeitpunkt der Kontroverse gab es keinen, mittlerweile gibt es solche.

Rochat/Striano (1999, S. 21 f.; Rochat 2001 a, S. 148 ff.) haben folgendes Experiment gemacht. Sie haben Säuglinge zunächst mit einem Interaktionsspiel konfrontiert, das eine normale Struktur hat. Der Versuchsleiter nähert sich dem Säugling, nimmt Augenkontakt auf und sagt zu ihm: »Schau, schau« (das ist die Annäherungsphase der Interaktion). Dann beugt er sich nach vorn, bedeckt sein Gesicht mit den Händen, läßt nach kurzer Zeit die Hände fallen und sagt: »Guck, guck« (das ist die Erregungsphase). Dann lehnt sich er sich langsam zurück und artikuliert ein langgezogenes »Yeah« (das ist die Entspannungsphase). Rochat/Striano haben nun die Struktur dieses Spiels so verändert, daß die crescendo-decrescendo-Kontur verschwand, zum Beispiel indem sie mit dem zweiten Teil anfingen und dann den ersten folgen ließen. Ein Ergebnis war, daß Säuglinge ab dem Alter von drei bis vier Monaten das normale Interaktionsspiel gegenüber dem veränderten bevorzugten. Dies bedeutet erstens, daß Säuglinge den Unterschied wahrnehmen; zweitens, daß sie eine zeitliche Abfolge wahrnehmen und drittens, daß sie eine bestimmte zeitliche Abfolge bevorzugen, nämlich diejenige, die in ihrer Dynamik eine an- und abschwellende Kontur hat. Trevarthen (2003, S. 61) hat in der vokalen Interaktion zwischen sechs Wochen (!) alten Säuglingen und ihren Müttern ebenfalls eine narrative Struktur entdeckt. Die in der Regel 30 Sekunden langen vokalen Austausche sind dynamisch in die vier klassischen Phasen des Narrativs gegliedert: Einleitung, Entwicklung, Höhepunkt und Schluß. Diese Befunde kann man zumindest als Beleg (wenn auch nicht als Beweis) für die Theorie eines narrationsähnlich strukturierten Interaktionserlebens betrachten. Man kann aber auch geltend machen, daß ein oder zwei Belege noch nicht ausreichen. Dem würde ich zustimmen. Aber man kann nicht behaupten, daß es sich hier um eine bloße Spekulation handelt. Man kann diese Belege für unzureichend halten; man kann geltend machen, daß die Befunde nur belegen, daß der Säugling Interaktionskonturen *wahrnimmt,* was noch nicht impliziert, daß er auch Interaktionskonturen *erlebt* (in Trevarthens Beispiel werden diese Konturen allerdings vom Kind praktiziert und nicht nur, wie bei Rochat, in der Außenwelt wahrgenommen); man kann Befunde suchen, die dazu *nicht* passen, aber man kann nicht behaupten, es gäbe keine. Zumindest stellt sich diese Theorie der Anforderung, Belege beizubringen, was man von bloßen Spekulationen nicht sagen kann. Zusammen mit der indirekten Form des Beweises durch Bezug auf den etablierten Kontext wissenschaftlichen Wissens ist diese Theorie deshalb besser belegt, als Green glauben (machen) will.[7]

Theorie und Beobachtung II: Konditionierung/Projektion

Ich werde nun ein Beispiel diskutieren, das den Unterschied zwischen einer »unbelegten« Vermutung und einer im obigen Sinne »belegten« – oder sich der Zumutung einer Belegforderung stellenden – Vermutung deutlich machen soll. Brenman Pick hat in ihrem Kommentar zur Green-Stern-Kontroverse folgendes Beispiel von Stern (1985, S. 140 ff.) aufgegriffen. Ein sechs Wochen alter Säugling, dem beim Stillen einmal die Nase von der Brust »verstopft« wurde, entwickelte daraufhin eine Brustvermeidung. Brenman Pick meint zutreffend, daß man dies als aversive Konditionierung beschreiben könne. Sie möchte es anders beschreiben, nämlich in der Terminologie der kleinianischen Theorie. »Ich selbst würde – Melanie Klein folgend – sagen, daß er [eine frühere Erfahrung in die gegenwärtige Erfahrungsrealität projiziert und] tatsächlich von der Erinnerung an diese frühere Erfahrung so beherrscht ist, daß er sich auf die gegenwärtige Wirklichkeit nicht einstellen kann« (Brenman Pick 2000, S. 85). Ich habe den Teil des Satzes in Klammern gesetzt, den ich für begründungsbedürftig halte. Beschreibt man den Vorgang als aversive Konditionierung, so muß das natürlich ebenfalls begründet werden, denn lange Zeit galt die Auffassung, daß man sehr kleine Säuglinge *nicht* konditionieren kann. Seit 1970 gibt es nun aber eine Fülle von Experimenten, die zeigen, daß man Säuglinge durchaus sowohl klassisch als auch operant konditionieren kann. Das genügt indes noch nicht, denn im obigen Fall hat sich die Brustvermeidung nach einem *einmaligen* Verstopfungsereignis eingestellt und nicht nach mehreren solcher Erfahrungen. Man muß deshalb weiter zeigen, daß es aversive Konditionierungen gibt, die *nicht* mehrere Konditio-

7 Dieser Punkt ist auch Gegenstand der Debatte um Wolffs (1996) Artikel gewesen. Wolff (ebd., S. 374) wirft der Säuglingsforschung »enumerativen Induktivismus« vor. Darunter versteht er, daß sie selektiv einzelne Belege anführt und darauf (zu) weitreichende Schlußfolgerungen aufbaut. Dies mag in einzelnen Fällen zutreffen, ist aber, wie Seligman (1996, S. 432 f.) in seiner Antwort auf Wolff darstellt, für den gesamten Theoriekorpus der Säuglingsforschung nicht zutreffend.

nierungsdurchgänge erfordern, und weiter, daß es dieses sogenannte »one-trial-conditioning« auch schon bei Säuglingen gibt. Auch dafür gibt es Belege. *Nur deshalb* kann man die Brustvermeidung *begründet* als aversive Konditionierung beschreiben.

Wo aber sind nun die Belege dafür, daß ein sechs Wochen alter Säugling projizieren kann? (Kritische Diskussion bei Dornes 1997, S. 69 ff.) Das war ja Brenman Picks Vorschlag. Man könnte die Sache zu den Akten legen und sagen: Es handelt sich einfach um unterschiedliche Theoriesprachen oder »Vokabulare«. Was die einen aversive Konditionierung *nennen*, nennen die anderen Projektion früherer schlechter Erfahrung auf/in gegenwärtige und so erklären beide die Brustvermeidung auf unterschiedliche Weise. Obwohl ich für diese liberale Lesart offen bin, finde ich es wünschenswert, daß irgendwelche Belege dafür beigebracht werden, daß ein sechs Wochen alter Säugling projiziert. Weshalb sonst sollte man sich *mit nachprüfbaren Gründen* dieser Lesart anschließen?

Theorie und Beobachtung III: Intentionalität

Nehmen wir der Einfachheit halber an, man kann für diese Behauptung Belege beibringen. Dann hätte man die Projektionsthese begründet. Brenman Pick geht aber noch weiter. Weil der Säugling so unreif ist, erlebt er ihrer Ansicht nach die »Verstopfung« der Nase als bedrohlich. Das finde ich auch ohne weitere Belege plausibel. Aber dann heißt es in einem nächsten Schritt: »Wenn der Säugling – wie flüchtig, unklar oder dunkel auch immer – seiner Mutter die Absicht zuschreibt, ihn zu ersticken (!), warum sollte er das nicht... mit seinem eigenen Wunsch... vermischen, die Mutter zu ersticken (!), z. B. mit seinen Forderungen nach totaler und exklusiver Aufmerksamkeit?« (Ebd., S. 86; Übers. leicht verändert). Das ist schon weitreichender. Meines Erachtens genügt es zur Stützung dieser interessanten Vermutung nicht, darauf zu verweisen, daß ältere Kinder oder Erwachsene solche Wünsche/Absichten haben oder anderen zuschreiben. Man müßte Belege dafür beibringen, daß schon sechs Wochen alte Säuglinge dazu in der Lage sind.

Brenman Pick führt keine Belege an. Sie referiert, zirkulär, als Begründung auf die Theorie Melanie Kleins (»I, following Melanie Klein...«). Die Kleinianer sind häufig – aus mir unklaren Gründen –

nicht gewillt, solche Belege beizubringen. Ich habe mich deshalb an ihrer Stelle bemüht und die Literatur zur Intentionswahrnehmung beziehungsweise Intentionszuschreibung im Säuglingsalter durchgesehen. Um eine lange Recherche kurz zu machen: Es gibt mittlerweile einige Untersuchungen zu diesem Thema, das zugegebenermaßen mit empirischen Mitteln nicht einfach zu untersuchen ist. Aus Platz- und Zeitgründen sollen hier nicht die Details der Experimente geschildert werden, sondern nur ihre Resultate. Je nach Beschaffenheit des Experiments werden unterschiedlich schwierige Erkennungsleistungen abgefragt. Die Ergebnisse lauten, daß Säuglinge ab fünf Monaten (Woodward 1998, Woodward et al. 2001, Wellman/Lagattuta 2000, S. 35), zwischen sieben und neun Monaten (Rochat/Striano 1999, S. 27), zwischen neun und zwölf Monaten (Tomasello 1995, 1999 b, Gergely et al. 1995, Csibra et al. 1999, Wellman/Phillips 2001, S. 140 ff., Phillips et al. 2002) oder zwischen 14 und 18 Monaten (Carpenter et al. 1998; Meltzoff 1995, 2002; Meltzoff/Brooks 2001; Repacholi/Gopnik 1997) anfangen, Bewegungen oder Handlungen von Objekten/Personen als intentional wahrzunehmen beziehungsweise ihnen Intentionen zuzuschreiben. Bezogen auf die obige Frage, ab wann kleine Kinder *ihrer Mutter* (böse) Absichten *auf einem mentalistischen Niveau* zuschreiben (können), ist diesen Forschungsergebnissen und den informativen Überlegungen Gergelys (2000, S. 827 ff.; 2002) und Carpenters et al. (2002) zufolge das Alter zwischen 18 und 24 Monaten beim derzeitigen Forschungsstand das wahrscheinlichste.[8]

Man kann sich die ganze Sache jedoch auch einfacher machen und die Behauptung von Brenman Pick so modifizieren, daß sie nicht mehr besagt, daß der Säugling der Mutter *die Intention zuschreibt,* ihn zu ersticken, sondern daß er die Mutter *so erlebt,* wie wenn sie ihn ersticken *würde (nicht: wolle).* In dieser Lesart nimmt der Säugling zunächst keine Intentionszuschreibung vor, erlebt aber dennoch eine Bedrohung. Auch das wäre noch eine Schlußfolgerung, aber eine begründete, insofern man aus der Brustvermeidung ablesen kann, daß die Situation vom Säugling zumindest als unangenehm und irgendwie bedrohlich erlebt wird. Die weitergehende Schlußfolgerung, daß hier

8 Gergely unterscheidet noch zwischen Wahrnehmung von Zielgerichtetheit/Teleologie (ab neun Monaten) und Wahrnehmung von Absichtlichkeit/Intentionalität (ab 18 Monaten). Diese subtile Unterscheidung kann hier nicht weiter gewürdigt werden (für Details s. Dornes 2004 und hier Kapitel 5).

eine Intentionszuschreibung (»Mutter *will* mich ersticken«) vorliegt, scheint mir derzeit von keinen »Daten« gedeckt zu sein. Es ist allerdings nicht auszuschließen, daß in Zukunft Untersuchungen gemacht werden, die Belege dafür beibringen, daß auch sehr kleine Säuglinge Intentionszuschreibungen vornehmen. Gegenwärtig sieht es nicht so aus, und ich würde mich dieser Theorie deshalb *nicht* anschließen.

Der dritte Teil von Brenman Picks Behauptung, daß der Säugling auch *sich selbst* (und nicht nur der Mutter) Erstickungsabsichten zuschreibt, ist ebenfalls bisher nur durch die Theorie Melanie Kleins gedeckt. Zu untersuchen wäre die Frage, ab wann der Säugling nicht nur bei anderen Absichten wahrnimmt, sondern auch bei sich selbst (welche hat).[9] Es gibt einige Indizien dafür, daß der Säugling sich und andere irgendwann zwischen neun und 18 Monaten als intentionale Subjekte erlebt (Tomasello 1995 b, 1999 a; Dornes 1997, S. 73 ff.; allgemeiner Überblick: Gopnik et al. 1999, S. 73 ff., 217 f.; Poulin-Dubois 1999; Zelazo et al. 1999; Malle et al. 2001; Gergely 2002).

Damit ist die Debatte um die Anfänge der Intentionalität aber noch nicht beendet, denn es könnte sein, daß der Säugling intentional *handelt,* bevor er sich als intentionales Subjekt *erlebt.* Meltzoff/Moore (1999) haben dargestellt, daß schon wenige Stunden alte Neugeborene bestimmte menschliche Gesichtsausdrücke, wie zum Beispiel das Herausstrecken der Zunge, nachahmen. Diese Nachahmung ist kein Reflex, denn sie erfolgt mit Verzögerung auf die Darbietung des Vorbildes; sie ist auch kein einmaliger Akt, sondern häufig ein sich dem Ziel langsam annähernder Prozeß; das Neugeborene versucht, seinen Gesichtsausdruck in mehreren Durchgängen dem Gegenüber anzugleichen. Meltzoff/Moore sind deshalb der Auffassung, daß es sich bei der Neugeborenenimitation um einen zielgerichteten und absichtsvollen Vorgang handelt. Die Absicht existiert allerdings nur auf einem subsymboli-

9 Eine umfassende Diskussion dieses Problems würde weit über das hinausgehen, was hier geleistet werden kann. Es gibt nämlich Unterschiede zwischen a) sich selbst oder anderen Intentionen *als mentale Gebilde zuschreiben* und sich dieser Zuschreibung auch *bewußt* sein (wahrscheinlich ab vier Jahren); b) sich selbst oder anderen Intentionen als mentale Gebilde *ohne* explizites Bewußtsein zuschreiben (strittig, ob ab neun Monaten oder ab eineinhalb Jahren; eher letzteres); c) sich selbst oder andere als intentionale Subjekte *erleben* (wahrscheinlich ab neun Monaten); d) intentional *kommunizieren* (wahrscheinlich ab neun Monaten, eventuell früher); e) intentional *handeln* (wahrscheinlich ab Geburt). Ich gebe im folgenden eine unterkomplexe, rein intuitive Darstellung.

schen Niveau. Insofern kann man eher vom »Haben« einer Absicht sprechen als von der (Selbst)zuschreibung einer solchen.[10]

Diese Form von Intentionalität entspricht dem, was der Philosoph Searle (1983) »intention-in-action« genannt hat. Wenn ein Autofahrer einem überraschend auf die Straße rollenden Gegenstand jäh ausweicht, so manifestiert sich im Herumreißen des Steuers eine Absicht des Ausweichens, die aber nicht als von der Handlung getrennte mentale Entität existiert, sondern nur in der Handlung selbst. Anders verhält es sich mit reiferen Formen der Intentionalität, in denen wir eine Absicht, etwa die des Einkaufens, *als Vorstellung* haben können, ohne zugleich die entsprechende Handlung auszuführen. Lichtenberg (1983) unterscheidet ebenfalls verschiedene Niveaus von Intentionalität. Die Kleinianer sollten sich solche Differenzierungen zu eigen machen, weil sie dann nicht den Eindruck erwecken würden, den Säugling mit kognitiven/symbolischen Fähigkeiten auszustatten, die er noch nicht hat. Genau dieser Punkt war schon in den Freud-Klein-Kontroversen (King/Steiner 1991) ein ständiger Stein des Anstoßes und ist es bis heute geblieben, weil die Rede von den Absichten, die der Säugling »wie flüchtig, unklar oder dunkel auch immer« hat oder anderen zuschreibt, einfach zu unpräzise ist, um bestätigt oder widerlegt werden zu können.[11]

Theorie und Beobachtung IV: Resümee

Wenn man jedoch die Sache integrativ betrachtet und wohlwollend über einige Unebenheiten hinwegsieht, so könnte man auch zu dem Ergebnis kommen, daß es sich bei den dargestellten Differenzen insgesamt eher um Fragen des Grades als um grundsätzliche Unterschiede handelt. Das diesbezügliche vorläufige Fazit würde dann lauten: Aussagen über das Erleben von Neugeborenen oder Säuglingen sind *immer* Schlußfolgerungen. Was strittig ist, ist das Ausmaß, in dem diese

10 Die offene Frage ist, ob dieses Haben einer Intention für den Säugling schon damit einhergeht, sich als intentionales Subjekt zu erleben.

11 Es bleibt ein weiterer Vorbehalt: Ob der Säugling – selbst wenn er Absichten auf irgendeinem rudimentären Niveau und in irgendeiner rudimentären Gestalt hat – auch (unbewußte?) *Erstickungs- oder Zerstörungs*absichten hat, scheint mir letztlich eine mit empirischen Mitteln nicht mehr klärbare Frage (s. Dornes 1997, S. 257 ff.).

Schlußfolgerungen durch anderweitige Untersuchungen als begründet ausgewiesen werden können. Diese anderweitigen Untersuchungen können aus dem in Nachbardisziplinen etablierten und akzeptierten »Kontext des Wissens« stammen oder aus direkteren Überprüfungen von Hypothesen. Säuglingsforscher wie Stern unterscheiden sich daher von Kleinianern nicht dadurch, daß sie nicht schlußfolgern und auch nicht dadurch, daß sie nicht spekulieren – darin hat Green durchaus recht. Sie unterscheiden sich vor allem dadurch, daß sie sagen: Wir wollen versuchen, für unsere Hypothesen oder Spekulationen Belege beizubringen, *die möglichst allgemein akzeptabel sind* und nicht nur für die Anhänger eines Theoriesystems.[12] An der Forderung nach möglichst allgemeiner Akzeptanz scheiden sich die Geister. Wer sie befürwortet, wird den Kontakt zu anderen Wissenschaften suchen und deren Ergebnisse für »irgendwie« relevant für die eigene Theoriebildung halten, zum Beispiel die oben erwähnte Forschung und Literatur zur Intentionalität. Wer auf möglichst allgemeine Akzeptierbarkeit verzichtet, kann auch auf den Kontakt zu anderen Disziplinen verzichten.[13]

Damit sind wir beim zweiten Thema angelangt, der Frage der Relevanz der Säuglingsforschung für die Psychoanalyse. Greens Position wurde schon skizziert. Nun zu Sterns Auffassung. Er unterscheidet – in Anlehnung an die Unterscheidung zwischen indirekten und direkten Belegen – zwischen direkter und indirekter Relevanz der Kleinkindforschung für die Psychoanalyse.

12 In diesem Sinne unterscheidet Zima (2000, S. 389) zwischen intersubjektiver und interkollektiver Überprüfung. Die entscheidende Frage lautet: »Welche Theoreme, die intersubjektiv *innerhalb* einer Wissenschaftlergruppe überprüft wurden, gelten auch interkollektiv, d.h. *zwischen* heterogenen Wissenschaftlergruppen?« Darauf gibt es keine eindeutige Antwort, aber an der Anstrengung der Interkollektivität sollte, wie Zima zeigt (ebd., S. 397 ff.), festgehalten werden. Eine ausführliche Behandlung dieses Problems mit umfassenden Kommentaren findet sich bei Zima (1999).

13 Ein Rezensent kleinianischer Literatur hat unlängst trocken bemerkt, daß die Kleinianer nicht an empirische Untersuchungen glauben und nicht daran interessiert sind (Fink 2000, S. 1183). Das ist im großen und ganzen richtig. Es gibt allerdings Ausnahmen. Ich komme weiter unten darauf zurück.

Direkte oder indirekte Relevanz der Kleinkindforschung?

Die direkte Relevanz bestünde darin, daß die Kleinkindforschung bestimmte psychoanalytische Aussagen oder Lehrsätze falsifizieren kann. Stern (2000a, S. 467ff.) glaubt *nicht*, daß sie das kann, weil er grundsätzliche erkenntnistheoretische Differenzen zwischen der Psychoanalyse und der Kleinkindforschung sieht. Ich habe diese Auffassung an anderer Stelle ausführlicher gewürdigt (Dornes 2001) und gebe deshalb hier nur ein kurze Zusammenfassung. Stern meint, daß wissenschaftliche Wahrheit auf der einen Seite und die »Kohärenz der Metapsychologie oder die klinischer Rekonstruktionen« auf der anderen Seite auf unterschiedlichen begrifflichen Ebenen liegen und deshalb nicht direkt miteinander verglichen werden können. Er spricht davon, daß die Lehrsätze (tenets) der Psychoanalyse »epistemisch geschützt« sind vor wissenschaftlichen Wahrheiten, auch wenn sie nicht geschützt sind vor Zweifeln; aber diese Zweifel sind nicht das Ergebnis einer direkten Widerlegung. Die Säuglingsforschung hat die Existenz einer autistischen Phase *nicht* direkt widerlegt, sondern sie unplausibel gemacht, in dem Sinne, daß dieser »Lehrsatz« nicht mehr mit dem übrigen Weltwissen übereinstimmt. Deshalb ist seine Akzeptanz »prekär« geworden. In anderen Worten: Es gibt auf Grund epistemischer Differenzen zwischen der Psychoanalyse und anderen Wissenschaften keine direkte Widerlegung ihrer Lehrsätze. Aber es gibt ein übriges Weltwissen außerhalb der Psychoanalyse. Die Plausibilität von Sätzen oder Theorien ergibt sich nicht allein aus ihrer internen Kohärenz, sondern aus ihrer Übereinstimmung mit diesem übrigen externen Weltwissen (ähnlich Tress 1987 und Strenger 1991).

Wie wichtig muß man die indirekte Form der Widerlegung nehmen? Green meint, wir können sie ignorieren. Es mögen interessante Theorien sein, aber sie sind nicht relevant für die Psychoanalyse, weil sie sich nicht auf das analytische Setting – mit dem ihm entsprechenden besonderen »Geisteszustand« von Analytiker und Patient – beziehen lassen. Das ist sein zentrales Relevanzkriterium (Green 2000a, S. 460f., 463). Stern kommentiert: »Green möchte sehr genau eingrenzen, wer ein Psychoanalytiker ist und was Psychoanalyse ist. Er argumentiert, daß Beiträge zu den psychoanalytischen Vorstellungen der Metapsychologie oder der Entwicklung aus der klinischen Situation heraus und unter Verwendung der psychoanalytischen Technik entstehen müssen, um wahrhaft psychoanalytisch zu sein. Um klinische Psychoanalyse *aus-*

zuüben, ist dies in der Tat notwendig. Aber ist die klinische Situation notwendig, wenn man über die Psychoanalyse, ihre Metapsychologie und Entwicklungstheorie *nachdenkt*? Ich würde sagen, nein« (2000a, S. 482). Deshalb kommt er zu dem Ergebnis, daß wir die Befunde der Nachbardisziplinen und eine dadurch eventuell gegebene indirekte Widerlegung *nicht* ignorieren sollten, denn wenn wir unplausible beziehungsweise indirekt widerlegte Konzepte nicht aufgeben, verlieren wir den Anschluß an das übrige Weltwissen und werden irrelevant. Das ist eine gute Pointe. Es wird jetzt nämlich nicht mehr gefragt, ob die Säuglingsforschung relevant für die Psychoanalyse ist, sondern ob die Psychoanalyse, wenn sie die Ergebnisse der Säuglingsforschung ignoriert,[14] noch relevant ist für die Welt. Sterns Antwort auf diese Frage ist: Nein. Wenn Aussagen der Psychoanalyse in (indirektem) Widerspruch zum übrigen Weltwissen stehen, sollten sie revidiert werden. Wenn sich die Psychoanalyse von der übrigen (Wissenschafts-)Welt und dem, was in ihr vorgeht und gefunden wird, abkoppelt, ist die vorhersehbare Konsequenz, daß sie nicht relevant bleibt. »Ein breites intellektuelles Interesse an der Psychoanalyse beruht letztlich auf dieser Säule ihrer Verbindung und Entsprechung mit dem Rest unseres geläufigen Wissens über die Welt. Wenn diese Bezogenheit zerbricht oder zu schwach wird, hört der psychoanalytische Diskurs auf, interessant zu sein und gerät ins Hintertreffen. Nicht etwa, weil er falsch oder richtig wäre, sondern weil er den Kontakt mit und die Bedeutung für die restliche intellektuelle Kultur verloren hat« (Stern 2000a, S. 469).

Das kann einem gleichgültig sein und man kann die Psychoanalyse so *definieren,* daß sie von solchen Überlegungen nicht beziehungsweise wenig tangiert wird. Auch indirekt widerlegte Theorien können beibehalten werden. Hier gibt es mindestens drei Möglichkeiten. Erstens: Man schränkt den Geltungsbereich der Theorie ein und behauptet zum Beispiel für die Theorie des primären Narzißmus, daß sie nur für das schlafende Neugeborene gilt oder für Zustände, in denen es allein ist (Green 1995, S. 1197). Oder man argumentiert, daß die Theorie des primären Narzißmus keine Hypothese ist, deren Folgerungen überprüft werden können, sondern eine produktive Art des Denkens; eher ein System von Axiomen, die das Denken ermöglichen, als ein System von Hypothesen, die überprüft werden können (Dahl 2001; ausführlich zu beiden Positionen Dornes 2001).

14 Säuglingsforschung steht hier stellvertretend für das übrige Weltwissen.

Zweitens: Man kann, wie Green (2000 a, S. 446), die Psychoanalyse als eine »Disziplin« verstehen. Dann ist sie keine Wissenschaft, die (extern) überprüfbare Hypothesen formuliert, sondern eher die Theoretisierung einer Lebensform oder einer Berufs-/Lebenspraxis, eine bestimmte Art, mit sich selbst, seinen Gedanken und Gefühlen umzugehen (und denen des Patienten) – und dann *kann* man die Ergebnisse der Wissenschaft als irrelevant betrachten. In dieser Optik ist die Psychoanalyse eine systematisch trainierte Weise der Erzeugung und Deutung psychischer Phänomene, die nur in einem bestimmten Setting erscheinen und dementsprechend auch nur dort überprüft werden können. Jede Art von »Meßverfahren« zum Zwecke der Überprüfung ist jedoch ungeeignet, weil es die betreffenden Phänomene in ihrer Eigenart zerstört.

Drittens: Man kann wie Wolff (1996, S. 377) die Psychoanalyse im Sinne der Hermeneutik definieren. Ihre Aufgabe ist es dann nicht, Theorien über das menschliche Erleben aufzustellen, die auf verallgemeinerbare und überprüfbare (Gesetzes)aussagen oder wenigstens Regelmäßigkeiten abzielen, sondern ihre Aufgabe ist die Entzifferung verborgener individueller unbewußter Bedeutungen. Wolff kommt daher konsequenterweise zu dem Schluß, daß alles, was für die Psychoanalyse relevant ist, von der Couch kommen muß, denn nur dort ließen sich die idiosynkratischen individuellen Bedeutungen erhellen (1996, S. 473). Seine Kritiker (z. B. Osofsky 1996, S. 422 f.) finden das eine zu enge Definition von Psychoanalyse und schlagen andere vor, etwa die, daß die Psychoanalyse eine Theorie über die Entstehung und Entwicklung der Persönlichkeit unter besonderer Berücksichtigung unbewußter Persönlichkeitsanteile sei. Wolff (1998, S. 276 f.) antwortet darauf, nicht seine Definition sei zu eng, sondern die der anderen zu breit, und Green vertritt eine ähnliche Auffassung. Die Psychoanalyse müsse die Psyche vom »Scheitelpunkt des Unbewußten« aus betrachten (Green 2000 a, S. 445), nicht von dem des Ich und auch nicht von dem unbewußter Ichanteile (2000 d, S. 251). Außerdem dürften Konzepte nur »dem psychoanalytischen Setting entsprechend … und nicht nur vom Studium der Entwicklung her« geändert werden (2000 a, S. 446). Darauf kann man eigentlich nur sagen: Wer sich dafür *entscheidet,* den Gegenstandsbereich der psychoanalytischen Theorie und Forschung so einzuengen –, oder neutraler ausgedrückt: so festzulegen – und wer sich dafür *entscheidet*, den Anspruch auf externe Kohärenz aufzugeben, schneidet die Psychoanalyse zumindest ein Stück weit vom Rest der Welt ab und das könnte dazu beitragen, daß sie irrelevant wird.[15]

Und genau das ist die Sorge der Wissenschaftler unter den Psychoanalytikern. Auch sie machen sich Sorgen um die Zukunft der Psychoanalyse, aber ihre Sorgen sind andere. Nicht die, daß die Psychoanalyse ihre Spezifität verliert, sondern daß sie, wenn sie (zu sehr) auf ihr besteht, den Kontakt zur übrigen *Wissenschafts*welt verliert und damit ihre Relevanz *für diese.* Diese Befürchtung ist meines Erachtens gut begründet, aber die Sorge des Spezifitätsverlustes bei forcierter Verwissenschaftlichung ebenfalls. Wer wüßte nicht von Projekten zur Überprüfung psychoanalytischer Hypothesen, in denen das Psychoanalytische auf dem Wege der Operationalisierung bis zur Unkenntlichkeit entstellt ist. Das kann, muß aber nicht so sein. Das Dilemma ist letztlich, daß beide Seiten gute Gründe für ihre Befürchtungen angeben können. Verwissenschaftlichung kann zum Substanz- oder Spezifitätsverlust führen, fehlende Verwissenschaftlichung zur Irrelevanz. Deshalb wird die Diskussion nicht enden. Mir scheint derzeit die Gefahr des Relevanzverlustes größer zu sein als die der übermäßigen Verwissenschaftlichung. Eine nur noch für (manche) Psychoanalytiker relevante Psychoanalyse, die auf ihrer Spezifität beharrt – sei es mittels des Green-Wolffschen Arguments vom spezifischen Gegenstand der Psychoanalyse, sei es in der Version von Theorien als nicht-explanatorischen, nur heuristisch fruchtbaren Gebilden, die kohärente und interessante Diskurse erzeugen sollen, ohne überprüfbaren Wahrheitsansprüchen unterworfen zu sein (s. Dornes 2001) – ist der Tendenz nach selbstreferentiell und damit in akuter Lebensgefahr. Aus der dynamischen Systemtheorie wissen wir, daß geschlossene Systeme sterben. Nur offene Systeme, die sich im Austausch mit ihrer Umwelt befinden, überleben und entwickeln sich weiter (Nahum 1998, S. 273). Wem das zu wissenschaftlich klingt, der sei an ein Bonmot des Philosophen Odo Marquard erinnert: Eine Philosophie, die nur noch für Philosophen interessant ist, gleicht einer Zunft von Sockenherstellern, die Socken nur noch für Sockenhersteller herstellt. Wollen Psychoanalytiker das werden?

15 Buchholz (1997, 1999) hat dieses *Entweder-Oder* vermieden. Er beschreibt die klinische Psychoanalyse als eine *Profession*, die in der Berufspraxis erworbenes professionelles Wissen verwendet, das sich von wissenschaftlichem Wissen strukturell unterscheidet. Allerdings findet *im Umfeld* der Profession Wissenschaft statt, die nicht ignoriert werden sollte, auch wenn man ihre Ergebnisse nicht direkt auf den Patienten »anwenden« kann. Das kommt Sterns Position ziemlich nahe.

Aber auch hier bieten sich noch zwei Alternativen. Die eine ist, daß man sagt, wir geben zwar den Bezug zu einer *bestimmten* wissenschaftlichen Umwelt auf und werden für diese irrelevant, aber das heißt nicht, daß wir uns nur noch mit uns selbst unterhalten. Wir suchen den Kontakt zu Kunstgeschichtlern, Historikern, Literaturwissenschaftlern, Anthropologen, Ethnologen, Theologen, Philosophen etc. Das ist eine Möglichkeit.[16] Dort wird man allerdings auf dieselben Probleme stoßen. In der Philosophie beispielsweise auf die sogenannten kontinentalen Richtungen wie Phänomenologie, Hermeneutik, Existenzphilosophie, Strukturalismus und Kritische Theorie auf der einen Seite, deren Wissenschaftlichkeit häufig in Frage gestellt wird. Auf der anderen Seite den Kritischen Rationalismus, die Wissenschaftstheorie und die Analytische Philosophie, die – in Teilen – am Projekt der Verwissenschaftlichung der Philosophie durch interdisziplinären Kontakt/externe Kohärenz festhalten. Außerdem gibt es alle möglichen Zwischenpositionen. Für wen also soll man sich entscheiden, wenn man sich mit anderen Disziplinen ins Gespräch begibt? Diese haben dieselben Probleme und dieselben Schismen.[17]

Eine zweite Option – außer der, sich den »weichen« Wissenschaften als Referenzfeld zuzuwenden und so die Gefahr des disziplinären Autismus zu vermeiden – ist es, die Stichhaltigkeit der These von der externen Kohärenz zu überprüfen, denn diese hat, selbst wenn man sie nur auf einen bestimmten Typus von (harter) Wissenschaft bezieht, ihre Tücken.

Probleme der indirekten Relevanzthese

Die diesbezügliche Hauptthese war, daß die Psychoanalyse sich in ihren Aussagen nicht im Gegensatz zum übrigen (wissenschaftlichen) Weltwissen befinden sollte, weil sie sonst irrelevant wird. Was aber ist das übrige wissenschaftliche Weltwissen? Theorien sind gerade dann neu, wenn sie dem bisherigen Weltwissen widersprechen. Kopernikus' Idee, daß die Erde nicht Mittelpunkt des Universums ist, widersprach dem bis dahin seit vielen Jahrhunderten geltenden geozentrischen, pto-

16 Stern zieht sie durchaus in Betracht (2000 a, S. 469), kommt aber hinsichtlich des Wissens über kleine Kinder zu dem Schluß, daß in diesem Fall die Entwicklungspsychologie die relevanteste externe Disziplin ist.

17 Die Geschichtswissenschaft ebenso (s. z. B. Evans 1997).

lemäischen Weltbild. Kopernikus konnte mit seiner neuen Theorie die Bewegung der Planeten nicht genauer erklären als die Ptolemäer und seine Theorie wurde auch nicht nur aus religiösen Gründen abgelehnt. Tycho Brahe formulierte damals den *auf Beobachtungen* fußenden zentralen Einwand (Andersson 1988, S. 167): Wenn die Erde um die Sonne kreist, so müssen wir die Fixsterne im Abstand von einem halben Jahr aus zwei weit entfernten Stellungen und damit etwas gegeneinander verschoben sehen. Diese sogenannte Parallaxe konnte jedoch wegen der großen Entfernung der Fixsterne erst 1839 gemessen werden – also mehr als 300 Jahre nach Kopernikus. Zu seiner Zeit waren die Fernrohre noch zu ungenau, man fand keine Fixsternparallaxe und hielt deshalb *das heliozentrische* Weltbild für widerlegt! Auch Galileis Beobachtungen wurden angezweifelt. Ebenso stieß Keplers Beschreibung der Planetenbahnen auf Ablehnung bei den Fachgelehrten, und Newtons Auffassung, daß Gewicht nichts anderes ist als eine allgemeine Massenanziehung, erntete lange Zeit Widerspruch und Spott. Huyghens hielt sie für »absurd«, Leibniz für »okkult« (Lakatos 1970, S. 180 Fn. 366). Ähnlich verhielt es sich mit Darwins Evolutionstheorie und Freuds Auffassung über die Psychosexualität bei Kindern. Alle diese Einsichten sind irgendwann einmal mehr oder weniger akzeptiert worden, waren aber zum Zeitpunkt ihrer Entdeckung in hohem Maße kontrovers. Dabei mischten sich oft religiöse, kulturelle, wissenschaftliche und wissenschaftspolitische Gründe für die Ablehnung in unterschiedlichem Ausmaß. Fragt man nun bei jeder neuen Theorie sogleich nach ihrer externen Kohärenz, so wird man davon eher wenig finden, denn neue Theorien sind zunächst einmal weniger extern kohärent als alte. Man sollte deshalb das vorfindbare Maß an externer Kohärenz in seiner Bedeutung für die Wahrheit von Theorien nicht überschätzen, weil bisher nicht kohärente Theorien das in Zukunft noch werden können.

Ein gutes Beispiel dafür gibt Strenger (1991, S. 189 f.). Er ist der Meinung, daß Melanie Kleins Theorie der paranoid-schizoiden Position nur Sinn macht, wenn man davon ausgeht, daß der Säugling Selbst und Objekt als getrennt wahrnimmt, denn die Idee eines verfolgenden Objekts setze eine rudimentäre Trennungserfahrung zwischen Subjekt und Objekt voraus. Genau diese Auffassung sei unvereinbar mit dem übrigen Weltwissen, insbesondere Piagets Theorie eines ursprünglichen Adualismus. Deshalb müsse man sich in irgendeiner Form mit diesem Widerspruch zwischen beiden Theorien befassen, beispielsweise indem man entweder die paranoid-schizoide Position in ein späteres Alter verlegt, oder die Gültigkeit von Piagets Theorie anzweifelt. Letzteres hat die Säuglingsforschung getan und mittlerweile gezeigt, daß es gute Gründe für die Annahme gibt, daß der Säugling von Anfang an sich selbst und die ihn umgebenden Objekte als voneinander getrennt wahrnimmt (Stern 1985; Dornes 1993, Kap. 4), Piagets diesbezügliche Theorie also wahrscheinlich falsch ist. Lange Zeit war die kleinianische Theorie mit dem übrigen Weltwissen inkohärent. Sie ist in diesem Punkt kohärenter geworden, aber nicht, weil sie sich geändert hat, sondern weil sich das übrige Weltwissen veränderte.

Ein zweites Problem ist, daß oft nicht klar ist, was als übriges gesichertes Weltwissen gelten kann. Die Befunde und Theorien sind oft sehr heterogen und in keiner Weise so eindeutig, daß man von einem allgemein akzeptierten Weltwissen sprechen könnte. »Einige Wissenschaftler – und viele Nichtwissenschaftler – meinen, Forscher wüßten alles und die Wissenschaft sei der einzige Weg zur wahren und gesicherten Erkenntnis. Und doch wird jeder praktizierende Wissenschaftler einräumen, daß wir dieses sichere Wissen nicht besitzen. Wir sammeln Daten, wir formulieren Modelle, wir überarbeiten unsere Modelle... sammeln noch mehr Daten, stellen fest, daß sie nicht ganz passen. Auf diese Weise kämpfen wir ständig darum, unser Wissen zu vervollkommnen. Wir können nur jeden Tag hoffen, daß wir uns der Wahrheit nähern« (Coyne 2000, S. 118). Das Zitat stammt von einem Naturwissenschaftler. Ein Sozialwissenschaftler sieht die Lage ähnlich: »Wissenschaftliche Erkenntnisse sind meist schlechter als ihr Ruf. Sie sind oft strittiger Natur. Trotz seines hohen Ansehens ist wissenschaftliches Wissen fast immer anfechtbar« (Stehr 2000, S. 16). Bei so viel Vorläufigkeit von Wissen, scheint die Rede vom restlichen Weltwissen, mit dem das der Psychoanalyse nicht im Widerspruch stehen soll, eher eine regulative Idee als ein durchführbares Programm. Seidler (2001, S. 58 f.), der sich jüngst ebenfalls mit dem Problem der Vereinbarkeit klinisch psychoanalytischer Modelle mit denen aus nachbarwissenschaftlichen Disziplinen befaßt hat, schreibt: »Um diesem Kriterium (dem der externen Kohärenz; M. D.) zu genügen, erscheint es notwendig, Modelle in Psychosomatik, Psychotherapeutischer Medizin und Psychoanalyse auch an Ergebnissen etwa der biologischen Psychologie, der Psychiatrie, der Inneren Medizin, aber auch der Philosophie und Ethnologie oder der Neurowissenschaften zu validieren... Eine derartig breit angelegte Fundierung dürfte als notwendige, wenngleich nicht hinreichende Bedingung dafür anzusehen sein... das Feld der Psychoanalyse im Kanon der anderen medizinischen Disziplinen und der anderen Humanwissenschaften erstens eigenständig und zweitens mit ihnen verbunden zu halten.« Dem stimme ich zu, auch wenn es schwierig ist, sich vorzustellen, wie die Psychoanalyse mit dem Wissen all dieser anderen Disziplinen übereinstimmen soll, wo doch das Wissen in jeder diese Disziplinen noch nicht einmal mit sich selbst übereinstimmt. Die Gehirnforschung etwa hat mittlerweile viele divergierende Modelle zur Erklärung des Phänomens des Bewußtseins hervorgebracht, die sich untereinander zum Teil erheblich widersprechen und eine Einigung ist nicht in Sicht, noch nicht einmal, wenn man sich auf die drei aussichtsreichsten Kandidaten, die Theorien von Crick (1994), Damasio (1994, 1999) und Edelman (1992) beschränkt. Selbst wenn eine Einigung möglich wäre, müßte man sich fragen, wieviel davon eine Folge von Macht, Konvention, Zeitgeist auf der einen und wieviel eine Folge von Wahrheit auf der anderen Seite ist. Alle diese Faktoren spielen – wie die Untersuchungen zur Wissenschaftsgeschichte zum Beispiel von Fleck, Hanson, Toulmin, Kuhn, Lakatos und Feyerabend gezeigt haben – eine erhebliche Rolle bei der Durchsetzung von Theorien.[18]

Warum trotzdem an der indirekten Relevanzthese festhalten?

Dennoch scheint mir die Idee einer erstrebenswerten externen Kohärenz unverzichtbar, auch wenn dieser Bezugspunkt ständig im Fluß ist. Die grundlegende Intuition, die der Forderung nach externer Kohärenz zu Grunde liegt, ist die, daß der Bezug auf externes (wissenschaftliches) Wissen eine begründete, wenn auch manchmal nur vorläufige Entscheidung zwischen konkurrierenden Theorien erlaubt, insofern dieses externe Wissen »constraints« festlegt für das, was noch als plausible Theorie gelten kann (ausführlich dazu Strenger 1991, S. 186 ff.). Freuds Urhordentheorie (1912/13) wäre aufzugeben, weil sie sich auf einen Lamarckismus stützt, den in der Biologie niemand mehr vertritt. Auch für die Todestriebtheorie (Freud 1920) gibt es in keiner Nachbardisziplin Unterstützung. Bezogen auf die verschiedenen Theorien über den Säugling müßten derzeit alle Theorien, die sich auf einen primären Nar-

18 Orientierende Sekundärliteratur: Diederich (1974), Bernstein (1983), Stegmüller (1987 b), Andersson (1988), Bohman (1991), Schneider (1991), Balzer (1997, Kap. 1), Döring (1998), Hacking (1999) und Fuller (2000).

zißmus/Autismus oder auf eine primäre Asozialität des Säuglings stützen, als unplausibel aufgegeben werden. Genau das hat die von den Theorien Bions inspirierte Kinderanalytikerin Frances Tustin (1991, 1994) in zwei lesenswerten Aufsätzen getan. Diese Arbeiten sind in Ton, Stil und Inhalt vorbildlich für eine unaufgeregte Kenntnisnahme wissenschaftlicher Ergebnisse durch Psychoanalytiker. Tustin, die ein Leben lang autistische Kinder psychotherapeutisch behandelt hat, revidiert hier unter dem Eindruck der Ergebnisse der Säuglingsforschung die auch von ihr lange Zeit vertretene Auffassung, daß die Erkrankung des frühkindlichen Autismus eine Regression auf ein normales autistisches Stadium sei und zeigt, wie überholt und entbehrlich diese Annahme ist.[19] Letztlich ist es aber auch hier wieder eine Frage der Entscheidung, ob man die Forderung nach externer Kohärenz akzeptiert – was Tustin tut – oder nicht. Man kann sie auch zurückweisen und am Konstrukt des primären Narzißmus/Autismus oder des Todestriebes als einer das Denken anregenden Idee festhalten. *Als solche* muß sie gar nicht extern kohärent sein.

Aber auch eine solche Konzeption der Psychoanalyse – in der bestimmte, von einem wissenschaftlichen Standpunkt aus strittige Konzepte »nur« als heuristisch fruchtbare Metaphern betrachtet werden, die ein Verständnis des Patienten erleichtern und/oder eine wirksame Neuerzählung seiner Lebensgeschichte ermöglichen – kann auf einen externen Bezugspunkt nicht vollständig verzichten. Ricoeur (1977, S. 869) faßt diesen Sachverhalt unter den Begriff der »narrativen Intelligibilität«. Diese impliziert mehr als die subjektive Akzeptierbarkeit der eigenen Lebensgeschichte, denn die subjektive Erzählung muß, um überhaupt subjektiv akzeptierbar zu sein, den *allgemeinen* Kriterien genügen, die sich in der Kultur, die das Analytiker-Patient-Paar umgibt, als akzeptierte Kriterien für glaubwürdige Geschichten herausgebildet haben. Analytiker und Patient arbeiten oder »erzählen« ja nicht in einem Vakuum. Wir können nämlich nicht einfach beschließen, daß etwas bedeutungsvoll oder wahr ist, weil die uns umgebenden wissenschaftlichen und kulturellen Überzeugungen Grenzen dafür setzen, was vernünftigerweise als eine glaubwürdige Geschichte gelten kann. Weil wir heute über einen bestimmten Wissensschatz bezüglich der Entstehung von Krankheiten verfügen, sind etwa Geschichten über

19 Eine gute Einführung in die Entwicklung von Tustins Denken gibt Spensley (1995).

Krankheitsverursachung durch Dämonen oder Hexen, die lange Zeit »gute« Geschichten waren, heute keine mehr. Sie befinden sich nicht mehr in Übereinstimmung mit dem übrigen Weltwissen. Aber oft nicht deshalb, weil sie in einem strengen Sinne *falsifiziert* worden wären, sondern, weil sie ihre *Plausibilität* verloren haben.

Strenger (1991, S. 190f.) weist darauf hin, daß die Theorie der Entstehung von Symptomen durch Dämonen nicht definitiv falsifiziert, sondern einfach inkonsistent mit wissenschaftlichem Wissen geworden ist. Feyerabend ist derselben Auffassung mit Bezug auf die Hölle und das Fegefeuer: »Man hat ja, z. B. bezüglich des Fegefeuers und anderer empirisch unüberprüfbarer Theorien, die Idee der Hölle nicht *untersucht* und dann gefunden, daß es sie nicht gibt, man hat diese Idee einfach verloren, weil sie im Laufe der Zeit ihre Plausibilität eingebüßt hat« (zit. nach Döring 1998, S. 113). Der Physiker Barrow (1988, S. 49ff.) beschreibt sehr amüsant einen fiktiven Dialog zwischen einem Anhänger der Theorie, daß ein rollender Ball durch Reibung gehemmt wird und einem, der behauptet, der Ball würde in Wirklichkeit durch eine Horde listiger Teufelchen aufgehalten. Die Teufelchentheorie ist nie widerlegt, sondern einfach unplausibel geworden. Taylor (1991, S. 45 f.) gibt ein weiteres Beispiel: Wenn zwei Personen sich beispielsweise darauf einigen, es sei von besonderer Wichtigkeit, genau 3732 Haare auf dem Kopf zu haben, so entsteht durch diese Einigung keine Wahrheit, auch keine existentielle, sondern beide sind ein bißchen verrückt – es sei denn, die Zahl 3732 ist in der Gesellschaft, in der sie leben, etwas Heiliges! Dann können auch andere dieser Auffassung zustimmen, zumindest aber kann dann über den Geltungsanspruch dieser Behauptung sinnvoll diskutiert werden. Jeder Beschluß und jede Entscheidung, etwas als eine existentielle Wahrheit zu betrachten, muß deshalb in irgendeiner Form von der ihn umgebenden Gesellschaft anerkannt werden, ansonsten ist er in Gefahr, eine voluntaristische Trivialität oder Sektiererei zu werden. »Das Kriterium der externen Kohärenz verlangt, daß das psychoanalytische Narrativ mit allgemeinen Erkenntnissen über die Psyche des Menschen und mit Erkenntnissen über andere, ähnlich gelagerte Fälle zur Deckung zu bringen sein müsse« (Möller 1978, S. 160). Da aber die Kategorie der »allgemeinen Erkenntnisse über die Psyche des Menschen«, oder die Erkenntnis dessen, was »allgemein und verläßlich über ein Syndrom bekannt ist... und was man über die menschliche Natur weiß« (Eagle 1984, S. 216), oder was nach Ricoeur und Taylor kulturell allgemein anerkannt ist, nur in Grenzen trennscharf ist, wird es letztlich immer ein gewisses, aber kein beliebig großes Spektrum an Auffassungen darüber geben, was glaubwürdige Geschichten und plausible Theorien sind.

Anne Alvarez über Psychoanalyse und Kleinkindforschung

Überzeugender als grundsätzliche Überlegungen zur Notwendigkeit oder Entbehrlichkeit externer Kohärenz sind oft Beispiele für die »Produktivität« der Einbeziehung von Befunden aus anderen Disziplinen. Eines der besten in der Green-Stern-Kontroverse stammt von Anne Alvarez, einer Londoner Kleinianerin, die keinerlei Berührungsängste in bezug auf Forschung hat. »... ich liebe die Psychoanalyse *und* ich liebe auch die Säuglingsbeobachtung und die Säuglingsforschung, und ich glaube, daß *beide* Arten von Ergebnissen, die aus diesen Disziplinen stammen – zusammen mit ihren Theorien und Metatheorien – uns ins Blut gehen können...« (Alvarez 2000, S. 74). So einfach kann die Welt sein, wenn man liebt. Aber Alvarez ist nicht nur verliebt, sondern verfügt auch über einen klaren Verstand und Kenntnis der Nachbardisziplinen. Ausgehend von Arbeiten des Kognitionspsychologen Jerome Bruner zeigt sie, wie einige seiner Befunde ihr Wissen erweitert haben. Die Darstellung ist sehr knapp (ebd., S. 77 f.). Andernorts (Alvarez 1992, S. 130 ff.) hat sie eine ausführlichere gegeben, auf die ich mich im folgenden beziehe.

Bruner (1968) hat beobachtet, daß Säuglinge nach der Geburt zunächst nur eine Aktivität ausführen können, die sie vollständig absorbiert. Sie können *entweder* saugen *oder* schauen. Deshalb schließen sie beim Saugen meistens die Augen und konzentrieren sich vollständig auf das Saugen. Ab drei bis fünf Wochen sind sie in der Lage, mit offenen Augen zu saugen, aber ohne fokale Aufmerksamkeit. Sie blicken gewissermaßen ins Leere, müssen aber potentielle Ablenkungsquellen aus dem peripheren Sehfeld nicht mehr vollständig ausschließen, ohne sich indessen auf sie konzentrieren zu können. Wenn sie anfangen, *gezielt* zu schauen und einen Gegenstand zu fixieren, hört das Saugen auf. Sie können also noch immer nur eine Aktivität ausführen. Im darauf folgenden zweiten Stadium zwischen 9–13 Wochen wird abwechselndes Saugen und Blicken möglich. Der Säugling saugt eine Weile, hört dann auf, blickt etwas eine Weile an und fängt dann wieder an zu saugen. Die *Unterdrückung* des Saugens durch das Blicken wird abgelöst durch ein abwechselndes *Nacheinander* zwischen beidem. In dritten Stadium (ab dem vierten Monat) ist der Säugling nicht nur in der Lage, beide Aktivitäten abwechselnd zu vollziehen, sondern ein zusätzliches Phänomen tritt auf: Das Saugen wird unterbrochen, *ohne daß der Säugling es dabei aus den Augen verliert.* Er hört auf zu saugen, aber er nuckelt weiter! Das Nuckeln wird zum »Platzhalter« für das Saugen während des Herumschauens. Es ist, wie wenn ein Erwachsener ein Buch liest, dann den Finger auf die Zeile legt während er herumschaut, und nach einer Weile wieder mit der unterbrochenen Aktivität fortfährt. An Bruners Beispiel kann man buchstäblich »sehen«, wie sich die Fähigkeit zur Koordination zweier Verhaltensweisen in kleinen Schritten entwickelt. [20]

Alvarez verbindet diese Beobachtungen zur wachsenden *Koordination* verschiedener *Verhaltensweisen* mit psychoanalytischen Konzepten zur *Integration seelischer Vorgänge*. Sie erwähnt Bion, der davon spricht, daß man lernen muß, in Parenthese zu denken. Bruners Beispiel macht die verhaltensmäßigen Vorläufer eines solchen »zweispurigen« Denkens deutlich. Der Säugling verhält sich zunächst »einspurig« und saugt nur, kann aber ab dem vierten Monat das Saugen unterbrechen, ohne es zu vergessen. Er klammert es gewissermaßen ein, indem er es als Nuckeln fortführt, während er die zweite Spur des Blickens aufnimmt.

Alvarez ist nun weiter der Auffassung, daß Bruners Darstellung veranschaulicht, wie der Mensch lernt, sich verschiedene Erfahrungsbereiche nicht nur zu erschließen, sondern auch, sie zu integrieren. Sie beschreibt Episoden aus der Behandlung eines psychotischen Jungen, die mit Hilfe von Bruners Überlegungen neu verstanden werden konnten. Der Junge (Robbie) geriet leicht in Zustände unkontrollierbarer Erregung, wenn er jemandem in die Augen schaute. Eine seiner Lösungen für dieses Problem war, daß er dann die Augen schloß – wie Bruners Säuglinge, die zunächst nur saugen können. Alvarez hat dieses Phänomen lange Zeit als Abwehr gegen den von den Augen ausgehenden Sog in eine symbiotische Verschmelzung gedeutet. Sie meint, sie habe damit eine vorzeitige Integration angepeilt, für die das Kind noch nicht reif war. Es war reif für »Einspurigkeit« und was ihrer Meinung nach gefördert werden muß, ist zunächst einmal diese Einspurigkeit –

20 Eine ähnliche Sequenz findet sich auch in der Entwicklung des Greifens (Alvarez 1992).

die Anerkennung des Schließens der Augen als eines Versuchs, eine normale Kommunikation in Gang zu bringen und dabei störende oder überwältigende Ablenkungen auszuschließen. Deutungen sind zunächst fehl am Platz, weil sie Zweispurigkeit anzielen. Die Deutung, Robbie schließe seine Augen, um sich gegen eine überwältigende Verschmelzung zu schützen, verschlechterte die Situation oft dramatisch, weil »die bloße Erwähnung des Verschmelzens ausreichte, um ihn eben dorthin zurückzuschicken... Wenn ich zu sehr auf das Bezug nahm, wogegen der Kampf sich richtete, erlebte er es so, als würde ich mit dem machtvollen Sog... gemeinsame Sache machen« (Alvarez 1992, S. 136). Die Erwähnung dessen, wogegen er sich schützt (»Verschmelzung«), wird als Kollusion des Erwachsenen mit diesem Sog erfahren – vor allem deshalb, weil das Kind in seinem Erleben so gefangen ist wie Bruners Säuglinge im Saugen. Solche Kinder »können selbst ganz einfache Deutungen, die etwa eine Erklärung darstellen [du schließt die Augen, um dich gegen Verschmelzung zu schützen] nicht verstehen, weil es bedeuten würde, zwei Gedanken gleichzeitig im Sinn zu behalten« (ebd.). Sie können die Erklärung (»weil du dich schützen mußt«) nicht gleichzeitig mit der Benennung dessen, wogegen sie sich schützen müssen (»Verschmelzung«) verarbeiten, sondern nur einen Gedanken auf einmal fassen. Das Kind weigert sich nicht, zwei Gedanken zu denken oder aufzunehmen – weder bewußt noch unbewußt – es *kann* das nicht. »Gedanken bleiben unverbunden, nicht weil die Verbindung angegriffen, sondern vor allem, weil die Verbindung noch nie geschaffen wurde« (Alvarez 1992, S. 132).

Alvarez behandelt das damit angesprochene Problem von Konflikt versus Defizit ausführlich (ebd., S. 129 ff.). Manche Psychoanalytiker sind ihrer Meinung nach gelegentlich zu schnell bereit, aus einem »kann nicht« ein »will nicht« zu machen. Kohut wird als einer derjeinigen genannt, die diesen Unterschied wieder zu Ehren gebracht zu haben. Ein solches Lob ist unter Kleinianern, die Kohut üblicherweise als eine supportiven, konfliktscheuen »Softy« betrachten, der sich Illusionen über die unausweichliche Konflikthaftigkeit der menschlichen Natur gemacht habe, eine Seltenheit und verdient deshalb besondere Erwähnung. Überhaupt ist Alvarez' Beitrag von einer erfrischenden Unorthodoxie, auch und gerade der eigenen Richtung gegenüber. Während Brenman Pick (2000, S. 85, 87) etwas schwerblütig den bekannten Einwand gegen Stern und die Säuglingsforschung erhebt, sie berücksichtigten zu wenig die pathologische Entwicklung – ein Einwand, dem

Stern teilweise recht gibt (2000 b, S. 94) – stört Alvarez das nicht: »Wenn also Colwyn Trevarthen es vorzieht nur glückliche Babys zu studieren, Daniel Stern die Sexualität der Babys nicht beachtet hat und Bruner die Kognition erforscht ohne die Emotion miteinzubeziehen, warum sollte uns das stören...? Nimm, was Dir erhellend erscheint und verzeihe, daß es nur eine Teilwahrheit ist« (Alvarez 2000, S. 75). Ich möchte diesen Abschnitt mit dem Bekenntnis schließen, daß, wenn dies die zeitgenössische Form der Kleinianismus ist, ich sofort bereit bin, bei dieser Richtung zu unterschreiben.

Fazit

Dies also war mein Plädoyer für einen interdisziplinären Dialog. In meiner Sicht ist die Kleinkindforschung nicht irrelevant für die Psychoanalyse und sie ist auch nicht unpsychoanalytisch (s. Kapitel 2). Sie ist meine Passion. Bekanntlich werden jedoch – wie der amerikanische Ideenhistoriker Anthony Grafton einmal treffend bemerkt hat – die Passionen einer Generation zu Dissertationen der nächsten. Mit der Zeit wird deshalb der Zauber auch dieser – und anderer – Forschungsrichtungen nachlassen, denn »überhaupt hat der Fortschritt das an sich, daß er viel größer ausschaut, als er wirklich ist« (Nestroy). Was bleibt ist Unsicherheit – oder Offenheit: »Für jeden Philosophen ist es dann und wann schmerzlich, zu erfahren, daß es neben ihm alle anderen möglichen Philosophen gibt, die alles ganz anders machen. Nicht, daß sie andere Meinungen haben ist das Ärgerliche, denn das ließe sich ja früher oder später beheben; *diese Menschen betreiben eine ganz andere Philosophie*« (Seel 2000). Ersetzt man in diesem Zitat das Wort Philosophie durch Psychoanalyse, so ist damit die heute vorfindbare Situation ziemlich genau beschrieben. Auch die Schlußfolgerung ist einleuchtend: »Da alle Produktivität Begrenzung bedeutet, kann es keine Philosophie (lies: Psychoanalyse; M. D.) geben, die alle produktiven Hinsichten in sich vereinigen könnte. Jede einzelne kann nicht anders als aspekthaft und damit einseitig sein. Die Philosophie (Psychoanalyse; M. D.), so scheint es, muß mit einer ebenso ernüchternden wie erleichternden Einsicht leben: Das höchste Erkennen liegt im Erkennen der Einseitigkeit auch des höchsten Erkennens« (ebd.).

Kapitel 2 Menschenbilder in Psychoanalyse und Kleinkindforschung

Einleitung

Die Säuglings- und Kleinkindforschung hat mittlerweile an Ansehen gewonnen und ihre Ergebnisse finden Aufmerksamkeit in einer breiten Öffentlichkeit. In einer Zeit zunehmender Offenheit gegenüber Nachbardisziplinen ist sie von vielen Psychoanalytikern begrüßt, aktiv betrieben und als notwendige Erweiterung und Ergänzung mancher Aspekte der psychoanalytischen Theorie betrachtet worden. Einige theoretische Traditionsbestände sind kritisch unter die Lupe genommen und verworfen worden, vor allem die Theorie des primären Narzißmus, die Theorie einer normalen autistischen Phase und zum Teil auch die einer normalen symbiotischen Phase im ersten Lebenshalbjahr. Auch die Triebtheorie, bestimmte Ideen über die Denkprozesse von sehr kleinen Kindern und andere Theorieteile wurden revidiert (Überblicke bei Dornes 1993, 1997, 2000 a; Lichtenberg 1983, 1989; Stern 1985, 1995). Die Zustimmung zu den Schlußfolgerungen, die aus den Ergebnissen der Kleinkindforschung hinsichtlich der notwendigen Revision bestimmter psychoanalytischer Theoreme gezogen wurden, war allerdings, wie zu erwarten, nicht einhellig. In letzter Zeit mehren sich die Stimmen, welche die Bedeutung der Ergebnisse der Kleinkindforschung für die psychoanalytische Theorie kritisieren. Zwei Arten der Kritik können unterschieden werden. Die eine besagt, daß die Kleinkindforschung für die Psychoanalyse *irrelevant* ist. Ich habe mich damit im ersten Kapitel befaßt und werde mich deshalb hier auf die zweite Art der Kritik konzentrieren. Sie ist mit der ersten verwandt, aber nicht identisch. Ihre grundlegende Behauptung oder Frage lautet:

Ist die Kleinkindforschung unpsychoanalytisch?

Eine Antwort auf diese Frage setzt voraus, daß eindeutig bestimmt werden kann, was *die* Psychoanalyse ist beziehungsweise ob es so etwas wie einen Kern der Psychoanalyse gibt, der ihre Identität oder ihr spezifisches Theorieprofil ausmacht. Eine solche Kerndefinition würde es ermöglichen, Abweichungen davon als unpsychoanalytisch zu charakterisieren. Dieses Unterfangen trägt meines Erachtens den Keim des Scheiterns bereits in sich, weil es heute keine unkontroverse Bestimmung dessen, was der Kern der Psychoanalyse ist, mehr geben kann. Die »Verwandlung der Welt« (von Mutius 2000) kann die Psychoanalyse nicht unverwandelt lassen und jede Festlegung auf einen Kern läuft darauf hinaus, *einen* Aspekt ihres heterogen gewordenen Theoriegebäudes als ihr Wesen auszugeben und andere Aspekte als unwesentlich, als Abweichungen oder als Verirrungen. Die Geschichte dieser Abweichungen begleitet die Psychoanalyse seit ihren Anfängen und auch die Diskussion darüber, ob es sich bei Revisionen der Theorie um kreative Weiterentwicklungen oder um die Aufgabe zentraler psychoanalytischer Ideen handelt.

Die Ich-Psychologie ist das beste Beispiel hierfür. Sie wird von manchen als eine amerikanische Verflachung der Psychoanalyse betrachtet, von anderen als eine bedeutende Weiterentwicklung von Gedanken, die bereits in Freuds Werk enthalten sind, aber von ihm nur noch unzureichend ausgearbeitet werden konnten. Eine kurze, aber ausgezeichnete Darstellung der Verdienste Hartmanns gibt Schafer (1995), eine umfassende Würdigung der Ich-Psychologie findet sich bei Wallerstein (2001) und, besonders beeindruckend, in dem monumentalen Buch von Bergmann (2000). Nicht nur die darin enthaltenen Aufsätze, sondern auch die ausführlichen Diskussionen darüber, die fast die Hälfte des Buches ausmachen, können jeden *gutwilligen* Leser davon überzeugen, wie subtil, differenziert, komplex und »tief« in dieser Richtung der Psychoanalyse bis auf den heutigen Tag gedacht wird (s. a. Schmidt-Hellerau 2002). Natürlich kann man auch nach der Lektüre dieser Texte noch der Auffassung sein, daß es sich bei der Ich-Psychologie um eine Verflachung handelt. Die Situation ist verzwickt. Man kann sie nur klären, indem man die jeweiligen Voraussetzungen explizit macht, auf denen die anschließende Einschätzung der Theorie (als Verflachung oder Weiterentwicklung) beruht.

Ich werde im folgenden darstellen, wieso ich die Argumente, die in der einen oder anderen Form auf einem »Wesenskern« der psychoanalytischen Theorie bestehen, nicht für überzeugend halte und werde statt dessen – mit Schwerpunkt auf der Kleinkindforschung – für einen leicht postmodern gefärbten psychoanalytischen Theorienpluralismus plädieren.

Die konstitutionelle Unangepaßtheit des Menschen

Üblicherweise wird gegen die Ich-Psychologie und die Kleinkindforschung gleichermaßen geltend gemacht, der Kern der Psychoanalyse bestehe in der Idee einer konstitutionellen Unangepaßtheit des Menschen und davon sei in diesen beiden Theorierichtungen nichts mehr zu finden. Diese konstitutionelle Unangepaßtheit – auf die auch Wolff (1996, S. 387) in seiner Kritik der Säuglingsforschung als einer Verharmlosung der Freudschen Psychoanalyse rekurriert – setze der Integration des Menschen in die Gesellschaft eine prinzipielle Grenze. Deshalb gäbe es etwas Nicht-Identisches, Widerständiges, Negatives, dessen Anwalt die Psychoanalyse sei. Ihr intellektuelles Vermächtnis, das bewahrt werden müsse, bestehe darin, gegen die idealistischen Tendenzen einer Vernunftmoral auf diesen irrationalen Kern des Menschen hinzuweisen.

Triebe

Man kann nun dieses Nicht-Identische oder Irrationale auf verschiedene Weise konzeptualisieren. Man kann es zum Beispiel in den Trieben verorten. Diese sind ihrem Wesen nach auf Abfuhr bedacht, funktionieren nach dem Lustprinzip, dulden keinen Aufschub und entziehen sich deshalb ein Stück weit der Sozialisierung. Die Freudianische Linke (Reich, Marcuse) sah darin eine Art utopischen Versprechens aufbewahrt, das es durch Veränderung der Gesellschaft zu verwirklichen galt, damit Lust- und Realitätsprinzip zusammenfallen können (Dahmer 1973). Andere sind skeptischer und sehen in dem von den Trieben ausgehenden imperativen Befriedigungsanspruch nicht die letzte Nische des revolutionären Subjekts, sondern etwas transhistorisch und *grundsätzlich* Unangepaßtes. Daraus folgt, daß die Konflikthaftigkeit des Menschen eine unaufhebbare Konsequenz seiner Konstitution ist. Sofern man auch eine naturale oder genetische Basis für die Aggression annimmt, gibt es nicht nur einen libidinösen, sondern auch einen aggressiven Triebüberschuß, mit dem sich der Mensch ein Leben lang auseinandersetzen muß. Freud war in manchen seiner Schriften (z. B. 1930) in der Tat dieser Auffassung und hat daraus pessimistische Schlußfolgerungen gezogen. In äußerster Verkürzung lauten sie: Weil die menschliche Aggressivität ein Trieb ist, der nicht sublimiert werden kann, gibt es nur zwei Möglichkeiten des Umgangs damit: Man kann sie nach innen wenden und wird dann krank, oder man kann sie nach außen wenden und (zer)stört dann die Gesellschaft.[1]

Diese Theorie von der konstitutionellen Unangepaßtheit des Menschen läßt sich politisch konservativ verwenden, wie die Anthropologie und Institutionenlehre Gehlens (1940, 1956) zeigt. In unvermeidlicher Kürze zusammengefaßt besagt sie: Weil der Mensch ein triebhaftes, luxurierendes Wesen ist, braucht er rigide Institutionen, die ihn in die Zucht nehmen und sein überschießendes Antriebsleben formieren. Das kann man Gehlen zufolge nicht dem Menschen selbst überlassen, denn er wäre, durch die damit notwendigerweise einhergehende Dauerreflexion auf sich selbst, überlastet und damit unfrei. Jede Entlastung vom formierenden Druck der Institutionen würde nach Gehlen in einer »Rechaotisierung der Antriebe und Bedürfnisse« (Weiß 1971, S. 210) enden. Ob das so ist oder nicht, war eine der zentralen Differenzen in dem berühmten Streitgespräch zwischen Gehlen und Adorno (abgedruckt in Grenz 1974, insbes. S. 241 ff.), in dem Adorno den repressiven, Gehlen den entlastenden Charakter von Institutionen hervorhob.

Ich kann darauf hier nicht näher eingehen, sondern lediglich darauf hinweisen, daß die These von der Unangepaßtheit des Menschen für gegensätzliche sozialphilosophische Projekte in Dienst genommen werden kann und der überschießende, plastische Charakter des menschlichen Antriebslebens zu Befreiungs- und Unterdrückungsphantasien gleichermaßen Anlaß gegeben hat. Insgesamt neige ich zu der Auffas-

1 Einer der größten Pessimisten *nach* Freud war interessanterweise der Ich-Psychologe Kurt Eissler. Er war der schul- und stilbildende Verfasser einer ultraorthodoxen ich-psychologischen Abhandlung zur psychoanalytischen Behandlungstechnik (Eissler 1953). Gleichzeitig war er zutiefst skeptisch, was die Zukunft der Psychoanalyse (Eissler 1965) und die des Menschen (Eissler 1971, 1975) angeht. Dies illustriert zumindest, daß Ich-Psychologie nicht *notwendigerweise* mit Optimismus einhergehen muß.

sung, daß die Verortung des Nicht-Identischen im Körper, in der Absicht, eine naturale Widerstandbasis gegen übermäßige Anpassung zu finden, ein zutiefst problematisches Projekt ist. Aus dem Körper läßt sich keine Waffe machen, denn er wird krank, wenn er überlastet wird und Krankheit ist keine gute Voraussetzung für eine progressive Umgestaltung der Gesellschaft – eher eine für Regression und Apathie. Aber selbst wenn man weder einem revolutionären noch einem reaktionären Gebrauch des Körpers das Wort redet, sondern einfach einem pfleglichen Umgang mit ihm, ist im Zeitalter wachsender Eingriffsmöglichkeiten in das menschliche Genom heute offener denn je, ob es einen solchen unverfügbaren, respektbedürftigen Rest, selbst wenn es ihn einmal gegeben hat, auch weiterhin noch geben wird; und weiter ist offen, wieviel an Pflege der anarchischen Impulse des Körpers nicht auch in durchaus humaner Form von der Technik übernommen werden kann. Philosophen wie Hans Blumenberg (s. Wetz 1993, S. 56 f.) oder Charles Taylor (1991, S. 105 ff.) haben diesen fürsorglichen Aspekt der Technik, ihren potenziell leidmindernden und glücksstiftenden Charakter, deutlicher gesehen als Skeptiker wie Adorno oder Heidegger.

Triebphantasien

Der Mehrdeutigkeit des Freudschen Triebbegriffs folgend – der manchmal eher mit der somatischen Quelle identifiziert wird, an anderen Stellen stärker mit der psychischen Repräsentanz des Triebs – kann man das Nicht-Identische auch in den Trieb*phantasien* verorten. Dann sind es nicht so sehr Körperprozesse selbst, als vielmehr die von ihnen angestoßenen Phantasien, die sich der vollständigen Einbindung oder Befriedigung entziehen. Ich habe dies andernorts für das Thema der Aggression ausführlich abgehandelt (Dornes 1997, Kap. 9) und dargelegt, daß die essentielle Destruktivität, welche die Menschheitsgeschichte begleitet wie der Schatten die Sonne, nicht aus körperlichen Wurzeln stammt, sondern aus aggressiven Phantasien, die nur eine dünne Verbindung zum Körper aufweisen, wenn überhaupt eine. Diese Auffassung bestreitet nicht die Universalität von Destruktivität (s. a. Lachmann 2000, Kap. 1), läuft aber darauf hinaus – einem großen Satz des Philosophen Schelling folgend – zu behaupten: »Das Böse ist etwas Geistiges.« Es kann sich am Körper austoben, entsteht aber nicht in ihm. Dies ist keine Verharmlosung der Destruktivität, sondern eher im

Gegenteil: Die Bindung von Destruktivität an eine Körperbasis ist eine Verharmlosung, weil sie es unmöglich macht, die Unbefriedbarkeit chronischer Destruktivität zu erklären, denn Körperprozesse sind grundsätzlich endlich und erschöpfbar und nur das menschliche Phantasiesystem ist in der Lage, sich von den Anlässen für Destruktivität zu emanzipieren und diese auf Dauer zu stellen. Deshalb findet man im Tierreich zwar *gelegentliche* Fälle von Töten und Mord innerhalb einer Art. Sie sind aber in Umfang und Durchführung nur in den seltensten Fällen mit denen beim Menschen vergleichbar (ähnlich Thomä 1990 und Mentzos 1993).[2]

Trennung

Eine dritte Möglichkeit ist es, das Widerspenstige des Menschen nicht in den Trieben oder den Triebphantasien zu suchen, sondern in der nicht endgültig zu bewältigenden Erfahrung der Trennung nach der Geburt. Honneth (1992, 2000, 2001 a, b) hat diesen Gedanken in äußerster Klarheit entwickelt. Zunächst soll sich das Neugeborene, zumindest momenthaft, in einem Zustand befinden, in dem es den anderen als quasi natürliche Ausdehnung seiner selbst erlebt – etwa so, wie die Funktionsweise eines eigenen Körperorgans oder so, wie ein geschickter Handwerker im versunkenen Vollzug seiner Tätigkeit zum Beispiel seinen Hammer als eine Art natürlicher Verlängerung seines Armes empfindet. In solchen Zuständen erlebt der Säugling die sich einstellende Befriedigung nicht als durch den anderen herbeigeführt, sondern als Teil oder selbstverständliche Folge seiner eigenen Lebensäußerungen. Mit dem Gewahrwerden der Trennung ist es damit zu Ende. Die Selbstverständlichkeit des Weltbezugs, der gar nicht als solcher wahrgenommen wurde, zerbricht. In dieser Lesart sind es nicht die Triebe, die eine strukturelle Gebrochenheit des Subjekts hervorrufen, sondern die Gebrochenheit ist ein unvermeidliches Sozialisationsschicksal. Die Unvermeidlichkeit liegt nicht in der Triebnatur, sondern das unausweichliche partielle Scheitern an der Realität und die damit verbunde-

2 Zu Mord und Totschlag im Tierreich siehe die instruktiven Darstellungen von Vogel (1989) und Paul (1998). Im sechsten Kapitel stelle ich dar, daß auch die Relativierung der psychoanalytischen Sexualtheorie durch die Säuglingsforschung keine Verharmlosung ist.

ne, nur »gebrochene« Form der (Inter-)Subjektivität liegt darin begründet, daß das kleine Kind mit der emotionalen Anerkennung der Unabhängigkeit und/oder Unverfügbarkeit der Interaktionswelt überfordert ist. Symbiotische Bedürfnisse sind in dieser – an Winnicott mehr als an Mahler anschließenden – Konzeption deshalb unausrottbar, weil sie eine temporäre Entlastung von der Überforderung ermöglichen, die mit der Wahrnehmung der eigenen Angewiesenheit auf den anderen verbunden ist. Die Überforderung besteht darin, daß dem Säugling mit dem Gewahrwerden der Trennung sein vormals *fragloses Verhältnis zur Welt* nun fragwürdig wird. Die Sehnsucht nach dem fraglosen Zustand findet ihren Ausdruck in symbiotisch zu nennenden Bedürfnissen, und deren Befriedigung schafft die Fähigkeit, die »Zumutung« zu ertragen, die darin besteht, daß es eine unabhängige Realität gibt. In der Befriedigungssituation wird zugleich temporär der Zustand vor dem Gewahrwerden der Trennung wiederhergestellt.

In dieser Sichtweise nimmt die Trennung sozialontologisch die Stellung der Triebe ein. Nicht die Triebe, sondern die Trennung und deren Bewältigung beschäftigt den Menschen von der Wiege bis zur Bahre. Das *unausweichliche* Scheitern ist in dieser Konzeption nicht die Folge unbefriedbarer Triebe, sondern die Folge der mit der Wahrnehmung der Unverfügbarkeit und/oder Andersartigkeit des anderen einhergehenden Überforderung. Diese aktiviert symbiotische Bedürfnisse, die man als »Aufbegehren« gegen die Unverfügbarkeit des anderen betrachten kann, weil diese Unverfügbarkeit nie vollständig problemlos ertragen werden kann (ausführlich Honneth 2001 a; ähnlich Altmeyer 2000 a, b; s. a. Küchenhoff 1999). Berücksichtigt man die Kritik der Säuglingsforschung am Symbiosekonzept (Stern 1985; Pine 1990, 1992; Dornes 1997, Kap. 5; 2000 a, S. 32 ff.)[3], so müßte man allerdings einräumen, daß solche Momente von Überforderung mit anderen Momenten koexistieren, in denen der Säugling die Wahrnehmung seiner Getrenntheit *nicht* als Problem empfindet. Die Überforderung durch die Wahrnehmung der Getrenntheit und die damit einhergehende Empfindung der Unverfügbarkeit des anderen wäre also allenfalls eine gelegentliche oder momentane und in ihrem Ausmaß und ihrer eventuellen charakterprägenden Kraft in erheblichem, wenn nicht entscheidendem Umfang vom elterlichen Umgang mit den symbiotischen

3 Weitere Versuche zur Umformulierung des Symbiosekonzepts sind bei Dornes (2000 b) und Gergely (2000) dargestellt.

Bedürfnissen des Säuglings abhängig. Ich lasse offen, ob ein verbleibender, nicht aus der Welt zu schaffender »Rest« ausreicht, um von einer prinzipiellen Gebrochenheit des Subjekts zu sprechen.

Der antinormative Kern der Psychoanalyse

Eine vierte Variante der Theorie von der Negativität der Psychoanalyse hebt darauf ab, daß eine ihrer großen Leistungen die gewesen ist, die vormals scharfe Unterscheidung zwischen gesund und krank verflüssigt zu haben. Gesundheit und Krankheit sind keine qualitativen Unterschiede mehr, sondern quantitative. Alle Menschen benötigen Abwehrmechanismen wie Verdrängung oder Spaltung, aber nicht deren Gebrauch, sondern die unterschiedlichen Weisen und Grade des Gebrauchs entscheiden über das Ausmaß an vorfindbarer Gesundheit oder Krankheit. Neurosen, Perversionen und Borderline-Störungen sind auf den übertriebenen Gebrauch von Mechanismen zurückzuführen, die sich auch bei normalen Individuen finden lassen und deshalb ist Normalität eher auf einem Kontinuum mit Pathologie anzusiedeln, als etwas qualitativ davon Verschiedenes. Deshalb kann man von einem antinormativen Kern der Psychoanalyse sprechen und die Idee der Anpassung oder die der Gesundheit wäre als Aufgabe dieses Kerns zu verstehen. Entsprechend heißt es in einer elegant geschriebenen Rezension, in der das Projekt des interdisziplinären Dialogs zwischen Psychoanalyse und Gehirnforschung kritisch gewürdigt wird. »So aber ist viel Verklärungsarbeit nötig, um die allgemeinen Begriffs-Verflachungen zu überspielen... Ein unreflektierter biologischer *Anpassungs*begriff (ist impliziert; M.D.), aus dessen ›interdisziplinärer‹ Anwendung auf die Psychoanalyse folgt, beide seien unter dem blassen Oberbegriff ›Konflikttheorie‹ zu subsumieren... Psychoanalyse, in ihrem Kern *antinormativ*, erfährt so ihre schlimmstmögliche, nämlich *normative,* Wendung dadurch, daß Anpassung nun wieder ›optimal‹ oder ›maladaptiv‹ ist,... ein Rückfall hinter hundert Jahre Psychoanalyse« (Boller 2001, S. 90).

Hier sind alle Topoi versammelt, die üblicherweise aufgeboten werden, wenn es gilt, die Identität der Psychoanalyse gegen ihre vermeintliche Verwässerung zu verteidigen, die ihr droht, wenn sie sich mit Nachbardisziplinen ins Gespräch begibt: »Begriffs-Verflachung«, »unreflektierter Anpassungsbegriff«, »schlimmstmögliche Wendung«,

»Rückfall«. Das entspricht in etwa Greens (2000a) Einschätzung der Säuglingsforschung – und auch zum Anpassungsbegriff (Green 2000d, S. 294) und zur Gehirnforschung hat er sich ähnlich geäußert (ebd., S. 257, 281 f.; vorsichtiger S. 302 f.). Jeder einzelne dieser Punkte könnte im Detail diskutiert werden, wofür hier der Platz fehlt. (M)ein Ergebnis wäre, daß nicht von einer Begriffs-Verflachung, sondern von einer notwendigen Begriffs-Erweiterung gesprochen werden könnte, nicht von einem unreflektierten Anpassungsbegriff, sondern von einem reflektierten, nicht von einer schlimmstmöglichen Wendung, sondern von einer zeitgemäßen und notwendigen Neuausrichtung und nicht von einem Rückfall, sondern von einer produktiven und progressiven Transformation des psychoanalytischen Theorieprogramms. Für diese Lesart würden sich ebenso viele Anhänger und Gründe finden lassen, wie für jene Bollers und das verweist auf das oben erwähnte Dilemma, daß die Einschätzung dessen, was man für eine Verflachung oder für einen Rückfall hält, damit zusammenhängt, welche Vorstellungen man vom Kern der Psychoanalyse hat und ob man überhaupt welche hat oder braucht. Diese Vorstellungen sind explizierbar, *aber der Vorrang einer von ihnen ist meines Erachtens nicht begründbar.* Kann man beispielsweise die Vorstellung begründen, daß die Psychoanalyse in ihrem Kern antinormativ ist?

Man kann gute Gründe dafür angeben, daß ihr Versuch, Gesundheit und Krankheit als Fragen des Grades zu betrachten, einen solchen antinormativen Kern enthält und auch sozialpolitisch segensreich waren. Man könnte aber auch geltend machen, daß es ebenfalls gute Gründe dafür gibt, an einem qualitativen Unterschied zwischen Normalität und Pathologie festzuhalten. Jeder Mensch, nicht nur der Borderline-Patient, spaltet die Welt zu Zeiten in gut und böse, aber die Spaltung des Normalen oder Neurotikers ist von der des Borderline-Patienten *qualitativ* verschieden, weil letzterer häufiger und stärker spaltet, so daß (erhebliche) quantitative Unterschiede sich schließlich in qualitativen manifestieren. Jeder Kliniker kann einen alkoholtrinkenden Menschen von einem Alkoholiker unterscheiden, auch wenn die seelischen Gründe und Prozesse, die beim *Ge*brauch von Alkohol beteiligt sind, dieselben sein mögen wie diejenigen, die bei seinem *Miß*brauch beteiligt sind. Und doch sind Gebrauch und Mißbrauch auch *qualitativ* distinkte Formen des Umgangs. Man kann die Gemeinsamkeiten betonen oder die Unterschiede, und je nachdem, worauf man den Akzent legt, wird man die Grenze zwischen Gesundheit und Krankheit weniger scharf oder schärfer ziehen. Insofern ist die Idee eines antinormativen Kerns mit einer *Entscheidung* verknüpft, für die man Gründe angeben kann, die aber nicht besser oder schlechter sind als ihr Gegenteil, eine normative Vorstellung von Gesundheit und Krankheit.[4]

Aber selbst wenn man begründen könnte, daß die Psychoanalyse einen antinormativen Kern hat – worin auch immer der bestehen mag –, wer stellt fest, daß sie ihn auch *behalten* muß? Man könnte zum Beispiel die These aufstellen, daß die Psychoanalyse in ihren Anfängen durchaus einen solchen Kern hatte und dies lange Zeit auch produktiv war, daß sich aber seine Produktivität erschöpft hat und es an der Zeit ist, diesen Kern aufzulösen oder zu transformieren, weil er zu einem Hindernis für die Weiterentwicklung der Psychoanalyse werden kann. Historisch läßt sich das belegen durch Hinweis auf die Dissidenten, die oft Ideen Freuds weiterentwickelt haben, die dieser fallen ließ, die sich aber in der Folgezeit und in den Händen anderer Theoretiker als äußerst produktiv erwiesen haben. Sie wurden nur *zum Zeitpunkt der Dissidenz* als Rückfall oder Verwässerung dessen betrachtet, was man *damals* für den Kern hielt. Eine Zusammenarbeit mit der Neurobiologie etwa wird die psychoanalytischen Konzepte über das Unbewußte, über die Abwehrmechanismen oder über das Gedächtnis nicht unberührt lassen. Nicht alle Berührungen werden produktiv sein, aber auch nicht alle Verflachungen. Welche dieser Veränderungen als »Rückfall« oder als »Fortschritt« betrachtet werden, hängt mit *Wertungen* zusammen und läßt sich wahrscheinlich erst beurteilen, *nachdem* die Kooperation einige Zeit lang stattgefunden hat. Die Autoren des von Boller besprochenen Buches (Leuzinger-Bohleber et al. 1998) beispielweise, aber auch andere (z. B. Bucci 1997), bewerten die Chancen der Zusammenarbeit von Psychoanalyse und Neuro- bzw. Kognitionswissenschaften ganz anders als dieser und sie haben gute Gründe für ihre Bewertungen.

Für alle, die sich vor dem »Reduktionismus« der Neurobiologie fürchten, sei als Therapeutikum ein Artikel des Neurobiologen Panksepp (2001) empfohlen. Schon nach der Lektüre der ersten einleitenden

4 Eine differenziertere Analyse als sie im Rahmen dieses Kapitels möglich ist, gibt Schramme (2000) in seinem umfassenden und stilistisch vorzüglichen Buch über philosophische Implikationen des Krankheitsbegriffs. Die Arbeit von Kubie (1954) ist nach wie vor die psychoanalytische Zentralreferenz für die *qualitative* Unterscheidung von Gesundheit und Krankheit.

Seiten ist man beeindruckt von der Atmosphäre intellektueller Souveränität, Bescheidenheit und menschlicher Wärme, die dieser Text ausstrahlt. Von Reduktionismus keine Spur. Statt dessen ist die Rede von unserer gegenwärtigen Kultur, die »trotz ihres materiellen Reichtums tiefe *spirituelle* Leerstellen aufweist, *psychische* schwarze Löcher..., die unsere Lebensqualität langsam verfallen lassen...« (ebd., S. 138). Wahrscheinlich ist es kein Zufall, daß dieser Artikel von einem Mann stammt, der an anderer Stelle (Panksepp 1998, S. X) berichtet, daß er seine Tochter und drei ihrer Freunde bei einem tragischen Autounfall verloren hat, der durch einen betrunkenen Autofahrer auf der Flucht vor seiner Festnahme verursacht wurde. »Danach war ich seelisch am Boden und konnte die Arbeit an diesem Buch einige Jahre lang nicht fortsetzen. Durch die Zauberkraft von Freunden und moderner psychiatrischer Medikamente wurden meine Lebensgeister teilweise wiederhergestellt.« Solche Leute sind für den Reduktionismus verloren, weil sie nicht nur im Labor gelebt haben und sich deshalb der Grenzen ihres Wissens deutlich bewußt sind. »Wie viel von unseren genetischen und neurowissenschaftlichen Erkenntnissen läßt sich für die Menschen nutzen? Konzeptuell sicher eine Menge, aber praktisch wahrscheinlich ziemlich wenig, zumindest für die nähere Zukunft« (Panksepp 2001, S. 136). Auch so kann moderne Neurobiologie klingen.[5]

Ähnlich wie die Chancen der Zusammenarbeit von Neurobiologie und Psychoanalyse kann man auch die von Neurobiologie und Kleinkindforschung durchaus positiv beurteilen. Ich finde beispielsweise die aus der Gedächtnis- und Gehirnforschung stammende Unterscheidung zwischen prozeduralem und deklarativem Gedächtnis in hohem Maße anregend und habe sie benützt, um eine Konzeption des Unbewußten im Säuglingsalter zu formulieren, die sich nicht auf die meiner Meinung nach problematische Annahme unbewußter infantiler Phantasien stützt (Dornes 1997, Kap. 10). Was die Kleinkindforschung insgesamt angeht, so bin ich zu folgender Auffassung gelangt: Egal, ob man Wesens- oder Kerndefinitionen der Psychoanalyse auf Triebe gründet, auf Triebphantasien, auf eine symbiotische Konstitution des Menschen oder auf einen antinormativen Kern, den die Psychoanalyse hat und der verlo-

5 Auf einer grundlagentheoretischen Ebene hat beispielsweise Henningsen (1998, 2000, 2003; Henningsen/Kirmayer 2000) gezeigt, wie ein nicht-reduktionistischer Kontakt zwischen Psychoanalyse, psychologischer Medizin und Kognitionswissenschaften aussehen kann.

rengeht, wenn man sie mit andern Wissenschaften in Kontakt bringt – die wirkliche Provokation der Kleinkindforschung für manche Psychoanalytiker und zugleich der Grund für ihre Öffentlichkeitswirksamkeit über den engeren Kreis der Psychoanalyse hinaus besteht darin, daß die Kleinkindforschung die Vernünftigkeit und Dialogbereitschaft eines Wesens behauptet, das üblicherweise als der letzte Kandidat für Vernunft und Dialog gegolten hat. Nicht nur die Psychoanalyse hat nämlich den Säugling als irrational betrachtet, sondern eigentlich fast jeder – wenn auch aus unterschiedlichen Gründen.[6]

Ist ein dialogischeres Verständnis der menschlichen Natur ideologisch oder unpsychoanalytisch?

Nun ist die Säuglingsforschung auf den Plan getreten und hat genau diesen Punkt an- und aufgegriffen. Titel wie »The rational infant« (Bower 1989), »Der kompetente Säugling« (Dornes 1993), »The scientist in the crib« (Gopnik et al. 1999) oder »The social baby« (Murray/Andrews 2000) widersprechen nicht nur der lange Zeit herrschenden Meinung über Säuglinge, sondern auch den psychoanalytischen Vorstellungen von ihm. Der *common sense* hat sich gewandelt, manche Psychoanalytiker und kritische Sozialwissenschaftler tun sich schwer damit. Sie sehen zum Beispiel in der Behauptung von Kompetenz eine Art Heilsversprechen, das die grundlegende Irrationalität des Säuglings verleugnet und von der Öffentlichkeit begrüßt wird, weil es die frohe Botschaft von gesundem Wachstum und gesunder Entwicklung verkündet. Bradley (1989; 1991, S. 49) hat in diesem Sinne die Vernachlässigung »of the more hellish aspects of infancy and child care« in der Säuglingsforschung kritisiert. Er sieht sie etwa in der konstitutionellen Vulnerabilität des Säuglings begründet, die unterschätzt werde, in der Ambivalenz der Eltern, die ebenfalls nicht ausreichend berücksichtigt werde, und in der mangelhaften Einbeziehung des sozialen Umfelds, in

6 Piaget noch am wenigsten, vor allem deshalb, weil er sich vorwiegend mit der kognitiven Entwicklung befaßt hat. Aber auch er hielt an Vorstellungen von der »Unreife« kognitiver Strukturen fest, welche die Säuglingsforschung teilweise erheblich revidiert hat (Überblicke bei Gopnik/Meltzoff 1997, Haith/Benson 1998, Mandler 1998, Bremner 2001, Baillargeon 2002, Lamb et al. 2002 und Pauen 2003).

dem Kindererziehung stattfinde. Seine Ausführungen können allerdings nur begrenzt überzeugen. So rekurriert er als Beleg für die unbefriedbare Negativität des Säuglings unter anderem auf dessen Schreidauer und Schreihäufigkeit in den ersten drei Lebensmonaten, die täglich eineinhalb bis drei Stunden betrage. Die von ihm diesbezüglich angeführten empirischen Untersuchungen müssen allerdings aus heutiger Sicht als veraltet und methodologisch unzulänglich betrachtet werden. Neuere Untersuchungen (referiert bei Dornes 2000 a, S. 25 f.) belegen eine wesentlich geringere Schreidauer (8–30 Minuten). Auch die als Indiz für die Bedeutung des sozialen Umfelds angeführte bekannte Tatsache, daß die soziale Schichtzugehörigkeit der Eltern einen signifikanten Zusammenhang mit der Kindesentwicklung aufweist, berücksichtigt nur unzureichend, daß diese Zugehörigkeit vor allem durch das Nadelöhr elterlichen Erziehungsverhaltens das Kind beeinflußt und daß die psychischen Folgen von Armut für Kinder durchaus nicht homogen sind, sondern in starkem Maß von der psychischen Verarbeitung dieser Armut durch die Eltern abhängen (Collins et al. 2000, S. 228). Sein weiterer Einwand, daß Sterns und Trevarthens Theorie der Intersubjektivität zu harmonistisch sei und Intersubjektivität nicht die Voraussetzung, sondern das Ergebnis der Entwicklung ist, unterschätzt die Potentiale primärer Intersubjektivität, die durch Forschungsergebnisse der letzten Jahre eher noch höher zu veranschlagen sind als zu Zeiten, in denen Bradley seine Aufsätze schrieb (siehe dazu z. B. Bråten 1998 a und hier Kapitel 3).[7]

Cushman (1991) hat Sterns Theorie einer einfühlsamen und subtilen Kritik unterzogen, in der er aus einer sozialkonstruktivistischen Perspektive darauf hinweist, daß dessen Theorie des Selbst zwar als eine universalistische Anthropologie auftrete, in Wahrheit aber die Ontologisierung und damit letztlich Ideologisierung eines spezifisch zeitgenössisch-westlichen Bildes von einem wünschenswerten Selbst sei (s. a. Cushman 1995). Das ist ein bedenkenswerter Einwand, der allerdings auf seine Weise auch wieder einseitig ist. Cushman überschätzt nämlich, wie die meisten Sozialkonstruktivisten, die Plastizität der menschlichen Natur und unterschätzt die im Verlauf der Evolution

7 Ebenso überschätzt die kleinianische und die lacanianische Theorie die ursprüngliche Fragmentierung des Säuglingserlebens und unterschätzt die Potentiale für Integration und Integriertheit (s. Dornes 2000 a, S. 226 mit weiterer Literatur sowie ausführlich Rochat 2001 a, Kap. 2; 2001 b, S. 198 ff.).

erworbenen biologischen Universalien, die, als Dispositionen, der Formbarkeit der menschlichen Natur Grenzen setzen. Die evolutionäre Psychologie hat mittlerweile eine Fülle eindrucksvoller Belege für diese phylogenetische Mitgift zusammengetragen und auch auf den oft übersehenen adaptiven Charakter der Unreife des Säuglings hingewiesen (Buss 1999; Bjorklund/Pellegrini 2000).[8]

Der Soziologe Michaelis (1995) hat sich ebenfalls zu Stern und zum kompetenten Säugling geäußert, allerdings im Inhalt weniger anregend als Bradley und Cushman, dafür im Ton schrill. Er argumentiert nicht filigran mit dem ideologiekritischen Florett, sondern »philosophiert« mit dem Hammer. Sein Blick ist allzusehr von der grobkörnigen Vermutung getrübt, die Kleinkindforschung wolle die Psychoanalyse abschaffen (S. 168). Bei so wenig Liebe zum Detail verwundert es nicht, daß es ihm nicht einmal gelingt, den Namen einer der Hauptzielscheiben seiner Kritik richtig zu schreiben (»Dörnes«). Man muß nicht Lacanianer sein, um sich an einem so nachlässigen Umgang mit Namen zu stören, der leider, zumindest stellenweise, auch indikativ für seinen Umgang mit Theorien ist, sofern sie nicht seinen eigenen Vorlieben entsprechen. In einem Übermaß an Polemik scheut Michaelis noch nicht einmal davor zurück, das, was er die »pseudohaften Objektivierungsversuche« der modernen psychoanalytischen Säuglingsforschung nennt, in einen Zusammenhang zu bringen mit »pseudosachlichen Diskussionen« über die Erinnerung an die schuldhafte Verstrickung der heutigen Generation in die Nazi-Zeit (S. 170). Dafür bescheinigt er sich dann noch zu allem Überdruß, eine »inhaltliche Kritik« (S. 173) vorgebracht zu haben und ist damit eher ein Beispiel für unproduktive und vorurteilsbeladene Kritik. Überliest man, was schwer fällt, solche Exzesse und Selbsttäuschungen, so enthält die Arbeit durchaus auch interessante Gedanken, die aber kaum jemanden davon überzeugen werden, daß die Kleinkindforschung eine Ideologie des gesellschaftlichen status quo ist. Allerdings beabsichtigen Kleinkindforscher auch nicht, eine »kritische Theorie des Subjekts« zu entwerfen. Eher schon eine »dialogische Theorie des Subjekts«, oder eine intersubjektiv transformierte Theorie des Subjekts, von der beispielsweise Benjamin (1988, 1993) und Honneth (1993, 2000, 2001 a, b) auf unterschiedliche Weise

8 Eine ausführlichere Stellungnahme zu Cushmans Kritik findet sich in der neuen Einleitung zur amerikanischen Taschenbuchausgabe von Sterns Buch (Stern 2000 c).

gezeigt haben, daß sie das Negative nicht – wie Whitebook (2001, 2003) befürchtet – abstrakt negiert, sondern durchaus im Blick behält. Eine solche Theorie betont »geglückte Interaktion, Gegenseitigkeit und Distanz, Entfernung und gelingende Nähe, Verletzbarkeit und komplementäre Behutsamkeit – und all diese Bilder von Schutz, Exponiertheit und Mitleid, von Hingabe und Widerstand steigen aus dem Erfahrungshorizont eines freundlichen Zusammenlebens auf. Diese Freundlichkeit schließt Konflikte nicht aus, sondern spricht von den humanen Formen, in denen man Konflikte überleben kann« (leicht redigiertes Zitat nach Habermas 1981, S. 151 f.).

Letztlich ist es wohl so, daß jede Erkenntnis aspekthaft ist und deshalb ist jede Theorie, sofern es keine Metatheorie gibt, in der die verschiedenen Aspekte »aufgehoben« sind, in gewissem Umfang einseitig. Unterschiedliche Theorien artikulieren unterschiedliche Aspekte eines Phänomens unterschiedlich gut. Die Rede von der Kompetenz und der Sozialität des Säuglings ist *deshalb* keine Ideologie, weil die Hervorhebung dieses Aspekts *unvermeidlicherweise* damit einhergeht, die andere Seite der Medaille – die Unfertigkeit, Inkompetenz und Irrationalität – entweder unterzubetonen oder anders zu konzeptualisieren.[9] Die Säuglingsforscher sind, sofern sie sich mit diesem Thema befassen, keine »Vernunftidealisten« und nicht ohne Gespür für dieses Problem. Aber sie arbeiten es gewissermaßen klein und finden das Unangepaßte in *Momenten* der Interaktion zwischen Eltern und Kind, nicht in der triebhaften oder symbiotischen *Konstitution* des Säuglings (s. z. B. Tronick 1989, 1998; Beebe/Lachmann 1994, Beebe et al. 1997, 2000). Interaktionen zwischen Eltern und Kind sind *grundsätzlich und unausweichlich* störanfällig, weil die elterliche Einfühlung in die Bedürfnisse

9 Insgesamt kann man mit Zima (1997, S. 369) darauf hinweisen, daß *jede* Theorie aus einer Ideologie im Sinne bestimmter Wertsetzungen hervorgeht – die Kritische Theorie Adornos ebenso wie der Kritische Rationalismus Poppers. Ersterer aus dem Marxismus, der bei Adorno allerdings vielfach »gebrochen« ist und nicht mehr auf ein Kollektivsubjekt setzt; letzterer aus dem liberalen Individualismus. Das sagt weder etwas über den Wert dieser Theorien aus, noch taugt es zu ihrer Widerlegung. Problemlos, aber etwas platt, könnte man auch den oben erwähnten Sozialkonstruktivismus als Ideologie bezeichnen, nämlich als Ideologie der Technokratie, denn er bevorzugt das Gemachte vor dem Gegebenen. Der Ideologieverdacht ist allerdings fast immer unfruchtbar, weil er bekanntlich meistens darauf hinausläuft, daß nur die anderen Ideologen sind, aber nie man selbst. Dadurch wird regelmäßig die Grundlage jeder weiteren sachlichen Auseinandersetzung zerstört.

des Säuglings begrenzt ist. Diese Bedürfnisse sind – in Anlehnung an Lichtenberg (1988, 1989) – solche nach Regulation physiologischer Spannungen, nach Affektaustausch und Kommunikation, nach Bindung, nach Selbstbehauptung und Selbstausdruck, nach aversiven und aggressiven Reaktionen auf störende Einflüsse, nach sinnlichem Vergnügen und danach, daß die Art und Weise, in der diese Bedürfnisse ausgedrückt werden, vom anderen validiert wird (Dornes 1997, S. 138 ff.).

Befriedigung und Einfühlung in diese Bedürfnisse sind *deshalb* grundsätzlich begrenzt, weil Eltern auf Grund ihrer Lebensgeschichte ihre eigenen Vorlieben und Abneigungen haben, die sich von denen des Säuglings unterscheiden, die sie aber dennoch unausweichlich an ihn herantragen. Dadurch kommt es zu einem Konflikt der Strebungen. Die Grenzen der Übereinstimmung zwischen Ego und Alter, zwischen Subjekt und Welt liegen in dieser Sichtweise nicht in der fragmentierten, triebhaften oder symbiotischen Konstitution des Säuglings, sondern darin, daß sich die Eltern nur in Grenzen an die Bedürfnisse ihres Säuglings anpassen können, und das ist letztlich deswegen so, weil sie und ihr Säugling verschiedene Bedürfnisse haben – und weil die Eltern ein Unbewußtes haben! Sind sie sich ihrer Bedürfnisse in bezug auf den Säugling bewußt, so sind ihre kommunikativen und pflegenden Handlungen eher der selbstreflexiven Korrektur zugänglich. Sind diese unbewußt, so ist das nicht der Fall. Da es *immer* unbewußte Bedürfnisse oder Wünsche in bezug auf den Säugling gibt, kann die Einfühlung in seine Bedürfnisse immer nur für kürzere oder längere Momente vollständig sein. Das entwicklungsfördernde Potential dieser vollständigen Einfühlung ist von der Psychoanalyse nicht immer zureichend gewürdigt worden (Dornes 1993, S. 158 ff.), sollte aber auch nicht übertrieben werden, denn parallel dazu gibt es auch weniger vollständige Formen der Einfühlung (ebd., S. 155 ff.), *zu* vollständige (Winnicott 1953, S. 21; Beebe et al. 2000, S. 108 ff.) und andere bewußte oder unbewußte Formen der Beeinflussung, die den Säugling *unausweichlich* erfassen und prägen, zum Guten und zum Schlechten (ausführlich dazu Dornes 2000 a, Kap. 5 und, den sexuellen Charakter dieses Einflusses betonend, Laplanche 1988, 1992, 1993, 2004 a, b; siehe dazu Kapitel 6).

Insofern hat die (psychoanalytische) Kleinkindforschung die Idee einer prinzipiellen Unversöhnlichkeit oder eines nicht erlösbaren Restes nicht aufgegeben, aber anders formuliert. Sie hat das Zusammen*spiel* der intrapsychischen und interpersonellen Kräfte stärker betont als den Zusammen*stoß*, das erreichbare Glück stärker als das unvermeidliche Unglück, den möglichen Konsens stärker als den immer auch vorhandenen Dissens. Aber das impliziert keine grundsätzliche Vernachlässigung irrationaler Elemente – noch nicht einmal, wo sich die Säuglingsforschung nur mit der normalen Entwicklung beschäftigt. Wie Stern (2000 b, S. 94) sagt: »Ich habe noch nie eine gute Mutter-Kleinkind-Beziehung gesehen, in der im Laufe der Interaktion nicht etwa alle 19 Sekunden etwas passiert, das sich am Rande einer Katastrophe bewegt.« Selbst im günstigen Fall ist also das erreichbare Glück eine labile und zerbrechliche Angelegenheit. Die reale Kommunikationssituation ist oder bleibt nicht dauerhaft konfliktfrei, aus welchen Gründen auch immer. Aber sie ist eben nicht nur »scheinbar« dialogisch (Metzger 1999, S. 396), sondern auch tatsächlich so (Trevarthen 1993 a, b, 1998; Trevarthen/Aitken 2001).[10]

Diese Dialogizität anzuerkennen bedeutet nicht, die ebenfalls vorhandene Asymmetrie in der Beziehung auszublenden. Beides existiert, sowohl in der Eltern-Kind-Beziehung als auch in der zwischen Analytiker und Patient. Thomä (2001) spricht treffend von »eingeschränkter Gegenseitigkeit«. Die dabei auftretenden Entgleisungen sind jedoch häufig keine dramatischen Ereignisse, sondern Mikrobrüche in der Interaktions- und Affektregulierung, die laufend mehr oder weniger

10 Will man die Betonung des erreichbaren Glücks in den Kontext der Debatte um die »revidierte Psychoanalyse« (Adorno 1952) stellen, so läßt sich diese Betonung mehr mit den Ideen Fromms und Blochs als mit denen Adornos und Marcuses vereinbaren. Während Bloch in den auffindbaren Glücksmomenten in einer unglückproduzierenden Gesellschaft nicht Ideologie, sondern Utopie sah, nämlich den Vorschein einer besseren Zukunft, betrachtete Fromm die von Adorno kritisierte Praktizierung von Menschenfreundlichkeit und Güte in einer menschenfeindlichen Gesellschaft als »den lebendigsten Akt der Rebellion« und nicht als Predigt von Anpassung (zit. in Görlich et al. 1980, S. 76). Marcuse und insbesondere Adorno waren hingegen der Auffassung, wahre Menschenfreundlichkeit bestünde in der Zertrümmerung der Illusion von Menschenfreundlichkeit – was Fromm als radikal maskierten Nihilismus betrachtete (in: Görlich et al., ebd.). Für weitere Informationen zu dieser Kontroverse siehe den informativen Aufsatz von Schmid-Noerr (2001). In zwei weit ausgreifenden neueren Arbeiten hat Honneth (2005 a, b) jedoch gezeigt, daß sich aus Adornos Werk die Idee einer vorsprachlichen nachahmenden Vernunft gewinnen läßt, die zum einen sehr gut mit dem dialogischen Geist der Säuglingsforschung zusammenpaßt, zum anderen eine Vorstellung geglückter Kindheit enthält, die als normativer Maßstab seiner Kapitalismuskritik dient.

gut, aber nicht unbedingt immer vollständig oder endgültig »repariert« werden. Der zyklische Prozeß von interaktiver Übereinstimmung, Dissonanz und eventueller anschließender »Versöhnung« sowie seine intrapsychischen Folgen stehen im Mittelpunkt der Säuglingsforschung, sofern sie sich mit dem Lernen in niederen Spannungszuständen befaßt. Damit nimmt sie durchaus die etwa von Warsitz (2004, S. 787) gegen den Intersubjektivismus geltend gemachte Idee vom »Mangel an Befriedigung« und vom »Scheitern der Interaktion« als ichbildenden Kräften auf, wenn auch in einer veränderten Gestalt (s. Dornes 2000 a, S. 25 ff.).[11]

Das ist eine in meinen Augen zulässige Relativierung und bedeutende Ergänzung von Freuds tragischer Anthropologie und keine unzulässige Verharmlosung. Sie ist auch nicht unpsychoanalytisch, sondern schließt an den stärker romantischen Strang innerhalb der Psychoanalyse an, also an Autoren wie Ferenczi, Balint, Winnicott und Kohut, deren Menschenbild dem der Säuglingsforschung nahe steht (s. Strenger 1989, 1997; Frommer/Tress 1998). Der Fokus der nicht-klinischen Säuglingsforschung auf Mikroregulationsbrüche macht nachdrücklich klar, daß Charakter und Charakterpathologien nicht nur durch große Ereignisse und in Zeiten starker Affektspannung entstehen – eine Konzeption, welche Adorno (1952, S. 24) als die einer traumatischen Gesellschaft einzig angemessene betrachtete –, sondern auch nach dem Prinzip des steten Tropfens, der den Stein formt oder auch höhlt. Auch dafür gibt es bedeutende Vorläufer in der psychoanalytischen Theorietradition (Dornes 2000 a, S. 28 ff.).

Allerdings würde die Säuglingsforschung Psychopathologie eher aus dem Mißlingen der Interaktion ableiten, und nicht, wie etwa Hinz (2001, S. 149) in Anlehnung an den Kleinianer Money-Kyrle schreibt,

11 Für empirische Daten zur Häufigkeit von interaktiven Mikrobrüchen und deren Korrektur siehe Dornes (1997, S. 167). Mit ausgeprägteren Formen des Dissenses und des interaktionellen Mißlingens befaßt sich die *klinische* Säuglingsforschung. Hierzu gibt es eine eigene Zeitschrift (»Infant Mental Health Journal«) und mittlerweile auch mehrere Handbücher (s. z. B. Zeanah 1993; Osofsky/Fitzgerald 1999). Eine Ausweitung des gelegentlich etwas »harmonistischen« Intersubjektivitätsbegriffs *mancher* Säuglingsforscher auf konflikthafte Formen von Intersubjektivität schlagen Beebe et al. vor (2003 a, b, c; erweitert in Beebe et al. 2005). Ebenso diskutieren sie Gemeinsamkeiten mit und Unterschiede zu klinisch-psychoanalytischen Konzepten von Intersubjekvität bei Autoren wie Aron, Benjamin, Jacobs, Ogden und Stolorow et al.

»aus der Abwehr gegen die Wahrnehmung des faktischen Restes an interaktionellem Gelingen«. Die Wahrnehmung des Gelingens muß in dieser Sichtweise abgewehrt werden, »weil dieser Rest an Brauchbarkeit des Objekts die Erfahrung von Abhängigkeit und Getrenntheit ins Bewußtsein zwingt« (ebd.). Die Wahrnehmung von etwas Gutem kann also nicht ausgehalten werden, weil sie mit der Anerkennung der Abhängigkeit vom Spender des Guten verbunden wäre. Ich vermute, daß das für manche Patienten eher zutrifft als für Säuglinge, es sei denn, man geht wie die Kleinianer von einem primären Neid des Säuglings auf das Gute des Objekts aus. Diese Auffassung wird außerhalb der kleinianischen Theorie von niemandem geteilt und muß deshalb zumindest als strittig bezeichnet werden.[12]

Richtig ist soviel: Die psychoanalytische Kleinkindforschung hat die Triebtheorie revidiert, relativiert oder sich sogar von ihr verabschiedet, aber das haben andere Psychoanalytiker schon vor und mit ihr getan (z. B. Bowlby, Balint, Fairbairn, Laplanche, Lichtenberg, Loewald, Kernberg, Kohut, Sandler u. v. a.). Sie hat die Symbiosetheorie relativiert, aber auch das haben schon andere Psychoanalytiker vor und mit ihr getan (z. B. Eigen 1980, 1983; Grotstein 1980; Lagache 1961, S. 201). Sie hat die Idee einer prinzipiellen Gebrochenheit des Subjekts »heruntertransformiert« und in eine andere, freundlichere, dialogischere Gestalt gebracht. Ist sie deshalb unpsychoanalytisch? Nur, wenn man diese Idee *in ihrer vormaligen Gestalt* für den unverzichtbaren Kern der Psychoanalyse hält. Aber sind alle, die diese Einschätzung nicht teilen, deswegen keine Psychoanalytiker mehr, wie Green (2000 a) meint? Ein jeder treffe seine Wahl – und ein jeder trifft sie.

Pluralismus und Interdisziplinarität

Cooper etwa (2001) hat den real existierenden Pluralismus der psychoanalytischen Theorien ausführlich dargestellt. Sein Resümee ist, daß es einen gemeinsamen Kern oder »common ground« nicht mehr gibt. Er findet das nicht bedrohlich, sondern eher befreiend. Seine Empfehlung

12 Eine Kritik der Konzeption des primären Neids findet sich bei Joffe (1969), eine entwicklungspsychologische Chronologie von Stufen und Spielarten des Neides zwischen einem und fünf Jahren bei Frankel/Sherick (1977).

an die Psychoanalyse ist, daß sie den Marsch durch die Institution Universität antreten soll, um relevant zu bleiben. Ähnlich hat Schülein (1999 a, b) in seinem beeindruckenden Resümee der wissenschaftstheoretischen Debatten um die Psychoanalyse gezeigt, daß jede Festlegung immer nur einen Aspekt ihrer Eigenarten erfassen kann. Er betrachtet, wie Cooper, die Psychoanalyse als hoffnungslos (oder hoffnungsvoll) *multiparadigmatisch* und votiert für die verstärkte Einbeziehung der Nachbarwissenschaften in eine systematischere »Theoriepolitik«, an der es wegen ihrer vereinsmäßigen Organisation noch weitgehend mangelt. Neubauer (2000) kommt zur entgegengesetzten Schlußfolgerung. Sie sieht den Kern der Psychoanalyse – der für sie in Bions Theorie am besten artikuliert ist – durch empirische Forschung eher bedroht und empfiehlt der Psychoanalyse deshalb, außerhalb der Universitäten zu überwintern, bis ihre Zeit wieder kommt. Das ist keine notwendige Konsequenz aus Bions Theorie, aber eine mögliche Option.

Alvarez und Tustin – zwei Kinderanalytikerinnen der Klein-Bion-Schule – wählen andere. Alvarez' Position habe ich im ersten Kapitel dargestellt. Tustin, die vierzehn Jahre lang bei Bion in Analyse war (Hunter 1992, S. 15) und von seinem Denken tief beeinflußt ist, schreibt knapp und bündig: »Wir können unsere Auffassungen verändern und unsere Ideen revidieren. Wir können sie mit Kollegen teilen, die eine andere Orientierung haben als wir selbst. Das ist wichtig, weil die manchmal zu beobachtenden sektiererische Abkapselung unserer eigenen Profession fast schon den Charakter einer ›ethnischen Säuberung‹ annimmmt« (Tustin 1994 b, S. 124). Tustin selbst ist das beste Beispiel dafür, wie man sektiererische Tendenzen gar nicht erst aufkommen läßt. Sie hat ihre Theorien, auch unter dem Einfluß der wissenschaftlich-universitären Autismusforschung, ständig revidiert (1991, 1992, 1994 a, b) und bringt sogar das in der freudianischen Psychoanalyse eher seltene Kunststück fertig, Ideen aus der Schule C. G. Jungs mit Sympathie und Respekt zu erwähnen (Tustin 1994 b, S. 122, 126).

Fairerweise muß man sagen, daß nicht nur Psychoanalytiker gelegentlich zur Sektiererei neigen, sondern Wissenschaftler ebenso. Die derzeitige Autismusforschung etwa (Überblick in Kapitel 4), die hochinteressante Ergebnisse über genetische, molekulare, neurobiologische und kognitive Grundlagen dieser Erkrankung zusammenträgt, ignoriert bedauerlicherweise weitgehend die Erfahrungen, die in der psychoanalytisch orientierten Therapie und Forschung gemacht wurden.[13] Man glaubt, die Sache sei erledigt, wenn man Bettelheim (1967) und seine vermeintlich rein psychogenetische Theorie des kindlichen Autismus zum Buhmann erklärt, obwohl schon er, wenn auch leider nicht nachdrücklich genug, von einer autistischen Konstitution des Kindes gesprochen und auch pränatale Entwicklungsstörungen als Ursache nicht ausgeschlossen hat (s. Kaufhold 1988; Janetzke 1993, S. 62). In einer eigenartigen Geschichtsvergessenheit wird ebenfalls übersehen, daß jede Theorie ein Kind ihrer Zeit ist. Bettelheim schrieb im Amerika der 50er und 60er Jahre, einer Zeit des extremen Environmentalismus, in der auch Kanner (1943), der Entdecker des frühkindlichen Autismus, zeitweise schwankte und mit einer Umweltätiologie liebäugelte, in der er die Mütter autistischer Kinder als gefühlskalt beschrieb und dies für eine mögliche Ursache des Autismus hielt (s. Lelord/Rothenberger 2000, S. 64; Mesibov et al. 2000, S. 639 f.; Shapiro 2000, S. 649). Mahler (1952, 1968) ging von Anfang an davon aus, daß der frühkindliche Autismus in der konstitutionellen Unfähigkeit des Kindes begründet liegt, die mütterlichen Angebote zu nutzen. Trotzdem wird sie in neueren ausführlichen Übersichtsarbeiten nicht mehr erwähnt (s. z. B. Stone 1997, Klicpera/Innerhofer 1999, Travis/Sigman 2000). Ebensowenig Tustin (1991, 1992, 1994 a, b), die eine wesentliche Ursache autistischer Erkrankung darin sieht, daß das Gewahrwerden der Getrenntheit von der Mutter auf Grund einer konstitutionellen Vulnerabilität für entsprechend disponierte Kinder eine psychische Katastrophe bedeutet. Auch die neueren Erfahrungen und Ergebnisse aus der psychoanalytischen Psychotherapie mit autistischen Kindern der Tavistock-Gruppe (Alvarez 1992, Alvarez/Reid 1999, Klauber/Rhode 2004) werden ignoriert. Trevarthen et al. (1998) sind eine der wenigen, die sie zur Kenntnis nehmen, aber auch sie werden nicht gerade häufig erwähnt, von den sicher kontroversen Arbeiten französischer Psychoanalytiker zum frühkindlichen Autismus ganz zu schweigen

13 Einen historischen Überblick zu psychoanalytischen Autismustheorien bis Ende der 80er Jahre gibt Hobson (1990 b); für neuere Überblicke siehe Perner (1998), Frost (1999) und Epstein (2000 b). Hobson (1993, 2002) ist einer der Psychoanalytiker, die auch systematische, extraklinische Forschung zu den möglichen Ursprüngen des frühkindlichen Autismus durchgeführt haben. (Ich stelle seine Theorie im vierten Kapitel dar.) Der erste war meines Wissens Anthony (1958). Von ihm stammt auch eine respektvolle Kritik an Tustins frühem Werk (Anthony 1973). Andere ebenfalls experimentell arbeitende Psychoanalytiker sind Shapiro (2000) und Volkmar (2000).

(Literatur bei Hochmann 1997, Maratos 1998, S. 205 Fn., Rhode/Shulman 2000 und Epstein 2000 b, S. 632). Unerwähnt bleibt auch, daß es schon in den frühen 1970er Jahren Psychoanalytiker gab, die darauf hinwiesen, daß das Leben mit einem autistischen Kind *für die Eltern* eine traumatische Erfahrung ist, die ihre Ressourcen zur Elternschaft untergraben kann und die deshalb ebenfalls der intensiven Betreuung bedürfen (Tischler 1971, 1979). Und schließlich sei noch daran erinnert, daß auch die Verhaltenstherapie nicht ohne Sünden ist und in ihren Anfängen zu recht rabiaten Methoden wie der aversiven Konditionierung autistischer Stereotypien mittels Stromschlägen griff, an die man sich heute nicht mehr gerne erinnert.

Selbst wenn man der mittlerweile gut begründeten Auffassung ist, daß der frühkindliche Autismus überwiegend oder ausschließlich organische Ursachen hat sind die Erfahrungen aus der psychoanalytisch orientierten Psychotherapie autistischer Kinder nicht wertlos. Sinason (1992) hat gezeigt, daß auch primär organisch bedingte Behinderungen im Laufe der Entwicklung in psychische Konflikte hineingezogen werden können oder zu solchen Anlaß geben. Ihre Behandlung kann zur Besserung des Krankheitsbildes beitragen – auch zum verbesserten Gebrauch der (organisch) beeinträchtigten Funktion. Ähnliches gilt wahrscheinlich zumindest für einige Formen des autistischen Erkrankungsspektrums, in denen Kinder, verzweifelt über ihre autistische Behinderung, sich immer weiter zurückziehen und auch die verbliebenen Ressourcen nicht mehr nutzen (s. z. B. Alvarez 1999 a, Bromfield 2000). Natürlich kann man über den Wert der erwähnten psychoanalytischen Arbeiten geteilter Meinung sein, aber eine ernsthafte und möglichst unpolemische Diskussion sollte stattfinden, sonst werden alte Schuldvorwürfe nur in neuem Gewand wiederholt – schlechte Gehirne statt schlechter Mütter (Alvarez 1996, S. 526).[14] Zwei Psychoanalytikerinnen resümieren ihre mehr als zwanzigjährige Erfahrung mit der Behandlung autistischer Menschen so: »Autismus ist ... ein rätselhafter Zustand. Wir sind der festen Überzeugung, daß nur eine Synthese der Forschungsergebnisse aus Epidemiologie, Biologie, Neurologie, Psy-

14 Die Debatte zwischen Golse (1994) und Klin/Cohen (1994) ist ein gutes Beispiel für eine solche sachbezogene und informative Auseinandersetzung. Ebenso die Bücher von Trevarthen et al. (1998), Alvarez/Reid (1999) und das Themenheft über »Autistic Spectrum Disorders« der Zeitschrift »Psychoanalytic Inquiry« (Epstein 2000 a).

chologie und qualitativer Einzelfallforschung... zu einem vollen Verständnis des Autismus führen kann« (Alvarez/Reid 1999, S. 246). Dem ist wenig hinzuzufügen.

Fazit

Die Säuglingsforschung ist weder irrelevant für die Psychoanalyse (Kapitel 1) noch »unpsychoanalytisch«. Der Kontakt mit Nachbardisziplinen führt jedoch gelegentlich zu Verunsicherung und Identitätsdiffusion (Thomä 2004). Das Andere, die Welt außerhalb der psychoanalytischen Situation und der daraus abgeleiteten Theorien, ist immer beides zugleich, Chance *und* Gefahr (Zima 2000, S. 376). Im Mikrokosmos der Psychoanalyse spiegeln sich so die Probleme einer globalisierten, multikulturellen Gesellschaft: Wieviel nationale/kulturelle/disziplinäre Identität ist wünschenswert und wieviel Veränderung und/oder Auflösung des Identitätskerns verkraftbar? Bereichert der Kontakt mit anderen Kulturen/Disziplinen die eigene Identität oder bedroht er sie? Wie im politischen Raum so sind auch im Binnenraum einer Wissenschaft Befürchtungen und Hoffnungen gleichermaßen begründbar. Wir werden lernen müssen, damit zu leben. Die Zeiten stabiler Identitäten – sei es nationaler, kultureller oder disziplinärer Art – sind vorbei. Vielfalt und Auflockerung vormals festgefügter Grenzen sind das Signum der Spätmoderne. Die Psychoanalyse wird sich dem nicht entziehen können. Sie sollte es auch nicht versuchen, sonst könnte es passieren, daß sie in einem schlechten Sinne unzeitgemäß wird. Die Empfehlung, sie solle »schleunigst wieder zeitgeistresistent werden« (Neubauer 2003) übersieht, daß sie nicht auf einer Insel lebt und leben kann. Ihre Befolgung würde zu einer Isolation führen, die nur noch ihre Befürworter für »splendid« halten, alle anderen aber für uninteressant.

Kapitel 3 Der virtuelle Andere: Aspekte vorsprachlicher Intersubjektivität

Einleitung

In Psychoanalyse und Entwicklungspsychologie stand das Thema der Intersubjektivität lange Zeit nicht hoch im Kurs. Nur der philosophischste unter den Psychoanalytikern, Lacan, hat sich damit substantiell beschäftigt. Unter dem Einfluß der Selbstpsychologie Kohuts entstand in den 1980er Jahren der phänomenologisch getönte Intersubjektivismus von Stolorow et al. (1987) und das Thema wurde allmählich hoffähig. Winnicott und die Säuglingsforschung wurden Ausgangspunkt für ein neues Nachdenken über Intersubjektivität, zum Beispiel bei Benjamin (1988, 1993), Honneth (1992) und Ogden (1994). In Frankreich läutete Laplanche (1992) die »Kopernikanische Wende« der Psychoanalyse ein und betonte die Bedeutung des Objekts nicht nur für die Triebschicksale, sondern für die Entstehung von Trieben selbst. In den 1990ern erschienen die ersten systematischen Zusammenfassungen psychoanalytischer Intersubjektivitätsdebatten (Dunn 1995; Paniagua 1997), kurze Zeit später die monographische Darstellung von Altmeyer (2000) und jüngst haben Altmeyer/Thomä (2006) ein Kompendium mit einem breiten Spektrum internationaler Beiträge zum Thema vorgelegt. Auch die neueren Technikdebatten in der Psychoanalyse (Überblick bei Thomä 1999, 2000 und Altmeyer/Thomä 2006) befassen sich mit den Implikationen einer intersubjektiven Sicht der menschlichen Natur für eine Neukonzeptualisierung des psychoanalytischen Prozesses und seiner Wirkfaktoren. Das Thema ist *en vogue* und die Gründe dafür sind vielfältiger Art. Einer mag sein, daß im Zeitalter allgemeiner Vernetzung die gegenseitige Abhängigkeit aller von allen steigt, das klassische Ideal von Autonomie als Unabhängigkeit von anderen damit einen Teil seiner gesellschaftlichen Basis verliert und deshalb die wechselseitige Bezogenheit stärker in den Blick rückt.

In der Entwicklungspsychologie wurde die Intersubjektivität vom schottischen Entwicklungspsychologen Colwyn Trevarthen (1974) erstmals nachdrücklich thematisiert. Er kann als Gründungsvater der entwicklungspsychologischen Intersubjektivitätsforschung gelten, die nach zögerlichem Start mittlerweile erheblich an Schwung gewonnen hat (s. Bråten 1998 a).[1]

Intersubjektivität läßt sich verschieden definieren. Ich verstehe darunter die Beziehung zweier Subjekte, in der die Subjektivität beider, also ihr Denken, Fühlen und/oder ihre nicht-instinkthaften expressiven Äußerungen Gegenstand wechselseitiger Reaktionen oder Antworten sind. Man kann die Diskussion um Intersubjektivität unter verschiedenen Gesichtspunkten gliedern, etwa unter dem, wieviel an Angeborenem dabei eine Rolle spielt und wieviel an Erworbenem. Entsprechend unterscheidet Gergely (2002) drei Arten von Intersubjektivitätstheorien: stark nativistische, schwach nativistische und nicht-nativistische. Man kann aber auch mit Gomez (1998) kognitive von emotionalen Intersubjektivitätstheorien unterscheiden. Erstere fokussieren auf die Frage, wie man zu Wissen über die kognitiven Zustände (z. B. Wahrnehmungen oder Überzeugungen) von anderen gelangt; letztere darauf, wie man zu Wissen über ihre emotionalen Zuständen gelangt. Im folgenden werde ich mich auf die Theorie des virtuellen Anderen des norwegischen Soziologen Stein Bråten konzentrieren, die nativistisch und emotionszentriert ist.

Als ein wichtiges Resultat wird sich ergeben, daß man die sicherlich bedeutsame Konstitution des Subjekts im und durch den intersubjektiven Austausch nicht überschätzen sollte. Zwar entstehen wesentliche Aspekte des Selbst sicherlich in der Interaktion, aber es gibt auch so etwas wie ein angeborenes »Design«, das bestimmt, was vom Lebensanfang an vom Subjekt als Interaktionsangebot vorgeschlagen, was als angemessene Antwort erwartet, und was als Reaktion auf Stellungnahmen des Objekts geantwortet wird. Altmeyer, der die intersubjektive Konstitution des Selbst nachdrücklich betont, schreibt (2000, S. 176 f.), daß sich das Selbst in der Interaktion von außen zu betrachten lernt, die Perspektive des Anderen übernimmt und dadurch selbstreflexiv ein Bewußtsein von sich erwirbt. Pointiert formuliert er (ebd. S. 206), daß

1 Einen Überblick über philosophische Intersubjektivitätstheorien verschiedener Provenienz geben Theunissen (1977), Ziegler (1992), Crossley (1996), Avramides (2001) und Honneth (2003 a).

das Selbst aus der Spiegelerfahrung mit dem Anderen entsteht. Das ist sicher auch richtig und ich habe ähnliche Ideen zu diesem Thema entwickelt (Dornes 2000a, Kap. 5 und hier Kapitel 5). Im vorliegenden Kapitel soll aber ein anderer Gedanke verfolgt werden, nämlich: Das Subjekt sieht sich nicht (nur) von außen mit den Augen des Objekts, sondern es sieht auch das Objekt von innen mit seinen eigenen »angeborenen« Augen. Diese Sicht auf das Objekt »von innen« beruht auf angeborenen bewußten oder unbewußten Erwartungen, die zunächst gerade *nicht* in der spiegelnden Interaktion erworben werden, sondern ihr vorausgehen, allerdings später dann in ihr modifiziert werden. Es wird also die These vertreten, daß manche Aspekte des Subjekts nicht sozial konstituiert *werden*, sondern daß das Subjekt in gewisser Hinsicht schon vor jedem sozialen Kontakt eine soziale Konstitution *hat*. Die Fähigkeit und die Bereitschaft zum Dialog entstehen nicht in ihm, sondern gehen ihm, zumindest in einigen wesentlichen Aspekten, voraus (Trevarthen 1980, S. 325 f.). Ich plädiere damit für ein Stück »Essentialismus« im gegenwärtigen Strom von entwicklungspsychologischem (z. B. Lewis 1997) und psychoanalytischem (z. B. Orange et al. 1997) Konstruktivismus und Kontextualismus. Wie das konkret aussieht, wird im weiteren Verlauf der Ausführungen deutlich werden. Eine meiner Absichten ist es, die Grenzen einer radikalisierten Objektbeziehungstheorie auszuloten, die gewissermaßen »alles« beziehungsweise das ganze Selbst aus der Beziehung ableiten will (s. a. Modell 1993; Meissner 2000a, b).

Die zweite Idee, die entwickelt werden soll, ist die, daß der Säugling von Anfang an *die Welt* nicht nur mit seinen Augen sieht, sondern oft gleichzeitig auch mit den Augen des Anderen. Er ist also sehr früh in der Lage, die Perspektive des Anderen auf die Welt mitzuempfinden. Sollte sich diese Idee als plausibel erweisen, so könnte man nicht länger davon ausgehen, daß die anfängliche Weltwahrnehmung egozentrisch ist und nach einiger Zeit von der Fähigkeit zur Perspektivenübernahme ergänzt wird, sondern davon, daß egozentrische und alterozentrische Weltwahrnehmung parallel nebeneinander und nicht nacheinander existieren. Dies hat Weiterungen für bestimmte Sichtweisen der Empathie und des Wiederholungszwanges, auf die ich zu sprechen komme. Zunächst zum ersten Punkt.[2]

2 Die Vorstellung einer Parallelität von ego- und alterozentrischer Weltwahrnehmung befindet sich in Übereinstimmung mit einem Trend im psychoanalytischen Denken, der zunehmend die Synchronie seelischer Zustände gegenüber ihrer

Die Theorie des virtuellen Anderen von Stein Bråten

Die innovative aber auch spekulative Idee von Bråten besteht darin, anzunehmen, daß die Psyche des Säuglings inhärent dyadisch beziehungsweise dialogisch strukturiert ist. Was heißt das? Es bedeutet mehr, als daß der Säugling von Lebensanfang ein soziales Wesen ist und den Kontakt mit anderen sucht. Es bedeutet, daß er diesen Kontakt schon innerlich hat, bevor er ihn in der Wirklichkeit sucht. Aber womit hat er innerlich Kontakt? Bråten spricht von einem inneren virtuellen Anderen, mit dem der Säugling im Kontakt oder im »Gespräch« ist, schon bevor er sich an einen tatsächlich vorhandenen äußeren Anderen wendet. Der äußere, tatsächliche Andere tritt gewissermaßen nur in die Fußstapfen, die in Gestalt des inneren virtuellen Anderen vorbereitet sind. Der äußere Andere wird eingeladen, einen (seelischen) Raum zu betreten, der schon für ihn vorbereitet, aber noch nicht vollständig möbliert ist. Der Raum als solcher existiert schon und muß nicht erst geschaffen werden. Seine Existenz ist vielmehr die Voraussetzung dafür, daß der wirkliche Andere erwartet, eingeladen, willkommen geheißen oder abgelehnt werden kann. In dieser Theorie gibt es nicht eine Monade, die angeborene soziale, kommunikative oder triebhafte Bedürfnisse hat und deshalb mit einer anderen

Diachronie betont. Die kleinianische Theorie etwa geht mittlerweile stärker als früher davon aus, daß die depressive Position die paranoid-schizoide nicht »überwindet«, sondern daß beide nebeneinander existieren und sich abwechseln. Bion spricht ausdrücklich von einer »Ko-Präsenz« paranoid-schizoider und depressiver Elemente in psychischen Akten (s. Eigen 1985, S. 461). Ähnlich hat die psychoanalytisch inspirierte Säuglingsforschung gezeigt, daß Symbiose und Individuation keine aufeinander folgenden, sondern schon in den ersten Lebenswochen koexistierende Zustände sind (Pine 1992; Dornes 1997, Kap. 5). Auch für Primär- und Sekundärprozeß wurde Parallelität statt Nacheinander behauptet (Dornes 1993, Kap. 8). Fonagy/Target, die sich mit der Mentalisierungsfähigkeit von Kindern befassen, vertreten die Auffassung, daß sich diese Fähigkeit aus der Integration von zwei zunächst parallel laufenden »Modalitäten« entwickelt, dem Modus psychischer Äquivalenz und dem Als-ob-Modus (s. hier Kapitel 5). Bråtens Theorie ist ein weiterer Baustein in dieser stärker synchronen Sicht der menschlichen Entwicklung. In ihr wird, nachdrücklicher als in einer diachronen Sicht, das Fluktuierende, Zyklische, Koexistierende, nicht endgültig Festgelegte psychischer Konfigurationen betont und weniger, wie früher, die definitiven Entwicklungserrungenschaften. Man könnte vermuten, daß diese Verflüssigung der Betrachtungsweise durch eine Verflüssigung des Gegenstandes nahegelegt wird und somit eine Auflockerung psychischer Strukturen anzeigt (s. dazu den Epilog).

in Kontakt tritt, sondern es gibt eine Monade, die *in sich* intersubjektiv oder dialogisch strukturiert, das heißt mit angeborenen Erwartungen ausgestattet ist, daß da ein Anderer ist und wie er sein soll. Die Monade ist deshalb gar keine Monade, beziehungsweise sie ist es nur für den äußeren Beobachter. In Wahrheit ist sie selbst schon von vornherein eine Dyade, aber vorerst nur eine innere. Der in ihr existierende Andere ist ein virtueller, aber diese virtuelle Präsenz eines Anderen im Subjekt schon vor dem Kontakt mit einem tatsächlichen Anderen ist Bråtens Meinung nach eine Voraussetzung dafür, daß der tatsächliche Kontakt, wenn er auf eine bestimmte Weise zustande kommt, als erfüllend/befriedigend erlebt wird.

Die Existenz dieses Virtuellen ist naturgemäß schwer zu beweisen. In Anlehnung an den Philosophen Pierce spricht Bråten (1992, S. 80; 1997) davon, daß man die Existenz eines virtuellen X daran ablesen kann, daß es dieselbe operative Wirkung hat wie das reale X, im Unterschied zu einem Symbol von X, das diese Wirkung nicht hat: Das Sitzen in einem virtuellen Flugzeug (Simulator) hat dieselbe Wirkung wie das Sitzen in einem realen Flugzeug, nicht aber die Phanatasie vom Sitzen in einem Flugzeug. Man kann versuchen, sich den Begriff des Virtuellen an Hand der Diskussion zu verdeutlichen, die in der Gehirnforschung derzeit um den Begriff des Ich geführt wird. Dort wird die Idee eines real existierenden Ich als cartesianische Illusion kritisiert. Zwar glauben wir, wenn wir handeln, daß bestimmte koordinierende Prozesse von unserem Ich gesteuert werden, aber es gibt nichts im Gehirn, was als neuronales Korrelat einer solchen zentralen steuernden Instanz gelten könnte. Vielmehr laufen im Gehirn in den unterschiedlichsten Arealen vielfältige Vorgänge ab, die aber nirgendwo von einem zentralen »Prozessor« vereinheitlicht werden. Ebenso beruht das einheitliche Ich-Gefühl, das jede gesunde Person von sich hat, nicht auf einem entsprechend einheitlichen neuronalen Korrelat, dem man einen bestimmten Ort zuordnen könnte. Das unbezweifelbare Gefühl eines einheitlichen Ich gilt als eine vom Gehirn erzeugte Illusion, die aber nichtsdestotrotz reale Wirkungen hat. Wir empfinden uns als einheitliche Person, auch wenn es für dieses Empfinden kein einheitliches substantielles Korrelat im Gehirn gibt. Das Ich ist somit ein virtuelles Konstrukt des Gehirns, das dennoch dieselbe Wirkung hat, wie wenn es real wäre.

Die Existenz des virtuellen Anderen zeigt sich, wie die des Ich, daran, daß er dieselbe Wirkung hat, wie wenn er real wäre. Der virtuelle Andere ist, wie das Ich, eine vom Gehirn erzeugte »Illusion« vom

Anderen, aber keine Phantasie von ihm[3] und zeigt sich an den Reaktionen des Säuglings auf den realen Anderen. Erscheint der, so ist der Säugling nicht mit jedem seiner Interaktionsangebote zufrieden, sondern nur mit einem bestimmten Spektrum von Angeboten. Das gelingende Zustandekommen früher Interaktion ist von Anfang an an Erfüllungsbedingungen gebunden: eine bestimmte Tonhöhe spricht den Säugling an; ein bestimmtes Sprechtempo; eine bestimmte Sprachmelodie; bestimmte Gesichtsausdrücke, und insbesondere die zeitliche und inhaltliche Passung der elterlichen Interaktionsantworten. Nicht bestimmte Personen sind dazu notwendig, zumindest am Anfang nicht, aber die Akte von Personen in bestimmten Ausprägungsformen. Die interaktiven Antworten oder Nicht-Antworten des Säuglings drücken seine Einschätzung dieser Akte aus und der Maßstab für die Einschätzung stammt aus seiner inneren Welt. Trevarthen et al. (1998, S. 94) sprechen von den universalen, kulturinvarianten Eigenschaften der Ammensprache, die schon von Neugeborenen anderen Lautäußerungen vorgezogen wird, als »part of the baby's inborn ›sketch‹ of a ›ideal mother‹.« Das gilt für alle angeborenen Erwartungen: sie sind Teil einer mentalen oder zerebralen Skizze einer idealen Mutter. Diese Skizze darf man sich nicht als völlig feststehend vorstellen, sondern als in Grenzen fluide. Eine kommunikative Äußerung der Mutter erweist sich in Form oder zeitlicher Passung als mißlungen, wenn der Säugling gar nicht oder aversiv darauf reagiert. Er zeigt damit, daß ihm die Antwort fremd ist, daß er sie nicht erwartet hat, daß sie nicht zu seinen impliziten Erwartungen, wie solche Äußerungen sein sollen paßt und deshalb nicht in seinem seelischen Innenraum Platz nehmen kann. Die Reaktionen auf die Still-face-Experimente (z. B. Tronick et al. 1978) und die Perturbationsexperimente (Murray/Trevarthen 1985, Trevarthen 1993 a) zeigen, wie dieser Rückzug aussieht.

Exkurs: Still-face- und Perturbationsexperimente

Im Still-face-Experiment geht es um die Dynamik von Reizen. Der Erwachsene, in der Regel die Mutter, wird angewiesen nicht wie üblich mit dem Säugling zu interagieren, sondern für eine Minute mit un-

3 Auch das Gefühl eines einheitlichen Ich ist ja keine Phantasie, sondern ein unmittelbares Erleben.

bewegtem Gesicht und ohne Vokalisierung vor dem Säugling zu posieren. Säuglinge reagieren darauf zunächst mit verstärkten Bemühungen, den Erwachsenen wieder zu kommunikativem Verhalten zu überreden, danach ziehen sie sich zurück, zeigen Anzeichen von Unbehagen, nesteln verstärkt an sich selbst herum, fangen an zu sabbern etc. Dieses Verhalten kann auf dreierlei Weise interpretiert werden. Erstens: Der Säugling reagiert frustriert, weil seine Interaktionserwartungen dadurch verletzt wurden, daß der Interaktionspartner sich ungewöhnlich benimmt. Manche Autoren spezifizieren das Ungewöhnliche dahingehend, daß dynamische durch statische Reizkonfigurationen ersetzt werden. Zweitens: der Säugling reagiert irritiert, weil seine Regulationsbedürfnisse nicht mehr befriedigt werden. Drittens: er reagiert irritiert, weil sein Bedürfnis nach sozialem Kontakt enttäuscht wird (Weinberg/Tronick 1996, S. 905 f.). Zwischen der zweiten und dritten Erklärungsvariante läßt sich nur schwer eine Unterscheidung treffen, weil interaktive Regulation in der Regel an einen sozialen Partner gebunden ist. Die erste Variante ist als alleinige Erklärung deswegen wenig plausibel, weil die Still-face-Reaktionen vorwiegend gegenüber Personen auftreten. Sie finden sich nicht oder nicht im selben Ausmaß, wenn man den Säugling beispielsweise zuerst mit einer sich bewegenden und vokalisierenden Spielzeugpuppe konfrontiert und diese dann ruhig stellt (Legerstee 1992). Die Still-face-Reaktionen müssen also etwas mit der Enttäuschung *sozialer* Erwartungen zu tun haben.

Die Perturbationsexperimente testen die Kontingenz des menschlichen Partners. Dabei geht es nicht darum, daß der Erwachsene *sämtliche* kommunikativen Äußerungen einstellt, sondern nur darum, daß seine Äußerungen zeitlich oder inhaltlich nicht mehr zu denen des Säuglings passen. Dies kann man etwa durch folgende Experimentalanordnung bewerkstelligen: Säugling und Mutter sind in zwei verschiedenen Räumen untergebracht und interagieren miteinander live über zwei Videomonitore in den jeweiligen Räumen. Davon macht man jeweils eine Aufnahme. Kurze Zeit später spielt man dem Säugling die Aufnahme der Mutter von vorhin vor (replay). Deren Äußerungen passen nun nicht mehr zu den aktuellen Angeboten des Säuglings. Die Mutter ist zwar animiert, aber nicht mehr kontingent. Der Säugling lächelt zum Beispiel und im Live-Durchgang hatte die Mutter darauf auch mit einem Lächeln oder mit Vokalisierungen geantwortet. Da aber die jetzt gezeigte Videoaufnahme der Mutter nicht auf den Säugling reagiert, ist das, was abläuft, nicht mehr auf seine Äußerungen bezogen und die Aufnahme

»beantwortet« sein Lächeln beispielsweise mit einem nicht dazu passenden Wegblicken oder mit gar nichts. Säuglinge reagieren auf diese Nicht-Beeinflußbarkeit – ähnlich wie auf den Mangel an Expressivität – mit Unbehagen, Distreß, und kommunikativ-interaktivem Rückzug. Auch hier, so die Interpretation, wird eine früh erworbene oder, wie Bråten und Trevarthen meinen, eine angeborene Interaktionserwartung beeinträchtigt. Im Still-face-Experiment gehen Dynamik *und* Kontingenz, bei der Perturbation geht nur die Kontingenz verloren.

Die Befunde sind weitgehend unstrittig und allenfalls über ihr erstes zeitliches Auftreten wird noch debattiert. Manche weisen die erwähnten Phänomene mit sechs Wochen, andere erst mit vier Monaten nach (Überblick bei Legerstee/Varghese 2001). Sicher haben Lernerfahrungen einen erheblichen Einfluß auf die Interaktionserwartungen, was auch experimentell gezeigt werden kann. Für ein gewisses Ausmaß an Angeborenheit von Interaktionserwartungen spricht jedoch die Tatsache, daß schon Neugeborene beziehungsweise zwei Monate alte Säuglinge auf Personen anders reagieren als auf Dinge (Dornes 1993, S. 68 f.; Legerstee 1992, 1997 a, b; Rönnqvist/von Hofsten 1994; Poulin-Dubois 1999; Rakison/Poulin-Dubois 2001). Die Frage ist also weniger *ob*, sondern eher *wie viel* an Interaktionserwartung angeboren ist. Diesbezüglich wird diskutiert, ob die Reaktionen des Säuglings dadurch zu erklären sind, daß die (angeborene oder schnell erlernte) Erwartung von Kontingenz enttäuscht wird und der Säugling deshalb auf deren Entzug verwirrt reagiert oder ob er nicht die Erwartung interaktiver Kontingenz bereits in eine Wahrnehmung des Anderen als eines sozialen Wesens integriert hat, so daß nicht einfach Erwartungen, sondern *soziale Bedürfnisse* verletzt werden. Diesen beiden Lesarten liegen letztlich zwei verschiedene Auffassungen über die soziale Kognitionsfähigkeit des Säuglings zu Grunde. Die eine besagt, der Säugling könne anfangs Personen und Dinge nicht unterscheiden und müsse dies erst lernen. Watson (1972, 1985) ist der Hauptvertreter dieser Richtung. Die alternative Position geht davon aus, daß der Säugling soziale von nichtsozialen Objekten ab ovo unterscheiden kann. Der Hauptvertreter dieser Richtung ist Trevarthen (1979).

Beide Positionen haben etwas für sich. Ich bevorzuge die zweite. Plausibel erscheint sie mir aus verschiedenen Gründen, von denen hier nur einer angeführt werden soll (weitere Details in Kapitel 4). Bereits Neugeborene (Meltzoff/Moore 1999) beziehungsweise fünf Wochen alte Kinder (Legerstee 1991) imitieren zwar die Gesichtsausdrücke von

Personen, nicht aber die Aktionen von Dingen, selbst wenn man beide einander angleicht. Streckt ein Mensch einem Neugeborenen die Zunge heraus, so antwortet es ebenfalls mit Zunge-Herausstrecken. Modelliert man diese Situation mit einem unbelebten Objekt, beispielsweise einer Art Mund, aus dem ein roter, länglicher Gegenstand (Zunge) herauskommt, so imitiert der Säugling nicht, oder signifikant seltener. Ähnlich verhält es sich, wenn eine Person vor dem Säugling langsam den Mund öffnet. Dieser Gesichtsausdruck wird ebenfalls schon von Neugeborenen nachgeahmt. Hält man ihnen hingegen eine Schachtel hin, die dem Mund nachgebildet ist und sich öffnet, erfolgt keine/kaum Nachahmung. Nachahmung ist also bereits bei Neugeborenen eine *soziale* Antwort, die ein Wissen um die Sozialität des Anderen einschließt. Vor allem Trevarthen (z. B. 2001; ähnlich Kugiumutzakis 1998) weist immer wieder darauf hin, daß schon Neugeborene ein *primäres* Bedürfnis nach Kommunikation und »companionship« haben, das nicht angemessen gewürdigt wird, wenn man es als im Dienst anderer Bedürfnisse stehend konzipiert. Seiner Ansicht nach suchen bereits Neugeborene nicht sozialen Kontakt beziehungsweise kommunizieren nicht (nur) deshalb, weil sie ihre Affekte regulieren wollen, sondern (auch), weil sie sich ausdrücken und mitteilen wollen und eine Antwort darauf erwarten. Auch für die Neugeborenenimitation kann man zeigen, daß der Säugling, wenn er imitiert hat, oft seinerseits wieder eine Antwort auf seine Nachahmungsgeste erwartet und zwar sowohl bei Gesichtsausdrücken (Trevarthen 1998, S. 30) als auch, ab einem Alter von vier Wochen, bei Vokalisierungen (Trevarthen et al. 1999, S. 150). Beantwortet der Vater die Vokalisierungen des Säuglings nicht, so erfolgt die nächste Vokalisierung des Säuglings in erhöhter Tonlage und mit deutlichem Aufforderungscharakter (ebd.). Trevarthen betrachtet also in dieser Hinsicht den Säugling wie einen Erwachsenen, der sich unterhalten will und Antworten auf seine Gesprächsinitiativen erwartet, ohne damit noch andere Ziele zu verfolgen.

Der virtuelle Andere: Fortsetzung

Bråten interpretiert – wie Trevarthen (1979), Legerstee (1997 a) und Murray (1998) – die Befunde aus den Still-face- und den Perturbationsstudien als Ausdruck *angeborener sozialer* Erwartungen und meint, daß in realen Interaktionen der tatsächliche Andere in die Fußstapfen des Virtuellen tritt, der schon sozial präfiguriert ist. Dies kann man daran erkennen, daß eine Interaktionssequenz in Gang kommt, die auf den Beobachter den Eindruck von Stimmigkeit macht und bei mikroanalytischer Auswertung als Zusammenpassen, als Tanz, als wechselseitiger und koordinierter Austausch expressiver Äußerungen und Gesten, als präverbales »Gespräch« beeindruckt. Vergleichbares ist in der Interaktion mit unbelebten Objekten nicht zu beobachten. Es ist, wie wenn die Potentiale des Säuglings zum Leben erwachen und ihre Erfüllung finden, indem sie mit einem Anderen inszeniert oder exekutiert werden. Dieser Andere stellt sich zur Verfügung wie ein Partner und erst mit ihm kann ein wirklicher Tanz beginnen. Vorher existierte die Tanzbereitschaft, das Tanzbedürfnis und ein Art von (Vor-)Wissen darum, wie ein Partner sich anbieten muß, damit er als Tanzpartner begrüßt und verwendet werden kann. Stolpert er herein, so wird der Tanz vereitelt. Der Säugling wendet sich ab, ist gelangweilt, vielleicht irritiert. Wie er konkret antwortet, hängt vom Grad der Nichtübereinstimmung ab. Nicht jedes Interaktionsangebot ist gut genug, um vom Säugling als Angebot oder als Einladung begrüßt zu werden. Nur passende Angebote des wirklichen Anderen werden vom Säugling als Instantiierung seiner inneren Erwartungen erlebt und nur sie setzen den Dialog in Gang; oder, anders ausgedrückt, nur sie ermöglichen es, den virtuellen in einen aktuellen Dialog zu überführen. »In der Psyche des Säuglings ... gibt es eine prozedurale Entität wie den virtuellen Anderen, der die Mutter als den tatsächlichen Anderen im wechselseitigen Dialog erwartet und willkommen heißt« (Bråten 1992, S. 87 f.).

Diese Theorie unterscheidet sich von der Meads (1934) in einem entscheidenden Punkt: der Annahme einer inneren Vorstruktur. Bråtens Theorie besagt, daß der Andere nicht erst über die soziale Interaktion in das Subjekt hineinkommt, sondern daß er von Anfang an schon dort ist – wenn auch nur als relativ spezifische Erwartung hinsichtlich zeitlicher und expressiver Eigenschaften des Interaktionspartners. Das Subjekt ist nicht »leer« und füllt sich durch Verinnerlichungen, sondern eine *geglückte* Verinnerlichung findet überhaupt nur statt, wenn der tatsächliche Andere sich in einer Weise präsentiert, die der Säugling als übereinstimmend mit seinem virtuellen Anderen empfindet – als dessen Konkretisierung oder Exemplifizierung. Bråtens Theorie steht indes nicht im Gegensatz zu der von Mead (s. Bråten 2003 b, S. 63 f.). Sie klärt vielmehr eine ihrer ungeklärten Voraussetzungen: Wie kommt es allererst dazu, daß das Kind mit seinen Bezugspersonen in einen von ihm als stimmig erlebten Dialog tritt? Hier ist Bråtens Behauptung, daß die Annahme einer sozialen Natur oder eines primären Kommunikationsbedürfnisses nicht ausreicht, um die Motiviertheit, Strukturiertheit und Abgestimmtheit des Dialogs zu erklären. Diese spricht vielmehr für eine angeborene Abstimmung, aber nicht (nur) in dem Sinn, daß Verhaltensweisen angeborenerweise abgestimmt sind – das sind sie auch –, sondern in dem Sinn, daß diese äußere, sichtbare Abgestimmtheit eine innere Voreinstimmung/Erwartung mehr oder weniger gut – oder gar nicht – »trifft« und daß dieses Treffen oder Nicht-Treffen eine emotionale Bedeutung hat und den weiteren Gang der Ereignisse beeinflußt. Der Säugling kommt nicht (nur) auf die Welt und tritt mit jemandem in Kontakt, weil ihm sonst langweilig ist, oder weil er mit seinen Trieben nicht fertig wird, oder weil sein Bindungssystem aktiviert wird, oder seine Neugier. Das alles stimmt auch, aber das besondere an Bråtens Theorie ist, daß er dieses Inkrafttreten von Verhaltensweisen als Manifestationen einer inneren Vorstruktur betrachtet. »... das biologische Substrat für Sozialverhalten erzeugt etwas, das Bråten ... einen virtuellen Anderen genannt hat, das heißt eine Art organismisch unterfüttertes Bedürfnis nach einem Partner. Dieses Bedürfnis manifestiert sich in einer Reihe von Erwartungen bezüglich der Handlungen von Anderen, insbesondere spezifischer Ausprägungen ihres expressiven und emotionalen Verhaltens« (Aitken/Trevarthen 1997, S. 655). Es bedarf deshalb keines externen vermittelnden Mediums – wie Interaktion oder Sprache –, das die Verbindung zwischen Selbst und Anderem *stiftet*. Die Verbindung existiert virtuell schon *im* Säugling und seiner Mutter. Deshalb treffen nicht zwei Monaden aufeinander, die angeborenerweise zueinander passen und miteinander Kontakt aufnehmen, sondern eine angeborenerweise innerlich dialogisch strukturierte Monade, also eine einzelne Dyade, sucht oder findet Erfüllung ihres Potentials in der Welt. Die inhärent dialogische Psyche rekreiert sich in der dyadischen Begegnung mit dem Anderen. »... Reziprozität sollte für das Neugeborene deshalb etwas Natürliches sein, weil der Erwachsene in einen vorgefertigten Kreislauf des ›Dialogisierens‹ eintreten kann«. Und: »Das angeborene Du wird in der Begegnung mit dem tatsächlichen Du verwirklicht« (Bråten 1988, S. 198, 201).

Bezüge zu anderen Theorien

Bråtens Theorie weist einige Berührungspunkte mit psychoanalytischen Theorien auf, die hier nur angedeutet werden können. So kann beispielsweise Winnicotts Idee vom Übergangsobjekt (1953) im Lichte dieser Theorie betrachtet werden. In Bråtens Lesart (1992, S. 88 ff.) ist das Übergangsobjekt *die Aktualisierung des virtuellen Anderen.* Es wird erschaffen, weil es an die Stelle der abwesenden oder unverfügbar gewordenen Mutter treten kann und es dem Säugling so ermöglicht, noch eine Weile die Illusion von der Verfügbarkeit der Welt aufrechtzuerhalten. Das Übergangsobjekt ist ein Stellvertreter des abwesenden Objekts. Sein Geruch und seine Textur beruhigen das Kind, aber nicht nur wegen dieser vertrauten sensorischen Eigenschaften, sondern nach Winnicott gerade auch wegen seiner (protoimaginativen) Stellvertreterqualität. Das Übergangsobjekt steht für die Mutter. Bråten meint, daß sich der Säugling in Zuständen des Alleinseins auf seinen virtuellen Anderen zurückzieht und daß dann nicht die Mutter, sondern das Übergangsobjekt in die Fußstapfen dieses virtuellen Anderen tritt. Es ist dafür besonders gut geeignet, weil es – wie später in der Kindheit die unsichtbaren Gefährten und anders als die Mutter – den Erwartungen und Bedürfnissen des Säuglings keinen »Widerstand« entgegensetzt, also nicht von ihnen abweicht, sondern in sie eingepaßt wird. Deshalb soll es ja auch sein Aussehen und seinen Geruch nicht verändern.

Auch mit Kohuts Selbstpsychologie gibt es Gemeinsamkeiten. Bei Kohut spielen zwar angeborene Erwartungen keine große Rolle und auch sein Begriff des virtuellen Selbst (Kohut 1977, S. 94 ff.) ist eher konstruktivistisch gefärbt, weil er davon ausgeht, daß der Säugling zu Anfang *nicht* über ein Selbst verfügt und ein solches erst dadurch entsteht, daß die Eltern den Säugling so behandeln, als ob er eines hätte. Diese Als-ob-Annahme der Eltern bringt etwas in die Existenz, das es vorher nicht gegeben hat (Dornes 1993, S. 203 f.). Dennoch berührt sich die *klinische* Selbstpsychologie mit Bråtens Theorie (Bergmann-Mausfeld 2000), weil Kohuts Betonung der Bedeutung von Empathie für die psychischer Strukturbildung und -veränderung mit Bråtens Betonung der Passung von Erwartung und Realität als notwendig für eine gelungene Entwicklung gut zusammengeht.

Sterns Konzept des »evozierten Gefährten« (1985, S. 163 ff.) weist ebenfalls Berührungspunkte mit Bråtens virtuellem Anderen auf. Der

Unterschied beider Konzepte besteht darin, daß bei Stern der evozierte Gefährte das Ergebnis realer Interaktionserfahrung ist, während Bråten die reale Interaktionserfahrung unter der Frage der Passung oder Nicht-Passung in bezug auf eine Interaktions*erwartung* betrachtet, die angeborenerweise existiert.

Daraus ergeben sich mögliche Bezüge zu Freuds Konzept der Urphantasien als »phylogenetisch mitgebrachte Schemata, die wie philosophische ›Kategorien‹ die Unterbringung der Lebenseindrücke besorgen« (Freud 1918, S. 155). Ebenso zur Theorie Melanie Kleins, die davon ausgeht, daß das Grundmuster der Beziehung des Säuglings zu seiner Mutter auf einem phylogenetischen Erbe beruht (Klein 1944, S. 274). Was die Inhalte der angenommenen phylogenetischen Schemata angeht – bei Freud Urszene und Kastrationsängste, bei Klein das unbewußte Wissen um Penis und Vagina – sind die Gemeinsamkeiten allerdings dünn respektive nicht-existent.

Nahe an Bråtens Theorie liegt Bions Idee, der Säugling habe eine angeborene Präkonzeption von der Brust, wenn man Brust als Metapher für Objekt oder Objektbeziehung versteht. Auch seine Idee von Präkonzeptionen, die auf Realisierungen treffen müssen, um Konzeptionen zu werden (Bion 1962, Hinshelwood 1991; Kurzfassung bei Schoenhals 1997, S. 45 f.), weist eine fast verblüffende Übereinstimmung mit Bråtens Gedanken auf, auch wenn die Terminologie eine andere ist. Der gemeinsame Grundgedanke ist, daß der Säugling über angeborene Erwartungen verfügt, deren Realisierung oder Nicht-Realisierung – in Bråtens Terminologie Erfüllung oder Nicht-Erfüllung – seine weitere Entwicklung beeinflussen. Dieses Thema angeborenen Wissens beziehungsweise angeborener Erwartungen in bezug auf ein Objekt beschäftigt sowohl Bråten und Trevarthen wie auch die Klein-Bion-Richtung in der Psychoanalyse. Ogden (1984) hat eine zeitgenössische Reformulierung der kleinianischen Theorie angeborenen Wissens versucht, bei der manches fragwürdig ist (s. hier Kapitel 6), aber der Grundgedanke ist klar: der Säugling kommt mit angeborenen Schemata vom Objekt (»Brust«) und von Objektbeziehungen zur Welt und die Objektbeziehungstheorie kleinianischer Provenienz beschreibt den Prozeß, durch den diese Schemata befriedigt, frustriert und modifiziert – nicht aber konstituiert – werden. Diese Annahme präexistierender Schemata, die nicht gelernt werden, sondern Lernen ermöglichen, ist seit Chomsky auch in der akademischen Psychologie wieder hoffähig geworden und verdient, für das vorsprachliche Alter genauer ausgearbeitet zu werden. Die hier nur angedeuteten Parallelen detailliert auf ihre substantiellen Konvergenzen und Divergenzen hin zu untersuchen, bleibt eine reizvolle Aufgabe für die Zukunft, muß aber an dieser Stelle zugunsten der weiteren Darstellung von Bråtens Theorie zurückgestellt werden.[4]

Offene Fragen

Etwas unklar scheint mir eine zentrale Frage, nämlich ob mit dem virtuellen Anderen bis zu diesem Punkt der Darstellung etwas wesentlich anderes gemeint ist als angeborene (interaktive) Erwartungen. Ich würde zunächst sagen: nein, beziehungsweise nur insofern, als der Erfüllung oder Nicht-Erfüllung dieser Erwartungen ein erheblicher Einfluß auf die psychische Entwicklung zugesprochen wird, ohne daß allerdings präzise ausgearbeitet würde wie er aussieht.[5] Daraus ergeben sich die Fragen, wieso man dafür einen neuen Begriff benötigt und insbesondere, inwiefern man aus der Existenz von Erwartungen auf einen inneren, wenn auch als virtuell apostrophierten *Dialog* schließen kann. Erwartungen *haben* und einen Dialog *führen* scheinen mir zwei verschiedene Dinge zu sein.

Eher leuchtet ein, daß man aus der Existenz sozialer Erwartungen auf die inhärent dyadische Natur der Psyche schlußfolgern kann, aber dies müßte dann – was ein zweites Problem darstellt – eigentlich für alle angeborenen Erwartungen, auch solche im Tierreich gelten. Das Habichtschema des Kükens etwa, das eine instinktive Fluchtreaktion auslöst, ist eine angeborene Erwartung, allerdings nicht in bezug auf einen interaktiven, sondern eher in bezug auf einen perzeptuellen Reiz. Bischof-Köhler (1989, S. 64 f.) weist darauf hin, daß es auch beim menschlichen Säugling solche angeborenen Erwartungen oder Präfe-

4 Möglicherweise ist der virtuelle Andere auch ein präverbales Analogon zu Habermas' idealer Sprechsituation, insofern beide operativ wirksame Fiktionen sind. Außerdem gibt es Parallelen zu ganz anderen philosophischen Richtungen, etwa zur leibphänomenologischen Philosophie von Hermann Schmitz (siehe dazu Fuchs 2000, S. 73 ff.).

5 Andeutungen finden sich bei Bråten (1993, S. 27, 29 f., 35), Ausarbeitungen dieses Themas aus der Sicht der Säuglingsforschung bei Tronick (1989), Beebe et al. (1997, 2000) und Joffe et al. (2001).

renzen gibt, etwa für die Gesichtskonfiguration. Dennoch findet sie es nicht sinnvoll, von einem angeborenen Artgenossenschema zu sprechen, also einer Art virtuellem Anderen im perzeptuellen Bereich (s. Bråten 1996, S. 461 f.; 1998 b, S. 118). Statt dessen spricht sie von einer Bereitschaft, auf gewisse Reizkonfigurationen mit erhöhter Einprägungskraft zu reagieren. Man sollte in Abgrenzung zu eher instinkthaften Reaktionen mit Hinblick auf das Konzept des virtuellen Anderen den Begriff der angeborenen Erwartung auf interaktive Erwartungen sowie auf Interaktionsantworten eingrenzen, die nicht instinktiv sind und über die der Säugling deshalb eine gewisse Kontrolle hat, wie 1. die Imitation (Meltzoff/Moore 1999) und 2. die Protokonversation (Trevarthen 1993 b) als eine Form reziproker, aber nicht notwendigerweise imitativer Interaktionssequenzen. Dennoch bleibt weiter klärungsbedürftig, inwieweit die dabei beteiligten Erwartungen mit Begriffen wie inhärent dyadisch, dialogisch, virtuell etc. belegt werden sollten.

Eine dritte Frage ist schließlich, als wie stark inhaltlich gefüllt man sich diese Erwartungen oder Objekt(beziehungs)schemata vorstellen soll. Sind sie leere Formen, wie Kants Formen der Anschauung (Raum und Zeit), die der Erfahrung vorhergehen, diese ermöglichen, aber nicht durch sie entstehen? Oder aber sind sie Erwartungen, die zumindest bezüglich zeitlicher Kontingenz und Expressivität des Interaktionspartners schon strukturiert sind? Oder sind sie gar schon inhaltlich gefüllt? Verschiedene Formulierungen Bråtens legen die Lesart von einer geringen inhaltlichen Füllung nahe (z. B. 1993, S. 29 f.). Dann wäre der virtuelle Andere eine Art inhaltlich ungefüllter *Bereitschaft*, sich dem anderen unter bestimmten Bedingungen zu öffnen, und die inhaltliche Füllung hinge von der konkreten Erfahrung ab.

Wenn man sich hingegen zu einer etwas weitergehenden Lesart des virtuellen Anderen entschließen könnte, so wäre damit mehr und anderes als eine bloß zeitlich und lebendig strukturierte aber inhaltlich noch eher ungefüllte Disposition oder Erwartung gemeint. Was kann dieses »mehr« sein? Vielleicht ist folgende Analogie zur Klärung dieser Frage hilfreich. Wenn wir die Helme aufsetzen, mit deren Hilfe wir virtuelle Welten erleben können, so hat die Begegnung mit dem, was uns da virtuell vorgegaukelt wird, denselben Effekt, wie wenn diese Welt real wäre. Wir wandern einen Weg entlang, schaudern vor einem Abgrund zurück und weichen Hindernissen aus, wie wenn wir wirklich unterwegs wären. Stellt man sich den virtuellen Anderen nach diesem Modell vor, so wäre er mehr als eine bloße Interaktionserwartung, nämlich eine Art virtueller oder simulierter Interaktion. Ich glaube, Melanie Klein hat sich die frühen inneren Objektbeziehungen so vorgestellt: so real, so erlebnisprägend und so anschaulich wie wirkliche Objektbeziehungen. Das Problem bei der Analogie mit dem Helm ist, daß der Säugling, wenn er allein ist, die Welt wahrscheinlich zunächst nicht in Gestalt von Bildern erlebt, sondern eher in Form von (sensorischen) Empfindungen. Anna Freud hat einmal in den »Controversial Discussions« (King/Steiner 1991; s. De Clerck 1997, S. 36) bemerkt, daß die Kleinianer zu wenig zwischen dem Sensorischen und dem Imaginativen unterscheiden und beides zu sehr annähern. Sie hat recht, denn Klein differenziert nicht oder nur unzureichend zwischen Affekten und Phantasien (Dornes 1997, Kap. 3). Unter anderem deshalb haben die Kleinianer auch keine Beiträge zur Traumatheorie und zur Psychosomatik geleistet, denn auf beiden Gebieten überwiegt das Sensorische das Imaginative, und man benötigt eine Idee von der Eigenständigkeit des Sensorischen, um psychosomatischen und traumatischen Phänomenen in ihrer Besonderheit gerecht zu werden.[6]

6 Nur am Rande sei angemerkt, daß Bions Theorie stärker als die von Melanie Klein das Sensorische berücksichtigt, nämlich in Gestalt der sogenannten Beta-Elemente. Diese sind »rohe« Körperempfindungen, die der Säugling zunächst loswerden möchte und in die Mutter projiziert. Ihr kommt die Aufgabe zu, diese Empfindungen zu verstehen und zu modulieren und sie so in Alpha-Elemente, also psychisch bedeutsame Erfahrungen oder Gedanken zu verwandeln. Mißlingt dieser Containmentprozeß, in dessen Verlauf die Beta-Elemente in Alpha-Elemente verwandelt werden, so bleiben erstere als unverdaute Brocken in der Seele zurück und müssen erneut ausgestoßen werden. Diese Konzeptualisierung ermöglicht es auf einer allgemeinen Ebene, psychosomatische Symptome als »Evakuierung« von Beta-Elementen in Organe statt in Objekte zu begreifen (Lüders 1997, S. 93), etwa weil sich die Objekte als ungeeignet für das Containment erwiesen haben. Eine spezifische Theorie psychosomatischer Erkrankungen, die erklären würde, wieso bestimmte Patienten somatisieren und keine andere Symptomatik entwickeln, findet sich indes bei Bion so wenig wie bei Melanie Klein (Rothhaupt 1997). Was die Vernachlässigung des Realtraumas in der kleinianischen Psychoanalyse angeht, so liegt der zentrale Grund dafür in der (Über)betonung der Rolle der Phantasie. Folgendes Fallbeispiel ist hierfür illustrativ. Ein vierjähriges Mächen beobachtet, wie der Vater die Mutter schlägt, die Mutter anschließend einen Selbstmordversuch unternimmt und entwickelt daraufhin Symptome. Dieses Ereignis stellt im kleinianischen Konzept deswegen ein Trauma dar, weil das Kind schon vorher aggressiv-mörderische Phantasien in bezug auf die Mutter hatte – etwa weil es die Mutter beim Vater ersetzen wollte oder weil es ihr die Ankunft eines Geschwi-

Ich möchte nun, in Anlehnung an Bråten, das Konzept des virtuellen Anderen dem Bereich des Sensorischen *annähern.* Wenn man unter dem virtuellen Anderen noch etwas anderes verstehen will als interaktive Erwartungen, etwas, das empfindungsnäher ist als bloße Erwartungen, aber auch anders ist als eine Phantasie oder ein Bild von Interaktion, dann muß man vom Beispiel des Helms, der *optische* virtuelle Welten simuliert, Abstand nehmen und nach einem Modell suchen, das es erlaubt zu konzeptualisieren, wie körperliche Empfindungen virtuell entstehen können. Was dann virtuell erlebt (oder *körperlich* simuliert) würde, wäre ein Interaktions- oder Bewegungs*gefühl,* nicht eine Interaktionsphantasie (die eine mentale Simulation wäre). Dieser Gedanke soll nun näher ausgeführt werden.

Nachahmung in der Theorie des virtuellen Anderen

Zu diesem Zweck komme ich auf den in der Einleitung angesprochenen zweiten Gesichtspunkt zurück, daß nämlich der Säugling die Welt nicht nur aus (s)einer Perspektive erlebt, sondern zugleich aus der Perspektive

sterrivalen nicht verziehen hat –, die durch das äußere Ereignis nun Realität werden. Ohne solche Phantasien hätte das Ereignis keine (oder nicht dieselbe?) traumatisierende Wirkung. Deshalb muß die Deutung die Beteiligung des Subjekts, seine Schuld, ansprechen, denn solange der unbewußte Anteil der eigenen Täterschaft im Objekt lokalisiert wird, kann man sich von diesem Objekt nicht trennen. Scharff (2002), der dieses Beispiel von Britton ausführlich kommentiert, weist zu Recht daraufhin, daß man den Vorfall auch aus einem anderen Blickwinkel betrachten kann. Nicht die innere furchtbare Realität mörderischer Aggressivität, die für die Kleinianer der Ausgangspunkt ist, muß angesprochen, anerkannt und ausgehalten werden, sondern (zuerst, auch, oder vorwiegend) die »Tatsache, daß die Eltern sich… destruktiv schuldhaft verhalten haben. Diese Realität gilt es, psychisch zu halten, als eine Wahrheit, die es in der Welt geben kann – gegen alle Versuche, das Selbst vor dieser Einsicht zu schützen«. Die Kleinianer würden das Ansprechen der äußeren Realität als Versuch verstehen, die Beteiligung des Subjekts zu verleugnen. Scharff macht deutlich, daß die Betonung dieser Beteiligung vor der Erkenntnis schützen kann, daß es in der äußeren Welt furchtbare Dinge geben kann, die ihr eigenes ontologisches Gewicht haben. Er arbeitet überzeugend die Patt-Situation heraus, in die man bei der Diskussion der Frage nach dem Primat von Phantasie oder Realität immer wieder gerät und optiert konsequenterweise dafür, die Primatfrage beim klinischen Vorgehen in der Schwebe zu halten und sich nicht auf eine der beiden Möglichkeiten festzulegen, sondern zu oszillieren.

des Anderen. Diese alterozentrische Perspektive läuft neben der egozentrischen als zweite Ebene mit. Um zu illustrieren, was damit gemeint ist, mache ich einen kleinen Umweg über die Säuglingsimitation. Meltzoff hat festgestellt, daß schon Neugeborene bestimmte Gesichtsausdrücke imitieren können. (Neuere Literatur zu diesem Thema bei Nadel/Butterworth 1999 und Meltzoff/Prinz 2002.) Seiner Auffassung nach beobachtet der Säugling den Gesichtsausdruck der Mutter, ohne zunächst dessen emotionalen Gehalt zu erfassen. Dann imitiert er ihn und dies führt zu einem Gefühl, weil Gesichtausdrücke Gefühle induzieren (Meltzoff/Gopnick 1993, S. 356 ff.; Dornes 1993, Kap. 5). Dieses Gefühl entspricht dem, das die Mutter hat, weil beide denselben Gesichtsausdruck zeigen. Dieses Gemeinsamhaben emotionaler Zustände betrachtet Meltzoff als erste Form von Intersubjektivität, die also in Vorgängen körperlicher Angleichung wurzelt.[7] Ab dem Alter von neun Monaten können Säuglinge nicht nur Gesichtsausdrücke, sondern auch objektbezogene Handlungen nachahmen. Hier ein Beispiel (Meltzoff 1988): Der Experimentator setzt sich an einen Tisch auf dem ein Brett mit einem großen Plastikknopf liegt. Er beugt sich nun nach vorne, um mit dem Kopf (nicht der Hand) auf den Plastikknopf zu drücken, woraufhin dieser aufleuchtet. Die Kinder – in diesem Beispiel 14 Monate alt – werden dann nach Hause gebracht, ohne daß sie diese Handlung gleich nachahmen dürfen. Am nächsten Tag kommen sie wieder ins Labor. Man setzt sie an den Tisch vor das Brett und, siehe da, sie neigen den Kopf nach vorne und drücken damit den Knopf herunter.

Das ist in mehrerer Hinsicht bemerkenswert. Die Kinder hätten, wenn es ihnen nur darum gegangen wäre, den Knopf zum Leuchten zu bringen, auch mit der Hand darauf drücken können. Genau das tun sie aber nicht. Ich bin nicht sicher warum, vermute aber, daß sie sich mit dem Vorbild identifizieren und deshalb seine Handlung nachahmen und nicht nur ein bestimmtes Ereignis herbeiführen oder ihre Kompetenz erproben wollen. Eine andere Erklärung wäre, daß sie nicht die Absicht der Person verstehen, sondern nur ihre Bewegung kopieren (aber: Carpenter et al. 1998, S. 316). Dann stellt sich allerdings erneut die Frage, *warum* sie das tun?

7 Verblüffend ähnliche Ideen sind schon von Theodor Lipps (1903) in seiner Theorie der motorischen Mimikry als Basis der Einfühlung formuliert worden (s. dazu vorzüglich Körner 1998) und von Adam Smith (1759) in seiner »Theory of Moral Sentiments« (s. Bråten 1996, S. 455 f.).

Weil sie sich mit dem Vorbild identifizieren oder weil sie (nur) ein bestimmtes Ereignis herbeiführen wollen (s. dazu ausführlich Kapitel 4, Teil 3)? Wie dem auch sei: Die nachzuahmende Handlung ist jedenfalls so ungewöhnlich, daß die Kinder sie vorher wahrscheinlich noch nie ausgeführt haben. Sie ist also noch nicht Teil ihres motorischen Repertoires gewesen.[8] An was erinnern sich die Kinder dann, wenn sie nachahmen? Meltzoff wollte Piaget widerlegen und ausschließen, daß sie sich an eine eigene Bewegung erinnern. Er hat deshalb erstens eine ihnen wahrscheinlich unbekannte Bewegung als Vorbild benutzt und zweitens verhindert, daß die Bewegung bei der Beobachtung gleich ausgeführt wurde. Er wollte beweisen, daß der Säugling sich am nächsten Tag an eine zerebrale Repräsentation der Bewegung erinnert, die allein auf Grund von Wahrnehmung entstanden ist. Diese Repräsentation wird beim erneuten Anblick des Bretts aktiviert und leitet die Nachahmung an, aber Empfindungen oder Gefühle entstehen erst dann, wenn die Nachahmung ausgeführt wird.

Im Lichte von Bråtens Theorie stellt sich die Angelegenheit etwas anders dar. Bråten (1988, S. 196 ff.; 1998 b, S. 110 ff.) geht nämlich davon aus, daß schon bei der bloßen Beobachtung der Handlung diese nicht bloß beobachtet, sondern auch *virtuell* ausgeführt respektive *innerlich* mitvollzogen wird. Als Beleg dafür können die Befunde der Forschungsgruppe um Vittorio Gallese zu den sogenannten Spiegelneuronen dienen (Fadiga et al. 1995; Gallese/Goldman 1998; Rizzolatti et al. 1999; Gallese 2000, Bråten 2002; umfassender Überblick bei Stamenov/Gallese 2002; einführend Bauer 2005). Diese Autoren haben herausgefunden, daß die Beobachtung einer Handlung, die ein anderer vollzieht, im Beobachter (spiegelbildlich) dieselben Neuronen aktiviert, die auch aktiv werden, wenn er selbst diese Handlung ausführt. Handlungs*beobachtung* führt also in bestimmten Fällen zur selben neuronalen Erregung wie Handlungs*durchführung*. Weiter wurde herausgefunden, daß bei der Handlungsbeobachtung evozierte Potentiale in *den* Muskeln auftreten, die auch bei der Ausführung dieser Handlung beteiligt sind, was ein Hinweis auf Mikroinnervationen der betreffenden Muskulatur ist. In anderen Worten: Wenn wir eine Handlung beobachten, werden Neuronen und Muskeln aktiv, die auch aktiv werden, wenn wir dieselbe Handlung ausführen.

8 Vor dem Alter von neun Monaten werden meistens nur Gesichtsausdrücke nachgeahmt oder Bewegungen, die schon Bestandteil des motorischen Repertoires sind, aber keine neuen, unbekannten Bewegungen.

Die Vermutung ist nun, daß diese schon bei der *Beobachtung* einsetzende neuronale und muskuläre Aktivität uns mit einem Gefühl dafür versorgt, wie sich die *Ausführung* der Handlung anfühlt. Wir sind qua Beobachtung mit der auszuführenden Handlung schon innerlich vertraut. Die Nachahmung der Kopfbewegung einen Tag später *wiederholt* dann gewissermaßen eine Handlung, die während der Beobachtung des Experimentators schon *virtuell* ausgeführt wurde. Der Nachweis der virtuellen Ausführung besteht im Nachweis der korrespondierenden neuronalen und muskulären Aktivität bei Handlungsbeobachtungen. Deshalb sind wir auch bei der bloßen Beobachtung keine detachierten Betrachter, sondern zugleich innerlich aktiv, engagiert und fast im wörtlichen Sinne tangiert. Empfindungen und Gefühle entstehen nämlich wegen der Aktivität der Spiegelneuronen schon bei der Beobachtung von Handlungen und nicht erst bei deren Ausführung. Diese Gefühle sind jedoch keine konkreten sensorischen Empfindungen wie beim tatsächlichen Vollzug einer Handlung, sondern, so paradox es klingt, Als-ob-Gefühle. Wir spüren in ihnen etwas, als ob es wirklich wäre, ohne daß es wirklich ist. Wenn wir sagen: »Ich hatte beim Anblick eines Menschen, der eine Zitrone aß, das Gefühl, wie wenn sich in mir innerlich alles zusammenzöge«, so ist damit die Qualität des Gefühls erfaßt, das sich nicht anfühlt wie wirkliches sensorisches Zusammenziehen des Mundes beim wirklichen Zitronenessen, sondern eben nur »als-ob«. Dennoch ist das Gefühl keine Einbildung, sondern in einem Übergangsbereich zwischen Sensorik und Imagination angesiedelt.

Wie Säuglinge Fürsorge erleben und lernen

Ich übertrage nun das am Beispiel der Nachahmung Diskutierte in Anlehnung an Bråten (1996, 2003 b) etwas kühn auf die Fütterungssituation. Wenn ein Erwachsener ein kleines Kind mit dem Löffel füttert, öffnet er dabei oft unwillkürlich den Mund. Er tut dies nicht (nur), um den Säugling zu animieren den Mund zu öffnen, denn dieses Phänomen kann man auch beobachten, wenn der Säugling den Mund schon geöffnet hat. Das Mundöffnen des Erwachsenen ist vielmehr eine unwillkürliche Bewegung der Teilnahme, mit welcher der Erwachsene am Akt des Gefüttertwerdens partizipiert und sich unmittelbar, e-motional, aus der Bewegung des Mundöffnens heraus, in die Lage des Gefütterten versetzt. Er erlebt im Akt des Fütterns gleichzeitig den des Gefüttertwerdens.

Das gleiche gilt für den Säugling, der kurz darauf die Mutter mit dem Löffel füttert und dabei selbst gelegentlich den Mund öffnet. Er hat erfahren, wie es ist, gefüttert zu werden. Aber indem er die Mund- und Armbewegungen der Mutter beobachtet, hat diese Beobachtung – via neuronaler und muskulärer Innervationen – nicht nur zu einer zerebralen Repräsentation, sondern auch zu einem Gefühl für die Bewegung geführt, die er beobachtet hat. Wenn er nun die Bewegung des Fütterns selbst ausführt, kann er sich dabei auf eine innere Vertrautheit mit ihr beziehen, die durch die Beobachtung der Bewegung beim Anderen entstanden ist. Wenn gesagt wird, daß er ein Gefühl *für* die Bewegung des Anderen hat, so ist damit nicht gemeint, daß er konkrete sensorische Empfindungen verspürt, sondern nur, daß er ahnt, wie sich die Ausführung der Bewegung anfühlen würde – ähnlich wie der Beobachter eines Zitronenessers ahnt, wie sich Zitronenessen anfühlt.

Bråten nennt das alterozentrische Partizipation. Alterozentrisch deshalb, weil der Säugling die Aktivitäten seiner Mutter eben nicht nur von außen und damit aus seiner eigenen egozentrischen Wahrnehmungsperspektive *beobachtet* hat, sondern weil die Wahrnehmung ihrer Aktivität in ihm eine Resonanz auslöst, die es ihm ermöglicht zu spüren, wie sich die Mutter bei der Ausführung der Bewegung fühlt. Das heißt nicht, daß er schon ahnt oder gar weiß, daß es das Gefühl *des Anderen* ist, das er empfindet, sondern nur, daß er zwei Tönungen von Gefühlen hat, wie wir, wenn wir einer Person zuschauen, die stolpert, und unwillkürlich »mitstolpern.« Wir sehen den Vorgang von Außen, aber gleichzeitig »partizipieren« wir am Erleben des Stolperns beziehungsweise des Stolpernden auch ein Stück weit in dem Sinne, als in uns auf Grund der Beobachtung ein Gefühl evoziert wird, wie es ist, zu stolpern und nicht nur wie es ist, einem Stolpernden zuzuschauen. Ebenso verhält es sich, wenn wir einer Person zuschauen, die sich in den Finger sticht. Allein durch die Beobachtung des Vorgangs werden dieselben Neuronengruppen aktiviert, wie wenn wir uns tatsächlich in den Finger gestochen hätten (Hutchison et al. 1999). Das führt nicht zu einer tatsächlichen Schmerzempfindung, aber dazu, daß wir den Schmerzzustand des Anderen unmittelbar »verstehen« und mitempfinden und uns nicht durch Schlußfolgerungen aus seinen Schmerz ausdrückenden Verhaltensweisen und andere kognitive Operationen wie Perspektivenübernahme, Analogieschlüsse und dergleichen erst in seine Lage versetzen müssen. Auch wenn wir keine tatsächlichen Schmerzen spüren, partizipieren wir am Schmerzerlebnis des Anderen in unmittelbarer Teilhabe. Wir zucken unwillkürlich zusammen, wie wenn wir uns wirklich gestochen *hätten* und erleben gewissermaßen virtuellen Schmerz.[9]

Bråten zufolge partizipiert der Säugling in ähnlicher Weise an den Fütterungsaktivitäten seiner Mutter. Man könnte sagen, daß das re-enactment des Gefüttertwerdens im Füttern, das der Säugling vollzieht, wenn er seine Mutter mit dem Löffel füttert, eine Wiederholung ist. Das re-enactment des Fütterns ist die Wiederholung eines vorher gespürten co-enactments (Bråten 1997, 2003 a). Der Säugling fühlte sich nämlich nicht nur gefüttert, sondern dabei gleichzeitig auch so, wie wenn ihn jemand bei der Hand nähme und beide zusammen die Fütterhandlung ausführten (Bråten 1998 b, S. 112; 2003 b). Das Gefühl zu füttern wird also vom Säugling ähnlich körperlich empfunden wie der Nadelstich, den wir beobachten, selbst wenn die entsprechende Handlung gar nicht ausgeführt wurde. Durch die bloße Beobachtung einer Handlung entsteht ein *nicht-sensorisches* Bewegungsgefühl und dieses Gefühl gleicht demjenigen, das der Andere bei der Ausführung der Bewegung hat.

9 Körner (1998, S. 3 f.) erwähnt in einem lesenswerten, auch die geistesgeschichtlichen Bezüge herausarbeitenden Aufsatz über Empathie, daß ähnliche Ideen bereits in der deutschen Romantik, etwa bei Lotze (1858) virulent waren. Dieser beschreibt Einfühlung als einen Weg, »das Fremdartige selbst zu erleben – nicht als Projektion, sondern als eine Art Teilhabe (!), als ein Sich-Ansprechen-Lassen, als ›mitträumen‹«. R. Vischer (1873) hat diese Ideen auf die ästhetische Erfahrung ausgedehnt, in der wir uns sowohl von der Beschaffenheit kultureller Erzeugnisse als auch von der natürlicher Ereignisse »ansprechen« lassen. Adorno hat solche Gedanken aufgenommen und eine ästhetische gefärbte Persönlichkeitstheorie entwickelt, in der die Freiheit des Menschen in seiner Fähigkeit zur unverzerrten Hingabe an die Natur besteht und der Sündenfall des Menschen mit dem Ersetzen dieser Hingabe durch Natur*beherrschung* beginnt (Honneth 1987, S. 42 f.). Ich halte es für einen anthropologischen beziehungsweise sozialisationstheoretischen Grundirrtum, die Persönlichkeitsbildung, die in der Interaktion mit anderen Menschen stattfindet, nach dem Modell des hingabebereiten Umgangs mit Natur zu begreifen. Eher schon wird die Hingabe, die in *menschlichen* Primärbeziehungen erfahren wird, später auf kulturelle oder auch natürliche Erscheinungen übertragen und die Transformationserfahrungen, die wir in der Begegnung mit Kunstwerken und Naturereignissen machen, sind ein später Nachhall früherer Transformationserfahrungen mit den ersten belebten Objekten. Bollas (1987 a, b) hat diese Theorie ästhetischer Erfahrung in zwei großartigen Aufsätzen genauer ausgeführt.

Deshalb spricht Bråten von einem *virtuellen* co-enactment (1998 b, S. 105, 109) oder einer körperlichen *Simulation* der Bewegung (1998 c, S. 9 f.; 1998 d, S. 381), in welcher der Säugling sich fühlt, als ob er der Ko-Autor der Bewegung des Anderen wäre. Diese Teilnahme an der Fürsorge des Anderen aus beiden Perspektiven – der des Adressaten von Pflegehandlungen und der des virtuellen Ko-Akteurs – stiftet ein körperlich verankertes Gemeinschaftsgefühl, das wahrscheinlich die erste Form von Intersubjektivität ist. Bråten (1997) spricht von einer »bodily intersubjective communion«, Merleau-Ponty von »Zwischenleiblichkeit« (zit. nach Küchenhoff 1998, S. 43), Schmitz davon, daß man den anderen »am eigenen Leibe spürt« (zit. nach Fuchs 2000, S. 78) und Meltzoff/Moore (1998, S. 360) meinen, daß durch die körperliche Angleichung bei der Imitation die größtmögliche gefühlsmäßige Nähe zweier Partner erreicht wird, ohne daß deshalb ein symbiotisches Gefühl entstehe.[10]

So betrachtet ist Fürsorge, die man gibt, nicht nur von guten Sozialisationserfahrungen abhängig, die man gemacht hat. Das ist natürlich auch richtig. Aber man hat diese Erfahrungen eben nicht nur gemacht, sondern aktiv an ihnen teilgenommen und zwar vom ersten Moment des Lebens an. Fürsorge beruht also auf einer quasi-biologischen Bereitschaft und Fähigkeit, sie mitzuerleben. Diese Fähigkeit zur unmittelbaren gefühlshaften Teilhabe ist nicht das Ergebnis, sondern

10 Zur Aufrechterhaltung des Gefühls, ein abgegrenzter Körper im Raum zu bleiben, auch wenn man sich dem Anderen in der Imitation maximal körperlich angleicht siehe ausführlich Gallagher/Meltzoff (1996). Trevarthen ist der Auffassung, daß nicht nur die Nachahmung, sondern auch die Protokonversation einen gemeinschaftsstiftenden Charakter hat. Die Stiftung von Gemeinschaft durch Imitation und Protokonversation kann man als Vorläufer späterer gemeinschaftsstiftender Praktiken betrachten (Bråten 1997; Trevarthen 1992, S. 113 ff.; 1998, S. 37). Gemeinsames Essen, Tanzen, Singen, die Aufführungen von Ritualen – all das findet sich in der frühen Interaktion zwischen Mutter und Kind, wenn sie sich füttern, miteinander bewegen, vokalisieren und miteinander spielen. Schon die frühesten Interaktionsspiele wie »guck-guck-da-da« und andere sind »rituelle« Formen des Austauschs insofern hier mit Hilfe von Gesten, die innerhalb kürzester Zeit zu Konventionen *dieses* Mutter-Kind-Paares werden, gemeinsame »Aufführungen« dargeboten werden, deren Besonderheiten ein Außenstehender nicht versteht. Diese im Mikroraum der Familie stattfindende Gemeinschaftsbildung ist vielleicht die erste Form von Sittlichkeit im Sinne geteilter Sitten und Gebräuche (mores), auf die spätere Formen von Moral aufbauen können.

die Voraussetzung von (kulturellen) Lernprozessen beziehungsweise selbst ein grundlegender Lernmechanismus, der uns mit einem Wissen versorgt, das uns ohne ihn nicht zugänglich wäre (Bråten 2002, S. 284). In dieser Sichtweise wird nie etwas nur passiv erlebt oder erlitten, sondern immer auch aktiv miterlebt und etwas, das für den außenstehenden Beobachter wie eine einseitige Aktivität aussieht (z. B. wenn die Mutter den Säugling füttert) ist zugleich eine reziproke Aktivität, wobei die Reziprozität zunächst nicht zu beobachten ist, weil sie sich *im* Säugling abspielt.

Wie Säuglinge Mißhandlung erleben und lernen: Präverbaler Wiederholungszwang

Diese Überlegungen können auch für eine Neubetrachtung des Wiederholungszwanges nutzbar gemacht werden (ausführlich Bråten 1996, 2003 a). Was im letzten Abschnitt über die Fürsorge gesagt wurde, gilt *mutatis mutandis* auch für ihr Gegenteil. Die Erfahrung von Zurückweisung oder Mißhandlung wird vom Säugling, genau wie die von Fürsorge, in unmittelbarer Teilhabe erlebt. Ähnlich wie er im Gefüttertwerden zugleich das Füttern erlebt, erlebt er im Geschlagenwerden zugleich das Schlagen. Er partizipiert an der Schlageaktivität des Anderen in gefühlter Unmittelbarkeit und erfährt so nicht nur, wie es ist, geschlagen zu werden, sondern auch wie es ist, zu schlagen. Diese Behauptung erscheint weit hergeholt. Die von vielen Psychoanalytikern vertretene These, daß das Opfer unbewußt an seiner Mißhandlung beteiligt sei, stößt in außeranalytischen Kreisen oft auf Unverständnis. Manche sehen darin eine Verhöhnung des Opfers, das nun zu seinem Leid auch noch die Verantwortung dafür aufgebürdet bekommt und hören muß, es sei selber daran beteiligt gewesen. Bråtens Theorie erlaubt eine neue Konzeptualisierung der präsymbolischen, körperlichen Aspekte dieses Teilnahmeprozesses.

Die Aktivitäten des Anderen werden alterozeptiv gefühlt, genau wie die Empfindungen des eigenen Körpers propriozeptiv. Der Säugling nimmt nämlich nicht nur wahr, wie der Andere schlägt und spürt auch nicht nur, wie er geschlagen wird, sondern er spürt auch, wie der Andere sich beim Schlagen fühlt – bei sich selbst, weil er an den (Schlage-)Bewegungen des anderen im Modus unmittelbarer gefühlshafter

Teilhabe partizipiert. »... Schlagebewegungen werden gefühlt, wie wenn sie mitausgeführt würden« (Bråten 1996, S. 458). Und: »Die vorliegende Theorie erlaubt deshalb die schreckliche Schlußfolgerung, daß der Säugling als Opfer der Mißhandlung zusammen mit dem Mißhandler an der Verletzung teilnimmt – zumindest so lange, bis Abwehrmechanismen ins Spiel kommen... Der Säugling ist nicht einfach das Opfer der Mißhandlung, sondern er ist gezwungen, sich als Teilnehmer der mißhandelnden und verletzenden Aktivität zu fühlen, solange der Mißhandler im Gefährtenraum des Opfers anwesend ist« (Bråten 1997, S. 241). Dies ist das Äquivalent zu dem, was in der Psychoanalyse »Identifizierung mit dem Aggressor« oder, auf einer etwas anderen Ebene, »Identifikation mit dem Introjekt« genannt wird.[11] Aber es ist eine »Identifizierung« auf einem subsymbolischen, körpernahen Niveau. Keine symbolischen Repräsentanzen und keine im engeren Sinne psychischen (Abwehr)Vorgänge sind daran beteiligt, sondern »nur« das unausweichliche Mitschwingen mit den Bewegungen des Anderen in unmittelbarer gefühlshafter Teilnahme, welche die elementarste Form der Identifizierung zu sein scheint. Wer also mißhandelt wird, weiß auf Grund dieser unausweichlichen Teilhabe auch, wie man sich fühlt, wenn man mißhandelt – zumindest was die Gefühle bei der Bewegung des Schlagens angeht – und das disponiert ihn dazu, die Mißhandlung zu wiederholen.[12]

Kinder, die mißhandelt werden, mißhandeln häufig andere. Wenn sie andere leiden sehen, wird das eigene Leid wieder evoziert. Warum aber wird es agiert? Weil die Evokation des erinnerten und gefühlten Leides zugleich mit dem Gefühl des Geschlagenwerdens das Gefühl der Teilnahme an den entsprechenden (Schlage-)Handlungen auslöst. So betrachtet, ist das Abwenden vom Leid anderer oder die Einfühlungsstörung ein Abwehrmechanismus, der verhindern soll, daß dieser Einstimmungsprozeß stattfindet, in dem Gefühle der Teilhabe am Mißhandlungsvorgang evoziert werden. Und in der Tat gibt es Kinder, die auf die Wahrnehmung des Leides anderer mit unbeteiligtem Gesichts-

11 Zu den Unterschieden dieser Konzeptionen siehe ausführlich Hirsch (1997, S. 92 ff.).

12 Diese Theorie folgt der Intuition Freuds (1920), daß der Wiederholungszwang letztlich ein biologisch fundiertes Phänomen ist, auch wenn er hier nicht im Todestrieb, sondern in einer Art Resonanztheorie verankert wird. Andere Versuche zur Neukonzeptualisierung des Wiederholungszwanges als einem subsymbolischen Prozeß werden bei Dornes (1993, S. 148 ff; 1997, S. 307 ff.) dargestellt.

ausdruck reagieren oder sich abwenden, wie wenn sie nichts gesehen hätten. Das ist ein durchaus ernstzunehmender Versuch, das re-enactment der Mißhandlung dadurch zu verhindern, daß man den Prozeß des gefühlshaften Mitschwingens blockiert, in dem man zum »hilflosen Teilnehmer der Untat wird« (Bråten 2003 a). Durch die Blockierung wird verhindert, daß der Andere den eigenen inneren »Gefährtenraum« (companion space) betritt, in dem in gefühlter oder präsentischer Unmittelbarkeit (s. a. Heisterkamp 2001) das Leid des Anderen gegenwärtig wäre und an das eigene Leid nicht nur erinnern, sondern es auch auslösen und spürbar machen würde. Der physische Schmerz kann nach der Blockierung immer noch (kognitiv) erinnert beziehungsweise bemerkt werden, aber, wie Bråten sich ausdrückt (1992, S. 92; 1996, S. 459), nicht mehr vom vollständigen Körper des Kindes, sondern von einem Körper, der von seinem virtuellen Anderen abgespalten ist.[13]

Das Agieren des Leids verweist auf eine fehlende Abwehr. Das Leid des Anderen betritt gewissermaßen ungefiltert den Gefährtenraum und in

13 (Ab-)Spaltung heißt in Bråtens Konzeption, daß Ego den Zugang zu seinem virtuellen Alter blockiert mit der Folge, daß sowohl das eigene Leid als auch das des realen Anderen nicht mehr von innen gefühlt, sondern eher von außen betrachtet wird, psychoanalytisch gesprochen also eine Art Affektisolierung stattfindet. Bråten ventiliert die aufregende Idee, daß man auch den frühkindlichen Autismus nach diesem Modell verstehen kann, nämlich als mentale oder neurologische »Blockierung« des Eintretens des tatsächlichen Anderen in den virtuellen. Deshalb kann das autistische Kind am Erleben des Anderen nicht im Modus alterozentrischer Teilhabe partizipieren (s. Bråten 1988, S. 200 f.; 1993, S. 30 f.; 1998, S. 115 f.; ähnlich Aitken/Trevarthen 1997, S. 669). Was das heißt, läßt sich durch den Befund veranschaulichen, daß manche autistischen Kinder den expressiven Gehalt menschlicher Gesichtsausdrücke entweder nicht verstehen oder aber darauf nicht reagieren können. Sie sehen das menschliche Gesicht eher wie einen Gegenstand. Wenn man sie in bezug auf eine Gesichtsabbildung, die ein lachendes Kind zeigt, fragt, was das Kind wohl fühle, so antworten sie: es hat den Mund geöffnet. Sie sehen also nicht die expressiven, sondern nur die figurativen beziehungsweise behavioralen Qualitäten des Gesichtsausdrucks, »wissen« beziehungsweise »fühlen« entsprechend nicht, wie andere sich fühlen und sind in ihrem eigenen Fühlen eingeschlossen. Das ist gemeint, wenn gesagt wird, daß sie sich in andere nicht »von innen« einfühlen, sondern sie nur »von außen« sehen können. Wenn *wir* hingegen ein lachendes Gesicht wahrnehmen, sehen und fühlen wir unmittelbar *dessen* Freude. Autobiographische Berichte von Autisten illustrieren beeindruckend, wie die Beeinträchtigung dieser Fähigkeit zu einer grundlegenden Fremdheit in bezug auf die innere Welt anderer führt, die dann mit Hilfe komplizierter kognitiver Operationen erschlossen werden muß, ohne daß dadurch das Gefühl von Fremdheit verschwindet (s. z. B. Grandin 1995). Bråtens Theorie unterscheidet sich erheblich von der derzeit prominentesten psychologischen

dem damit verbundenen Einschwingungsprozeß besteht auch die Gefahr, daß eine Wiederholung der Mißhandlung stattfindet. Mißhandlung enthält also die doppelte Tragik, daß einem nicht nur gute Fürsorge vorenthalten wurde, sondern zugleich damit auch gelehrt wird, wie man dies selbst tut (Bråten 1996, S. 459). Die *Fähigkeit* zu Fürsorge oder Mißhandlung und die *Neigung*, diese zu wiederholen, haben eine gemeinsame Basis in der angeborenen Fähigkeit, an den Bewegungen/Aktivitäten des anderen gefühlsmäßig zu partizipieren. In dieser Sichtweise wird durch aktive Wiederholung nicht etwas bewältigt, was zuvor passiv erlitten wurde. Das Subjekt verkehrt nämlich gar nicht passiv in aktiv, sondern in der Wiederholung revitalisiert es unwillkürlich seine eigene unmittelbare, ungewollte und dennoch aktive Teilhabe.

Zwischenbilanz

Zwei Arten des Virtuellen wurden dargestellt. Zum einen die angeborenen Erwartungen, die beeinflussen, ob und wie der Säugling das erscheinende Objekt begrüßt. Diese Erwartungen sind »virtuell« und nicht real wie wirkliches Interaktionsverhalten, haben aber dennoch eine reale Wirkung, indem sie das Verhalten des Kindes mitbestimmen. Im Unterschied dazu kann eine Phantasie von Interaktionsprozessen/objekten selbstgenügsam und ohne Handlungsfolgen ablaufen. Zum zweiten entwickelt der Säugling, wenn er die Bewegungen einer real anwesenden Person wahrnimmt, virtuelle Gefühle, die denen entsprechen, die entstehen würden, wenn er die Bewegungen selbst ausführte. Diese Gefühle sind weder konkret-sensorische Empfindungen, noch an die Vorstellung einer Situation gebunden, sondern in einem Zwischenbereich des Als-ob-Fühlens angesiedelt. Beispiele dafür aus dem Erwachsenenleben waren die Gefühle des Zusammenziehens und

Autismustheorie, der sogenannten Theory of Mind-Hypothese. Ihr zufolge hat das autistische Kind zum Erleben des Anderen keinen Zugang, weil es auf Grund eines kognitiven Defizits nicht in der Lage ist, menschliches Verhalten als Ausdruck dahinterliegender seelischer Zustände zu verstehen (näheres dazu in Kapitel 4). Im übrigen scheint mir Bråtens »Gefährtenraum« (1996, S. 450 f.), in den der reale Andere »eintritt«, eine bemerkenswerte Ähnlichkeit mit Winnicotts »Übergangsraum« aufzuweisen, insofern beide sich auf einen Übergangsbereich zwischen intrapsychischem und interpersonellem Geschehen beziehen.

Zusammenzuckens, die bei der Betrachtung von Personen entstehen, die Zitronen essen oder sich in den Finger stechen. Die entsprechenden Empfindungen sind nicht sensorisch-konkret, aber auch keine bloß mental-imaginativen Nachvollzüge der Handlungen des Anderen. Die als virtuell bezeichneten Gefühle, die in bezug auf den Säugling am Beispiel der Bewegungsbeobachtung abgehandelt wurden, versorgen ihn, so wurde gezeigt, zugleich mit einer gefühlten Perspektive dafür, wie der Andere, den er betrachtet, sich bei der Ausführung des beobachteten Akts fühlt. Der Andere ist somit dem Säugling auf zweierlei Weise unmittelbar vertraut: zum einen, weil er ihn erwartet (perzeptuell und interaktiv), zum anderen, weil er in bestimmten Situationen ein Gespür für dessen Gefühl hat. Der *virtuelle* Andere besteht also zum einen aus Interaktionserwartungen, zum anderen aus der Simulation von Bewegungsempfindungen, die sich bei der Beobachtung der Handlungen von Personen einstellt.

Exkurs: Gibt es Intersubjektivität beim Säugling?

Die durch den Begriff der Intersubjektivität bezeichneten Phänomene sind so vielfältig, daß sie sich kaum in einer einheitlichen Definition erfassen lassen. Selbst wenn man sich auf die entwicklungspsychologische Literatur beschränkt, stellt man fest, daß höchst heterogene Konzepte und Vorstellungen über Intersubjektivität zu finden sind. Auf einen Punkt, der für die bisherigen Ausführungen von Bedeutung ist, möchte ich noch kurz eingehen, nämlich: Ab wann hat der Säugling ein Bewußtsein für die Zustände des Anderen beziehungsweise ein Bewußtsein der Gemeinsamkeit von Gefühlszuständen?

Ich vermute, daß es letztlich eine Frage der definitorischen Festlegung ist, ob man das bloße Gemeinsam-Haben von Bewegungsempfindungen, auf das ich in den vorstehenden Ausführungen fokussiert habe – oder das von Affekten, das ich andernorts thematisiert habe (Dornes 1993, S. 152 ff.; 1997, S. 138 ff.) – schon als eine Form von Intersubjektivität bezeichnen sollte oder nicht. Das gefühlsmäßige Mitschwingen und die Affektansteckung, die durch Beobachtung von Bewegungen und Affekten entstehen, schaffen zwar einen emotionalen Zustand, den Beobachter und Beobachteter gemeinsam haben, sind aber unwillkürliche, unbeabsichtigte Prozesse, die vom Säugling noch nicht kontrolliert werden können und ihm vielleicht auch nicht (klar) bewußt sind. Mitschwingen ist nicht Antworten, sondern nur Beteiligtsein oder Reagieren. Diese Form von Intersubjektivität gibt es auch schon im Tierreich. Etwas anders verhält es sich bei der Imitation von Gesichtausdrücken, bei der Affektabstimmung (attunement; s. Stern 1985) und bei anderen Formen der Affektspiegelung, die wahrscheinlich humanspezifisch sind. Hier werden gemeinsame Affektlagen *hergestellt,* aber die Gemeinsamkeit derselben muß weder das Ziel noch muß sie bewußt sein.

Gergely (2002; ausführlicher in: Fonagy et al. 2002, Kap. 5) hat sich in einem brillanten Aufsatz mit den verschiedenen entwicklungspsychologischen Theorien zur Intersubjektivität auseinandergesetzt und dafür plädiert, erst dann von Intersubjektivität beim Säugling zu sprechen, wenn dieser sich der Gemeinsamkeit seiner Gefühlszustände mit denen der Mutter (explizit) *bewußt* ist. Das ist seiner Auffassung erst ab einem Alter von eineinhalb Jahren der Fall. Vorher gibt es »objektive Intersubjektivität«, das heißt Gemeinsamkeit von Zuständen, die der Beobachter feststellt, aber keine »subjektive Intersubjektivität«, das heißt keine Gemeinsamkeit, die der Säugling feststellt oder anzielt. Es ist ein Unterschied, ob Säugling und Mutter dasselbe erleben – erkennbar für einen Beobachter – oder ob sie selbst merken, daß sie dasselbe erleben und es somit *gemeinsam* erleben – ähnlich wie es ein Unterschied ist, ob zwei dasselbe anblicken (objektive Gemeinsamkeit) oder ob sie es gemeinsam anblicken (subjektive Gemeinsamkeit).

Reserviert man den Begriff der Intersubjektivität für das bewußt bemerkte und/oder intendierte Erleben von Gemeinsamkeit und läßt ihn nicht gelten, wenn sich zwei Subjekte nur im selben Zustand befinden, so folgt daraus, daß der Säugling erst dann etwas *als* gemeinsam mit einem Anderen erleben kann und demzufolge intersubjektiv ist, wenn ihm der jeweilige Zustand des anderen bewußt ist.

Es ist jedoch strittig, ab wann und in welchem Umfang das der Fall ist: für Meltzoff (Meltzoff/Gopnick1993, Meltzoff/Moore 1998), Trevarthen (1979, 1998, 2001; Trevarthen/Aitken 2001), Stern (2000, 2004), Legerstee/Varghese (2001) und Rochat (2001) ab Geburt, spätestens aber ab zwei bis drei Monaten; für Stern (1985) und Tomasello (1995 b, 1999 a) ab neun Monaten; für Moore/Corkum (1994) und Gergely (2002) ab 18 Monaten. Von den meisten Autoren wird zwar interaktive Reziprozität als Kriterium für Intersubjektivität akzeptiert, aber es ist strittig, ab wann und vor allem mit welchem Grad an Bewußtheit diese

Reziprozität »bemerkt« wird, das heißt ab wann es irgendeine Form des Bewußtseins für die Verfassung oder die Aufmerksamkeit des Anderen gibt, mit dem der Säugling interagiert. Je nachdem, ob man implizite Formen der Bewußtheit gelten läßt, also das, was Reddy et al. (1997, S. 257) »early *perceptual* awareness of other's attentiveness to the self« nennen – angezeigt durch Sensitivität für die Zustände des Anderen und nachweisbar ab dem zweiten Monat –, oder ob man man explizite(re) Formen von Bewußtheit fordert (»*conceptual* or articulate awareness«), schwanken die Festlegungen für den Beginn von Intersubjektivität im erwähnten Rahmen. Ich folge einem »breiten« Intersubjektivitätsbegriff, wenn ich unter Intersubjektivität die Beziehung zweier Subjekte verstehe, in der die Subjektivität beider, also ihr Denken, Fühlen und/oder ihre nicht-instinkthaften expressiven Äußerungen Gegenstand wechselseitiger *Reaktionen oder Antworten* sind. Dafür ist kein explizites Bewußtsein dieser Äußerungen nötig. Deshalb betrachte ich den Säugling spätestens vom zweiten Lebensmonat an als intersubjektiv.

Neben dem Problem der mehr oder weniger klaren *Bewußtheit* der Zustände des Anderen beziehungsweise der Bewußtheit der Gemeinsamkeit von Gefühlszuständen durchzieht eine zweite Frage die Debatten um den Beginn der Intersubjektivität. Sie lautet: Ab wann beginnt ein *mentalistisches Verständnis* der Gefühlszustände anderer? Butterworth (1994), Hobson (1994, 2002) und Gomez et al. (1993; Gomez 1998; zusammenfassend Dornes 2004) haben sich mit diesem Problem, das in seiner Komplexität hier nur angedeutet werden kann, ausführlich auseinandergesetzt. Gefühlszustände mentalistisch zu verstehen heißt, nicht nur ihre sichtbare Oberfläche wahrzunehmen und darauf zu reagieren, sondern behaviorale Ausdrücke als Zeichen für nicht sichtbare mentale Zustände zu erfassen. Hochgezogene Mundwinkel (sichtbar) sind ein Zeichen für den unsichtbaren seelischen Zustand der Freude. Zusammengesunkene Körperhaltung und verlangsamte Motorik (sichtbar) sind ein Zeichen für das Gefühl der Traurigkeit (unsichtbar). Die Frage ist, ob Kinder zunächst Behavioristen sind und dann allmählich lernen, vom Verhalten auf seelische Zustände zu schlußfolgern; oder ob sie nicht eher von Anfang an aus dem expressiven Verhalten anderer einen mentalen Gehalt extrahieren, das heißt beispielsweise Lächeln unmittelbar als indikativ für den seelischen Zustand der Freude »verstehen«.

Die genannten Autoren entwickeln eine interessante Chronologie des Verstehens mentaler Zustände. Sie besagt, daß Gesichtsausdrücke schon für Säuglinge in den ersten Lebensmonaten mehr sind als komplexe behaviorale Stimuli, nämlich daß sie auch eine Botschaft oder eine Bedeutung vermitteln, etwa über die Handlungsdisposition eines Individuums oder seine Befindlichkeit. Säuglinge sind in dieser Lesart also niemals oder zumindest nicht lange reine Behavioristen. Dies impliziert aber nicht, daß sie die *wahrgenommenen* mentalen Zustände bereits als solche begreifen. Wenn sie ein ängstliches Gesicht erblicken, so sehen sie aufgerissene Augen, eine bestimmte Stellung des Mundes, etc.; und sie »sehen« auch etwas jenseits dieser physischen Konfigurationen, etwas Expressives, nämlich Angst und damit etwas, das über die bloßen physischen Konfigurationen des externen Ausdrucks hinausgeht. Man »sieht« Angst anders als Arme, Beine oder Augen. Rein physisch sind nur die Gesichtsmuskelbewegungen da, aber Säuglinge und Erwachsene »sehen« sie als Ausdruck *von* etwas, das rein physisch betrachtet gar nicht da ist. Gesichter sind für (normale) Säuglinge eben wegen dieses expressiven Gehalts so interessant. Diese Gehaltwahrnehmung ist wahrscheinlich der Zwischenschritt zwischen dem Wahrnehmen bloß physischer Konfigurationen und dem reifen (begrifflichen) Verständnis mentaler Zustände *als* mentale Zustände. Gomez umschreibt das so, daß der Säugling mentale Zustände zunächst als emergente Eigenschaften körperlicher Zustande *wahrnimmt*, also eine Wahrnehmung von etwas Mentalem hat, ohne jedoch dieses Mentale gewissermaßen getrennt von dieser Verkörperung als Mentales *begreifen* oder repräsentieren zu können. Ähnlich unterscheidet Hobson (1994) zwischen »perceiving attitudes« und »conceiving minds«. Der Säugling will, wenn er mit einem anderen interagiert, zunächst dessen Einstellungen (attitudes) zu sich beeinflussen, wie sie in seinem expressiven Verhalten zum Ausdruck kommen, nicht aber dessen Denkprozesse (mental representations) (s. Gomez 1998, S. 257). Letzteres ist eine spätere Errungenschaft, die vermutlich mit 18 Monaten beginnt. Ich weise nur darauf hin, daß manche Autoren (z. B. Gergely 2002) den Begriff der Intersubjektivität für ein solches Verständnis des Seelenlebens reservieren wollen und ihren Beginn deshalb auf 18 Monate datieren.[14]

14 Es sollte klar geworden sein, daß Bråtens Theorie über die Annahmen der »Theory of Mind« weit hinausgeht. Der virtuelle Andere ist nicht eine denkend vollzogene Realisierung der Weltsicht des Anderen, sondern eine fühlend vollzogene. Das Verhältnis seiner Theorie zur Theory of Mind beschreibt Bråten in 1998 d. Für weitere Ausführungen zum Thema Intersubjektivität siehe Dornes (2004, S. 319 ff.).

Präzisierungen

Zwei Punkte sollen nun noch präzisiert werden. Der erste, der dem aufmerksamen Leser wahrscheinlich längst aufgefallen ist, besteht darin, daß zwischen den Begriffen Bewegung, Handlung und Aktivität nicht immer unterschieden wurde.[15] Dadurch entsteht möglicherweise der Eindruck, daß der Säugling, wenn er die Bewegung des Fütterns beobachtet oder nachahmt und ein korrespondierendes Gefühl für die Bewegung entwickelt, zugleich auch die ganze Aktivität des Fütterns in sich redupliziert; ebenso wenn er die Bewegung des Schlagens beobachtet, daß er damit schon weiß, wie es ist zu schlagen. Das ist natürlich eine Vereinfachung. Die Aktivität des Fütterns umfaßt nämlich noch andere Elemente als die Bewegung des Mundöffnens und die des Löffelanbietens, so daß, wenn der Säugling an diesen beiden Bewegungen partizipiert, er allein dadurch noch lange nicht an der *gesamten* Fütterungsaktivität teilhat. Natürlich hat er in dieser Situation auch andere Gefühle als die Mutter und sieht zum Beispiel die Nahrung mit *seinem* (egozentrischen) Hunger und nicht mit der Freude der Mutter, etwas Gutes anbieten zu können. Ebenso umfaßt die Mißhandlung sehr viel mehr als die Schlagebewegung, so daß deren Reduplikation im Säugling nur einen Aspekt der Gesamtsituation umgreift. Was ist beispielsweise mit der Wut, die der Mißhandler in solchen Situationen zeigt? Sie löst zunächst nicht Wut, sondern Angst beim Säugling aus, also gerade *nicht* denselben Affekt wie bei der Beobachtung der Bewegungen des anderen, sondern ein komplementäres Gefühl. In solchen Situationen hat der Säugling also auch eine »egozentrische« Perspektive auf die Welt und erlebt die Mißhandlung mit *seiner* Angst und nicht mit der Wut des Mißhandlers. Bråtens Theorie, soweit ich sie hier dargestellt habe, konzentriert sich auf die Erwartung von Interaktionsmustern und die Wahrnehmung oder Nachahmung von *Bewegungen* und kann herausarbeiten, daß dies den Beobachter mit einem Gefühl dafür versorgt, wie sich die Ausführung dieser Bewegung anfühlt. Das scheint mir ein bisher vernachlässigter Aspekt von Intersubjektivität zu sein, der impliziert, daß wir qua neuronaler und muskulärer Resonanz einen (vor- oder unbewußten) Zugang zu Empfindungen des anderen haben, *sofern diese auf Bewegungen beziehungsweise zielgerichteten Handlungen beruhen*; und weiter, daß wir diese Empfindungen in uns

15 Zu wichtigen diesbezüglichen Unterscheidungen siehe ausführlich Bieri (2001).

reproduzieren und sie dadurch mit dem Anderen gemeinsam haben. Das ist wichtig genug aber nur ein kleiner, wenn auch möglicherweise basaler, körpernaher und bisher nur unzureichend gewürdigter Aspekt von Intersubjektivität.

Das zweite Problem ist folgendes: Spürt der Säugling, wenn er Prozessen der Affektansteckung ausgesetzt ist oder eine Handlung beobachtet und gefühlsmäßig mitschwingt, nur ein Gefühl, oder spürt er das »Mit« im »Schwingen«? Gerät er einfach in einem Zustand oder spürt er, daß er in einen Zustand *gebracht* worden ist? Oder, wie Bischof-Köhler (2000) fragt: Kann schon der Säugling zwischen einem Zumutesein und einer Anmutung unterscheiden, wie wir, wenn uns traurig *zumute* ist und wir so zu erkennen geben, daß wir das Gefühl erlebnismäßig in uns selbst verankern, wohingegen uns der Wald dunkel *anmutet* und wir so die Herkunft des Gefühls in der Außenwelt lokalisieren. Körner (1998, S. 2) bezeichnet es völlig zu Recht als die Kernfrage einer jeden Theorie des empathischen Prozesses, »wie es nämlich gelingen kann, daß wir das Fremde im Eigenen wahrnehmen, es in uns aber als das Fremdartige identifizieren und dem anderen zuschreiben können« (s. a. Gallese/Goldman 1998, S. 497 f.).

Ich finde das auch insofern eine wichtige Frage, als von ihrer Beantwortung abhängt, ob man davon ausgehen kann, daß Säuglinge schon früh ein Gefühl der Entfremdung von ihrem (originären) Gefühlsleben haben können oder nicht. Unterstellt man, daß sie gewissermaßen zwanglos im Medium elterlicher Affekte leben und die von den Eltern gezeigten Affekte einfach übernehmen, ohne einen Unterschied zu bemerken zwischen einem selbsterzeugten Affekt und einem übernommenen oder einem primären Selbstzustand und dessen Veränderung durch Spiegelung/Affektinduktion – daß sie also ins Mitschwingen geraten, ohne zu bemerken, daß es ein »Mit« ist –, dann könnte es so etwas wie das Gefühl von Fremdbestimmheit in bezug auf ein eigenes inneres »Design« nicht geben, also letztlich auch kein wahres Selbst. Diese einfache Überlegung kompliziert sich indessen dadurch, daß nicht jede Transformation als Entfremdung erfahren wird. Ist der Säugling in einem Schmerzzustand, so wird er dessen Veränderung durch die Mutter als Befreiung erleben oder als Bereicherung und nicht als Entfremdung. Gergely/Watson (1996, 1999) haben ein faszinierendes mikroanalytisches Modell affektiv-interaktiver Transformationsprozesse vorgelegt, das ich andernorts ausführlich kommentiert habe (Dornes 2000 a, S. 76 ff., 192 ff. und hier Kapitel 5). Ein wichtiger Aspekt dieses Modells besteht in der Annahme, daß die primären Selbstzustände, die gespiegelt werden, zunächst unbewußt sind und erst durch den Prozeß der Spiegelung bewußt, aber zugleich auch (in sekundäre Selbstzustände) transformiert werden. Geht man davon aus, daß eine Spiegelung den Zustand, den sie aufgreift auch irgendwie verändert, sei es zum Positiven oder Negativen, so liegt eine Paradoxie in der Unterstellung, daß ein oft nur unklar oder gar nicht bewußter »Originalzustand« trotz seiner Unbewußtheit *nicht spurlos* transformiert wird, sondern über die Transformationen des Zustandes hinweg eine Ahnung von seiner ursprünglichen Verfaßtheit erhalten bleibt – und davon, daß er *von einem Anderen* transformiert wurde (Stern 1985, S. 100 ff.; Dornes 1993, S. 102 f.).

Auf die Theorie Bråtens übertragen müßte man erwägen, daß der Säugling von Anfang an zwar an Zuständen anderer alterozentrisch teilhatt, ohne aber darum zu wissen oder es bewußt zu bemerken, also eine Art stiller, unbewußter Teilhaber ist – und dennoch bliebe eine Ahnung von dieser Teilhabe zurück. Und vielleicht bleibt auch eine Sehnsucht zurück, den mit der Teilhabe erlebten Verwandlungsprozeß immer wieder zu erleben, so daß, wenn wir nach Objekten suchen, wir in den tiefsten Schichten unserer Seele nach dieser Verwandlungserfahrung suchen, die wir immer wieder erleben wollen, und zwar auch dann, wenn sie unangenehm war, denn diese Verwandlungserfahrung, egal wie sie ist, verschafft uns ein Gefühl von Lebendigkeit und Vertrautheit, ohne das wir nicht leben können. Das scheint mir der Kern von Bollas' (1987 a) genialem Aufsatz über das »Verwandlungsobjekt« zu sein und interesssanterweise ist der Säuglingsforscher Tronick (1998) solchen Ideen in seiner »dyadic states of consciousness«-Hypothese auf eine andere Weise nahe gekommen, die ich zum Abschluß skizzieren möchte.[16]

16 Auch bei Bion (1965) spielt der Transformationsbegriff und -prozeß eine bedeutende Rolle; siehe Krejci (1997), Reerink (1997, S. 103 ff.), Darmstädter (2001, S. 41 ff.) und Haas (2001).

Tronicks Ideen stammen, wie die von Bråten, aus der Systemtheorie. Seine zentrale Hypothese beruht auf dem von ihm so genannten ersten Prinzip der Systemtheorie, das besagt, daß ein System nach Verbindung mit einem zweiten System sucht (»Interpenetration«), um seine Komplexität und Kohärenz zu steigern und damit seine Problemlösungsfähigkeit. Das Neugeborene, obwohl schon mit Fähigkeiten zur Selbstregulation ausgestattet, kann zum Beispiel seine Temperatur und seine Gefühle nur bis zu einem bestimmten Punkt selbst regulieren. Diese Regulationsfähigkeit wird erweitert, wenn es sich dem Anderen zuwendet. Die Zunahme an Regulationsfähigkeit, die dadurch entsteht, daß ein System (Neugeborenes) mit einem zweiten System (Mutter) Verbindung und Austausch sucht, hat als erlebnismäßiges Korrelat »so etwas ähnliches wie ein mächtiges Gefühl von Erfüllung...« (Tronick 1998, S. 296). Der Säugling erlebt also den Zuwachs an Fähigkeiten als »Erfüllung«. Tronick revidiert damit explizit seine frühere Annahme, daß das Bedürfnis nach dem Anderen einfach angeboren ist (wir suchen nach dem Anderen, weil wir so gebaut sind) und meint nun, das Suchen habe sein Motiv in diesem Erfüllungsgefühl (ebd., S. 292, 296).

Was aber ist, wenn keine Erfüllungs- sondern negative Erfahrungen gemacht werden, etwa wenn die Mutter depressiv ist? Auch dann versucht der Säugling letztlich, mit ihr in Kontakt zu bleiben. Aber warum? Er hat ja jetzt kein Erfüllungsgefühl. Tronick sagt: in gewissem Sinne doch. Er behauptet, daß der Säugling, etwas objektivistisch gesprochen, dem ersten Prinzip der Systemtheorie folgen und Verbindung mit einem zweiten System suchen muß, um seine Kohärenz und Komplexität zu steigern und zwar auch dann, wenn dieses zweite »System« depressiv ist. Die schmerzlichen Erfahrungen, die der Säugling dabei macht, können das Bedürfnis nach Expansion zum Zwecke der Steigerung von Komplexität und Kohärenz nicht auslöschen. »Schmerzhaftigkeit stellt das ›Bedürfnis‹ nach Expansion nicht still« (ebd., S. 297). Es ist also dieses Bedürfnis, mehr noch als das Gefühl der Erfüllung, das die Unausweichlichkeit von Objektbeziehungen begründet. Wir suchen *immer* »Expansion«, das heißt Kontakt mit einem zweiten System. Auch wenn die Suche im Schmerz endet, wird sie nicht aufgegeben, weil die Notwendigkeit der Expansion durch das Gefühl des Schmerzes nicht stillgestellt werden kann.

Wir *wollen* nicht die Schmerzen wiederholen, sondern wir *müssen* expandieren, das heißt Kontakt zu einem anderen System suchen und wenn wir das mit ungeeigneten Mitteln tun, sind Schmerzen die unintendierte, aber auch unausweichliche Nebenfolge. Wenn der Säugling seinen mit der Mutter erlernten depressiven Interaktionsstil auf andere Personen »überträgt«, dann deshalb, weil ihm nur diese Möglichkeit zur Verfügung steht, wenn er mit einem anderen System Kontakt aufnehmen will, aber darüber kann er nicht entscheiden: das muß er. Dies ist wahrscheinlich die systemtheoretische Version des Wiederholungszwanges und des Masochismus, in dem das erste Prinzip der Systemtheorie – Kontaktaufnahme mit einem zweiten System zum Zwecke der Komplexitäts- und Kohärenzsteigerung – an die Stelle des Triebes tritt. Der Mensch sucht, ähnlich wie bei Bollas, *um jeden Preis* eine Transformationserfahrung, die bei Tronick »need for expansion« heißt.

Aber Expansion ist ja eigentlich keine Erfahrung und kein Bedürfnis, sondern ein »Prinzip« der Systemtheorie. Ich betrachte deshalb Bollas' Darstellung der Transformationserfahrung als erlebnismäßige Innenseite von Tronicks Expansionsnotwendigkeit. Ein »System« muß expandieren, um seine Komplexität und Kohärenz zu steigern, aber ein »Säugling« *erlebt* ein Bedürfnis nach Veränderung eines Zustandes; und schon der Säugling würde – und das scheint mir ein Gedanke, der zumindest für die Säuglingsforschung neu ist, wenn auch nicht für die Psychoanalyse – in Tronicks Theorie notfalls auch negative Beziehungserfahrungen *aktiv herbeiführen müssen* und nicht nur solche erleiden, wenn auch nicht unter dem Diktat eines (Todes)Triebes, sondern unter dem eines systemtheoretisch begründeten »Expansionszwanges«.

Andere Autoren haben diese Notwendigkeit zur Expansion ebenfalls gesehen. Der Psychoanalytiker Spezzano (1995; zit. nach Dunn 1995, S. 728) meint: »Die Psyche hat grundsätzlich den Drang, von anderen Psychen Gebrauch zu machen...« Der Kinderpsychiater Resch (1996, S. 11) gibt eine Piagetsche Antwort: Das Streben, komplexe Strukturen aufzubauen, resultiert aus der Erfahrung eines Ungleichgewichts und wird bei Piaget im Konzept der majorisierenden Äquilibration erfaßt. Die Neurobiologen Rothenberger/Hüther (1997, S. 628) formulieren systemtheoretisch, daß alle lebenden Systeme sich dann entwickeln, wenn neue Bedingungen auftreten, welche die Stabilität des Systems in Frage stellen oder ergänzen. Bråtens Auffassung besagt ebenfalls, daß die Psyche des Säuglings offen ist für andere Psychen, um ihre innere präexistierende Organisation zu rekreieren und zu transformieren.

Psychoanalytisch gesprochen wäre dann die Objektsuche oder das Bedürfnis nach Intersubjektivität nicht einfach ein primäres Bedürfnis nach Kontakt, sondern ein Versuch der Aufrechterhaltung, Gewinnung und Weiterentwicklung psychischer Organisation und *dies* wäre das letzte Motiv aller Objektsuche. Die Kleinianische Idee, daß Objektbeziehungen zur Abwehr (oder zur Bewältigung) innerer Ängste eingegangen werden, artikuliert einen ähnlichen Gedanken, weil ja Ängste die psychische Organisation beeinträchtigen. Allerdings ist es ein Unterschied, ob man davon ausgeht, daß die Psyche zunächst und primär desorganisiert ist und Objekte sucht, um sich zu organisieren, oder ob man davon ausgeht, daß sie zunächst und primär organisiert ist und diese Organisation beibehalten, ausdehnen und im Falle der Bedrohung zurückgewinnen will.[17] Ein zweiter Unterschied besteht in differierenden Annahmen über die Hauptursachen für mögliche Desintegration: sind es Triebe, Affekte, andere Körperprozesse oder sind es unzulängliche Umweltreaktionen auf primär intakte (Körper-)Systeme? Ein dritter Unterschied ergibt sich aus verschiedenen Annahmen über die Art und die (psychische) Komplexität der Bewältigungsprozesse. Vermutlich lassen sich die meisten entwicklungspsychologischen Theorien im Hinblick auf die Grundannahmen bezüglich dieser drei Fragen unterscheiden. Aber das ist, um mit Fontane zu sprechen, »ein zu weites Feld« und hier sollte es genügen, auf die erstaunliche Konvergenz von Ideen aus divergierenden Denktraditionen hinzuweisen hinsichtlich der Frage, was Objetkbeziehungen motiviert. Die Antwort lautet immer: Das System, der Geist, die Psyche wollen ihre Organisation aufrechterhalten, erweitern und im Störfall zurückgewinnen. Differenzen bestehen vor allem hinsichtlich der Frage, ob der primäre Zustand eher ein organisierter oder unorganisierter ist, was die primären Störungsursachen sind und wie die Bewältigungsmechanismen dafür aussehen.

Die unausweichliche Frage, ob und wie die subtilen Unterschiede der

17 Das Streben, komplexere Strukturen aufzubauen vedankt sich übrigens nicht nur, wie bei Piaget und in der Psychoanalyse, der Erfahrung des Ungleichgewichts, sondern kommt auch und gerade in Gang, wenn die Erfahrung des Gleichgewichts gemacht worden ist, was sich auch an Hand einschlägiger empirischer Untersuchungen zeigen läßt (Hoppe-Graff/Edelstein 1993, S. 17; Schmid-Schönbein 1993). Dies wird auch von psychoanalytischer Seite zunehmend anerkannt (Dornes 1993, S. 71 ff., 158 ff.; Alvarez 1999 b).

diesbezüglichen Konzeptualisierungen noch experimentell befriedigend zu überprüfen sind, scheint mir derzeit offen. Angesichts dieser Sachlage kann ich im Moment nur mit den leicht abgewandelten Worten des Dichters schließen: »Am Ende sehen wir betroffen, den Vorhang zu und manche Fragen offen.« Aber ist es nicht so, daß gute Wissenschaft die meisten Fragen nie endgültig beantwortet, sondern immer wieder neu(e) stellt?

Kapitel 4 Die emotionalen Ursprünge des Denkens

Einleitung

Theorien über das Denken erfreuen sich wachsender Beliebtheit, seit die Kognitionspsychologie einen dominierenden Einfluß gewonnen hat. Sie haben jedoch eine lange Tradition. Schon Piagets monumentales Theoriegebäude befaßte sich in vielen Aspekten mit der Entwicklung des Denkens, insbesondere mit seinen verschiedenen Stufen. Sensomotorisches, präoperationales, konkret und formal operationales Denken beschreiben Formen und Formveränderungen der Denkprozesse, mit denen Kinder die Welt erfassen und über sie nachdenken. Neben dieser beeindruckenden Tradition wird leicht vergessen, daß sich auch die Psychoanalyse schon seit ihren Anfängen mit dem Denken beschäftigt. Freuds Unterscheidung zwischen Primär- und Sekundärvorgang (1900, Kap. 7; 1911) zielte auf unterschiedliche Formen des Denkens. Die beim Primärprozeßdenken wirksamen Mechanismen von Verdichtung und Verschiebung bewirken Besonderheiten der Symbolisierung, wie sie zum Beispiel im Traum zum Ausdruck kommen. Damit hatte sich Piaget (1945) ebenfalls befaßt, aber andere Erklärungen vorgeschlagen (s. Dornes 1993, Kap. 8; 1997, Kap. 3, 4).

Viele psychoanalytische Autoren haben sich seither mit dem Denken und der Symbolbildung beschäftigt. Dabei kann man – neben solitären Werken, die sich keiner bestimmten Richtung zuordnen lassen (Matte Blanco 1975, Rayner 1995, Ciompi 1997) – mindestens vier Traditionslinien unterscheiden: erstens eine klinisch ich-psychologische (Kubie 1956, Beres 1965; Überblick bei Speidel 1978), zweitens eine experimentell ich-psychologische (Rapaport 1950, 1951 a, b, 1957; G. Klein 1967), drittens eine objektbeziehungspsychologische (Segal 1957, Bion 1962, de Moncheaux 1962, Money-Kyrle 1968, Basch-Kahre 1985) und viertens eine strukturalistische (Überblick bei Lang 1973 und Hock 2000). Manche Autoren versuchten, einige dieser verschiedenen Traditionen zu verbinden (Arlow 1958, Székely 1961/1962, Wolff 1967, Lerner/Lerner 1985, Imbasciati 1989); aber mit dem Niedergang der Ich-Psychologie Ende der 1960er Jahre verschwand der experimentelle Zugang weitgehend zugunsten des klinischen, der dann zunehmend von den Kleinianern beherrscht wurde (Überblick bei Gutwinski-Jeggle 2003; Kurzüberblick bei Löchel 2000). Deren Überlegungen haben jedoch außerhalb der psychoanalytischen Gemeinschaft nie Aufmerksamkeit gefunden, denn dort interessierte man sich für die Entwicklung des *bewußten* Denkens, ein Feld, das dann von der kognitiven Entwicklungspsychologie besetzt wurde. Die Versuche, eine Verbindung zwischen Psychoanalyse und Kognitionspsychologie aufrecht zu erhalten, sind indes nie ganz abgerissen (Erdelyi 1985, Horowitz 1988, Bucci 1997), und auf dem Gebiet der Entwicklungspsychologie hat sich insbesondere die Forschungsgruppe von Fonagy et al. (2002) um interdisziplinären Austausch und Anschluß bemüht (s. Kapitel 5).

Ein anderer Psychoanalytiker, der sich mit den Methoden der experimentellen Psychologie dem Problem der Entstehung des Denkens zugewandt hat, ist der Londoner Autismusforscher Peter Hobson, der seit nunmehr 20 Jahren dieses Thema umkreist. Seine Theorie, die in einer Vielzahl von Artikeln (u.a. Hobson 1989, 1990a, b, 1991, 1994, 1995a, b, 1997, 2000) und zwei Büchern (1993, 2002) zusammengefaßt ist, soll im folgenden – unter Einbeziehung anderer Theorien und Befunde – dargestellt werden. Hobson entwickelt eine Drei-Stufen-Theorie des Denkens, in welcher der emotionale Kontakt in der Eltern-Kind-Interaktion als entscheidender Motor des Erwerbs symbolischer Denkfähigkeit gilt. Damit unterscheidet er sich von Informationsverarbeitungstheorien des Denkens, die sich mit der Frage beschäftigen, wie sich die Kapazitäten zur Informationsverarbeitung entwickeln und welche allgemeinen Verarbeitungsmechanismen (Automatisierung, Kodierung, Generalisierung) dabei eine Rolle spielen, ohne emotionalen Beziehungen eine wesentliche Bedeutung zuzuschreiben (Überblick bei Siegler 1998, Kap. 3).

Hobson befaßt sich nur am Rande mit der Psychoanalyse (1995b, 1997; 2002, Kap. 5, 6) und den Erfahrungen und Theorien, die aus der psychoanalytisch-psychotherapeutischen Behandlung autistischer Kinder erwachsen sind (1990b). Seine Hervorhebung der Bedeutung zwischenmenschlicher Beziehungen für die Entwicklung der Symbolfunktion steht jedoch im Einklang mit dem Geist der psychoanalytischen Objektbeziehungstheorie und kann dazu beitragen, auch Lesern, die der Psychoanalyse reserviert gegenüberstehen, zu einer toleranteren Einstellung zu verhelfen. Und umgekehrt: Psychoanalytiker, die seine Theorien un- oder gar anti-psychoanalytisch finden – vor allem wegen ihrer starken experimentellen Orientierung und der Vernachlässigung von Übertragungs-/Gegenübertragungsprozessen –, können lernen, daß eine umfassende Theorie des menschlichen Geistes sich nicht auf das Unbewußte beschränken, sondern auch das Bewußtsein umfassen sollte. »Einerseits bildet die Psychoanalyse ein einzigartiges Instrument zur Erforschung intersubjektiver psychologischer Vorgänge. Andererseits betreffen die ... von der empirischen Forschung untersuchten Fragen gelegentlich Facetten der psychischen Entwicklung, die rein psychoanalytische Studien nur am Rande berühren oder die sogar über ihren Rahmen hinausgehen« (Hobson 1995b, S. 271). Bei der Aufklärung der Frage, wann und wie wir mentale Zustände bei uns und anderen verstehen, leistet die experimentelle Vorgehensweise einiges. Die vorliegende Arbeit soll dies ebenfalls illustrieren.

Ich gehe in drei Schritten vor: Zuerst (Teil 1) beschreibe ich die Fundierung normaler Symbolbildungsprozesse in der frühen zwischenmenschlichen Interaktion. Danach stelle ich ausgewählte Befunde der Autismusforschung vor (Teil 2), anschließend solche aus der Forschung an Menschenaffen (Teil 3). Beide sollen die im ersten Teil entwickelte Sichtweise stützen. Da das Denken nach Hobsons Auffassung durch Prozesse entsteht, die dem Denken vorausgehen, befasse ich mich zunächst mit diesen Vorläufern.

Teil 1: Die Entstehung von Bedeutung

Bevor das Denken beginnt: Die erste Stufe

In den ersten Lebensmonaten gibt es bestimmte Besonderheiten der frühen Eltern-Kind-Interaktion, die humanspezifisch sind: die Neugeborenenimitation, die Reaktion auf die Still-face-Prozedur und die Protokonversation. Davon war schon im dritten Kapitel die Rede. Dieses Charaktaristika sollen nun noch etwas ausführlicher dargestellt werden, weil sie indikativ für die Fähigkeit des Säuglings sind, Personen von Dingen zu unterscheiden und mit ersteren eine besondere Beziehung einzugehen, die der Ursprungsort des Denkens ist.

Neugeborene können innerhalb weniger Stunden nach der Geburt mindestens vier verschiedene Gesichtsausdrücke nachahmen: das Herausstrecken der Zunge, das Schürzen der Lippen zu einer Schnute, einen O-Mund und das Zusammenkneifen der Augen. Außerdem sind sie in der Lage, mindestens einen Vokal, das /a/, nachzuahmen. Diese Befunde sind seit Meltzoff/Moore's (1977) bahnbrechender Studie weltweit bekannt und vielfach repliziert worden (Überblicke bei Kugiumutzakis 1998, Meltzoff/Moore 1998, 1999, Meltzoff 2002). Mittlerweile ist klar, daß es sich bei dieser Nachahmung nicht um einen Reflex, sondern um einen zielgerichteten Akt handelt.

Die Neugeborenenimitation hat zwei interessante theoretische Implikationen: Zum einen zeigt sie an, daß der Säugling einen Unterschied zwischen sich und dem anderen wahrnimmt und sich nicht mit ihm in einer Symbiose verschmolzen fühlt. Die Wahrnehmung zweier getrennter Körper ist nämlich die Voraussetzung für Imitation, weil bei ihr ein »innen« gefühlter Zustand des Gesichts oder der Zunge mit einem »außen« gesehenen Bild, das als Maßstab dient, abgeglichen wird. Ohne die Wahrnehmung einer Getrenntheit dessen, was »hier« gefühlt und »dort« gesehen wird, wäre ein solcher Abgleich nicht möglich (ausführlich dazu Meltzoff/Moore 1995 und Gallagher/Meltzoff 1996). Manche Autoren (z.B. Trevarthen 1998 und Kugiumutzakis 1998) sind außerdem der Auffassung, daß das Motiv für die Imitation ein elementarer Drang ist, mit einem anderen, als ähnlich erkannten Wesen in eine intersubjektive Kommunikation einzuzutreten. Die Imitation wurzelt demzufolge in einem Kommunikationsbedürfnis und das imitative Verhalten ist Ausdruck von und Beleg für dieses Bedürfnis. Die kommunikative Funktion der Imitation kann noch durch den Befund verdeutlicht werden, daß Neugeborene nicht nur imitieren, sondern auch imitative Antworten des Partners provozieren. Streckt man ihnen die Zunge heraus, so imitieren sie diesen Vorgang. Bleibt man danach in ihrem Gesichtsfeld und wartet ruhig ab, so strecken sie nach einer Weile erneut die Zunge heraus, um eine Antwort des Partners hervorzurufen (Trevarthen 1998, S. 30). Schon die Neugeborenenimitation ist also ein wechselseitiges kommunikatives Geschehen. Dies zeigt sich auch an dem bereits im dritten Kapitel erwähnten Befund, daß zwar das Herausstrecken der Zunge beim Anblick des menschlichen Gesichts nachgeahmt wird, nicht aber –

oder signifikant seltener – das perzeptuell ähnliche Bild einer mundähnlichen Schachtel, aus der ein zungenähnlicher Gegenstand hervorkommt.

Still-face-Prozedur und Kontingenzwahrnehmung

Tronick et al. (1978) haben ein eindrucksvolles experimentelles Paradigma erfunden, das *ex negativo* ebenfalls das Bedürfnis des Säuglings nach kommunikativem Austausch belegt. Zunächst interagiert die Mutter auf gewohnte Weise mit dem Säugling. Dann wird sie angewiesen, für ein bis drei Minuten ein unbewegliches Gesicht zu machen. Sie darf den Säugling auch nicht berühren oder mit ihm reden. Danach kehrt sie zu ihrem üblichen Interaktionsstil zurück. Interessant ist nun, wie drei Monate alte Säuglinge auf diese Veränderung reagieren. Sie werden zunächst ernst, versuchen dann, die Mutter durch Gesten und Laute aus ihrer Unbeweglichkeit herauszuholen und ziehen sich schließlich zurück. Dabei stehen sie erkennbar unter Streß. Nachdem die Mutter sich wieder normal benimmt, treten sie in der Regel schnell wieder in Kontakt mit ihr. Dieses Experiment belegt, daß Säuglinge nicht nur Interaktions- und Kommunikationsbedürfnisse habe, sondern sehr früh auf die Verletzung ihrer diesbezüglichen Erwartungen reagieren. Darauf wurde schon im dritten Kapitel hingewiesen; ebenso auf das berühmt gewordene Experiment von Murray/Trevarthen (1985), das denselben Sachverhalt illustriert: Ein zwei Monate alter Säugling sieht seine Mutter auf einem Fernsehbildschirm. Die Mutter ist in einem benachbarten Raum untergebracht. Dort sieht sie ihren Säugling ebenfalls auf einem Bildschirm. Beide interagieren also miteinander über die Fernsehbilder, die sie voneinander sehen. Die Interaktion verläuft trotz des künstlichen Arrangements gut und flüssig, obwohl die Möglichkeit zur Berührung fehlt. Baut man nun eine Verzögerung von 30 Sekunden ein, so daß der Säugling die interagierende Mutter von vor 30 Sekunden sieht, so passen deren Verhaltensweisen von »vorhin« nicht mehr zu seinen jetzigen. Sie sind nicht mehr kontingent aufeinander. Der Verlust von Kontingenz hat ähnliche Auswirkungen auf den Säugling wie der Verlust von Reaktionen in der Still-face-Prozedur. Um diesen Befund gibt es bis heute Kontroversen. Replikationen (Nadel/Tremblay-Leveau 1999, Legerstee/Varghese 2001) und Nicht-Replikationen (Muir/Hains 1999, Rochat/Striano 1999) halten sich die Waage.

Eine Variante dieses Experiments zeigt jedoch, daß es hier nicht nur um den Verlust von Kontingenz geht, sondern auch um den von kommunikativem Kontakt. Läßt man nämlich die Mutter mit ihrem zwei Monate alten Säugling interagieren und dann zur Seite schauen, so geht ebenfalls die Kontingenz verloren. Kann der Säugling indessen beobachten, daß die Mutter eine von der Seite hinzutretende Person begrüßt, ist er nicht irritiert, sondern wartet ruhig ab. Anscheinend sind Säuglinge schon mit zwei bis drei Monaten in der Lage, die Abwendung von Aufmerksamkeit und den Verlust von Kontingenz angemessen in bezug auf die soziale Situation, in der sie stattfinden, zu kontextualisieren. Sie reagieren auf Unterbrechungen der Interaktion, die ihnen verständlich erscheinen, anders als auf unverständliche, verstehen also die Interaktion nicht nur als einen Austausch von Reizen, der gelingt oder nicht, sondern als eine kommunikative Gesamtsituation (für Pros und Contras dieser Auffassung s. Striano 2004, mit weiterer Literatur).

Personenwahrnehmung und Protokonversation

Sowohl belebte wie unbelebte Objekte reagieren kontingent auf die Äußerungen des Säuglings. Hängt man ein Mobile über seinen Kopf und verbindet es mit einer Schnur an seinem Fuß, so daß eine Fußbewegung das Mobile in Bewegung versetzt, so bemerken schon zwei Monate alte Säuglinge den Zusammenhang zwischen ihrer Bewegung und der resultierenden Veränderung in der Umwelt und freuen sich darüber. Sie lächeln das Mobile an. Heißt das, daß sie sich einfach über ihre eigene Wirkmächtigkeit freuen und keinen Unterschied zwischen Mobiles und Menschen machen? Manche Autoren sind dieser Auffassung. Sie meinen, die frühe Mutter-Kind-Interaktion sei deshalb für den Säugling so anregend, weil er dort im gelungenen Fall erlebe, daß »etwas« auf seine Äußerungen reagiere. Andere Autoren gehen davon aus, daß der Säugling von Geburt an, spätestens aber mit zwei Monaten, Menschen von unbelebten Objekten unterscheiden kann und mit Menschen anders umgeht: Er imitiert sie (mehr), er betreibt Protokonversation mit ihnen und er reagiert anders auf Kontingenzentzug durch Personen (still face) als auf den durch Dinge.

Die Frage der Personenwahrnehmung ist deshalb von großer Bedeutung, weil von ihrer Beantwortung abhängt, ob wir schon allerkleinsten Säuglingen die Fähigkeit zusprechen können, Menschen als besondere

Objekte wahrzunehmen. Sind Menschen für den Säugling nur auf Grund der von ihnen ausgehenden komplexen multimodalen Reize besonders interessante Objekte, aber nicht grundsätzlich verschieden von sich bewegenden Mobiles oder lächelnden Masken? Oder sind sie darüber hinaus Objekte, von denen sich der Säugling auf eine besondere Weise angesprochen und emotional berührt fühlt? Fühlt er sich von den menschlichen Augen »tiefer« angeblickt als von denen einer Maske, von der menschlichen Stimme »mehr« angesprochen als von einer sprechenden Puppe, vom Lächeln der Mutter »anders« als von einer lächelnden Gesichtsattrappe?

Zur Beantwortung dieser Frage sind zwei Wege eingeschlagen worden: Zum einen die Untersuchung möglicher differentieller Reaktionen des Säuglings auf Personen und Objekte in umschriebenen experimentellen Situationen; zum anderen die Mikroanalyse natürlicher Interaktionssequenzen zwischen Mutter und Kind. Beispiele für die erste Vorgehensweise sind folgende: Läßt man eine Puppe hinter dem Vorhang eines Kasperletheaters verschwinden, so beugen sich vier Monate alte Säuglinge nach vorn und versuchen, den Vorhang zu berühren; verschwindet indes ein menschliches Gesicht in gleicher Weise, so reagieren sie mit rufartigen Vokalisierungen. Läßt man eine animierte Puppe oder eine Gesichtsattrappe, deren Gesichtszüge sich bewegen und von musikalischen Tönen begleitet sind, mit dem Säugling interagieren und sie dann bewegungs- und lautlos erstarren, so zeigt der Säugling mit drei Monaten *keine* Still-face-Reaktion (Ellsworth et al. 1993, Legerstee 1994). Insofern kann man durchaus differentielle Reaktionen finden, bei manchen Experimenten sogar schon mit sechs Wochen. Das Problem ist, daß man die Unterschiede immer auch anders interpretieren kann denn als indikativ für die Besonderheit von Personenwahrnehmung, etwa so, daß die Puppe weniger interessante oder vertraute Reize für das Kind bietet als das mütterliche Gesicht und das Verschwinden der Puppe oder der Verlust der Puppeninteraktion *deshalb* keine vergleichbare Reaktion hervorruft. Außerdem ist die Befundlage nicht einheitlich.[1]

1 Brazelton et al. (1974) und Trevarthen (1974) haben als erste die Behauptung einer sehr frühen Person-Ding-Unterscheidungsfähigkeit aufgestellt. Sie datierten deren Beginn auf drei bis sechs Wochen. In anderen Arbeiten wird sie auf den Zeitraum zwischen zwei und vier Monaten datiert (Legerstee 1994, 1997 a, b; Tarabulsy et al. 1996, Rakison/Poulin-Dubois 2001).

Trevarthen hat gegen solche Experimente eingewandt, daß sie ein verzerrtes Bild von den Fähigkeiten des Säuglings geben, weil sie einzelne Verhaltensweisen aus dem Fluß der Interaktion heraussegmentieren. Die Mikroanalyse natürlicher Interaktionssequenzen zeigt seines Erachtens, daß schon sechs bis zwölf Wochen alte Säuglinge sich in einem konversationsähnlichen Austausch mit der Mutter befinden, den er Protokonversation nennt. Dieser Austausch umfaßt vielfältige Gesten, Gesichtsausdrücke und Vokalisierungen. Die dabei zu beobachtenden wechselseitigen Ab- und Einstimmungen lassen sich nicht nach dem Reiz-Reaktions-Schema erklären, da die Latenzzeit mit der der eine Partner auf die »Reize« des anderen »reagiert«, alle bekannten Latenzen für Reiz-Reaktions-Sequenzen unterschreitet. Sowenig, wie in einem Orchester der eine Musiker auf den Ton eines anderen »reagiert« oder beim Tanzen der eine Partner auf den Schritt des anderen, so wenig »reagiert« der Säugling nur auf Signale der Mutter. Vielmehr tanzen oder musizieren beide miteinander. Die entsprechenden Verhaltensweisen werden zwar zunächst teilweise subkortikal gesteuert; dennoch handelt es sich dabei nicht um reflektorische, sondern, wie bei der Imitation, um zielgerichtete und motivierte Vorgänge (Überblick bei Trevarthen 1993 b).

Als Motiv für die Interaktionsantworten und -vorschläge des Säuglings nimmt Trevarthen ein Bedürfnis an, mit dem anderen in einen emotional gefärbten kommunikativen Kontakt zu treten. Die Besonderheit seiner Interaktionstheorie und der Kern seines Lebenswerkes besteht gerade in der Behauptung beziehungsweise im Nachweis eines solchen Bedürfnisses. Die Kontaktaufnahme des Säuglings mit einem anderen Menschen ist hier nicht Folge eines anderen Bedürfnisses, zum Beispiel dem nach Triebbefriedigung, Nicht-allein-sein-Wollen, Bindung oder Regulierung von Zuständen, sondern neben all diesen Motiven besteht ein davon unabhängiges »autonomes« Kommunikationsbedürfnis. In dieser Hinsicht sind Säuglinge wie Erwachsene, die das Bedürfnis haben, mit anderen zusammen zu sein, nicht weil sie unter Triebdruck, Angst oder Affektregulierungsproblemen stehen, und auch nicht, weil sie anderen etwas im Sinne einer Informationsübermittlung mitteilen wollen, sondern weil sie in ihrem momentanen Zustand wahrgenommen werden und ihn mit anderen teilen wollen. Ähnlich erwartet der Säugling passende Stellungnahmen zu seinen Äußerungen, das heißt Gesten, Mimiken und Vokalisierungen, die eine befürwortende Zurkenntnisnahme ausdrücken (s. Kapitel 3). Dies kann er nur im Zusammensein mit anderen Menschen erreichen. Die »Ausstrahlung« des menschlichen Gefährten vermittelt ihm eine Präsenzerfahrung, die er in Beziehungen zu unbelebten Objekten nicht macht. Selbst wenn die Interaktion mißlingt, fühlt er sich nur mißverstanden, nicht aber ignoriert (was das schlimmste ist); und im gelungenen Fall macht er eine Anerkennungserfahrung, in der er sich auf eine sehr elementare Weise verstanden fühlt (für die philosophische Unterfütterung und moralphilosophische Erweiterung dieser Idee siehe den brillanten Essay von Honneth 2003 a, Kap. 1). Zusammenfassend kann man sagen: Ein wesentlicher Aspekt der frühesten Interaktion ist zweckfreie Kommunikation. Diese »dient nicht zur Verständigung *über* etwas, sie informiert nicht, sie vollzieht performativ die intime Beziehung zwischen einem Paar« (Buchholz 2004, S. 10).

Hobson (1993, Kap. 3; 2002, Kap. 2) ist nun der Auffassung, daß das sich unter anderem in der Protokonversation dokumentierende Gefühl emotionaler Verbundenheit mit anderen Menschen die Matrix ist, aus der das spätere symbolische Denken entsteht. Gravierende Störungen dieser Verbundenheit führen zu Störungen des symbolischen Denkens. Weiter ist er der Auffassung, daß sowohl autistische Kinder als auch Schimpansen dieses Gefühl emotionaler Verbundenheit nicht in gleichem Maße verspüren und *deshalb* nicht zum symbolischen Denken in der Lage sind. Hier wird also eine emotiv-interaktive Theorie der Ursprünge des Denkens anvisiert, die nicht Rechnerleistungen des Gehirns, sondern eine besondere Form der emotionalen Ansprechbarkeit und Verbundenheit als Voraussetzung für spätere Denkprozesse betrachtet. Ohne sie wäre das menschliche Gehirn nicht zum symbolischen Denken fähig und wenn Computer denken wollten, müßten sie sich dieser Theorie zufolge erst einmal ein emotional gehaltvolles Sozialleben zulegen (Hobson 2002, S. 11, 126 f.).

Der Anfang des Denkens: Die zweite Stufe

Bisher war von einer Besonderheit der zwischenmenschlichen Interaktion die Rede, die darin besteht, daß der Säugling im Kontakt mit Menschen auf besondere Weise emotional ansprechbar ist und schon sehr früh ein Gefühl von Verbundenheit empfindet, das in der Beziehung zu unbelebten Objekten fehlt oder weniger ausgeprägt ist. Mit neun Monaten findet ein Quantensprung in der kindlichen Entwicklung statt. Ab diesem Alter kann der Säugling nicht nur alternativ entweder mit der Mutter oder einem unbelebten Objekt interagieren, sondern ist zu »triangulären« Interaktionen in der Lage. Triangulär meint, daß er und die Mutter sich gemeinsam auf ein drittes Objekt außerhalb der Dyade beziehen können. Diese Fähigkeit zur Triangulierung ist *nicht* das Ergebnis zwischenmenschlicher Beziehungen, sondern das kognitiver Reifungsprozesse. Sie wird jedoch, ist sie erst einmal entstanden, von sensitiver mütterlicher Interaktion weiter befördert und von intrusiver behindert (Hobson et al. 2004); und sie verwandelt die Beziehungserfahrungen, die dann ihrerseits wieder die kognitive Entwicklung beeinflussen, insbesondere die Fähigkeit zur Symbolisierung (Hobson 1993, S. 155). Dieser Zusammenhang zwischen Triangulierung und Symbolisierung soll nun genauer dargestellt werden.[2]

Blickt ein Erwachsener in eine bestimmte Richtung, so fangen Kinder ab etwa fünf bis sieben Monaten an, der Blickrichtung zu folgen. Deutet er mit dem Finger auf ein Objekt (pointing), so blicken Säuglinge bis zum Alter von sieben Monaten noch auf den Finger und nicht auf das Objekt; ab neun bis zwölf Monaten folgen sie der Zeigerichtung und schauen auf das Objekt. Kurze Zeit später deuten oder blicken sie selbst auf Objekte, um die Aufmerksamkeit des Erwachsenen dorthin zu lenken. Dabei unterscheidet man zwei Formen des Zeigens (Überblick bei Camaioni 1993 und Carpenter et al. 1998 a, S. 18 ff.). Beim *protoimperativen* Zeigen weist das Kind (mit Blick oder Finger) auf einen Gegenstand hin, vokalisiert auffordernd und will, daß die Mutter ihn herbeibringt. Dann ist es zufrieden. Beim *protodeklarativen* Zeigen weist es ebenfalls auf den Gegenstand hin und schaut zur Mutter, bis sie ebenfalls hinschaut und ihn benennt. Dann ist es ebenfalls zufrieden.

2 Psychoanalytiker (z. B. Britton 1989) haben sich schon seit langem mit dem möglichen Zusammenhang von (ödipaler) Triangulierung und der Fähigkeit zur Symbolbildung beschäftigt. Dabei ist das dritte Objekt aber kein unbelebtes, sondern eine Person. Inwieweit es Berührungspunkte zwischen dieser Theorie und der von Hobson gibt, ist offen. »Ich bin mir zwar unsicher, welche Rolle dieses Beziehungsdreieck für die Entwicklung des Denkens spielt, aber ich halte es für sehr wahrscheinlich, daß sich nur eine verarmte Form des Denkens entwickelt, wenn ein Kind erheblich gestörte Beziehungen zwischen Mutter, Vater und sich selbst erlebt« (Hobson 2002, S. 118). Ich beschränke mich im folgenden auf die Rekonstruktion von Hobsons Theorie. Andere Triangulierungstheorien werden im achten Kapitel dargestellt.

Hier möchte das Kind nicht den Gegenstand *haben,* sondern ihn gemeinsam mit der Mutter *betrachten.* Ähnlich verhält es sich, wenn der Gegenstand schon im Besitz des Kindes ist und es ihn zeigen will, etwa indem es ihn hochhält (showing), oder wenn es die Mutter an einen bestimmten Ort führt, damit sie den Gegenstand sehen kann. Auch hier soll sie nur hinschauen. Protoimperatives Zeigen ist nichtsozial belohnend, weil man einen gewünschten *Gegenstand* erhält. Protodeklaratives Zeigen ist sozial belohnend, weil die emotionale oder kognitive Reaktion des *Sozialpartners* das Ziel der Interaktion ist. In einer etwas anderen Terminologie unterscheidet man instrumentelle kommunikative Gesten (»komm her«), die das Verhalten und expressive Gesten (»toll«), die den mentalen Zustand des anderen beeinflussen sollen. Instrumentelle Gesten sind protoimperativ, expressive Gesten sind protodeklarativ. Bei letzteren findet ein »meeting of minds« statt, in dem das Gemeinsamhaben oder Beeinflussen *seelischer Zustände* angestrebt wird (Stern 1985, Kap. 6, 7; Mundy 1995; Frith/Frith 1999). Zusammengefaßt kann man sagen, daß Kinder ab neun Monaten nicht mehr nur *mit* dem Erwachsenen kommunizieren, sondern mit ihm *über* etwas (Drittes). Ihre eigene Wahrnehmung und Einstellung zu den Dingen wird durch die Wahrnehmung der Einstellungen anderer zu diesen Dingen beeinflußt. Besonders deutlich wird dies beim »social referencing«.

Social referencing: Jenseits der Affektinduktion

Mit sieben Monaten betrachtet ein Säugling einen ferngesteuerten, ins Spielzimmer hereinfahrenden blinkenden Spielzeugroboter entweder mit Aufmerksamkeit und Neugier oder mit Vorsicht und Ängstlichkeit. Er hat also eine bestimmte emotional gefärbte Einstellung oder Haltung (attitude) zum Objekt, die durch dieses Objekt hervorgerufen wird. Ab neun bis zwölf Monaten blickt er zur Mutter und ihre Einstellung zum Objekt beeinflußt seine. Blickt die Mutter ängstlich, so wird der Säugling Vorsicht zeigen und sich eher vom Roboter fernhalten, blickt sie freudig, so wird er sich interessieren und eher annähern. Dieser Vorgang heißt *social referencing*, also Lernen im Sozialbezug (Überblicke bei Walden 1991 und Feinman 1992).

Er kann auf zwei verschiedene Weisen interpretiert werden. Die eine Deutung besagt, es handle sich beim *social referencing* um eine Form der Affektansteckung. Das Kind nimmt bei der Mutter eine bestimmte emotional getönte Reaktion wahr, richtet seine eigene unwillkürlich danach aus und erlebt nun die Welt mit den Augen der Mutter. Die andere Interpretation geht davon aus, daß es Formen des social referencing gibt, bei denen keine Affektinduktion, sondern die Übernahme einer *Einstellung* in bezug auf Objekte stattfindet. Diese Einstellung ändert dann das Verhalten in bezug auf Objekte, nicht unbedingt aber die Affektlage. Einstellungen unterscheiden sich von Affekten dadurch, daß sie »neutraler« sind. Man kann beim Essen von Lebertran den Affekt des Ekels *empfinden*, aber man kann Lebertran auch einfach eklig *finden*, das heißt eine bestimmte Einstellung dazu haben, ohne den entsprechenden Affekt zu entwickeln. Hier ein Beispiel, das den Prozeß des Einstellungslernens illustrieren soll.

Eine erwachsene Person nimmt zwei verschlossene Schachteln in die Hand. Die eine öffnet sie und verzieht angeekelt das Gesicht, bei der zweiten zeigt sie einen Ausdruck von Freude. Dann verschließt sie die Schachteln wieder und händigt sie den Kindern aus. Diese nehmen beide Schachteln in die Hand und spielen damit. Es ist also kein Freude- oder Ekelaffekt induziert worden, sondern die Stimmung der Kinder ist nach wie vor interessiert; und es ist keine spezifische Verhaltensänderung der Vermeidung in bezug auf die eklige Schachtel induziert worden, denn die Kinder fassen diese Schachtel ja an. Sie *öffnen* allerdings nur die, in welche die Versuchsleiterin mit Freude geblickt hat. Sie haben also keine Affekte, sondern Einstellungen in bezug auf spezifische Objekte übernommen (Repacholi 1998). Geht man davon aus, daß neben oder hinter der Übernahme der Einstellung der Versuchsleiterin die eigene ursprüngliche Einstellung zum Gegenstand noch mehr oder weniger präsent bleibt (Hobson 2002, S. 107, 112 ff.), so lernt der Säugling in diesem Prozeß, daß man zwei Einstellungen zu einem Gegenstand haben kann – die eigene ursprüngliche und die beim anderen beobachtete.[3]

3 Neuere Forschungen zur Triangulierung haben ergeben, daß schon drei Monate alte Säuglinge der Kopfbewegung eines mit ihnen interagierenden Erwachsenen folgen und ein Objekt ansehen, sofern es innerhalb ihres Blickfeldes liegt. Dies zeigt ein gewisses Maß an Fähigkeit zur triadischen Aufmerksamkeit (Muir/Haines 1999, Nadel/Tremblay-Leveau 1999). Tomasello (1995 b) betrachtet solche Formen des gemeinsamen Anblickens jedoch nicht als »joint attention«, sondern als »cued looking«, weil das wesentliche Kriterium für Gemeinsamkeit fehlt, nämlich *das Wissen beider Beteiligter*, daß sie dasselbe anschauen (wollen). Als Indikator

Die kopernikanische Wende:
Perspektivenübernahme als emotionaler Prozeß

Hobson (1993, Kap. 7; 2002, Kap. 3) betrachtet die Ahnung von zwei Perspektiven oder Einstellungen (attitudes) als entscheidend für den Übergang zum symbolischen Denken. Aber damit habe ich bereits vorgegriffen. Was er zunächst als entscheidend betrachtet, ist die Fähigkeit, sich von der Einstellung eines anderen in bezug auf ein Objekt »ergreifen« zu lassen. Der Säugling wird dadurch aus seiner eigenen Einstellung herausgerissen und lernt eine andere kennen. Hobson nennt dies die »kopernikanische Wende«, andere Autoren sprechen von der »Neunmonatsrevolution« (Rochat/Striano 1999, Tomasello 1999 a), wieder andere von sekundärer Intersubjektivität im Unterschied zur primären, dyadischen Intersubjektivität der ersten Stufe (Trevarthen/Hubley 1978, Trevarthen 1979).

Vor der Neunmonatsrevolution war die Perspektive des Säuglings auf die Welt von den Eigenarten des Objekts bestimmt. Süßes mag er, weil es gut schmeckt, das Mobile, weil es sich interessant bewegt, den Roboter, weil er bunt blinkt, etc. Diese Perspektive auf die Welt ist egozentrisch oder solitär. Sie ist eigentlich gar keine Perspektive, weil der Begriff der Perspektive bereits voraussetzt, daß es auch andere Sicht- oder Erlebnisweisen eines Gegenstandes gibt. Genau das aber weiß der Säugling noch nicht. Er fühlt sich vielmehr von den Eigenschaften des Objekts ergriffen und die daraus resultierende Einstellung zum Objekt erscheint ihm als die einzig mögliche und gewissermaßen natürliche. Es gibt für ihn keine andere.

Mit neun Monaten aber beginnt er zu bemerken, daß andere Personen andere Einstellungen zu den Objekten haben als er selbst, etwa bei Süßem ein Ekelgesicht machen. »Das Kind ist nun nicht mehr auf eine

dafür wird der rückversichernde Blick des Kindes betrachtet, mit dem es überprüft, ob der Erwachsene dasselbe anschaut. Andere Forschungen (Fivaz-Depeursinge/Corboz-Warnery 1999, von Klitzing 2002 a; s. hier Kapitel 8) haben klargemacht, daß Säuglinge bereits mit drei Monaten die emotionale Qualität der Kommunikation zweier Erwachsener (z. B. Vater und Mutter) erfassen können und unterschiedlich darauf reagieren und daß es bereits bei fünf Monate alten Säuglingen Vorformen des social referencing gibt (Fivaz-Depeursinge 2002). Die offene Frage ist, ob diese Wahrnehmung auch schon die Wahrnehmung einer *Einstellung* zum Anderen und deren Übernahme impliziert oder nur global die Stimmung des Säuglings beeinflußt. Ich vermute letzteres.

eingleisige Form der Wirklichkeitserfahrung festgelegt... Der Eindruck, den es von einer Sache hat, wandelt sich, wenn ein anderer Mensch hinzutritt« (Hobson 2002, S. 107). Es lernt nicht bloß »von« einem anderen, etwa indem es ihn distanziert beobachtet und dann nachahmt, sondern es lernt »durch« ihn. Lernen *durch*, im Unterschied zu Lernen *von* meint, daß der andere buchstäblich das Medium ist, durch das der Säugling angerührt und bewegt wird, etwas zu tun oder zu fühlen. Weil er sich mit der anderen Person emotional verbunden fühlt (Stufe 1) übernimmt er ihre Einstellungen zu einem Objekt.

Diese besondere Verbundenheit kann als Strukturmerkmal des Menschen betrachtet werden und bewirkt nun – wenn das Kind ab neun Monaten in der Lage ist, die Einstellung anderer in bezug auf ein drittes Objekt wahrzunehmen –, daß diese Einstellung für es wichtig ist und es sich deshalb in diese Perspektive hineingezogen fühlt. Dabei lernt der Säugling, wie andere die Welt sehen. Dies ist ein wesentlicher Aspekt dessen, was wir üblicherweise als Sozialisation bezeichnen. In ihm gewinnt ein Objekt eine neue Bedeutung. Nähert sich das Kind einem attraktiven aber gefährlichen Gegenstand, so signalisieren wir mimisch und vokal Gefahr und das Kind lernt, daß ein Objekt, das es für interessant hielt, auch Gefahr bedeuten kann. Nimmt man an, daß die ursprüngliche Weltsicht noch implizit bewußt ist beziehungsweise die Differenz beider Sichtweisen zumindest registriert wird (Hobson 1993, S. 9), so hat das Objekt nun zwei Bedeutungen für das Kind. Einmal die ursprüngliche und zum zweiten die davon abweichende der Bezugsperson. Die Welt ist jetzt »nicht mehr einfach eine Welt-für-mich, die Bedeutung hat, weil sie in mir bestimmte Empfindungen auslöst... Die Welt hat auch Bedeutung für andere, und diese Bedeutung kann die Bedeutung verändern, die die Welt für mich hat« (Hobson 2002, S. 86). Hier beginnt die kopernikanische Wende. »Das Kind nimmt die Perspektive anderer zunächst nicht absichtsvoll ein – das heißt, es versucht nicht bewußt, sich in andere hineinzuversetzen. Das geschieht erst später, im zweiten Lebensjahr, wenn es sich gezielt dafür entscheidet, andere Perspektiven einzunehmen. Vorläufig wird das Kind von anderen gleichsam innerlich bewegt, und dies ist möglich, weil es von Geburt an dafür gerüstet ist, sich in dieser Weise bewegen zu lassen« (ebd., S. 88, 112).[4]

4 Stein Bråten geht in seiner Theorie des virtuellen Anderen davon aus, daß Säuglinge schon von Geburt an, und nicht erst ab neun Monaten, über zwei Perspekti-

Der Beginn der Symbolik: Die dritte Stufe

Als ein wesentliches Merkmal des symbolischen Denkens gilt die Fähigkeit, sich abwesende Dinge oder Situationen vorzustellen. Ohne Symbole existiert ein Lebewesen im Hier und Jetzt. Es kann nicht über die Vergangenheit nachsinnen oder für die Zukunft planen. Es handelt unter dem Einfluß von gegenwärtigen Bedürfnissen, sucht Nahrung, wenn es Hunger hat und hört damit auf, wenn es satt ist. Kein Tier legt Vorräte an, weil es sich eine nahrungsarme Zukunft *vorstellt*, wie wir, die wir samstags einkaufen gehen, weil wir wissen, daß sonntags die Läden geschlossen sind und wir wieder Hunger haben werden. Wir kaufen ein, auch ohne aktuellen Hunger zu verspüren, sind also zu einer mentalen Zeitreise und einer symbolischen Form des »Antriebsmanagements« in der Lage (Bischof-Köhler 1998, 2000). Wie nun kann ein humanspezifisches Charakteristikum der Eltern-Kind-Interaktion, nämlich die besondere emotionale Verbundenheit des Säuglings mit dem anderen Menschen, den Geist des Kindes von der Beschränkung auf das Hier und Jetzt erlösen und seine Seele das Fliegen lehren, wie (Hobson 2002, S. 89, 252) in einer schönen, von William Blake übernommenen Metapher fragt?

Entscheidend ist zunächst, daß das Objekt im Prozeß der sozialen Bezugnahme zwei Bedeutungen für das Kind gewinnt und die Welt nicht mehr nur eine Welt-für-mich ist. Deshalb wurde vorhin betont, daß der Vorgang des *social referencing* keine bloße Affektinduktion ist, denn dann hätte das Objekt wieder nur eine Bedeutung, nämlich die, die auf dem Weg der Affektansteckung auf das Kind übertragen wird. Der Beginn des symbolischen Denkens liegt aber Hobson zufolge in der Entdeckung, daß ein Gegenstand *zwei* Bedeutungen haben kann – eine für mich und eine andere für den anderen. Erst mit dieser Ent-

ven auf ein Objekt verfügen und postuliert damit eine Gleichursprünglichkeit von egozentrischer und alterozentrischer Weltwahrnehmung (s. hier Kapitel 3). Auch Tiere können unterschiedliche Perspektiven auf einen Gegenstand haben. Ein hungriger Schimpanse sieht einen Baum als Nahrungsquelle, ist er müde, so sieht er ihn als Schlafstätte, wird er bedroht, als Zufluchtsort. Aber er hat diese verschiedenen Perspektiven auf den Baum nacheinander, unter dem Druck der jeweils aktuellen Bedürfnisse, nicht gleichzeitig nebeneinander – und er kann nicht die Perspektive anderer auf das Objekt einnehmen (Tomasello 1999 a, S. 151, 195). Zu Formen erlernbarer Perspektivenübernahme bei enkulturierten Schimpansen siehe Byrne (1995, S. 106 f.) und Mitchell (1997, S. 43 f.).

deckung von Perspektivität wird es nämlich möglich, die Bedeutung vom Gegenstand abzulösen, die ihm vorher natürlicherweise anzuhaften schien. Das Schokoladenstück bewirkte eine positive Einstellung, und erst das Ekel ausdrückende Gesicht der Mutter belehrte den Säugling darüber, daß man zu Schokolade auch eine andere Einstellung haben kann. Damit beginnt er, Einstellungen nicht mehr als »natürlichen« Bestandteil von Objekten, beziehungsweise als von ihnen hervorgerufen zu verstehen, sondern zu ahnen, daß es sich bei Einstellungen um subjektive Perspektiven auf Objekte handelt – um Eigenschaften von Subjekten, nicht von Objekten, um Eigenschaften des Geistes also. Die Unterscheidung zwischen psychischen Einstellungen und Dingen ist die Vorform des Denkens und »es dauert nicht mehr lange, bis das Kind – vielleicht in Folge des Erkennens dieses Unterschiedes – seine eigene Fähigkeit als bedeutungsübertragende Person ausprobiert, indem es Objekten im symbolischen Spiel neue, personenabhängige Bedeutungen verleiht« (Hobson 1995 b, S. 258).

Die Ablösung der Bedeutung von einem Gegenstand und ihre Übertragung auf einen anderen kann man zuerst bei symbolischen Spielhandlungen beobachten. Das Kind tut so, als wenn ein Stück Papier eine Decke wäre und deckt seine Puppe damit zu. Was ist hier geschehen? In der obigen Terminologie hat das Kind die Bedeutung »weich«, oder »zum Zudecken« von der Decke abgelöst und auf das Papier übertragen. Deshalb kann es das Papier behandeln, *als ob* es eine Decke wäre. Es hat diese Bedeutung von dem ursprünglich damit verknüpften Objekt (der Decke) *entkoppelt* und in einem anderen Objekt (dem Papier) *verankert*.[5] Nun könnte man einwenden, daß das Kind, wenn es solche Handlungen vornimmt, nur etwas imitiert, ohne zu verstehen, was es da tut. Es hat den Vater beobachtet, wie dieser mit einem Papier eine Puppe zudeckte und tut nun das gleiche. Zu Anfang mag das so

5 An anderer Stelle habe ich die Affektspiegelungstheorie von György Gergely ausführlich dargestellt. In dieser Theorie spielt die Interaktion zwischen Eltern und Kind ebenfalls eine entscheidende Rolle für die Symbolbildung und auch die Prozesse der referentiellen Entkoppelung und Verankerung werden dafür in Anspruch genommen, allerdings auf eine etwas andere Weise als bei Hobson (für Details s. Dornes 2000 a, Kap. 5 und hier Kapitel 5). Die Entkoppelung von Bedeutung wird bei Gergely wie bei Hobson in der Eltern-Kind-Interaktion erlernt, wohingegen Leslie (1987, 1994) sie in einem reifungsabhängigen »Entkoppelungsmechanismus« verortet. Zur Leslie-Hobson-Kontroverse siehe die Zusammenfassung bei Hobson (1993, S. 207 ff., mit weiterer Literatur).

sein. Das Kind hat, um ein anderes Beispiel zu geben, vielleicht gesehen, wie der Vater einen Bauklotz nahm, mit »Brrm-Brrm«-Lauten durch die Wohnung fuhr und kopiert nur dieses Spektakel. Kurze Zeit später versteht es aber, *daß der Vater will, daß es den Bauklotz als Auto auffaßt* und imitiert ihn nun wirklich (Tomasello 1999 a, S. 154; s. a. Deleau 1993, S. 114).[6] Nach einer Weile verfährt es auch mit anderen Gegenständen auf diese Weise, ohne daß es Erwachsene so damit umgehen sah. Es nimmt zum Beispiel *einen Löffel* und läßt ihn mit Geräusch über den Tisch fahren. Hobson zufolge zeigt das Kind damit, daß es in der Lage ist, den Autogedanken von einem konkreten Auto abzulösen und auf einen anderen Gegenstand, den Löffel, zu übertragen. Es läßt den Löffel »Auto« bedeuten. Dieser Ablösungsprozeß einer Bedeutung von einem Objekt und die Verankerung der Bedeutung in einem neuen Objekt ist der Kern des symbolischen Spiels (Hobson 2002, S. 93).

Symbolisches Handeln und symbolisches Denken

Üblicherweise unterscheidet man das funktionelle oder Realitätsspiel vom symbolischen oder Als-ob-Spiel (Kurzüberblick bei Baron-Cohen 1987). Im funktionellen Spiel werden Spielgegenstände konventionell-angemessen verwendet. Mit einem Spielzeugtelefon wird telefoniert, ein Spielkochtopf wird auf einen Spielherd gestellt, die Puppe wird mit einem Spielzeuglöffel gefüttert usw. Das Symbolspiel unterscheidet sich in dreierlei Hinsicht vom Funktionsspiel: erstens findet eine Objektsubstitution statt, das heißt ein Stab kann an Stelle des Löffels zum Füttern verwendet werden oder eine Banane als Telefonhörer; zweitens können dem Objekt physische Eigenschaften zugeschrieben werden, die es nicht hat (etwa der Puppe ein schmutziges Gesicht, das dann abgewischt wird), oder psychische Zustände (die Puppe *will* schlafen, essen, etc.); drittens kann mit abwesenden Objekten umgegangen werden als ob sie anwesend wären, etwa Tee aus einer leeren Tasse getrunken oder der (imaginär) verschüttete Tee aufgewischt werden. Bei der Objektsubstitution bleibt die Als-ob-Handlung an einen konkreten Gegenstand gebunden (den Stab), bei den letzten beiden Formen handelt es sich um Phantasiespiel, weil die Charakteristika, auf

6 Die Alternative wäre, daß das Kind ab einem bestimmten Zeitpunkt symbolische Handlungen für sich selbst erfindet und spontan ausführt.

die sich die Handlung bezieht (Schmutz, Tee, Hunger, Müdigkeit) nur vorgestellt sind. Entsprechend kann man mit einer Banane als Telefonhörer telefonieren oder nur noch die Hand zu einer charakteristischen Bewegung ans Ohr führen. Dann ist das Telefon imaginiert.[7]

In bezug auf das Symbolspiel mit Objektsubstitution, das Hobson als die »Urszene« der (bewußten) Bedeutungsübertragung betrachtet, wäre es meines Erachtens jedoch treffender zu sagen, daß nicht der Auto*gedanke* auf einen Löffel übertragen wird, sondern daß die Bedeutung »fahren« vom Auto abgelöst und auf den Löffel übertragen wird, denn das Kind muß sich nicht den Löffel als Auto *vorstellen*, sondern ihn nur *behandeln* als wenn er ein Auto wäre (ohne zu »vergessen«, daß es in Wirklichkeit ein Löffel ist und bleibt; Leslie 1987). Was durch den skizzierten Prozeß der Bedeutungsablösung und Bedeutungsübertragung erklärt wird, ist meines Erachtens nicht der Ursprung des symbolischen Denkens, sondern der Ursprung symbolischer Handlungen. In ihnen stehen nicht *Vorstellungen* für Objekte, sondern ein *Objekt* (Löffel) steht (symbolisch) für ein anderes (Auto). Oder, um ein anderes Beispiel zu geben: Wenn ein Kind seinem Teddy eine Windel anzieht und ihn dabei mit Koselauten bedenkt, so imitiert das Kind vielleicht, was es vorher bei der Mutter gesehen hat. An der bloßen Nachahmung ist noch nichts Symbolisches. Später inszeniert es in dieser Spielhandlung einen Umgang, den es vorher in der Interaktion mit der Mutter selbst erlebt hat und behandelt den Teddy so, wie es selbst von der Mutter behandelt wurde. Der Teddy steht nun für es selbst. Er hat jetzt nicht mehr (nur) die Bedeutung »Stofftier«, sondern (auch) die von »selbst«; ein Objekt steht für ein anderes und das Wickeln ist eine symbolische *Handlung* geworden. Aber das Kind braucht sich dabei nicht

7 Freuds (1920) berühmte Vignette zum Kinderspiel, in der ein Kind die an einem Bindfaden befestigte Garnrolle mit dem begleitenden Kommentar »fort – da« verschwinden und wieder erscheinen läßt, ist ein Beispiel für *unbewußte* Objektsubstitution. Die Garnrolle steht für die verschwundene Mutter und im Spiel wird das mütterliche Verschwinden dargestellt und bewältigt. Die Garnrolle steht aber nicht nur für die Mutter wie die Banane für den Telefonhörer, sondern dieses »Stehen für« ist unbewußt. Ähnlich verhält es sich mit Winnicotts (1953) Konzept des Übergangsobjekts, bei dem ein Stofftier oder eine Decke an die Stelle der Mutter tritt. Die so entstehenden unbewußten Bedeutungen bzw. unbewußten Aspekte symbolischer Objekte und Handlungen können in einem Deutungsprozeß verstanden werden. Ich beschränke mich im folgenden auf die bewußte Dimension der Objektsubstitution.

vorzustellen, daß es der Teddy wäre. Es überträgt also nicht den »Selbst-*Gedanken*« auf den Teddy oder den Auto*gedanken* auf den Löffel, sondern verwendet nur Objekte, nicht Gedanken als Stellvertreter. Darin besteht der Unterschied zwischen symbolischen Handlungen und symbolischem Denken.

Gegen Ende des zweiten Lebensjahres scheinen Kinder allerdings ihre Als-ob-Szenen im voraus zu planen (Hobson 2002, S. 92). Wenn sie eine Tasse suchen, sagen sie »Tasse« oder »trinken« und geben damit zu erkennen, daß sie nun nicht nur Bedeutungen von einem Objekt auf ein anderes übertragen, sondern sich abwesende Objekte oder Szenen vorstellen können. Nun tritt der Gedanke an ein Objekt oder eine Spielszene an die Stelle der wirklichen Spielszene. Es gibt also einen Unterschied zwischen So-tun-als-ob und Sich-etwas-vorstellen (s. a. Wellman 1993, S. 30). Hobsons Überlegungen zur Ablösung der Bedeutung erklären wohl die Entstehung des symbolischen Handelns, in dem ein *Objekt* an die Stelle eines anderen tritt, aber nicht hinreichend, wie aus diesem dann das symbolische Denken hervorgeht, in dem ein *Gedanke* an die Stelle eines Objekts oder einer Handlung tritt. Hobson räumt ein, daß er diesen Übergang nicht vollständig erklären kann und rekurriert für den unerklärten Rest auf andere Faktoren (1993, S. 190; 2002, S. 116, 236). Er vermutet, daß dabei sowohl Reifungsprozesse des Gehirns eine Rolle spielen als auch Erfahrungen im Umgang mit unbelebten Objekten. Ich lasse dieses schwierige Problem, wie (aus Handlungen) Vorstellungen entstehen, auf sich beruhen (einige Theorien dazu habe ich andernorts dargestellt; s. Dornes 1993, Kap. 8; 1997, Kap. 3, 4) und resümiere das bisher Gesagte: Eine der Wurzeln der Symbolfunktion liegt in den emotional getönten Austauschprozessen zwischen Eltern und Kind. In ihnen lernt das Kind, daß eine andere Person andere Einstellungen zu Objekten haben kann, als es selbst. Es übernimmt diese Einstellungen, weil es sich mit diesen Menschen verbunden fühlt. Wegen dieser »Identifikation« wird es von deren Perspektive berührt und lernt so eine neue Sicht des Objekts kennen. Zugleich lernt es dadurch, daß seine bisherige Einstellung nur eine Einstellung war und nicht eine unausweichliche Reaktion auf die natürliche Eigenschaft von Dingen, daß also Dinge Bedeutungen haben, die von ihnen abgelöst und auf andere Dinge übertragen werden können. Damit lernt es nicht nur etwas über Dinge, sondern auch etwas über den Geist, nämlich daß der Geist die Dinge mit Bedeutung ausstattet und Bedeutung nichts ist, was den Dingen innewohnt, sondern etwas, das wir ihnen zuschreiben.

Einstellungen in bezug auf eigene Handlungen

Bisher wurde dargestellt, wie das Kind lernt, daß es selbst und eine andere Person unterschiedliche Einstellungen zu einem äußeren Objekt haben. Die andere Person hat aber nicht nur Einstellungen zu äußeren Objekten, sondern auch zum Kind. Wie und ab wann nimmt das Kind wahr, daß in den kommunikativen Äußerungen von Mutter und Vater auch Einstellungen zu ihm selbst zum Ausdruck kommen?

Zunächst einmal ist das Kind von den Äußerungen anderer nur betroffen. Es fühlt sich von einem Lächeln angeregt, von Ärger bedroht, von Angst beunruhigt. Es reagiert also auf affektive Kommunikation selbst affektiv. Es ist ihm aber noch nicht klar, daß solche Äußerungen auch (generalisierte) Einstellungen zum Ausdruck bringen, etwa die des Wohlwollens oder der Mißbilligung. Die Frage ist also, ab wann Kinder aus den kommunikativen Stellungnahmen der Eltern zu ihren Lebensäußerungen so etwas wie Einstellungen zu sich oder Bewertungen ihrer Handlungen extrahieren und sich nicht nur davon betroffen fühlen. Hobsons Antwort (2002, S. 113) lautet, daß der Prozeß, in dem wir lernen, eine Perspektive auf das eigene Selbst beziehungsweise zunächst auf eigene Impulse oder Handlungen einzunehmen, derselbe ist wie bei der Übernahme der Perspektive auf Gegenstände.[8]

8 Man kann kommunikative Gesten wie nonverbales Loben oder Drohen als Metahandlungen betrachten, weil sie für etwas über sie Hinausweisendes einstehen, nämlich für eine wohlwollende oder mißbilligende Einstellung (Honneth 2003 a, Kap. 1). Möglicherweise stehen sie aus Sicht des Säuglings jedoch noch nicht für etwas ein, sondern kündigen nur etwas an, nämlich eine weitere Handlung der Zu- oder Abwendung. Dann wären die Gesten keine *symbolischen* (Meta-)Handlungen, sondern nur *Signale* für eine zu erwartende Handlung. Auch Tomasello (1999 a, S. 107 f., 128) unterscheidet kommunikative Signale als »Verfahren zur Erreichung bestimmter Ziele« von kommmunikativen Symbolen »als Konventionen zur Mitteilung von Erfahrung«. Üblicherweise wird der Begriff des Zeichens als Oberbegriff verwendet, um diese zwei Arten von Zeichen zu unterschieden: Signale und Symbole. Der kanonischen Definition von Langer (1942) zufolge künden Signale Objekte, Situationen oder Handlungen an (etwa Rauch das Feuer, der Ruf »Vorsicht« Gefahr, die erhobene Hand einen Schlag) oder stehen für Objekte, während Symbole nicht für Objekte stehen (oder sie repräsentieren), sondern *für Begriffe* von Objekten. Wenn ein Kind also das Wort »Ball« sagt, muß das noch keine Symbolverwendung anzeigen. Erst wenn es einen Begriff vom Ball hat *und diesen* mit Ball bezeichnet, wäre das Wort Ball ein Symbol. Eine weitere Verfolgung der mit dieser Definition verbundenen Probleme würde in den Dschungel der Semiotik führen und soll deshalb unterbleiben.

Das Kind findet beispielsweise die Stereoanlage interessant – oder seinen Kot –, aber die Mutter signalisiert Ablehnung. Diese Ablehnung bezieht sich nicht nur auf die jeweiligen Objekte, sondern auch auf die diesbezüglichen Impulse und Handlungen. Dadurch verändert sich die Einstellung des Kindes zu ihnen. Es bemerkt, daß andere Personen andere Einstellungen haben. Weil diese Personen emotional bedeutsam für es sind, identifiziert es sich mit deren Einstellung. Es wird von seiner eigenen »natürlichen« Einstellung weggelockt und in die anderer hineingezogen und entwickelt so eine Ahnung, daß nicht nur seine Einstellung zu Objekten keine natürliche ist, sondern auch die zu den eigenen Bedürfnissen und Handlungen. Es ahnt, daß es nicht nur in bezug auf Objekte, sondern auch in bezug auf sich selbst so etwas wie Einstellungen, Haltungen oder Bewertungen gibt. Tomasello (1995 a, 1999 c) meint, es sei für das Kind schwieriger zu verstehen, daß sich die Einstellungen eines andern auf seine Handlungen beziehungsweise es selbst richten, als zu verstehen, daß sie sich auf ein äußeres Objekt richten. Im zweiten Fall muß das Kind nur entdecken, daß die andere Person Absichten in bezug auf ein Objekt hat, etwa einen Ball kicken will. Diese Art von Absichten nennt Tomasello »einfache Absichten« oder »Verhaltensabsichten«. Im ersten Fall muß das Kind jedoch entdecken, daß die andere Person *seine Aufmerksamkeit* in bezug auf es selbst oder ein Objekt beeinflussen will, das heißt »kommunikative Absichten« hat (Tomasello 1999 c, S. 70 ff.; s. a. 1999 a, S. 109 ff., 120 ff. und, vorzüglich, Gomez 1994). Kommunikative Absichten sind deshalb schwerer zu verstehen als einfache, weil sie eine rekursive Schleife beinhalten, in der das Kind seine Aufmerksamkeit auf sich selbst, das heißt seine eigene Aufmerksamkeit oder Einstellung richten muß. Dieser Vorgang ist die Grundlage des sich kurze Zeit später entwickelnden interpersonellen, psychologischen Selbst des Kindes. In ihm werden die Einstellungen des anderen zu den eigenen Einstellungen verinnerlicht.

Einstellungen in bezug auf das Selbst

Es ist ein Unterschied, ob ein Kind einzelne seiner Handlungen bewertet fühlt oder sein Selbst. Man kann ab einem Alter von neun Monaten beobachten, daß das Kind nicht mehr nur bemerkt, daß die Äußerungen des anderen global auf es gerichtet sind, sondern daß sie auch einzelnen Aspekten seiner Handlungen gelten. Reddy (1991) hat in einer reizenden Vignette beschrieben, wie ein neun Monate altes Mädchen seinem Vater einen Gegenstand hinhält. Als er zugreifen will, zieht sie den Gegenstand neckisch zurück und lächelt dabei entzückt. Der Vater geht auf die Neckerei ein und das Spiel wiederholt sich mehrere Male. Hier zeigt sich, daß das Kind nicht nur die Aufmerksamkeit des Vaters bemerkt, sondern auch, daß diese Aufmerksamkeit einem bestimmten Merkmal der Handlung gilt. Man kann aber in diesem Alter, wenn das Kind eine besondere Sensibilität für die Stellungnahme anderer zu seinen *Handlungen* zu zeigen beginnt, noch nicht davon sprechen, daß es bereits über ein *Bewußtsein seiner selbst* verfügt. Wohl hat es von sich *ein Gefühl* als kohärentem Körper im Raum, der von anderen Objekten abgegrenzt ist und somit das Gefühl eines physischen Selbst. Aber es kann sich zum Beispiel noch nicht im Spiegel erkennen, was üblicherweise als Indikator für ein *Bewußtsein* des Selbst betrachtet wird. Die erste Frage lautet also: Wann entsteht Selbst-Bewußtheit? Die zweite: Wie entsteht eine Perspektive des Kindes auf sein Selbst?

Die erste Frage habe ich andernorts behandelt (Dornes 2000 a, Kap. 5; s. a. Gallup et al. 2002 und ausführlich Keenan 2003). In Kurzform zusammengefaßt kann man sagen, daß ein Bewußtsein des Selbst mit etwa 18 Monaten etabliert wird. Als Indikator dafür gilt das Bestehen des Rouge-Tests. Beim Rouge-Test appliziert man Kindern unbemerkt einen roten Fleck auf die Nase und läßt sie anschließend in den Spiegel schauen. Bis zu einem Alter von 18 Monaten greifen sie dem Spiegelbild an die Nase, *ab* 18 Monaten sich selbst. Dies zeigt, daß sie jetzt eine Information aus dem Spiegel als eine Information über sich selbst verstehen. In dem Moment, in dem das Kind über ein Bewußtsein seiner selbst verfügt, fühlt es sich durch elterliche Stellungnahmen in diesem Selbst bewertet. Es übernimmt – wegen der Identifizierung/besonderen emotionalen Verbundenheit mit den Eltern – ihre Stellungnahmen, ähnlich wie es vorher ihre Stellungnahmen zu Objekten und Handlungen/Impulsen übernahm. Ab diesem Zeitpunkt fühlt sich das Kind nicht nur als kohärenter Körper – das tut es wahrscheinlich von Lebensanfang an (Rochat 2001, Kap. 2) –, sondern als *psychisches* Selbst und dieses als organisierendes Zentrum seiner Handlungen und Einstellungen. Dann dämmert ihm auch, daß es verschiedene Perspektiven auf dieses Selbst geben kann. Die frühesten, noch fragilen Zeichen von Selbstbewußtheit, wie schüchternes Verhalten vor dem Spiegel oder Erröten beim Anblick des Spiegelbildes, tauchen erstmals zwischen 12 und 15 Monaten auf, das heißt unmittelbar im Anschluß an die Periode (9–12 Monate), in der Kinder die Einstellungen anderer in bezug auf Gegenstände bemerken und unmittelbar bevor sie den Rouge-Test bestehen. Sie sind Ausdruck der keimenden Ahnung, daß es nicht nur in bezug auf Gegenstände, sondern auch in bezug auf die eigene Person Stellungnahmen gibt, durch deren Verinnerlichung das Kind lernt, sich selbst mit den Augen eines Beobachters zu betrachten.

Viele Symptome der Trotzphase lassen sich als Versuche verstehen, dieses so enstandene Selbst zu behaupten und immer wieder etwas über die Einstellung der Eltern zu diesem Selbst in Erfahrung zu bringen. Wenn das Kind zum wiederholten Mal verbotenerweise die Stereoanlage anfassen will, dann nicht, weil es das Verbot vergessen hat; sein diese Handlung begleitender neugieriger oder auffordernder Blick zeigt, daß es weiß, was folgt. Aber jetzt steht mehr auf dem Spiel als die Befriedigung eines Impulses oder das Ausführen einer Handlung, nämlich ein organisierendes Zentrum, das nicht nur gespürt wird, sondern dessen es sich bewußt ist, und das es in all diesen Akten zur Geltung bringen und behaupten will. Nunmehr fühlt es sich durch Ablehnung und Kritik nicht mehr nur in einzelnen seiner Lebensäußerungen, sondern in seinem Selbst bewertet; und nun ist es in der Lage, eine Perspektive auf dieses Selbst einzunehmen und zugleich seine Perspektive gegen die anderer zu behaupten. Die Dialektik von »I« und »me« beginnt. Ihre Vorläufer wurzeln in der »selbstlosen« oder zunächst nur körperselbsthaften Zeit, bevor dieses organisierende Zentrum entstand.[9]

Teil 2: Autismus

Die bisherigen Ausführungen über die Entstehung des Symbolischen laufen im Kern auf die Theorie hinaus, daß Gedanken aus Einstellungen entstehen (Hobson 2002, S. 235). Sie können weiter erhellt werden,

9 Auch das Selbst des 18 Monate alten Kindes ist noch unfertig. Es ist zur Selbstreflexion noch nicht in der Lage. Ein explizites Bewußtsein des Selbst, in dem sich eine Person nicht nur ihrer psychischen Existenz und unterschiedlicher Einstellungen dazu bewußt ist, sondern auch über sich selbst und die eigene Geistestätigkeit *nachdenken* kann, entsteht erst mit vier Jahren.

wenn man sich mit dem frühkindlichen Autismus befaßt, einer Erkrankung, die wie kaum eine andere mit einer Beeinträchtigung der Symbolfunktion einhergeht. Der Autismus hat seit seiner Entdeckung durch Kanner (1943) und Asperger (1944) die Wissenschaft fasziniert, wahrscheinlich weil er dem, der ihm begegnet, eine Ahnung von den Besonderheiten des Menschseins vermittelt. »Der Schlüssel zum Autismus ist der Schlüssel zum Wesen des Menschen« (Wing 1996, S. 225). Seine Erforschung ist deshalb, neben dem unbestreitbaren Nutzen für die Betroffenen, auch von erheblicher grundlagentheoretischer Bedeutung für die Erfassung von charakteristischen Eigenarten der *conditio humana*. Zuächst einige einführende Informationen.

Autismus ist eine seltene, nicht schichtspezifische Erkrankung. Die angegebenen Prävalenzraten schwanken (s. Poustka et al. 2004, S. 16 ff.; Kißgen et al. 2005). Die am häufigsten genannte Zahl ist für den Kanner-Typ 16,8/10.000, für den milderen Asperger-Typ 8,4/10.000. Die Eltern autistischer Kinder unterscheiden sich in der Regel nicht von denen normaler Kinder oder Eltern anderer, zum Beispiel geistig behinderter Kontrollgruppen – weder in der Intelligenz, noch in der Häufigkeit von Psychopathologie, noch in ihren Erziehungspraktiken, noch in ihrer emotionalen Wärme. Vorfindbare Unterschiede, etwa in der Depressivität, sind eher Folge als Ursache der Erkrankung (Mesibov et al. 2000, S. 641 f.; Volkmar 2000, S. 664). Diese Befunde sind nicht gänzlich unkontrovers, weil sich aus manchen Studien sowohl ein Trend zur Oberschicht ablesen läßt als auch ein häufigeres Vorkommen leicht ausgeprägter autistischer Merkmale bei den Eltern (Überblick bei Klicpera/Innerhofer 1999, S. 198 ff.). Unzweifelhaft ist, daß Autismus häufiger bei Buben vorkommt als bei Mädchen (3,5 : 1; beim Asperger-Typ 7,5 : 1) und daß er eine genetische Komponente hat. Im Falle der Erkrankung eines Geschwisters erkranken 2 % der anderen Geschwister; bei zweieiigen Zwillingen beträgt die Erkrankungswahrscheinlichkeit 5–10 %, bei eineiigen 60–80 % (Sigman/Capps 1997, S. 141).

In der Regel findet man bei autistischen Kindern Beeinträchtigungen des Sprachgebrauchs und des Sprachverständnisses sowie begrenzte Fähigkeiten zur Imitation und einen Mangel an Als-ob-Spiel. Eltern bemerken in der Zeit zwischen 18 und 24 Monaten diese Eigenarten und wenden sich deshalb an den Arzt. Manchmal wirken die Kinder auch schon früh wie taub, weil sie auf kommunikative Äußerungen oder die Nennung ihres Namens nicht oder kaum reagieren. Ihre Affektregulation ist eingeschränkt, Schlaf- und Eßstörungen sind häufig; ebenso

Disziplinprobleme, weil sie auf Strafe nicht mit Betroffenheit reagieren, sondern entweder mit starker, unberuhigbarer Erregung oder mit Indifferenz. Sie verstehen den Sinn von Strafe und Belohnung nicht, denn sie haben kein Gefühl für richtig oder falsch und entsprechend keines für soziale Konventionen. So nähern sie sich unbekümmert fremden Leuten, riechen an deren Haaren und können nicht begreifen, was daran problematisch ist (Sigman/Capps 1997, S. 44, 53, 100). Dies macht sie »schwer erziehbar«.

Autistische Kinder tun Dinge oft scheinbar unmotiviert und neigen zu Schreiattacken und Wutausbrüchen bei kleinsten Veränderungen ihrer Umwelt – manchmal reicht dazu schon ein gewechselter Bettbezug. Sie reagieren hypersensibel auf manche Geräusche (z. B. das Klappern eines Briefkastens), sind unempfindlich gegen andere (z. B. Flugzeuglärm) und können Wahrnehmungen aus verschiedenen Sinnesorganen nur schlecht koordinieren. Schon früh finden sich Stereotypien wie stundenlanges Bewegen und Betrachten der eigenen Hände. Insgesamt wirken die Kinder bereits im ersten Lebensjahr in sich zurückgezogen, menschlichem Kontakt abgeneigt und scheinen am zufriedensten, wenn sie allein sind, was allerdings für eine Diagnose des Autismus nicht ausreicht.

Man kann den frühkindlichen Autismus vor einem Alter von eineinhalb Jahren kaum diagnostizieren, weil Sprachanomalien, fehlendes Als-ob-Spiel und fehlende kommunikative Gesten wie Zeigen und Blickfolgen erst ab diesem Alter deutlicher auffallen. Retrospektiv berichten allerdings viele Eltern, daß sie manches an ihrem Säugling schon früh recht ungewöhnlich fanden, sich aber keinen Reim darauf machen konnten. Die Kinder interessieren sich wenig für Gesichter, Lächeln, Blickkontakt oder Vokalisierungen, sind gleichgültig oder ablehnend gegenüber körperlichem Kontakt und zeigen kaum Grußreaktionen in bezug auf die Eltern. Schon die primäre Intersubjektivität der ersten Stufe ist also gestört (Trevarthen et al. 1998, S. 119 ff.; Wimpory et al. 2000). Das *social referencing* der zweiten Stufe fehlt nahezu vollständig (Sigman/Capps, 1997, S. 45). Wenn sie in einschlägigen Situationen überhaupt zur Mutter blicken, dann nur kurz und ohne daß das, was sie dort sehen, Folgen für ihr Verhalten hätte. Sie folgen auch nicht der Blick- oder Zeigerichtung ihrer Eltern und bringen ihnen keine Gegenstände. Wenn sie selbst auf Gegenstände zeigen, dann nur, um den anderen dadurch aufzufordern, den Gegenstand herbeizubringen (protoimperatives Zeigen), nicht aber, weil sie seine Aufmerksamkeit darauf lenken wollen, um etwas gemeinsam zu betrachten (protodeklaratives Zeigen) (Happé 1994, S. 44). Sie scheinen also ihre Interessen und Erfahrung nicht mit anderen teilen zu wollen und auch nicht ihre Gefühle. Legen sie erfolgreich ein Puzzle, so freuen sie sich zwar kurz, nehmen aber den Beifall der anderen nicht zur Kenntnis. Oft schauen sie nicht einmal auf, sondern beginnen sofort von neuem. Sie reagieren nicht auf Lob oder andere expressive Gesten, sind also auch im Bereich der sekundären Intersubjektivität beeinträchtigt (Frith/Frith 1999, Wimpory et al. 2000).

Autistische Kinder zeigen kaum Empathie für die Gefühle anderer. Tut die Mutter so, als hätte sie sich mit dem Spielzeughammer auf den Finger gehauen und weint, so blicken sie nicht hin, und wenn, dann nur kurz und ohne erkennbare Regung oder Konsequenz für ihr Verhalten. Es ist noch nicht ganz klar, ob sie den Schmerz nicht verstehen oder nur nicht darauf reagieren (Charman et al. 1997, S. 786). Wenn der Erwachsene sich irritierend benimmt – etwa dem Kind beim Spielen die Hand festhält oder ihm ein Spielzeug hinhält und es wegzieht, wenn das Kind danach greifen will –, suchen autistische Kinder, im Unterschied zu normalen, nicht im Gesicht des Erwachsenen nach einer Erklärung (Phillips et al. 1992, Charman et al. 1997, S. 786). Zu einfachen Formen der sozialen Interaktion, etwa dem Zurückrollen eines Balles, sind manche in der Lage, allerdings initiieren sie keine Interaktionen, sondern respondieren nur (Astington 1993, S. 172 f., Sigman/Capps 1997, S. 43, 45). Insgesamt haben sie wenig Interesse an gemeinsamen Betätigungen mit anderen Menschen.

Etwa die Hälfte der autistischen Kinder lernt die Sprache überhaupt nicht, bei einem weiteren Viertel gehen anfängliche Fähigkeiten schnell wieder verloren und ein letztes Viertel spricht, allerdings nur in einem eingeschränkten Sinn (Überblick bei Kastner-Koller/Deimann 2000 und Tager-Flusberg 2000). Typische Kennzeichen autistischen Sprechens sind Pronominalumkehr und Echolalie. Auch die Prosodie ist beeinträchtigt. Die Sprache klingt farblos und hölzern, die Intonation erfolgt oft in einem Singsang und übergenau. Manche sprechen perseverierend vor sich hin, geben sich selbst die Antworten auf ihre ständig wiederholten Fragen und können den Zuhörer nicht einbeziehen, was auf Probleme mit der Perspektivenübernahme hinweist. Fragen (miß)verstehen sie konkretistisch. Auf die Frage: »Was passiert, wenn du jemand niederschießt?« lautet die Antwort: »Er kommt ins Krankenhaus«. Wortbedeutungen und Grammatik können also in gewissem

Umfang erlernt werden; die schwersten Beeinträchtigungen ergeben sich bei den pragmatischen Aspekten der Sprache. Auch die sprachlich am höchsten entwickelten Asperger-Kinder zeigen hier charakteristische Einschränkungen. Auf die Aufforderung der Mutter, das Kind müsse sich in der Schule jetzt endlich »auf die Hinterbeine setzen«, antwortet es beispielsweise: »Ich habe doch keine Hinterbeine.« Sie verstehen also keine Metaphern (Happé 1994, Kißgen et al. 2005, mit weiterer Literatur) und auch der kommunikativ-erzählende Aspekt der Rede ist ihnen unzugänglich. Fragt man sie, ob sie ein Hobby haben, antworten sie nicht, wie üblich, mit einem Bericht über das Hobby, sondern einfach mit »ja« – sonst nichts. Sie erzählen keine Geschichten und beherrschen auch nicht die dazu notwendige Vergangenheitsform (Sigman/Capps 1997, Kap. 4; Klicpera/Innerhofer 1999, S. 228 ff.). Dieser sprachlichen Unfähigkeit entspricht bei vielen autistischen Kindern eine Anomalie des für das personale Identitätsgefühl so wichtigen Zeiterlebens. Die Kinder leben weitgehend im Hier und Jetzt. Sie erinnern sich nicht an schöne Ereignisse in der Vergangenheit und freuen sich nicht auf solche in der Zukunft. Sie können sich nicht in einem Zeitrahmen bewegen, etwa wenn sie sich für die Schule fertig machen sollen und »versinken« in der gegenwärtigen Beschäftigung. Sie haben häufig keine Vorstellung, daß ein Ereignis in seinem zeitlichen Ablauf begrenzt ist. Bei einem Ausflug befürchten sie, nicht mehr nach Hause zu kommen und reagieren mit Angstzuständen (Wing 1996, Kap. 8).

Hochbegabte Asperger-Patienten berichten von ihrem inneren Erleben, sie würden vorwiegend in statischen Bildern denken, während normale Menschen in einer Mischung von Bildern, innerer Sprache und »reinem Gedankenstrom« denken (Happé 1994, S. 48; Harris/Leevers 2000, S. 195). Grandin erzählt in ihrem autobiographischen Buch »Thinking in Pictures« (1995), daß sie mit Begriffen, die Abstrakta bezeichnen, nichts anfangen kann. »Freiheit« etwa muß sie sich durch die Vorstellung der Freiheitsstatue visualisieren, »Ehrlichkeit« durch das Bild eines Mannes, der vor Gericht auf die Bibel schwört. Auch bei autistischen Personen, die die Sprache oder das bildhafte Denken lernen, bleiben oft Defizite bei der gemeinsamen Aufmerksamkeit, beim *social referencing*, beim Symbolspiel und im sozialen Kontakt zurück (Sigman/Capps 1997, S. 82). Grandin berichtet, daß sie nicht weiß, wie es ist, verliebt zu sein oder was man dabei finden kann, sich tief in die Augen zu schauen. Sie hat auch nicht das Bedürfnis, sich über Gefühle zu unterhalten, sondern allenfalls über konkrete Probleme. Entsprechend sind Asperger-Patienten unfähig zu plaudern. Haben sie Gäste, so reden sie entweder stundenlang über ein konkretes, meist technisches Problem oder ziehen sich nach wenigen Minuten zurück, setzen sich in eine Ecke des Zimmes und fangen an, in einem Buch zu lesen. Ein Mangel an sozialem Taktgefühl ist kennzeichnend für die meisten Asperger-Patienten. Einer begrüßt seine Kollegin mit den Worten: »Du hast große Brüste.« Ein Angestellter einer Firma beantwortet Kundenanfragen nach der Qualität der Produkte mit der Auskunft: »Unsere Firma stellt unzuverlässige Produkte von niedriger Qualtität her.« Ein anderer bekundet auf einer Beerdigung: »Es ist so langweilig hier.« All diese Aussagen mögen zutreffen und deshalb verstehen die Sprecher nicht, wieso sie damit in Schwierigkeiten kommen. Sie wollen niemanden kränken, sondern verstehen einfach nicht die Wirkung ihrer Worte auf andere, weil sie deren Perspektive auf die Situation nicht einnehmen können. Ein Asperger-Patient beschreibt sein Verhältnis zu seinen Äußerungen so: »Was ich sage, ist meine Überzeugung. Wie ein anderer meine Äußerungen auffaßt, hat nichts mit mir zu tun. Wenn er verletzt oder beleidigt ist, ist das nicht mein Problem. Ich sage einfach, wie es ist... und wo meine Worte landen, hat nichts mit mir zu tun. Es ist genau dasselbe, als wenn ich eine Toilette benutze. Wenn die Fäkalien meinen Körper verlassen, bin ich nicht länger dafür verantwortlich, was in der Toilette oder darüber hinaus mit ihnen geschieht« (alle Beispiele nach Baron-Cohen 2003, S. 195 ff.).

Dieser Überblick über die verschiedenen Formen und Symptome des autistischen Spektrums soll an dieser Stelle genügen. Zusammenfassend kann man sagen: Als Kernsymptome aller Formen von Autismus gelten – in unterschiedlichen Ausprägungsstärken – die Trias von 1. Mangel an affektiv-interaktivem Kontakt, 2. Mangel an (sprachlicher) Kommunikation und Imagination sowie 3. Vorliebe für Gleichförmigkeit und Stereotypien (Wing 1996, S. 25, 35 ff., 92 ff.). Es gibt eine Vielfalt diagnostischer Instrumente zur Erfassung des Autismus. Ein recht zuverlässiges *früh*diagnostisches Screening-Instrument bei Risikogruppen ist die sogenannte CHAT (*Ch*ecklist for *A*utism in *T*oddlers) von Baron-Cohen et al. (1992, 2000; weitere Untersuchungsmethoden bei Poustka et al. 2004). Entscheidend für die Verdachtsdiagnose bei Kindern im Alter von 18 Monaten sind dabei das Fehlen dreier Merkmale, das sowohl durch Angaben der Eltern als auch durch Beobachtung des Untersuchers festgestellt wird: 1. das Zeigen auf einen Gegenstand, um andere darauf aufmerksam zu machen (protodeklaratives

Zeigen) und das Verfolgen der Blickrichtung des Interaktionspartners; 2. das spontane Als-ob-Spiel (z. B. Tee zubereiten mit einem Spielzeugset aus Kanne und Tasse); 3. das Interesse an anderen Menschen und am gemeinsamen Spiel (Klicpera/Innerhofer 1999, S. 226 f.; Charman 2000).[10]

Autismustheorien

Es gibt eine Vielfalt theoretischer Versuche, die Symptome des Autismus zu erklären: genetische, neurobiologische, neurochemische und psychologische (Kurzüberblicke: Bailey et al. 1996, Rutter 1999, Travis/Sigman 2000, Remschmidt 2003, Bölte/Poustka 2004; umfassend: Cohen/Volkmar 1997, Kusch/Petermann 2001, Poustka et al. 2004; für Laien: Janetzke 1993, Wing 1996, Lelord/Rothenberger 2000). Innerhalb dieser unterschiedlichen Zugänge gibt es weitere Differenzierungen. Bei den psychologischen Theorien (Überblicke bei Frith 1989, Happé 1994, Mitchell 1997, Sigman/Capps 1997, Klicpera/Innerhofer 1999, Burack et al. 2001, Rollett/Kastner-Koller 2001, Sodian 2005) werden mittlerweile fünf sich zum Teil überlappende Theorien unterschieden. Autismus wird betrachtet als Folge: a) einer Aufmerksamkeitsstörung, b) eines Mangels an zentraler Kohärenz, c) eines Mangels an exekutiver Kontrolle, d) einer defizienten Theory of Mind, e) eines defizienten Intersubjektivitätserlebens.

Psychoanalytische Theorien des Autismus, deren wirkmächtigsten die von Bettelheim (1967), Mahler (1968), Meltzer (1975) und Tustin (1981/1992) waren (Überblick bei Hobson 1990 b), werden heute, außer in Frankreich (Überblick bei Golse 1994 und Hochmann 1997; Kritik: Klin/Cohen 1994), als extravagant betrachtet. Indes gibt es eine Reihe

10 Der Leser sollte im Gedächtnis behalten, daß es »das« autistische Kind nicht gibt. Jedes dieser Kinder hat seine eigene Persönlichkeit und auch die Schwere der Erkrankung ist sehr variabel. Als Caveat für die bisherigen und folgenden Ausführungen gilt daher, daß einzelne autistische Kinder je nach Entwicklungsstand, Diagnose und Persönlichkeit auch Dinge können, von denen gesagt wird, »das« autistische Kind könne sie nicht. Alle weisen Einschränkungen in den drei genannten Bereichen auf, die aber von mild bis schwer unterschiedlich ausgeprägt sein können und außerdem häufig noch mit verschiedenen Formen geistiger Behinderung verknüpft sind (für Details s. Cohen/Volkmar 1997 und Klin et al. 2000 a).

experimentell (Hobson 1993, 2002; Shapiro 2000, Volkmar 2000) und klinisch arbeitender Psychoanalytiker (Überblicke bei Alvarez 1992, Grotstein 1993, Alvarez/Reid 1999, Epstein 2000, Rhode/Klauber 2004), die seit Jahrzehnten in diesem Bereich tätig sind und die ursprünglichen Theorien zum Teil erheblich erweitert und umgearbeitet haben. Im deutschen Sprachraum sind es vor allem die »Arbeitshefte Kinderpsychoanalyse« (z. B. Heft 22–23/1996) und die Zeitschrift »Kinderanalyse« (z. B. Heft 2/1994), die Aufsätze zur psychoanalytischen Theorie und Therapie des Autismus veröffentlichen. In jüngster Zeit hat Turnheim (2004) in recht eigenwilliger Weise im Rückgriff auf phänomenologische Philosophie, Dekonstruktivismus und kleinianische Theorie die Auffassung vom Autismus als einer defizienten Theory of Mind als unzulänglich kritisiert. Dieses weite Feld kann hier nicht dargestellt werden (s. a. die Anmerkungen am Ende des zweiten Kapitels). Ich beschränke mich im folgenden auf einen Vergleich der oben unter d) und e) genannten Theorien (Theory of Mind und Intersubjektivitätserleben). Dadurch soll der Unterschied in der Betrachtungsweise verdeutlicht werden, der sich ergibt, je nachdem, ob man den Autismus als primär kognitives oder als primär affektives Problem betrachtet. Außerdem soll verdeutlicht werden, wie Einschränkungen der zwischenmenschlichen Interaktion zu Beeinträchtigungen des Symbolbildungsprozesses führen.

Theory of Mind-Defizit

Dieser Ansatz hat in den letzten zwanzig Jahren große Aufmerksamkeit gefunden. Er stammt unter anderem von Baron-Cohen (1995, Baron-Cohen et al. 1985) und besagt, daß autistische Kinder sich und andere nicht als Wesen mit mentalen Zuständen verstehen. Sie sind »seelenblind« (mindblind). Entstanden ist diese Konzeption durch die Untersuchung autistischer Kinder mit sogenannten Theory of Mind-Aufgaben, bei denen sie entweder versagen oder schlechter abschneiden als normale oder geistig anderweitig behinderte Kinder. Eine typische Aufgabe, die man den Kindern vorspielt, geht so: Eine Puppe (Sally) hat einen Korb mit einer Murmel vor sich, eine andere (Ann) eine leere Schachtel. Sally legt nun die Murmel in ihren Korb und verläßt den Raum. Während sie weg ist, nimmt Ann die Murmel aus dem Korb und legt sie in ihre Schachtel. Fragt man die Kinder, wo Sally, wenn sie zurückkehrt, ihre Murmel suchen wird, so antworten sie: in der Schachtel. Sie erliegen also dem aktuellen Wahrnehmungseindruck, daß nämlich die Murmel *jetzt* in der Schachtel ist, ohne zu berücksichtigen, daß die abwesende Sally nicht dasselbe gesehen hat wie sie und deshalb nach der *(falschen) Überzeugung* handeln muß, die Murmel befinde sich nach wie vor im Korb. Sie verstehen also nicht das Problem falscher Überzeugungen. Dieses Experiment gibt es in verschiedenen Varianten und es hat nicht an Versuchen gefehlt zu zeigen, daß manche (ca. 20–40 %) der autistischen Kinder durchaus in der Lage sind, diese Aufgabe zu bewältigen (Überblicke bei Happé 1994, Kap. 5; Yirmiya et al. 1998; Tager-Flusberg 2001; für eine deutsche Untersuchung s. Kißgen/Schleiffer 2002).

Wie dem auch sei, falsche Überzeugungen sind recht komplexe mentale Zustände, die auch normale Kinder erst ab vier Jahren verstehen (und Menschenaffen gar nicht; s. Call/Tomasello 1999). Einfachere mentale Zustände sind *Wünsche.* Schon normale Zweijährige verstehen, daß ein Kind, das sich einen Hasen wünscht und ein Buch erhält, enttäuscht sein wird; oder eines, das glaubt, ein Gegenstand befinde sich an einem bestimmten Ort und ihn dort nicht findet, ebenfalls enttäuscht ist und weitersucht. Mentale Zustände des Wünschens und Glaubens haben also Konsequenzen für das Verhalten und Fühlen. Zweijährigen ist auch die Beziehung zwischen Sehen und *Wissen* geläufig. Zeigt man ihnen ein Bild, auf dem eine Person in eine Schachtel schaut und eine andere die Schachtel nur berührt, so haben sie kein Problem zu sagen, wer von beiden weiß, was in der Schachtel ist; und schon eineinhalbjährige Kinder verstehen, daß eine Person, die in eine bestimmte Richtung blickt, ein dort befindliches Objekt sieht, während eine, deren Blickrichtung durch ein Brett versperrt ist, das Objekt nicht sieht (Überblick bei Wellman 1993). Dieser Vorgang heißt visuelle Perspektivenübernahme auf Niveau 1.

All das verstehen viele autistische Kinder nicht oder nur unzulänglich, jedenfalls schneiden sie in Tests, die die mentalen Zustände der falschen Überzeugung, des Wünschens und des Wissens erheben, meistens schlechter ab, als normale oder anderweitig geistig behinderte Kinder (Überblick bei Baron-Cohen 1993; am ehesten verstehen sie die visuelle Perspektivenübernahme; s. Charman 1998, S. 64). Auch andere einfache mentale Zustände scheinen ihnen nicht zugänglich. Wie schwer sie sich etwa mit dem Verstehen von *Absichten* tun, zeigt folgendes Beispiel: Legt man ihnen eine Bildgeschichte vor und bittet um

Nacherzählung des Inhalts, so wird ein normales Kind die Geschichte mit dem Satz einleiten: »Der Junge legte das Bonbon in die Schachtel, *damit* es keiner findet.« Auch hoch entwickelte autistische Kinder beschreiben jedoch »einfach nur die Handlung, ohne dabei auf den dahinterstehenden Beweggrund einzugehen. Es fehlt... das psychologische Element. Sie beschränken sich ganz auf die Beschreibung des sichtbaren Verhaltens der Figuren...« (Harris 1989, S. 203). Was diese Einschränkungen für das Verstehen von Personen bedeutet, macht folgende Untersuchung deutlich, in der man autistischen Kindern mit hohem Funktionsniveau und einer Gruppe von Jugendlichen mit Down-Syndrom einen Videofilm oder ein Puppen-Theaterstück vorführte. »In beiden Darstellungen versuchte ein Dieb, das Portemonnaie einer Sekretärin zu stehlen, woraufhin sie ihm mit ihrem Regenschirm auf den Kopf schlug. Anschließend sollten die Versuchspersonen die Geschichte wiedergeben. Am auffälligsten war die bizarre Ausdrucksweise der autistischen Kinder, ihre Wiedergabe irrelevanter Einzelheiten, begleitet von idiosynkratischen, wenig aufschlußreichen Gesten. Offenbar hatten die autistischen Versuchspersonen die Handpuppen als sich bewegende Gegenstände und nicht als Wesen mit Gedanken und Gefühlen aufgefaßt, und ihre Beschreibungen konzentrierten sich nicht auf den Handlungsverlauf«, sondern auf die Bewegungen (Sigman/Capps 1997, S. 72 f.). Interessanterweise konnten die autistischen Kinder in der obigen Untersuchung die Theory of Mind-Aufgabe der falschen Überzeugung durchaus lösen. Dies zeigt, daß die erfolgreiche Zuschreibung mentaler Zustände in einer experimentellen Situation nicht unbedingt etwas über die Fähigkeit aussagt, auch im Alltag sinnvolle Aspekte am menschlichen Handeln wahrzunehmen (Happé 1994, S. 57 f., 67 f., 73 ff.; Sigman/Capps 1997, S. 87 ff.; Klin et al. 2000 b, S. 374 ff.).[11]

Auch mit dem Erkennen von *Emotionen* haben autistische Kinder Probleme. Sie bemerken zwar den figürlichen Unterschied zwischen einem traurigen und einem freudigen Gesicht, verstehen aber häufig nicht den unterschiedlichen emotionalen Gehalt dieser Ausdrücke. Freude nehmen sie als »hochgezogene Mundwinkel« wahr, Angst als »aufgerissene Augen«, das heißt nur in ihren behavioralen, nicht aber in ihren expressiven Eigenschaften. Sie erkennen die Ausdrücke nicht als Ausdrücke *von* etwas. Einen Sportler, der vor Freude über seinen Sieg

11 Für weitere Probleme beim Entdecken von Zielen und Absichten in Handlungen siehe Phillips et al. (1992, 1998), abweichend Aldridge et al. (2000).

jubelnd den Mund aufreißt, beschreiben sie als »er schreit«. Auch die in Bewegungsabläufen und vokalen Äußerungen enthaltenen Emotionen sind ihnen kaum zugänglich. Eine Figur (ohne Gesicht), die erkennbar freudig herumhüpft, beschreiben sie als »rauf- und runterspringend«; eine, die traurig seufzend auf einen Stuhl zugeht und darauf niedersinkt, als »geht gebeugt und setzt sich«; eine, die wütend mit den Armen gestikuliert und mit den Füßen aufstampft als »geht und rennt und schüttelt die Arme« (Hobson 1995 a; 2002, S. 69 ff., 223 ff.; Dornes 2004). Solche Befunde sind der Ausgangspunkt für Hobsons Theorie.

Intersubjektivitätsdefizit

Das Besondere an dieser Theorie ist, daß Störungen der Symbolbildung (fehlendes Als-ob-Spiel, Sprachentwicklungsstörungen, Theory of Mind-Defizite) und der Kommunikation (fehlendes protodeklaratives Zeigen, fehlendes Blickfolgen, fehlende Imitation) auf Störungen des (Ein-)Fühlens zurückgeführt werden, genauer: auf Störungen des Verbundenheitsgefühls. Hobsons Auffassung nach gibt es bei autistischen Kindern eine wahrscheinlich konstitutionell bedingte Unfähigkeit, sich im Kontakt mit anderen Menschen emotional angesprochen zu fühlen. Diese Unfähigkeit führt dazu, daß die Äußerungen anderer – ihre emotional gefärbten kommunikativen Äußerungen und Einstellungen zu Dingen, Handlungen und Personen – bedeutungslos bleiben. Das Kind fühlt sich dadurch *nicht* besonders angesprochen, sondern erlebt sie eher wie andere Ereignisse in der Welt, etwa ein umfallendes Glas. Das Fehlen eines Gefühls emotionaler Verbundenheit verhindert nun genau die Prozesse, die von Hobson als konstitutiv für den Erwerb der Symbolfunktion betrachtet werden (ähnlich Rogers/Pennington 1991 in Anlehnung an Stern 1985; Meltzoff/Gopnik 1993; Trevarthen et al. 1998; Gopnik et al. 2000, S. 60 ff.). Diese waren, wie oben beschrieben: das Kind ist von den Äußerungen eines anderen zunächst beeinflußt und bewegt; es wird wegen des daraus resultierenden Verbundenheitsgefühls in ihre Perspektiven und Einstellungen hineingezogen; dabei lernt es, Einstellungen zu Objekten von den Objekten selbst zu trennen und sie auf andere Objekte zu übertragen; es versteht so Einstellungen als mentale, subjektive Gebilde, die nicht den Objekten innewohnen, sondern dem Geist; es nimmt behaviorale Konfigurationen des Gesichts als indikativ für mentale Einstellungen wahr und nicht bloß als interessante Reizereignisse;

und schließlich versucht es deshalb, nicht nur das Verhalten anderer, sondern deren Einstellung kennenzulernen und zu beeinflussen.

All das fehlt beim autistischen Kind oder ist unterentwickelt. Weil es gefühlsmäßig nicht ansprechbar ist, bleibt es in seiner Perspektive auf die Welt gefangen und lernt keine andere kennen. Es sieht, oder genauer ausgedrückt, es *fühlt* nicht, daß in Gesichtsausdrücken, Bewegungen und kommunikativen Gesten Einstellungen zum Ausdruck kommen. Es ist blind für den expressiv-mentalen Gehalt solcher Äußerungen oder, wie man auch sagt, für ihre Bedeutung. Der Säugling ist somit nicht »geistesblind« wegen eines kognitiven Defizits; er ist geistesblind, weil er zuerst gefühlsblind ist. Seine Unfähigkeit, Bedeutung zu verstehen, ist eine Folge seiner Unfähigkeit, sich vom Anderen emotional bewegen zu lassen und sich mit ihm emotional verbunden zu fühlen. Diese Unfähigkeit kann durchaus hirnphysiologisch, genetisch oder sonstwie biologisch bedingt sein. Es wird also keine Umweltätiologie des Autismus behauptet, sondern eine konstitutionelle Ätiologie wird durchaus ins Auge gefaßt. Allerdings besteht die konstitutionell bedingte Einschränkung, anders als in der Theory of Mind-Konzeption, nicht in einem primär kognitiven Defizit, sondern in einem primär emotionalen Defizit, aus dem das kognitive dann hervorgeht.[12]

Die Frage des Primats

Die klassische Theory of Mind, die sich vor allem mit falschen Überzeugungen bei Kindern im Alter von vier Jahren befaßte, hatte Schwierigkeiten, die frühen Symptome der fehlenden gemeinsamen Aufmerksamkeit oder des fehlenden *social referencing* zu erklären. Mittlerweile hat sich die Theory of Mind auf die Säuglingszeit ausgedehnt und verschiedene Erklärungsmodelle dafür entwickelt, wie und wann Säuglinge anfangen, mentale Zustände bei sich und anderen Menschen wahrzunehmen (Überblick bei Moore 1996). In einer ihrer modulari-

12 Für den entwicklungspsychologisch interessierten Leser mag es zunächst befremdlich klingen, aber diese Ideen können auch sozialphilosophisch verwendet werden, etwa als Baustein für eine annerkennungstheoretische Reformulierung des Verdinglichungskonzepts seit Lukács (siehe dazu Honneth 2005 b). Beziehungen zwischen der Anerkennungstheorie Honneths und den hier und im nächsten Kapitel dargestellten Theorien von Hobson und Fonagy et al. diskutiert ausführlich und instruktiv Werschkull (2005).

stischen Versionen (Baron-Cohen 1995) werden als Vorläufer einer Theory of Mind in der Säuglingszeit drei Minimodule postuliert: ein »Intentionality Detector«, ein »Eye Direction Detector« und ein »Shared Attention Mechanism«. Der Intentionalitätsdetektor soll sicherstellen, daß Kinder (ab sechs Monaten) die Bewegungen belebter Objekte als zielgerichtet/absichtsvoll wahrnehmen; der Augenrichtungsdetektor, daß sie Blicke (ab sechs Monaten) als auf Objekte gerichtet verstehen; und der Aufmerksamkeitsmechanismus, daß sie (ab 14 Monaten) merken, daß jemand auf dasselbe Objekt blickt wie sie. Deren Defekte bei autistischen Kindern verhindern dann, daß sie den Erwachsenen als intentionales Wesen wahrnehmen und/oder gemeinsam mit ihm etwas anblicken. Hier wird also die fehlende Gemeinsamkeit auf kognitive Probleme zurückgeführt, während es bei Hobson nicht der Defekt kognitiver Module ist, der gemeinsame Aufmerksamkeit und social referencing verhindert, sondern die mangelnde affektive Ansprechbarkeit des Säuglings, der sich von den gefühlsgetönten Äußerungen eines Anderen nicht »bewegen« läßt.[13]

13 Wenn gesagt wird, autistische Kinder seien gefühlsmäßig kaum ansprechbar, heißt das nicht, daß sie keine Gefühle haben. Natürlich haben sie welche. Sie können sich freuen, ärgern, ängstigen etc. Ihr Emotionsausdruck wirkt allerdings gedämpfter und unvitaler als der gesunder oder anderweitig geistig behinderter Kinder (Mitchell 1997, S. 108). Der zwischenmenschliche Kontakt beschränkt sich häufig auf die Schutzsuche, weshalb man bei ihnen zumindest rudimentäres Bindungsverhalten festellen kann, etwa gelegentliches Nähesuchen nach Trennungen. Die Befunde zum Bindungs*typus* streuen zwischen 35 % sicher gebunden, alle unsicher gebunden beziehungsweise alle desorganisiert gebunden (Sigman/Capps 1997, S. 50 ff.; Shapiro 2000, S. 653). Mit »gefühlsmäßig kaum ansprechbar« ist gemeint, daß sie kaum auf die Emotionen anderer reagieren, sich nicht dafür interessieren und auch ihre eigenen Gefühle durch kommunikative Stellungnahme anderer kaum beeinflußt werden. Primär gefühlsregulierend wirken vor allem Ruhe, Gleichförmigkeit der Umgebung und Musik. Verschiedene Autoren (Sigman/Capps 1997, S. 46 ff., 101; Trevarthen et al. 1998, S. 23, 125; Volkmar 2000, S. 669) sind allerdings der Auffassung, daß manche autistischen Kinder in eingeschränktem Umfang durchaus für soziale Reize empfänglich sind. Sie erkennen bestimmte Affektausdrücke und kommunikative Äußerungen, können aber nicht adäquat darauf reagieren. Ihr primärer Mangel bestünde dann nicht so sehr in fehlender soziale *Responsivität*, sondern vor allem in fehlender sozialer *Reziprozität*. Die Befunde von Hobson zeigen jedoch, daß sie schon beim Erkennen emotionaler Gesichtsausdrücke sowohl in experimentellen wie in Alltagssituationen fast unüberwindliche Schwierigkeiten haben und auch stimmliche und visuelle Aspekte von Affektausdrücken nicht koordinieren können, etwa Seufzen mit einem traurigen oder Lachen mit einem fröhlichen Gesicht.

Nun ist es grundsätzlich denkbar, daß Menschen auf Grund rein biologischer Reifungsvorgänge in Stand gesetzt werden, verschiedene Perspektiven auf einen Gegenstand einzunehmen und es dazu keiner sozialen Erfahrung bedarf. Tomasello (1999 a, S. 83 f., 230, 235 ff.) findet diese Annahme indes ebenso unplausibel wie Hobson, und auch andere Autoren sind zu der Auffassung gelangt, daß es in Anbetracht von Befunden aus verschiedenen Quellen durchaus einleuchtend erscheint, die »Blindheit« autistischer Kinder in bezug auf die Besonderheit des menschlichen Beziehungspartners nicht auf perzeptuelle oder kognitive Probleme, sondern wie Hobson auf Probleme der emotionalen Ansprechbarkeit zurückzuführen. Klin et al. (2000 b) befassen sich in diesem Zusammenhang auch mit dem naheliegenden Einwand gegen Hobsons Theorie, daß die Nicht-Wahrnehmung emotionaler Gehalte in Gesichtsausdrücken und Bewegungen auf einem perzeptuell-kognitiven Defizit beruhe (s. a. Hobson 1993, S. 40 ff., 63 ff.). Üblicherweise wird zur Unterstützung dieser Behauptung auf den Befund verwiesen, daß die Verarbeitung von Gesichtswahrnehmungen bei autistischen Menschen in Arealen stattfindet, in denen normale Menschen unbelebte Reize verarbeiten. Deshalb würden menschliche Gesichter von Autisten wie unbelebte Gegenstände wahrgenommen. Unter Verweis auf neuere Studien kommen Klin et al. (2000 b, S. 373 f.) jedoch zu dem Ergebnis, daß dieser Sachverhalt *nicht* Ausdruck eines erfahrungsunabhängigen, primär kognitiven oder Gehirndefekts ist, sondern *eine Folge* der mangelnden Vertrautheit mit Gesichtern, die ihrerseits wieder aus der mangelnden primären emotionalen Ansprechbarkeit und dem Nicht-Anblicken von Gesichtern resultiert. Kurz: Weil Autisten emotional nicht ansprechbar sind, machen sie keine Erfahrung mit Gesichtern und weil sie damit keine Erfahrung machen, verarbeiten sie sie in den falschen Arealen.

Ein weiteres Argument für die Relativierung eines kognitionszentrierten und die Stärkung eines sozial-interaktiven Ansatzes ergibt sich aus der oben bereits angesprochenen Beobachtung, daß die erfolgreiche Zuschreibung mentaler Zustände oder das Erkennen emotionaler Gesichtsausdrücke in einer experimentellen Situation nicht unbedingt etwas über die Fähigkeit aussagt, auch im Alltag sinnvolle Aspekte am menschlichen Handeln wahrzunehmen. Auch autistische Menschen, die im Experiment falsche Überzeugungen verstehen und emotionale Gesichtsausdrücke unterscheiden können, zeigen in den Komplexitäten der Alltagsinteraktion gravierende Verständnisprobleme, wenn es darum geht, den Sinn und den emotionalen Gehalt von menschlichen Handlungen zu verstehen. Ebenso verhält es sich mit den Ergebnissen von Trainings in diesen Bereichen. Selbst wenn sich die Fähigkeiten zur Lösung von Theory of Mind-Aufgaben und zum Emotionserkennen durch geeignete systematische Übungen verbessern lassen, generalisieren diese verbesserten Fähigkeiten nicht oder nur sehr begrenzt auf natürliche Situationen (Swettenham 2000; weitere Literatur bei Sodian 2005, S. 442). Sie finden also gerade dort kaum Verwendung, wo sie normalerweise gebraucht werden und von Nutzen sind.

Ein dritter Einwand gegen die Privilegierung einer Theory of Mind-Erklärung autistischer Defizite folgt aus den Befunden einer anderen Studie von Klin et al. (1992). In ihr wurden soziale Verhaltensweisen autistischer Kinder im chronologischen Alter von vier Jahren (mentales Alter 18 Monate) untersucht und herausgefunden, daß bei manchen von ihnen sogar solche soziale Verhaltensweisen fehlten, die schon bei Neugeborenen und Kindern in den ersten neun Monaten zu finden sind, zum Beispiel die Präferenz für das menschliche Gesicht und die menschliche Stimme, oder eine Antizipationsreaktion (Arme ausstrecken), wenn sich die Mutter nähert und das Kind hochnehmen will, oder eine Zuwendungsreaktion (Lächeln) in bezug auf vertraute Personen. Diese Verhaltensweisen setzen keinerlei Fähigkeit zum Verstehen mentaler Zustände voraus und ihre Abwesenheit kann entsprechend nicht mit einem Fehlen einer Theory of Mind oder ihrer Vorläufer erklärt werden. Summa summarum gelangen Klin et al. zu dem Ergebnis, daß es plausibler ist, sowohl die Fähigkeit zum Verstehen mentaler Zustände als auch die zum Affekt- und Handlungsverstehen als Ergebnis sozial-affektiver Erfahrungen zu betrachten und nicht als deren Voraussetzung.

Letztendlich wird man aber einräumen müssen, daß die Primatfrage nicht definitiv zu klären ist (s. a. Hobson 1993, S. 13, 195), weil im Laufe weiterer Forschung immer neue Ursachen auftauchen können, die dann als primär betrachtet werden. Baron-Cohen (2003, S. 85 f., 141 ff.) hat nachgewiesen, daß es schon bei Neugeborenen einen geschlechtstypischen Unterschied in der Häufigkeit des Anblickens von Gesichtern gibt (Mädchen blicken öfter Gesichter an als Jungen) und daß die Häufigkeit des Anblickens mit 12 und 24 Monaten unter anderem vom im Fruchtwasser gemessenen fötalen Testosteronspiegel abhängt. Ein extrem hoher Testosteronspiegel kandidiert derzeit als eine mögliche Ursache für Autismus beziehungsweise könnte zumindest die geringere Ansprechbarkeit der davon Betroffenen für menschliche Gesichter miterklären. Diese Vermutung widerspricht nicht Hobsons Theorie, der ja ebenfalls biologische Ursachen für die mangelnde Ansprechbarkeit vermutet und nur der Idee opponiert, diese sei die Folge perzeptuell-kognitiver Defizite. In Baron-Cohens neuer Lesart sind die perzeptuellen Probleme möglicherweise Folge von pränatalen hormonellen Fehlfunktionen, welche die für Emotionsreize empfänglichen Areale des Gehirns beeinträchtigen. Weitere Forschung muß zeigen, wie aussagekräftig dieser derzeit noch vorläufige Befund ist.

Nachgedanken: Theory of Mind oder intuitives Personenverständnis?

Die Theory of Mind-Forschung versucht zum einen die Frage zu klären, *ab wann* Kinder welche mentalen Zustände verstehen: emotionale Einstellungen, Absichten, und Aufmerksamkeitsrichtung ab neun Monaten; Wahrnehmungen, Wünsche und Als-ob/Imagination ab 18–24 Monaten; wahre Überzeugungen/Wissen ab drei Jahren; falsche Überzeugungen ab vier Jahren; Überzeugungen zweiter Ordnung – »ich glaube, daß du glaubst...« – ab fünf bis sechs Jahren (Überblick bei Baron-Cohen 1993 und Wellman 1993). Vergleicht man normale Kinder und geistig behinderte einerseits mit autistischen andererseits, so ergibt sich, daß die beiden ersten Gruppen die mentalen Zustände der Wahrnehmung, des Wünschens und des Als-ob leicht verstehen, aber (falsche) Überzeugungen schwer, wohingegen es für autistische Kinder am schwersten ist, das Als-ob und die Imagination zu verstehen, schwerer noch als falsche Überzeugungen. Der vielleicht wesentlichste Aspekt unserer Alltagsontologie, derzufolge es einen grundlegenden Unterschied zwischen vorgestellten und realen Dingen gibt, scheint für sie ebenfalls nicht einfach. Während dreijährige Kinder (normale oder geistig behinderte) keine Probleme haben, zu verstehen, daß man einen vorgestellten Apfel nicht wirklich berühren kann, tun sich autistische Kinder gleichen mentalen Alters damit schwerer, was wiederum auf ihre Probleme mit dem Verständnis der Imagination verweist (Baron-Cohen 1993, S. 70 ff.).

Neben solchen empirischen Chronologien und Befunden hat die Theory of Mind-Forschung auch Hypothesen darüber entwickelt, *auf welchem Wege* Kinder mentale Zustände entdecken. Im wesentlichen gibt es dazu zwei konkurrierende Auffassungen: die Simulationstheorie und die Theorie-Theorie. Die Simulationstheorie geht davon aus, daß Kinder mentale Zustände zuerst bei sich selbst entdecken und dann wegen einer Ähnlichkeitswahrnehmung (»der andere ist wie ich«) auf ihn »projizieren«. Die Theorie-Theorie meint, daß Kinder zuerst das Verhalten anderer beobachten, dabei Probleme bekommen und, um sie zu klären, auf mentale Entitäten schlußfolgern, die das Verhalten erklären sollen. Sie gehen also ähnlich vor wie ein Wissenschaftler, der sich das zunächst unerklärliche Verhalten eines Gegenstandes auf Grund unbeobachtbarer hypothetischer Entitäten, wie zum Beispiel dem Schwerpunkt, erklärt. Wenn ein Individuum sich oder anderen mentale Zustände zuschreibt, spricht man in dieser Lesart *deshalb* von einer Theorie, weil die zugeschriebenen Zustände erstens nicht direkt beobachtbar sind und zweitens zum Zwecke der Vorhersage (von Verhalten) vorgenommen werden. Die intuitive Alltagstheorie von Kindern wird also nach denselben Prinzipien »gebaut« wie eine wissenschaftliche Theorie und heißt deshalb *Theorie*-Theorie. Sowohl die Simulationstheorie wie die Theorie-Theorie haben Stärken und Schwächen, die hier nicht behandelt werden können (Überblick bei Carruthers/Smith 1996 und Lenzen 2005; autismusbezogen bei Zahavi/Parnas 2003; aus neurobiologischer Sicht Gallese 2003).

Hobsons Ideen (1991; 1993, Kap. 6; 2002, Kap. 9) stehen quer zu beiden Konzeptionen. Er ist weder der Auffassung, daß Kinder den Geist oder das Bewußtsein (mind) erst bei sich selbst entdecken und dann per Analogie unterstellen, daß andere ihnen ähnliche Wesen auch über so etwas verfügen müssen (Simulationstheorie); noch glaubt er, daß sie zunächst nur das Verhalten anderer beobachten und dann auf ihm zu Grunde liegende mentale Entitäten schlußfolgern (Theorie-Theorie); und er glaubt auch nicht, daß die zugeschriebenen Zustände nicht beobachtbar sind. Seiner Meinung nach gibt es die in diesen Konzeptionen enthaltene Geist-Körper-Dichotomie für den Säugling gar nicht, weil er nicht erst Körper oder Verhalten wahrnimmt, die er später mit Geisteigenschaften ausstattet, sondern weil er Personen beziehungsweise Menschen wahrnimmt. Deren sichtbare behaviorale und affektive Expressionen sieht er nicht als bloße Verhaltensbekundungen, und selbst wenn dies in den ersten Lebensmonaten so wäre, fühlt er sich dennoch davon angesprochen wie von keinem anderen Gegenstand. Genau das ist beim autistischen Kind nicht der Fall. Insofern fehlt ihm nicht (nur) eine *Theory of Mind*, sondern vor allem ein nicht-theoretisches Personenverständnis (knowledge of persons), also die Fähigkeit, Menschen auf eine automatische und intuitive Weise von anderen Objekttypen als eine besondere Klasse von Objekten zu unterscheiden und sich von ihren Äußerungen angesprochen zu fühlen (s. a. Trevarthen et al. 1998, S. 24; Klin et al. 2000 b, S. 382, Meltzoff/Gopnik 1993, S. 338 ff.; Gopnik et al. 2000, S. 61; Gallese 2001, S. 43; Gallagher 2001).[14]

Und neben dieser frühen Ansprechbarkeit sehen normale Kinder spätestens ab dem Alter von neun Monaten – vielleicht sogar schon in den ersten zwei Monaten (Gomille 1988, S. 242 ff.; Meltzoff/Gopnik 1993, S. 338 ff., 359 f.; Trevarthen 1998) – auch etwas Mentales in behavioralen Ausdrücken. Sie sehen diese Ausdrücke als Ausdrücke *von* etwas, als externe Zeichen mentaler Zustände. Das Lächeln ist dann nicht (mehr) nur eine physische Konfiguration der Mundwinkel, von der er sich mehr oder anders angesprochen fühlt als von einer lächelnden Maske, sondern das Lächeln wird auch als Ausdruck von Freude wahrgenommen. Das Kind »versteht« (nun) mentale Zustände als emergente Eigenschaften behavioraler Äußerungen. Mentale Zustände sind in behaviorale eingebettet, behaviorale Äußerungen sind Träger oder Ausdrucksmedium von mentalen Zuständen. Der Säugling ist nicht (mehr) seelenblinder Behaviorist in dem Sinne, daß er nur auf die behavioralen Ausdrücke von Personen (besonders) reagieren würde, sondern er reagiert auch auf deren expressiv-mentalen Gehalt. Und er reagiert nicht nur darauf, sondern er will diese Ausdrücke auch hervorrufen; er hat, wie Gomez et al. (1993, S. 418 f.) es ausdrücken, ein intrinsisches Interesse an ihnen, nicht nur ein instrumentelles. Die Gesichtsausdrücke sind nicht nur, wie bei Schimpansen, Regulatoren

14 Die genannten Autoren stimmen nur darin überein, *daß* es eine solche intuitive Personenwahrnehmung gibt, nicht darin, wie sie zu Stande kommt. Meltzoff/Gopnik etwa vertreten eine »starting-state-nativism« genannte Variante der Theorie-Theorie; Gallese eine neurobiologisch unterfütterte Version der Simulationstheorie, die ohne Analogieannahme und bewußte Introspektion auskommt; Gallagher und Zahavi/Parnas sind von der phänomenologischen Philosophie inspiriert. Vogeley et al. (2001; s. a. die für Laien verständliche Darstellung bei Vogeley/Newen 2003) haben mit den Verfahren der bildgebenden Gehirnforschung untersucht, welche Gehirnregionen beim Verstehen eigener und fremder mentaler Zustände beteiligt sind und optieren auf Grund ihrer Ergebnisse für eine »Mischung« von Theorie-Theorie und Simulationstheorie. Der an Details interessierte Leser sei auf die im Text erwähnte Literatur verwiesen.

der Interaktion, sondern deren Ziel und Inhalt. Der Säugling hat keine »Theorie« des Geistes, denn er braucht keine (Hobson 2002, S. 228), weil er einfache mentale Zustände wie Einstellungen oder Emotionen, im Unterschied zu komplexeren wie Überzeugungen, direkt wahrnehmen kann und sie nicht aus Verhalten schlußfolgern muß (s. a. Butterworth 1994 und Gomez 1998).

Es ist jedoch schwierig, diese Auffassung eindeutig experimentell zu belegen, weil man dazu zeigen müßte, daß der Säugling nicht nur auf die behavioralen Zeichen, sondern auch auf den in ihnen enthaltenen mentalen Gehalt reagiert, *obwohl* der mentale Gehalt nicht ohne seinen behavioralen Träger auftritt. Deshalb ist dieses Problem wahrscheinlich nicht definitiv zu klären und läßt immer auch andere Ausdeutungen zu.[15] Verschiedene Untersuchungen (s. insbes. Carpenter et al. 1998 a) legen aber die begründete Vermutung nahe, daß Kinder spätestens ab dem Alter von neun Monaten nicht mehr nur auf Verhalten reagieren, sondern auch auf die im Verhalten zum Ausdruck kommende Einstellung. Spätestens wenn sie wahrnehmen, daß es unterschiedliche Einstellungen zu einem Objekt gibt, entdecken sie den Geist. Die Wahrnehmung von Einstellungen ist in dieser Lesart die erste Form der Wahrnehmung von Geist (mind). Subjektivität ist somit eine Folge von Intersubjektivität. (Zum selben Resultat kommen Fonagy et al. 2002, wenn auch mit anderen Argumenten; siehe dazu ausführlich Kapitel 5).

Zur Wahrnehmung (nicht: Erschließung) mentaler Zuständen bei sich und anderen scheinen autistische Menschen nicht oder nur begrenzt in der Lage zu sein. Die vielleicht beste Kurzbeschreibung des daraus resultierenden Erlebens stammt von Happé (1994, S. 49): »Stellen sie sich vor, sie sind in einem fremden Land. Wenn sie aus dem Bus steigen, werden sie von gestikulierenden und rufenden Eingeborenen

15 Eine weitere Alternative zu den bisher dargestellten ist von Barresi/Moore (1996) formuliert worden. Sie gehen davon aus, daß es erstens keine intuitive Personenwahrnehmung gibt und betrachten die besondere Ansprechbarkeit des Säuglings durch den anderen ebenso als Ergebnis eines Lernprozesses wie die Identifizierung mit ihm und die Wahrnehmung einer Äquivalenz von Selbst und Anderem (contra Trevarthen, Meltzoff/Gopnik, Hobson); zweitens sind sie der Meinung, daß Kinder erst ab 18 Monaten den anderen als intentionalen Akteur wahrnehmen und nicht schon ab neun Monaten (contra Carpenter et al. und Tomasello); drittens halten sie die Annahme von Modulen für die Erklärung von gemeinsamer Aufmerksamkeit im besonderen und sozialer Kognition im allgemeinen für entbehrlich (contra Baron-Cohen).

umzingelt. Deren Worte hören sich an wie Tierlaute und ihre Gesten verstehen sie nicht. Ihr erster Impuls könnte sein, zu kämpfen und die Eindringlinge auf Distanz zu halten; oder aber sie wollen vielleicht fliehen oder sich von den ihnen unverständlichen Anforderungen anderweitig zurückziehen, etwa durch Erstarren oder durch Ignorieren des Durcheinanders um sie herum. Die Welt einer Person mit Autismus könnte in etwa so beschaffen sein … Kein Wunder, daß autistische Kinder oft gegen sie ankämpfen oder sich … von ihr zurückziehen.«

Teil 3: Von Affen und Menschen[16]

Die Ausführungen zum Autismus sollten zeigen, welche Folgen ein fehlender emotional-interaktiver Austausch für die Entwicklung des Denkens hat. Sie untermauern die im ersten Teil dargestellte Theorie über die Ursprünge des Denkens. Tomasello (1999 a) ist auf anderen Wegen zu ähnlichen Ergebnissen gelangt. Er vergleicht die Besonderheiten der menschlichen Eltern-Kind-Interaktion mit denen von Schimpansen und stellt bei ersteren bestimmte Charakteristika fest, die zur Symbolbildung führen. Worin bestehen diese Besonderheiten? Die entscheidende ist nach Tomasello die Fähigkeit des Kindes, seine Artgenossen als Wesen wie sich selbst wahrzunehmen. Dazu sind seiner Meinung nach auch die am höchsten entwickelten Menschenaffen nicht in der Lage, weil sie sich nicht mit ihren Artgenossen identifizieren; und weil sie das nicht tun, können sie weder durch Nachahmung etwas von ihnen lernen, noch die unter dem Oberbegriff »joint attention« zusammengefaßten Verhaltensweisen erwerben, die eine Voraussetzung des Symbolspiels und der Sprache sind. Zunächst zum Zusammenhang zwischen Identifikation und Nachahmung.

16 Ich borge diesen Titel von Paul (1998).

Identifikation und Absichtsverstehen als Grundlage der Nachahmung

Das Nachahmen objektbezogener Handlungen ist ein entscheidender *kultureller* Lernmechanismus und -prozeß, durch den Wissen von einer Generation zur nächsten weitergegeben wird. Wir lehren unsere Kinder bestimmte Dinge, etwa den Umgang mit Objekten, indem wir ihn vormachen. Wir rollen den Ball, klopfen mit dem Hammer, waschen einen Apfel, essen mit Messer und Gabel, putzen uns die Zähne und erwarten, daß die Kinder verstehen, was wir tun. Wie aber können sie uns verstehen? Ab sechs bis neun Monaten sind sie in der Lage, einfache objekbezogene Handlungen wie das Schütteln von Gegenständen zu kopieren und zwischen neun und fünfzehn Monaten lernen sie, Absichten in Handlungen zu entdecken, was eine echte Imitation ermöglicht (Tomasello 1995 b; Carpenter et al. 1998 a, b; Meltzoff/Brooks 2001; Want/Harris 2002, mit abweichenden Auffassungen). Auch die höchstentwickelten Menschenaffen sind, entgegen der volksmundlichen Redeweise vom Nachäffen, schlechte Nachahmer; oder genauer gesagt: sie ahmen nach, ohne zu verstehen, was sie tun. Tomasello nennt diese Form der Nachahmung »Emulation« im Unterschied zur (echten) Imitation.

Bei der Emulation wird eine Handlung ausgeführt, um eine Veränderung in der Welt herbeizuführen. Beispiele für Emulationslernen bei Schimpansen sind das Knacken von Nüssen mit einem Stein oder das Umdrehen eines Steins, um an die darunter befindlichen Ameisen zu kommen. Ein Schimpansenjunges hat seine Mutter bei diesen Tätigkeiten beobachtet und führt sie nun selbst aus. Das sieht aus wie Nachahmung, aber Tomasello ist der Auffassung, daß das Junge nicht die Handlung der Mutter nachahmt, sondern nur eine beobachtete Veränderung in der Umwelt herbeiführen will. Dies ist für ihn kein *kulturelles* Lernen, weil eine Verhaltensweise nur wegen ihres Effekts nachgemacht wird. Kulturelles Lernen, das Absichtsverstehen und Lehren einschließt, findet nicht statt. Die Mutter lehrt das Kleine nicht, wie man mit Steinen eine Nuß öffnet, und deshalb braucht es Jahre von Versuch und Irrtum, bis es die Technik beherrscht (Byrne 1995, S. 140 ff.; s. a. Boesch/Tomasello 1998, S. 601 f. und Povinelli/O'Neill 2000, S. 481, mit weiterer, auch kontroverser Literatur zum Lehren); und das Kleine will auch gar nicht die Mutter nachahmen, sondern nur den Stein umdrehen, um an die Ameisen zu kommen. Es sieht eine zielgerichtete

Bewegung und ihren Effekt, aber es interessiert sich für den Effekt, nicht für die Bewegung. Deshalb muß die Bewegung auch nicht »genau« nachgemacht werden. Es genügt, wenn der Effekt eintritt. Das Schimpansenkind »sieht« in der Bewegung der Mutter keine *Absicht*, die Nuß zu knacken. Die Wahrnehmung von Absichten aber ist die entscheidende Voraussetzung für echte Imitation im Unterschied zur Emulation. Zur Illustration des Unterschiedes kann folgendes Beispiel dienen: Man steckt einen Bolzen in das dafür vorgestanzte Loch eines Holzblocks. Dann kommt ein Erwachsener und zieht ihn heraus, einmal durch eine Kombination von Dreh- und Ziehbewegung, ein anderes Mal durch bloßes Ziehen. Zeigt man diese Aktivität kleinen Menschenkindern, so ahmen sie die entsprechende Handlung nach: Drehen/Ziehen oder bloßes Ziehen. Schimpansen hingegen rütteln einfach am Bolzen, ohne sich um die Details der jeweiligen Bewegung zu kümmern. Sie wollen nur den Effekt des »Heraus« erzielen (was oft sogar effektiver ist als die genaue Nachahmung).[17]

17 Für abweichende Beobachtungen und weitere Literatur siehe Whiten et al. (2005). Kinder haben einen unwiderstehlichen Drang, für die Erreichung des Ziels auch irrelevante Aspekte der Handlung nachzuahmen. Dies zeigt – wie schon die Neugeborenenimitation –, daß Nachahmung für sie nicht nur eine Form des Lernens ist, sondern auch eine der Interaktion und Kommunikation. Imitieren und imitiert werden machen Spaß, sowohl Neugeborenen als auch Zweijährigen, die auch Nonsens-Handlungen nachahmen, »um das Spiel am Laufen zu halten« (Want/Harris 2002, S. 10). Kinder ahmen indes nicht nur objektbezogene Handlungen, sondern auch kommunikative Gesten nach. Dabei unterscheidet man Kontaktgesten (z. B. jemand durch Geräusche oder Bewegungen auf sich aufmerksam machen, damit er näherkommt), deiktische Gesten (z. B. Zeigen auf einen Gegenstand) und symbolische Gesten (z. B. winke-winke, Nein-Kopfschütteln, bitte-bitte). Kontaktgesten kommen bei Schimpansen häufig vor; deiktische gibt es in freier Wildbahn nicht, sie können aber im Umgang mit Menschen erlernt werden; symbolische Gesten fehlen gänzlich. In bezug auf die Nachahmung von Gesten durch Schimpansen ist Tomasello der Auffassung, daß sie ebenfalls keine wirkliche Nachahmung ist, sondern »ontogenetische Ritualisierung«. Ontogenetische Ritualisierung ist in bezug auf Gesten, was Emulation in bezug auf objektbezogene Handlungen ist. In beiden Fällen wird die Absicht der Handlung bzw. Geste, die nachgeahmt wird, nicht verstanden (Tomasello 1999 a, S. 42 ff., 107 ff.; ausführlich Tomasello/Camaioni 1997). Diese Auffassung von Nachahmung bei Schimpansen ist sowohl in bezug auf Handlungen als auch in bezug auf Gesten nicht unkontrovers (s. Byrne/Russon 1998, Whiten 1998; Bard/Russell 1999). Ebensowenig Tomasellos Kulturbegriff, der kulturelles Lernen, im Unterschied zu sozialem Lernen, an das Verstehen von Absichten bindet. McGrew (1998), de Waal (2001), van Schaik et al. (2003) und Whiten et al. (2003,

Wie kommt es nun zum Verständnis von Absichten? Nach Tomasello verstehen sich Kinder ab neun Monaten als intentionale Akteure, das heißt als Wesen mit Absichten. Vorher *haben* sie zwar Absichten, aber nur auf einem behavioralen Niveau. Die Absichten sind in zielgerichtete Handlungen eingebettet (ausführlich dazu Dornes 2004). Ein zehn Wochen alter Säugling kann gezielt nach seinem neben ihm liegenden Schnuller greifen und nur wer – wie Searle (1983) sich einmal ausdrückte – »fest im Griff einer bestimmten philosophischen Theorie der Intentionalität ist« (nämlich der, Intentionalität sei an Sprache gebunden), würde bestreiten, daß der Säugling eine Greifabsicht hat. Aber diese Absicht existiert noch nicht unabhängig von der Handlung, in der sie sich manifestiert. Erst ab neun Monaten können Kinder Handlungen flexibel einsetzen, um ein Ziel zu erreichen. Dies ist für Tomasello wie für Piaget das Zeichen einer neuen Stufe von Intentionalität. Nehmen wir an, das Kind sieht ein interessantes Spielzeug. Es krabbelt darauf zu, aber ein Kissen versperrt den Weg. Bis zum Alter von neun Monaten werden die Kinder dadurch abgelenkt und fangen an, auf das Kissen zu drücken oder zu schlagen. Das war ihr bisher üblicher Umgang mit Kissen. Dabei verlieren sie das ursprüngliche Ziel aus den Augen. Ab neun Monaten aber behalten sie ihr Ziel auch über Hindernisse hinweg im Auge beziehungsweise im Geist und benutzen nun die Handlung des Kissendrückens, um das Hindernis zu beseitigen. Sie

2005) sind anderer Auffassung. Für de Waal (2001) genügt die nichtgenetische Weitergabe von Information durch Artgenossen als Kriterium für kulturelles Lernen. Kultur ist für ihn die Weitergabe von Gewohnheiten und Informationen mit sozialen Mitteln (ebd., S. 169). Entsprechend schlägt er einen recht schlanken Kulturbegriff vor, in dem »Kultur nicht durch technische Errungenschaften oder durch ein Wertesystem definiert ist, sondern einfach als eine Form der Übertragung von Verhalten, das nicht durch Gene erworben wurde«, wobei das Verhalten als Gewohnheit über die Lebenszeit des Erfinders hinaus fortbestehen und tradiert werden kann (ebd., S. 200, 202). De Waal möchte auch den Nachahmungsbegriff vom Absichtsverstehen befreien. Seiner Meinung nach kommt es beim Nachahmen vor allem darauf an, *daß* etwas übernomen wird, nicht so sehr auf den Mechanismus, *wie* dies geschieht (ebd., S. 24 ff., 203 ff.; s. a. Byrne 2002, S. 134). Eine ausführliche Diskussion der verschiedenen Formen bzw. Mechanismen des sozialen Lernens und der entsprechenden Begriffe (Emulation, Mimikry, Imitation u. a.) sowie andere Konzeptualisierungen der für Tomasello so zentralen Unterscheidung von Emulation und Imitation findet der Leser bei Byrne/Russon (1998), Want/Harris (2002) und den Kommentaren zu diesen Arbeiten. Einen Kurzüberblick über die verschiedenen Vorstellungen von Kultur in der Primatologie gibt Paul (1998, S. 226 ff.).

können jetzt also Mittel und Ziele flexibel koordinieren und etwas, das vorher eine Endhandlung war (Einschlagen auf das Kissen) als Mittelhandlung zum Zwecke der Zielerreichung einsetzen. Die Absicht, das Spielzeug zu ergreifen, existiert jetzt unabhängig von der ursprünglich an sie gekoppelten Ausführungshandlung und dies zeigt den Beginn einer neuen (mentalen) Stufe von Intentionalität an.

Wenn sich das Kind als intentionaler Akteur begreift, begreift es nach Tomasello auch andere so. Weil es seine eigenen Handlungen als absichtsvoll wahrnimmt *und weil es den anderen als ein Wesen wie sich selbst wahrnimmt,* nimmt es jetzt auch dessen Handlungen als absichtsvoll wahr. Die Mutter »will« jetzt den Tisch abräumen oder die Schublade öffnen und führt nicht nur bestimmte Bewegungen aus, die zu bestimmten Veränderungen in der Umwelt führen (Tomasello 1999a, S. 103). Im Unterschied dazu begreifen Schimpansen zwar sich selbst als intentionale Akteure, aber andere nicht, *weil sie sich nicht mit ihnen identifizieren.* Der vorgängige Akt der gefühlsmäßigen Identifizierung in den ersten neun Monaten ist es also, der es dem Menschenkind erlaubt, den anderen als intentionalen Akteur zu verstehen sobald es sich selbst so versteht. Da Schimpansen sich nicht, oder zumindest nicht sehr tief mit ihren Artgenossen identifizieren (Kritik dieser Auffassung bei de Waal 2001, S. 209 ff.), können sie zwar sich selbst als intentionale Akteure wahrnehmen, nicht aber den anderen. Sie sehen bei Artgenossen nur zielgerichtete Bewegungen, deren Effekte sie emulieren, aber keine absichtsvollen Handlungen, die sie imitieren. Sie wollen den Stein wegrollen, aber nicht die Handlung nachahmen. *Das Nachahmenwollen von Handlungen anderer aber ist der Kern des kulturellen Lernens und Nachahmung ist deshalb die Wiege der Kultur.* Weder autistische Kinder noch Schimpansen können vollgültig nachahmen, weil sie keine Absichten in Handlungen erkennen – und das können sie nicht, weil sie sich mit dem anderen nicht auf eine besondere Weise emotional verbunden fühlen/identifizieren. Dieser Mangel an gemeinsamem Erleben und die Unfähigkeit oder nur sehr begrenzte Fähigkeit, vom anderen durch Nachahmung zu lernen, macht Autisten wie Schimpansen in gewissem Sinne akulturell (Loveland 1993). Der Kulturanthropologe Clifford Geertz hat einmal gesagt, es gebe eine Kluft zwischen dem Körper und seinen Reaktionen auf der einen Seite und dem, was wir wissen müssen, um uns im Leben zurechtzufinden andererseits. Diese Kluft werde durch die Kultur beziehungsweise kulturelles Wissen überbrückt. Autisten müssen, so scheint es, ohne diese kulturelle Füllung leben (Vinden/Astington 2000, S. 516) und Schimpansen benötigen sie nicht, weil sie in keiner kulturellen, sondern in einer natürlichen Umwelt leben.[18]

Joint attention und Symbolbildung: Zurück zu den Ursprüngen des Denkens

Die Identifikation mit dem anderen liegt aber nicht nur dem Absichtsverstehen und der Nachahmung zu Grunde, sondern auch den anderen Prozessen, die oben als Voraussetzung für symbolisches Spiel (und Sprache) beschrieben wurden. Es handelt sich dabei um folgende Verhaltensweisen: 1. das Kind *folgt* dem Blick oder der Zeigegeste eines

18 Der Unterschied zwischen Tomasello und Hobson besteht darin, daß Tomasello sich auf das Erkennen von Absichten bei (objektbezogenen) Handlungen konzentriert, Hobson auf das Erkennen emotionaler Einstellungen zu Objekten. Beide konvergieren in der Auffassung, daß weder das eine noch das andere ohne die besondere humanspezifische Verbundenheit der ersten neun Lebensmonate möglich ist. Die Frage, ob Schimpansen Absichten in den Handlungen anderer Artgenossen oder Menschen erkennen können, wird kontrovers diskutiert (Kurzüberblick bei Tomasello 1999 a, S. 29 ff.). Die neuesten Befunde der Forschungsgruppe um Tomasello scheinen indes zu zeigen, daß Schimpansen durchaus zufällige von absichtlichen Handlungen unterscheiden können. Reicht man ihnen durch ein Loch in einer Plastikwand Trauben und zieht sie in dem Moment zurück, wenn sie zugreifen wollen, werden sie ärgerlich. Läßt man die Trauben wie aus Versehen fallen, haben sie Geduld mit dem Experimentator (ref. nach Rüschemayer 2004; weitere Literatur bei Perler/Wild 2005, S. 62, Fn. 84). Während sie also Absichten in objektbezogenen Handlungen anderer entdecken können, tun sie sich schwer(er) mit *kommunikativen* Absichten. Versteckt man Futter/Spielzeug so unter einem von zwei Behältern, daß sie nicht sehen, unter welchem, und zeigt anschließend auf den richtigen, so sind sie oft nicht in der Lage, das Zeigen als Mitteilung über den richtigen Ort zu verstehen – eine Aufgabe, die Menschenkinder ab 14 Monaten meistern (aber auch Haushunde) (Tomasello 1999 a, S. 122 ff.; Povinelli/O'Neill 2000, S. 462 ff.; Rüschemayer 2004). Der Arbeit von Call/Tomasello (1998) kann man indes entnehmen, daß es auch für das Verstehen kommunikativer Absichten bei Schimpansen einige Indizien gibt. Auf alle Fälle ist das Problem der Intentionswahrnehmung bzw. des Intentionsverstehens nach wie vor für verschiedene Ausdeutungen offen. Ähnliches gilt für die Imitationsfähigkeit von Schimpansen (Überblicke bei Byrne 1995, Kap. 5, 6; Byrne/Russon 1998, Whiten 1998, Bard/Russell 1999; Byrne 2002, Whiten 2002, Whiten et al. 2005). Während Tomasello wie erwähnt der Auffassung ist, sie könn-

Erwachsenen; 2. es *initiiert* selber Blicke und Zeigegesten, denen der Erwachsene folgen soll (protodeklaratives pointing und showing). Dabei prüft es durch referentielles Blicken, ob ein gemeinsamer Aufmerksamkeitsfokus hergestellt ist; 3. das *social referencing*. Alle diese »joint-attention«-Verhaltensweisen (Überblicke bei Moore/Dunham 1995, Carpenter et al. 1998a, Hoerl et al. 2001) beruhen ebenfalls auf einem Akt vorgängiger Identifikation mit anderen. Die besondere emotionale Ansprechbarkeit des Säuglings für den menschlichen Partner – seine Vokalisierungen, Gesten und Gesichtsausdrücke – stiftet ein Verbundenheitsgefühl zwischen den Beteiligten, das es in der Interaktion von Menschenaffen und autistischen Menschen so nicht gibt. Dieses primordiale Verbundenheitsgefühl wird in (neonataler) Imitation und Protokonversation zugleich ausgedrückt und weiter konsolidiert. Hier tauschen sich die Partner miteinander aus, ähneln sich einander an und

ten nur emulieren, ist Whiten (z. B. 1998) stärker von ihrer Imitationsfähigkeit überzeugt (eine Kompromißposition wird referiert in Tomasello 2001, S. 36f. Fn.). Konsens besteht darin, daß von Menschen großgezogene Tiere objektbezogene Handlungen wirklich nachahmen und nicht nur emulieren können. Tomasello et al. (1993) führen dies darauf zurück, daß sie wie Menschenkinder behandelt wurden. Auch zur Nachahmungsfähigkeit autistischer Kinder existiert eine umfangreiche und kontroverse Literatur (Überblicke bei Smith/Bryson 1994, Rogers et al. 1996, Charman et al. 1997, Heimann/Ullstadius 1999, Rogers 1999, Nadel 2002). In der Regel können sie in einem mentalen Alter von zwei Jahren überhaupt nicht nachahmen. Mit zunehmendem Alter verbessert sich diese Fähigkeit. Generell scheint die Nachahmung objekbezogener Handlungen (einen Bauklotz in einen Eimer tun) leichter als die von Gesichtsausdrücken, symbolischen Gesten und körperbezogenen Handlungen. Hobson (2002, S. 201 ff.) hat in einer Reihe einfallsreicher Experimente gezeigt, daß Autisten zielgerichtete Handlungen nachahmen können, etwa das Niederdrücken einer Spielzeugfigur mit Rollen an den Füßen, die sich dadurch fortbewegen läßt. Sie können aber nicht *den Stil* der Handlung (sanftes oder energisches Niederdrücken) nachahmen, weil sie sich davon nicht berühren lassen und sich nicht mit der Person identifizieren. Deshalb können sie die im Stil zum Ausdruck kommende Einstellung der Person zum Objekt nicht erfassen. Sie haben also ein Identifikationsproblem und das Imitationsproblem (beim Stil) ist nicht Folge mangelnden Absichtserkennens, sondern Folge mangelnder Identifizierung. In dieser Sichtweise verstehen sie möglicherweise nicht nur das Ziel der Handlung (Fortbewegung), sondern auch die dahinterstehende Absicht, nämlich daß der andere die Figur fortbewegen »will«: Sie sind aber blind gegenüber der konkreten Ausprägungsform des Wollens, weil sie nur die Handlung, nicht aber *die Person* nachahmen wollen (zum Nachahmen des Stils s. a. Carpenter et al. 2002).

dadurch keimt und wächst ein Gefühl besonderer emotionaler Verbundenheit. Fehlt dies, so kommt es in der Folge auch nicht zu Prozessen des referentiellen Blickfolgens, protodeklarativen Zeigens und *social referencing*.

Und wenn es dazu kommt, haben sie eine andere Bedeutung. Manche Autoren beschreiben *social referencing* bei Schimpansen (Russell et al. 1997). In Hobsons Lesart lernt der beobachtende Schimpanse dabei allerdings nichts über den anderen und dessen *Einstellung* zur Welt, sondern nur etwas über die Welt (wie bei der Emulation). Der andere Schimpanse »könnte genausogut eine grüne Lampe schwenken, um ihm zu bedeuten: ›nur zu‹, oder eine rote, um ihm zu sagen: ›Vorsicht!‹. Der andere ist hier nicht mehr als ein Hinweis auf die Bedeutung des Objekts... Der beobachtende Schimpanse nutzt das Objekt nicht,... um etwas über das Bewußtsein von Schimpansen herauszufinden... Er nimmt das Objekt hinterher zwar durchaus auf eine neue Weise wahr, zum Beispiel als etwas, vor dem er sich in acht nehmen muß. Seine Haltung verändert sich, weil er den anderen beobachtet. Doch das ist für ihn kaum etwas anderes, als wenn er seine Haltung von sich aus ändert, einfach weil er Gelegenheit hat, sich das Objekt genauer anzuschauen, und etwas Neues daran bemerkt. Er macht nicht die Erfahrung, sich mit dem anderen zu identifizieren und eine Bewegung hin zu dessen innerer Haltung zu vollziehen. Er nimmt lediglich eine Veränderung der eigenen Haltung vor. Die Veränderung geschieht sozusagen *anhand* des anderen, aber nicht *durch* ihn« (Hobson 2002, S. 248 f.).

Das fehlende Verbundenheitsgefühl beeinträchtigt – via fehlendem referentiellem Blicken, Zeigen und *social referencing* – auch den Erwerb des Symbolspiels und der Sprache. Verschiedene Autoren (Überblicke bei Charman/Baron-Cohen 1997, Charman et al. 1997, Sigman/Capps 1997, S. 30 ff.) haben gezeigt, daß autistische Kinder zwar zum Funktionsspiel in der Lage sind, aber kaum zum symbolischen. Macht man ihnen etwa vor, wie man eine Puppe mit dem Löffel füttert und fordert sie dann zum Nachmachen auf (»lass' uns mal die Puppe mit dem Löffel füttern«), so sind manche dazu in der Lage. Fast alle versagen aber, wenn eine Objektsubstitution erforderlich ist, das heißt der Löffel durch einen Stab ersetzt werden soll (»was kann man damit machen?«) und sie zeigen nie neues oder spontanes Als-ob-Spiel, weil sie keine Einstellung zum Stab entwickeln, beziehungsweise generell nicht die mentale Einstellung des So-tun-als-ob (Charman/Baron-Cohen 1997, S. 330; für eine abweichende Auffassung s. Klicpera/Innerhofer 1999,

S. 58 ff. und Harris/Leevers 2000). Es gibt auch kein imaginatives oder Phantasiespiel – weder allein noch mit anderen –, in dem so getan wird, als ob die verwendeten Spielfiguren lebendige Charaktere wären und ihnen mentale Zustände zugeschrieben werden (die Puppe will baden und dann schlafen). Außerdem können sich autistische Kinder keine imaginären Objekte vorstellen oder solche zeichnen (etwa einen Menschen mit zwei Köpfen), sondern nur reale (Scott/Baron-Cohen 1996); und was die Verwurzelung von *Sprache* in vorsprachlichen Prozessen angeht, so kann man nachweisen, daß die erwähnten Prozesse der »joint attention« empirisch hoch mit späterer Sprachkompetenz korrelieren (Carpenter/Tomasello 2000) und theoretisch deren Voraussetzung sind (ebd. und Tomasello 1999 a, Kap. 4).

Weder bei Schimpansen noch bei Autisten finden sich also – von seltenen Ausnahmen abgesehen – »joint attention« und Symbolspiel. Dafür verantwortlich sind nicht einfach die mangelhaften »Rechnerleistungen« ihres kleineren oder beeinträchtigten Gehirns, sondern das (dadurch mitbedingte?) Fehlen eines Verbundenheitsgefühls, welches verhindert, daß sie sich, anders als normale Menschenkinder, in die Perspektive des anderen hineingezogen und von ihr bewegt fühlen. Entsprechend gibt es kein Interesse für den mentalen Zustand des anderen, unter anderem angezeigt durch protodeklaratives Zeigen. Schimpansen und autistische Kinder können nur protoimperativ zeigen. Beide wollen nur das Verhalten des anderen, nicht aber dessen mentalen Zustand beeinflussen. Sie wollen, daß er einen Gegenstand herbeibringt oder etwas damit tut (beispielsweise ihn repariert), nicht aber, daß er ihn mit ihnen gemeinsam betrachtet.[19]

19 Gelegentlich kann man bei von Menschen aufgezogenen Schimpansen Symbolspiel beobachten (Whiten/Byrne 1991; Savage-Rumbaugh/Lewin 1994, S. 308 f.; Byrne 1995, S. 137 ff., 158). Wie bei der Nachahmung scheint eine bestimmte kulturelle Umwelt auch hier Fähigkeiten hervorzubringen, die im natürlichen Habitat bei Schimpansen nicht vorkommen. Über beeinträchtigtes *social referencing* bei autistischen Kindern informieren Sigman/Capps (1997, S. 45 f., 82); zur beeinträchtigten gemeinsamen Aufmerksamkeit und zu fehlenden protodeklarativen Gesten bei Autisten siehe Mundy et al. (1993) und Roeyers et al. (1998); letztere fehlen auch bei Schimpansen (Gomez et al. 1993, Gomez 1998), es sei denn, sie sind bei Menschen aufgewachsen (Russell et al. 1997). Es soll nicht verschwiegen werden, daß es zum Zusammenhang zwischen »joint attention« im ersten Lebensjahr und dem später beeinträchtigten Symbolgebrauch auch andere Auffassungen gibt als die von Hobson und Baron-Cohen. Die Alternativen laufen darauf hinaus, den beeinträchtigten Symbolgebrauch *nicht* als eine Folge der

In diesem Sinn sind sie auch nicht zur Triangulierung in der Lage. Sie schauen nicht zusammen auf einen Gegenstand, um ihn gemeinsam zu betrachten; sie verinnerlichen nicht die Perspektive von anderen auf Gegenstände, auf Handlungen oder auf das Selbst, weil sie diese nicht wahrnehmen; und sie nehmen sie nicht wahr, weil sie sich nicht verbunden fühlen. Deshalb bleiben sie in ihrer eigenen Perspektive gefangen. Sie können sich nicht mit den Augen eines anderen betrachten, obwohl Schimpansen und Autisten sich im Spiegel erkennen. Sie verfügen also über ein Selbstkonzept, aber es handelt sich dabei um ein »flaches«, nicht um ein »tiefes« Selbst, um ein Bewußtsein des Selbst als eines identifizierbaren Körpers, nicht um ein psychisches Selbst, das sich mit den Augen eines anderen betrachtet und bewertet. Beobachtungen an autistischen Kindern zeigen die Eigentümlichkeit und Beschränkung ihres Selbstbewußtseins. Einerseits erkennen sie sich im Spiegel und bestehen (wie Schimpansen; Povinelli et al. 1997) den Rouge-Test, der als nicht-sprachliches Merkmal für Selbstidentifizierung gilt (Ferrari/Matthews 1983, Dawson/McKissick 1984, Spiker/Ricks 1984); andererseits laufen sie nackt vor fremden Leuten herum und urinieren oder masturbieren ohne Zeichen von Scham in der Öffentlichkeit.

Natürlich sind auch hier nicht alle autistischen Kinder gleich. Die höher entwickelten bemerken beispielsweise, wenn man sich über sie lustig macht oder sie nachahmt und das relativ häufige Auftreten von Depressionen bei Asperger-Patienten (Happé 1994, S. 99) ist ein Indiz für ein zumindest rudimentäres Verhältnis zu sich selbst. Aber auch

beeinträchtigten »Gemeinsamkeit« im ersten Lebensjahr zu betrachten, sondern beide als Ausdruck eines allgemeineren (kognitiven) Defizits. So könnte z. B. ein Mangel an exekutiver Kontrolle dazu führen, daß das Kind vom Anblick oder Umgang mit einem Gegenstand so »gefesselt« ist, daß es sich nicht davon lösen und deshalb nicht referentiell zur Mutter schauen kann. Dann ist fehlende »joint attention« mit neun Monaten nicht die Ursache für später fehlendes Als-ob-Spiel, sondern beide sind auf Mängel in der »Selbstbeherrschung« zurückzuführen. Einen guten Überblick über die verschiedenen Theorien und Befunde zu diesem Thema geben Leekam/Moore (2001) und Charman (1997), der in einer weiteren Überblicksarbeit auch den Befund fehlender protodeklarativer Gesten bei Autisten relativiert (Charman 1998). Ebenso wie für autistische Kinder gibt es mittlerweile eine durch den legendären Artikel von Premack/Woodruff (1978) ausgelöste umfangreiche Debatte darüber, ob Schimpansen eine Theory of Mind haben oder nur besonders clevere Behavioristen sind. Einen kurzgefaßten Überblick dazu geben Mitchell (1997, Kap. 2, 3) und Hare et al. (2001).

ihnen fehlt das Verständnis für subtilere soziale Rückmeldungen, etwa, daß der Gesprächspartner das Interesse am Thema verloren oder das Thema bereits gewechselt hat; und sie tun sich besonders schwer mit dem Erkennen und Beschreiben von Emotionen wie Scham, Schuld oder Stolz, – Emotionen also, die den Bezug auf einen verinnerlichten Anderen beinhalten (Sigman/Capps 1997, S. 91, 102; Hobson 2002, S. 194 ff., 209 ff.). Sie haben solche Emotionen auch nicht oder nur in Ansätzen. Sie sind nicht stolz auf ihr Spielzeug wie normale Kinder und kämpfen auch nicht darum, wenn es ihnen weggenommen wird. Sie rivalisieren nicht mit anderen Kindern um die Gunst der Erwachsenen und wollen andere auch nicht übertreffen (Hobson 1993, S. 199). Es existiert kein oder kaum ein verinnerlichter Anderer, der die eigenen Handlungen bewertet, Einstellungen oder Haltungen dazu hat – und er kann auch nicht existieren, weil die Voraussetzungen dafür fehlen: die besondere emotionale Verbundenheit der ersten neun Monate, die es erst ermöglicht, von den Einstellungen eines anderen bewegt zu werden, sie kennenlernen zu wollen und in diesem Prozeß zu lernen, daß es Perspektiven gibt und daß Bedeutungen nicht den Gegenständen innewohnen, sondern dem menschlichen Geist. Dies ist die grundlegende Voraussetzung für symbolisches Denken. Seine Wiege steht in der frühen Eltern-Kind-Interaktion, die die Seele des Kindes das Fliegen lehrt.

Kapitel 5 Über Mentalisierung, Affektregulierung und die Entwicklung des Selbst

Einleitung

Wie Menschen ihre persönlichen Erfahrungen verarbeiten und repräsentieren beschäftigt die Psychoanalyse seit ihren Anfängen. Psychoanalytiker wie Lacan, Winnicott, Melanie Klein, Bion und andere haben zwar umfassende Entwürfe zu einer Theorie der Symbolisierung von Erfahrung vorgelegt; ein Brückenschlag zu Befunden aus anderen Disziplinen wurde aber erst von Psychoanalytikern, die von der Kleinkindforschung inspiriert waren, vorgenommen (z. B. Lichtenberg 1983, Stern 1985). Ich habe darüber an anderer Stelle berichtet (Dornes 1993, Kap. 8; 1997, Kap. 3, 4, 10) und möchte mich in diesem Kapitel den Arbeiten der Forschungsgruppe um Peter Fonagy zuwenden. Ihr Opus magnum liegt mittlerweile vor (Fonagy et al. 2002; Kurzfassung Fonagy et al. 2003) und soll hier – unter Einbeziehung auch anderer Publikationen dieser Autoren – im Grundriß dargestellt werden.

Fonagy et al. verbinden zwei in der Entwicklungspsychologie derzeit stark beachtete Forschungsgebiete, die Theory of Mind-Forschung und die Bindungsforschung, mit der Psychoanalyse und zeichnen in einem umfassend angelegten Entwurf den stufenweisen Erwerb der Fähigkeit zur Mentalisierung nach. Diese Fähigkeit entwickelt sich in Abhängigkeit von Bindungs- und Beziehungserfahrungen. Zugleich verändert sich unter ihrem Einfluß die Art und Weise, wie Affekte und Gedanken erlebt und Beziehungen wahrgenommen und gestaltet werden. Das subtile Ineinandergreifen von intersubjektiver Genese der Mentalisierungsfähigkeit und Transformation des Selbst- und Welterlebens durch diese Fähigkeit ist das Hauptthema ihres komplexen Forschungsprogramms. Ich rekonstruiere es in sechs Schritten: Zunächst erläutere ich den Mentalisierungsbegriff; danach das Affektspiegelungsmodell und die Playing-with-Reality-Theorie. Diese beiden Theorieteile machen den zentralen theoretischen Kern aus und führen zu einer bestimmten Auffassung über die Merkmale interaktiver und symbolischer Affektregulierung, die im darauf folgenden Abschnitt dargestellt werden. Danach behandle ich einen bestimmten Aspekt der Entwicklung des Selbst. Abschließend wende ich mich den Implikationen der dargestellten Themen für die Konzeptualisierung klinischer Phänomene zu.

Mentalisierung

Das Mentalisierungskonzept von Fonagy et al. stellt eine Fortführung psychoanalytischer Debatten über Symbolisierung dar (Überblick bei Lecours/Bouchard 1997, Bouchard/Lecours 2004). Charakteristisch für die von Fonagy et al. vorgelegte Theorie – und in dieser Form einzigartig – ist die Einbeziehung kognitionspsychologischer Überlegungen. Die Autoren greifen die entwicklungspsychologische Theory of Mind-Forschung auf, in der es unter anderem um die Frage geht, wann und wie Säuglinge und kleine Kinder entdecken, daß sie selbst und andere Personen Wesen mit mentalen Zuständen sind. Der Geist ist nämlich etwas, das entdeckt werden muß. Entdeckt wird er nach Meinung der Autoren im Verhalten. Säuglinge, die die Gesichtsausdrücke anderer Personen oder deren Handlungen wie Füttern, Tisch-Abwischen etc. beobachten, sehen zunächst nur Verhalten. Allmählich aber lernen sie, dieses Verhalten als Anzeichen für das Vorhandensein mentaler Zustände zu verstehen. Dies gilt nicht nur für die Wahrnehmung anderer Personen. Auch in bezug auf die Wahrnehmung des eigenen Körpers oder eigener Bewegungen muß der Säugling lernen, die damit verbundenen Empfindungen als Zeichen für mentale Zustände zu »lesen«. »Mentale Zustände werden generell aus den relevanten beobachtbaren Zeichen erschlossen, und dies trifft für die eigenen Zustände genauso zu wie für die des Anderen, obschon die Arten der hinweisenden Zeichen in beiden Fällen unterschiedlich sein mögen« (Gergely et al. 2002, S. 64).[1]

1 Diese Auffassung über den Erwerb des Wissens von mentalen Zuständen heißt »Theorie-Theorie«. Die Alternative wird unter dem Titel »Simulationstheorie« diskutiert (s. dazu die Ausführungen am Ende des zweiten Teils des vorigen Kapitels). Die Vertreter der Simulationstheorie gehen davon aus, daß Kinder ein Wissen um mentale Zustände nicht durch Beobachtung von Verhalten bei anderen und

Erwachsene verfügen wie selbstverständlich über eine »Alltagspsychologie«, mit deren Hilfe sie eigene und fremde Handlungen verstehen und vorhersagen können: Jemand öffnet das Fenster, weil er den *Wunsch* nach frischer Luft hat; er lächelt, weil er sich *freut;* er zeigt auf ein Objekt, weil er die *Aufmerksamkeit* darauf lenken will. Diese mentalen Zustände des Wünschens, Fühlens und der Aufmerksamkeit werden als Gründe oder Ursachen von Handlungen betrachtet. Erwachsene sind keine Behavioristen, sondern Mentalisten, insofern sie sich Verhaltensäußerungen durch die Zuschreibung seelischer Zustände erklären. Ab wann nun und vor allem wie entwickeln kleine Kinder ein solches Verständnis von sich und anderen? Mit neun Monaten kann man erste Anzeichen dafür beobachten und über verschiedene Entwicklungsstadien hinweg wird mit ungefähr fünf Jahren ein Verständnis des Seelenlebens erreicht, das in etwa dem Erwachsener entspricht. Fonagy et al. bezeichnen die Fähigkeit, den anderen (und die eigene Person) als Wesen mit geistig-seelischen Zuständen zu betrachten als Mentalisierung. Sie datieren den Erwerb dieser Fähigkeit auf das Alter von eineinhalb Jahren. Damit beginnt ein mentales Selbst- und Weltbild. Unter Mentalisierung wird indes nicht nur die Fähigkeit verstanden, hinter Verhalten seelische Zustände zu vermuten, sondern auch die weitergehende Fähigkeit, die vermuteten mentalen Zustände selbst wieder zum Gegenstand des (Nach-)Denkens zu machen. Diese Fähig-

anschließende Schlußfolgerungen erwerben, sondern durch Selbstbeobachtung und anschließende Projektion. Hier noch einmal ein vereinfachtes Beispiel: Ich sehe, wie jemand vor einem wilden Tier flieht und dabei Furcht zeigt. Automatisch versetze ich mich in die Situation des Beobachteten, frage mich, wie ich mich an seiner Stelle fühlen würden – lasse also den beobachteten Sachverhalt probeweise in mir ablaufen (Simulation) – und schreibe dann den so erlebten mentalen Zustand per Analogie dem Anderen zu. Die Selbstwahrnehmung muß nicht bewußt sein. Man kann auch unreflektiert von der Annahme ausgehen, daß sich der andere so fühlt wie man sich selbst in der entsprechenden Situation fühlen würde. Die Grundlage der Projektion ist eine Ähnlichkeitswahrnehmung. Unbelebte Gegenstände wie Steine oder Fahrräder werden nicht als ähnlich wahrgenommen und entsprechend unterbleibt die Projektion beziehungsweise Zuschreibung mentaler Zustände. Fehlzuschreibungen werden üblicherweise als Animismus bezeichnet. Genauere Ausführungen zum Unterschied zwischen Theorie-Theorie und Simulationstheorie finden sich in den einschlägigen Einführungen zur Theory of Mind-Forschung (z. B. Astington 1993 und Mitchell 1997) und der im vorigen Kapitel genannten Literatur. Fonagy et al. sind primär Theorie-Theoretiker, finden aber auch Platz für simulationstheoretische Erklärungen. Ich gehe weiter unten ausführlicher darauf ein.

keit zum Denken über das Denken wird Metakognition genannt und entsteht mit etwa vier Jahren. Dann verfügt das Kind nicht nur über ein mentales, sondern auch über ein repräsentationales Weltbild, in dem es den subjektiven Charakter seiner geistigen Hervorbringungen durchschaut. Was das genauer heißt, wird noch erläutert.

Die Innovation der Autoren besteht nun darin, die so verstandene Mentalisierungsfähigkeit nicht (nur) – wie viele Kognitionspsychologen – als Reifungserrungenschaft zu betrachten, die sich auf Grund bestimmter Module im Gehirn unter normalen Umweltbedingungen irgendwann einstellt, sondern nachzuweisen, daß die Entwicklung dieser Fähigkeit in hohem Maße von der affektiv-interaktiven Qualität der Primärbeziehungen abhängig ist. Als zentral wird die Erfahrung des Kindes betrachtet, in seinen eigenen Zuständen von Erwachsenen »gespiegelt« zu werden. Wie führt Spiegelerfahrung zu Mentalisierung? Bevor ich dieser Frage nachgehe, möchte ich noch einige terminologische Klärungen vornehmen, die helfen sollen, den Mentalisierungsbegriff zu verdeutlichen.

Selbstreflexion

Fonagy et al. haben ihr Mentalisierungskonzept operationalisiert um zu »messen«, ob und in welchem Umfang Erwachsene in der Lage sind, zu mentalisieren. Zu diesem Zweck wurde eine »reflective self functioning scale« entwickelt, die bestimmte Kriterien enthält, mit deren Hilfe man Gespächstranskripte auswerten und angeben kann, wie hoch der Grad der Selbstreflexion ist, der im Gespräch zum Ausdruck kommt. Ein Ergebnis der Forschung ist, daß Eltern, die über einen hohen Grad an so festgestellter Selbstreflexionsfähigkeit verfügen, häufiger sicher gebundene Kinder haben, während Eltern mit geringerer selbstreflexiver Fähigkeit häufiger unsicher gebundene Kinder haben. Ein zweites Ergebnis ist, daß Borderline-Patienten signifikant niedrigere Werte auf der Selbstreflexionsskala erzielen als Patienten ohne Persönlichkeitsstörungen; ein drittes, daß Gewalttäter besonders niedrige Werte aufweisen (Überblick bei Daudert 2002). Die so gemessene Selbstreflexion ist eine Operationalisierung der Mentalisierungsfähigkeit.

Wichtig ist, daß Selbstreflexion beziehungsweise Mentalisierung nicht mit Introspektion gleichgesetzt werden darf. Im Unterschied zur Introspektion ist sie kein bewußter und vorsätzlicher Prozeß, sondern eher ein habitueller Stil des Umgangs mit Gefühlen und Gedanken. Außerdem bezieht sich diese Fähigkeit nicht nur auf eigene seelische Zustände, sondern auch auf die anderer. Auf der Selbstreflexionsskala erzielt hohe Werte, wer sich im Interview das Verhalten seiner Eltern in geistig-seelischen Termini erklärt oder mutmaßt, welche Einstellungen und Motive die Eltern für ihre Erziehungsmaßnahmen gehabt haben könnten; niedere Werte erzielt, wer nur ihr Verhalten beschreibt.

Hier zwei Beispiele (nach Daudert 2002). Eine Frage im Interview lautet: Hat es seit der Kindheit in Ihrer Beziehung zu Ihren Eltern irgendwelche Veränderungen gegeben? Eine Person antwortet: »Früher war es schwierig mit meinem Vater. Er hat mich oft kritisiert. Aber es waren auch keine leichten Zeiten. Heute haben wir ein gutes Verhältnis. Wir sehen uns manchmal zu den Feiertagen. Dann wird gut gegessen. Er ist nämlich ziemlich locker geworden.« Summarisch könnte man sagen, daß diese Rede eher konkretistisch ist, verallgemeinernde Erklärungen von Verhalten vornimmmt und auf geistig-seelisches Befinden keinen Bezug nimmt.

Eine andere Person antwortet auf dieselbe Frage wie folgt: »Für meinen Vater sind seelische Dinge nach wie vor verwirrend, ich nehme an, daß er sich da nicht auf sicherem Boden fühlt. Ich glaube auch, daß mein Aufenthalt in einer psychosomatischen Klinik ihn irritiert. Doch wenn ich jetzt darüber nachdenke, dann hat er sich in den letzten Jahren nach seiner Pensionierung doch sehr gewandelt. Ich denke, das hängt damit zusammen, daß er sich im Rentenalter sehr für die Förderung und Unterbringung meiner schwer behinderten kleinen Schwester engagiert hat. Das war vermutlich eine harte Schule für ihn, als Admiral der Marine im Alter noch erleben und lernen zu müssen, daß Zivis mit langen Haaren wertvolle Menschen sein können. Aber es hat ihn so viel zugänglicher gemacht. Auch wenn wir darüber nie gespropchen haben, ist er mir innerlich viel näher gerückt. Obwohl, anfangs hat es mich auch traurig gemacht, daß ich diesen Vater nicht schon in meiner Kindheit hatte«. Hier haben wir eine explizite, differenzierte und elaborierte Bezugnahme auf innere Zustände und nicht nur auf Verhalten. Die zwei Beispiele mögen zunächst einmal genügen, um eine intuitive Evidenz dafür zu schaffen was man unter Mentalisierung bei Erwachsenen verstehen kann, wenn sie zum Beispiel über ihre Eltern und ihr Verhältnis zu ihnen erzählen.

Andere Autoren verwenden andere Methoden zur Erhebung der Mentalisierungsfähigkeit. Während bei Fonagy et al. Erwachsene in einem Interviewverfahren etwas erzählen, versuchen Meins et al. (2001, 2002) zu klären, wie Mentalisierung in der direkten Interaktion mit Säuglingen zum Ausdruck kommt. Meins geht wie Fonagy davon aus, daß die Fähigkeit der Eltern, schon kleinste Kinder als denkende und fühlende Wesen zu betrachten, einen erheblichen (positiven) Einfluß auf deren weitere Entwicklung hat. Diese Fähigkeit bezeichnet Meins als »mindmindedness«. Zur Operationalisierung des Konzepts hat sie fünf als relevant erachtete Dimensionen in der direkten Interaktion von Mutter und Säugling erfaßt und Erhebungsmethoden dafür entwickelt. Die verschiedenen Dimensionen sind nicht alle gleich wichtig und beeinflussen verschiedene Aspekte der Säuglingsentwicklung unterschiedlich. Es hat sich herausgestellt, daß nur eine Dimension, nämlich die, ob die Mutter *angemessene Kommentare in bezug auf die vermutete seelische Verfassung des Säuglings* gibt, einen positiven Einfluß auf die spätere Bindungssicherheit hat (Meins et al. 2001). Die Kriterien für das, was als »angemessen« gilt, sind ziemlich komplex. Ich vereinfache stark und nenne als Beispiel für einen angemessenen Kommentar, wenn Mutter und Beobachter übereinstimmen bezüglich dessen was das Kind will, etwa ein bestimmtes Spielzeug; oder wenn die Kommentare der Mutter einen Bezug zu anderen vorher beobachteten Aktivitäten aufweisen; das Kind hatte etwa vor ein paar Minuten ein Spielzeugkamel angefaßt und tut es jetzt wieder. Die Mutter sagt: »Ah, das Kamel interessiert dich«, und nicht etwa: »Was ist das?«

Die Bedeutung der elterlichen Fähigkeit, sich in die vermuteten oder unterstellten Gefühle und Gedanken ihres Säuglings hineinzuversetzen wird mittlerweile von immer mehr Forschungsgruppen anerkannt, was für einen zunehmenden Einfluß psychoanalytischen Gedankenguts spricht. So haben Oppenheim/Koren-Karie (2002) ein »insightfulassessment« entwickelt, in dem Eltern in der Interaktion mit ihren Kindern gefilmt und anschließend während der Betrachtung der Filme zu ihren Gefühlen und Gedanken befragt werden. Bei dieser Methode geht es ebenfalls vorrangig um die Erfassung des elterlichen Bildes vom Kind als eines Wesens mit Wünschen, Motiven und Charaktereigenschaften sowie um die unterschiedlichen Grade von Flexibilität, Einfühlung und Wohlwollen, die in den elterlichen Kommentaren zum Ausdruck kommen. Auch hier wurde der Beitrag der elterlichen Einstellungen zur weiteren Entwicklung des Kindes untersucht. Einsichtsvolle Eltern hatten häufiger sicher gebundene Kinder als Eltern deren Fähigkeit in dieser Hinsicht eingeschränkt war. Von klinischem Interesse ist der Befund, daß therapeutische Interventionen von sechs Monaten Dauer die Einsichtsfähigkeit der Eltern verbessern konnten, was mit einem merklichen Rückgang kindlicher Symptome verbunden war.

Das Konzept der Mentalisierung soll in seinen verschiedenen Varianten, so könnte man die bisherigen Ausführungen resümieren, erfassen ob und wie Menschen über ihre eigenen Gedanken und Gefühle und die anderer »nachdenken«. Das Nachdenken ist dabei kein explizites, sondern eher eine bestimmte intuitive und charakterologisch geronnene Form des Umgangs mit der eigenen seelischen Verfassung und der anderer. Je reichhaltiger und flexibler die Bilder sind, die wir uns davon machen, desto besser »mentalisieren« wir. Diese Fähigkeit zur Mentalisierung beeinflußt die eigene Affektregulation aber auch die Entwicklung der Kinder, mit denen man umgeht. Wie nun kommt diese Fähigkeit zustande? Die Grundidee von Fonagy et al. ist, daß sie, ebenso wie ihre Einschränkung, in der zwischenmenschlichen Interaktion entsteht und zwar durch Affektspiegelung.

Affektspiegelung

Die Autoren gehen davon aus (s. Gergely/Watson 1996, 1999; Fonagy/Target 2002, Fonagy et al. 2002, Kap. 4), daß der Säugling zwar Emotionsausdrücke wie Freude, Ärger oder Traurigkeit zeigt, aber zunächst kein (klares) Bewußtsein der damit einhergehenden emotionalen Zustände hat. Nach ihrer Auffassung existiert allenfalls ein vages Empfinden der hedonischen Tönung und der Stärke des Zustandes, das heißt der Säugling spürt, daß Ärger sich anders anfühlt als Freude und daß es unterschiedlich starke Ausprägungen dieser Gefühle gibt. Das vage Empfinden innerer Zustände nennen die Autoren »primary awareness«. Zu einer deutlicheren Bewußtwerdung dieser Zustände kommt es erst durch die Wahrnehmung der Reaktionen der Pflegepersonen auf diese Zustände. Subjektivität ist somit das Resultat von Intersubjektivität. Wie sieht dieser Prozeß der zunehmenden Bewußtwerdung eigener Zustände im Detail aus?

Den differenzierten Emotionsausdrücken des Säuglings korrespondiert zwar kein entsprechend differenziertes Gefühl, aber seine Eltern reagieren auf seine Ausdrücke. Wenn er lächelt, beginnen sie ebenfalls zu lächeln. Sie sprechen dabei auch mit ihm. All das tun sie auf eine besondere, etwas künstlich und übertrieben wirkende Weise. Ihr Lächeln ist breiter als das des Säuglings, sie wiederholen es mehrfach in verschiedenen Variationen und Modulationen und tun damit etwas, was sie einem Erwachsenen gegenüber nicht tun würden. Auch ihre stimmlichen Äußerungen sind anders. Die typische Ammensprache ist dadurch charakterisiert, daß Erwachsene langsam, in hoher Stimmlage und mit immer variierten Wiederholungen sprechen, damit der Säugling merkt, was abläuft. Diese Verhaltensweisen sind biologisch vorprogrammiert (Papousek/Papousek 1995). Die Erwachsenen der meisten bekannten Kulturen sprechen in dieser Ammensprache mit ihren Säuglingen, und auch Kinder tun dies ab einem Alter von drei bis vier Jahren.

Markierung

Auf diese Weise akzentuieren Eltern die Äußerungen des Säuglings. Er hat vielleicht nur kurz gelächelt, aber die Eltern elaborieren dies nun. Ihre Affektantwort ist *markiert.* Wegen dieser Markierung bemerkt der Säugling, daß der von den Eltern gezeigte Affekt gewissermaßen nicht »echt« ist. Er ist nicht (nur) ihr Affekt, sondern (auch) eine Übertreibung der vom Säugling gezeigten Zustände. Wenn die Eltern beispielsweise auf sein Lächeln so reagieren würden wie auf das anderer Erwachsener, wäre der Säugling mit der echten Freude eines Erwachsenen konfrontiert. So aber gehen seine Eltern in der affektspiegelnden Interaktion gerade *nicht* mit ihm um. Sie konfrontieren ihn mit einer »Als-ob-Freude«. Zwar freuen sie sich auch wirklich über sein Lächeln, aber sie tun es auf eine besondere Weise. Sie »spielen« in ihrer Antwort mit seinem Lächeln. Durch die damit einhergehende Übertreibung kommt es zu einer Markierung, die es dem Säugling erlaubt zu bemerken, daß die Eltern etwas *darstellen* und nicht nur etwas Eigenes ausdrücken.

Referentielle Entkoppelung, referentielle Verankerung, Bewußtwerdung

Nunmehr steht der Säugling vor der Aufgabe, die Darstellungen des Erwachsenen als eine Darstellung seiner eigenen Zustände zu verstehen. Nehmen wir als Illustration das Biofeedbackverfahren. Kein Erwachsener, der eine Biofeedbackübung macht, sitzt vor dem Signalanzeiger und glaubt, dieser würde innere Zustände zeigen. Er weiß, daß solche Geräte keine inneren Zustände haben. Er nimmt also automatisch eine *referentielle Entkoppelung* vor. Er entkoppelt das Monitorbild von seinem Träger (dem Bildschirm). Da ihm gesagt wurde, daß der Bildschirm seine Zustände zeigt, bezieht er dessen Zeichen auf sich, das heißt er begreift sie als Darstellungen seiner eigenen Zustände. Genau das muß auch der Säugling mit den elterlichen Gesichtsausdrücken lernen. Nachdem er erstens wegen der Markiertheit die Besonderheit des Affektausdrucks im menschlichen Gesicht, seine »Als-ob-Qualität«, bemerkt hat und zweitens deshalb den Ausdruck von seinem Träger (dem Gesicht) entkoppelt hat, muß er ihn nun drittens auf sich selbst beziehen – und zwar in einem ganz speziellen Sinn. Er muß ihn nicht nur so auf sich selbst beziehen, daß er sich davon angesprochen fühlt, sondern auch in dem Sinn, daß er ihn als Ausdruck und Widerspiegelung *seines eigenen* Affektzustandes versteht. Dieser Prozeß heißt *referentielle Verankerung*. Auch beim Biofeedbacktraining genügt es ja nicht, zu bemerken, daß auf dem Bildschirm bestimmte prägnante und nicht zu übersehende Zeichen erscheinen (Markierung) um zu wissen, daß diese Zeichen keine Ausdrücke innerer Zustände des Monitors sind (referentielle Entkoppelung), sondern wir müssen darüber hinaus wissen beziehungsweise lernen, daß diese Zeichen die externe Darstellung von *eigenen* Biosignalen sind (referentielle Verankerung), die wir bisher noch nicht bemerkt haben.

Der Säugling befindet sich an diesem Punkt der Argumentation genau soweit wie der Erwachsene, der Biofeedbacktraining vor dem Monitor macht und gesagt bekommt, daß die sich verändernde Kurve auf dem Bildschirm *seine* Muskelspannungen oder Temperaturschwankungen darstellt. Damit ist ihm ein innerer Zustand bewußt geworden, den er vorher nicht oder nicht deutlich bemerkt hatte. Analog dazu gewinnt der Säugling an den Reaktionen des anderen ein Bild von seiner eigenen Verfassung. Das Gesicht der Mutter ist wie ein Bildschirm, der dem Säugling zeigt, was er fühlt. Das zentrale Element bei diesem

Prozeß ist der spielerisch-markierende Umgang mit den Affekten des Säuglings. Ich habe andernorts im Detail dargestellt, wie der hier geschilderte Prozeß der Affektspiegelung zur emotionalen Regulierung und Symbolbildung beiträgt (Dornes 2000 a, Kap. 5) und skizziere nun kurz mißglückte Formen der Spiegelung.[2]

2 Gergely/Watson (1999; s. a. Gergely et al. 2001) haben mittlerweile auch eine Theorie über die Ursprünge des frühkindlichen Autismus vorgelegt, die auf dem Affektspiegelungsmodell beruht. Sie gehen von dem Befund aus, daß Säuglinge bis zum Alter von drei Monaten perfekte Kontingenzen gegenüber imperfekten bevorzugen. Folgendes Experiment illustriert, was damit gemeint ist. Man legt Säuglinge vor zwei nebeneinander stehende Videobildschirme. Auf dem einen sehen sie »live« ihre aktuellen Beinbewegungen, auf dem anderen die Beinbewegungen eines anderen Säuglings. Sie haben also beim Fernsehen die Wahl zwischen einem Bild, das zu ihren Beinbewegungen paßt und einem, das nicht dazu paßt. Bis zum Alter von drei Monaten blicken sie bevorzugt das (perfekt kontingente) Bild ihrer eigenen Bewegungen an, ab drei bis fünf Monaten das Bild der (imperfekten kontingenten) Bewegungen des anderen Kindes. Nun ist es so, daß der eigene Körper meist kontingente Rückmeldung liefert (wenn wir die Beine bewegen, spüren wir zugleich eine Muskelempfindung und sehen eine dazu passende Bewegung), wohingegen die Sozialwelt meist imperfekte Rückmeldungen bietet (wenn wir die Beine bewegen, bewegt der andere sie anders oder gar nicht). Gergely/Watson nehmen an, daß bei Kindern mit Autismus das für die Wahrnehmung solcher Kontingenzen verantwortliche »Kontingenzentdeckungsmodul« defekt ist, weshalb sie auf perfekte Kontingenz fixiert bleiben und eine Verschiebung zur Präferenz für imperfekte Kontingenz nicht stattfindet. Das Interesse autistischer Kinder an ihrer Umwelt beschränkt sich deshalb auf solche Ereignisse, die perfekte Kontingenz bieten. Das sind in der Regel unbelebte Objekte, die sie durch Stereotypien (perfekt) kontrollieren können. Die imperfekt kontingente Sozialwelt bleibt ihnen verschlossen beziehungsweise wird gemieden. Daraus werden dann in dieser Theorie die weiteren Kernsymptome des Autismus abgeleitet. Während Hobson, wie im vorigen Kapitel dargestellt, von einer Störung des Verbundenheitsgefühls ausgeht, die in der Nicht-Wahrnehmung des anderen als eines (Menschen-)Wesens besteht, von dem sich der Säugling wegen des expressiv-emotiven Gehalts seiner Lebensäußerungen angesprochen fühlt, führen Gergely/Watson die Interaktionsprobleme auf differentielle Kontingenzmuster von menschlicher und unbelebter Umwelt zurück. Für sie unterscheiden sich Personen von unbelebten Objekten durch ihre verschiedenen *Kontingenzmuster*, nicht so sehr durch ihre verschiedenen *Expressionsmuster*. In allen bisher dargestellten Theorien des Autismus ist also der Zugang zu anderen Menschen versperrt, allerdings aus unterschiedlichen Gründen: bei Bråten wegen einer Blockierung des Zugangs zum virtuellen Anderen (s. Kapitel 3, Fn. 13); bei Hobson wegen eines Mangels an Personenwahrnehmung und deren expressiven Besonderheiten; in der Theory of Mind wegen eines Mangels an Wahrnehmung mentaler Zustände; bei Gergely/Watson wegen der Fixierung auf perfekte Kontingenz. Kurz zusammengefaßt könnte man sagen, daß

Säuglinge können aus dem Gesicht der Eltern nur dann ein einigermaßen unverzerrtes Bild ihrer eigenen Regungen entnehmen, wenn die Eltern auf eine erstens kongruente und zweitens markierte Weise auf ihre Affektausdrücke reagieren. Kongruent heißt, daß sie auf das Lächeln nicht mit Ärger oder Nicht-Beachtung reagieren, sondern in derselben Affektkategorie. Markiert heißt, daß sie darauf in spielerischer, aber durchaus ernsthafter Weise reagieren. Sind die diesbezüglichen affektiven Stellungnahmen der Eltern entweder unzureichend markiert oder unzureichend kongruent so gelingt es dem Säugling nicht, an den Äußerungen des anderen ein Bild seiner eigenen Zustände abzulesen. Was er an ihnen erkennt, ist die Verfassung des Anderen (dessen Ärger), nicht seine eigene; oder aber er erfährt unpassende Kommentare, die zu seinen eigenen Empfindungen und Bedürfnissen nicht passen. Eben dies führt zu Symbolisierungs- oder Mentalisierungsmängeln. Warum?

Weil Kinder die Ausdrücke anderer immer »irgendwie« auf sich selbst beziehen. Daraus folgt, daß in Fällen *unmarkierter* Affektantworten die darin zum Ausdruck kommenden elterlichen Zustände den eigenen aufgepflanzt werden, so daß fremdes Erleben nun an die Stelle des eigenen tritt. Das Kind verinnerlicht die Erfahrung seiner Eltern. Der unmarkierte Schmerz der Mutter als Reaktion auf den Schmerz des Kindes bei einer Impfung »spiegelt« nicht den des Kindes, sondern drückt ihren eigenen aus und das Kind verinnerlicht ihren Schmerz als Reaktion auf sich selbst. Nicht nur wird sein Affekt schlecht reguliert und repräsentiert, sondern das Kind erlebt sich selbst als jemand, der Schmerzen in anderen hervorruft, denn das war die Reaktion der Mut-

das autistische Kind in Hobsons Theorie gefühlsblind ist, in der Theory of Mind geistesblind und in der von Gergely/Watson blind für imperfekte Kontingenzen. Die Affektspiegelungstheorie böte noch eine weitere Erklärungsmöglichkeit für die Affektregulations- und Symbolisierungsprobleme autistischer Kinder. Selbst wenn sie – entgegen Hobsons Theorie – den expressiven Gehalt der elterlichen Gesichtsausdrücke verstünden, käme es nicht zur Ausbildung von sekundären (symbolischen) Repräsentanzen primärer Zustände, weil sie *den Als-ob-Charakter* dieses Ausdrücke nicht verstehen. Die daraus resultierenden Einschränkungen der symbolischen Repräsentationsfähigkeit und der Affektregulation ließen sich so mit einem konstitutionell bedingten Mangel zur Nutzung des elterlichen Als-ob erklären.

ter auf seinen Schmerz. Ebenso wenn auf den Ärgerausdruck des Säuglings mit realem Ärger reagiert wird. Dadurch wird sein Ärger nicht gespiegelt und modifiziert, sondern eskaliert und der Säugling gewinnt nicht ein Bild des eigenen Zustandes, sondern eines vom Zustand seiner Bezugsperson oder von dessen Einstellung ihm gegenüber. Die Äußerungen des anderen bezieht er auf sich und lernt sich selbst in ihnen als jemand kennen, der der Auslöser von Ärger ist. Schmerz oder Ärger waren primäre Selbstzustände, die, weil nicht spiegelnd modifiziert, nun von den Reaktionen der Eltern überformt, anstatt von ihnen dargestellt/symbolisiert werden.

Ähnliches gilt, wenn die Mutter zwar markiert, aber *nicht kongruent* auf die kindlichen Affekte reagiert. Lenkt sie zum Beispiel von Angst oder Trostbedürfnissen des Kindes ab, indem sie diese in durchaus spielerischer Weise in Müdigkeit oder ein Bedürfnis des Kindes nach Unterhaltung uminterpretiert, so wird sich der Säugling in diesen Stellungnahmen nicht wiedererkennen. Der Spiegelungsprozeß verliert also sowohl durch nicht markierte als auch durch nicht kongruente Stellungnahmen sein symbolbildendes Potential und es entstehen verzerrte sekundäre Repräsentanzen der primären Selbstzustände (Dornes 2000 a, Kap. 5; Fonagy/Target 2002, S. 853; Fonagy et al. 2002, S. 35, 193 f.).

Mögliche Einwände gegen das Affektspiegelungsmodell

Das Modell geht davon aus, daß der Säugling anfangs nur diffuse innere Körpersignale bemerkt, die ihm nicht als bestimmte Gefühle wie Ärger oder Freude zugänglich sind, sondern nur als eher globale angenehme oder unangenehme Gefühlsqualitäten. Die inneren Signale kovariieren zwar mit den Emotionsausdrücken, sind also für Freudeausdrücke andere als für Ärgerausdrücke, aber dieser Zusammenhang zwischen innerem Zustand und äußerem Ausdruck soll vom Säugling zunächst nicht bemerkt werden. Er muß lernen, die verschiedenen inneren Körpersignale, die für Freude oder Ärger charakteristisch sind zusammenzugruppieren. Erst dadurch wird ihm ein Zustand als Freude bewußt, ein anderer als Ärger, während er vorher allenfalls verschiedene innere Signale wahrnahm. Die diesbezügliche Grundidee der Autoren ist, daß dieses Zusammengruppieren diffuser Affektpartikel und das Bewußtwerden von diffusen inneren Zuständen als bestimmten Gefühlen durch die elterlichen Stellungnahmen zu den Affektausdrücken des Säuglings zustande kommt (Fonagy et al. 2002, S. 152 f., 161,181).

Im Unterschied zu dieser Theorie und in Anlehnung an die diskrete Emotionstheorie von Tomkins, Izard und Ekman könnte man alternativ davon ausgehen, daß es eine Ausdrucks-Gefühls-Konkordanz gibt (Dornes 1993, Kap. 5; s. a. Fonagy/Target 2002, S. 844 f.; kritisch: Zepf et al. 1998 und Zepf 2006). Dies bedeutet, daß der Säugling von Anfang an die Gefühle, die er ausdrückt, auch empfindet. Dem Ausdruck von Ärger korrespondiert ein entsprechendes Gefühl und dem von Freude ebenfalls. Dem Säugling sind in dieser Theorie seine verschiedenen Gefühlszustände nicht nur vage, sondern ziemlich differenziert bewußt, und es bedarf keiner elterlichen Rückmeldungen, um ihn für innere Zustände zu sensitivieren. Subjektivität ist dann weniger intersubjektiv konstituiert und stärker organismisch. Letztlich ist diese Frage jedoch durch empirische Forschung nicht direkt zu entscheiden, weil es keine Methode gibt, die den Grad der Bewußtheit eines Gefühls bei Säuglingen messen könnte, was die Autoren auch einräumen (Gergely/Watson 1999, S. 124).

Ihre Hypothese findet indes eine gewisse indirekte Unterstützung durch Befunde der Gehirnforschung. Eliot (1999, Kap. 12) beschreibt, daß bestimmte Bereiche des limbischen Systems, die für Affektausdrücke zuständig sind, sehr früh funktionieren, während andere Bereiche, die für die bewußte Empfindung von Gefühlen zuständig sind, erst ab dem sechsten Monat funktionieren. Dies bedeutet nicht, daß Neugeborene überhaupt nichts empfinden. So spüren sie nachweislich Schmerz. Außerdem ist eine wenn auch eingeschränkte Erregbarkeit der höheren, für die Bewußtheit von Empfindungen zuständigen Teile des limbischen Systems auch schon *vor* sechs Monaten nachweisbar. Dennoch scheinen die Gefühlsausdrücke in den ersten sechs Monaten differenzierter zu sein als die ihnen entsprechenden Gefühle. Wieviel differenzierter ist unklar.

Eine Kompromißbildung zwischen beiden Theorien würde besagen, daß zumindest die sogenannten Basisemotionen »automatisch« mehr oder weniger bewußt und differenziert empfunden werden und die elterlichen Reaktionen nur über das Mehr oder Weniger, nicht aber über Bewußtheit als solche entscheiden. Damit wären auch die in Eliots Befunden angesprochenen Reifungsgrundlagen der Bewußtwerdung stärker berücksichtigt. Unstrittig bliebe aber, daß die (mehr oder weniger bewußten) Gefühlszustände vom Säugling noch nicht reguliert werden können. Die Affektspiegelungstheorie beschriebe in dieser modifizierten Lesart nicht in erster Linie den Prozeß der *initialen* Bewußtwerdung von Gefühlen, als vielmehr den der *zunehmenden* Bewußtwerdung und den Anteil der Umwelt daran sowie den Prozeß der Ausbildung sekundärer Kontrollstrukturen (Repräsentanzen), die die *Regulierung* von Affektzuständen fördern.

Ein zweiter möglicher Einwand bezieht sich auf den (zu) stark dyadischen Charakter des Modells. Von Klitzing (2002 a, S. 882 ff.) hat geltend gemacht, daß triadische Beziehungen ebenfalls die Mentalisierungsfähigkeit fördern. Hierbei ist zwischen einer theoretischen und einer empirischen Kritik zu unterscheiden. Auf theoretischer Ebene wäre zu zeigen, daß der Dritte *konstitutiv* für die Mentalisierung von Erfahrung ist; auf empirischer Ebene genügt der Nachweis seines *förderlichen* Einflusses. Zumindest letzterer ist vorhanden. Untersucht man die Mentalisierungsfähigkeit vierjähriger Kinder an Hand ihrer Begabung, spannende, gehaltvolle Narrative ihrer Erlebnisse zu erzählen, so ergibt sich ein Zusammenhang zwischen dieser Fähigkeit und hoher elterlicher triadischer Kompetenz. Elterliche Trianguliertheit führt zu kindlicher und diese drückt sich in verbesserter Mentalisierung aus (von Klitzing, ebd.; ausführlicher von Klitzing/Bürgin 2005). Der Leser wird jedoch mittlerweile bemerkt haben, daß das Affektspiegelungsmodell im Unterschied zu Hobsons Theorie (s. Kapitel 4), nicht konstituitiv auf etwas Drittes oder einen Dritten angewiesen ist. Während bei Hobson unterschiedliche Einstellungen zu einem Dritten (Ding) in der Welt und eine besondere emotionale Verbundenheit zwischen menschlicher Person und Säugling zentrale Vorausssetzungen für die Symbolbildung sind, sind es bei Fonagy et al. die Prozesse der Markierung und Kongruenz in der *dyadischen* Interaktion, die es dem Säugling erlauben, sekundär-symbolische Repräsentanzen seiner eigenen Zustände auszubilden. Ob und wie beide Theorien zu vereinbaren sind, ist eine derzeit offene Frage.

Ein dritter Einwand gegen das Affektspieglungsmodell besagt, daß es möglicherweise zu weit geht, eine so grundlegende Funktion wie die der Symbolbildung von einem so speziellen Interaktionstyp wie der Affektspiegelung abhängig zu machen. Manche nicht-westlichen Kulturen zeigen erheblich weniger Affektspiegelung in der frühen Interaktion. Sollten wir deshalb annehmen, daß in ihnen auch Mängel in der Symbolbildungsfunktion erwartbar sind? Entsprechende kulturvergleichende Studien, die diese Frage klären könnten, fehlen bisher (Tomasello 1999 b, S. 309).

Mit der Realität spielen

In der nun zu behandelnden »Playing with Reality«-Theorie (Fonagy et al. 2002, Kap. 6; ausführlicher: Fonagy/Target 1996, 2000, Target/Fonagy 1996) wird die Affektspiegelungstheorie ergänzt und weitergeführt. Beide Theorien sind unabhängig voneinander entstanden und deshalb ist es geradezu verblüffend, wie sie zueinander passen. Um ihren Zusammenhang zu verdeutlichen sei daran erinnert, daß ein wichtiger Aspekt beim Affektspiegelungsmodell der spielerisch-markierende Umgang mit den Affekten des Säuglings ist. Damit aber geht es nach einem Jahr zu Ende, weil sich der Horizont des Säuglings erweitert. Er lernt zu laufen, wendet sich vermehrt der Welt zu und verbringt weniger Zeit in der direkten face-to-face-Interaktion mit der Mutter.

Die zentrale Behauptung der »Playing with Reality«-Theorie ist, daß das symbolische Spiel in der Zeit zwischen eineinhalb und vier Jahren denselben Stellenwert einnimmt, den die Affektspiegelung im ersten Lebensjahr hatte. Aber diese Theorie ist noch mehr als die Fortführung des Affektspiegelungsmodells. Sie enthält eine eigenständige Konzeptualisierung der Verfassung des Seelenlebens in der Zeit zwischen eineinhalb und vier Lebensjahren – über die Natur von Subjektivität also, bevor es eine repräsentationale Theorie des Geistes gibt. (Was eine repräsentationale Theorie des Geistes ist, wird noch erläutert.)

Die Autoren postulieren ab dem Alter von eineinhalb Jahren zwei Modalitäten, in denen Gedanken und Gefühle erfahren werden: den Als-ob-Modus (pretend mode) und den Modus psychischer Äquivalenz (psychic equivalence mode). Das Kind oszilliert zwischen beiden Modalitäten, die parallel nebeneinander existieren, hin und her. Eine Integration findet erst im Alter von vier Jahren statt, und wird durch die Art und Weise der elterliche Stellungnahmen zu kindlichen Spielhandlungen und anderen Lebensäußerungen gefördert oder behindert. Die klinische »Anwendung« dieser Theorie besteht in dem Nachweis, daß Borderline-Patienten auf Grund traumatischer Erfahrungen zwischen beiden Modalitäten oszillieren und ihnen die Integration in den sogenannten reflektierenden Modus nicht gelingt.

In ihm wird die Realität suspendiert. Das Kind spielt, daß die Tiere schlafen gehen, das Auto in die Garage fährt, die Puppe zum Arzt muß und dergleichen. Es nimmt Themen aus dem Alltag zum Vorbild und stellt sie im Spiel nach, wobei es sie auch modifiziert. Es bezieht sich also zunächst auf die Realität und entkoppelt sich dann von ihr. Oder, wie Freud (1908, S. 214) sagt: »Der Gegensatz zu Spiel ist nicht Ernst, sondern – Wirklichkeit.« Man kann davon ausgehen, daß das Kind von Anfang an über ein Ahnungsbewußtsein vom fiktiven Charakter seines Spiels verfügt (abweichende Auffassungen bei Hoppe-Graff/Mäckelburg 1991). Dann ist ihm zumindest intuitiv klar, daß es sich bei seiner Tätigkeit um ein Spiel handelt und nicht um Wirklichkeit. Im Spiel kommt der Teufel aus der Wand, aber gerade weil es kein realer Teufel ist, kann so etwas gespielt werden. Es finden Schießereien zwischen Indianern und Cowboys statt und es wird auch gestorben, aber das ist nur möglich, weil das Kind ›weiß‹, daß sein als Gewehr verwendeter Stock keine wirklichen Kugeln schießt. Es versteht allerdings noch nicht, daß sein Stock ein Gewehr *repräsentiert*.[3]

Fonagy et al. sind der Auffassung, daß der Umgang der Erwachsenen mit den spielerischen Äußerungen ihrer Kinder ab eineinhalb Jahren dieselbe Funktion hat, wie die Affektspiegelung im ersten Lebensjahr. Nun ist es nicht mehr das Gesicht der Eltern, das den Zustand des Kindes aufnimmt, modifiziert und zurückspiegelt, sondern es sind die Kommentare der Eltern zu den kindlichen Spielhandlungen. Die Kinder erschaffen im Spiel eine externe Darstellung ihrer eigenen Zustän-

3 Der Unterschied zwischen einem intuitiven Wissen um den fiktiven Charkter des Spiels und einem expliziten Verstehen desselben spielt in der entwicklungspychologischen Literatur eine erhebliche Rolle, vor allem bei der Klärung der Frage, ab wann Kinder nicht nur symbolische Handlungen hervorbringen, sondern den symbolischen Charakter ihrer Hervorbringungen – auch den ihrer Gedanken – *durchschauen*. Den symbolischen Charakter von Gedanken zu durchschauen heißt, zu begreifen, daß mentale Gebilde nicht nur Dinge sind, die im Geist existieren, sondern Repräsentationen, die vom Geist hervorgebracht werden. Erst dann werden Gedanken als subjektive Schöpfungen verstanden, die die Realität nicht nur wiedergeben, abbilden oder sonstwie erfassen, sondern *repräsentieren*. Der (explizite) Erwerb einer solchen repräsentationalen Theorie des Geistes wird üblicherweise auf das Alter von vier Jahren datiert. Für Details der Debatte siehe Perner (1991), Astington (1993), Mitchell (1997), Mähler (1999), Bischof-Köhler (2000) und Sodian (2003).

de, indem sie diese in den Spielfiguren verankern. Nicht mehr das elterliche Gesicht ist jetzt eine solche externe Darstellung, sondern die Spielfigur. Verinnerlicht wird nicht mehr nur das Bild, welches das Kind im Gesicht der Eltern von sich vorfindet, sondern auch der Kommentar der Eltern zu seinem Spiel. Muß ein sechs Monate altes Kind zum Arzt und bekommt eine Spritze, so wird die Mutter den Schmerz aufnehmen, indem sie ihr Gesicht schmerzhaft verzieht und mit der Stimme Einfühlung und Beruhigung signalisiert. Wird sie selbst von Schmerzen überwältigt, ist ihre Beruhigungsfähigkeit eingeschränkt. Gerade ihre Fähigkeit, auf den Schmerz des Kindes im spielerischen Als-ob-Modus zu reagieren ist ein essentieller Bestandteil der Beruhigung.

Später, wenn das Kind spielen kann, werden solche Ereignisse im Spiel nachgestellt. Das Kind wird, wenn es wieder zu Hause ist, der Puppe eine Spritze geben und die Mutter wird diese Handlung kommentieren und sagen: »Oh, das gibt einen Pieks«. Die Puppe jammert dann ein bißchen, wird getröstet und wieder in den Wagen gelegt. Die Kommentare der Eltern zu den Spielhandlungen sind implizite Kommentare zu den im Spiel dargestellten und externalisierten Selbstzuständen des Kindes und werden verinnerlicht wie vorher die in den Gesichtsausdrücken und Vokalisierungen zutage tretenden Kommentare der Eltern. In beiden Fällen wird mit der Realität gespielt.

Wichtig dabei ist, daß die Kommentare der Eltern ebenfalls im spielerischen Modus gegeben werden (Fonagy et al. 2002, S. 282). Spielt das Kind zum Beispiel »Vater-Erschießen« und der Vater reagiert darauf mit realem Ärger und schimpft mit dem Kind, so wird aus dem Spiel Ernst und der Kommentar des Vaters hat nicht zur Regulierung des aggressiven Impulses beigetragen, sondern zu Eskalation, Angst oder Verwirrung. Reagiert er darauf aber »markiert« beziehungsweise im Als-ob-Modus, indem er auf eine dramatisierte, künstliche Weise stirbt, so hat er dem Kind damit signalisiert, daß man mit den eigenen Impulsen und Wünschen spielen kann, ohne daß sie eine Auswirkung auf die Realität haben. Sie sind eben Wünsche und keine wirklichen Handlungen, Gedanken und keine Taten, Repräsentationen von Realität und nicht die Realität selbst.

Ein pathologisches Analogon zum Spiel sind dissoziative Zustände (Fonagy/Target 2000, S. 968). In ihnen findet ebenfalls eine Aufhebung des Bezuges zur Realität statt, beispielsweise bei Mißhandlungen. Dabei stellt sich das Kind dann etwa vor, es wäre eine seiner Puppen, so daß nicht ihm, sondern der Puppe das Unglück zustößt. Der Als-ob-Umgang mit der Realität ist hier nicht spielerisch, sondern defensiv. Die temporäre Irrealisierung dient der Traumabewältigung. Der Bezug zur Realität ist allerdings, anders als im Spiel, in dissoziativen Episoden vollständig suspendiert. Sie ähneln eher der Trance als dem Spiel. Das Subjekt »weiß« nicht, daß es sich in einem dissoziativen Zustand befindet, wohingegen das Kind um den spielerischen Charakter seiner Tätigkeit durchaus weiß, wenn auch zunächst nur intuitiv.

Eine zweite Variante des pathologischen Umgangs mit dem Als-ob besteht nicht in dessen *Übertreibung*, sondern in seiner *Vermeidung*. Ein Spiel wird erfahrungsgemäß dann gefährlich, wenn das Ahnungsbewußtsein seines spielerischen Charakters verlorengeht und die Grenze zwischen Spiel und Realität verschwimmt. Für dieses Verschwimmen kann es verschiedene Gründe geben. Ich vermute, daß die Grenze dann instabil und bedroht ist, wenn die Kinder – unter anderem wegen mangelnder Markierung ihrer kommunikativen Äußerungen – keinen oder nur einen prekären generalisierten kommunikativen Stil des Als-ob im Umgang mit der Realität entwickelt haben. Es gibt keine getrennten Repräsentanzen von beiden und das Als-ob wird konkretistisch als real und damit bedrohlich mißverstanden. Kinder reagieren dann auf einen Erwachsenen, der im Spiel so tut, als ob er weinen würde, betroffen und mit der Aufforderung aufzuhören. Als-ob-weinen und wirkliches Weinen liegen zu nah beeinander (s. das Fallbeispiel bei Fonagy et al. 2002, S. 301 ff.). Dazu paßt, daß traumatisierte Kinder in ihrer Fähigkeit zum symbolischen Spiel oft erheblich eingeschränkt sind. Wenn die Realität bedrohlich ist, kann man nicht (mit ihr) spielen. Bei normalen Kindern wird die Grenze zwischen Realität und Spiel erfahrungsgemäß am ehesten dann fließend, wenn sie unter Streß stehen, müde oder krank sind. Dennoch gibt es auch bei ihnen zumindest eine Disposition zum Verschwimmen der Grenzen, weil sie im Alter zwischen eineinhalb und vier Jahren den symbolischen Charakter ihres Spiels zwar intuitiv verstehen, aber noch nicht begreifen. Sie erleben ihre Gedanken deshalb tendenziell im Äquivalenzmodus.

Der Äquivalenzmodus

In diesem Modus erlebt das Kind seine Gedanken, wie wenn sie Realität wären. Damit ist *nicht* gemeint, daß das Kind Gedanken und Wirklichkeit verwechselt und sie wie Halluzinationen oder Träume erfährt, sondern eher, daß seine Gedanken einen ähnlichen *Effekt* haben wie ein wirkliches Ereignis. Der Gedanke an ein Krokodil unter dem Bett hat eine ähnlich ängstigende Wirkung wie ein wirkliches Krokodil, das Vorlesen einer Geschichte mit Einbrechern eine ähnliche Wirkung wie ein wirklicher Einbruch, oder – bei Erwachsenen – der Gedanke an eine Krebserkrankung eine ähnliche Wirkung wie die Diagnose Krebs. Gedanken sind also hinsichtlich ihrer Auswirkungen Ereignissen in der Realität äquivalent. Im Spiel werden Gedanken und Gefühle von der Wirklichkeit abgekoppelt und sind dann irreal, im Äquivalenzmodus sind sie überreal.

Der Umgang der Eltern mit diesem Erleben ist nun von erheblicher Bedeutung für die weitere Entwicklung. Eltern können im günstigsten Fall das Erleben des Kindes akzeptieren, wenn es im Modus psychischer Äquivalenz ist, aber sich gleichzeitig so verhalten, daß deutlich wird, daß sie nicht genau dasselbe erleben. Als Illustration kann der Fall eines kleinen Kindes dienen, das Angst vor einem hinter der Tür hängenden Bademantel hat und nicht einschlafen kann, weil es darin einen bedrohlichen Mann sieht. »Für das Kind ist das die Realität und sein Erschrecken teilt sich auch ganz real und zwingend mit. Eltern sagen dem Kind dann nicht nur, daß der Bademantel kein Mann ist oder daß es dumm wäre, sich vor ihm zu fürchten. Sie nehmen den Bademantel auch weg und anerkennen damit die Realität des furchtauslösenden Gedankens, ohne gleichtzeitig dieselbe Furcht zu zeigen. Eltern schließen sich also einerseits der Wahrnehmung des Kindes an, teilen sie, stellen aber gleichzeitig die Möglichkeit einer anderen Perspektive zur Verfügung und schaffen damit Distanz zur kindlichen Perspektive... Genau darum geht es in der analytischen Arbeit mit Borderline-Patienten« (Fonagy/Target 2000, S. 980).

Pathologische Fixierung im Äquivalenzmodus

Nach Auffassung der Autoren operieren Borderline-Patienten häufig im Äquivalenzmodus und erleben ihre Gedanken nicht als Gedanken, sondern wie wenn sie Wirklichkeit wären. Hier ein Beispiel (nach Fonagy 2001, S. 189): Ein Borderline-Patient neigte in der Behandlung zu langen Schweigepausen. Einmal wurden sie ausgelöst, weil der Analytiker zwei Minuten zu spät kam und dauerten Monate. Deutungen führten zu nichts. Schließlich stellte sich heraus, daß durch diese und andere Verspätungen des Analytikers im Patienten ein Bild von ihm als einer gleichgültigen und unzuverlässigen Person entstanden war. Der Patient sagte schließlich: »Sie sind ein gleichgültiger und unprofessioneller Bastard und sie wissen das genau«. Die Vorstellung von Unzuverlässigkeit und Gleichgültigkeit ist als solche nichts Ungewöhnliches. Entscheidend ist die Hartnäckigkeit und Unkorrigierbarkeit der Vorstellung. Der Patient ist von ihr gewissermaßen besessen. Er erlebt sie als Wirklichkeit und nicht als seine Wahrnehmung, Perspektive oder Repräsentation von Wirklichkeit.

Die Gründe für dieses »Mißverständnis« sehen die Autoren in Traumatisierungen, die sich in der Kindheitsgeschichte von Borderline-Patienten mit großer Regelmäßigkeit finden lassen (Paris et al. 1993, Johnson et al. 1999). Sie untergraben die Fähigkeit, Realität und Phantasie sicher zu unterscheiden. Borderline-Patienten können deshalb mit ihren Gedanken nicht spielen und auch nicht mit der Realität; denn mit Gedanken spielen setzt voraus, daß man sie als Repräsentationen von Realität begreift, als *mögliche* Sichtweisen derselben; und mit der Realität spielen setzt voraus, daß die spielerischen Darstellungen von Realität nicht in Ernst umschlagen.

Ein solcher Umschlag kann auch ohne handfeste Traumatisierungen stattfinden. Ein Spiel, in dem das Kind so tut, als würde es den Vater erschießen, entgleist, wenn das spielerische »Vater-Erschießen« vom Vater als real codiert und mit Ärger oder Wut beantwortet wird. Dann wird der Impuls oder Gedanke wie eine Tat behandelt und verliert seinen spielerischen Charakter. Er wird nun im Äquivalenzmodus erlebt und ist darin *bedrohlich* wirklich, wenn auch nicht *psychotisch* wirklich (Fonagy et al. 2002, S. 282). Aber es ist nicht der falsche Umgang mit dem kindlichen Spiel, der den Äquivalenzmodus *erschafft.* Der Umgang sorgt nur dafür, daß ein Spiel umkippen kann. In was er umkippt, ist der Äquivalenzmodus und der ist eine eigenständige kindliche Erlebnisform, die dadurch entsteht, daß sich Kinder nicht über den repräsentationalen Charakter von Gedanken im klaren sind. Eine der Eigenarten kindlichen Erlebens, insbesondere die Neigung, Gedanken in einer wenig gefilterten Unmittelbarkeit zu erleben, wird von den Autoren also mit Besonderheiten der kognitiven Entwicklungen erklärt. Auf diese haben die Eltern nur insofern einen Einfluß, als ihr Umgang damit die weiteren Schicksale dieser Erlebnisweise beeinflußt, nicht aber in dem Sinne, daß sie diese Erlebnisweise erschaffen oder verhindern können.

Äquivalenzmodus und Theorie des Mentalen

Die Theory of Mind-Forschung hat gezeigt, daß Kinder bis zu einem Alter von etwa vier Jahren Gedanken nicht für Darstellungen oder Perspektiven auf Realität halten, sondern für Abbilder derselben. Ein Gedanke spiegelt die Realität wider wie ein Spiegelbild das Gesicht. Deshalb werden Gedanken, die nicht zur Realität passen an diese angepaßt (mind fits world; Geist-auf-Welt-Ausrichtung), während der Psychotiker die Realität den Gedanken anpaßt (world fits mind; Welt-auf-Geist-Ausrichtung; Searle 1983). Ein schönes Beispiel für die Anpassung der Gedanken an die Realität findet sich in einer der Standard-Prozeduren der Theory of Mind-Forschung (Perner et al. 1987; s. a. Wimmer/Perner 1983). Ein Kind im Alter von drei Jahren wird ins Untersuchungszimmer gerufen. Dort zeigt man ihm eine längliche Schachtel, die mit Bildern von Smarties bedruckt ist und fragt: »Was ist wohl in der Schachtel«? Die Antwort lautet plausiblerweise: »Smarties.« Die Schachtel wird geöffnet und es sind Bleistifte drin. Jetzt fragt man weiter: »Nehmen wir an, draußen steht dein Freund. Wenn wir den hereinholen, ihm die verschlossene Schachtel zeigen und ihn dasselbe fragen – was meinst du wird er sagen«? Dreijährige Kinder antworten: »Bleistifte«, Vierjährige antworten: »Smarties.« Die Dreijährigen können sich also noch nicht vorstellen, daß das Kind draußen – obwohl es gar nicht wissen kann, daß Bleistifte in der Schachtel sind – eine falsche Überzeugung (false belief) in bezug auf die Realität haben kann.

Sie können übrigens auch nicht glauben, daß sie selbst eine solche falsche Überzeugung hatten. Fragt man sie nämlich kurze Zeit später, was sie *vorhin* dachten, was in der Schachtel sei, so sagen sie im Brustton der Überzeugung: »Bleistifte.« Bei dieser Antwort handelt es sich nicht um ein Erinnerungsproblem und auch nicht um Konformismus oder durch Scham veranlaßte Berichtigungen, sondern die Dreijährigen können einfach nicht glauben, daß sie etwas glaubten, das der jetzigen Realität nicht entspricht. Sie halten Gedanken für Abbilder von Realität, nicht für Repräsentationen von Realität und passen sie deshalb der Realität an. Ab etwa vier Jahren verstehen sie das Problem falscher Überzeugungen und geben damit zu erkennen, daß sie Gedanken als Repräsentationen, nicht mehr als Abbilder von Realität verstehen.[4]

Äquivalenzmodus und psychische Realität

Das Vorherrschen des Äquivalenzmodus über dieses Alter hinaus ist ein Indiz für Pathologie, weil es anzeigt, daß die kognitive Filterung des Erlebens, die dadurch zustande kommt, daß man Gedanken als bloße Gedanken erkennt (etwas ist »bloß« ein Film, »bloß« eine Geschichte, »bloß« ein Gefühl) unzureichend funktioniert. Die Theorie des Erlebens im Äquivalenzmodus ist also ein Versuch, eine Eigenart von Subjektivität, – nämlich die Unmittelbarkeit, mit der Kinder in den ersten vier Jahren ihre Gedanken und Gefühle erleben – auf das Fehlen einer repräsentationalen Theorie des Geistes zurückzuführen.

Damit wird eine kognitionspsychologische Erweiterung von Freuds Konzept der psychischen Realität anvisiert. In Freuds Konzept (s. dazu Freud 1916/17; Laplanche/Pontalis 1967) wird die Überwertigkeit von Gedanken (etwa Zwangsgedanken) auf den Einfluß unbewußter Phantasien zurückgeführt. In der Äquivalenzmodustheorie wird diese Überwertigkeit in gewissem Umfang als eine Eigenart des normalen kindlichen Denkens betrachtet. Wenn ein kleines Kind nach dem Betrachten eines Bilderbuches mit Krokodilgeschichten anfängt sich zu fürchten, dann nicht unbedingt deshalb, weil es unbewußte Phantasien

4 Ein *implizites* Wissen um falsche Überzeugungen gibt es schon bei Kindern ab einem Alter von drei Jahren (Clements/Perner 1994) oder vielleicht sogar schon ab 15 Monaten (Onishi/Baillargeon 2005). Darauf kann ich hier nicht näher eingehen. Britton (1995) hat eine kleinianische Version des Problems falscher Überzeugungen entwickelt, das von Fonagy et al. (2002, S. 260 f., 350; Target/Fonagy 1996, S. 470 f.) ebenfalls diskutiert wird. Auch auf die Abgrenzung des Äquivalenzmodustheorems von Segals (1957) Konzept der symbolischen Gleichsetzung kann hier nur hingewiesen werden (s. Target/Fonagy 1996, S. 469; Fonagy/Target 2000, S. 964; Fonagy 2001, S. 179).

hat, etwa eine unbewußte Angst vor der Mutter auf das Krokodil verschiebt, sondern weil es wegen kognitiver Unreife nur unzulänglich in der Lage ist, die eigenen Gedanken als Gedanken, das heißt als Hervorbringungen des eigenen Geistes zu begreifen. Dies fällt besonders dann schwer, wenn es emotional labil ist, also müde, krank, wütend etc., weil in Streßsituationen auch bereits in Ansätzen erworbene kognitive Funktionen geschwächt werden können.[5]

Das Besondere am Ansatz von Fonagy et al. besteht darin, daß die Autoren nicht, wie viele Kognitionspsychologen, einfach davon ausgehen, daß in einer normalen Umwelt diese Eigenart kindlichen Denkens, die eigenen Gedanken als überreal zu erleben, schließlich überwunden wird, sondern daß sie beschreiben, wie der Erwerb einer reifungsmäßig gebahnten repräsentationalen Theorie des Geistes durch Traumatisierungen beeinträchtigt und durch günstige Reaktionen gefördert werden kann.

Der reflektierende Modus

Ein Umgang der Eltern mit den kindlichen Lebensäußerungen, in dem das Als-ob und das Reale nebeneinander Platz haben – von den Autoren mentalisierender Modus genannt (Fonagy/Target 2000, S. 969) – führt zu Symbolisierung und schließlich auch zu einer Integration von Als-ob- und Äquivalenzmodus. Diese Integration ermöglicht eine neue Weise des Erlebens der eigenen Gedanken- und Gefühlswelt im sogenannten reflektierenden Modus. In ihm verfügt das Kind über eine repräsentationale Theorie des Geistes, in der es seine Gedanken und Gefühle als Einstellungen zur Realität durchschaut, die von dieser zwar

5 Natürlich schließt die Erklärung eines Phänomens durch kognitive Unreife nicht aus, daß dasselbe Phänomen auch durch unbewußte Phantasien zustande kommen kann. Hopkins (1990) beschreibt in einem anrührenden Fallbeispiel einen zweijährigen Jungen, der Angst vor Bilderbüchern mit feuerspeienden Drachen entwickelte. Nähere Gespräche mit der Mutter ergaben, daß diese dem Kind bei Ungehorsam mit ihrer brennenden Zigarette drohte. Das Kind verschob die Angst vor der im wörtlichen Sinne qualmenden und feuerspeienden Mutter auf die Drachen und konnte so die Beziehung zur Mutter schützen. Hierbei spielt der Abwehrmechanismus der Verschiebung eine zentrale Rolle und das wirkliche Angstobjekt ist unbewußt geworden. (Weitere Überlegungen dazu bei Dornes 1997, S. 303 ff.)

beeinflußt werden, aber keine äquivalenten Abbilder derselben sind. Sie könnten auch anders sein und andere haben andere Einstellungen zur Realität als es selbst – sowohl andere Gefühle als auch andere Gedanken. Wenn die Mutter jetzt böse auf das Kind ist, so kann sich das Kind sagen: Meine Mutter glaubt oder denkt, ich sei böse, aber ich glaube und denke etwas anderes. Es kann nun mit der Realität spielen, weil es die eigenen Gedanken und Gefühle nicht als notwendigerweise durch die Realität hervorgerufen versteht, sondern als eigene subjektive Reaktion darauf.

Die gemeinsamen Merkmale verschiedener Formen von Affektregulation

Merkmale biologischer Regulation

Nun zu der Frage, auf Grund welcher Eigenschaften zwischenmenschliche Interaktionen, Spiel und symbolisches Denken einen affektregulierenden Einfluß haben (ausführlich Fonagy et al. 2002, Kap. 7). Zu Beginn des Lebens verfügt das Kind nur über sehr begrenzte Fähigkeiten zur Regulation seiner Zustände wie Beruhigungssaugen am eigenen Daumen oder Blickab- und -zuwenden, die den sensorischen Input und damit das Erregungsniveau beeinflussen. Bei diesen Regulationsprozessen gibt es auch eine konstitutionelle Komponente. Die interaktionelle Komponente besteht aus den elterlichen Pflege- und Kommunikationshandlungen. Biologische Regulierung verläuft unter anderem über Affektinduktionsprozesse. Säuglinge werden allein durch die Wahrnehmung elterlicher Affekte oft in denselben Zustand versetzt wie das beobachtete Vorbild. Sie werden auf automatische Weise von Affektzuständen des Anderen angesteckt. Schon Neugeborene reagieren auf das Geschrei anderer Neugeborener ebenfalls mit Schreien. Auf die Affektausdrücke ihrer Eltern reagieren sie schon früh mit Nachahmung. Durch den Akt der mimischen Nachahmung geraten sie – ebenfalls automatisch – in denselben Affektzustand wie ihre Eltern, weil das Imitieren des Gesichtsausdrucks das entsprechende Gefühl induziert, einschließlich der spezifischen physiologischen Parameter und EEG-Muster, die für diese Gefühle kennzeichnend sind. Dies gilt für Beruhigung und Beunruhigung gleichermaßen. Letztlich handelt es sich hierbei um biologische oder quasi biologische Prozesse, in denen die Eltern ihre Aufregung, Niedergeschlagenheit, Freude oder Ärger auf den Säugling übertragen. Solche Stimmungsübertragungen gibt es bereits im Tierreich.

Merkmale spiegelnder und spielerischer Regulation

Die Affektspiegelungstheorie beschreibt darüber hinaus, wie Affekte durch spielerischen Umgang mit ihnen reguliert werden, also durch einen bestimmten Interaktionstypus. Dieser ist humanspezifisch und findet sich nicht einmal bei unseren nächsten Verwandten, den Schimpansen. Die regulative Kraft dieser »spielerischen« Form zwischenmenschlicher Interaktion beruht, wie oben dargelegt, auf zwei Merkmalen: erstens der *Markierung* beziehungsweise dem Als-ob-Umgang mit Affekten durch die Eltern; zweitens dem daraus resultierenden Gefühl der *Kontrolle* über das Geschehen auf seiten des Säuglings (für Details s. Dornes 2000 a, Kap. 5). Beim Spiel kommt noch ein drittes Merkmal hinzu: das der aktiven *Modifizierung* des Geschehens. Sowohl im Umgang mit Spielfiguren als auch in dem mit Spielpartnern kann das Kind das Geschehen nicht nur markieren und kontrollieren, sondern darüber hinaus aktiv modifizieren. Hat es selbst zuvor eine Spritze bekommen, so kann es jetzt der Puppe eine Spritze geben. Ist es auf der Treppe hingefallen, so kann es in der entsprechenden Spielszene die Puppe ohne Probleme eine Treppe bewältigen lassen.

Merkmale symbolischer Regulation

Diese drei Eigenarten – der Als-ob-Umgang mit der Realität, die Kontrolle über die Situation und ihre aktive Modifizierung – sind nicht nur für das Spiel kennzeichnend, sondern auch für die symbolische Tätigkeit. Im Tagtraum, in der Phantasie und im inneren Sprechen behandeln wir die Realität im Als-ob-Modus. Wir tun im Geist, das heißt mit dem *inneren* Medium des Bildes und der Sprache, was Kinder im Spiel mit dem *externen* Medium der Spielfigur tun. Die Gemeinsamkeiten zwischen Spiel und Phantasie sind somit dreifach. Erstens: Wie das Kind im Spiel seine Spielfiguren Affekte erleben läßt und dadurch seine eigenen Affekte in einen Als-ob-Rahmen einbettet, so erleben wir in phantasierten Situationen unsere Affekte nicht wie in realen Situationen, sondern probeweise oder abgeschwächt. Wir verwechseln diese »simulierte« Art des Erlebens nicht mit dem Erleben in einer wirklichen Situation, sondern wir vergegenwärtigen uns ein vergangenes Erleben eher, als daß wir es erneut durchleben. Wir erleben also im Als-ob-Modus – offline, nicht online.[6]

Zweitens: In Bild und Sprache können wir die Szene ebenso oder noch besser kontrollieren als im Spiel. Wir gestalten sie, sie stößt uns nicht zu, und wir sind bei ihrer Kontrolle nicht einmal an die Grenzen der Spielfiguren oder den guten Willen der Spielpartner gebunden.

Drittens: Wir kontrollieren die Szene nicht nur, sondern wir können sie auch aktiv gestalten und nach Belieben modifizieren, denn der Phantasie sind keine Grenzen gesetzt. So betrachtet ist – erstaunlicherweise – die regulatorische Kraft des Mentalen auf genau dieselben Eigenschaften zurückzuführen wie die regulatorische Kraft des interaktiven Spiegelns und des Spielens! Alle drei Aktivitäten beziehen ihre regulatorische Kraft aus den drei Eigenschaften des Als-ob, der Kontrolle und der Modifizierung.

Zwischen den drei Formen des Umgangs mit Affekten – Affektspiegelung, Spiel und Phantasie – besteht also ein innerer Zusammenhang. Sie bauen aufeinander auf. Mängel in der Affektspiegelung führen, wie dargestellt, zu fehlenden oder verzerrten sekundären Repräsentanzen primärer Affektzustände, das heißt zu Nicht- oder Fehlrepräsentationen eigenen Erlebens. Dies beeinflußt nicht nur die interaktive Affektregulierung, sondern auch diejenige im Spiel und in der Phantasie, weil das Kind mit verzerrten Selbstrepräsentanzen nicht spielerisch

6 Von dieser Form des »Durchdenkens« unterscheiden die Autoren die »mentalisierte Affektivität«. Sie ist die am weitesten entwickelte Form der Mentalisierung und bezeichnet die Fähigkeit, über Affekte nachzudenken, *während* man in dem betreffenden Affektzustand ist (Fonagy et al. 2002, Kap. 10). Es wird nicht offline über etwas nachgedacht, das man gestern erlebt hat, sondern online über etwas, das man gerade erlebt. In der Unmittelbarkeit des Erlebens läuft gewissermaßen als zweite Spur ein Umgang mit diesem Erleben mit, der ihm Tiefe und Bedeutung gibt. Er ermöglicht eine Form der Erlebnisverarbeitung, die nicht Kognitionen auf Affekte »anwendet«, sondern beide verknüpft. Am nächsten kommt diesem Konzept in der traditionellen psychoanalytischen Terminologie das der emotionalen Einsicht und das der therapeutischen Ich-Spaltung, die beide ebenfalls die Gleichzeitigkeit von Erleben und selbstbeobachtender Verarbeitung des Erlebens bezeichnen sollen. Dieses Endstadium der Entwicklung wird erst im Erwachsenenalter erreicht.

umgehen kann, sondern sie loswerden will. (Genaueres dazu weiter unten im Abschnitt über »Das fremde Selbst und die projektive Identifizierung«.) Aber nicht nur das Spiel, sondern auch die Phantasietätigkeit ist eingeschränkt. Zum einen, weil das unzureichend gespiegelte Kind eher phantasiearm und konkretistisch denkt; zum anderen, weil es selbst dort, wo es phantasiert, verstärkt im Äquivalenzmodus verhaftet bleibt. In ihm aber kann die regulatorische Kraft der Phantasie nicht genutzt werden, weil sie nicht als Phantasie erlebt wird, sondern so konkret wie die Realität.

Die Entwicklung des Selbst

Bisher wurden die Prozesse der Affektspiegelung, des Spiels und des Phantasierens unter dem Gesichtspunkt betrachtet, wie sie zur Affektregulierung beitragen. Die übergreifende Gemeinsamkeit bestand darin, daß Affektspiegelung und Spiel dem Kind ein Bild seiner Person zeigen, wie es im Gesicht oder im Geist der Eltern – das heißt in ihren mimischen, vokalen oder sprachlichen Kommentaren zu seinen Lebensäußerungen – aufscheint. Diese externen Darstellungen seiner eignen Zustände führen zu einer zunehmenden Bewußtheit derselben und werden vom Kind allmählich verinnerlicht. Auf diesem Weg formen sie die Inhalte seiner Selbtrepräsentanz und verknüpfen seine primären Selbstzustände mit Bildern und Gedanken. Diese Verknüpfung stellt zum einen eine Anreicherung dieser Selbstzustände mit psychischem Gehalt dar und erlaubt es zum anderen, sie im Medium von Spiel und Phantasie »durchzuarbeiten«, denn nur in diesen Medien sind sie der kommunikativen und selbstreflexiven Korrektur zugänglich. Andernfalls können sie nur biologisch korrigiert werden, beispielsweise durch Medikamente, Massage oder andere körperliche Übungen, also durch einen direkten Eingriff in die primären Zustände.

Man kann nun aber die Entwicklung des Selbst nicht nur unter dem Gesichtspunkt betrachten, wie sich die Wahrnehmung von Affektzuständen, sondern auch wie sich die Wahrnehmung eigener und fremder *Handlungen* entwickelt und zunehmend mentalisiert. Dieser Aspekt der Theorie wird in verschiedenen Versionen dargestellt (Fonagy et al. 2002, Kap. 5; Kurzfassung Gergely 2002; Erweiterungen Gergely 2003) und lautet in äußerster Verkürzung zusammengefaßt wie folgt: Zunächst einmal soll sich das Selbst ganz unmental als von anderen abgegrenzter Körper im Raum empfinden, der der Urheber von Handlungen ist, die sich auf die physikalische Welt beziehen. Die Handlungen werden vom Säugling noch nicht als von mentalen Zuständen verursacht wahrgenommen (»self as physical agent«). Sofern die Handlungen im interaktiven Austausch mit anderen Personen erfolgen, wird sich der Säugling auch als sozialer Akteur verstehen (»self as social agent«). Danach folgt (ab neun Monaten) eine Stufe, in der das Kind eigene und fremde Handlungen als zielgerichtet interpretiert, aber immer noch nicht als durch mentale Zustände verursacht (»self as teleological agent«). Erst mit eineinhalb Jahren entsteht ein »self as mental agent«. Nun werden mentale Zustände als hinter dem Verhalten liegende Ursachen angenommen, separat von ihren Einbettungen in Verhalten, oder expressive Äußerungen encodiert, und ein mentalistisches Weltbild entsteht, das ab vier Jahren von einem repräsentationalen abgelöst wird (»self as representational agent«). Auf jeder dieser Stufen verändern sich Welt- und Selbstbild in charakteristischer Weise.

Den hochinteressanten entwicklungspsychologischen Details dieses Theorieteils, der einen Gesamtüberblick zum Thema »Soziale Kognition und Handlungsverstehen in der frühen Kindheit« enthält, bin ich an anderer Stelle nachgegangen (Dornes 2004) und beschränke mich hier auf den Aspekt, der für das Verständnis von Borderline-Störungen wichtig ist.

Teleologie und Mentalität

Fonagy et al. nehmen an, daß sich Säuglinge menschliche Verhaltensweisen normalerweise bis zum Alter von eineinhalb Jahren überwiegend oder ausschließlich im teleologischen Modus erklären. Diese entwicklungspsychologischen Überlegungen werden für das Verständnis klinischer Phänomene relevant, wenn man mit den Autoren davon ausgeht, daß Mängel in der zwischenmenschlichen Interaktion dazu führen, daß teleologische Formen der Selbst- und Fremdwahrnehmung nur unzulänglich überwunden werden und bei erwachsenen Patienten wieder aufleben (Fonagy et al. 2002, S. 225, 232 f., 250 f., 349, 361 f.). Das Spezifikum der Theorie ist also die Behauptung eines teleologischen Stadiums in Abgrenzung zu einem mentalen sowie die Auffassung, daß Borderline-Patienten *teilweise* in diesem unmentalen, teleologischen

Modus denken. In ihm empfinden sie ihre eigenen Regungen und die anderer zwar als zielgerichtet, nicht aber als von mentalen Zuständen verursacht und verstehen deshalb weder sich noch andere als mentale Akteure. Zwei Beispiele sollen den Unterschied zwischen Teleologie und Mentalität verdeutlichen.

Ein Vater hört von seinem Sohn, daß der eine Lampe kaputt gemacht hat. Zunächst glaubt er den kindlichen Versicherungen, dies sei nicht mit Absicht geschehen. Er zeigt damit eine mentalisierende Einstellung, weil er nicht nur das Verhalten des Kindes, sondern dessen Motive berücksichtigt. Als er jedoch feststellt, daß es sich um seine Lieblingslampe handelt, gerät er so in Wut, daß er den Sohn schwer mißhandelt. In emotionaler Erregung »regredierte« er also von einem mentalisierenden Modus in dem Motive/Absichten galten, zu einem teleologischen, in dem schädigendes Verhalten unter Absehung von (mentalen) Motiven bestraft wird (Fonagy et al. 2002, S. 361).

Ein zweites Beispiel soll den Unterschied zwischen Teleologie und Mentalität weiter illustrieren (modifiziert nach Fonagy et al. 2002, S. 355): Nehmen wir an, ich beobachte einen Bekannten, der mir auf dem Gehweg entgegenkommt. Auf meiner Seite ist viel Betrieb, auf der anderen Seite wenig. Der Bekannte überquert die Straße und geht auf der anderen Seite mit erhöhtem Tempo weiter. Eine teleologische Interpretation seines Verhaltens wäre zum Beispiel die, daß er die Straße überquert, um schneller vorwärts zu kommen. Eine solche Schlußfolgerung kann sich ausschließlich auf die beobachtbaren Gegebenheiten stützen und muß keine mentalen Zustände/Absichten als Ursachen des Verhaltens in Anspruch nehmen. Das geschlußfolgerte *Ziel* ist das schnellere Vorwärtskommen. Ich kann zwar auch einen *Wunsch* unterstellen, schneller vorwärts kommen *zu wollen* und hätte dann eine (intentionale) Erklärung auf Grund eines mentalen Zustandes vorgenommen, aber das ist zur Erklärung des Verhaltens nicht notwendig.[7]

7 Dies ist eine diskussionswürdige Behauptung. Man kann sich nämlich fragen, ob die Wahrnehmung eines Ziels, schneller vorwärts zu kommen, nicht die Unterstellung eine Wunsches, schneller vorwärts zu kommen, impliziert. Csibra/Gergely (1998) zeigen, daß dies nicht der Fall sein muß. Ohne Theorieaufwand zu betreiben, kann folgendes Beispiel den Unterschied zumindest illustrieren: Ein Huhn hat das Ziel, dem Metzger von der Schlachtbank zu springen, aber nicht den Wunsch dazu. Wir sehen seine Bemühungen als zielgerichtet, aber nicht unbedingt als von mentalen Zuständen kausal verursacht. Ähnlich (teleologisch) sehen Fonagy et al. zufolge Kinder unter eineinhalb Jahren die Bewegungen/Handlungen von Personen (s. a. Gergely 2002, 2003; Dornes 2004).

Erklärungen oder Beschreibungen, die auf mentale Zustände zurückgreifen, sind in der Regel reichhaltiger als teleologische. Bezogen auf das obige Beispiel könnte ich etwa annehmen, daß der Freund die Straßenseite wechselt, weil er den Wunsch hat, mich nicht zu sehen. Dann unterstelle ich einen auf mich bezogenen mentalen Zustand als Ursache seines Verhaltens. Außerdem kann ich annehmen, daß er glaubt, ich habe ihn noch nicht gesehen, sonst wäre sein Straßenwechsel unhöflich. Damit unterstelle ich einen weiteren mentalen Zustand – in diesem Fall keinen Wunsch (desire), sondern eine Überzeugung (belief). Außerdem operiere ich mit sogenannten Überzeugungen zweiter Ordnung (second order beliefs): Ich glaube, daß er glaubt... Entwicklungspsychologisch kann man den Beginn solcher Überzeugungen auf das Alter von sechs bis sieben (Perner/Wimmer 1985) beziehungsweise fünf bis sechs (Sullivan et al. 1994) Jahren datieren. Die Alltagspsychologie Erwachsener ist voll mit solchen Zuschreibungen, die nicht korrekt sein müssen, aber Verhalten erklär- oder verstehbar machen. Erwachsene können indes auch zu teleologischen Beschreibungen greifen, um sich vor unangenehmen Wahrnehmungen zu schützen. Wenn ich mir das Verhalten des Freundes als Versuch erkläre, auf der anderen Seite schneller vorwärts zu kommen, habe ich mir die Beunruhigung erspart, die auftaucht, wenn ich das mentale Idiom bemühe und über seine Gedanken und Motive nachdenke. Habe ich etwas getan, das ihn verärgert hat? Hat er neuerdings etwas gegen mich? Gestern war er schon so komisch etc. Um sich solche Auseinandersetzungen mit der mentalen Welt des anderen und der eigenen zu ersparen »regredieren« Erwachsene gelegentlich und Borderline-Patienten verstärkt auf den teleologischen Erklärungsmodus. Verhalten ist dann nicht mehr bedeutungsvoll. Klinisch wird solches Denken als konkretistisch bezeichnet.

Dieser Gedanke bedarf indes der Präzisierung. Wenn ich anfange, über die möglichen Motive meines Freundes oder meine eigenen nachzudenken, betreibe ich bereits Metakognition. Ich unterstelle nicht nur mentale Zustände als Motive (er will mich nicht sehen), sondern denke über die mentalen Zustände auch noch nach (warum will er das nicht?). Dies ist erst möglich, wenn ich über eine repräsentationale Theorie des Geistes verfüge, also ab vier Jahren. Kinder sehen ab diesem Alter nicht nur einen Gegenstand und wissen, daß sie ihn sehen, sondern können jetzt ihre Wahrnehmungs- und Denkinhalte auch zum Gegenstand des *Nach*denkens machen. Vermutlich können Deutungen, sofern sie das explizite Nachdenken über die eigene Verfassung anregen sollen, erst ab vier Jahren verstanden werden (Dornes 1997, S. 313 ff.). Will man die Auseinandersetzung mit seelischen Zuständen vermeiden, so hat man den bisherigen Ausführungen zufolge zwei Möglichkeiten: Entweder man blockiert die Zuschreibung mentaler Zustände, oder aber man schreibt mentale Zustände zu, über die man dann aber nicht mehr nachdenkt. Bezogen auf das obige Beispiel: Entweder ich erkläre mir den Straßenwechsel des Freundes mit seinem Ziel schneller vorwärts zu kommen, schreibe also keinen mentalen Zustand zu; oder aber ich erkläre ihn mit dem Wunsch, mich nicht sehen zu wollen, denke dann aber über diesen Wunsch nicht weiter nach.

Häufig zeigen Borderline-Patienten jedoch nicht nur die skizzierte Suspension von Bedeutung, sondern oszillieren zwischen Bedeutungsblockierung und unkorrekter Mentalisierung. Im obigen Beispiel der Begegnung mit einem Bekannten auf der Straße hat er, als Borderline-Patient, zunächst die Mentalisierung blockiert. Am nächsten Tag aber ist er in der Krise. Er findet, daß ihn alle meiden, weil er so unerträglich ist. Er begegnet seinem Freund, der in sich gekehrt scheint und »mentalisiert« nun, auch der finde ihn unerträglich und sei deshalb zurückweisend. Er macht ihm deswegen Vorwürfe, und der Freund wird ihn dann tatsächlich unerträglich finden und zurückweisen – ein typischer Fall projektiver Identifizierung. Hier besteht das Mentalisierungsproblem nicht in einem Blockieren der Zuschreibung mentaler Zustände oder einem fehlenden Nachdenken darüber, sondern in einem Mangel an *korrekter* Identifizierung.

Eine weitere Variante von Mentalisierungsproblemen besteht in einer Übertreibung, die die Autoren »überaktive Mentalisierung« nennen (Fonagy et al. 2002, S. 383, 431). Das forcierte Nachdenken über die seelische Verfassung anderer dient auch hier der Abwehr der Beschäftigung mit der eigenen. Häufig wird dabei psychologischer Jargon wie »Falschgeld« verwendet (Fonagy/Target 2000, S. 970). Als Beispiel zur Illustration wird der Fall einer Frau geschildert, die am Vorabend ihren Sohn dazu mißbraucht hat, ihr beim Schreiben eines Abschiedsbriefes zu helfen, in dem sie ihren Selbstmord ankündigt. Am nächsten Tag erwähnt sie diesen Vorfall nur flüchtig in der Therapie und befaßt sich ansonsten ausführlich und abgehoben mit den möglichen Motiven des Geizes ihrer neuen Schwägerin.

Offene Fragen

Der Leser, der den Ausführungen bis zu dieser Stelle gefolgt ist, wird bemerkt haben, daß die Theorie über Mentalisierungsprobleme bei Borderline-Patienten mittlerweile recht kompliziert geworden ist. Verschiedene Modelle sind zur Erklärung der Eigenart ihres Fühlens und insbesondere ihres Denkens bemüht worden. Zusammengefaßt lauten sie: 1. Borderline-Patienten sind teilweise im Als-ob-Modus des Denkens fixiert, teilweise im Äquivalenzmodus, teilweise alternieren sie zwischen beiden; 2. Borderline-Patienten hemmen die Mentalisierung, indem sie auf den teleologischen Denkmodus regredieren; 3. sie alternieren zwischen Bedeutungsblockierung (im teleologischen Modus) und unkorrekter und/oder überaktiver Mentalisierung. Eine weitere Variante, auf die ich weiter unten noch kurz zu sprechen komme, besagt, daß sie 4. »fraktioniert« mentalisieren. Bei dieser Vielfalt von Erklärungen wäre eine theoretische Integration hilfreich. Ich beschränke mich auf eine deskriptive: Der gemeinsame Nenner all dieser Varianten ist, daß Borderline-Patienten sich schwertun, eigene und fremde mentale Zustände (korrekt) zu identifizieren.

Ein zweites Problem ist das Verhältnis des Mentalisierungskonzepts zum *psychoanalytischen* Begriff der Symbolisierung. Während sich das Mentalisierungskonzept vor allem mit der Frage befaßt, wie, wann und warum mentale Zustände (nicht oder fehlerhaft) wahrgenommen beziehungsweise zugeschrieben werden, zielt der psychoanalytische Begriff der Symbolisierung auch auf die *unbewußte Bedeutung,* die mentalen Zustände haben oder gewinnen können. Die diesbezüglichen Ausführungen (Target/Fonagy 1996, S. 467 ff.) sind instruktiv, aber eine weitere Ausarbeitung durch die Autoren wäre wünschenswert.

Damit hängt, drittens, die Frage zusammen, welchen Status das Konzept der unbewußten Phantasie im Rahmen der Mentalisierungstheorie haben kann. Dieses Problem scheint mir deshalb schwer zu lösen, weil dieses Konzept ebenso heterogen ist wie das der Mentalisierung. Die Überblicksarbeiten verschiedener Autoren im Heft 1/1990 des *Journal of the American Psychoanalytic Association* sowie die von Lyon (2003) und Steiner (2003) machen deutlich, wie kontrovers nach wie vor diskutiert wird, was eigentlich eine unbewußte Phantasie ist. Die Autoren befassen sich zwar mit einigen dieser Fragen (Fonagy et al. 2002, S. 27 ff., 267 ff.), aber auch hier ist eine weitere Vertiefung ein Desiderat für die Zukunft. Sie kann in diesem Kapitel nicht geleistet werden, weil ich mir hier nur eine Rekonstruktion der Mentalisierungstheorie vorgenommen habe, nicht aber eine kritische Würdigung.

Eine solche ist im übrigen mittlerweile von den Autoren selbst skizziert worden (Fonagy/Target 2003, S. 281 f.). Als mögliche Kritikpunkte an ihrer Theorie werden genannt: a) Sie gilt vorwiegend für schwere Persönlichkeitsstörungen und weniger für Neurosen; b) sie ist etwas »kognitionslastig« und hat wenig zu schweren sexuellen Problemen zu sagen, zumindest sofern sie nicht Folge von Mentalisierungsproblemen sind; c) sie fokussiert (zu) stark auf einen einzigen Mechanismus, die Mentalisierung; d) sie betont die frühkindliche Entstehung dieser Fähigkeit und läßt wenig Raum für deren späteren Verlust durch Traumata in der Adoleszenz oder im Erwachsenenalter. Alle diese Probleme verdienen ebenfalls weitere Ausarbeitung.[8]

Implikationen für die Konzeptualisierung klinischer Phänomene

Die Grundaussage der Autoren bezüglich der Implikationen der bisher dargestellten Themen für das Verständnis von Borderline-Störungen lautet, daß die psychoanalytische Therapie von Borderline-Patienten auf eine Verbesserung ihrer Mentalisierungsfähigkeit abzielen sollte. Diese These wird ausführlich diskutiert, mit anderen Konzeptualisierungen des psychoanalytischen Prozesses verglichen und an Hand von Fallbeispielen illustriert (s. bes. Fonagy et al. 2002, Kap. 9–11; umfassend Bateman/Fonagy 2004). Vermutlich werden sich viele Kliniker bei der Lektüre der Kasuistiken sagen: »Das haben wir schon immer gewußt.« Wahrscheinlich stimmt das sogar.

Die Autoren beanspruchen nicht, neue klinische Phänomene entdeckt zu haben. Sie wollen vielmehr bekannte klinische Phänomene wie projektive Identifizierung, Spaltung, die Neigung zum Agieren, zu Selbstbeschädigung, zu Gewalt und Suizidalität, zur emotionalen Instabilität und zum Chaos in zwischenmenschlichen Beziehungen, zur Trennungssensitivität, zum chronischen Leereempfinden und zu bekannten Schwierigkeiten in der Behandlung dieser Patienten, neu

8 Eine kritische Diskussion einiger anderer Punkte findet sich bei Lansky (2003) und Olesker (2004).

konzeptualisieren, indem sie das entwicklungs- bzw. kognitionspsychologische Unterfutter dieser Erkrankung darstellen (Fonagy/Target 2000, S. 963). Welchen Beitrag können nun die dargestellten theoretischen Modelle zum Neuverständnis von Borderline-Erkrankungen leisten? Ich erläutere drei Aspekte.

Zur Genese von Mentalisierungsproblemen bei Borderline-Patienten

Borderline-Patienten verfügen Fonagy et al. zufolge nur über eine eingeschränkte Fähigkeit, mentale Zustände bei sich und anderen zu verstehen. Die Autoren gehen von der gut belegten Tatsache aus, daß solche Patienten häufig eine Kindheitsgeschichte von Mißhandlungen aufweisen und werfen die Frage auf, wie sich Mißhandlung auf die Fähigkeit zur Mentalisierung auswirkt. Mißhandelte Kinder befinden sich in einem Dilemma. Einerseits suchen sie, wie die Bindungstheorie gezeigt hat, bei Drohungen und Gefahr die Nähe vertrauter Personen; andererseits ist die potentielle Quelle von Schutz im Falle der Mißhandlung durch die Eltern zugleich die Quelle der Bedrohung. Dies führt dazu, daß mißhandelte Kinder häufig eine desorganisierte Bindung entwickeln. Das Hauptmerkmal desorganisierter Bindung bei kleinen Kindern ist – im Unterschied zu sicherer oder unsicherer Bindung –, daß sie über keinerlei kohärente Strategie im Umgang mit bedrohlichen Situationen wie etwa Trennungen verfügen; deshalb die Bezeichnung desorganisiert. (Mit zunehmendem Alter entwickeln auch desorganisiert gebundene Kinder Strategien; Überblick bei Solomon/George 1999 und Jacobvitz et al. 2001). Die Vermutung liegt nahe und einige empirische Befunde sprechen dafür, daß desorganisierte Bindung in Kindheit und Erwachsenenalter mit beeinträchtigter Mentalisierung einhergeht. Wie läßt sich dieser Sachverhalt erklären?

Mißhandlung beeinträchtigt die Mentalisierung, weil ein davon bedrohtes Kind seine Neigung, die mentalen Zustände seiner Eltern zu erforschen, hemmt, denn es würde bei dieser Erforschung nichts Angenehmes entdecken, sondern destruktive und übelwollende Absichten. Um sich vor dieser Entdeckung zu schützen, stellt das Kind seine Bemühungen ein, die Psyche der Eltern zu verstehen und richtet sich vorwiegend an ihrem Verhalten aus. Da dieses häufig unvorhersagbar ist, wird dadurch zwar auch keine Sicherheit gewonnen, aber zumindest die Wahrnehmung übelwollender Motive bei emotional wichtigen

Personen vermieden. Der entwicklungspsychologische Ursprung von Mentalisierungsproblemen erwachsener Patienten liegt also in traumatischen Kindheitserfahrungen, die zu einer abwehrbedingten Hemmung führen, sich mit dem Seelenleben anderer – oder dem eigenen – zu befassen.

Da es im Seelenleben aber nie eindeutig zugeht, gibt es immer auch andere Wege der Verarbeitung. Einer davon ist, daß sich das mißhandelte Kind, um die Gefahr zu bannen, nicht von den mentalen Zuständen des anderen abwendet, sondern sie im Gegenteil besonders aufmerksam beobachtet. Es wird hypersensibel für sie, nicht aber für seine eigenen, die nach wie vor chaotisch und verwirrend sind und es auch bleiben, weil das Kind die mentalen Zustände anderer nur als potentielle Quelle von Gefahr betrachten und sie deshalb nicht, wie es eigentlich sein sollte, für die Regulierung und Organisation der eigenen Zustände verwenden kann.

Ganz allgemein ausgedrückt kann man sagen, daß autoritäre und strafende Erziehungsmethoden deshalb nicht die Fähigkeit zur Mentalisierung fördern, weil sie mit einer Familienatmosphäre einhergehen, die wenig von dem spielerischen Umgang mit Affekten an sich hat, der dem Affektspiegelungsmodell und der *Playing-with-Reality*-Theorie zu folge wichtig ist, damit Kinder ihre Affekte symbolisieren und Fixierungen im Als-ob- und Äquivalenzmodus des Erlebens überwinden lernen.

Ist die Mentalisierungsfähigkeit erst einmal beeinträchtigt, so führt diese Beeinträchtigung zur Perpetuierung der Probleme. Der Befund, daß Eltern trotz schlechter Kindheitserfahrungen dann im Erwachsenenbindungsinterview als sicher-autonom klassifiziert werden, wenn sie ihre Erfahrungen erkennbar verarbeitet haben, zeigt, daß die Fähigkeit, über solche Erfahrungen nachzudenken ein Schutzfaktor gegen ihre unreflektierte Weitergabe ist. In anderen Worten: Die Fähigkeit zur Mentalisierung hilft, Traumen zu bewältigen und damit die Wahrscheinlichkeit ihrer Weitergabe zu vermindern. Fehlt diese Fähigkeit, so werden die Traumen agiert. Es ist also nicht nur so, daß Traumatisierungen die Fähigkeit zur Mentalisierung hemmen, sondern auch so, daß die gehemmte Mentalisierung zu einer eingeschränkten Möglichkeit der Traumabewältigung führt (Fonagy/Target 2000, S. 971). Umgekehrt kann Mentalisierung in der Therapie gelernt und damit Traumabewältigung gefördert werden (ausführlich Bateman/Fonagy 2004).

Das fremde Selbst und die projektive Identifizierung

Das Affektspielungsmodell hat klargemacht, daß ein markierter und kongruenter Umgang mit den Affekten des Säuglings ihm ermöglicht, an den Reaktionen des anderen ein Bild von den eigenen Zuständen zu gewinnen. Im Falle gelungener Spiegelung führt dies dazu, daß die so gebildeten sekundären Repräsentanzen den primären Zuständen des konstitutionellen Selbst entsprechen oder zumindest nahe kommen.[9] Die Autoren gehen davon aus, daß es eine biologische Neigung oder einen »Trieb« gibt, solche sekundären Repräsentanzen primärer Affektzustände auszubilden. Reagieren die Eltern auf eine unpassende Weise, so wird das Kind dennoch ihre Reaktionen auf sich beziehen, aber an ihnen etwas ablesen, das nicht zu seinen Zuständen paßt. Es entwickelt verzerrte sekundäre Repräsentanzen dieser Zustände. Ein gewisses Maß an Verzerrung ist wegen der Grenzen des menschlichen Einfühlungsvermögens unausweichlich. Elemente des falschen Selbst finden sich deshalb bei uns allen (Dornes 2000a, Kap. 5; Fonagy et al. 2002, S. 12, 198).

Im Falle der Mißhandlung wird die Selbstrepräsentanz jedoch grob verzerrt sein und kann einen verfolgenden Charakter haben, denn das Kind gewinnt an den Reaktionen der Eltern auf seine Regungen ein Bild von sich als Mißhandlung auslösend, das heißt das Bild eines bösen, bestrafungswürdigen Selbst. Sein zunächst nicht klar bewußtes primäres Selbsterleben wird nicht elaboriert und modifiziert, sondern der Affektzustand der Eltern wird ihm aufgepflanzt. Das kleine Kind hat aber noch nicht die Möglichkeit sich zu sagen, daß seine Eltern es falsch sehen und behandeln, sondern die in ihren Äußerungen zum Ausdruck kommenden Einstellungen *müssen* von ihm internalisiert, das heißt auf seine Lebensäußerungen bezogen werden. Je weniger die Stellungnah-

9 Das Affektspiegelungsmodell weist starke Parallelen zu Bions (1959) Containmentmodell auf (s. a. Hinshelwood 1993, S. 282 f., 350 ff.). Die primären Affektzustände entsprechen Bions Beta-Elementen, der Prozeß der markierten und kongruenten Spiegelung seinem Containmentkonzept und die sekundären Repräsentanzen primärer Zustände seinen Alpha-Elementen. Ein Unterschied besteht darin, daß bei Bion das containende Objekt verinnerlicht wird, im Affektspiegelungsmodell aber *das Bild*, das das containende Objekt vom Subjekt hat. Andernorts (Dornes 2000a, Kap. 5) bin ich den Gemeinsamkeiten und Unterschieden des Affektspiegelungsmodells mit den Ideen Winnicotts und Lacans über Spiegelung nachgegangen.

men der Eltern dazu passen und je weniger es sie beeinflussen kann, desto schwieriger wird deren bruchlose Verinnerlichung. Bei chronisch unpassenden Stellungnahmen entsteht mit deren Verinnerlichung zugleich ein Gefühl von Fremdheit, das in der klinischen Literatur als unassimiliertes Introjekt bezeichnet wird und mit dem Gefühl einhergeht, daß ein ein fremder Anderer das Selbst kolonisiert.[10]

Eine Möglichkeit des Umgangs damit ist es, diese quälenden Teile des in die Selbststruktur internalisierten fremden Anderen zu reexternalisieren beziehungsweise zu projizieren. Dadurch entsteht eine temporäre Entlastung und ein Gefühl von Sicherheit und Kontrolle, das allerdings nicht von Dauer ist, da sich das Objekt der Projektion in der Regel gegen die mit diesen Externalisierungen einhergehenden Zuschreibungen wehren wird. Es kommt zu Beziehungsabbrüchen und damit zur Rückkehr des projizierten fremden Anderen in das Selbst. Beziehungsabbrüche sind für Borderline-Patienten in der Theorie von Fonagy et al. vor allem deswegen so bedrohlich, weil sie diesen Verarbeitungsmodus in Frage stellen. Entsprechend werden Selbstbeschädigungen und Suizide als Versuche verstanden, den fremden Anderen in sich zur Ruhe zu bringen.

Diese Sichtweise der projektiven Identifizierung und ihrer Genese stimmt in hohem Maß mit Schilderungen in der kleinianischen Literatur überein. Die Autoren modifizieren sie allerdings in zweierlei Hinsicht. Zum einen weichen sie von der dort üblichen Lesart ab, der Patient wolle unerträgliche Selbstanteile evakuieren, um sie den anderen spüren zu lassen, das heißt um ihm etwas über den eigenen Zustand

10 Segal (1964, S. 104) schreibt, daß assimilierte innere Objekte (mit sechs Monaten) zu Symbolen werden. Abgesehen von der zeitlichen Datierung paßt diese Behauptung gut zu der im Affektspielungsmodell enthaltenen Auffassung, daß gelungene Spiegelung zu assimilierten Introjekten führt, d. h. zu primären Zuständen, die in adäquaten sekundären Repräsentanzen (Symbolen) »aufgehoben« sind. Das fremde Selbst ist übrigens etwas anderes als das falsche Selbst. Letzteres entsteht, wenn die Eltern auf die kindlichen Äußerungen zwar inkongruent aber dennoch markiert reagieren, beispielsweise einen Ärgerimpuls des Kindes *in spielerischer Weise* in Müdigkeit umdeuten (ausführlich dazu Dornes 2000 a, Kap. 5 und Fonagy/Target 2002, S. 856 ff.). Das fremde Selbst hingegen entsteht, wenn etwa bei Mißhandlung nicht nur die Kongruenz, sondern auch die Markierung fehlt und eine gewaltsamere Intropression der elterlichen Affektzustände stattfindet (Fonagy/Target 2000, S. 982 ff.; Gergely et al. 2002, S. 66 ff.). Die Grenzen zwischen beiden Formen der Verzerrung der primären Zustände sind indes fließend. Das fremde Selbst scheint mir die gravierendere Pathologie.

mitzuteilen. Statt dessen verstehen sie die projektive Identifizierung als einen Vorgang, in dem der Patient versucht, seinen inneren Zustand zu verstehen, der ihm anders nicht zugänglich ist. Er versteht ihn nämlich erst an den Reaktionen des anderen, also durch Externalisierung: indem er im anderen Angst erzeugt bemerkt er allererst, daß er selbst Angst hat. In der Angst des anderen wird ein wenn auch rudimentäres Bild des eigenen Zustandes reflektiert (Fonagy/Target 2000, S. 972 f.). Außerdem verlegen sie die entwicklungspsychologische Datierung dieses Prozesses eher auf das zweite und dritte Jahr, weil im ersten Lebensjahr noch nicht die kognitiven Voraussetzungen dafür gegeben sein sollen. Wie sieht das genauer aus?[11]

Projektive Identifizierung als automatische Behelfssimulation

Aus dem Affektspiegelungsmodell ergibt sich, daß die Autoren Vertreter der Theorie-Theorie sind. In diesem Modell wird die Auffassung vertreten, daß Säuglinge zunächst kein Bewußtsein ihrer eigenen Zustände haben, das als Basis für eine Zuschreibung dienen könnte. Insofern sind die Voraussetzungen für eine Projektion von Selbstzuständen anfangs nicht gegeben. Dennoch bleibt auch im Affektspiegelungsmodell Platz für die Simulationstheorie – wenn auch erst zu einem späteren Zeitpunkt. Fonagy et al. gehen davon aus, daß Kinder immer dann automatisch Zuflucht zu Selbstzuständen als Basis für die Zuschreibung mentaler Zustände bei anderen nehmen, das heißt sich mit Simulation »behelfen«, wenn sie – aus welchen Gründen auch immer – Schwierigkeiten haben, die relevanten Zeichen in den Verhaltensbekundungen anderer zu lesen (ähnlich Tuch 1999).

11 Ich bezweifle, daß die projektive Identifizierung ein Versuch ist, etwas zu verstehen und auch, daß sie ein Versuch ist, etwas mitzuteilen. Ich halte das Verstehen des eigenen Zustandes, das aus seiner Externalisierung resultiert, für eine unintendierte Nebenfolge der Externalisierung. Die Externalisierung selbst wird aber weder in der Absicht vorgenommen, etwas mitzuteilen noch in der, etwas zu verstehen. Sie ist eine unkontrollierbare Expression von Gefühlen, die eine Aufforderung zur Änderung des Zustandes enthält, aber weder eine Verstehens- noch eine Mitteilungsabsicht. Das bedeutet indes nicht, daß der Therapeut sie nicht »kontrafaktisch« so betrachten sollte. Im Gegenteil. Gerade indem er das tut, macht er sie zu etwas, was sie noch nicht ist, aber werden soll (s. dazu ausführlich Dornes 1997, S. 69 ff.).

Als Illustration kann ein bekanntes Experiment von Repacholi/Gopnik (1997) dienen. Kindern im Alter von 14 und 18 Monaten wird eine Schüssel mit Brokkoli und eine mit Crackern angeboten. Beide Altersgruppen bevorzugen die Cracker. Danach läßt man die Experimentatorin ihre eigenen Vorlieben bekunden. Sie probiert die Cracker, sagt »Mmmh« und schaut entzückt; bei den Brokkoli sagt sie »Igitt« und verzieht angewidert das Gesicht. Bei einem anderen Versuchsdurchgang verfährt sie umgekehrt. Das Kind wird dadurch über die Präferenzen der Versuchsleiterin informiert. Obwohl auch schon 14 Monate alte Kinder die Unterschiede zwischen beiden Bekundungen wahrnehmen, bieten sie in beiden Fällen der Versuchsleiterin die Cracker an, auch wenn sie vorher ihre Abneigung dagegen bekundet hat. Sie geben ihr also das, was sie selbst mögen, unabhängig davon, was sie als ihre Präferenzbekundung wahrgenommen haben. Man könnte sagen, daß sie ihre eigenen Vorlieben auf die Versuchsleiterin »projizieren« (wobei die Projektion hier nicht erfolgt, um etwas abzuwehren, sondern eine Begleiterscheinung der kognitiven Unreife des Kindes ist); oder, in der obigen Terminologie ausgedrückt, daß sie die mentalen Zustände der Versuchsleiterin in Analogie zum Selbst nachempfinden oder vorstellen (simulieren). 18 Monate alte Kinder hingegen bieten dann Brokkoli an, wenn sie gesehen haben, daß die Versuchsleiterin dabei positiv reagierte. Diese Befunde lassen sich so interpretieren, daß Kinder im Alter von 14 Monaten zwar die unterschiedlichen Verhaltensweisen anderer durchaus wahrnehmen, sie aber noch nicht als Schlußfolgerungsbasis für deren mentale Zustände benutzen (können). Statt dessen benutzen sie ihre eigenen Zustände/Präferenzen. Das Beispiel illustriert zugleich, daß Kinder erst ab dem Alter von 18 Monaten (frühestens ab 15 Monaten, s. Hobson 2002, S. 96) in der Lage sind, die eigenen Wünsche *als mentale Zustände* von denen anderer Personen zu unterscheiden.[12]

12 Natürlich machen Kinder schon vor dem 15./18. Lebensmonat die Erfahrung, daß ihre Wünsche – oder vielleicht sollte man besser sagen: ihre Bedürfnisse – und die ihrer Eltern divergieren können. Mit acht Monaten will das Kind mit dem Brei schmieren und die Mutter unterbindet das. Es will mit dem Löffel Krach machen oder einen Gegenstand auf den Boden werfen und die Eltern sagen »Nein, nein«. Diese Erfahrung von Divergenz der Bestrebungen wird indes noch nicht als Differenz von *Wünschen als mentalen Zuständen* wahrgenommen, weil die Kinder die Verhaltensbekundungen der Eltern zwar registrieren, auf sie auch reagieren, sie aber, wie das Experiment zeigt, noch nicht als Ausdruck mentaler Zustände verstehen. Vielleicht sollte man deshalb Bedürfnisse erst ab 18 Monaten als Wün-

Die oben geschilderte Hemmung der Mentalisierung schließt die Unfähigkeit ein, zustandsausdrückende Zeichen als indikativ für mentale Zustände zu lesen. Während Kinder unter 15/18 Monaten dazu unfähig sind, sind mißhandelte Kinder dazu unwillig, weil die Exploration der mentalen Zustände der Eltern sie mit übelwollenden Absichten konfrontieren würde. Gergely et al. (2002, S. 64) schreiben, daß diese Hemmung zu einer generellen Aufmerksamkeitsstörung in bezug auf das Verfolgen und Lesen solcher Zeichen führen kann. Das Kind muß sich dann den mentalen Zustand des anderen durch Behelfssimulation deuten.

Dies setzt allerdings voraus, daß sein Zustand für das Kind nach wie vor deutungsbedürftig ist, wohingegen die Hemmungshypothese gerade behauptet, das Kind interessiere sich für diesen Zustand nicht mehr. Wieso sollte es dann automatisch zur Simulation greifen? Fonagy et al. (2002, S. 60 ff., 354) stellen plausibel dar, daß die Hemmung nicht total, sondern »fraktioniert« ist. Damit ist gemeint, daß die Fähigkeit zur Mentalisierung in Abhängigkeit von der jeweiligen Situation und Person schwankt. In intimen und emotional bedeutsamen Beziehungen

sche bezeichnen, das heißt dann, wenn sie als Hinweise auf mentale Zustände verstanden werden. Andernorts habe ich ebenfalls dafür plädiert, zwischen Bedürfnissen einerseits und Wünschen als symbolischen Gebilden andererseits zu unterscheiden (Dornes 1993, S. 193 ff.). Gopnik et al. (1999, S. 55 ff.) leiten aus diesem neuen Verständnis des Anderen als einem Wesen mit eigenen Wünschen ab dem Alter von 18 Monaten eine kognitionspsychologische Erklärung der analen Widersetzlichkeit ab. Kinder werden deshalb schwierig, weil sie nun beginnen, den entdeckten Unterschied zwischen den eigenen und den fremden Wünschen *systematisch* zu explorieren, während sie vorher nur situative Divergenzen erlebten und entsprechend nur situativ widersetzlich waren. Meltzoff et al. (1999, S. 32) sprechen explizit vom Ende des mentalen Garten Eden, in dem das Kind davon ausging, daß seine Wünsche und die des Objekts übereinstimmen. Der »Sündenfall« (ebd., S. 36) besteht in der Erkenntnis, daß beide nicht nur verschieden sind, sondern oft auch im Konflikt miteinander liegen. Fonagy (1998, S. 146) konzeptualisiert diesen Sachverhalt in psychoanalytischer Terminologie und bezeichnet die Erkenntnis, daß das Objekt selbständige, von den eigenen verschiedene und unabhängige mentale Zustände hat, als Schlag für den kindlichen Narzißmus und Herausforderung der kindlichen Omnipotenz. Kagan (1981) hat eine etwas andere Erklärung vorgeschlagen. Mit 18 Monaten entsteht beim Kind ein Selbstkonzept. Ab diesem Alter beziehen Kinder Verbote nicht mehr nur auf einzelne Lebensäußerungen, sondern auf ihr Selbst. Sie fühlen sich nunmehr von Verboten auch als Person abgelehnt und nicht nur in einzelnen Handlungen. Widersetzlichkeit ist dann im wörtlichen Sinne Selbstbehauptung.

etwa treten Mentalisierungsprobleme stärker in Erscheinung als in neutralen. Oft wird die Mentalisierung auch gruppenspezifisch gehemmt. In bezug auf Mitglieder der eigenen Gruppe wird sie angewendet, in bezug auf andere nicht. Insgesamt laufen die Überlegungen zu den situations- und personenspezifischen Variationen der Mentalisierungsfunktion auf die These hinaus, daß diese Fähigkeit beziehungsweise dieses Bedürfnis trotz unterschiedlicher Ausprägungsgrade nicht gänzlich stillzustellen ist.

Geht man also davon aus, daß ein Kind immer das Bedürfnis hat, sich das Verhalten ihm nahestehender anderer zu erklären oder es zu verstehen, so muß es bei eingeschränkter Fähigkeit oder Willigkeit, die Zeichen für mentale Zustände bei ihnen zu beachten, andere Informationsquellen benutzen, um mentale Zustände zu attribuieren. Wie die 14 Monate alten Kinder im oben geschilderten Experiment, nimmt es eigene Zustände als Basis. Aber welche? Die Autoren sind der Auffassung, daß das Kind dabei auf die oben als »fremdes Selbst« bezeichneten Zustände zurückgreift. »Wenn also der mentale Zustand des anderen als Folge der defensiven Hemmung der Mentalisierung ... nicht durch Zeichenlesen identifiziert werden kann und auf Behelfssimulation zurückgegriffen werden muß, wird der auszustoßende fremde Teil der Selbstrepräsentanz als Informationsbasis schnell zur Verfügung stehen, um sich eine Vorstellung vom anderen zu bilden. Patienten mit Borderline-Persönlichkeitsstörungen werden also eine Neigung zur automatischen Behelfssimulation des mentalen Zustands des anderen aufweisen, indem sie die internalisierten verfolgenden Repräsentanzen der mißbrauchenden Bezugsperson auf den anderen projizieren. Der Abwehrmechanismus der projektiven Identifizierung tritt so stark in den Vordergrund, weil Patienten mit Borderline-Störungen die mentalen Zustände anderer in dieser Weise in intimen Beziehungen und in der analytischen Übertragung verzerrend konstruieren« (Gergely et al. 2002, S. 71). Kurz: Die erhöhte Neigung zur Projektion ergibt sich bei ihnen aus Mentalisierungsproblemen, die Inhalte der Projektion aus verinnerlichten Mißhandlungserfahrungen.

Bei dieser kognitionspsychologisch gefärbten Reformulierung der projektiven Identifizierung ist unter entwicklungspsychologischen Gesichtspunkten noch zu berücksichtigen, daß die eigenen Zustände als Informationsbasis für Zuschreibungen via Simulation nicht von Lebensanfang an zugänglich sind. Dem Affektspiegelungsmodell zufolge wird ja erst an den Reaktionen des anderen gelernt, in welchem

Zustand man ist. Erst danach ist ein Projektionsprozeß, der auf der Zuschreibung von bei sich selbst wahrgenommenen Zuständen basiert, möglich. Das Kind muß dazu über ein Bewußtsein seiner Zustände verfügen, das über die oben beschriebene primäre Bewußtheit hinausgeht. Obwohl sich die Autoren nicht auf einen genauen Zeitpunkt für diese weitergehende Form von Bewußtheit festlegen, kann man ihrer Darstellung entnehmen, daß sie eine solche frühestens auf das Ende des erstens Lebensjahrs datieren (Fonagy/Target 2002, S. 842, 847 f.). Vorher kann es keine (auf mentalen Zuständen oder Repräsentanzen beruhende) Projektion geben. Es ist natürlich denkbar und sogar wahrscheinlich, daß die Weltwahrnehmung des Säuglings quasi automatisch von seinem affektiven Zustand eingefärbt wird. Diesen Vorgang kann man indes kaum als »Projektion« bezeichnen (s. Gergely 1992; für eine Kritik der kleinianischen Theorie der Spaltung siehe ebenfalls Gergely 1992, 2000 und die Darstellung bei Dornes 2004).

Nachgedanken

Abschließend sollen noch zwei Ergänzungen nachgetragen werden – eine, die der Leser vielleicht schon vermißt hat und eine zweite, die von erheblicher wissenschaftspolitischer Aktualität ist.

In der Einleitung war von einer Integration von Psychoanalyse, Theory of Mind und Bindungsforschung die Rede. Die Bindungsforschung wurde im weiteren Fortgang der Darstellung etwas stiefmütterlich behandelt. Der Grund dafür ist, daß sie mittlerweile auch in psychoanalytischen Kreisen recht umfassend rezipiert worden ist, was man von der Theorie des Geistes nicht sagen kann.[13] Deshalb wurde der Akzent auf diesen Teil der Theorie gelegt. Er beeinflußt auch die Sicht der Autoren auf die Bindungstheorie und führt – neben der Darstellung empirischer Befunde zu Zusammenhängen zwischen Bindungsqualität und Mentalisierung – zu einer Neubestimmung der Funktion von Bindung, die zumindest erwähnt werden soll: Üblicherweise wird die evolutionäre Funktion von Bindung darin gesehen, daß sie dem Kind

13 Ausnahmen sind Mayes et al. (1993), Mayes/Cohen (1994, 1996), Tuch (1999) und Hobson (1993, 2002).

Schutz vor Gefahr gewährt und – unter stärker psychologischen Gesichtspunkten – ihm ein Sicherheitsgefühl vermittelt, das sowohl wünschenswert als auch entwicklungsfördernd ist. Fonagy et al. 2002 (Kap. 1; s. a. Fonagy 2001 a, S. 39 f. und passim) verlassen diesen bekannten Pfad und vertreten die Auffassung, daß es eine wesentliche Funktion der Bindungsbeziehung ist, eine Umwelt bereitzustellen, in der sich die Fähigkeit zur Mentalisierung entwickeln kann. Es ist also nicht so sehr die Bindungserfahrung selbst als vielmehr deren Auswirkung auf die Mentalisierungsfähigkeit, die die Autoren für bedeutsam halten. Bindung ist in dieser Sicht kein Selbstzweck, sondern ein Mittel zum Zweck – des Erwerbs von Mentalisierungsfähigkeit.

Eine ähnliche Umorientierung vom Psychobiologischen zum Kognitiven findet sich an anderen Stellen ihres Werkes (Fonagy et al. 2002, Kap. 3; Kurzfassung Fonagy 2001 b), das der brennend aktuellen Frage nachgeht, was sich von einem psychosozialen Entwicklungsmodell im Zeitalter der Genetik noch halten läßt. Nach Durchmusterung der einschlägigen verhaltensgenetischen Forschungsergebnisse, die die Bedeutung genetischer Dispositionen für fast alle Formen von Erkrankung zu zeigen scheinen, schlagen die Autoren eine Neuinterpretation der Befunde vor. Der Kern ihrer Argumentation besteht in dem Nachweis, daß Genexpression sowohl umweltabhängig als auch von der Psyche abhängig ist. In äußerster Verkürzung heißt dies: Selbst wenn immer wieder und immer neue genetische Dispositionen von (seelischen) Erkrankungen gefunden werden, bedeutet das noch lange nicht, daß diese genetischen Dispositionen auch Wirklichkeit werden müssen. Ob das der Fall ist, hängt in hohem Maße von der Umwelt ab, in die ein entsprechend disponiertes Individuum gelangt, und es hängt von seiner psychischen Struktur ab, das heißt davon, wie es seine – möglicherweise genetisch bedingten – Erfahrungen *interpretiert.* Der Leser ahnt, daß diese Interpretation unter anderem von der Fähigkeit zur Mentalisierung beeinflußt wird (ausführliche Darstellung bei Dornes 2004). Dieses Konzept erweist sich somit als eine Art Passepartout, mit dem sich die unterschiedlichsten Türen aufschließen und die verschiedensten Theorien und Forschungsergebnisse neu betrachten lassen. Diese etwas kursorischen Bemerkungen können die Durchschlagskraft der subtilen Argumentation der Autoren nur unzureichend vermitteln, mögen aber genügen, um den potentiellen Leser von der Fruchtbarkeit und Reichweite des Konzepts zu überzeugen.

Fazit

Mit den Arbeiten der Forschungsgruppe um Fonagy liegt die systematische Darstellung einer psychoanalytisch-intersubjektiven Theorie des Geistes vor, die Befunde aus Nachbardisziplinen integriert und sie für die Neubetrachtung klinischer Phänomene nutzbar macht. Die Bedeutung der zwischenmenschlichen Interaktion für die Entwicklung des Denkens und Fühlens steht im Zentrum des Interesses. Dies ist nicht unbedingt etwas Neues. Originell ist indes, wie sich die Autoren diesen »alten Hut« der psychoanalytischen Objektbeziehungstheorie und des symbolischen Interaktionismus neu aufsetzen. Das bloße Resultat ist bekanntlich, nach einem Diktum Hegels, der nackte Leichnam – entscheidend ist die Bewegung des Werdens. Wie die Bewegung des Werdens des Geistes entfaltet wird, ist das eigentlich Faszinierende an ihrem Werk.

Die Psychoanalyse kann sich, will sie aktuell und einflußreich bleiben, so wenig wie jede andere Theorie, mit Bestandsverwaltung begnügen. Es ist gerade die Umformulierung des Tradierten in eine zeitgenössische Theoriesprache, die eine Theorie am Leben erhält, ja ihre Überlebensfähigkeit entscheidend ausmacht. Die wirklich kreativen Neuformulierungen sind nicht (nur) semantische Innovationen, sondern auch inhaltliche Weiterentwicklungen. Verzichtet man auf solche Aktualisierungsbemühungen, so besteht die Gefahr, daß die Theorie museal und zu einer bloßen Gestalt der Geistesgeschichte wird. Der oft zu hörende Hin- oder Nachweis, die geistesgeschichtliche Bedeutung der Psychoanalyse bestünde darin, daß sie auf die Grenzen der menschlichen Vernunft und die Macht irrationaler Impulse hingewiesen habe, ist sicher richtig, erschöpft sich aber mit seiner häufigen Wiederholung – und schöpft auch die Potentiale dieser Theorie nicht aus. Die Psychoanalyse ist mehr als das und was sie auch sein kann zeigt das Werk der Autoren in vorbildlicher Weise: eine Theorie der interaktiven Entwicklung des menschlichen Geistes auf Augenhöhe mit dem Wissen anderer Disziplinen und dennoch mit einem spezifischen Gepräge, das darin besteht, die individuellen Besonderheiten dieser Entwicklung und ihre Abhängigkeit von (frühen) Beziehungserfahrungen immer wieder neu herauszuarbeiten.

Kapitel 6 Infantile Sexualität und Säuglingsforschung

Einleitung

Die Frage, was man unter infantiler Sexualität zu verstehen hat, beschäftigt die Psychoanalyse seit hundert Jahren (siehe dazu das Schwerpunktheft der Zeitschrift *Psyche* 11/2005 und verschiedene Beiträge in Quindeau/Sigusch 2005). Im Versuch einer Neubetrachtung dieser Frage gehe ich in sieben Schritten vor. *Erstens:* Was können wir bei Säuglingen an sexuell zu nennenden Verhaltensweisen beobachten? *Zweitens:* Mit welcher Berechtigung können wir nicht manifest sexuelle Verhaltensweisen dennoch als sexuell bezeichnen? Die Rekonstruktion von Freuds Argumentation wird zeigen, daß diese Frage nicht auf der Ebene von Beobachtungen entschieden wird, sondern daß die Entscheidung, Phänomene wie das Daumenlutschen als sexuell zu betrachten, sich aus anderen Quellen speist als der Beobachtung. *Drittens* behandle ich den Unterschied zwischen Organlust und sexueller Lust und vertrete die Auffassung, daß die Fähigkeit des Körpers, sexuelle Lust zu spenden, begrenzt ist. Dies ist deshalb so, weil die Sexualität große Teile ihres Lustcharakters der spezifisch menschlichen Fähigkeit verdankt, Körperprozesse mit nicht-sexuellen Motiven aufzuladen. Erst diese Aufladung verleiht der an Körperzonen und -organe gebundenen Sexualität ihren dranghaften und lustvollen Charakter. *Viertens:* Dieses Nicht-Sexuelle ist vor allem das Narzißtische, und die Narzißmustheorien haben die motivationale Kraft nicht-körperlicher Bedürfnisse nachgewiesen. Ich veranschauliche diese Kraft an einigen Beispielen aus der Säuglingsforschung, die zeigen, daß manche der stärksten Motive des Säuglings wenig mit seinem Körper zu tun haben. *Fünftens* befasse ich mich mit der Behauptung, die Relativierung der Triebtheorie beinhalte eine Verharmlosung des konflikthaften Menschenbildes der Psychoanalyse und beraube sie ihres kritischen Stachels. Ich bin nicht der Auffassung, daß das Leben harmlos oder gemütlich wird, wenn man es nicht unter dem Gesichtspunkt der Triebe betrachtet und begründe, warum das so ist. Danach argumentiere ich *sechstens*, daß, weil auf Grund von Beobachtung nicht oder nur begrenzt entschieden werden kann, ob etwas sexuell ist oder nicht, Sexualität mindestens ebenso sehr ein theoretisches wie ein empirisches Konzept ist (s. a. Reiche 2005). Als Beispiele für philosophisch-theoretische Auffassungen der infantilen Sexualität skizziere ich die Theorien von Laplanche und Ogden, die besagen, daß a) in jeder menschlichen Äußerung auch Sexuelles zum Ausdruck kommt (Laplanche) oder b) der Säugling jede menschliche Äußerung nach einem sexuellen oder triebhaften Tiefencode interpretiert, der ihm angeboren ist (Ogden). Nach einigen kritischen Überlegungen zu diesen Theorien behandle ich *siebtens* das Konzept der Urszene, das weitreichende Annahmen über die »Tiefenstruktur« von Sexualwahrnehmungen kleiner Kinder enthält. Ich vertrete die Auffassung, daß Kinder in den ersten zwei Lebensjahren durch die Wahrnehmung sexueller Äußerungen ihrer Eltern nicht sexuell erregt werden, sondern ängstlich und irritiert. Außerdem argumentiere ich, daß die Wirkung solcher Wahrnehmungen auch bei älteren Kindern, die schon über ein gewisses Verständnis von Sexualität verfügen, in erster Linie davon abhängt, wie die Eltern mit den Reaktionen der Kinder darauf umgehen – von ontogenetisch erworbenen Schemata also und nicht so sehr von phylogenetisch-hereditären.

Sexuelle Verhaltensweisen bei Säuglingen

Die diesbezüglichen Beobachtungen stammen aus drei Quellen: Zufallsbeobachtungen von Eltern, systematische Beobachtungen von Forschern im Elternhaus der Kinder oder in einem Forschungssetting und retrospektiven Berichten aus Therapien. Die bekanntesten Untersuchungen aus psychoanalytischer Sicht sind die von Spitz/Wolf (1949), Spitz (1962), Kleeman (1965, 1966, 1975) und Roiphe/Galenson (1981) (weitere Literatur bei Lichtenberg 1989, Schuhrke 1991 und Mertens 1992). Auf Stichprobengröße, Methodenprobleme und dergleichen gehe ich nicht weiter ein und beschränke mich auf die Ergebnisse. Sie konvergieren dahingehend, daß bereits im ersten Lebensjahr spontane genitale Reaktionen, nämlich Erektionen bei Buben beobachtet werden können. Auch von Vaginallubrikation bei Mädchen wird gelegentlich berichtet (Martinson 1981, S. 23). Erektionen tauchen vorwiegend in REM-Schlafphasen, beim Urinieren und beim Weinen auf. Wahrscheinlich handelt es sich dabei um reflektorische Prozesse, die nicht mit Lust verbunden sind. Des weiteren besteht Konsens darüber, daß Kinder gelegentlich schon im ersten Lebensjahr anfangen, Interesse für ihre Genitalien zu zeigen. Sie befingern sie und reiben daran, allerdings ohne merkliche Veränderungen in Gesichtsausdruck, Atmung oder Aufmerksamkeit. Solche eher beiläufigen genitalbezogenen Verhaltensweisen werden deshalb in der Regel nicht als Masturbation eingestuft, sondern als Genitalspiel. Kinder entdecken ihre Genitalien meistens beim Baden oder Windelwechseln, Buben in der Regel einige Wochen früher als Mädchen. Die Mehrzahl der Kinder wendet sich ihnen im Alter zwischen zehn und 14 Monaten zu. Dabei unterscheiden sich die das Genitalspiel begleitenden Emotionsausdrücke von denen bei Berührung anderer Körperstellen dadurch, daß sie häufiger positiv sind. Ähnlich wie beim Umgang mit einem Spielzeug ist die Affektlage oft gekennzeichnet von einem freudigen nichterotischen Affekt (Roiphe/Galenson 1981, S. 245; Schuhrke 1991, S. 597 f.).

Ab eineinhalb Jahren nimmt das genitale Interesse zu. Kinder beginnen nun, sich für die Genitalien anderer zu interessieren (Schuhrke 1991, S. 574). Ab diesem Zeitpunkt finden sich auch erstmals Änderungen im Gesamtverhalten, die anzeigen, daß das eigene Genitale nicht mehr wie eine andere Körperstelle oder ein Spielzeug vergnüglich exploriert wird, sondern zum Zwecke der Erregung exzitiert wird. *Exzitatorisches* Genitalspiel (Masturbation) unterscheidet sich von *exploratorischem* durch die begleitenden Ausdrucksformen der Selbstabsorption, des glasigen Blicks, der erhöhten Atmung und Pulsfrequenz, verstärktem Schwitzen, gelegentlicher Rötung der Gesichtshaut, rhythmischen Bewegungen des Beckens und Stimulation der Hoden bei Jungen – alles Phänomene, die auch die Erwachsenensexualität begleiten und die darauf schließen lassen, daß nun nicht nur körperliche, sondern *sexuell getönte* körperliche Erregung gesucht und gefunden wird (ausführlich dazu Lichtenberg 1989, Kap. 8), auch wenn der Sexualität in diesem Alter (meistens) die orgastische Entladung noch fehlt.[1]

1 Manche Autoren sind der Auffassung, daß diese masturbatorischen Aktivitäten kurz nach ihrer Entdeckung wieder zurückgehen beziehungsweise ihre sexuelle Qualität wieder verlieren und wirkliche Masturbation erst im letzten Drittel des dritten Lebensjahres einsetzt (Schuhrke 1991, S. 95), andere wollen sie (bis zum Orgasmus) schon mit wenigen Monaten entdeckt haben (ebd., S. 111, 127, 262).

Auf die Oralität gehe ich weiter unten ein; zunächst kurz zur Analität. Die Vorgänge des Stuhlgangs und des Urinierens finden ab 12–14 Monaten Aufmerksamkeit. Dabei sind die Produkte meist interessanter als der Vorgang selbst, sowohl bei sich als auch bei anderen. Der Vorgang selbst findet zwar durchaus ebenfalls Interesse, ist aber in der Regel nicht mit positiver Erregung, sondern allenfalls mit angestrengtem Pressen oder neugierigem Zusehen verbunden. Beobachtungen zum Analspiel sind ausgesprochen selten. Es scheint in den ersten drei Lebensjahren kaum vorzukommen. Etwas häufiger findet sich Fäkalspiel, gelegentlich bereits im ersten Lebensjahr. Meist ist das Kotschmieren jedoch nicht von Zeichen körperlicher Lust begleitet, sondern von einem neutralen Gesichtsausdruck. Generell nimmt das Interesse für Ausscheidungsprodukte im Laufe des zweiten Lebensjahres zu, ebenso wie das exzitatorische Genitalspiel gegen Ende des dritten Lebensjahres. Die geschilderten Beobachtungen lassen Zweifel an Freuds Meinung aufkommen, genitales Interesse trete erst ab dem vierten Lebensjahr auf, und stellen auch die Abfolge oral, anal, genital in Frage. Schon Greenacre (1953) vermutete richtig, daß es sich bei diesen Phasen eher um ein Nebeneinander mit unterschiedlichen Schwerpunkten handelt als um ein Nacheinander.

Zusammenfassend kann man festhalten, daß Kinder ab eineinhalb und verstärkt ab zweidreiviertel Jahren genitalbezogene Erregung zeigen und suchen und daher auch im herkömmlichen Sinne ab diesem Zeitpunkt als sexuell empfindende Wesen betrachtet werden können.

Was heißt sexuell?

Bisher war von genitalbezogenen Verhaltensweisen die Rede, deren erlebnismäßiges Korrelat deshalb als sexuell qualifiziert wurde, weil es mit Ausdrucksformen einhergeht, die auch bei erwachsener sexueller Erregung beobachtet werden können. Nun ist es ein zentrales Anliegen von Freud, den Begriff der Sexualität von dem der Genitalität zu lösen. Als paradigmatisch für seine dem konventionellen Begriff von Sexualität widersprechende Auffassung behandelt er das orale Saugen in Gestalt des Lutschens oder Ludelns, das nicht der Nahrungsaufnahme dient. Freud (1905, S. 81) stellt zunächst die Frage, »an welchem allgemeinen Charakter wir die sexuellen Äußerungen des Kindes erkennen wollen«, das heißt was »uns berechtigt, das Ludeln als sexuelle Äußerung in Anspruch zu nehmen«. Seine Antwort lautet, daß uns »der Zusammenhang der Erscheinungen, in welchen wir durch die psychoanalytische Untersuchung Einblick gewonnen haben« (ebd.) dazu berechtigt. Was aber ist mit »Zusammenhang der Erscheinungen« gemeint? In einer Fußnote verweist Freud auf das Bekenntnis eines erwachsenen Mädchens, das die Befriedigung durch das Lutschen im Erwachsenenalter als völlig analog zur sexuellen Befriedigung beschreibt. Der Zusammenhang der Erscheinungen besteht hier also darin, daß ein späteres Lutschen sexuelle Lust bereitet und wir deshalb annehmen dürfen, daß es sich mit dem früheren Lutschen genauso verhält.

Aber dürfen wir das wirklich annehmen? Freud ist sich nicht sicher und beschäftigt sich deshalb in der 20. und 21. Vorlesung zur Einführung in die Psychoanalyse (1916/17) erneut mit dieser Frage. Dort schildert er die Schüler eines berühmten Psychiaters, die ihren Meister davon überzeugen wollten, daß in den Symptomen der Hysterie etwas Sexuelles zum Ausdruck kommt. »In dieser Absicht führten sie ihn an das Bett einer Hysterika, deren Anfälle unverkennbar den Vorgang einer Entbindung mimten. Er aber äußerte abweisend: ›Nun, eine Entbindung ist doch nichts Sexuelles‹«. Und Freud setzt hinzu: »Im Ernst, es ist nicht leicht anzugeben, was den Inhalt des Begriffs ›sexuell‹ ausmacht« (ebd., S. 313). Freuds Annahme lautet: In den Symptomen der Hysterika haben wir Sexuelles entdeckt, also sind auch die Vorgänge, die durch diese Symptome nachgebildet werden – hier die Geburt – etwas Sexuelles. Um das so zu sehen, bedarf es aber der Einsicht in den »Zusammenhang der Erscheinungen«, die wir durch psychoanalytische Untersuchung gewinnen. Die Geburt ist also eine Erscheinung, der man das Sexuelle nicht direkt ansieht, sondern ablauschen muß. In diesem Sinne heißt es bei Freud: »Ungezählte Sensationen und Innervationen, welche uns aus den Symptomen der Hysterie entgegentreten, an Organen, die anscheinend nichts mit der Sexualität zu tun haben, enthüllen uns so ihre Natur als Erfüllung perverser Sexualregungen, bei denen andere Organe die Bedeutung der Geschlechtsteile an sich gerissen haben.« Dann werden die Organe der Nahrungsaufnahme und Exkretion genannt, die zu Trägern der Sexualerregung werden können (ebd., S. 319), und weiter heißt es: »Die psychoanalytische Forschung ist nämlich genötigt worden, sich auch um das Sexualleben des Kindes zu bekümmern, und zwar dadurch, daß die Erinnerungen und Einfälle bei der Analyse der Symptome von Erwachsenen regelmäßig bis in frühe Jahre der Kindheit zurückführten. Was wir dabei erschlossen haben, ist dann Punkt für Punkt durch unmittelbare Beobachtungen an Kindern bestätigt worden« (ebd., S. 321). Wir haben also etwas erschlossen. Die infantile Sexualität ist demnach etwas aus den Symptomen von Erwachsenen Erschlossenes, von dem dann allerdings behauptet wird, es sei Punkt für Punkt durch unmittelbare Beobachtung an Kindern bestätigt worden.

Wie sieht nun diese Bestätigung aus? Freud kommt auf die Sexualbetätigung des Säuglings zu sprechen, mit der, wie er sagt, »die Deutung am meisten zu tun hat« und bei der die Einwände deshalb am größten sind (ebd., S. 323). Er argumentiert nicht *ad hominem*, daß die Menschen den Skandal der kindlichen Sexualität nicht akzeptieren wollen, weil dies ihr liebgewonnenes Bild des unschuldigen Kindes zerstören würde, sondern sieht ein reales Problem, das der »Deutung« der kindlichen Äußerungen. Als Beobachtung schildert er: »Wenn er (der Säugling, M. D.) an der Brust gesättigt einschläft, zeigt er den Ausdruck einer seligen Befriedigung, der sich später nach dem Erleben des sexuellen Orgasmus wiederholen wird.« Dieses Beispiel hatte er schon in den »Drei Abhandlungen« angeführt (1905, S. 82). Jetzt (1916/17, S. 324) fügt er hinzu: »Das wäre zu wenig, um einen Schluß darauf zu gründen.« Daß der Säugling nach dem Trinken aussieht wie der Erwachsene nach dem Orgasmus genügt also nicht, um sein Trinken als sexuell zu bezeichnen. Was aber genügt? Daß sich das Saugen vom Trinken emanzipiert und um seiner selbst willen ausgeführt wird – in Freuds Worten, »daß der Säugling Handlungen ausführt, die keine andere Absicht als die des Lustgewinns haben« (ebd., S. 324). Aber auch das scheint noch nicht zu genügen, denn wenige Sätze später heißt es: »... wir bezeichnen die durch Lutschen erzielte Lust als eine *sexuelle*. Über die Berechtigung dieser Benennung werden wir gewiß noch diskutieren müssen« (ebd.).

Zu Beginn der 21. Vorlesung sieht es so aus, als würde Freud kapitulieren: »Aber die Äußerungen der infantilen Sexualität, so unverkennbar sie in den späteren Kinderjahren sein mögen, scheinen sich doch gegen ihre Anfänge hin ins Unbestimmbare zu verflüchtigen. Wer auf Entwicklungsgeschichte und analytischen Zusammenhang nicht achten will (!), wird ihnen den Charakter des Sexuellen bestreiten und ihnen dafür irgendeinen undifferenzierten Charakter zuerkennen« (1916/17, S. 331). Auch hier ist es also wieder der analytische Zusammenhang, der nahelegt, bestimmte Äußerungen als sexuell zu betrachten, nicht etwas am Vorgang selbst, von dem Freud sagt: »Vergessen Sie nicht, wir sind derzeit nicht im Besitz eines allgemein anerkannten Kennzeichens für die sexuelle Natur eines Vorgangs, es sei denn wiederum die Zugehörigkeit zur Fortpflanzungsfunktion, die wir als zu engherzig ablehnen müssen« (ebd.). Wenn wir aber nicht im Besitz eines solchen Kennzeichens sind, warum, so Freud wenige Seiten später in kritischer Selbstbefragung, »steifen Sie sich darauf, die nach ihrem eigenen Zeugnis unbestimmbaren Äußerungen der Kindheit, aus denen später Sexuelles wird, auch schon Sexualität zu nennen? Warum wollen ... Sie nicht einfach sagen, beim Säugling beobachte man bereits Tätigkeiten, wie das Lutschen oder das Zurückhalten der Exkremente, die uns zeigen, daß er nach Organlust strebt?« (Ebd., S. 335) Das wäre in der Tat meine Position – mit der Ergänzung, daß der Säugling mindestens ebenso häufig nach Funktionslust strebt, verstanden als die mit der gelungenen Ausübung vitaler Funktionen (z. B. Exploration, Kommunikation) einhergehenden Befriedigung, und daß diese Funktionslust für die weitere Entwicklung von mindestens ebenso großer Bedeutung ist wie die Organlust. Aber Freud ist damit nicht zufrieden und auf den folgenden zwei Seiten, die es eigentlich verdienten, wegen ihrer literarischen Qualität und rhetorischen Brillanz in voller Länge zitiert zu werden, begründet er, warum er nicht von Organlust, sondern von sexueller Lust sprechen will.

Er führt zwei Gründe an. Erstens: Die Vertreter einer indifferenten (also nicht-sexuellen) Organlusttheorie können nicht angeben, wann die Organlust sexuellen Charakter bekommt – es sei denn, sie würden behaupten, dies sei dann der Fall, wenn die Genitalien hinzukämen; aber diese Auffassung wird als zu eng abgelehnt, weil sonst *sexuell* wieder an *genital* gebunden wird. Wenn also die Organlust nicht durch die Genitalien sexuell wird, wodurch dann? Eine zweite mögliche Antwort wäre: Sie ist es gar nicht, sondern eben nicht-sexuelle Organlust, sinnliches Vergnügen, körperlich angenehme Stimulation, nicht sexuelle Erregung, und erstere kann in letztere umschlagen, ohne mit ihr identisch zu sein. Es ist der Kontext, in den die Organlust eingebunden ist, der entscheidet, ob sie sexuell ist oder nicht. Die Massage einer Körperstelle, etwa des Nackens, kann wohliges Vergnügen mit anschließender Entspannung hervorrufen oder aber sexuelle Erregung (Lichtenberg 1989, Kap. 8). Nichts am körperlichen Vorgang selbst, sondern der sie begeleitende Kontext und die Phantasie geben den Ausschlag, wohin sich eine solche körperliche Stimulierung entwickelt. Eine dritte Antwort auf die Frage, wodurch Organlust sexuell wird, wäre die, daß sie es durch Rückprojektion beziehungsweise Nachträglichkeit wird, wie bei jenem jungen Mann, der, als die Rede auf die schöne Amme kam, die ihn als Säugling genährt hatte, antwortete, »es tue ihm leid, die gute Gelegenheit damals nicht besser ausgenützt zu haben« (Freud 1900, S. 211). All diese Möglichkeiten erwägt Freud, aber seine Antwort lautet: »Wie Sie wissen, heißen wir die unbestimmbaren (nota bene: die unbestimmbaren!) Lustbetätigungen der frühesten Kindheit sexuell, weil wir auf dem Wege der Analyse von den Symptomen aus über unbestreitbar sexuelles Material zu ihnen gelangen« (1916/17, S. 336). Aber auch damit ist er noch nicht zufrieden und formuliert als Einwand: Auch wenn wir auf dem Wege sexuellen *Materials* zu diesen Kindheitsäußerungen gelangt sind, so müssen *diese Äußerungen selbst* doch darum nicht auch sexuell sein (ebd.).

Und dann wiederholt er sein entscheidendes Argument. Es lautet: Wenn das Endprodukt sexuell ist, sind es auch seine Vorformen, auch wenn an diesen Vorformen selbst noch nichts Sexuelles zu erkennen ist. Um dieser Argumentation Plausibilität zu verleihen, bemüht er eine Analogie aus der Botanik. »Stellen Sie sich vor, wir hätten keinen Weg, die Entwicklung zweier... Pflanzen, des Apfelbaums und der Bohne, aus ihrem Samen zu beobachten, aber es sei uns in beiden Fällen möglich, ihre Entwicklung vom voll ausgebildeten pflanzlichen Individuum bis zum ersten Keimling mit zwei Keimblättern rückschreitend zu verfolgen. Die beiden Keimblätter sehen indifferent aus, sind in beiden Fällen ganz gleichartig. Werde ich darum annehmen, daß sie wirklich gleichartig sind und daß die spezifische Differenz zwischen Apfelbaum und Bohne erst später in die Vegetation eintritt? Oder ist es biologisch korrekter zu glauben, daß diese Differenz schon im Keimling vorhanden ist, obwohl ich den Keimblättern eine Verschiedenheit nicht ansehen kann. Dasselbe tun wir aber, wenn wir die Lust bei Säuglingsbetätigungen eine sexuelle heißen« (ebd., S. 336). Kurz: Wenn das Endprodukt Bohne ist, das heißt das Saugen des Erwachsenen an der Brust sexuell, ist es auch schon seine Vorform, das Saugen des Säuglings an der Brust, auch wenn es noch nicht danach aussieht. Freud ist jedoch immer noch nicht restlos überzeugt und fährt fort: »Ob alle und jede Organlust eine sexuelle genannt werden darf oder ob es neben der sexuellen eine andere gibt, welche diesen Namen nicht verdient, das kann ich hier nicht diskutieren. Ich weiß zu wenig von der Organlust und von ihren Bedingungen und darf mich bei dem rückschreitenden Charakter der Analyse überhaupt nicht verwundern, wenn ich am letzten Ende bei derzeit unbestimmbaren Momenten anlange« (ebd., S. 337). Wir sind also wieder am Anfang der Vorlesung angelangt, bei »derzeit unbestimmbaren Momenten«, die daher rühren, daß »wir derzeit nicht im Besitz eines allgemein anerkannten Kennzeichnens für die sexuelle Natur eines Vorgangs« sind (ebd., S. 331). Ich lenke Ihre Aufmerksamkeit auf das zweimalige »derzeit«. Freud hat die Hoffnung nie aufgegeben, daß die Biochemie das Rätsel des »allgemein akzeptierten Kennzeichens« für das Sexuelle lösen könnte. Hundert Jahre später sind wir davon nicht mehr überzeugt, weil wir wissen, daß die Physiologie und Biochemie der Sexualvorgänge zwar einerseits hochkomplex (Überblick bei Beier et al. 2001 und Sigusch 2001), aber andererseits insgesamt zu unspezifisch ist, um auf ihrer Basis ein allgemein akzeptiertes Kennzeichen von Sexualität zu finden. Hormonelle Einflüsse, etwa der Testosteronspiegel, erklären zwar Dispositionen und Gestimmtheiten, können aber durch eine Vielfalt von psychischen und sozialen Einflüssen (Mangel an Gelegenheit, Niedergeschlagenheit, schlechter Gesundheitszustand) konterkariert werden (Fisher 2004, S. 99 ff.). Sexualität hat also eine körperliche Grundlage, aber das spezifisch Menschliche an ihr besteht in deren Überformung bis zur Außerkraftsetzung durch die Phantasie – was auch in der volksmundlichen Redensart zum Ausdruck kommt, daß das größte Sexualorgan *zwischen den Ohren* sitzt.

Ich habe Freuds Argumente so ausführlich rekonstruiert, um zum einen deutlich zu machen, wie skrupulös er mit dem Problem umgeht, während viele seiner Nachfolger in dieser Frage eher Gefolgschaft und Unterwerfung forderten und die infantile Sexualität zu einem Schibboleth machen wollten, an dem sich entscheide, was Psychoanalyse sei und was nicht. Zum zweiten wollte ich deutlich machen, daß Freud zwar immer wieder auf Einwände reagiert und Beobachtungen anführt, aber letztlich die entscheidende Frage, ob lustvolle Organempfindungen als sexuell betrachtet werden sollen, das heißt eine sexuelle Erlebnisqualität haben, nicht auf Grund von Beobachtungen entscheidet und auch nicht auf Grund von Wissen um die »allgemeinen Kennzeichen« eines sexuellen Vorgangs, sondern auf der Basis einer Kontinuitätsannahme: Was später sexuell ist, soll es früher auch schon gewesen sein; und auf der Basis der klinischen Einsicht, daß Organinnervationen, die beim Hysteriker nicht sexuell aussehen, sich in der Analyse als sexuell erwiesen haben. Da aber, was für den Hysteriker gilt, auch für den Normalen Gültigkeit hat, heißt das letztlich, daß jede Organinnervation sexuell genannt werden kann, weil sie *das Potential* zur sexuellen Erregung hat. Das Saugen des Säuglings an der Brust ist dann deshalb sexuell zu nennen, weil es das Potential zu späterem sexuellen Saugen an der Brust enthält. Damit aber fällt der Unterschied zwischen erregt-innerviert und sexuell. Infantile Sexualität wird, wie Reiche (2005) scharfsinnig schreibt, identisch mit infantilen Erregungszuständen, oder, wie es bei Laplanche/Pontalis (1967, S. 468) heißt: Freud postuliert eine *virtuelle* infantile Sexualität.

Exkurs: Theorieholismus

Ich denke, wir haben in diesem Argumentationsgang, der keinen Skeptiker wirklich überzeugen wird, etwas vor uns, das in der postempiristischen Wissenschaftstheorie »Theorieholismus« heißt. Damit ist, vereinfacht ausgedrückt, gemeint, daß Theorien Netzwerke von Aussagen sind, die sich gegenseitig stützen. Die Richtigkeit einer Aussage läßt sich deshalb nicht isoliert vom gesamten Theoriekorpus beurteilen. Man kann oder sollte nicht einzelne Aussagen herauspräparieren und sie als Einzelaussagen überprüfen, denn solche Aussagen gewinnen ihre Plausibilität und Überzeugungskraft erst im Zusammenhang mit anderen Aussagen. Das bedeutet aber letztlich, daß nicht einzelne Aussagen einer Theorie sinnvoll geprüft werden können, sondern immer nur die Theorie als Ganzes – und das ist unmöglich. Deshalb ist die postempiristische Wissenschaftstheorie, zumindest in Teilen, zu der Auffassung gelangt, daß Theorien überhaupt nicht falsifizierbar sind, sondern aussterben (Überblick bei Stegmüller 1987 a, b; Kurzüberblick mit weiterer Literatur bei Dornes 2001).

Ein Paradigma wird durch ein anderes ersetzt, nicht weil es definitiv falsifiziert wurde, sondern weil es nicht mehr überzeugt. Dabei hängt seine Überzeugungskraft stark von soziologischen und sozialpsychologischen Faktoren ab – auch vom allgemeinen Stand des Weltwissens (s. Kapitel 1) – und nicht in erster Linie von der Richtigkeit einer bestimmten Aussage. Die Überzeugung von der Existenz der Hölle etwa wurde ja nicht durch empirische Untersuchungen und ein ausgefeiltes Hypothesentestprogramm widerlegt, sondern wir haben sie einfach im Laufe des Wissensfortschritts verloren, ebenso wie beispielsweise die, daß Krankheiten durch Dämonen entstehen. Durch den

Fortschritt des medizinischen, psychologischen und psychoanalytischen Wissens sind wir heute auch weniger als Freud davon überzeugt, daß »die Symptome die Sexualbetätigung der Kranken« sind, wie es in einem großen Satz der »Drei Abhandlungen« heißt (1905, S. 63) und eher bereit, sie auch als Aggressionsbetätigung des Kranken zu betrachten oder als Ausdruck von narzißtischen Konflikten.[2] Da aber solche Aussagen eingewoben sind in das Gesamt von Überzeugungen, etwa über die Bedeutung von Sexualität, sind auch Aussagen über die Bedeutung der infantilen Sexualität letztlich nicht unabhängig von solchen Überzeugungen und die genauere Untersuchung der Frage, ob wir jede Organlust eine sexuelle nennen sollen, hat zu dem Ergebnis geführt, daß diese Frage bei Freud im Kontext anderer Überzeugungen entschieden wird. Jemand, der mit anderen Annahmen über die Bedeutung der Sexualität für die Symptombildung arbeitet, wird auch zu anderen Aussagen über die sexuelle oder nicht-sexuelle Natur kindlicher Erregungszustände gelangen, ebenso wie jemand, der sich auf Grund von Beobachtungen und nicht auf der Basis einer Kontinuitätsannahme entscheidet. Hier kommt ein Element von Dezisionismus ins Spiel, das einem Wissenschaftler mißfallen mag, das aber jeder von sich selbst kennt, der schon einmal die Überzeugung gewechselt hat, nicht weil neue Argumente aufgetaucht sind, sondern weil er die vorhandenen Argumente jetzt anders bewertet oder die gemachten Beobachtungen anders interpretiert.

2 Die wenigsten Psychoanalytiker würden heute noch die Agoraphobie auf der Basis unbewußter Prostitutionsphantasien verstehen oder den Waschzwang nur als Ersatzmasturbation. Eine äußerst informative Darstellung der Bedeutung der infantilen Masturbation, der elterlichen Reaktionen darauf und der damit zusammenhängenden späteren möglichen Symptombildungen findet sich bei Binswanger (1996). Aufschlußreich ist im übrigen, daß Freud selbst den Vorrang der Sexualität in der Pathogenese empirisch begründet: »Theoretisch besteht kein Einwand gegen die Annahme, jeder beliebige Triebanspruch könne zu den gleichen Verdrängungen mit ihren Folgen Anlaß geben, unsere Beobachtung zeigt uns aber regelmäßig, soweit wir es beurteilen können, daß die Erregungen, denen diese pathogene Rolle zukommt, von Partialtrieben des Sexuallebens herrühren« (Freud 1938, S. 112).

Das Nicht-Sexuelle im Sexuellen

Aber ich will es nicht bei dieser Unentschiedenheit belassen, sondern gerade in bezug auf die Sexualität das gewandelte Netz von Überzeugungen skizzieren, das den Hintergrund dafür bildet, daß psychoanalytische Kleinkindforscher die Bedeutung der Sexualität heute anders, nämlich geringer, einschätzen als etwa Freud 1905. Zu diesem Zweck kehre ich zur Unterscheidung zwischen Organlust und sexueller Lust zurück.

Als Organlust kann man das intrinsische Potential von Körperzonen verstehen, angenehme oder erregende Empfindungen zu vermitteln. In Anlehnung an den Sexualwissenschaftler Schmidt (1983; 2004, Kap. 6) betrachte ich dieses Potential als eher gering. Schmidt spricht vom autochthonen Erlebniswert der Sexualität und fragt sich: Wenn wir davon ausgehen, daß es nicht die Reizung von Körperzonen ist, die der Sexualität ihre motivierende Kraft verleiht, was ist es dann? Seine Antwort lautet: Es ist die Indienstnahme körperlicher Erregung durch andere Affekte und es sind diese Affekte, die der sexuellen Erregung, die in ihren körperlichen Grundlagen weniger drängend ist als Durst oder das Bedürfnis nach Wärme, ihre motivierende Kraft verleihen.

Das wußten schon de Sade und Bataille, die in der Übertretung von Verboten den »Reiz« der Sexualität sahen. Der Psychoanalytiker Stoller (1975) hat einige Zeit später die Idee entwickelt, daß es die Beimengung von Feindseligkeit ist, die der Sexualität ihren »Thrill« gibt. Zuerst behauptete er dies für die Perversionen, die er als erotisierte Form des Hasses verstand. In unvermeidlicher Verkürzung zusammengefaßt, ist damit gemeint, daß frühkindliche Formen der Mißhandlung oder der Überwältigung eine Feindseligkeit schaffen, die dann sexualisiert und in Akten oder Phantasien sexueller Überwältigung wieder inszeniert oder ausagiert wird. Dann dehnte Stoller (1976) diese Befunde auf die normale Sexualität aus, mit der Einschränkung, daß bei ihr die Feindseligkeit weniger ausgeprägt und zu einem »whisper of hostility«, also einem Hauch, abgeschwächt ist. In einer sehr freudianischen Schlußfolgerung schreibt er schließlich, »daß der Mensch kein besonders liebevolles Wesen ist, vor allem dann nicht, wenn er Liebe macht« (Stoller 1976, S. 909).

Andere Autoren, wie der Sexualwissenschaftler Schorsch (1978), haben diese Theorie erweitert und darauf hingewiesen, daß die drängende Kraft der Sexualität nicht nur aus der Beimengung negativer

Affekte wie Schuld oder Haß und der Bewältigung traumatischer Erfahrungen herstammt, sondern auch aus positiven Quellen. In der Sexualität werden nicht nur Kindheitstraumen bewältigt, sondern auch Kinderträume erfüllt, etwa erfährt der Kinderwunsch nach symbiotischer Verschmelzung im Akt sexueller Vereinigung seine Befriedigung. Auch hier ist es nicht die somatische Erregbarkeit der Genitalien, sondern die Indienstnahme dieser Erregbarkeit für das psychische Bedürfnis nach Verschmelzung, das der Sexualität ihren dranghaften Charakter verleiht. In der Logik dieses einleuchtenden Arguments (s. aber die ideengeschichtliche Kritik von Sigusch 1984 sowie die Replik von Schmidt 1984) haben Körperempfindungen kein besonderes intrinsisches Lustpotential, sondern gewinnen es erst, wenn seelische Wünsche hinzutreten, die dann mit Hilfe körperlicher Organe befriedigt werden, wenn also der organische Reiz phantasmatisch aufgeladen wird.[3]

Die Bedeutung des Nicht-Sexuellen

Nun soll, nachdem schon mehrfach von Organlust und erogenen Zonen die Rede war, daran erinnert werden, daß nicht (nur) körperliche Bedürfnisse, sondern auch rein seelische eine enorme motivierende Kraft haben. Dies kann durch die sogenannten Kontingenzexperimente bei drei Monate alten Säuglingen illustriert werden. Ein typisches Experiment geht so: Man bindet eine Schnur an einen Fuß des Säuglings und verbindet die Schnur mit einem Mobile. Nach kurzer Zeit bemerkt der Säugling den Zusammenhang zwischen Fußbewegung und Bewegung des Mobiles. Er entdeckt Kontingenz. Diese Entdeckung hat einen außerordentlich motivierenden Effekt. Säuglinge wiederholen die entsprechende Bewegung/Handlung unermüdlich und freuen sich immer und immer wieder, wenn der Effekt eintritt. Was hier zu beobachten ist, ist nicht-sexuelle Lust, Funktionslust, das Vergnügen, die

3 Ich zweifle, ob dies bereits im Säuglingsalter möglich ist (Dornes 1993, Kap. 8 und 1997, Kap. 3, 4). Die Betonung der Phantasiedimension ist für Freuds Sexualtheorie zentral. »Das Kennzeichnen der Sexualität ist für Freud immer der Wunsch. Im Gegensatz zur Liebe ist dieser definitiv auf eine bestimmte körperliche Grundlage angewiesen und im Gegensatz zum Bedürfnis macht er die Befriedigung von phantasierten Bedingungen abhängig...« (Laplanche/Pontalis 1967, S. 470).

Freude oder, wenn man so will, die Erregung über die Entdeckung eines Zusammenhangs und das Hervorrufen eines Ereignisses, dessen Urheber man selbst ist – die Entdeckung von Wirkmächtigkeit also, die das Unterfutter eines jeden gesunden Narzißmus ist. Die daraus resultierende Befriedigung hat keine körperliche Grundlage wie Durst oder Hunger. Deshalb sind diese Experimente zugleich der *salto mortale* des klassischen Behaviorismus, denn in ihnen kommt zum Vorschein, daß es nicht die Eigenart des Reizes ist – des Zuckers, der Milch, des Futters –, die als Verstärker dient, sondern *die Entdeckung einer Beziehung* zwischen der eigenen Handlung und einem Ereignis in der Welt. Eine kognitive Erkenntnis und die daraus resultierende »Ich-Lust« (Winnicott 1958, S. 43 ff.) wirkt als Verstärker, nicht eine körperliche Empfindung.[4]

Ähnliches gilt für den Mund, der häufig als erogene Zone gehandelt wird. Er ist ebenso sehr ein Erkenntnisorgan erster Ordnung und das zentrale Organ taktiler Exploration von Welt, solange die Hände dazu noch nicht taugen, also ungefähr im ersten halben Lebensjahr. Säuglinge nehmen Gegenstände nicht (nur) deshalb in den Mund, weil sie ihren oralen Partialtrieb befriedigen beziehungsweise die erogene Zone der Mundschleimhaut reizen wollen, sondern (auch) zur Beruhigung und vor allem, um ihren »Erkenntnistrieb« zu befriedigen. Sie sind neugierig auf die Eigenart und Beschaffenheit von Objekten, und ihre Neugier ist kein Abkömmling von Sexualneugier, sondern eher umgekehrt: Sexualneugier ist der Spezialfall einer allgemeinen Neugier – eines Erkenntnistriebes, mit dem der Säugling auf die Welt kommt. In einer leeren Sehfläche sucht er nachdrücklich nach Objekten und wenn eines in seinem Sehfeld erscheint, ist sein Auge dadurch gefesselt. Er explo-

4 »Das sogenannte normale Kind kann spielen und sich beim Spiel erregen und sich durch das Spiel befriedigt fühlen, ohne sich durch einen physischen Orgasmus auf Grund lokaler Erregung bedroht zu fühlen. Im Gegensatz dazu ist ein Mangel-Kind ... unfähig, das Spielen zu genießen, *weil der Körper physisch hineingezogen wird* ... Wenn wir das unbeschwerte Spiel eines Kindes oder das Erlebnis eines Erwachsenen in einem Konzert mit einem sexuellen Erlebnis vergleichen, ist der Unterschied so groß, daß wir keinen Schaden anrichten würden, wollten wir einen anderen Ausdruck zur Beschreibung der beiden Erlebnisse zulassen (Ich-Orgasmus versus Es-Orgasmus, M. D.). Was auch immer die unbewußte Symbolik sein mag, *die Quantität der wirklichen physischen Erregung ist bei dem einen Erlebnistyp minimal, beim anderen maximal*« (Winnicott 1958, S. 44 f.; Hervorhebung von mir).

riert es nach bestimmten Gesetzmäßigkeiten: erst die Ecken und Kanten, dann die Hell-Dunkel-Kontraste, danach das Innere des Objekts.

Wenn man den Säugling bei solchen Aktivitäten betrachtet, wandelt sich das Gesamtbild. Er ist dann nicht mehr nur ein von körperlich bedingten Erregungszuständen beherrschtes Wesen, das Objekte sucht, um seine Triebspannungen zu lindern, sondern auch und besonders ein Wesen, das Objekte gerade dann sucht, wenn Ruhe an der »Triebfront« herrscht, ganz ohne körperliche Not, weil er sich für Objekte interessiert. Diese primäre Neugier macht ihn zu einem kleinen Wissenschaftler, der mit der Welt experimentiert, eine Schnur zieht, um zu sehen, ob sich das Mobile bewegt, den Kopf zweimal nach links und einmal nach rechts wendet, um dadurch eine bunte Lichterfolge oder die Melodie der Sesamstraße in Gang zu setzen. Er ist kein irrationales, sondern ein rationales Wesen, ein kleiner Popperianer, der der Welt ihre Gesetzmäßigkeiten ablauscht und ununterbrochen prüft, testet, seine Erwartungen/Hypothesen revidiert: »a scientist in the crib« (Gopnik et al. 1999). Der französische Philosoph Gaston Bachelard hat einmal den Unterschied zwischen gewöhnlicher und wissenschaftlicher Neugier so gefaßt, daß die erste *besichtigen* und die zweite *begreifen* will. In diesem Sinne ist der Säugling wirklich und nicht nur metaphorisch wie ein Wissenschaftler, der getrieben ist von dem Bedürfnis nach geistiger Durchdringung und Erfassung der Welt. Überraschungen, also kognitive Konflikte, motivieren ihn ebenso sehr wie emotionale Konflikte – und demotivieren ihn. Löst man das Band vom Fuß, so daß die Fußbewegung das Mobile nicht mehr in Gang setzt, dann werden Säuglinge ärgerlich, manche von ihnen apathisch. Der Entzug von Kontingenz hat ähnliche affektive Folgen wie der Entzug emotionaler Zuneigung oder das Vorenthalten von Nahrung, auch wenn der Ärger oder die Apathie in den jeweiligen Situationen eine unterschiedliche Färbung haben mag.[5]

Durch diese impressionistische Darstellung einiger Befunde wollte ich plausibel machen, wieso Säuglingsforscher – ähnlich wie Winnicott in seiner Idee des Ich-Orgasmus – Erregungszustände anders konzeptualisieren denn als sexuelle, wieso sie sich für andere Themen interessieren als für infantile Sexualität und daß diese anderen Themen für die

5 Die Vorstellung vom Säugling als einem Wissenschaftler erfaßt sicherlich nur einen Aspekt seiner Entwicklung. Auf die emotiv-intersubjektiven Ursprünge seiner Denkfähigkeit wurde im vierten Kapitel eingegangen.

Selbst- und Subjektwerdung eine mindestens ebenso große, wahrscheinlich aber sogar eine größere Bedeutung haben als das, was Freud unter dem Titel infantile Sexualität beschrieb. Und bis jetzt habe ich noch gar nicht von den Bedürfnissen nach affektivem Austausch, Bindung und zweckfreier Kommunikation gesprochen, die primär sind und von keinem anderen Bedürfnis ableitbar (ausführlich dazu Dornes 2000a, Kap. 2 und hier Kapitel 3–5). Deren Befriedigung oder Nichtbefriedigung beziehungsweise Art der Befriedigung erschafft das Gewebe der Seele, das emotionale Aroma und affektive Klima, in dem wir leben und leiden – Glück und Trauer, Hochgefühl und Niedergeschlagenheit, Selbstachtung und Zweifel, Vertrauen und Mißtrauen, Nähe und Ferne, Wärme und Kälte, Geborgenheit und Einsamkeit, die wir in Beziehungen erleben oder eben nicht erleben. Sollten wir alle diese Wechselfälle unseres Gefühls- und Beziehungslebens als Abkömmlinge eines einzigen, wie immer definierten infantilen Erregungszustandes verstehen können?

Verharmlosung des Menschenbildes durch Relativierung der Triebtheorie?

Oft wird gesagt, der Kern der Psychoanalyse bestehe in der Idee einer konstitutionellen Unangepaßtheit des Menschen. Diese setze der Integration des Menschen in die Gesellschaft eine prinzipielle Grenze. Deshalb gäbe es etwas Nicht-Identisches, Widerständiges, Negatives, dessen Anwalt die Psychoanalyse sei. Ihr intellektuelles Vermächtnis, das bewahrt werden müsse, bestehe darin, gegen die idealistischen Tendenzen einer Vernunftmoral auf diesen irrationalen Kern des Menschen hinzuweisen. Man kann nun dieses Nicht-Identische oder Irrationale auf verschiedene Weise konzeptualisieren. Üblicherweise wird es in den Trieben oder Triebphantasien verortet. Ich habe diese Theorien im zweiten Kapitel dargestellt und begründet, wieso ich statt dessen von einem Vorrang der Trennung vor dem Trieb ausgehe. Zu diesem Zweck habe ich gezeigt, daß die Idee einer widerspenstigen Subjektivität in einer sozialontologischen Trennungstheorie genausogut oder vielleicht sogar besser aufgehoben ist als in der Triebtheorie. Ich kann mich deshalb hier auf die Klärung der Frage beschränken, wieso mich auch die von manchen Psychoanalytikern geäußerte Kritik nicht überzeugt, die

Vorstellung eines asexuellen Säuglings, wie er etwa in der Bindungstheorie auftaucht (Überblick bei Dornes 2000 a, Kap. 2), befördere ein unangemessen harmloses oder gemütliches Menschenbild.

Ein Blick auf die Buch- und Aufsatztitel des Begründers der Bindungstheorie, John Bowlby, zeigt, daß es dort nicht gemütlich zugeht. Ein Angelpunkt seines Werks ist das Thema der Trennung. Entsprechend lauten einschlägige Buch- und Aufsatztitel: »Trennungsangst« (1960 a), »Grief and mourning in infancy and early childhood« (1960 b), »Verlust. Trauer und Depression« (1980). Bowlby beschäftigte sich sein Leben lang mit den Folgen von Mutter-Kind-Trennungen für die Psyche des Kindes. Er hat eine Theorie entwickelt, in der das Bindungsbedürfnis eine zentrale Rolle einnimmt, und er hat eben dieses Bedürfnis ontogenetisch an die Stelle oraler Triebbefriedigung gesetzt. Säuglinge binden sich in seiner Theorie an ihre Betreuungsperson, nicht weil diese die Quelle von Triebbefriedigung ist, sondern weil sie die Quelle von Sicherheit ist (ausführlich Bowlby 1958, 1969; Eagle 1984). Alleinsein ist für Säuglinge und kleine Kinder ein natürlicher Furchtauslöser, und Nähe gibt ihnen Sicherheit, physische und psychische, etwa weil sie die Gefahr, von Feinden vernichtet zu werden oder anderweitig zu Tode zu kommen minimiert – mithin auch evolutionäre Vorteile bietet und daher Bestandteil des genetischen Programms ist. Das Bindungsbedürfnis ist ein zutiefst körperliches. Wir wissen heute, daß es in stammesgeschichtlich älteren Teilen des Gehirns, dem Kleinhirn, lokalisiert ist und auch bei der schwerwiegendsten aller Störungen der zwischenmenschlichen Bezogenheit, dem frühkindlichen Autismus, in rudimentärer Form vorhanden ist. Trennung ist eine Bedrohung für das vom Objekt vermittelte Sicherheitsgefühl und führt deshalb zu affektiven Belastungen.[6]

Die Publikationen (Robertson 1962, Robertson/Robertson 1971) und insbesondere die legendären Filme von James Robertson (1953, 1958, 1968, 1969) illustrieren dies in aller Deutlichkeit. Aber die Rezeptionsgeschichte dieser Filme illustriert noch mehr. Sie sind auf einen Widerstand gestoßen, der mindestens ebenso groß war, wie der, der Freuds Theorie der infantilen Sexualität entgegengebracht wurde. Als

6 Nur am Rande sei bemerkt, daß das Thema der Bindung, von Bowlby erstmals 1958 systematisiert, eine ethologische Version und Antizipation späterer Narzißmustheorien ist, etwa der von Sandler (1960, Sandler/Joffe 1969), in der das Sicherheitsgefühl ebenfalls eine zentrale Rolle spielt.

Robertson einen seiner Filme über kleine Kinder im Krankenhaus Anfang der 1950er Jahre das erste Mal öffentlich vorführte, erhob sich ein Sturm der Entrüstung. Kein »Argument« wurde ausgelassen, um das Offenkundige zu leugnen. Das Offenkundige war, daß zweijährige Kinder, wenn sie ohne elterliche Begleitung für einige Tage oder gar Wochen ins Krankenhaus kommen, schwer leiden und einen rapiden Persönlichkeitszerfall mit den Stufen des Protests, der Verzweiflung und des Rückzugs zeigen, der zu Tränen rührt. Die Reaktion auf diesen Film und andere war Empörung, aber nicht über das Leid der Kinder, sondern über den Überbringer der schlechten Nachricht. Eingewandt wurde etwa, daß Robertson sein Material tendenziös ausgewählt habe, daß er nur Episoden zeige, in denen die Kinder weinten, nicht aber solche, in denen sie lachten, daß er besonders empfindsame aber keine normalen Kinder ausgewählt habe, daß es in anderen Krankenhäusern ganz anders zugehe, daß die Kinder sich schnell an diesen Zustand gewöhnten oder sich von ihm erholten. Eine Filmvorführung in Glasgow endete damit, daß eine Zuschauerin geltend machte, was in dem Film zu sehen sei, gelte vielleicht für englische Kinder, keinesfalls aber für schottische. Filmvorführungen in den USA wurden ähnlich kommentiert. Auch persönliche Schmähungen wurden nicht ausgelassen. Man warf Robertson vor, er habe das Vertrauen des Krankenhauses mißbraucht, in dem er seine Aufnahmen machen durfte, um es nun bloßzustellen; oder man versuchte, einen Keil zwischen Bowlby und Robertson zu treiben. Während Bowlby ein renommierter Kinderpsychiater und englischer *upper class gentleman* war, war Robertson ein Arbeitersohn, Kriegsdienstverweigerer, Sozialarbeiter, kurz ein Außenseiter in den Augen des medizinischen Establishments, und das Gerücht wurde gestreut, Bowlby habe sich von Robertson distanziert, was nicht der Fall war. Kaum etwas wurde ausgelassen, um Robertson zu diskreditieren (s. dazu die ausführliche, spannende Darstellung bei Karen 1994, Kap. 6).

Solch heftige Reaktionen löst aus, wer an den Schlaf der Welt rührt. Nur hieß der Schlaf und das individuell und kollektiv Verleugnete hier nicht Sexualität, sondern Trennung. Wie kann eine Theorie, die auf solch erbitterten Widerstand trifft, harmlos oder gemütlich sein? Und der Spuk war und ist noch lange nicht vorbei. Es dauerte 30 Jahre, bis sich die Besuchspraktiken in mitteleuropäischen Kinderkrankenhäusern änderten, und in manchen Ländern haben sie sich bis heute nicht geändert, wie der Bericht eines türkischen Kinderarztes aus dem Jahr

1996 zeigt, der beschreibt, daß selbst in der besten Kinderklinik der Türkei auf einer Station mit 15 Kleinkindern nur zwei der Kinder von ihren Eltern begleitet wurden (Ertem 1996).

Die Reaktion von Psychoanalytikern auf Robertsons Filme war gespalten. Anna Freud begrüßte sie, die Kleinianer nicht. Bion, einer ihrer prominentesten Vertreter, der mit Bowlby zusammen in der Armee gedient hatte, meinte, das Elend der kleine Laura in einem der Filme habe nichts mit der Trennung von der Mutter zu tun, sondern mit den neidischen und aggressiven Phantasien des Kindes wegen deren derzeitiger Schwangerschaft. Die wenigsten von uns würden eine solche Deutung überzeugend finden, denn dieselben Phänomene fanden und finden sich auch bei Kindern, deren Mütter nicht schwanger sind. Natürlich kann man immer noch an dieser Deutung festhalten, in der neidische und aggressive Phantasien von Kindern als anthropologische Universalien postuliert werden, die durch eine eintretende Trennung nur bestätigt und verstärkt werden und deshalb der eigentliche Auslöser der Erkrankung sind (ausführlichere Darstellung bei Dornes 1997, S. 194 f.). Ebenso könnte man an einer Deutung festhalten, die die Trennungsangst der Kinder und ihre Folgesymptome als Triebangst versteht, wie Freud (1932/33) dies in der 32. Vorlesung der Neuen Folge zur Einführung in die Psychoanalyse getan hat. Dort betrachtet er die Trennung deshalb als angsterregend, weil das Kind dann mit seinen Trieben alleine ist; es fürchtet also letztlich nicht den Objektverlust, sondern die Triebgefahr. Ähnlich verfuhr Spitz (1945, 1946 a, b) mit den Ergebnissen seiner Hospitalismusstudien, die er zunächst in den Begriffen der Triebtheorie interpretierte. Er führte die Symptome der anaklitischen Depression und des Hospitalismus darauf zurück, daß durch den Objektverlust eine Triebentmischung stattfinde, so daß der vorher mit Libido legierte und dadurch neutralisierte Aggressionstrieb isoliert freigesetzt, wegen Objektabwesenheit gegen den eigenen Körper gewendet werde und dadurch die Symptome hervorrufe. Später, in den Arbeiten der 1960er Jahre über den Dialog (gesammelt in Spitz 1976), hat er stärker affektpsychologische Überlegungen berücksichtigt und gelten lassen, daß es der Verlust eines affektiv-kommunikativen Austauschpartners ist, nicht der eines Triebobjekts, der die Kinder krank macht. Darüber könnte man noch länger diskutieren und sicher auch streiten, aber ich hoffe, das Gemütlichkeitsargument ist zumindest relativiert. Theorien, die nicht von Trieben handeln, sind dadurch noch lange nicht gemütlich oder harmlos.[7]

Infantile Sexualität als philosophisch-theoretisches Konzept

Der Sinn der bisherigen Ausführungen war ein vierfacher. Erstens sollte gezeigt werden, daß Freud nicht »direkt« nachweist, daß Lutschen und Saugen etwas Sexuelles sind, sondern daß er indirekt vorgeht und argumentiert, sie seien etwas Sexuelles, *wenn* man sie im Zusammenhang mit bestimmten anderen Annahmen oder Befunden betrachtet. Zweitens habe ich skizziert, daß das, was man Organlust oder sexuelle Lust nennen könnte, seinen Erregungscharakter aus anderen, nämlich psychischen Quellen bezieht, daß also der Körper als Quelle von (sexueller) Lust nur begrenzt taugt, wie wir bei den Tieren sehen, deren Sexualität eher langweilig ist. Zum dritten wollte ich eine Ahnung davon vermitteln, daß der Säugling über eine Vielfalt von Bedürfnissen verfügt, die sich nicht alle als Abkömmlinge eines oder zweier Triebe verstehen lassen. Zum vierten sollte die schon im zweiten Kapitel kritisierte Idee von der Säuglingsforschung als einer Verharmlosung relativiert werden.

Ich komme nun noch einmal auf den zweiten Punkt zurück, weil er mir der Ausgangspunkt zu sein scheint für Theorien über die kindliche Sexualität, die man »philosophisch-theoretische« nennen kann. Als Exempel solcher Theorien verstehe ich die von Laplanche und Ogden. Beiden ist gemeinsam, daß sie sich von der Idee der erogenen Zonen verabschieden – wie Kernberg übrigens auch (1991 a, b, 1996; Kurzdarstellung bei Dornes 1997, S. 44 ff.) – und dennoch an einem Konzept von infantiler Sexualität festhalten.[8] Darin drückt sich meines Erachtens die zutreffende Wahrnehmung aus, daß es nicht in erster Linie der Körper

7 Für an Fragen der Theoriearchitektonik interessierte Leser sei zur Verdeutlichung noch einmal darauf hingewiesen, daß es einen Unterschied macht, ob man, wie im zweiten Kapitel geschehen, die Widerspenstigkeit des Subjekts aus einer *grundsätzlich* nicht zu bewältigenden Trennungserfahrung nach der Geburt ableitet (dies wurde als sozialontologische Trennungstheorie bezeichnet), oder ob man stärker auf empirisch-kontingente Trennungen abhebt, wie die im vorstehenden Abschnitt dargestellte Bindungstheorie. In beiden Fällen ist jedoch die resultierende »Ungemütlichkeit« der Trennung geschuldet und nicht den Trieben.

8 Der Psychoanalytiker und Säuglingsforscher Lichtenberg (1983, 1988, 1989) ersetzt zwar das dualistische Triebkonzept durch das von fünf basalen Motivationssystemen, behält aber das Konzept der erogenen Zonen in modifizierter Form bei, was bei manchen Säuglingsforschern für Irritation gesorgt hat. Siehe dazu die Kontroverse zwischen Demos (1985) und Lichtenberg (1985) sowie die Ausführungen bei Lichtenberg (1983, Kap. 11 und 1989, S. 223 ff.).

ist, der einen Vorgang zu einem sexuellen macht, sondern die Seele und daraus ergibt sich ein Verständnis von *Psycho*sexualität, das sich von dem bekannten Phasenmodell der erogenen Zonen erheblich unterscheidet. Im Phasenmodell wird Psychosexualität als die psychische Repräsentanz eines sexuell gefärbten, an den erogenen Zonen entstandenen Erregungszustandes verstanden (Tyson/Tyson 1990, Mertens 1992, Becker 2000). Gibt man die Idee der erogenen Zonen als Bestandteil einer ursprünglichen Ausstattung auf, so wird man andere Quellen für die infantile Sexualität finden müssen. Laplanche findet sie im Objekt (d.h. der erwachsenen Bezugsperson des Kindes), Ogden in einem modifizierten Konzept der Urphantasien.

Ogdens Theorie

Ogden (1984) ist der Auffassung, Freuds Sexualtheorie werde nicht umfassend genug verstanden, wenn man sie auf die Idee beschränke, daß erstens Sexualität eine bedeutende Motivation des Menschen sei, die zweitens auch schon beim Säugling vorhanden sei (ebd., S. 182). Statt dessen schlägt er vor, sie so zu verstehen, daß der Sexualtrieb nicht (nur) ein Impuls ist, der Abfuhr oder Befriedigung sucht, sondern ein Medium, mit dessen Hilfe Menschen Bedeutung erschaffen. In dieser Lesart ist der Sexualtrieb kein (zunächst) richtungs- und objektloser Drang, sondern ein organisierendes Schema innerer Empfindungen und äußerer Wahrnehmungen. Alles was wir zunächst empfinden oder wahrnehmen wird durch dieses Schema gefiltert und enthält dadurch eine sexuelle Mitbedeutung. Triebe, sei es der Sexualtrieb oder der Todestrieb, sind psychologische Tiefenstrukturen, ähnlich wie Chomskys Spracherwerbssystem, das von einem (kognitiv) unbewußten angeborenen Wissen um grammatisch richtige Strukturen und den Regeln ihrer Erzeugung ausgeht, mit deren Hilfe der sprachliche Input organisiert wird; oder sie können in einer ethologischen Analogie verstanden werden wie das angeborene Auslöseschema beim Küken, das beim Anblick eines Habichtumrisses Fluchtreaktionen zeigt und damit zu erkennen gibt, daß es über ein angeborenes Wissen von Gefahr verfügt und Wahrnehmungen nach diesem Schema ordnet (Ogden 1984, S. 184; s. a. Grotstein 2000, S. 471).

Versteht man Triebe als solche organisierende Strukturen, so erhält der Triebbegriff eine neue Bedeutung. Triebe sind dann nicht (nur)

Motivationssysteme, sondern (auch) Wissenssysteme. Sie enthalten Wissen um Objekte, etwa, daß Objekte Gefahr bedeuten können, was in dieser Lesart auf die Wirkung des Todestrieb»codes« zurückzuführen ist; oder, daß sie schützen können, was auf die Wirkung des Lebenstrieb»codes« zurückzuführen ist. Damit ist in Anlehnung an Melanie Klein eine Erweiterung des Triebbegriffes vorgenommen, bei der der Trieb kein richtungsloser Impuls ist, der sein Objekt erst, wie bei Freud, finden muß, sondern bei der der Trieb zugleich ein angeborenes Wissen vom Objekt beziehungsweise von Eigenschaften des Objekts enthält (s. dazu ausführlich die vorzügliche Darstellung bei Greenberg/Mitchell 1983, Kap. 5). Man könnte sagen, daß hier den Trieben »Ich-Eigenschaften« zugesprochen werden, ähnlich wie in Marcuses (1955) berühmtem Konzept der »Selbstsublimierung der Triebe«, nur daß die Triebe sich bei Melanie Klein nicht selbst sublimieren, sondern etwas wahrnehmen, beziehungsweise etwas Wahrgenommenes ordnen oder einfärben. Triebe sind also nicht nur motivierende Kräfte, sondern epistemische, erkennende Instanzen. Ähnlich wie das Ich sollen sie Gefahr oder Schutz »erkennen«. Der Todestrieb etwa sorgt dafür, daß alle negativen, unangenehmen (inneren) Empfindungen und alle bedrohlichen (äußeren) Wahrnehmungen nach dem Schema »Gefahr« organisiert werden, der Lebenstrieb für das Gegenteil – also dafür, daß die angenehmen oder erregenden Wahrnehmungen und Empfindungen nach dem Schema »Schutz« oder »Sexualität« organisiert werden. Sie tun das ohne Vorerfahrung. Es ist nicht die Erfahrung von der Gefährlichkeit eines Objekts, die seine Bedeutung als »gefährlich« erschafft, sondern es ist der Todestrieb, der bestimmte Empfindungen und Wahrnehmungen als »gefährlich« kennzeichnet, damit Signalangst und Abwehr einleitet und so der Anpassung und dem Überleben dient (Grotstein 2000, S. 466; Vogt 2001, S. 899).

Über diese Paradoxie, daß der Todestrieb dem Leben dient (ausführlich dazu Grotstein 2000, S. 470 ff.), kann man eine Weile nachsinnen und wird dann bemerken, wie weit diese Lesart von Trieben als angeborenen Wissenssystemen oder bedeutungsstiftenden Tiefenstrukturen von Freuds (1920) Version des Todestriebes als einem Streben nach einem spannungslosen Zustand entfernt ist. Und doch nicht ganz entfernt! Vielmehr knüpft diese Triebkonzeption an Freuds Idee der Urphantasien an, die dieselbe Funktion haben, nämlich Wahrnehmungen wie die des elterlichen Geschlechtsverkehrs zu ordnen, und zwar als sadomasochistisch strukturierte, erregende Szene, wobei die Erregung dann wieder als bedrohlich empfunden und in Angst umgewandelt wird. Die Klammer, die das kleinianische Triebkonzept und das Freudsche der Urphantasien einigt, ist die Idee eines angeborenen Wissens, eines Codes, nach dem innere Empfindungen und äußere Wahrnehmungen als sexuell und/oder bedrohlich organisiert werden. Die Erfahrung ist das »Futter«, das diesen Code aktiviert, aber sie erschafft ihn nicht. Der Code existiert vor jeglicher Erfahrung und gibt ihr Bedeutung.[9]

Laplanches Theorie

An diese Idee eines angeborene Codes kann nun ganz zwanglos die Skizze der zweiten oben als »philosophisch« apostrophierten Sexualtheorie anschließen, nämlich die von Laplanche. Sie ist umfangreicher ausgearbeitet als diejenige Ogdens und betrachtet den Trieb nicht wie Ogden und die Kleinianer als einen psychologischen Tiefencode, sondern eher im Gegenteil als Ergebnis unzureichender oder fehlerhafter Decodierung zwischenmenschlicher Kommunikation; und sie betrachtet den Code, der im Gefolge von Decodierungsversuchen entsteht, als kulturell, nicht als angeboren (s. Laplanche 1988, 1992, 1993, 2000, 2004 a, b).

Will man Laplanches Theorie der infantilen Sexualität mit einem Satz charakterisieren, der zugleich den Abstand zu Freuds Triebtheorie markiert, so könnte man sagen: »Die infantile Sexualität ist erworbene Sexualität...« (Aichhorn 2004, S. 50). Laplanche teilt nicht Freuds Auffassung von körperlich basierten erogenen Zonen, deren Erregbarkeit sich in einem Reifungsprozeß entfaltet (oral, anal, phallisch-genital), sondern vertritt eine Psychogenese des Triebes. Triebe entstehen, weil Erwachsene mit kleinen Kindern kommunizieren und dabei in ihren Mitteilungen unausweichlich etwas unbewußt Sexuelles enthalten ist, das sie selbst und die Kinder nicht verstehen. Dieses Unverstandene

9 Eine mögliche Analogie zu Bowlbys Theorie liegt darin, daß Bowlby von angeborenen *Verhaltensweisen* ausgeht (Weinen, Schreien etc.), mit denen das Kind auf Trennungen vom Objekt reagiert, nicht von angeborenem Wissen (Ogden 1984, S. 184 f.). Zum Verhältnis von Bindungstheorie und Theorie der infantilen Sexualität siehe ausführlich Widlöcher (2000 a, b), der auch die Bezüge zu Balints Theorie der primären Liebe behandelt.

schafft eine Unruhe/Erregung in die Seele des Kindes, die durch Verdrängung »bewältigt« wird. In diesem Vorgang *entstehen* die Triebe beziehungsweise das Es. Triebe sind also keine primären Gegebenheiten, sondern Ausfallprodukte oder Niederschläge der Interaktion zwischen einem Erwachsenen und einem Kind. Sie sind der unassimilierbare Rest, der durch die Verdrängung der rätselhaften Botschaften des anderen entsteht.

Der Trieb ist also zunächst etwas Psychisches. Erregung entsteht nicht im oder durch den Körper, sondern in der Interaktion. Die dort entstandene Erregung schlägt sich dann im Körper nieder. Die Frage ist, ob es von Hause aus besonders erregbare Köperzonen gibt, die sich für einen solchen Niederschlag eher anbieten als andere, ob also etwa der Penis erregbarer ist als der Arm. Dann könnte man von einer primären somatischen Empfänglichkeit solcher Organe sprechen und damit die Theorie der erogenen Zonen in modifizierter Form aufrechterhalten, denn die somatische Reizbarkeit der Zonen wäre zwar noch kein Trieb, aber die angeborenen notwendige Bedingung dafür, daß aus dem ersten zwischenmenschlichen Kontakt später ein Trieb hervorgehen kann (Aichhorn 2004, S. 41; s. a. Laplanche 2000, S. 52). Dafür spricht der im ersten Abschnitt geschilderte Befund, daß schon Säuglinge bei Berührung ihrer Genitalien häufiger positive Emotionsausdrücke zeigen als bei Berührung anderer Körperstellen und die enorme Sensibilität der perioralen Region schon in den ersten Lebenstagen, die Spitz (1955) so eindrücklich beschrieben hat. Andererseits kann jedoch jede andere Körperzone ebenfalls mit unbewußten sexuellen Botschaften aufgeladen werden. Darüber hinaus machen die Arbeiten von Harlow (1958, ref. in Eagle 1984, S. 12 ff.) und Montagu (1971) deutlich, wie wichtig der den ganzen Körper umfassende Hautkontakt für die weitere Entwicklung ist.[10] Deshalb könnte man zumindest in den ersten Lebensjahren den ganzen Körper und nicht nur den Mund oder das Genital als erogene Zone betrachten, auch deswegen, weil es das Gesamterlebnis des körperlichen und kommunikativen Kontakts während des Stillvorgangs ist, der diesem Erlebnis seine Bedeutung verleiht und nicht (nur) der orale Teil des Vorgangs. Eine solche Betrachtungsweise spräche

10 Die Bedeutung des Hautkontakts für die Ich-Entwicklung aus psychoanalytischer Sicht wird ausführlich von Anzieu (1985) dargestellt. Gute Einführungen in diese komplexe Theorie geben die Überblicksarbeiten von Walter (1992) und Chabert (1996).

eher *gegen* die Bedeutung einer primären somatischen Empfänglichkeit *bestimmter* Organe.[11]

Wie dem auch sei: Der Trieb entsteht nach Laplanche jedenfalls in der Interaktion und geht ihr nicht voraus; und er entsteht auch nicht wie bei Freud in Anlehnung an ein körperliches Bedürfnis, von dem er sich dann ablöst, sondern unabhängig davon. Der Säugling saugt nicht an der nährenden Brust, stillt seinen Hunger, bemerkt dabei, daß Saugen lustvoll ist, löst das Saugen dann vom Nahrungsaufnahmeprozeß ab und macht es so zum lustsuchenden, sexuellen Saugen. Nein. Der Säugling saugt an der Brust und die Brust ist *gleichzeitig* eine nährende und eine die Sexualität des Säuglings in die Welt bringende. Wie geht das vor sich? Die Brust der Mutter ist, so wurde gesagt, ein doppeltes Objekt. Sie nährt, aber unter diesem Aspekt ist sie nichts besonderes. Das tun alle Brüste – oder Zitzen – bei allen Säugetieren. Das Besondere an der menschlichen Brust soll Laplanche zufolge sein, daß die Mutter als ihr Träger beim Stillvorgang nicht nur nährt und beruhigt, sondern auch erregt und zwar deshalb, weil sie den Vorgang des Stillens mit ihr selbst unbewußten sexuellen Botschaften auflädt. Diese Behauptung geht weiter als die Behauptung, die Brust sei ein sexuelles Organ, weil sie sexuell erregbar und manchmal (oder bei manchen Müttern) auch beim Stillvorgang sexuell erregt wird.[12] Selbst wenn dies nicht der Fall ist, soll im Stillvorgang nach Laplanche immer auch, neben der Selbsterhaltungsfunktion des Vorgangs, der das Ich des Säuglings konstituiert, *unausweichlich* eine sexuelle Konnotation enthalten sein, von der die Mutter nichts weiß, die sie unbewußt mitteilt und die ihr Kind nicht versteht. Mit dieser rätselhaften Botschaft konfrontiert, steht das Kind vor dem Problem der Übersetzung der Botschaft. Das energetische Sediment der Verdrängung der unverständlichen und unverstandenen Botschaft ist der Trieb als einer dauerhaften Unruhe und damit Arbeitsanforderung an die Seele. Aber diese Arbeitsanforderung ist nicht mit der konstitutionellen Ausstattung gegeben, sondern entsteht in einer zwischenmenschlichen Beziehung.

11 Freud selbst weitet »die Eigenschaft der sogenannten Erogeneität sogar auf alle inneren Organe aus…, aber bestimmte Zonen scheinen für diese Funktion ›prädestiniert‹« (Laplanche/Pontalis 1967, S. 142; s. a. Aichhorn 2004, S. 47 f. und Freud 1905, S. 90).

12 Empirische Untersuchungen zeigen, daß 22 % der Mütter beim Stillen sexuelle Gefühle haben (Amendt 1999, S. 156). Zum ganzen Themenkomplex der »sexuellen Brust« aus Laplanchescher Sicht siehe Früh (2003).

Hier ist es also nicht wie bei Ogden der präexistente Trieb, der Bedeutung schafft, sondern unbewußte Bedeutungen von Erwachsenenäußerungen erschaffen den Trieb des Säuglings. Der Trieb ist kein Tiefencode, sondern der Säugling, der von Sexualität zunächst nichts weiß, verfügt gerade nicht über einen Code zur Entzifferung der Botschaft des Erwachsenen, sondern wird durch sie erregt und sexualisiert, auch wenn sich seine Erregung von der bei der erwachsenen Sexualität erheblich unterscheidet. Die weiteren Details dieser anspruchsvollen und brillanten Theorie können hier nicht behandelt werden,[13] aber zumindest der Unterschied zu Ogden sollte klar geworden sein.

Ich habe beide Theorien philosophisch genannt, weil sie nicht auf Beobachtung an Säuglingen und ihren möglicherweise sexuell zu nennenden Äußerungen beruhen, sondern begriffliche Überlegungen über das Wesen menschlicher Sexualität und ihre Entstehung darstellen – sei es als angeborenes Erregungspotential (Freud), als angeborenes Wissensschema (Ogden) oder als Niederschlag einer vom anderen ausgehenden rätselhaften Botschaft, die sich im Subjekt dann als unverstandene sexuelle Erregung sedimentiert (Laplanche).

Einwände

Nun möchte ich einige Einwände wenigstens andeuten, die diese Theorien für mich »frag-würdig« machen. Zunächst zu Laplanches Theorie. Eines ihrer Grundprobleme scheint mir zu sein, daß die Behauptung, in jeder Kommunikation zwischen Erwachsenem und Säugling sei *immer auch* etwas unbewußt Sexuelles enthalten, eine axiomatische Setzung ist, die durch keine Beobachtung und keine Überlegung widerlegt werden kann. Die empirischen Befunde, auf die Laplanche zur Stützung seiner Auffassung gelegentlich verweist, finden sich vor allem in dem Buch von Roiphe/Galenson (1981) über die infantilen Ursprünge der sexuellen Identität, das sich jedoch hauptsächlich mit dem Zeitraum zwischen 12 und 24 Monaten befaßt und kaum Beobachtungen aus dem

13 Auch nicht ihre theoriegeschichtlichen Vorläufer, insbesondere Ferenczis (1932) bedeutender Aufsatz. Gute Arbeiten zu Laplanches Theorie sind: Flitner/Merle (1991), Bruns (1997), Aichhorn (2001), Hock (2001), Hübner (2001), Hegener (2002), Passett (2004), Koellreuter (2005) sowie verschiedene Aufsätze in den Sammelbänden von Fletcher (2003) und Bayer/Quindeau (2004).

ersten Lebensjahr enthält. Außerdem wird auch der gutwillige Leser dieses interessanten Buches feststellen, daß dort Beobachtung und Theorie häufig so stark miteinander konfundiert sind, daß es oft schwierig ist, zwischen Theorie und (stützender) Beobachtung zu unterscheiden. Natürlich sind Beobachtungen nie theoriefrei, aber bei Theorieüberprüfungen ist es immer nützlich, sich zumindest heuristisch an einen Vorschlag Poppers zu erinnern. Er lautet: Welche Beobachtung oder welcher Befund würde mich veranlassen, die Unrichtigkeit meiner Theorie oder Hypothese einzusehen? Auf Laplanches Theorie angewandt lautet die Frage: Welche Beobachtung würde es nahelegen, die Idee aufzugeben, in jeder Kommunikation zwischen Erwachsenem und Säugling sei notwendigerweise immer auch etwas unbewußt Sexuelles enthalten? Ich vermute, es gibt kein Untersuchungssetting und keine Beobachtung, die diese Konsequenz haben könnte. Warum nicht? Weil alle Beobachtungen so interpretiert werden können, daß sie diese Idee stützen.[14]

Hier ein Beispiel. Ein Vater geht mit seinem Kind spazieren. Die unbewußte Botschaft, die den Austausch zwischen Vater und Kind unausweichlich kontaminieren soll, lautet: »Was will dieser Vater von mir, wenn er mir diese Urszene zeigt, wenn er sie mich sehen läßt, sei es auch nur dadurch, daß er mich in die Felder mitnimmt, wo ich den Koitus der Tiere miterlebe?« (Laplanche 1992, S. 31) Wenn der Vater mit dem Kind spazieren geht, zeigt er ihm also auch die Urszene. Jeder Zoobesuch kann in diesem Sinne interpretiert werden und sogar jeder Einkauf, bei dem ein länglicher Gegenstand in eine Tasche geschoben wird, aber warum sollte er das? Ein zweites Beispiel. Eine Mutter hält ihrem Kind ein Spielzeug hin. Als das Kind danach greifen will, zieht sie es zurück. Man könnte sagen, sie neckt das Kind oder sie ist sadistisch. Man kann auch sagen, daß dieses inkonsistente Verhalten auf unbewußte Motive zurückzuführen ist. Aber müssen diese etwas mit Sexualität zu tun haben? Haben sie nicht eher mit Aggression zu tun? Oder mit etwas anderem, vielleicht damit, daß die Mutter will, daß ihr Kind sich anstrengt, um im Leben etwas zu erreichen (weil sie selbst nichts erreicht hat) und daß das Kind nicht passiv werden soll, weil sie Passivität (un)bewußt ablehnt. Warum sollte diese Ablehnung von Pas-

14 Dieses Problem ist allerdings, sofern man den Theorieholismus akzeptiert, unvermeidbar. Popper hat ihn nie akzeptiert; siehe dazu ausführlich Andersson (1988), kurz Niemann (2004, S. 144 f.).

sivität eine sexuelle Konnotation haben? Sie könnte so entstanden sein, daß die Mutter in ihrer Kindheit mit Passivität schlechte Erfahrungen gemacht hat und sie deshalb vermeidet beziehungsweise sich von Zeichen derselben beim Kind bedroht fühlt. Welcher Art waren ihre schlechten Erfahrungen? Notwendigerweise sexueller?

In Laplanches Theorie ist durchaus Platz für den kompetenten Säugling und für die im vierten Abschnitt skizzierten Bedürfnisse nach Kommunikation, Kontingenz und Kontakt. Die diesbezüglichen Botschaften werden von ihm unter der Rubrik »Selbsterhaltung« thematisiert (s. Laplanche 2000). Sie sind für das Kind prinzipiell verständlich und eine reziproke Beziehung, wie sie die Säuglingsforschung beschreibt, ist auf dieser Ebene durchaus möglich (Aichhorn 2004, S. 43). Das macht die Offenheit dieser Theorie für die Nachbardisziplinen aus. Ihre spezifische Pointe besteht meines Erachtens aber in der Annahme, daß *alle* Handlungen, also auch das Lächeln der Mutter, als Antwort auf das Lächeln des Säuglings, »immer auch Zeichen eines sexuellen Begehrens (sind), das für das Kind unbegreiflich ist und das dem Erwachsenen selbst, in seinen unbewußten Aspekten jedenfalls, nicht bewußt ist« (Aichhorn 2004, S. 43). Der entscheidende Punkt ist das »immer auch«. Die von der Säuglingsforschung betonte Reziprozität der Beziehung (s. Kapitel 2) soll nämlich durch die für das Kind prinzipiell unverständlichen Botschaften aus dem *sexuellen* Unbewußten des Erwachsenen aufgesprengt und in eine asymmetrische Beziehung verwandelt werden (Laplanche 2004 a, S. 19 ff.). Hier zeigen sich erneut die zwei schon angesprochenen Probleme. Zum einen: Wie stellt man fest, *ob* die Gesten der Eltern von unbewußten sexuellen Botschaften durchtränkt sind? Falldiskussionen von Videomaterial zeigen, daß darüber niemals Einigkeit zu erzielen ist, weil der eine die Geste des elterlichen Lächelns als (unbewußte) Verführung deuten wird, der andere als (reziproke) Bekundung von Sympathie. Zum anderen: Ist es in Laplanches Theorie überhaupt *grundsätzlich* möglich, daß diese Gesten *nicht* von unbewußten sexuellen Botschaften kontaminiert sind? In der Lesart von Aichhorn ist dieser Fall ausgeschlossen, denn in den kommunikativen Handlungen der Eltern sollen *immer auch* Zeichen unbewußten sexuellen Begehrens enthalten sein.

Ich sehe keine Nötigung zu einer solchen Annahme.[15] Plausibel

15 Die beste klinische Illustration für das, was eine unbewußte Botschaft sein kann und wie sie wirkt findet sich in der Arbeit von Reiche (2001) zur Entstehung der Homosexualität beim Mann.

erscheint mir, daß *viele* Äußerungen der Eltern eine unbewußte Tiefenschicht haben, die der Säugling nicht versteht und die ihn beschäftigen; weniger plausibel, daß *jede* Äußerung eine solche Tiefenschicht hat und eher unplausibel, daß es *immer* eine *sexuelle* Tiefenschicht geben muß. Ich vermute, diese Annahme ist ein Versuch, etwas spezifisch Psychoanalytisches in der Eltern-Kind-Beziehung nachzuweisen und der Psychoanalyse damit einen besonderen Gegenstandsbereich zu reservieren. Sie ist dann nicht für die Eltern-Kind-Beziehung im allgemeinen und auch nicht für unbewußte Aspekte derselben zuständig, sondern nur für die *unbewußt sexuellen* Aspekte derselben. Ich halte diese Eingrenzung nicht für notwendig, auch wenn man sie vornehmen kann.[16]

Nun zu Ogden. Aus seiner Theorie beziehungsweise der von Melanie Klein folgt meines Erachtens, daß das Eigengewicht der Ereignisse in der Welt nicht zureichend berücksichtigt wird. Als Illustration für diese Behauptung, die andere Autoren (z. B. Scharff 2002) ausführlich begründet haben, sei noch einmal an die oben erwähnte Interpretation von Robertsons Trennungsfilmen durch Bion hingewiesen. In Bions Lesart war es nicht die Trennung von der Mutter, die das Elend des Kindes hervorrief, sondern die (vermutete) innere Phantasiewelt des Kindes. Ogdens Ausführungen zu diesem Thema machen deutlich, daß es sich dabei um eine theorieinduzierte Aussage handelt, die, akzeptiert man die Prämisse, nicht widerlegbar ist. Die Prämisse lautet: »Aktuelle Erfahrung kann einen instinktiven Modus der Organisation von Erfahrung unterstützen, *erzeugt* aber nicht den Modus, nach dem Erfahrung interpretiert wird. Anhaltende Deprivation z. B. verleiht der Interpretation nach dem Todestrieb emotionale Intensität. Ein realer Verlust verstärkt die Bereitschaft des Kindes, sein Objekt als bedrohlich zu erleben. Das Erleben von Bedrohung wird nicht durch den Verlust *geschaffen*; die reale Bedrohung bestätigt einfach die Antizipation des Kindes, daß eine solche Bedrohung existiert. Darüber hinaus wird diese Antizipation einer Bedrohung durch das Fehlen einer realen Bedrohung nicht völlig aufgehoben. Die Interpretation von Erfahrungen nach Bedeutungen, die sich aus dem mit dem Todestrieb zusammenhängenden Code ergeben, wird trotz positiver Erfahrung fortgesetzt.

16 Laplanche hat eine Stellungnahme zu diesen Überlegungen verfaßt, die allerdings zum Zeitpunkt der Drucklegung dieses Buches noch nicht vorlag. Sie erscheint in *Psychiatrie Française*, Heft 4/2005.

›Selbst das Kind, das eine liebevolle Beziehung zur Mutter hat, befürchtet unbewußt, von ihr verschlungen, zerstückelt und zerstört zu werden...‹« (Ogden 1984, S. 182) In anderen Worten: Das Elend der Kinder, die im Krankenhaus alleine gelassen werden, rührt nicht in erster Linie von diesem realen Alleingelassenwerden her, sondern das Alleingelassenwerden bestätigt eine davon unabhängige universale Antizipation oder Phantasie von Vernichtetwerden und ohne eine solche Antizipation hätte das Ereignis gar nicht die pathogene Kraft, die es hat. Das kann man glauben – oder auch nicht.

Ein ähnliches Problem stellt sich auch beim Konzept der Urszene, egal ob man es mit Freud als phylogenetisch-hereditäre Phantasie oder mit Ogden als ein »Wissen« oder eine »Vorannahme« versteht, die bereits im Trieb selbst enthalten ist. Da das Urszenenkonzept ebenfalls das Thema der infantilen Sexualität berührt, soll es abschließend dargestellt werden.

Die Urszene

Unter Urszene wird in der klassischen Psychoanalyse die (tatsächliche oder phantasierte) Wahrnehmung oder Vorstellung des elterlichen Geschlechtsverkehrs verstanden. Die Theorie der Urszene behandelt die im ersten Abschnitt gestellte Frage, ob und ab welchem Alter Kinder sexuelle Empfindungen haben nicht aus dem Blickwinkel spontan-endogen oder durch körperliche Stimulation der Pflegeperson entstehender sexueller Empfindungen *im* Säugling, sondern fragt: Was nehmen Säuglinge oder kleine Kinder an Sexualität *bei anderen* wahr? Beide Gesichtspunkte sind in der Urszenentheorie insofern miteinander verknüpft, als die Wahrnehmung der elterlichen Sexualität selbst wieder zu sexueller Erregung beim Säugling oder Kleinkind führen soll, was eine prinzipielle sexuelle Erregbarkeit voraussetzt.

Freud diskutiert die Urszenentheorie an verschiedenen Stellen seines Werks (Kurzüberblick bei Laplanche/Pontalis 1967, S. 576 ff. und Maier 2000; ausführlich Esman 1973, Isay 1978, Blum 1979, Myers 1979, Hoyt 1980, Maier 1995).[17] Seine Ausführungen zu diesem Thema können wie

17 Eine strukturalistische Lesart des Urszenenkonzepts findet sich bei Bayer (2004, S. 81 ff.). Darauf kann hier nicht näher eingegangen werden.

folgt zusammengefaßt werden: »1. Beobachtungen des elterlichen Verkehrs, auch einmalige, können traumatisch sein; sie rufen zumindest intensive sexuelle Erregung hervor, die dann in Angst umgewandelt wird. 2. Die kindliche Konzeption vom Geschlechtsverkehr ist unausweichlich sadistisch und beeinflußt entscheidend seine sexuellen Phantasien und wahrscheinlich auch sein erwachsenes Sexualleben. 3. Das Kind identifiziert sich mit einem oder beiden Akteuren der Urszene, was zur Entwicklung besonderer Charakterzüge führt. 4. Wenn die Urszene vom Kind nicht tatsächlich wahrgenommen wird, so wird es dennoch Phantasien darüber entwickeln; diese sind durch hereditäre phylogenetische Einflüsse bestimmt und wirken intrapsychisch genau so wie tatsächliche Wahrnehmungen.« (Esman 1973, S. 53) Im vorliegenden Zusammenhang ist zunächst der erste Punkt wichtig, nämlich daß Kinder am Geschlechtsakt ihrer Eltern etwas Sexuelles entdecken sollen, dadurch selbst sexuell erregt werden und diese Erregung dann in Angst umgewandelt wird (entweder im Sinne der ersten Angsttheorie Freuds, derzufolge unabgeführte Libido sich direkt in Angst verwandelt, oder aber im Sinne der zweiten Angsttheorie, der zufolge sie Signalangst auslöst).

Mir erscheint es wenig plausibel, daß Kinder – zumindest in den ersten zwei oder drei Lebensjahren – an den sexuellen Geräuschen oder Bewegungen ihrer Eltern schon etwas Sexuelles entdecken können. Dazu fehlen ihnen die kognitiven Voraussetzungen, nämlich ein wenigstens rudimentäres Verständnis dessen, was diese Handlungen bedeuten. Das affektive Klima der Erregung affiziert natürlich auch schon Säuglinge, wird aber, weil unverstanden, eher Angst und Unruhe als sexuelle Erregung auslösen. Die Wahrnehmung und der sie begleitende Affekt kann allerdings nachträglich, wenn sich ein Verständnis von Sexualität entwickelt hat, sexuell uminterpretiert werden, aber sexuelle Erregung ist beim Säugling und Kleinkind wahrscheinlich kein originärer Bestandteil der Urszenenwahrnehmung.

Auch die Annahme, daß der elterliche Verkehr *unausweichlich* sadistisch oder sadomasochistisch wahrgenommen wird, scheint mir diskussionswürdig. Viele Autoren (z. B. Greenacre 1966, Esman 1973, Myers 1974, Frankel/Harrison 1974, Hoyt 1978) haben darauf hingewiesen, daß das allgemeine Familienklima oder die unmittelbaren elterlichen Reaktionen auf das ins Elternschlafzimmer tretende Kind von erheblicher Bedeutung für seine Interpretation des Wahrgenommenen sind. Daraus folgt, daß es häufig die strafenden oder irritierten Handlungen der Eltern sind, die erst den Schaden oder die Verwirrung anrichten, die der bloßen Beobachtung zugeschrieben wird. Freud (1908, S. 183 f.) war sich solcher Einflüsse durchaus bewußt und erwähnt unter den Realfaktoren, die die unausweichliche Wahrnehmung des elterlichen Verkehrs als sadomasochistisch beeinflussen unter anderem die Abneigung der Frauen gegen den Verkehr wegen weiterer drohender Schwangerschaften, die zu Kontroversen im Schlafzimmer führt, aber auch ständige Streitereien während des Tages. Er mißt diesen Faktoren aber keine *konstitutive*, sondern nur eine *verstärkende* Rolle zu.

Dies hat in der Geschichte der Psychoanalyse zu oft weitreichenden Spekulationen über den Einfluß der Urszene auf die spätere Psychopathologie geführt. Nahezu jede Erkrankung – Manie, Depression, Paranoia, Hebephrenie, Phobie, Hysterie, Zwangsneurose, Charakterstörung, Lernstörung, Asthma, Kopfschmerz und Delinquenz – wurde als Reaktion auf ein- oder mehrmalige Urszenenwahrnehmungen gedeutet, was Esman in seinem vorzüglichen Aufsatz zum Thema mit den Worten kommentiert, daß eine Theorie, die alles erklärt, nichts mehr erklärt (Esman 1973, S. 64 f.). Des weiteren führte die Annahme eines phylogenetischen Ursprungs in klinischen Kasuistiken zu einer Vernachlässigung realer familien- bzw. psychodynamischer Faktoren und bürdete die pathogenetische Kraft den phylogenetisch präformierten Phantasien des Kindes auf. Greenacre (1966, S. 754 ff.), die sich mit dem Beitrag der elterlichen Pathologie befaßte, war eher eine Ausnahme. Sie betrachtet etwa die dauerhafte, altersunangemessene Anwesenheit von Kindern im elterlichen Schlafzimmer als Versuch der Mutter, sich vor unerwünschtem Geschlechtsverkehr zu schützen oder als Ergebnis einer unbewußten narzißtischen Überbesetzung des Kindes, das als jederzeit verfügbares Objekt betrachtet wird, mit dem man nach Belieben verfahren kann (ähnlich Myers 1979, S. 9 f.). Eine solche Sichtweise, die unbewußte Motive der Eltern in den Vordergrund stellt, steht der Theorie Laplanches nahe. Allerdings würde Laplanche vermutlich die Motive für das »Zeigen« der Urszene nicht auf die Pathologie der Eltern begrenzen, sondern als universal betrachten.[18]

18 Neben den klinisch-kasuistischen Beiträgen gibt es auch eine Reihe von Untersuchungen zur Urszene, die extraklinische Methoden verwendeten. Rosenfeld et al. (1980) befragten amerikanische Mittelschichteltern, ob sie schon einmal von ihren Kindern bei sexuellen Aktivitäten überrascht worden seien, um etwas über

Oben wurde gesagt, daß Säuglinge, die den Geschlechtsverkehr ihrer Eltern beobachten, zunächst dessen Bedeutung nicht verstehen. Sie haben noch keine Vorstellung von dem, was im Geschlechtsakt vor sich geht, sondern sehen nur heftige Bewegungen und hören fremdartige, irritierende Geräusche. Obwohl man letztlich keine definitive Aussage darüber machen kann, wie der Säugling diese Geräusche erlebt, kann man aus seinen Reaktionen schließen, daß er beim Anblick oder beim Hören des kopulierenden Paars in einen Unruhezustand gerät, an dem nichts Sexuelles ist, sondern eher etwas Beängstigtes, wie sich etwa an seinem Weinen zeigt. Die Reihenfolge der Reaktionen wäre dann nicht, wie bei Freud (1900, S. 591), sexuelle Erregung, die, weil unverstanden, in Angst umgewandelt wird, sondern umgekehrt zuerst Angst/Beunruhigung, die dann »nachträglich« sexuell umcodiert werden kann.

die Häufigkeit des Phänomens in Erfahrung zu bringen. 20 % der Eltern bejahten die Frage. Die von den Eltern beschriebenen Reaktionen der Kinder legen nahe, daß Kinder bis zu einem Alter von vier bis fünf Jahren den sexuellen Gehalt der Beobachtung noch nicht erfassen (sie fragen etwa, warum das Licht im Badezimmer brennt oder warum die Eltern sich auf und nieder bewegen), während Sechsjährige ein Verständnis ahnen lassen (Rosenfeld et al. 1980, S. 1427 f.). Andere Autoren (ref. in Esman 1973, S. 57 f. und Isay 1978, S. 136) berichten bereits bei Vierjährigen von Koitusspielen oder Simulationen koitaler Bewegungen, wobei offen bleibt, was dabei an Verständnis impliziert ist. Man kann davon ausgehen, daß die genannte Zahl von 20 % den untersten Rand der Vorkommenshäufigkeit realer Beobachtungen angibt, weil nur die Fälle erfaßt wurden, in denen die Kinder das Schlafzimmer auch wirklich betraten, nicht aber solche, in denen sie heimlich zusahen oder lauschten. Hoyt (1978, 1979) hat eine andere Forschungsstrategie gewählt. Er befragte amerikanische Collegestudenten, ob sie als Kinder sexuelle Aktivitäten ihrer Eltern oder anderer Erwachsener gesehen oder gehört hätten. 18,5 % der Befragten hatten solche Beobachtungen bei ihren Eltern gemacht, weitere 11,5 % bei anderen Erwachsenen. Das durchschnittliche Alter bei der Beobachtung war 11,2 Jahre mit einer Streubreite zwischen 3 und 18 Jahren. Auch hier handelt es sich um eine konservative Häufigkeitsschätzung, da nur bewußte Erinnerungen von mittlerweile Erwachsenen erfragt wurden. Der vorherrschende Affekt bei der Beobachtung wird retrospektiv in den meisten Fällen, jedoch nicht immer, als eher negativ beschrieben (für Details s. Hoyt). Die referierten Zahlen zeigen, daß auch in fortgeschrittenen westlichen Industriegesellschaften eine erhebliche Zahl von Kindern Urszenenwahrnehmungen macht. In anderen Zeiten und Kulturen, mit beengteren und/oder weniger abgeschlossenen Wohnverhältnissen, dürfte die Zahl wesentlich höher sein, so daß man im welt- und kulturhistorischen Maßstab von einer weiten Verbreitung ausgehen kann. Auch in der Mythologie spielt das Thema eine erhebliche Rolle (s. Edelheit 1971).

In Anlehnung an die obigen Ausführungen zur (sozialontologischen) Privilegierung der Trennung vor dem Trieb könnte man die Angst von Kindern bei Urszenenwahrnehmungen auch als Angst vor dem Alleingelassenwerden verstehen und nicht als in Angst verwandelte Sexualerregung. In dieser Lesart (s. dazu Hoyt 1980, S. 320 ff.) würden Kinder in einem liebevollen Familienklima ab einem gewissen Alter die Sexualität ihrer Eltern als das verstehen, was sie auch ist, nämlich als Ausdruck von Zuneigung und Liebe. Obwohl normale Kinder in der Regel keine direkten genitalen Bedürfnisse in bezug auf ihre Eltern haben, haben sie doch im weiteren Sinn libidinöse Bedürfnisse und möchten auch liebkost und geküßt werden. Beim Anblick des elterlichen Geschlechtsverkehrs könnte so in ihnen ein Bedürfnis im Sinne des »Laßt mich doch auch mitmachen« entstehen und, zumindest temporär, das Gefühl des Ausgeschlossenseins von einer wichtigen intimen Aktivität – oder eines der Einsamkeit, des Verlassenseins oder der Eifersucht (Maier 1995, S. 204, mit weiterer Literatur). Ein klinischer Beleg dafür wäre das nicht seltene Auftauchen von Urszenenmaterial in Träumen und Therapien bei Unterbrechungen der Behandlung (Hoyt 1980, S. 322; Maier 1995), ein anderer Wunschphantasien nach Verschmelzung in einer idealisierenden Übertragung (Myers 1979, S. 10). In dieser Lesart wäre die Urszene nicht nur wegen ihres sexuellen Gehalts von Bedeutung, sondern auch und vor allem wegen ihres Trennungs- beziehungsweise Ausschlußgehalts, der ein Gefühl des Alleinseins oder, in den Worten von Becker (1973, ref. in Hoyt 1979, S. 426 f.), eine »ontologische Unsicherheit« nach sich zieht, die bewältigt werden muß. Eine solche Unsicherheit könnte sich beim Ausschluß von *jeder* den Eltern wichtigen gemeinsamen Aktivität einstellen, nicht nur beim Ausschluß von sexueller Aktivität. Dann wäre der Urszenentopos der sexuelle Spezialfall eines allgemeinen Problems, nämlich daß Eltern Gemeinsamkeiten haben, die sie mit den Kindern nicht teilen.

Wieso nun, so die abschließende Frage, die noch einmal zum Ausgangspunkt zurückführt, sollten Säuglinge und kleine Kinder, die das in der Urszene Wahrgenommene nicht verstehen, ihren eher unspezifischen Unruhezustand nach einem präexistierenden Schema einordnen, sei es im Sinne von Freuds phylogenetischen Phantasien, sei es im Sinne von Ogdens Tiefenstrukturen, bei denen die Phantasien intrinsische Bestandteile der Triebe sind? Untersuchungen von Ethnologen, Sexualwissenschaftlern und Psychoanalytikern (Überblick bei Esman 1973 und Schuhrke 1991, S. 163 ff.) haben ergeben, daß auch ältere Kinder, die im Unterschied zu Säuglingen ihr Verständnis in sprachlichen Äußerungen oder Spielhandlungen bekunden können, keineswegs universal die Beobachtung elterlichen Geschlechtsverkehrs als gewalttätig erleben. Vielmehr findet sich eine solche Einschätzung vor allem bei Kindern, die in gewaltbelasteten, trennungsbelasteten und/oder sexualfeindlichen Familien und Kulturen aufwachsen. Ähnlich resümiert Maier (1995, S. 217) in seinem klugen und ausgewogenen Aufsatz, wenn auch mit einigen Vorbehalten: »Sind die frühesten Erfahrungen der Mutter-Kind-Beziehung hinreichend gut, so führen Urszenenerlebnisse nicht zu psychopathologischen Zuständen.« Solche Befunde legen es zumindest nahe, daß Sexualität *nicht* in erster Linie nach einem Tiefencode wahrgenommen wird, der der Erfahrung vorausgeht, sondern eher umgekehrt, daß sie im Rahmen ontogenetischer, durch Familien- und Kulturerfahrung *erworbener* Schemata interpretiert wird. Es ist die Wahrnehmung von Gewalt oder Trennung oder Prüderie oder Verführung in der Familie, die die Wahrnehmung der Sexualität einfärbt, nicht ein phylogenetisches Schema oder ein Tiefencode. Selbst ein Säugling, der der Urszene ausgesetzt war und darauf mit ängstlich gefärbter Unlust/Erregung reagierte, wird nachträglich seine Wahrnehmungen entlang solcher *erworbener* Schemata organisieren und in der unbewußten oder bewußten Erinnerung die elterliche Sexualität je nach Familienatmosphäre als eher liebevoll oder als gewalttätig verstehen und in seiner eigenen Sexualität mehr oder weniger davon geprägt werden.

Den Untersuchungen von Hoyt zufolge (1978, 1979 mit weiterer Literatur) geschieht dies im Normalfall eher weniger. Der Autor, der für seine Forschungen mit dem »Stanley Berger Memorial Award for Psychoanalytic Training and Research« ausgezeichnet wurde, konnte mit Fragebogenmethoden und Interviews in seiner nicht-klinischen Population keinen Zusammenhang zwischen berichteter Urszenenbeobachtung und späterer Einstellung zur Sexualität feststellen. Ein solcher findet sich in klinischen Kasuistiken fast immer (z. B. Myers 1979). Dies läßt vermuten, daß die Bedeutung der Urszene in Untersuchungen mit traditioneller empirischer Methodologie eher unterschätzt, in klinischen Darstellungen eher überschätzt wird. Die Spannbreite möglicher Reaktionen auf Urszenenwahrnehmungen kann durch zwei Beispiele illustriert werden. Hoyt (1980, S. 319f.) berichtet von einer Patientin, die in ihren ersten drei Lebensjahren im Schlafzimmer der Eltern untergebracht war, schon in diesem Alter mehrfach physisch mißhandelt wurde und gewalttätigen sexuellen Szenen ihrer Eltern beiwohnte. In einem ihrer immer wiederkehrenden Alpträume liegt sie paralysiert in einem Raum, wird nicht wahrgenommen, ist unfähig sich zu bewegen und beobachtet einen angsterregenden Kampf zwischen einem Mann und einer Frau. Ihr Sexualleben ist masochistisch gefärbt, ihr Beruf ist Serviererin, eines ihrer Hobbys ist der Konsum gewalttätiger Horrorfilme (was vom Autor in Anlehnung an Zetzel als Bewältigungsversuch angsterregender Gewaltwahrnehmungen verstanden wird). Obwohl die beschriebenen Charakteristika des Sexuallebens, der Berufstätigkeit und des Freizeitverhaltens natürlich nicht monokausal und linear auf die Urszenenexposition zurückgeführt werden können, ergibt sich zumindest eine gewisse Plausibilität für ihren Einfluß (s. a. Myers 1979 und Maier 1995). Eine andere Beobachtung (ref. in Hoyt 1980, S. 326) zeigt im Unterschied dazu, wie undramatisch man auch reagieren kann. Ein kleines Mädchen hört Geräusche aus dem elterlichen Schlafzimmer, schleicht sich ans Schlüsselloch und sieht zu. Anschließend sagt sie mit einer Mischung aus Überlegenheit und leichtem Abscheu: »Und diese Leute verbieten es mir, in der Nase zu bohren.«

Fazit

Mit diesen Ausführungen ist das Thema natürlich nicht ausgeschöpft – so wurde etwa über das große Gebiet des Erwerbs der Geschlechtsidentität nichts ausgeführt (Überblick: Mertens 1992, 1994, King 2000, Trautner 2002 sowie verschiedene Aufsätze in Sigusch 2001) –, aber sie deuten eine Richtung an, die ich so zusammenfassen möchte: In meiner Sicht und in der der psychoanalytisch inspirierten zeitgenössischen Säuglings- und Kleinkindforschung sind Mutter und Kind nicht so sehr Triebobjekte füreinander als vielmehr Resonanzräume für eine Vielfalt von körperlichen und seelischen Bedürfnissen:[19] physiologische Regu-

19 Selbst eine solch einfache Aussage führt indes zu Komplikationen, wenn man die inhaltlichen und terminologischen Besonderheiten anderer Theorien berücksichtigt. In Laplanches Theorie etwa ist das Triebobjekt des Kindes gerade nicht das reale Objekt, sondern das, was er »Quell-Objekt« nennt, also der »Teil« des Objekts, der die unbewußten sexuellen Botschaften aussendet, bzw. genauer der innere Fremdkörper, der im Gefolge der Verdrängung dieser Botschaft als Quelle des Triebes entsteht. (1988, S. 121 ff.; 2000, S. 46.) Darauf kann jedoch hier nicht näher eingegangen werden.

lation, sinnliches Vergnügen, Neugier, Bindung, Kommunikation, Aversion und vielleicht auch Anerkennung. Keines von ihnen sollte in seiner Bedeutung für die kindliche Entwicklung privilegiert werden (s. Lichtenberg 1989; Dornes 1997, S. 138 ff.; grundsätzlich: Westen 1997). Dadurch erhält die Thematisierung *dieser* Bedürfnisse ein gegenüber der Tradition erhöhtes Gewicht und das ehemals zentrale Thema der Sexualität tritt in den Hintergrund. Ich halte solche Schwerpunktverschiebungen für unausweichliche Folgen gesellschaftlichen und wissenschaftlichen Wandels.

Kapitel 7 Mütterliche Berufstätigkeit und kindliche Entwicklung

Einleitung

Historisch gesehen ist die Betreuung von Kindern durch andere Personen als die Mutter nichts Neues. »Mütter arbeiten schon seit es Menschen gibt, und schon immer waren sie auf die Hilfe anderer angewiesen, um ihre Nachkommen großzuziehen« (Hrdy 1999, S. 12, 140 ff.). In Jäger- und Sammlergesellschaften übernahmen oft Stammesmitglieder die Betreuung der Kinder solange die Mutter auf Nahrungssuche war, was oft Stunden in Anspruch nahm; und auch in vor- und nichtindustriellen agrikulturellen Gesellschaften war und ist die Mutter immer beides – ökonomisch und kinderbetreuend tätig. Die Feld- und Hausarbeit konnte häufig in Gemeinschaft mit den Kindern durchgeführt werden und wenn nicht, so wurden Nachbarn, Verwandte oder Geschwister zur Kinderbetreuung hinzugezogen. Erst mit der Trennung der ökonomischen Sphäre vom Haushalt und ihrer Auslagerung in Fabrik und Büro ergab sich für eine breite Schicht von Frauen das Problem der Vereinbarkeit von Kindererziehung und Berufstätigkeit. Auch wo dieses Problem nicht existierte, war es keineswegs die natürliche Bestimmung der Frau, sich um die Kinder zu kümmern. »Nach Weißner/Gallimore (1977) wurden Kinder in 40 % der Kulturen, die sie untersuchten, zu mehr als 50 % der Zeit von anderen Personen als ihren Müttern betreut, und diese Zahlen sind zweifellos noch höher, wenn es sich nicht um Kleinkinder handelt« (Lamb/Weßels 1997, S. 699). Nicht-elterliche Betreuung von Kindern ist also historisch und weltweit betrachtet eher die Regel als die Ausnahme (weitere Literatur bei Harsch 2001). Die Gründe dafür sind meistens wirtschaftlicher Natur. »In einer international vergleichenden Studie fanden Lamb et al. kein einziges Land, in dem der grundlegende Bedarf an nicht-elterlicher Kinderbetreuung nicht primär von ökonomischen Faktoren erzeugt wurde... Nicht-elterliche Betreuungsformen haben sich meistens deshalb verbreitet, weil ökonomische Umstände beide Eltern zwangen zu arbeiten...« (Lamb/Weßels, ebd., S. 701) Zumindest im westlichen Kulturkreis und für die neuere Zeit ist als zweiter wesentlicher Grund für nicht-elterliche Betreuung von Kindern das veränderte Selbstverständnis von Frauen zu nennen, das den Wunsch nach Berufsausübung einschließt (NICHD 1997 a, S. 405).

Nimmt man die 1970er Jahre als Ausgangspunkt und die U. S. A. als Indikator beziehungsweise Vorreiter dieser Entwicklung, so zeigt sich seit dieser Zeit ein konstanter Anstieg mütterlicher Berufstätigkeit und damit einhergehender nicht-elterlicher Betreuung von Kindern. Während 1970 etwa ein Drittel aller Mütter von Kindern im Vorschulalter berufstätig waren, waren es 1990 bereits zwei Drittel. Beschränkt man sich auf mütterliche Berufstätigkeit bei Kindern unter drei Jahren, so sind in den U. S. A. derzeit etwa 55 % der Mütter berufstätig, die meisten davon bereits im ersten Lebensjahr des Kindes. Ähnlich sind die Zahlen für Dänemark, Schweden, Norwegen, Irland, England, Belgien und Frankreich (Der Spiegel v. 16.7.2001; Scarr 1998, S. 96; Belsky 2001, S. 845). In Deutschland sind es zur Zeit etwa 25 %. Ähnlich ist es in Japan, Portugal, Italien, den Niederlanden, Spanien, Österreich und Griechenland. Andere Quellen (ref. nach NICHD 2002, S. 133 f.) berichten, daß heutzutage in den U. S. A. 31 % der Kinder unter drei Jahren mehr als 35 Stunden in nicht-elterlicher Betreuung verbringen. Für Deutschland sind die Zahlen erheblich geringer. In den alten Bundesländern sind 5 % der Mütter von Kindern unter drei Jahren vollzeit- und 18 % teilzeitberufstätig; in den neuen Bundesländern sind 12 % vollzeit- und 15 % teilzeitberufstätig (s. Der Spiegel v. 16.7.2001). Die Entwicklung ist also in den verschiedenen Ländern der westlichen Hemisphäre nicht einheitlich, aber der Trend ist derselbe. Ich befasse mich im folgenden mit den möglichen Folgen mütterlicher Berufstätigkeit beziehungsweise nicht-elterlicher Betreuung aus der Perspektive des Kindes. Die (erheblichen) Schwierigkeiten, die *Mütter* bei der Vereinbarkeit von Kindererziehung und Berufstätigkeit haben, sind von anderen Autorinnen informativ und differenziert beschrieben worden (Hochschild 1997, Harsch 2001, Ludwig/Schlevogt 2002, Ludwig et al. 2002, Gerhard et al. 2003).

Seit den 1970er Jahren gibt es eine ausgedehnte Diskussion und viele wissenschaftliche Untersuchungen zu den möglichen Folgen nicht-elterlicher Betreuung von Kindern unter drei Jahren. Zunächst erhoben Kinderärzte und Ethologen warnend ihre Stimme, oft fälschlich unter Berufung auf die Heimuntersuchungen von Spitz (1945, 1946 a, b) und

Bowlby (1951), aber verschiedene systematische Studien widersprachen den Warnern. Bis zum Jahre 1985 war die Forschungslage die, daß bei einigermaßen adäquater Betreuung in der Zeit der Berufstätigkeit keine nachteiligen Folgen weder für die kognitive noch für die sozial-emotionale Entwicklung festzustellen sind. Zwar ist die vorübergehende Trennung von der Mutter im ersten und auch im zweiten Lebensjahr für das Kind eine temporäre Belastung, aber sofern es in einer ihm vertrauten Umgebung durch eine ihm vertraute Person und in einer Gruppe, in der sich nicht zu viele Kinder befinden, betreut wird, sind keine meßbaren negativen Effekte der Fremdbetreuung nachweisbar (Belsky/Steinberg 1978, Kagan et al. 1978, Lehr 1978, BMJFG 1980, Scarr 1984).[1]

Die Maße für die sozial-emotionale Entwicklung, die in diesen Untersuchungen verwendet wurden, waren allerdings mitunter relativ grob. Die Bindungstheorie, die seit Mitte der 1980er Jahre verstärkt diskutiert wird, hat dazu beigetragen, ziemlich sensible Maße für die sozial-emotionale Entwicklung, insbesondere für die Qualität der Mutter-Kind-Beziehung bereitzustellen. Ich werde das Thema nicht-elterliche Betreuung im folgenden unter drei Aspekten, die sich in neuerer Zeit als Zentralpunkte des Interesses herauskristallisiert haben, betrachten. Erstens: Was sind die Folgen für die Bindungsqualität; zweitens: was sind die Folgen für die kognitive Entwicklung und drittens: was sind die Folgen für die Aggressionsentwicklung. Dabei werden zunächst die Ergebnisse entwicklungspsychologischer (Teil 1), danach die psychoanalytischer Studien (Teil 2) dargestellt.

Der vorliegende Überblick ist primär der Disziplin der Psychologie zuzuordnen. Dennoch gibt es in der Debatte um die möglichen Folgen mütterlicher Berufstätigkeit einen soziologischen und sozialpolitischen Subtext. Jeder, der die wissenschaftliche Literatur zu diesem Thema sowie deren Rezeption und Bearbeitung in den Medien verfolgt, stellt fest, daß die Wogen hochgehen. In den U. S. A. ist von einem »infant daycare wars« die Rede (Karen 1994, Kap. 22) und die Kombattanten bezichtigen sich wechselseitig, entweder emanzipationsfeindlich zu sein (sofern sie auf die möglichen Risiken früher extensiver mütterlicher Berufstätigkeit hinweisen) oder aber kinderfeindlich (sofern sie solche Risiken bestreiten). In dieser Frontstellung drückt sich meines Erach-

1 Weitere Überblicksarbeiten stammen von Barton/Williams (1993), Laewen (1994), Lamb/Weßels (1997), Lamb (1998, 1999 b), Scarr (1998), Harvey (1999), Howes (1999), Hungerford et al. (2000), Belsky (2001), Friedman et al. (2001), Lamb/Ahnert (2003) und Huston/Aronson (2005).

tens ein grundlegendes Problem aus: inwiefern hat ein Sachverhalt, der von den meisten als normativer Fortschritt betrachtet wird – daß nämlich Frauen dieselben Möglichkeiten und Rechte auf Berufsausübung und Partizipation am Arbeitsleben haben wie Männer und dies mittlerweile auch weitgehend durchgesetzt haben – als eine unbeabsichtigte Nebenfolge, daß dabei möglicherweise Bedürfnisse von sehr kleinen und somit besonders schutzbedürftigen Kindern zu kurz kommen. Eine der von den Befürwortern mütterlicher Berufstätigkeit vorgeschlagene Lösungsmöglichkeit für den Konflikt zwischen Berufstätigkeit und Kindererziehung ist häufig die, Väter verstärkt zur Betreuung kleiner Kinder aufzufordern. Diese Forderung ist verständlich und berechtigt aber ihre Realisierung ist mit einigen Schwierigkeiten behaftet, auf die ich nach dem Resümee im letzten Abschnitt kurz eingehe. Empirisch ist die Betreuung durch Väter nach wie vor ein eher randständiges Phänomen und dieses Kapitel befaßt sich deshalb in erster Linie mit den möglichen Folgen *mütterlicher* Berufstätigkeit für die kindliche Entwicklung.

Teil 1: Entwicklungspsychologische Untersuchungen

Bindungstheorie

Die Bindungstheorie (Überblick bei Holmes 1993; Cassidy/Shaver 1999; Dornes 2000 a, Kap. 2; Ahnert 2004; Grossmann/Grossmann 2004; Hopf 2005) geht davon aus, daß man die Qualität der Eltern-Kind-Bindung bei ein- beziehungsweise eineinhalbjährigen Kindern an ihren Reaktionen auf kurze Trennungen von den Eltern, und vor allem an der Art und Weise, wie sie die Eltern nach deren Rückkehr begrüßen, ablesen kann. Sie hat eine Standardprozedur zur Untersuchung dieses Trennungs- und Begrüßungsverhaltens entwickelt, die sogenannte »Fremde Situation«. Die Fremde Situation besteht aus acht jeweils drei Minuten langen Episoden. Sie wird in einer fremden Umgebung, zum Beispiel dem entwicklungspsychologischen Untersuchungsraum, durchgeführt. In zwei der acht Episoden verläßt die Mutter für kurze Zeit den Raum. Die Reaktion des Kindes auf die Wiederkehr der Mutter wird als maßgeblicher Indikator für die Bindungsqualität betrachtet.

Ainsworth et al. (1978), die Begründerinnen dieses Verfahrens, haben drei typische Verhaltensmuster in diesen Situationen beobachtet. Es gibt

Kinder, die Zeichen von Kummer zeigen, wenn die Mutter den Raum verläßt. Sie unterbrechen ihr Spiel und sind bekümmert. Kehrt die Mutter zurück, so suchen sie Nähe und Körperkontakt, begrüßen sie freudig, und beginnen nach kurzer Zeit wieder zu spielen. Diese Kinder sind *sicher gebunden* (B). Eine zweite Gruppe von Kindern ignoriert den Weggang der Mutter. Sie setzen ihr Spiel fort, wie wenn nichts geschehen wäre. Auch die Rückkehr der Mutter wird ignoriert. Die Kinder vermeiden den Blickkontakt, begrüßen die Mutter nicht oder nur flüchtig und suchen kaum ihre Nähe. Sie wirken ruhig, aber physiologische Messungen zeigen, daß sie stark unter Streß stehen (Spangler/Grossmann 1993; Spangler/Schieche 1995). Ainsworth nennt sie *unsicher vermeidend gebundene* Kinder (A). Eine dritte Gruppe, die *unsicher ambivalent Gebundenen* (C), wird unruhig und weint, wenn die Mutter den Raum verläßt. Sie lassen sie nur ungern gehen, begrüßen sie nach der Rückkehr zwar und suchen ihre Nähe, zeigen aber gleichermaßen Zeichen von Verärgerung. Sie beruhigen sich kaum, weisen Spielzeug zurück, klammern sich an die Mutter, werden durch den Kontakt aber nicht wirklich beruhigt und wollen im nächsten Moment wieder losgelassen werden. Es herrscht eine unzufriedene, quengelige Grundstimmung. Bei manchen ist sie eher ärgerlich-aggressiv, bei anderen stark passiv getönt.

In Ainsworths Baltimore-Studie waren 68 % der Kinder sicher gebunden, 20 % vermeidend und 12 % ambivalent. Interkulturelle Untersuchungen in Deutschland, Japan und Israel haben ergeben, daß die Häufigkeitsverteilung in anderen Kulturen anders sein kann. Es lassen sich jedoch auch erhebliche Unterschiede zwischen verschiedenen Stichproben aus ein und derselben Kultur feststellen (Überblick bei van Ijzendoorn/Sagi 1999). Mittlerweile ist eine vierte Kategorie, die der desorganisierten Bindung beschrieben worden, die hier aber nicht dargestellt werden soll (ausführlich Solomon/George 1999).[2]

2 Van Ijzendoorn/Bakermans-Kranenburg (1996) kommen in einer Metaanalyse unter Einbeziehung der D-Kategorie zu folgender Häufigkeitsverteilung bei *nicht-klinischen* Populationen: 55 % sicher gebunden, 23 % vermeidend, 8 % ambivalent und 15 % desorganisiert. Der Vollständigkeit halber sollte erwähnt werden, daß die D-Kategorie nicht als eigenständige Kategorie gilt, sondern immer nur zusammen mit einer der drei anderen Klassifikationen vergeben wird. Ein Kind kann also beispielsweise sicher-desorganisiert (B/D), ein anderes vermeidend-desorganisiert (A/D) gebunden sein. Beide sind dann desorganisiert, aber auf je verschiedene Art und Weise. Ohne D-Kategorie ist die Häufigkeitsverteilung im Durchschnitt aller Studien ähnlich wie bei Ainsworth: 67 % sicher, 21 % vermeidend, 12 % ambivalent (van Ijzendoorn 1992).

Aus der Verbindung von Beobachtungen zu Hause und Beobachtungen in der fremden Situation leitete Ainsworth als empirisch untermauerte Aussage ab, daß die verschiedenen Verhaltensweisen der Kinder in der fremden Situation das Ergebnis der Interaktionsgeschichte im ersten Lebensjahr sind und auf bestimmte Eigenarten der Mutter-Kind-Beziehung in dieser Zeit zurückgeführt werden können. Als wichtigste erklärende Kategorie gilt mütterliche Feinfühligkeit. Der zentrale Befund von Ainsworths Untersuchung, der mittlerweile vielfach repliziert, aber nicht gänzlich unkontrovers ist (s. Dornes 2000 a, Kap. 2) war der: Mütter, die auf die Signale ihres Kindes im ersten Jahr feinfühlig – das heißt prompt und angemessen – reagierten, erhielten Kinder, die mit einem Jahr in der fremden Situation sicher gebunden waren; solche, die manchmal angemessen, manchmal aber zurückweisend oder überbeschützend (also insgesamt inkonsistent) reagierten, hatten eher ambivalente Kinder; eine dritte Gruppe von Müttern, die mit Kummer und Trostbedürfnissen eher zurückweisend umgingen, hatten vorwiegend vermeidende Kinder.

Nicht-elterliche Betreuung und Bindungsqualität

In den Vereinigten Staaten wird seit einiger Zeit eine heftige Debatte darüber geführt, ob die durch mütterliche Berufstätigkeit bedingte nicht-elterliche Betreuung kleiner Kinder die Wahrscheinlichkeit einer unsicheren Bindung erhöht oder nicht (Überblick bei Karen 1994, Kap. 22; Colin 1996, Kap. 10). Aber selbst wenn gezeigt werden könnte, daß dies der Fall ist, hieße das noch nicht, daß Fremdbetreuung ein Risikofaktor für Psychopathologie ist, weil unsichere Bindung keine Psychopathologie ist, sondern nur *ein Risikofaktor* für Psychopathologie (s. Dornes 2000 a, Kap. 2 und 3). Anders formuliert: Wenn mütterliche Berufstätigkeit die Wahrscheinlichkeit einer unsicheren Bindung erhöht, wäre sie nur ein Risikofaktor für einen Risikofaktor. Wie steht es nun mit dem Zusammenhang zwischen mütterlicher Berufstätigkeit und unsicherer Bindung?

Weitgehende Einigkeit besteht darüber, daß die Bindungsqualität nicht beeinträchtigt wird, wenn das Kind bei Aufnahme der Berufstätigkeit zwei Jahre oder älter ist. Mehr oder weniger strittig ist eigentlich nur die mütterliche Vollzeitberufstätigkeit (>20–30 Stunden pro Woche) im ersten beziehungsweise den ersten beiden Lebensjahren

(Hungerford et al. 2000, S. 519). Die Datenlage hierzu war bislang unklar und verworren. Es gab Untersuchungen, die besagten, daß sich die Wahrscheinlichkeit einer unsicheren Bindung erhöht, wenn Mütter früh (d. h. im ersten Lebensjahr) und viel (d. h. mehr als 20 Stunden) berufstätig sind. Vergleicht man kleine Kinder solcher Mütter mit denen von Müttern, die nicht berufstätig sind, so waren bei den früh und viel fremdbetreuten Kindern im Durchschnitt aller Studien 8 % mehr Kinder unsicher gebunden als bei den ausschließlich mutterbetreuten. Vor allem die Zahl unsicher-vermeidend gebundener Kinder war erhöht (Überblick bei Belsky 1988, Lamb et al. 1992 und Lamb 1998, S. 93 f.). Immerhin war die Mehrzahl der Kinder von Berufstätigen ebenfalls sicher gebunden. Andere Untersucher fanden hingegen keine solche Verminderung der Häufigkeit sicherer Bindung (Howes/Hamilton 1992, Roggman et al. 1994, Pierrehumbert et al. 1996). Wieder andere stellten fest, daß der negative Effekt auf die Bindungssicherheit größer war, wenn die Berufstätigkeit der Mutter *gering* war, also beispielsweise größer bei zehn bis zwanzig Stunden Berufstätigkeit als bei vierzig (Roggman et al. 1994); und schließlich gab es Untersuchungen, die dann Effekte fanden, wenn beide Eltern vollzeitberufstätig waren *und* das Kind ein Junge war; dies führte zu einem erhöhten Anteil unsicher *an den Vater* gebundener Söhne, während die Bindung der Söhne zur Mutter und die der Mädchen zum Vater nicht beeinträchtigt war (Chase-Landsdale/Owen 1987, Braungart-Rieker et al. 1999).

Zur Klärung dieser unklaren Befundlage trägt die große US-amerikanische Studie des *N*ational *I*nstitute of Child *H*ealth and Human *D*evelopment (NICHD) bei, die im folgenden dargestellt werden soll. In diesem Mammutprojekt (NICHD 1996, 1997 a, b, c, 1998 a, b, 1999 a, b, 2000, 2001, 2002) wurden bisher mehr als 1300 Familien und ihre Kinder zu verschiedenen Meßzeitpunkten (1, 6, 15, 24, 36, 48, 56 Monate) untersucht, und zwar sowohl zu Hause als auch in der Betreuungsumgebung, in der sie sich während der Berufstätigkeit der Mutter befanden. Die Interaktion zwischen Mutter und Kind sowie Betreuungsperson und Kind wurde beobachtet und das Ausmaß ihrer Feinfühligkeit eingeschätzt. Interaktive Feinfühligkeit ist ja, wie oben erwähnt, eine wichtige Determinante von Bindungssicherheit. Außerdem wurden vielfältige Entwicklungstests und andere Untersuchungsmethoden eingesetzt. Weiter wurden unterschiedliche Formen von Betreuung ins Design aufgenommen (NICHD 1997 b): (Mit-)Betreuung durch den Vater/Partner (25 %), durch Großeltern oder andere

Verwandte (23 %); in Kinderkrippen von unterschiedlicher Qualität (12 %); durch Babysitter zu Hause (12 %) oder aushäusig (24 %).[3] Es wurden unterschiedliche Zeiträume von nicht-elterlicher Betreuung, variierend zwischen zehn und vierzig Stunden pro Woche berücksichtigt. Die durchschnittliche Fremdbetreuungsdauer (Betreuung durch Väter nicht eingerechnet) betrug 28 Stunden (NICHD 1997 b, S. 349). Auch unterschiedliche Eintrittszeitpunkte in die nicht-elterliche Betreuung wurden untersucht; manche Kinder wurden unmittelbar nach der Geburt, manche ab 2–3, 4–6 oder 7–15 Monaten fremdbetreut. Das durchschnittliche Eintrittsalter in die nicht-elterliche Betreuung war dreieinhalb Monate. Schließlich wurde das gesamte soziodemographische Spektrum von arm bis reich erfaßt. Die Kinder der berufstätigen Mütter wurden mit einer Kontrollgruppe von nicht fremdbetreuten Kindern verglichen.[4]

Die Ergebnisse bezüglich der Bindungsqualität sind wie folgt (NICHD 1997 c): 1. Es gibt keine Indizien dafür, daß Quantität oder Qualität der nicht-elterlichen Betreuung oder des Eintrittsalters des Kindes einen Effekt auf die Bindungsqualität mit der Mutter haben. 2. Nur wenn die Mutter-Kind-Beziehung als wenig feinfühlig eingeschätzt wird, erhöht sich die Wahrscheinlichkeit einer unsicheren Bindung weiter wenn a) die Qualität der Fremdbetreuung schlecht ist, b) die Zahl der Fremdbetreuungsstunden hoch und c) das Betreuungsarrangement oft wechselt. Dieser Effekt tritt *nicht* ein, wenn die Mutter-Kind-Beziehung als gut eingeschätzt wurde.

Diese Ergebnisse besagen im Kern, daß die Qualität der Mutter-Kind-Beziehung ziemlich robust die Bindungsqualität bestimmt und daß nicht-elterliche Betreuung von guter Qualität diesbezüglich nicht

3 Als sogenannte strukturelle Qualitätsmerkmale von Kinderbetreuung gelten: Gruppengröße, Betreuerinnen-Kind-Schlüssel, Ausbildungsniveau, Personalfluktuation, Beschaffenheit der physischen Umgebung (Raumgröße, Sauberkeit, Spielzeug etc.); als zentrales Prozeßmerkmal gilt die Interaktionsqualität und Sensitivität der Betreuungsperson. Zu Fragen der Betreuungsgüte und ihres Effektes auf die kindliche Entwicklung informieren ausführlich Tietze et al. (1996) und Fthenakis (1998). In der amerikanischen Studie war die Qualität der Fremdbetreuung in Zentren tendenziell eher schlechter als in anderen Formen der Betreuung (NICHD 1997 a, S. 406).

4 Die Studie ist insofern nicht repräsentativ, als in ihr mehr Mütter berufstätig waren als im U. S. A.- Durchschnitt (65 % vs. 55 %). Von Interesse ist noch, daß 7 % der Väter die primären Betreuungspersonen waren (NICHD 1997 b, S. 353).

kompensiert und solche von mäßiger Qualität nicht schadet. Sie schadet nur dann, wenn die Beziehung schon vorbelastet ist. Dann allerdings kann sie unter Umständen auch nützen: In der Gruppe der am wenigsten sensitiven Mütter war die Zahl der unsicher gebundenen Kinder geringer, wenn sich die Kinder in guter nicht-elterlicher Betreuung befanden, als wenn sie schlecht war. Sowohl die »dual-risk«-Hypothese als auch die Kompensationshypothese sind also zutreffend. Insensitive Mutter-Kind-Interaktion schafft ein Risiko für unsichere Bindung, das erhöht wird, wenn ungünstige Fremdpflegebedingungen hinzukommen und vermindert wird, wenn sie besonders günstig sind.[5]

Die bisher genannten Ergebnisse beziehen sich nur auf einen Aspekt der (sozio-emotionalen) Entwicklung: die Bindungsqualität. Andere Fragen sind mittlerweile ebenfalls untersucht worden, etwa der mögliche Einfluß der unterschiedlichen Betreuungsarrangements auf die kognitive und Sprachentwicklung, auf die Aggressionsentwicklung, die Verhaltensregulation, die Kooperationsbereitschaft, sowie auf die Gestaltung der Gleichaltrigenbeziehungen. Diese Bereiche hängen zwar zum Teil mit der Bindungsqualität zusammen, sind aber nicht mit ihr identisch. Auf zwei davon komme ich gleich noch zu sprechen.

Zusammenfassend kann man zunächst festhalten: Nach der derzeitigen Datenlage kann – selbst wenn man eine Kultur wie die amerikanische untersucht, in der mütterliche Berufstätigkeit nicht uneingeschränkt begrüßt wird – diese Berufstätigkeit bei genauerer Untersuchung nicht als Risikofaktor für sichere Bindung betrachtet werden, das heißt sie erhöht die Wahrscheinlichkeit einer unsicheren Bindung nicht, wenn diese Wahrscheinlichkeit nicht schon vorher (durch insensitive Mutter-Kind-Interaktion) erhöht ist. Diese Ergeb-

5 Untersucht man den Effekt von Quantität und Qualität der Fremdbetreuung auf die Qualität der Mutter-Kind-Interaktion und nicht den auf die Bindungsqualität, so ergeben sich minimale Effekte (NICHD 1999 b): Mehr Stunden in Fremdbetreuung gehen einher mit weniger positiver Mutter-Kind-Interaktion. Der Effekt ist allerdings so gering, daß man sich fragen muß, ob er eine Bedeutung haben kann. Vergleicht man Kinder ohne Fremdbetreuung mit solchen, die 40 Stunden fremdbetreut werden, so beträgt der relative Unterschied in der mütterlichen Sensitivität, den man dem Faktor Fremdbetreuung zurechnen kann, ganze 2 %. In derselben Größenordnung bewegt sich der Faktor Neigung der Mutter zu Depression und/oder Trennungsangst und ein schwieriges Temperament des Kindes. Sechsmal so groß (12 %) ist der Einfluß eines hohen mütterlichen Bildungsniveaus auf die Interaktionsqualität. Sie ist der bedeutendste Einzelfaktor einer positiven Mutter-Kind-Interaktion (ebd., S. 1410).

nisse gelten auch, wenn man die Kinder im Alter von drei Jahren erneut hinsichtlich ihrer Bindungsqualität untersucht (Belsky 2001, S. 848).

Die Ergebnisse einer Studie von Sagi et al. (2002) zeigen allerdings, daß es von dieser Regel eine Ausnahme gibt. Die Autoren haben Kinder aus Haifa (Israel) untersucht, die ab dem Alter von drei Monaten in verschiedenen Arrangements fremdbetreut wurden. Die vier Varianten waren: Betreuung hauptsächlich durch Verwandte, durch bezahlte Nicht-Verwandte, in anderen Familien mit Kindern und in Kinderkrippen. Die ersten zwei Betreuungsformen stellen eine Einzelbetreuung dar, die beiden anderen Gruppenbetreuung. Die Verhältnisse in den Kinderkrippen in Haifa sind ausgesprochen schlecht. Das Personal ist kaum ausgebildet und der Betreuer-Kind-Schlüssel beträgt im Durchschnitt 1 : 17, wobei für das Alter zwischen null und drei Jahren ein Schlüssel von 1 : 3 als optimal gilt. Sagi et al. haben herausgefunden, daß Fremdbetreuung von mehr als 20 Stunden *nur bei den in solchen Kinderkrippen betreuten Kindern* zu einer Erhöhung unsicherer Bindung führte und zwar auch dann, wenn die Mutter-Kind-Interaktion als sensitiv eingeschätzt wurde. Der wesentliche Unterschied dieses Ergebnisses zu dem der NICHD-Studie liegt darin, daß die Determination der Bindungsqualität durch die Qualität der Mutter-Kind-Interaktion doch nicht gänzlich robust ist. Wenn die Bedingungen der Fremdbetreuung hinreichend schlecht sind, verschlechtert sich die Bindung zur Mutter auch dann, wenn keine Vorbelastung durch mütterliche Insensitivität existiert. Sagi et al. vermuten, daß hinreichend schlechte extensive Fremdbetreuung, wie sie nur in den Kinderkrippen gegeben war, die Kinder tagsüber so sehr unter Streß setzt, daß sie abends die Eltern stark beanspruchen. Diesen erhöhten Ansprüchen sind auch sensitive Eltern nur in beschränktem Maße gewachsen. Eine unter anderen Umständen funktionierende Eltern-Kind-Beziehung wird so durch die in schlechten Kinderkrippen akkumulierten Belastungen überlastet. Zusammenfassend kann man also festhalten, daß, wenn die Qualität der Kinderbetreuung schlecht genug ist, sie die Kraft hat, die Bindungsqualität zur Mutter auch dann zu beeinträchtigen wenn keine Vorbelastung in der Mutter-Kind-Beziehung existiert.[6] Nun zum zweiten Themenkomplex.

6 Ahnert et al. (2000) haben 12–24 Monate alte Berliner Kinder, die ganztags in *guten* Kinderkrippen betreut wurden mit solchen verglichen, die ausschließlich von ihren Müttern betreut wurden, um die interessante Frage zu klären, ob sich die

Nicht-elterliche Betreuung und kognitive Entwicklung

Was die kognitive Entwicklung angeht, so ist die Befundlage bis zum Jahr 1999 heterogen (Überblick in NICHD 2000, S. 961 f.) Manche Studien fanden, daß Kinder mit früher nicht-elterlicher Betreuung einen Vorsprung in der kognitiven Entwicklung aufweisen, andere konnten keine Unterschiede feststellen oder fanden sogar Nachteile bei manchen früh fremdbetreuten Kindern (z. B. Han et al. 2001). Am konsistentesten ist noch der Befund, daß Kinder aus niedrigen Einkommensschichten am ehesten von Fremdbetreuung guter Qualität kognitiv profitieren. Ebenfalls uneinheitlich sind die Ergebnisse hinsichtlich der Frage, welcher Typus von Fremdbetreuung (zu Hause oder in Kindertagesstätten) zu besseren Ergebnissen führt. Tendenziell waren es Unterschichtkinder, die am ehesten aus Betreuung in Kindertagesstätten Nutzen zogen. Hinsichtlich der Frage, wie stabil die gefundenen Unterschiede sind, das heißt, ob sie über den Zeitverlauf erhalten bleiben oder nicht, gibt es ebenfalls gegensätzliche Auffassungen. Manche Autoren meinen, daß die meisten mit Hinsicht auf unterschiedliche Betreuungsmodalitäten von Kindern erhobenen Effekte mit der Zeit von selbst verschwinden (Scarr 1998), andere halten zum Beispiel bestimmte kognitive Fähigkeiten im Vorschulalter für die besten Prädiktoren späterer Schulerfolge.

Die NICHD-Studie (2000, 2003 b) ist einigen dieser Fragen nachgegangen. Drei Bereiche galten als indikativ für die kognitive Entwick-

jeweiligen Kinder im Gesamtausmaß des täglich erlebten Stresses unterscheiden. Die fremdbetreuten Kinder waren morgens und abends quengeliger, das heißt bei der Trennung und nach der Wiedervereinigung, die von den Müttern betreuten Kinder quengelten tagsüber mehr als die Kinder in den Krippen. Im Gesamtumfang von Quengeln und Weinen gab es keinen Unterschied zwischen beiden Gruppen (ebd., S. 347, 349). Es ist nicht so, daß Bindungssicherheit *vor* Eintritt in die Fremdbetreuung die Eingewöhnung erleichtert. Sichere Kinder protestieren mehr gegen die Trennung, unsichere weisen dabei mehr physiologischen Streß wie beispielsweise eine höhere Herzfrequenz auf. Der Unterschied zwischen beiden Gruppen ist gering und verringert sich im Lauf der Zeit weiter. Bereits nach vier Wochen tritt unter guten Eingewöhnungsbedingungen eine weitgehende Normalisierung des Verhaltens ein (Ahnert/Ricks 2000). Für Leser, die am Vergleich zwischen Ost- und Westdeutschland vor und nach der Wende interessiert sind sei auf Ahnert/Lamb (2001 mit weiterer Literatur) verwiesen, die in einer Reihe von Publikationen informative Befunde zu ost- und westdeutschen Kinderbetreuungsmethoden und ihren möglichen Folgen vorgelegt haben.

lung: a) die sogenannten »pre-academic skills« wie Buchstaben-, Wörter- und Zahlenkenntnis, b) Sprachverständnis und -produktion sowie c) Gedächtnisfähigkeiten. Alle Bereiche wurden mit Hilfe bestimmter Tests untersucht. Folgende Ergebnisse sind erwähnenswert. Erstens: Es gibt generell einen positiven Zusammenhang zwischen Qualität der frühen Kindesbetreuung und der kognitiven beziehungsweise sprachlichen Entwicklung. Einfühlsame und sensible Betreuung durch Eltern *oder* durch Pflegepersonen sowie differenzierter sprachlicher Input haben positive Wirkungen. Entsprechend hat nicht-elterliche Betreuung dann einen positiven Einfluß auf die kognitive und sprachliche Entwicklung, wenn sie mit den Parametern für gute Qualität der Kindesbetreuung kombiniert ist. Zweitens: Der Umfang der nicht-elterlichen Betreuung hat keinen Einfluß, das heißt 30 Stunden wirken nicht besser als 15 Stunden. Drittens: Die gemessenen Effekte sind gering bis moderat (Effektstärken zwischen .09 und .33; NICHD 2003 b, S. 1470). Ob die gefundenen Unterschiede über die Zeit erhalten bleiben ist eine offene Frage. Viertens: Der Einfluß von Familienvariablen auf die kognitive und sprachliche Entwicklung ist größer als der von Betreuungsquantität und -qualität. Der förderliche Effekt hoher Fremdbetreuungsqualität macht sich vor allem bemerkbar, wenn man schlecht betreute mit gut betreuten Kindern vergleicht. Fünftens: Vergleicht man Kinder, die mehr als 30 Stunden nicht-elterlich betreut werden mit solchen, die ausschließlich in mütterlicher Obhut aufgewachsenen sind, so ergeben sich recht heterogene Resultate. Die NICHD-Studie kam zu dem Ergebnis, daß gut fremdbetreute Kinder im Alter von 24 und 36 Monaten einen leichten Vorsprung im Sprachverständnis aufweisen (NICHD 2000, S. 974). Andere Auswertungen derselben Studie kommen zu pessimistischeren Befunden, daß nämlich extensive Fremdbetreuung im ersten Lebensjahr unter bestimmten Umständen (z. B. wenn sie mit neun Monaten beginnt) im Alter von 36 Monaten mit schlechteren Ergebnissen bei einem kognitiven Entwicklungstest korreliert (Brooks-Gunn et al. 2002).

Vergröbert man die diversen Befunde – die sich aus verschiedenen Tests, verschiedenen Untersuchungszeitpunkten und verschiedenen Betreuungsqualitäten ergeben – zum Zwecke einer summarischen Zusammenfassung, so kann man zwei Dinge festhalten. Zum einen ist unbetritten, daß qualitativ hochwertige Betreuung, egal ob elterlich oder nicht-elterlich, einen (moderat) förderlichen Einfluß auf die kognitive und sprachliche Entwicklung hat. Zum anderen kann man feststellen, daß extensiv fremdbetreute Kinder sich in kognitiver und sprachlicher Hinsicht nicht wesentlich von denen unterscheiden, die ausschließlich von ihren Müttern betreut werden. »In den meisten Fällen erzielten Kinder in mütterlichr Vollzeitobhut ähnliche Werte wie nicht-elterlich betreute Kinder... Als Gruppe unterschieden sich Kinder, die ausschließlich von ihren Müttern betreut wurden, nicht konistent von denen in nicht-elterlicher Betreuung... Unsere Ergebnisse liefern also keine Hinweise dafür, daß frühe und extensive nicht-elterliche Betreuung als solche von Vor- oder Nachteil für die kognitive und sprachliche Entwicklung der Kinder ist« (NICHD 2000, S. 974, 976).

Nicht-elterliche Betreuung und Aggressionsentwicklung

Der dritte Themenkomplex, die Aggressionsentwicklung, durchzieht die Diskussion wie ein roter Faden, wohl wegen des impliziten sozialpolitischen Sprengstoffs. Einige Autoren sind mittlerweile der wichtigen Frage nachgegangen, ob es einen Zusammenhang zwischen extensiver nicht-elterlicher Betreuung im ersten Lebensjahr und dem gehäuften Auftreten von späteren Disziplin- oder Aggressionsproblemen gibt. Da solche Probleme häufig langzeitstabil sind – etwa Aggressivität im zweiten Lebensjahr sich bis ins Vorschul-, Schul- und sogar Erwachsenenalter durchziehen kann (s. Olweus 1979, Cummings et al. 1989, Rose et al. 1989, Shaw et al. 1994, Campbell et al. 1994, Campbell 1995, Farrington 1995, Fergusson 1998, Loeber et al. 2000, Tremblay 2000, NICHD 2004) –, ist ihr frühes Auftreten und die Bedingungen, die es fördern, von besonderem Interesse. Die bisher dazu vorliegenden Ergebnisse sind widersprüchlich. Es gibt sowohl Studien, die einen Zusammenhang gefunden haben als auch solche, die keinen fanden.

Die minutiöse Untersuchung der NICHD-Gruppe (1998 a) stärkte *zunächst* die Auffassung, daß es *keinen* wesentlichen Zusammenhang gibt (ähnlich Rubin et al. 1998). Es wurde vielmehr festgestellt, daß Familienvariablen (insbesondere die Sensitivität der Mutter-Kind-Interaktion) und Eigenschaften des Kindes (insbesondere sein Geschlecht) für das Auftreten späterer Verhaltensprobleme von erheblich größerer Bedeutung sind als das Ausmaß der frühen Fremdbetreuung. Wie erwartbar, ergab sich ein deutlicher Zusammenhang zwischen sensitiver Eltern-Kind-Interaktion, sicherer Bindungsqualität und dem Nicht-Auftreten von Verhaltensproblemen mit 36 Monaten. Ebenso erwartbar traten Probleme bei Jungen häufiger auf als bei Mädchen. Kein beziehungsweise kaum ein Zusammenhang konnte zwischen dem (frühen) Eintrittsalter in und dem Ausmaß an Fremdbetreuung einerseits und Aggressivität im Alter von drei Jahren andererseits festgestellt werden.[7] Ein meßbarer aber nur mäßig stark ausgeprägter Effekt bestand zwischen der Qualität der Fremdbetreuung und dem Ausmaß der späteren Widersetzlichkeit: Je besser die Qualität, desto geringer waren die Probleme. Im Klartext heißt das: Die Fähigkeiten des Kindes zur Kooperation mit Eltern und Erziehern, sein Trotz oder seine Aggressivität sowie seine Fähigkeit, Einschränkungen und Grenzen ohne Groll zu akzeptieren, hängen in erster Linie von der Qualität der Eltern-Kind-Beziehung (18 % der Varianz) und vom Geschlecht des Kindes ab und nicht oder nur sehr gering (3 % der Varianz oder weniger) vom Ausmaß oder Eintrittsalter der Fremdbetreuung (Hungerford et al. 2000, S. 524 ff.).

Die noch offene Frage war bis zu diesem Zeitpunkt, ob es diesbezüglich vielleicht »sleeper«-Effekte gibt, das heißt ob Verhaltensprobleme zwar nicht mit drei Jahren, wohl aber später wieder auftauchen. Die im nächsten Schritt vorgenommenen Auswertungen für das Alter von viereinhalb Jahren wiesen in diese Richtung. Sie ergaben, daß die Kinder, die in den ersten Lebensjahren extensiv fremdbetreut wurden, im Alter von viereinhalb Jahren ein erhöhtes Ausmaß an Aggression zeigen (Belsky 2001, S. 854; NICHD 2002, 2003 a). Dieser Befund blieb auch dann signifikant, wenn man andere Variablen wie Geschlecht, Schicht, etc. kontrolliert und ebenfalls, wenn man zwischen verschiedenen »Aggressionsarten« unterscheidet – beispielsweise nachdrückliche Formen von Selbstbehauptung, ständiges Argumentieren oder mangelnde Folgsamkeit und Disziplin, die man ja auch als Zeichen von Selbständigkeit begrüßen könnte, von verbaler und physischer Aggression gegen Personen und Sachen abgrenzt.

Andere Untersuchungen kommen zu ähnlichen Ergebnissen. In Harveys (1999) Analyse der *N*ational *L*ongitudinal *S*urvey of *Y*outh-Studie (NLSY) waren Drei- und Vierjährige *etwas* weniger folgsam und

7 Um genau zu sein: Es wurde ein Zusammenhang zwischen dem Ausmaß der Fremdbetreuung und Verhaltensproblemen für das Alter von zwei Jahren gefunden, der aber mit drei Jahren wieder verschwunden war.

etwas aggressiver, wenn die Mütter früh berufstätig geworden waren, als wenn sie ihre Berufstätigkeit erst später (ab einem Alter der Kinder von drei Jahren) begannen. Die Datenanalysen der NLSY-Studie von Vandell/Corasaniti (1990), Baydar/Brooks-Gunn (1991), Belsky/Eggebeen (1991) und Bates et al. (1994) erbrachten ebenfalls, daß frühe extensive nicht-elterliche Betreuung bei vier- bis neunjährigen Kindern zu weniger Folgsamkeit und erhöhter Aggressivität führen kann (ref. in NICHD 1998 a, S. 1164 und Belsky 2001).

Weitere Analysen dieser Daten zeigen indes, wie uneinheitlich die Befunde sind. Je nachdem, welche Subgruppe des Samples man untersucht, findet man manchmal erhöhte Aggressivität/Verhaltensprobleme manchmal keine. Han et al. (2001) haben eine Teilgruppe von 138 weißen Kindern untersucht und gefunden, daß, wenn Mütter ihre Berufstätigkeit in den ersten neun Monaten nach der Geburt wieder aufnehmen, die Kinder den mütterlichen Berichten zufolge mit sieben bis acht Jahren aggressiver sind, als solche, deren Mütter die Berufstätigkeit später aufnehmen. Erweitert man das Sample allerdings auf 383 Kinder, indem man vor allem solche Kinder einbezieht, deren Mütter bei der Geburt älter sind, verschwindet der Befund, und es läßt sich kein Zusammenhang mehr zwischen früher mütterlicher Berufstätigkeit und erhöhter Aggressivität feststellen. Eine große britische Studie an über 1700 Kindern (Joshi/Verropoulou 2000) fand keinen Zusammenhang zwischen mütterlicher Berufstätigkeit im ersten Lebensjahr und späterer Aggressivität (beides ref. nach Belsky 2001, S. 851 f.). Belsky vermutet, daß sich der Befund erhöhter Aggressivität am ehesten dann zeigt, wenn man alle drei von ihm als wesentlich betrachteten Faktoren einbezieht, nämlich 1. Berufstätigkeit im ersten Lebensjahr, 2. von mehr als 20–30 Stunden, die 3. auch während der folgenden Lebensjahre beibehalten wird. Er selbst hat Re-Analysen der NLSY-Daten vorgenommen, die trotz Berücksichtigung dieser Faktoren immer noch ein uneinheitliches Bild ergaben. So fand er zwar einen Zusammenhang zwischen früher mütterlicher Berufstätigkeit und späterer Aggressivität mit fünf bis sechs und zehn bis zwölf Jahren, nicht aber für den Zeitraum zwischen sieben und neun Jahren und außerdem nur bei der Subgruppe der weißen Kinder.

Ähnliche Komplikationen finden sich in der als Goldstandard geltenden NICHD-Studie. Zunächst einmal ergab die Studie immer wieder, daß man den gelegentlichen Befund erhöhter Aggressivität dahingehend relativieren muß, daß das Ausmaß der erhöhten Aggression nicht sehr ausgeprägt ist.[8] Was »nicht sehr ausgeprägt« genauer heißt, kann man durch zwei Ergebnisse veranschaulichen. a) Bildet man drei Gruppen entsprechend der Quantität der nicht-elterlichen Betreuung (unter 10 Stunden,[9] 10–30 Stunden, mehr als 30 Stunden) und vergleicht die erste mit der dritten so ergibt sich, daß in der Gruppe der über 30 Stunden Fremdbetreuten mit viereinhalb Jahren 16 % der Kinder Verhaltensprobleme haben, in der Gruppe der unter zehn Stunden (Nicht)-Fremdbetreuten sind es nur 5 %. Ein Jahr später sind die Unterschiede geringer, nämlich 17 % versus 9 % (Belsky 2001, S. 854). b) Will man jedoch nicht nur wissen, *wie viele* Kinder in der extensiv fremdbetreuten Gruppe aggressiver sind, sondern *um wieviel* aggressiver sie sind, so kann man sogenannte Effektstärken berechnen. Als Effektstärke extensiver Fremdbetreuung ergibt sich ein Wert von d = .38, was nach Meinung der Verfasser und Kommentatoren der Studie als schwacher bis moderater Effekt gilt. Die NICHD-Studie (2003 a), deren Ergebnisse bisher für das Alter zwischen null und viereinhalb Jahren dargestellt wurden, ergab für diesen Zeitraum *keinen* Schwellenwert für den Zusammenhang zwischen Dauer der Berufstätigkeit und erhöhter kindlicher Aggressivität. Es war also *nicht* so, daß erhöhte Aggressivität erst ab einer Fremdbetreuungsdauer von 20–30 Stunden auftrat. Vielmehr wurde eine lineare Dosis-Effekt-Beziehung gefunden: 15 Stunden Fremdbetreuung hatten einen stärkeren Effekte als 10 Stunden, 25 Stunden einen stärkeren als 20 Stunden etc. Insgesamt waren alle Effekte, auch die stärksten, eher gering.

Die neuesten Auswertungen dieser Forschungsgruppe (NICHD 2004), die das Alter bis acht Jahre umfassen, ergaben nun aber, daß alle bisher geschilderten Befunde über den Zusammenhang von extensiver früher Fremdbetreuung und geringfügig erhöhter Aggressivität bei Nachuntersuchungen der Kinder im Alter von acht Jahren verschwunden waren. Die Autoren, selbst verblüfft über diesen Sachverhalt, diskutieren ausführlich, wie diese geänderte Befundlage zu erklären ist. Diese Diskussion kann hier nicht resümiert werden. Neben methodologischen Erwägungen ist der plausibleste Grund der, daß es wahr-

8 In jeder Diskussion über die Ursprünge kindlicher Aggression sollte nicht vergessen werden, daß der diesbezügliche Hauptrisikofaktor für *schwere* kindliche (und spätere) Aggressionsprobleme eine lieblose, harte und strafende *elterliche* Erziehung ist (s. Dornes 1997, Kap. 9 und hier Kapitel 9).

9 Dieses Arrangement galt als Nicht-Fremdbetreuung.

scheinlich einen »Anpassungseffekt« gibt, der dazu führt, daß Kinder, die auf extensive Fremdbetreuung *zeitweise* mit erhöhter Aggressivität reagieren (mit zwei Jahren, mit viereinhalb Jahren), nach einer gewissen Zeit wieder zum Ausgangsniveau zurückkehren (mit drei Jahren, mit acht Jahren) – ein umgekehrter sleeper-effect also (»adjustment bump« genannt), bei dem nicht verborgene Belastungen manifest werden, sondern vorübergehende manifeste Belastungssymptome verschwinden. *Nach der derzeitigen Befundlage wird man also davon ausgehen können, daß es zwischen früher extensiver Fremdbetreuung und erhöhter Aggressivität keinen dauerhaften Zusammenhang gibt.*

Als Zwischenbilanz läßt sich die am Ende der Einleitung aufgeworfene Frage, ob ein Fortschritt für Frauen (erweiterte Chancen der Partizipation am Berufsleben) zu einem Rückschritt für Kinder (im Sinne einer Beeinträchtigung ihrer Entwicklung) führt, mit einem »eher nicht« beantworten. In allen drei Bereichen (Bindungsqualität, kognitive Entwicklung, Aggressionsentwicklung) ergaben sich keine wesentlichen andauernden Unterschiede zwischen mutterbetreuten und fremdbetreuten Kindern. Skeptiker werden argwöhnen, daß diesen Befunden, die sich zum Teil auf Fragebogenerhebungen und telefonische Interviews stützen, die Tiefe fehlt. Deshalb nun zu den Ergebnissen der »Tiefenpsychologie«.

Teil 2: Psychoanalytische Studien zu den Auswirkungen früher nicht-elterlicher Betreuung

Psychoanalytiker haben sich für das Thema der nicht-elterlichen Betreuung ebenfalls seit langem interessiert (Literaturüberblicke bei Hardin 1985, Frankel 1994, Harsch 2001, 2004, Scheerer 2004). Historisch war der Gründer dieser Disziplin, Freud, selbst »Gegenstand« früher Fremdbetreuung. Hardin, ein Psychoanalytiker aus Toronto, hat in verschiedenen Arbeiten (1985, 1987, 1988 a, b) dargestellt, daß der Verlust seiner Kinderfrau im Alter von zweieinhalb Jahren bleibende Narben in Freuds Charakter hinterließ. Deutsch (1919) hat als eine der ersten beschrieben, wie ihr zweijähriger Sohn Martin auf den Verlust seiner Kinderfrau reagierte. Sie hat sich allerdings in der Interpretation ihrer Beobachtung dem damals vorherrschenden Glauben angeschlossen, daß, weil die zu beobachtenden heftigen Reaktionen nur kurzfristig auftreten, solche Ereignisse keine andauernden Folgen haben, sondern schnell überwunden werden. Bowlby, selbst Opfer des englischen Nanny(un)wesens, war einer der ersten, der Fremdbetreuung energisch ablehnte. Das machte ihn zum Lieblingsfeind der Frauenbewegung, die in seinen Theorien nicht ganz zu Unrecht ein Berufsverbot für Mütter sah (Holmes 1993, Kap. 2; Beck-Gernsheim 1995). Fairerweise sollte erwähnt werden, daß er sich gegen Ende seines Lebens optimistischer zur Frage möglicher nicht-pathogener Fremdbetreuung kleiner Kinder geäußert hat (Hunter 1991, S. 166 f.).

Nicht-elterliche Betreuung aus der Perspektive psychoanalytischer Rekonstruktion

Die meisten der von Hardin (1985) in seinem Überblick erwähnten Psychoanalytiker (z. B. Anna Freud, Fenichel, Mahler, Winnicott, Bollas, Blum, Dowling, Sachs u. a.) haben sich mit dem Thema der frühen nicht-elterlichen Betreuung in Fallvignetten, das heißt aus einer klinisch-rekonstruktiven Perspektive befaßt. Sie rekonstruieren aus Erzählungen von Patienten, deren Träumen, Assoziationen und Übertragungen, wie der jeweilige Patient die Betreuung erlebt hat und welche Folgen sie für seinen Charakter und sein aktuelles Erleben zwischenmenschlicher Beziehungen hat.

Aus jüngster Zeit ist in dieser Tradition vor allem die Arbeit von Hardin/Hardin (2000) zu nennen, die die meines Wissens einzige systematische klinische Studie aus psychoanalytischer Sicht vorgelegt haben. Der Seniorautor befaßt sich seit zwanzig Jahren mit Patienten, die früh im Leben von einer anderen Person als der Mutter als primärer Betreuungsperson aufgezogen worden sind. Primär heißt, daß die Betreuungsperson auf Grund ihres zeitlichen und/oder emotionalen Engagements die De-facto-Mutter für das Kind in den ersten Lebensjahren ist. Die Betreuungspersonen in Hardins Untersuchung waren entweder bezahlte Kindermädchen oder Verwandte wie Großmütter oder Tanten. Die Betreuung fand im Haushalt der Eltern statt. Hardin befaßt sich also mit einem spezifischen Ausschnitt aus dem Gesamt an Fremdbetreuungsmöglichkeiten, das etwa Tagesbetreuung in einer Krabbelstube nicht mit einschließt.

Er hat in einem Zeitraum von fünf Jahren (1977–1982) 102 Patienten interviewt, von denen 31 früh fremdbetreut waren. Außerdem hat er fünf weitere Patienten in psychoanalytischer Behandlung gehabt (1988 a, S. 73). Die mehrstündigen klinischen Interviews wurden ergänzt durch testpsychologische Untersuchungen (Rorschach, TAT) und Familieninterviews. Die verschiedenen Untersuchungen wurden von jeweils anderen Mitarbeitern durchgeführt. In den Familieninterviews kam die Fremdbetreuung häufiger zur Sprache als in den klinischen Interviews, in denen sich oft nur Anhaltspunkte ergaben, die dann im Familieninterview weiter geklärt werden konnten (1985, S. 614). Hardin fand bei allen von ihm behandelten Patienten eine Entfremdung von der biologischen Mutter, ein hohes Maß an Trennungsangst und Schwierigkeiten, sich auf intime Beziehungen einzulassen, vor allem aus Angst, sie könnten wieder unterbrochen werden. Häufig entwickelte sich eine »Ersatzmutterübertragung«, in der der Analytiker zur Ersatzbetreuungsperson wurde, mit der die frühe Verlusterfahrung thematisiert werden konnte. Hardin ist der Auffassung, daß dem Verlust, der mit der von ihm beschriebenen Form der Fremdbetreuung *unausweichlich* verknüpft ist, zu wenig Bedeutung beigemessen wird. Der Verlust ist deshalb unausweichlich, weil jedes Kindermädchen einmal geht. Außerdem hat er noch eine besondere Färbung. Verläßt die Betreuungsperson nämlich den Haushalt (oder wird entlassen), so ist das zwar für das Kind ein Verlust, aber für die Mutter meistens nicht. Für sie ist es deshalb nicht einfach, die Asymmetrie in der Bedeutung des Objekts wahrzunehmen; aber es ist von großer Wichtigkeit, denn ein Kind kann um den Verlust einer Bezugsperson nur dann angemessen trauern, wenn seine Umwelt diese Trauer sieht und begleitet. Weil das Kindermädchen aber für das Kind eine größere Bedeutung hat als für die Eltern, wird das wirkliche Ausmaß der Verlusterfahrung von den Eltern häufig unterschätzt.

Auch in der Forschungsliteratur finden sich oft nur euphemistische Umschreibungen dafür, etwa wenn es in der NICHD-Studie heißt, daß die kindliche Entwicklung bei extensiver Fremdbetreuung dann leide, wenn es zu einem »häufigen Wechsel des Pflegearrangements« komme. Häufiger Wechsel des Pflegearrangements ist nach Hardins Auffassung eine Verharmlosung der Bedeutung und Dramatik des Verlustes, die mit dem Ersetzen einer Bezugsperson durch eine andere einhergeht. Der Grundtenor der vom Autor dargestellten Fallbeispiele ist, daß der (unausweichliche) Verlust der Ersatzperson, sofern er von den Eltern nicht in seiner Bedeutung wahrgenommen wird, einen lebenslangen Einfluß auf den Charakter des davon betroffenen Kindes hat. Die erwartbaren und klinisch zu dokumentierenden Folgen bestehen in der Regel aus einer Trias von Verlustangst, Trennungsangst und Intimitätsangst. [10]

Exkurs: Methodische Probleme

Diese Schlußfolgerungen sind durch Hardins klinische Erfahrung gedeckt, aber, wie immer bei Aussagen, die an Hand der Behandlung von Patienten gewonnen werden, stellt sich die Frage, inwieweit diese Befunde verallgemeinert werden können. Könnte es nicht sein, daß es frühe Formen nicht-elterlicher Betreuung gibt, die von den Kindern weniger stark als Verlust und deshalb weniger traumatisch erlebt werden, die sich aber deshalb dem psychoanalytischen Zugriff entziehen, weil diese Kinder keine Patienten geworden sind? Dieses Problem ist aus der Forschung zur intergenerationellen Transmission von Kindesmißhandlung bekannt. Kliniker wie die Kinderärzte Kempe/Kempe (1978) oder der

10 Die Daten zur Stabilität von Betreuungsarrangements verweisen auf eine unerfreulich hohe Fluktuation. In der NICHD-Studie (1997 b, S. 353 f., 357) hatten nur 38 % der Einjährigen ein einziges Pflegearrangement erlebt, 62 % zwei, davon 36,5 % drei und mehr. Bei Howes/Hamilton (1993, S. 15) wird von amerikanischen Kindertagesstätten eine »annual turnover rate« des Betreuungspersonals von 42 % berichtet. Damit hätten immerhin 58 % der Kinder für die Dauer eines Jahres dieselbe Hauptbetreuungsperson. Howes/Hamilton haben den Effekt des Wechsels einer Betreuungsperson in sechs Kindertagesstätten bei Kindern zwischen 13 Monaten und vier Jahren untersucht. Kinder mit mehr Betreuerinnenwechseln waren mit vier Jahren aggressiver und weniger kompetent im Umgang mit Gleichaltrigen, wobei die kleineren Kinder (bis 30 Monate) anfälliger waren als die älteren. Bei den jüngeren hatte ein Betreuerinnenwechsel auch dann negative Konsequenzen, wenn die Beziehung zur ersten Betreuerin als weniger gut eingeschätzt wurde. Die älteren Kinder profitierten dann von einem Wechsel, wenn die Beziehung zur neuen Betreuerin besser war als die zur alten. In der einschlägigen Literatur besteht weitgehend Einigkeit darüber, daß eine möglichst hohe Kontinuität der für das Kind verantwortlichen Betreuungspersonen erstrebenswert ist und häufige Wechsel in den ersten vier Jahren zu erhöhter Aggression, Schwierigkeiten in Gleichaltrigenbeziehungen und/oder sozialem Rückzug führen (ebd.). In der NICHD-Studie (1998 a, S. 1166) wurde allerdings nur für das Alter von zwei Jahren, nicht aber für das Alter von drei Jahren ein signifikanter Zusamenhang zwischen (In)stabilität des Betreuungsarrangements und späteren vermehrten Verhaltensproblemen gefunden. Die Autoren lassen offen, ob die mit zwei Jahren sichtbaren, aber mit drei Jahren verschwundenen Effekte möglicherweise später wieder auftauchen.

Psychoanalytiker Steele (Steele/Pollock 1968, Steele 1994) haben mißhandelte Kinder in Krankenhäusern gesehen. Ihre Gespräche mit den Eltern haben in ca. 90 % der Fälle ergeben, daß die Eltern dieser Kinder als Kinder selbst mißhandelt wurden. Dies hat zu der Hypothese einer ausgeprägten intergenerationellen Wiederholung von Mißhandlung geführt. Das Problem dabei ist, daß *die* Kinder von Eltern, die in ihrer Kindheit selbst mißhandelt wurden, aber ihre Kinder später *nicht* mißhandeln, nicht in den Krankenhäusern als Patienten auftauchen. Deshalb liefern Schlußfolgerungen aus der *klinischen* Population mißhandelter Kinder und deren Eltern keine zutreffenden Daten über die tatsächliche Häufigkeit der intergenerationellen Weitergabe von Mißhandlung. Dazu benötigt man nicht-klinische Untersuchungen, die auch Eltern einschließen, die, obwohl sie als Kinder mißhandelt wurden, diese Mißhandlung *nicht* an ihre Kinder weitergeben. 30 Jahre Mißhandlungsforschung haben zu dem Ergebnis geführt, daß die Transmissionsraten nicht 90 % sind, sondern eher zwischen 30 % und 60 % liegen (Überblick bei Dornes 1997, Kap. 8). Dasselbe Problem stellt sich in bezug auf die klinischen Daten von Hardin. Sie sind in sich wahrscheinlich schlüssig. Die Frage ist, inwieweit sie die Schlußfolgerung rechtfertigen, daß Kinder den Verlust ihrer Betreuungsperson *immer* als traumatisch erleben (müssen), wie Hardins Patienten dies taten, oder ob nicht Szenarien denkbar sind, unter denen günstigere Ausgänge möglich sind.

Voraussetzungen für gelungene Formen früher nicht-elterlicher Betreuung aus psychoanalytisch-rekonstruktiver Sicht

Der Autor nimmt sich dieser Frage dankenswerterweise an, und zwar ebenfalls auf klinische Weise. Er beschreibt (2000, S. 1251 ff.) einen Vater, der bei ihm in Behandlung war und eines Tages bemerkte, daß sein zwölfjähriger Sohn ein sehr sensibler und einfühlsamer Mensch sei. Diese Eigenschaften könne er weder von ihm noch von seiner Frau haben. Der Vater vermutet, sein Sohn habe sie von einer seiner Betreuungsperson übernommen, die eine außerordentlich warmherzige und einfühlsame Frau gewesen sei und, nach vielfältigen Wechseln, fünf Jahre lang für seine Erziehung zuständig war.[11] Beide Eltern waren ganz-

11 Sie kam nach mehreren wechselnden Kindermädchen, als der nunmehr zwölfjährige Junge 15 Monate alt war und ging als er sechseinhalb Jahre war. Sie hilft bis heute in der Familie gelegentlich aus.

tags berufstätig, oft auch sonntags und hatten wenig Zeit für ihre beiden Kinder. Hardin führte mehrere Gespräche mit der Kinderfrau und kam zu dem Ergebnis, daß sie über elterliche Qualitäten verfügte, die den leiblichen Eltern abgingen und sie insofern für die Kinder ein Segen war. Darüber hinaus versucht er, aus seiner Kenntnis der Gesamtsituation und den Gesprächen mit der Kinderfrau Faktoren zu extrahieren, die für einen günstigen Verlauf von Bedeutung sein könnten. Er kommt zu folgenden Schlußfolgerungen:

Von herausragender Wichtigkeit ist, daß Mutter und Ersatzmutter eine gute persönliche Beziehung miteinander haben (s. dazu auch Harsch 2001, S. 370 ff.), was im beschriebenen Beispiel der Fall war. Dies stellt sicher, daß die Ersatzmutter nicht aus irgendeiner Laune oder momentanen Verstimmung heraus entlassen wird. Außerdem ist die Wertschätzung, die sich beide Erwachsene erkennbar entgegenbringen, auch für das Kind sichtbar. Sie entlastet es von Schuldgefühlen, die es wegen seiner Zuneigung zur Ersatzmutter hat, denn es sieht, daß nicht nur es selbst, sondern auch die Mutter die Ersatzmutter mag. Das vermindert oder verhindert potentielle Loyalitätskonflikte für das Kind. Schließlich erhöht es die Wahrscheinlichkeit dafür, daß die Mutter den Verlust des Kindes wahrnimmt, wenn er eintritt, weil es auch für sie ein Verlust ist, den im günstigen Fall beide betrauern und bedauern können. Schließlich wird die Bewältigung des Verlusts auch dadurch erleichtert, daß das Kind nach Ende der Betreuung weiterhin Kontakt zur Pflegeperson hat oder haben kann.

Hier ein Auszug aus dem Interview, der verdeutlicht, wie eine nahezu ideale Beziehung zwischen Mutter und Ersatzmutter aussehen kann. Das Kindermädchen Grace erzählt: »Die Kinder haben die Stimmung zwischen mir und den Eltern aus der Zuneigung mitbekommen, die ich den Eltern gegenüber zeigte. Wenn ihre Eltern weg waren, habe ich zum Beispiel gesagt, ›wenn sie wieder heimkommen, werde ich sie an mich drücken‹. Ich war dann zutraulich und tat auch so, als ob ich ganz scharf darauf wäre, in ihre Nähe zu kommen... Estelle und ich haben eine gute Beziehung. Wir beratschlagen uns regelmäßig. Sie sagt, sie weiß, daß ich für die Kinder da war, wenn sie es eigentlich hätte sein sollen. Wir haben oft miteinander über die Kinder geredet. Wenn ein Kind hinfiel und zu mir gerannt kam anstatt zu ihr oder wenn die Kinder von mir und nicht von ihr ins Bett gebracht werden wollten, habe ich ihr manchmal gesagt, daß sie zuwenig Zeit mit den Kindern verbringt. Sie hat dann versucht, das zu ändern und es hat funktioniert. Die Kinder fingen an, mehr nach ihrer Mutter zu fragen. Estelle war darüber sehr erfreut. Die Kinder können ihr wirklich nahekommen. Sie ist durchaus eine mütterliche Person, wenn sie die Zeit dazu hat« (Hardin/Hardin 2000, S. 1251 f.). Diese Beschreibung koinzidiert mit Ergebnissen der NICHD-Studie (1999 b, S. 1410) über den Einfluß von guter nicht-elterlicher Betreuung auf die Qualität der Mutter-Kind-Interaktion. Es wurde herausgefunden, daß eine solche Betreuung die mütterliche Sensitivität im Umgang mit dem Kind (geringfügig) verbessert, vermutlich deshalb, weil sie Mütter mit positiven Rollenvorbildern versorgt.

Hardin sieht indessen strukturelle Schwierigkeiten, die ihn vermuten lassen, daß ideale Verläufe, in denen Eltern elterliche Funktionen von den Betreuungspersonen lernen, nicht besonders häufig sind, auch wenn er einräumt, daß die wirkliche Prävalenz solch gelungener Szenarien unbekannt ist (2000, S. 1253 f.). Die Schwierigkeiten für ihre weite Verbreitung sieht er zum einen darin, daß es sich bei der Ersatzmutter häufig um eine bezahlte Angestellte handelt, also um eine geschäftsmäßige Beziehung, die persönliche Nähe erschwert; daß sie es nicht muß, wissen wir aus der Psychotherapie, die ebenfalls beides ist – eine persönliche und eine geschäftliche Beziehung. Ein weiteres Erschwernis ist, daß, wenn beide Eltern ganztags berufstätig sind, sich Betreuungsperson und Eltern wenig sehen, ebenso wie Eltern und Kind, was in beiden Fällen das persönliche Kennenlernen erschwert. Drittens gibt es fast immer eine implizite Übereinkunft zwischen Betreuungsperson und Eltern, daß die Betreuungsperson nicht wichtiger sein darf als die Mutter. Dieses vor- oder unbewußte Arrangement wird von beiden Parteien oft unausgesprochen akzeptiert. Mütter fühlen sich schuldig oder werden eifersüchtig, wenn sie sehen, wie sehr die Kinder an der Betreuungsperson hängen und letztere fühlen sich häufig ebenfalls schuldig. Hardin ist der Auffassung, daß diese Übereinkunft hinsichtlich des unantastbaren Primats der biologischen Mutter das am schwersten zu behandelnde Problem ist. Die Tatsache, daß jemand anderes als die Mutter die primäre Betreuungsperson ist, führt seiner Meinung nach nämlich unausweichlich dazu, daß diese Person – und eben nicht die biologische Mutter – für das Kind die wichtigste wird und *diese Realität* ist für eine Mutter kaum auszuhalten – entweder aus Gründen der Eifersucht, der Schuld, oder aus der Furcht heraus, die Liebe des Kindes zu verlieren oder nicht zu gewinnen. Dies scheint mir in der Tat ein gravierendes Problem, das weiterer Überlegungen wert ist, die hier indes nicht angestellt werden können.

Nach dem bisher Gesagten könnte man meinen, daß die Psychoanalyse, wie üblich, für die dramatischen Aspekte des Seelenlebens zuständig ist und ihren Aussagen deshalb häufig etwas Pessimistisches anhaftet. Es sei deshalb hinzugefügt, daß gelegentlich auch in dieser Zunft ein anderes Register gezogen wird – wohl nicht zufällig vor allem in der französischen Psychoanalyse.[12] Frankreich ist bekanntlich das größte Land in Europa, das frühe extensive nicht-elterliche Betreuung – allerdings in eigens dafür vorgesehenen Einrichtungen und nicht so sehr in privaten Arrangements – ab dem zweiten Lebensjahr nicht nur duldet, sondern fördert und als kulturelle Selbstverständlichkeit betrachtet. Die französische Psychoanalytikerin Olivier (1980, S. 205 ff.) akzentuiert in ihrem Buch »Jokastes Kinder« entsprechend genau das Gegenteil von Hardins Grundanliegen. Sie meint, daß hauptberufliche Mütter in Gefahr seien von ihren Kindern verschlungen zu werden oder diese übermäßig an sich zu fesseln. Deshalb hebt sie hervor, daß nichtelterliche Betreuung eine befreiende Wirkung für Mutter und Kind haben könne, indem sie die von beiden häufig als Belastung erlebte Exklusivität ihrer Beziehung relativiert, weil sie ein anderes Element einführt, das als Puffer gegen die bei hauptberuflicher Mutterschaft drohende immanente emotionale Überhitzung fungieren kann.

Hardin sieht zwar durchaus auch, wie aus dem obigen Beispiel ersichtlich, daß extensive Fremdbetreuung eine protektive Funktion haben kann, aber zum einen scheint ihm das eher die Ausnahme als die Regel, während es bei Olivier umgekehrt ist. Zum anderen akzentuiert er, daß bei übermäßig *unterkühlter* Eltern-Kind-Beziehung eine warmherzige Ersatzbeziehung korrektiv wirken kann, während Olivier eher die Abkühlung einer *überhitzten* Mutter-Kind-Beziehung durch Fremdbetreuung im theoretischen Visier hat. Je nachdem, welches Mutter-Kind-Paar man betrachtet, kann das eine oder das andere der Fall sein. Allgemein ausgedrückt, kann Fremdbetreuung ein Puffer gegen mütter-

12 Aber nicht nur dort. Neubauer, ein New Yorker Psychoanalytiker mit viel Erfahrung in der Tagesbetreuung von Kleinstkindern adoleszenter Mütter schreibt: »Wir brauchen die Gesellschaft nicht davor zu warnen, daß Veränderungen in der Kernfamilie, die durch ergänzende Kinderbetreuung eintreten, ... unausweichlich schädliche Folgen für die kindliche Entwicklung haben. Wirklich schädlich sind schlechte Betreuungspersonen/Eltern und schlechte Erziehungseinrichtungen« (1985, S. 179). In Deutschland hat sich unter Psychoanalytikern vor allem Harsch (2001, 2004) um eine ebenso informative wie unaufgeregte Sicht der Dinge verdient gemacht.

liche Überlastung sein und sich dann positiv auf die kindliche Entwicklung auswirken oder aber sie kann eine Belastung für das Kind sein mit möglicherweise eher negativen Entwicklungsfolgen. Sowohl für die Pufferhypothese als auch für die Risikohypothese gab es, auch auf der Ebene von Gruppenuntersuchungen und nicht nur in Einzelfallstudien, bisher schon Belege (Literatur bei NICHD 1999 b, S. 1401). Das Verdienst der NICHD-Studie ist es, für eine bisher unerreicht große Stichprobe und mit einem bisher unerreicht elaborierten methodischen Design der Frage nachgegangen zu sein, ob eher das eine oder das andere überwiegt. Das Ergebnis der Studie ist, daß es keine eindeutige Antwort gibt, weil die Effekte erstens gering und zweitens für die unterschiedlichen Entwicklungsbereiche – Bindung, kognitive Entwicklung, Aggressionsentwicklung – auch noch verschieden sind. Die erwartbaren Folgen von nicht-elterlicher Betreuung für die kindliche Entwicklung hängen also stark von den Besonderheiten des Einzelfalls ab, aber für größere Gruppen lassen sich immerhin die oben dargestellten Tendenzaussagen formulieren. Interessanterweise kommen psychoanalytisch inspirierte Direktbeobachtungsstudien mit intensiver Beobachtung einer kleinen Zahl von Kindern in mancher Hinsicht zu ähnlichen Ergebnissen. Eine dieser Studien soll deshalb dargestellt werden.

Eine psychoanalytische Direktbeobachtungsstudie

Patricia Nachman, die den von Margaret Mahler begründeten Forschungskindergarten in New York leitet, ist eine der wenigen Autorinnen, die eine psychoanalytisch-naturalistische, nicht-klinische Studie zur Fremdbetreuung kleiner Kindern durchgeführt hat (Nachman 1991). Sie hat eine Gruppe von Kindern mit ganztägiger mütterlicher Betreuung und eine mit ganztägiger Fremdbetreuung untersucht. Beide Gruppen bestanden aus jeweils sechs Kindern, drei Jungen und drei Mädchen. Jede Gruppe kam zwei Vormittage in der Woche in den Kindergarten, je nach Gruppe entweder mit ihren Müttern oder mit den Betreuungspersonen. Die Eltern entstammten der Mittelschicht, die Betreuerinnen meistens der Unterschicht. Sie waren seit den ersten Lebensmonaten der Kinder die Hauptbezugspersonen. Nur in einem Fall war es zu einem Wechsel gekommen. Die Untersuchung begann, als die Kinder 17 Monate alt waren und endete im Alter von 36 Monaten. Alle Vollzeitmütter waren vor der Mutterschaft berufstätig gewesen. Drei von ihnen waren überzeugt, daß die Mutter sich um das Kind kümmern sollte, und machten einen zufriedenen Eindruck; eine Mutter war leicht depressiv, eine andere ambivalent, eine dritte explizit unzufrieden mit der Mutterrolle. Von den berufstätigen Müttern hatte eine wenig Zeit, zwei Mütter waren sehr engagiert mit ihren Kindern und drei bewegten sich im mittleren Bereich. Die Betreuungspersonen waren alle mit ihrer Tätigkeit vertraut und hatten, mit einer Ausnahme, selbst Kinder. Eine wirkte besonders liebevoll, eine zweite etwas rigide und leistungsorientiert, die anderen vier lagen dazwischen (Nachman, ebd., S. 72 ff.). Ich werde mich im folgenden in enger Anlehnung an Nachman auf zwei Fragestellungen dieser Studie konzentrieren, die sich mit der NICHD-Untersuchung berühren: 1. Aggression und Trennungssensitivität und 2. kognitive Entwicklung.

Aggression und Trennungssensitivität

Die Interaktionen der Kinder in der Betreuungsgruppe waren quantitativ geringer als in der Muttergruppe. Die Kinder signalisierten verbal und averbal weniger Bedürfnisse nach Hilfe, Zustimmung oder Aufmerksamkeit. Auch qualitativ waren die Interaktionen anders, nämlich ruhiger, neutraler und emotional weniger intensiv als in der Muttergruppe, und zwar sowohl im positiven (Freude, Lachen) als auch im negativen Bereich (Weinen, Unruhe). Es gab weniger feindselige Aggressionen der Kinder gegenüber den Betreuungspersonen, mit denen sie im Zentrum waren, als bei den Kindern, die mit ihren Müttern da waren. Allerdings änderte sich dieses Bild, wenn man die Mütter fragte, wie es zu Hause sei. Hier berichteten die Mütter der betreuten Kinder von mehr Aggression und Irritierbarkeit als die der Muttergruppe. Fremdbetreute Kinder waren also zugleich weniger und mehr aggressiv: weniger mit ihren Betreuungspersonen und mehr mit ihren Müttern (Nachman ebd., S. 74 f.; ähnlich Ahnert et al. 2000, S. 349). In der NICHD-Studie war es eher umgekehrt, daß nämlich die Kinder von den Betreuungspersonen tendenziell als aggressiver eingeschätzt wurden als von den Müttern. Die Gründe für diesen Unterschied sind unklar.

Ein weiterer Befund von Nachman war, daß die Kinder der Betreuungsgruppe länger Trennungsangst zeigten als die der Muttergruppe, obwohl sie Trennungen gewohnt waren. In der Muttergruppe verschwand die Trennungsangst bei allen Kindern (mit einer Ausnahme) im Alter zwischen zwei und drei Jahren; nicht so bei den Kindern der Betreuungsgruppe. Sie trennten sich zwar manchmal anscheinend leicht beziehungsweise beruhigten sich schnell. Aber dies ist wahrscheinlich ein Oberflächenphänomen, was sich unter anderem daran zeigt, daß die morgendliche Trennung eine Quelle ständiger Proteste blieb. Möglicherweise ist die erhöhte Trennungssensitivität der betreuten Kinder jedoch weniger auf die Trennung selbst zurückzuführen als darauf, daß mit Trennungsprotesten nicht adäquat umgegangen wird. Nachman (ebd., S. 76 f.) berichtet, daß die berufstätigen Mütter entweder den Kummer ihrer Kinder übersahen oder nicht direkt darauf eingingen in der verständlichen Befürchtung, damit schlafende Hunde zu wecken. Es ist also nicht entscheidbar, ob ein anderer Umgang mit der Trennung zu anderen Ergebnissen geführt hätte.

Trotz der weniger intensiven Interaktionen mit den Betreuungspersonen waren diese emotional bedeutsam. Die Kinder waren erheblich irritiert, wenn die Betreuungspersonen mehr als ein paar Minuten nicht im Raum waren. Auch die Gleichaltrigen schienen in der Betreuungsgruppe eine erhöhte Bedeutsamkeit zu gewinnen (Nachman ebd., S. 77 ff.). Allgemein gilt, daß es einen positiven Zusammenhang zwischen Qualität der Fremdbetreuung und Kompetenz in der Gleichaltrigenbeziehungen gibt (Hungerford et al. 2000). Gelegentlich vorfindbare erhöhte Aggression in den Gleichaltrigenbeziehungen fremdbetreuter Kinder ist vermutlich eher auf Mängel in der Betreuungsqualität als auf den Sachverhalt der Betreuung selbst zurückzuführen (Lamb 1998, S. 106 f.). Weiter gilt, daß der Einfluß von Familienvariablen wie Sensitivität der Interaktion oder Bildungsniveau und Kindvariablen wie Temperament oder Geschlecht auf die Gestaltung der Gleichaltrigenbeziehungen erheblich größer ist als der Einfluß von Art, Umfang und Qualität der Betreuung.

Die Geschlechtsrollenidentifikationen, also mütterliches Verhalten bei Mädchen und aggressiv-phallisches bei Jungen, waren nach Nachmans Beobachtungen in der Betreuungsgruppe prononcierter.[13] Eben-

13 Nachman (ebd., S. 82) erklärt dies mit einem Aspekt von Freuds Identifizierungstheorie (1917), derzufolge Identifizierungsprozesse durch Objektverlust angeregt werden. Da die Kinder der Betreuungsgruppe einen solchen täglich erlebten, wenn auch in kleinen Portionen, könnte das ihre Identifikation mit den abwesenden Eltern verstärkt haben. Dies scheint mir allerdings nur die verstärkten mütterlichen Identifizierungen zu erklären, denn die Väter waren in beiden Gruppen gleich abwesend.

falls zu beobachten war eine später einsetzende und länger andauernde Wiederannäherungsphase, entweder, weil die Kinder dieser Gruppe ihre Mütter weniger sahen und deshalb einfach länger brauchten, um die Ambivalenzprobleme dieser Phase mit ihnen durchzuarbeiten oder aber, weil die verstärkten Aggressionen deren Durcharbeitung erschwerten. Auch fehlte in dieser Gruppe, mit Ausnahme eines Kindes, das eine besonders innige Beziehung zu seiner Betreuungsperson hatte, die von Mahler als typisch angesehene Verhaltensweise, Spielzeug einzusammeln und der Mutter auf den Schoß zu legen (Nachman ebd., S. 75, 77).

Während Hardin, gestützt auf Material aus der Behandlung Erwachsener, die Auffassung vertritt, daß die Person, die das Kind die meiste Zeit betreut, psychologisch auch die wichtigste für es wird, kommt Nachman auf Grund ihrer Beobachtungen zu anderen Schlußfolgerungen. »... In allen Fällen schienen Mütter (und Väter) die primären Objekte zu sein auf die sich die intensivsten Gefühle, Identifikationen und Separations-Individuations-Bestrebungen der Kinder richteten ... Man kann sagen, daß, wenn eine Mutter libidinös an ihr Kind gebunden ist, sich die Besonderheit ihrer Bindung dem Kind mitteilt und irgendwie von ihm verstanden wird auch wenn viele seiner grundlegenden Bedürfnisse über lange Zeiträume hinweg von einer anderen Person befriedigt werden« (Nachman 1991, S. 78; ähnlich Frankel 1994, S. 100). Wie diese Besonderheit der Bindung vermittelt wird, ist nach wie vor unklar.[14]

14 Von Vertretern der evolutionären Psychologie (ref. aus psychoanalytischer Sicht bei Kriegman/Slavin 1989, S. 242 ff.; ausführlich Slavin/Kriegman 1992) wird als Begründung dafür, daß Mutter beziehungsweise Vater die wichtigsten Personen bleiben, auch wenn sie nur wenig Zeit mit dem Kind verbringen, geltend gemacht, daß Verwandtenbeziehungen (kin ties) auf Grund genetischer Einflüsse eine psychologische Wichtigkeit zukommt, die Nicht-Verwandtenbeziehungen (reciprocal ties) nicht haben. Diese Begründung wird kontrovers diskutiert. Andere Auffassungen sind möglich. Van Ijzendoorn (1993) erklärt den Primat der Mutter – der unter anderem darin zum Ausdruck kommt, daß sich Kinder, wenn sie die Wahl haben, bei Trostbedürftigkeit meistens an die Mutter wenden und nicht an die Betreuungsperson(en) – damit, daß die Mutter, auch im Falle von nicht-elter-

Nachman (ebd., S. 79 ff.) untersuchte in ihrer Studie auch die kognitive Entwicklung. Ihre Indikatoren waren allerdings keine »pre-academic skills« und auch keine Sprachentwicklungs- oder Gedächtnistests, sondern vor allem das symbolische Spiel. Von ihm wurde in der Betreuungsgruppe früher und häufiger Gebrauch gemacht als in der Muttergruppe, und zwar in allen seinen Ausprägungsformen. Die Kinder spielten früher und häufiger mit Gegenständen wie Puppen, denen sie etwas kochten, oder Bauklötzen, aus denen sie Häuser bauten; sie waren aber auch früher und häufiger mit elaborierten Phantasiespielen wie Einkaufengehen beschäftigt. Sie wirkten sozial-kognitiv kompetenter in dem Sinn, daß sie über ein elaborierteres Verständnis der Routinen des Alltagslebens verfügten als die Kinder der Muttergruppe. Auch der spontane Gebrauch des Wortes »Mommy« in Situationen, in denen a) kein Erwachsener in der Nähe war und die b) affektiv intensiv waren (z. B. ein aufregendes Spiel), fand sich nur in der Betreuungsgruppe. Es scheint, daß die abwesenden Eltern im Geiste des Kindes präsent waren beziehungsweise evoziert wurden, um eine Erfahrung mit ihnen zu teilen.

Üblicherweise wird der Unterschied in der kognitiven und sprachlichen Entwicklung mit der anregenden Umwelt und der vielfältigen Stimulation in Verbindung gebracht, die bei guter Betreuung geboten wird. Das kann im vorliegenden Fall nur zum Teil richtig sein, denn die frühe Entwicklung des symbolischen Spiels trat ein, *obwohl* die Betreuungspersonen, verglichen mit den Müttern, dieses *weniger* förderten (Nachman 1991, S. 79 f.). Die obigen Beobachtungen legen deshalb die Überlegung nahe, daß die Kinder durch den Gebrauch der Sprache und

licher Betreuung durch eine oder mehrere Personen, meistens exklusiv für die *nächtliche* Tröstung zuständig ist. Da die Nacht für Kinder eine Zeit besonderer Anfälligkeit für Angst und Unsicherheit ist, wird von den Kindern derjenige, der sie lindert auch in Trostsituationen am Tag bevorzugt. Dies würde den Primat der Mutter, nicht aber den des Vaters erklären. Eine dritte Erklärungsvariante hebt auf eine Besonderheit der Eltern-Kind-Beziehung ab, die Oevermann (1979, S. 162) einmal treffend die »Unkündbarkeit des Personals« genannt hat. Eltern-Kind-Beziehungen können im Unterschied zu anderen Beziehungen nicht aufgekündigt werden. Möglicherweise wird diese Besonderheit von Kindern früh wahrgenommen und verleiht ihren Beziehungen zu den Eltern eine affektive Bedeutsamkeit, die kündbare Beziehungen nicht haben.

des symbolischen Spiels eine Abwesenheit überbrückten, die nicht nur in der psychoanalytischen Theorie, sondern auch in der Symboltheorie von Werner/Kaplan (1963) als ein wesentliches Motiv der Entwicklung symbolischer Fähigkeiten betrachtet wird: das Motiv besteht in der Beibehaltung eines gemeinsamen Bezuges mit einem anderen, mit dem man ursprünglich eine enge affektive Beziehung genossen hat (Nachman ebd., S. 80). Da fünf der sechs Kinder der Betreuungsgruppe eine adäquate Beziehung sowohl zu ihren Eltern als auch zu ihren Betreuungspersonen hatten, könnte man sagen, daß der Trennungsstreß nicht so groß war, daß er die symbolische Entwicklung beeinträchtigte, sondern im Gegenteil, daß er sie förderte. Nachman (ebd., S. 80, 82 f.) weist zu Recht darauf hin, daß jedes Kind hier auf einem schmalen Grat zwischen Förderung und Überforderung wandert und daß die interessante Frage, ob die beschleunigte kognitive Entwicklung die Persönlichkeit des Kindes stärkt oder eher anfällig macht, kaum allgemein, sondern nur in detaillierten Einzelfallstudien zu beantworten ist. Ob also die »bessere« kognitive beziehungsweise sprachliche Entwicklung von betreuten Kindern ein Vor- oder ein Nachteil ist, läßt sich nicht definitiv auf der Ebene von Gruppenvergleichen und Ergebnissen von Entwicklungstests beurteilen, weil sich auf dieser Ebene die eventuellen psychischen Kosten für den Vorteil nur schwer erfassen lassen.[15]

Insgesamt ist es, wie oben schon betont, wünschenswert, gruppenstatistische Untersuchungsmethoden durch intensive Einzelfallstudien

15 Der Vollständigkeit halber möchte ich hinzufügen, daß ich eine in der Psychoanalyse weit verbreitete »Mängeltheorie der Symbolentwicklung«, welche die Symbolentstehung und Symbolverwendung häufig ausschließlich oder überwiegend aus dem Motiv der Bewältigung des Verlustes von etwas vormals Anwesendem ableitet, für einseitig halte. Dies ist nur eine Facette. Eine andere ist, daß Symbolentstehung und -verwendung ebensosehr aus der Fülle der genossenen Befriedigung wie aus der Abwesenheit eines affektiv bedeutsamen Objekts zu erklären sind. Tomasello etwa hat gezeigt, daß Kinder Wörter wie »Ball« dann besonders nachhaltig und schnell lernen, wenn ihre Bezugsperson daneben steht und diese Äußerung mit einem positiven Kommentar versieht. Dadurch wird der Ball (und sein Symbol, das Wort) mit positiven Emotionen angereichert. Für die Kinder ist dies wiederum ein Anlaß, mit Hilfe des Gegenstandes oder des Wortes Kontakt zum Erwachsenen aufzunehmen, etwa indem sie ihm den Ball bringen oder das Wort wiederholen. Selbst wenn man bezweifeln würde, daß Kinder dadurch besser oder schneller lernen, so lernen sie auf alle Fälle mit mehr Freude. Die Bedeutung der Befriedigung für die Symbolentwicklung wird mittlerweile auch von psychoanalytischer Seite deutlicher gesehen als früher (s. dazu ausführlich Dornes 1993, S. 71 ff., 158 ff., 172 und Alvarez 1999 b).

zu ergänzen, wenn es darum geht herauszufinden, wie kleine Kinder auf durch nicht-elterliche Betreuung bedingte Trennungen reagieren und wie sie diese verarbeiten. Abschließend sei deshalb auf eine informative Studie von Datler et al. (2002) verwiesen. Die Autoren arbeiten nach der Tavistock-Methode der Kleinkindbeobachtung und können in subtilen Beobachtungen deutlich machen, daß solche Trennungen häufig eine akute Belastung für das Kind sind, auch wenn daraus keine (meßbaren) negativen Langzeitfolgen resultieren müssen. Eine andere Einzelfallstudie (Niedergesäß 1989, S. 79 ff.) zeigt indes, daß gelungene Fremdbetreuung auch Belastungen aus der Herkunftsfamilie bewältigen helfen kann, das heißt kompensatorisch wirkt. Auf der Ebene von Einzelfallstudien finden sich also ähnliche Ergebnisse wie auf der Ebene gruppenstatistischer Untersuchungen, daß nämlich nicht-elterliche Betreuung *in Abhängigkeit von den konkreten Umständen* mit Vor- und/oder Nachteilen einhergehen kann. Da der Reichtum von Einzelfallstudien in großflächigen Untersuchungen ebensowenig einzufangen ist wie die exakte statistische Methodologie in Einzelfallstudien und da Einzelfallstudien dazu neigen, die Bedeutung des momentanen Erlebens zu dramatisieren, während gruppenstatistische Designs es leicht übersehen oder unterschätzen, spricht vieles für eine Kombination beider Verfahren. Wünschenswert wären insbesondere longitudinale Einzelfallstudien, damit begründete Aussagen über langfristige Verläufe individueller Verarbeitung möglich werden.

Bilanziert man die beiden dargestellten psychoanalytischen Studien, so ergibt sich ein gemischtes Bild. Hardins rekonstruktive Untersuchung an Patienten führt zu der Überzeugung, daß frühe extensive Fremdbetreuung mit gravierenden späteren Charakter- und Beziehungsproblemen einhergeht. Wären diese Befunde verallgemeinerbar, so wäre der normative Fortschritt der mütterlichen Berufstätigkeit in der Tat mit einem Rückschritt für die Kinder verknüpft, insbesondere mit ihrer Fähigkeit, später als Erwachsene angstfrei intime Liebesbeziehungen eingehen zu können. Nachmans direktbeobachtende Untersuchung indes ergab keine Beeinträchtigung bei den fremdbetreuten Kindern. Man kann sich auf den Standpunkt stellen, daß die Probleme von Hardins Patienten nicht auf die Fremdbetreuung an sich, sondern auf deren Unzulänglichkeiten zurückzuführen sind; oder aber man kann argumentieren, daß sich deren Charakterprobleme dem direktbeobachtenden Zugriff entziehen und sich nur unter den besonderen Bedingungen der psychoanalytischen Behandlung zeigen. Obwohl ich durchaus der Überzeugung bin, daß die psychoanalytische Methode Befunde zu Tage fördern kann, die mit anderen Untersuchungsmethoden nicht zu erhalten sind, neige ich zu der Auffassung, daß gravierende Charakter- und Beziehungsstörungen auch mit anderen Methoden zumindest in bestimmtem Umfang zu erfassen sind. Lassen sich mit solchen Methoden bei fremdbetreuten Kindern keine Beeinträchtigungen feststellen, so liegt zumindest die Vermutung nahe, daß die in klinisch-rekonstruktiven Studien an Patienten gefundenen nachteiligen Folgen für die (kindliche) Entwicklung eher auf Mängel als auf die Tatsache der Fremdbetreuung zurückzuführen sind. In Behandlungen von Erwachsenen oder von Kindern ist es in der Regel kaum möglich, beide Effekte zu trennnen, weil die Qualität der Kinderbetreuung nicht beobachtet, sondern nur erinnert wird und somit die Gefahr besteht, das, was in Wahrheit ein Effekt schlechter Betreuung ist, für einen Effekt von Betreuung überhaupt zu halten.

Fazit

Hinsichtlich der verschiedenen Bereiche, für welche die Folgen von früher Fremdbetreuung untersucht wurden, ergaben sich keine einheitlichen Resultate. Ebensowenig hinsichtlich der unterschiedlichen Methoden. Untersucht man (erwachsene) Patienten, so ergibt sich in der Regel ein pessimistisches Bild über die folgenlose Ersetzbarkeit der Mutter als primärer Bezugsperson und eher Skepsis bezüglich der Verträglichkeit von früher extensiver mütterlicher Berufstätigkeit und gesunder Persönlichkeitsentwicklung. In dieser Sichtweise wäre ein Fortschritt für die Frauen in der Tat mit einem Rückschritt für die Kinder verknüpft, die sich (als Erwachsene) weniger geborgen, ängstlicher und bindungsunfähiger fühlen. Untersucht man Kinder mit den verschiedenen Methoden der direkten Beobachtung und der (test)psychologischen Forschung, so ergibt sich ein optimistischeres Bild. Frühe ausgedehnte Fremdbetreuung beeinflußt in der Regel nicht die Bindungsbeziehung zu den Eltern. Sie ist in bezug auf die kognitive und sprachliche Entwicklung weitgehend neutral und sie erhöht die Aggressivität temporär, aber nicht dauerhaft. Selbst wenn man davon ausginge, daß frühe und gute Fremdbetreuung bei (manchen) Kindern die kognitive/sprachliche Entwicklung fördert, hätte man bestenfalls ein Nullsummenspiel. Bevorzugen wir Kinder, die ein bißchen klüger und (zeitweise) ein bißchen aggressiver sind oder solche, die ein bißchen weniger klug und ein bißchen weniger aggressiv sind? Möglicherweise stehen wir hier vor einem Paradox, dann nämlich, wenn es dieselben Bedingungen wären, die sowohl die kognitive als auch die Aggressionsentwicklung fördern und eines ohne das andere nicht zu haben ist. Nicht-elterliche Betreuung könnte zum Beispiel wegen ihres Anregungs- *und* Verlustaspektes stimulierend für die kognitive Entwicklung sein. Eine anregende Umwelt, in der ein Verlust bewältigt werden muß, *kann* eine Herausforderung für die Seele sein und ein Anreiz für die Ein- und Ausübung von Denk- und Sprachprozessen. Kinder können aus solchen Anreizsituationen (kognitiv) gestärkt hervorgehen. Aus den gleichen Gründen können sie auch (zeitweilig) aggressiver werden, etwa dann, wenn Stimulation und Verlust sie überfordern. Was im Einzelfall eintritt, läßt sich wahrscheinlich nicht vorhersagen, weil das Ergebnis in hohem Maß von einer Vielfalt von Faktoren abhängt, von denen sich manche nur begrenzt (etwa das Temperament des Kindes) oder gar nicht (sein Geschlecht) beeinflussen lassen.

Andere hingegen sind sehr wohl beeinflußbar und sollten auch beeinflußt werden: Von erheblicher Bedeutung – sowohl für die kognitive als auch für die emotionale Entwicklung – ist die Qualität der nicht-elterlichen Betreuung und hier insbesondere die Konstanz der für das Kind zuständigen Bezugsperson(en). Jedes Betreuungsarrangement, sei es durch eine Tagesmutter, ein Kindermädchen oder in einer Krippe, sollte als wichtige Richtschnur eine möglichst geringe Zahl von möglichst immer denselben Betreuungspersonen haben. Dies ist seit langem bekannt, wird aber immer noch zu wenig beachtet, wie die hohe Zahl an Wechseln im Betreuungsarrangement in der NICHD-Studie (62 % im ersten Lebensjahr) und die hohe Personalfluktuation in der Studie von Howes/Hamilton (42 % jährlich) zeigt. Die NICHD-Studie hat ebenfalls gezeigt, daß solche Wechsel, wenn sie mit weniger sensitiver Mutter-Kind-Interaktion einhergehen, die Wahrscheinlichkeit einer unsicheren Bindung des Kindes erhöhen, was wiederum die Wahrscheinlichkeit späterer Verhaltensauffälligkeiten erhöht (ähnlich die Befunde von Howes/Hamilton, die in Fußnote 10 erwähnt wurden).

Für die Tagesbetreuung in Kinderkrippen ist eine langsame Eingewöhnung über einen Zeitraum von ein bis vier Wochen unter Beteiligung der Eltern von großem Wert. Sie hilft, viele der akuten Symptome übereilter Eingewöhnung, die nicht-elterliche Betreuung diskreditiert haben – wie erhöhte Anfälligkeit für Infektionskrankheiten, häufiges unberuhigbares Weinen, ängstliches Verhalten, aggressive Verhaltensauffälligkeiten – zu verhindern oder zumindest erheblich zu lindern. Dabei spielt auch der sensible Umgang der Erzieher mit den Trennungsreaktionen des Kindes einer erhebliche Rolle (Ahnert 1998, Laewen et al. 2000). Weiter gibt es Hinweise, daß Kinder aus sozioökonomisch und psychosozial benachteiligten Familien von *guten* Kinderkrippen mehr profitieren als Kinder der Mittel- und Oberschicht, auch wenn dieser Befund, wie die meisten, nicht unkontrovers ist. Ein Ausbau solcher Einrichtungen ist deshalb im Sinne sozialer Gerechtigkeitsforderungen vertretbar und vermutlich auch sozial- und integrationspolitisch empfehlenswert. Wahrscheinlich ist der quantitative und qualitative Ausbau der gesellschaftlichen Infrastruktur von Kinderbetreuung auch der einzige Weg, den oft beklagten tendenziellen Fall der Geburtenrate aufzuhalten oder umzukehren. Zusammengefaßt läßt sich festhalten: nicht-elterliche Betreuung von guter Qualität *kann* a) die Qualität der Mutter-Kind-Beziehung verbessern, b) bei wenig sensitiven Müttern die Wahrscheinlichkeit einer unsicheren Bindung ihrer Kinder vermindern, c) bei Risikokindern die Wahrscheinlichkeit von Verhaltensproblemen verringern, d) die kognitive und sprachliche Entwicklung verbessern (NICHD 2001, S. 15 f.). Die Effekte guter Betreuungsqualität auf sprachliche und rechnerische Fähigkeiten sind ausgeprägter bei Betreuung in Krippen als bei Betreuung in anderen, eher privaten Betreuungsarrangements (NICHD 2005). Nicht-elterliche Betreuung von »minderer Qualität (hat) im günstigsten Fall keine, vermutlich jedoch negative Auswirkungen« (Lamb/Weßels 1997, S. 716). Sie nützt niemandem und selbst wenn sie nicht direkt und deutlich schadet, so schöpft sie doch ihre eigenen Möglichkeiten nicht aus: Kindern aus guter häuslicher Umgebung nützt sie nichts, weil sie deren Potentiale unterfordert oder sogar beeinträchtigt (»lost resources«), denen aus schlechter häuslicher Umgebung nützt sie nichts, weil sie das dort angelegte Risiko verstärkt und nicht kompensiert und so dem schon vorhandenen Risiko ein zweites hinzufügt (»dual risk«).

Alternativen: Teilzeitberufstätigkeit und Betreuung durch den Vater

In Ansehung der dargestellten Befunde – insbesondere der Tatsache, daß es zumindest einen temporären Zusammenhang zwischen *Ausmaß* der Fremdbetreuung und erhöhter Aggression gibt, also mehr Fremdbetreuung *zeitweise* etwas aggressiver macht als weniger Fremdbetreuung (NICHD 2002, S. 152) –, wäre es für diejenigen, die dieses Risiko nicht eingehen wollen, ein denkbarer Kompromiß, für Teilzeitbetreuung zu plädieren. Dies würde auch den Bedürfnissen von Müttern gerecht, insofern die überwiegende Mehrzahl von ihnen (75 %) in den ersten Lebensjahren nur halbtags berufstätig sein will. Halbtagsbetreuung scheint die ideale Lösung oder der beste Kompromiß zwischen den Bedürfnissen der Kinder und denen der Frauen zu sein, ohne daß man deswegen Vollzeitmütter als rückständig oder Vollzeitberufstätige als übermäßig auf Selbstverwirklichung bedacht diskreditieren müßte. Aber auch die Empfehlung zur Halbtagsbetreuung kann keine *starken* Argumente in Anspruch nehmen, denn *alle* bisher gemessenen Effekte von – auch früher und extensiver – Berufstätigkeit sind nur gering. Dies zeigt auch die Auswertung der aktualisierten Version der NLSY-Studie, von der Harvey (1999, S. 458) zusammenfassend schreibt: »... es wurden keine konsistenten Evidenzen für *substanzielle* Auswirkungen früher elterlicher Berufstätigkeit auf die spätere kindliche Entwicklung gefunden.«

Will man trotzdem vorsichtig sein, so wäre eine weitere Möglichkeit, das Ausmaß an nicht-elterlicher Betreuung in den ersten Lebensjahren zu reduzieren die, daß Väter sich verstärkt in der Kleinkindbetreuung engagieren. Die meisten bisherigen Untersuchungen über Väter als primäre Bezugspersonen – seien sie psychologischer (Russell 1986, 1999; Fthenakis et al. 1999, S. 294 f.) oder psychoanalytischer Provenienz (Pruett 1983, 1985, Pruett/Litzenberger 1992; aber: Chused 1986) – haben ergeben, daß dies keine nachteilige Folgen für die Kinder hat, weder für ihre Geschlechtsidentität noch für andere Bereiche der Entwicklung. Der konsistenteste Befund aller Studien ist der Mangel an Befunden, das heißt, daß es kaum einen Unterschied macht, ob der Vater oder die Mutter die primäre Bezugsperson ist (Russell 1999, S. 73 f.). Insofern spricht, zumindest aus kinderpsychologischer Sicht, nichts gegen ein verstärktes väterliches Engagement in der Betreuung und Erziehung von kleinen Kindern.

Eine andere Frage ist, wie diese Empfehlung mit der Psyche der Männer, der Frauen und den Realitäten des Arbeitmarktes zu vereinbaren ist. Alle drei verursachen Schwierigkeiten. Männer scheinen sich schwer zu tun mit der Betreuung von sehr kleinen oder mehreren Kindern. Nicht-traditionelle Familienformen, in denen der Vater die primäre Bezugsperson ist, finden sich dann gehäuft und sind dann langzeitstabiler, wenn nur ein Kind da ist oder dieses älter ist (Russel 1986, S. 34; 1999, S. 64). Der »Hauptberuf Vater« scheint insgesamt sowohl unbefriedigend als auch ungesund zu sein. Nur jeder vierte Vater, der freiwillig Hausmann geworden ist, sieht darin nach einiger Zeit noch eine befriedigende Existenzform (Prenzel/Strümpel 1990) und einer Bostoner Untersuchung von Eaker (2002) zufolge ist die Sterblichkeit in der Gruppe hauptberuflicher Väter doppelt so hoch wie in der Gruppe berufstätiger Väter, wobei Herzprobleme die Haupttodesursache darstellen. Selbst wenn man hinsichtlich der Validität dieses dramatischen Befundes skeptisch sein sollte, bleibt wahr, daß hauptberufliche Väter vor allem über mangelnde Anerkennung ihrer Lebensform von seiten ihres sozialen Umfeldes klagen (Fthenakis et al. 1999, S. 296), die eine erhebliche Belastung mit meßbaren Folgen für ihr Engagement und eventuell auch ihre Gesundheit darstellt.

Von psychoanalytischer Seite ist geltend gemacht worden, daß es auch intrapsychische, nicht nur soziale Schwierigkeiten gibt, die eine Betreuung von kleinen Kinder durch Männer erschweren. Metzger (2005) hat argumentiert, daß Männer sich unter anderem deshalb mit kleinen Kindern besonders schwer tun, weil sie weniger »regressionsfreundlich« sind und stärker sekundärprozeßhaft denken. Sie bevorzugen Beziehungen zu älteren Kindern, mit denen man(n), wie es oft heißt, »halbwegs vernünftig reden könne«. Die Gründe für die größeren Schwierigkeiten mit der Regression bei Männern liegen unter anderem darin, daß der Mann, um eine männliche Geschlechtsidentität zu erwerben, sich in der frühen Kindheit stärker von der Mutter abgrenzen muß als ein Mädchen. Der kleine Junge sagt – in Auflösung der präödipalen Identifizierung – zu seiner Mutter gewissermaßen: »Ich bin *nicht* wie Du.« Diese Disidentifizierung (Greenson 1968) muß forcierter ausfallen als beim Mädchen, das sich nur von der Mutter als Person trennen, für den Erwerb der Geschlechtsidentität aber keinen Objektwechsel vornehmen muß. Die Gefahren erneuter Identitätsverunsicherung sind deshalb in dieser Sichtweise für Männer tendenziell stärker und drohen besonders in engen und regressiven Beziehungen wie denen zu den eigenen kleinen Kindern wiederbelebt zu werden.

Was die Frauen betrifft, so haben sie mit hauptberuflicher Mutterschaft weniger Probleme als Männer mit hauptberuflicher Vaterschaft (Bischof-Köhler 2002, S. 388 f.), tun sich jedoch, ob berufstätig oder nicht, gelegentlich schwer, Männer in die Kinderbetreuung zu integrieren. Verschiedenen Studien zufolge, wollen 60–80 % der Mütter nicht, daß sich die Männer mehr um die Kinder kümmern, sind also mit dem Status quo ganz zufrieden (ref. bei Lamb 1986 b, S. 21 f.), und auch bei berufstätigen Frauen wollen nur 20–30 % mehr Hilfe bei der Kindererziehung durch ihre Männer. Anscheinend fällt es einigen Frauen, unter anderem dann, wenn die Mutterrolle einen zentralen Aspekt ihrer Identität ausmacht, nicht leicht, Männern Erziehungsbefugnisse einzuräumen, weil sie einen Macht- und Einflußverlust befürchten (Russel 1999, S. 77; Amendt 1999; Bischof-Köhler 2002, S. 389; Fthenakis et al. 2002, S. 144, 168). Hinzu kommt, daß auch Frauen in Führungspositionen Hausmänner ausgesprochen unattraktiv finden (Bischof-Köhler 2002, S. 391). Aber selbst wenn all das anders wäre oder noch werden würde, so stehen dem die Verhältnisse auf dem Arbeitsmarkt entgegen. Solange Männer, was noch immer die Regel ist, den größeren Teil des Familieneinkommens verdienen, ist die Inanspruchnahme des Erziehungsurlaubes durch Frauen eine durchaus rationale Familienstrategie (Ludwig et al. 2002). Die Schwierigkeiten verstärkter Beteiligung von Männern an der Kindererziehung sind also vielfältiger Natur und werden nicht leicht zu überwinden sein.[16]

Zum Abschluß kann man festhalten, daß die oft geäußerte Befürchtung, *die Familie* verliere an Bedeutung oder Einfluß, wenn Kinder viele Stunden extrafamilial betreut werden, sich nicht bestätigen läßt. Der Einfluß von Familienvariablen wie Qualität der Mutter-Kind-Interaktion, mütterliches Bildungsniveau und Familieneinkommen ist bei Kindern mit mehr als 30 Stunden Fremdbetreuung nicht geringer als bei Kindern ohne jede Fremdbetreuung und generell gilt, daß solche Familienmerkmale bessere Prädiktoren der Entwicklung sind als die Merkmale von Fremdbetreuung. »Was in der Familie passiert scheint für die soziale und emotionale Entwicklung von kleinen Kindern wichtiger zu

16 Weitere Informationen zu den Ursachen väterlicher (Nicht-)Beteiligung im folgenden Kapitel.

sein als die Frage, ob Kinder routinemäßig von einer anderen Person als der Mutter betreut werden und auch wichtiger als die Qualität, Quantität, Stabilität und Art der Betreuung beziehungsweise das Alter, in dem die Betreuung beginnt. Das heißt allerdings nicht, daß diese Parameter der Kinderbetreuung keinerlei Einfluß auf die Kinder haben« (NICHD 1998 a, S. 1168). Die Familie bleibt somit, auch unter den gewandelten Bedingungen des Aufwachsens, nach wie vor die wichtigste Sozialisationsinstanz. Sie trägt deshalb weiterhin die Hauptverantwortung für die in ihr groß werdenden Kinder. Diese Verantwortung wahrzunehmen kann ihr durch geeignete Einrichtungen erleichtert, nicht aber abgenommen werden.[17]

17 Die Soziologin Hochschild (1997) hat den Einfluß der modernen Arbeitsorganisation auf die Kinderbetreuung, der hier nicht thematisiert werden konnte, in einem mitreißenden Buch beschrieben. Sie kommt zu pessimistischen Schlußfolgerungen hinsichtlich der Vereinbarkeit von Kindererziehung und Berufstätigkeit. Letztere habe heutzutage einen Grad an Verdichtung und *kultureller* Hegemonie erreicht, der dazu führt, daß ihre Effizienzkriterien ungewollt auch in die Kinderbetreuung einwandern und zu einer Hetze führen, die dem kindlichen Bedürfnis nach Muße widerspricht. Eltern empfinden unter solchen Bedingungen den Betrieb zunehmend als Familie und ihr Zuhause als Arbeitsplatz. Dies führt dazu, daß auch ausgefeilte »Work-Life-Balance«-Programme, Teilzeitangebote, flexible Arbeitszeiten und dergleichen seltener als möglich in Anspruch genommen werden. Hochschilds Buch ist schwach bezüglich des Nachweises meßbarer Einflüsse solcher atmosphärischer Veränderungen auf die kindliche Entwicklung, aber stark in der dichten Beschreibung des kulturellen Wandels, der mit dem alle Lebensbereiche erfassenden Primat der Berufsarbeit einhergeht und seine Effekte unterhalb der Schwelle des Meßbaren, aber dennoch sehr real entfaltet. Ihr Buch macht deutlich, wie wichtig eine Kooperation von Psychologen und Soziologen bei diesem Thema in Zukunft wäre, um es in seiner ganzen Komplexität und Tragweite auszuloten. Beide Disziplinen arbeiten bisher noch weitgehend isoliert voneinander. Hochschild erwähnt kaum psychologische Literatur zu möglichen Effekten mütterlicher Berufstätigkeit auf die kindliche Entwicklung und in der Entwicklungspsychologie ist ihr Buch bisher nicht rezipiert worden.

Kapitel 8 Die Bedeutung des Vaters für die Entwicklung des Kindes

Einleitung

Väter waren lange Zeit kein Thema in der Entwicklungspsychologie. Erst Mitte der 1970er Jahre begann eine systematische Väterforschung, über deren erste Ergebnisse die Nestoren der amerikanischen (Lamb 1976, 1981, 1986a) und deutschen (Fthenakis 1985a, b) Väterforschung berichteten. Seither ist die Literatur von einem Rinnsal zu einer Flut angeschwollen und eine Gesamtdarstellung kaum noch möglich. Die Gründe für das ständig anwachsende Interesse am Vater sind sowohl wissenschaftsimmanenter als auch gesellschaftlicher Art. In wissenschaftlicher Hinsicht waren es vor allem die bahnbrechenden Arbeiten von Harlow (1958) mit Rhesusaffen, unter deren Einfluß sich die Sicht auf die Kindheit insofern wandelte, als die Bedeutung des Stillens zugunsten von Parametern wie Kontakt relativiert wurde, der prinzipiell auch vom Vater bereitgestellt werden kann (für die psychoanalytische Rezeption dieses Paradigmenwechsels s. Eagle 1984). Gesellschaftliche Faktoren, die zu einem Anstieg des Interesses an Vätern führten, waren vor allem a) die Frauenemanzipationsbewegung mit ihrer Forderung nach beruflicher Gleichstellung und egalitärer Aufteilung von Hausarbeit und Kinderfürsorge, die verstärkt die Teilnahme von Männern thematisierte; b) die zunehmende Berufstätigkeit von Frauen, die zu einem Nachdenken über den möglichen Beitrag des Vaters zur kindlichen Erziehung führte; c) die ansteigende Scheidungshäufigkeit, die mit einer wachsenden Zahl alleinerziehender Mütter einherging und ebenfalls das Interesse am Vater in Form von Untersuchungen zu möglichen Folgen scheidungsbedingter Väterabwesenheit förderte.[1]

1 Die Scheidungsliteratur ist mittlerweile – wie die zu Vätern – äußerst umfangreich (Kurzüberblick bei Schneewind 1999, S. 145 ff.; Walper 2002; Peuckert 2004, S. 213 ff.; ausführlich Kostka 2004, S. 107–255). Bis auf den heutigen Tag gibt es im

Üblicherweise werden drei (Seiffge-Krenke 2001 a, b) oder vier (Fthenakis 1985 a) Phasen der Väterforschung unterschieden. In der ersten befaßte man sich mit den Folgen scheidungsbedingter Väterdeprivation in Analogie zu den Mutterdeprivationsuntersuchungen der Jahre 1945–1970 (zusammenfassend Rutter 1972, 1979, 1991). Außerdem wurde die mangelnde Anwesenheit und der periphere Status des Vaters festgestellt, der sich überwiegend seiner Berufstätigkeit widmet und sich an Kinderversorgung und Hausarbeit wenig beteiligt. In der zweiten Phase wurde die Vater-Kind-Beziehung nach dem Vorbild der Mutter-Kind-Beziehung untersucht und gefragt, ob der Vater mit (kleinen) Kindern ebenso gut umgehen kann wie die Mutter. In der dritten Phase wurden die differentiellen Beiträge des Vaters zur kindlichen Entwicklung hervorgehoben und in einer vierten traten systemische bzw. triadische Modelle in den Vordergrund, die die Beiträge von Vater und Mutter nicht mehr isoliert, sondern als voneinander abhängig konzipierten.

wesentlichen zwei Positionen. Die eher optimistische hebt hervor, daß Scheidung, wiewohl kurzfristig immer eine Belastung für die Kinder, unter günstigen Bedingungen (kein Kampf ums Kind; beibehaltener guter Kontakt zum Vater; finanzielle Unterstützung) kaum negative Langzeitfolgen hat (z. B. Hetherington/Kelly 2002, Largo/Czernin 2003). Außerdem wird betont, daß die als Folgen von Scheidung feststellbaren negativen Effekte häufig nicht (nur) auf die Scheidung selbst, sondern auf die schon vor der Scheidung existierenden starken ehelichen Konflikte zurückzuführen sind. Die eher pessimistische Sicht findet auch unter günstigen Bedingungen zumindest subtile andauernde Beeinträchtigung des Weltvertrauens in Form erhöhter Ängstlichkeit und abnehmender Fähigkeit, befriedigende dauerhafte Paarbeziehungen einzugehen (z. B. Figdor 1997, Wallerstein et al. 2000). Entsprechend divergieren die daraus ableitbaren Empfehlungen. Während nach Walper (1998) chronische Ehekonflikte zu mehr Verhaltensproblemen bei den hiervon betroffenen Kindern führen können als eine Scheidung, empfehlen Wallerstein et al. (2000), die Ehe auch bei starker Konfliktbelastung aufrechtzuerhalten. Amato/Sobolewski (2001) haben in ihrer Längsschnittstudie über 17 Jahre herausgefunden, daß die Beeinträchtigungen bei Scheidungskindern nicht größer sind als die in dauerkonfliktuösen »Fassadenfamilien«, so daß zumindest die Empfehlung von Wallerstein et al., die Ehe auch unter widrigen Umständen aufrechtzuerhalten, nicht allgemein geteilt wird.

Elternkompetenz

Die Arbeiten von Lamb (Überblick Lamb 1997, 2000) haben gezeigt, daß Väter mit Säuglingen genauso kompetent umgehen können wie Mütter. Die auf Grund der Schwangerschaft größere biologische Nähe der Mutter zum Kind führt zu keinem relevanten Vorsprung in der Fähigkeit zur Betreuung und Versorgung kleiner Kinder. Fürsorge und Erziehung müssen von beiden Eltern »on the job« gelernt werden. Als einer der wenigen konsistenten Unterschiede zwischen Müttern und Vätern findet sich eine höhere Sensitivität und Reaktionsbereitschaft von Müttern in bezug auf das Schreien ihrer Säuglinge, der aber darauf zurückzuführen ist, daß sie mehr »on the job« sind und deshalb auch mehr Erfahrung mit ihren Säuglingen haben (Lamb 2000, S. 35). In allen anderen Bereichen, insbesondere in den als biologische Dispositionen geltenden Fähigkeiten zur »intuitiven Elternschaft« (Papousek/Papousek 1987, 1995), gibt es keine wesentlichen Unterschiede.[2] Die Frage, wieso in 90 % aller Kulturen dennoch Mütter beziehungsweise meistens mehrere Frauen die primären Bezugspersonen kleiner Kinder sind und nur in 4 % aller Kulturen die Männer sich primär oder gleichberechtigt um ihre kleinen Kinder kümmern (Literatur bei Hrdy 1999, Kap. 22; Grossmann et al. 2002, S. 44; Matzner 2004, S. 41, 88), kann hier nicht behandelt werden. Soziobiologische Erklärungen fokussieren auf die differentiellen Reproduktionsstrategien von Männchen und Weibchen (Überblick bei Paul 2002), kulturalistische Erklärungen heben den Einfluß gesellschaftlicher Faktoren hervor (vermittelnd Hrdy 1999).

Beteiligungsstudien

Ein erheblicher Teil der Väterforschung befaßt sich mit der Frage, in welchem Umfang Männer, die *im Prinzip* genauso kompetent sind wie Frauen, sich an der Betreuung ihrer Kinder beteiligen. Lamb et al. (1985;

2 Intuitive Elternschaft umfaßt die kommunikativ-interaktiven Stellungnahmen von Eltern zu den Lebensäußerungen ihrer Säuglinge wie Erwidern der Mimik in übertriebener und verlangsamter Form sowie Kommunikation in Ammensprache, das heißt erhöhte Sprechmelodie, Verlangsamung des Sprechtempos und Wiederholung von Lauten.

Kurzüberblick bei Lamb 2000, S. 30 ff.) haben drei Dimensionen von Beteiligung (involvement) unterschieden: a) Engagement bezeichnet und erfaßt die Häufigkeit der direkten Interaktionskontakte des Vaters mit dem Kind; b) Zugänglichkeit (accessibility) die indirekte Verfügbarkeit, etwa wenn der Vater in der Küche oder im Garten arbeitet und für das Kind erreichbar, wiewohl nicht in direktem Kontakt mit ihm ist; c) Verantwortlichkeit (responsibility) die primäre Zuständigkeit für das Kind und/oder für relevante Aspekte seines Alltagslebens wie Arztbesuche oder Schulwegbegleitung.

Die Beteiligungsforschung (Überblick bei Pleck 1997 und Matzner 1998, Kap. 3; s. a. Zulehner/Volz 1998, S. 132 ff.) hat herausgefunden, daß die väterliche Beteiligung seit Mitte der 1970er Jahre in allen drei Dimensionen zugenommen hat. 1977 verbrachten die Väter 33 % der Zeit, welche Mütter in direktem Kontakt mit den Kindern verbringen, ebenfalls in direktem Kontakt, 1991 waren es immerhin 43 %; für die Dimension Zugänglichkeit ergibt sich im selben Zeitraum eine Zunahme von 50 % auf 65 % und für die Dimension Verantwortlichkeit eine von 17 % auf 23 %. Gegen diese Befunde ist geltend gemacht worden, daß sie keine absolut zunehmende väterliche Beteiligung anzeigen, sondern darauf zurückzuführen sind, daß die Mütter (berufsbedingt) weniger mit den Kindern zu tun haben. Ein Vater, der 43 % der mütterlichen Zeit im direkten Umgang mit dem Kind verbringt statt 33 %, verbringt also nicht mehr Zeit mit dem Kind, sondern nur mehr im Verhältnis zur Mutter. Indes ist auch die absolut mit dem Kind verbrachte Zeit angestiegen und heutzutage erheblich. Pleck (1997) zufolge, der die einschlägigen Studien in den USA ausgewertet hat, engagiert sich ein heutiger Vater werktags 1,9 Stunden im direkten Umgang mit seinem Kind, sonntags 6,5 Stunden (ohne die Unterscheidung zwischen Werk- und Sonntag 2,5 Stunden täglich). Indirekt zugänglich ist er werktags 3,9 Stunden, sonntags 9,8 Stunden (Durchschnitt 4,7 Stunden).

Vier Faktoren bestimmen den Umfang der väterlichen Beteiligung: a) das Alter des Kindes. Väter verbringen mehr Zeit mit jüngeren Kindern. Kommen die Kinder in die Adoleszenz, nimmt die mit ihnen verbrachte Zeit um etwas mehr als die Hälfte ab, bei Müttern jedoch noch stärker; b) das Geschlecht. Väter verbringen etwas mehr Zeit mit ihren Söhnen als mit ihren Töchtern, obwohl manche Studien diesen Unterschied nur für ältere, nicht aber für jüngere Kinder finden; c) Väter verbringen mehr Zeit mit ihren Kindern, wenn mehrere da sind und dabei mehr Zeit mit Erst- als mit Folgegeborenen; d) der Zusammenhang zwischen Schichtzugehörigkeit, Einkommenshöhe, Bildungsniveau und väterlicher Beteiligung ist nicht eindeutig. Als gesichert kann gelten, daß sich Väter der unteren Unterklasse und der oberen Oberklasse am wenigsten mit ihren Kindern beschäftigen (Matzner 2004, S. 81 ff.). Pleck berichtet, daß die Beteiligung tendenziell höher bei niederen und mittleren Angestellten ist als bei Arbeitern, Managern und Selbständigen. Am höchsten ist sie (notgedrungen) bei verheirateten Schichtarbeitern.[3]

Tatsache bleibt, daß von einer egalitären Aufteilung noch nicht gesprochen werden kann und eine erhebliche Diskrepanz zwischen dem zeitgenössischen Ideal der Vaterschaft und der Praxis der Vaterschaft existiert (LaRossa 1988, 1997; Fthenakis/Minsel 2002, S. 147 ff.). Dies hat weniger mit väterlicher Unlust zu tun als mit der Zeitbelastung durch den Beruf. Es gibt einen eindeutig inversen Zusammenhang zwischen beruflicher Inanspruchnahme und der mit den Kindern verbrachten Zeit. In einer neueren Zeitbudgetstudie (Walter/Künzler 2002) ergibt sich in Deutschland folgende Aufteilung der Wochenzeit für Männer: 52 Stunden Beruf (mit Fahrtzeit), 18 Stunden Kinderbetreuung, 18 Stunden Hausarbeit. Für Frauen lauten die entsprechenden Zahlen: 18 Stunden Beruf, 28 Stunden Kinderbetreuung und 42 Stunden Hausarbeit. Die Asymmetrie bezüglich Berufs- und Hausarbeit ist also größer als die bezüglich der Kinder, was anzeigt, daß Väter durchaus bereit sind, sich in den Grenzen ihrer verbliebenen Zeit mit ihren Kindern zu befassen. Mehr Beteiligung wird kaum durch moralische Appelle zu erreichen sein, sondern in erster Linie durch eine nur begrenzt in der Disposition des Einzelnen stehenden Veränderung der Aufteilung der Berufsarbeit zwischen Mann und Frau, die vor allem durch Schaffung von Teilzeitarbeitsplätzen gefördert werden kann.

Effekte väterlicher Beteiligung an der Betreuung ihrer Kinder

Bisher wurde die quantitative Dimension von Beteiligung dargestellt. Nicht thematisiert wurde, ob erhöhte Beteiligung überhaupt von Nutzen für die Kinder ist. Diese Frage läßt sich nicht unabhängig von der

3 Es gibt auch umfangreiche Studien darüber, welche Tätigkeiten Väter am häufigsten beziehungsweise am seltensten alleine mit ihren kleinen Kindern ausführen. Am häufigsten: sie ins Bett bringen, wickeln, füttern, mit ihnen spielen. Am seltensten: mit ihnen zum Kinderarzt gehen, Babysachen waschen, nachts aufstehen und sie versorgen (Fthenakis/Minsel 2002, S. 183).

Qualität der Beteiligung beantworten. Es besteht Einigkeit darüber, daß die Qualität väterlicher Beteiligung wichtiger ist als die bloße Quantität. Hinsichtlich der Qualität gibt es verschiedene Untersuchungen darüber, was als besser oder schlechter gelten kann. Die von Baumrind (1967) in die Erziehungsstilforschung eingeführte Unterscheidung zwischen autoritativer, autoritärer und permissiver Erziehung hat sich – mit Modifikationen – bis auf den heutigen Tag bewährt. Ein autoritativer Erziehungsstil, also einer, der dem Kind zugewandt ist, Erklärungen gibt, es an Entscheidungen partizipieren läßt, aber dennoch klare Grenzen setzt und auf der Einhaltung von Regeln besteht, ist für Kinder beiderlei Geschlechts am förderlichsten. Er wird allerdings nach Schätzungen von Baumrind (1991) nur von 10 % der Eltern praktiziert. Neueren Untersuchungen von Hurrelmann zufolge erziehen 20 % der Eltern ihre Kinder autoritär, 50 % permissiv, jeweils 5 % vernachlässigend bzw. überbehütend und immerhin 20 % autoritativ-partizipatorisch (ref. nach Mainka 2004). Eine kontrollierend-autoritäre Erziehung führt zu Verhaltensproblemen und Widersetzlichkeit (eher bei Jungen) und Unterwürfigkeit/Überangepaßtheit (eher bei Mädchen). Eine nachgiebig-permissive Erziehung begünstigt späterhin Selbstüberschätzung, mangelnde Leistungsbereitschaft und geringes Selbstvertrauen, weil übermäßige Nachgiebigkeit der Eltern von Kindern häufig als Desinteresse verstanden wird. Insgesamt sind elterliche Sensitivität, Wärme, Zugewandtheit und Überwachung der kindlichen Aktivität von zentraler Bedeutung und korrelieren alle positiv mit verschiedenen Ergebnismaßen für eine gelungene kindliche Entwicklung.[4]

Die im folgenden dargestellten Ergebnisse zu den Effekten erhöhter quantitativer väterlicher Beteiligung unterstellen also immer, daß die Qualität vergleichbar ist bzw. daß es sich um qualitativ brauchbare Beteiligung handelt. Ein Vater, der sich vermehrt durch hartes körper-

4 Hurrelmann hält 30 % der Eltern für mit der Erziehung ihrer Kinder überfordert, Lösel findet, daß 15 % massive Probleme hätten (ref. nach Thimm 2005, S. 127). Eine weitere Erziehungsstiltypologie stammt von Schmidtchen (1997, ref. nach Peuckert 2004, S. 168 f.). Er unterscheidet einen *reifen* Stil, der emotionalen Rückhalt mit Forderungen kombiniert, einen *naiven*, in dem es emotionalen Rückhalt ohne Forderungen gibt, einen *gleichgültigen*, bei dem sowohl Rückhalt als auch Forderungen fehlen und einen *paradoxen*, bei dem Forderungen ohne Rückhalt dominieren. Die entsprechenden Prozentzahlen lauten für West- bzw. Ostdeutschland: Reif 32 %/41 %, naiv 49 %/43 %, gleichgültig 15 %/11 %, paradox 4 %/5 %. Die letzten beiden Stile gelten als problematisch. Für weitere Typologien und Befunde der Erziehungsstilforschung siehe Hurrelmann (2002, S. 156 ff.).

liches Strafen seines Sohnes »engagiert«, wird damit kaum positive Resultate erzielen. Ein wichtiger Befund ist auch, daß die Beteiligung freiwillig erfolgen sollte (Cabrera et al. 2000, S. 130). Beteiligt sich der Vater gegen seinen Willen verstärkt, etwa weil er arbeitslos geworden ist und die Mutter nun die Alleinverdienende, so sind keine positiven Auswirkungen festzustellen. Vielmehr neigen Väter unter solchen Bedingungen zu strafenden Erziehungspraktiken, unter denen die Kinder eher leiden als gedeihen.

Die Standardparameter zur Erhebung von Effekten beim Kind sind: a) seine kognitive Entwicklung (gemessen durch Intelligenztests und Schulnoten); b) seine Moralentwicklung (gemessen durch Untersuchungen der moralischen Urteilsfähigkeit und Empathie); c) seine Geschlechtsrollenorientierung (gemessen durch Erhebung des Geschlechtsrollenverhaltens oder der Vorstellungen von dem, was »typisch« weiblich oder männlich ist).

Als gesichert kann gelten (ausführlicher Überblick bei Fthenakis 1985 a; Kurzüberblick Fthenakis 1992), daß erhöhte väterliche Beteiligung die kindliche Entwicklung in allen drei Bereichen positiv beeinflußt. Kinder beteiligter Väter weisen im Vergleich mit Kindern unbeteiligter einen Vorsprung in der kognitiven Entwicklung auf, sie schneiden bei Untersuchungen zur moralischen Urteilsfähigkeit und zur Empathie besser ab und sie zeigen flexiblere, weniger stereotype Geschlechtsrollenorientierungen. In bezug auf die kognitive Entwicklung scheint es einen spezifischen Effekt des Vaters zu geben, der bei Wegfall nicht vollständig von der Mutter kompensiert werden kann (Fthenakis 1992, S. 185). In bezug auf die Moralentwicklung beeinflußt die Mutter stärker die Vermittlung partikularer Werte, die für Solidarität und Zusammenhalt der Familie wichtig sind, der Vater hingegen mehr die für das Berufssystem charakteristischen universalistischen Werte (ebd., S. 186). Die Geschlechtsrollenorientierung wird, wenn der Vater fehlt, bei Jungen entweder in Richtung auf eine Feminisierung oder auf kompensatorische Übermännlichkeit beeinflußt; außerdem negativ in Richtung auf eine Verunsicherung, wenn die Mutter eine feindselige Einstellung zum an- oder abwesenden Vater hat. Bei Mädchen zeigen sich Einflüsse erst in der Pubertät und bei der späteren Partnerwahl. Eine weibliche Orientierung wird durch eine positive Einstellung des Vaters zur Mutter gefördert und durch Ermutigung zu Selbständigkeit und Unabhängigkeit seitens der Mutter (ebd.). Andere Untersuchungen (Pleck 1997, Amato/Rivera 1999) haben ergeben, daß Kinder engagierter Väter seltener

Schulprobleme haben und seltener internalisierende (Mädchen) oder externalisierende (Jungen) Verhaltensstörungen.[5]

Insgesamt sind die bisher dargestellten Befunde meist korrelativer Natur und das Ergebnis von Querschnittsuntersuchungen, die einen Zusammenhang der genannten Variablen für einen oder zwei Zeitpunkte zeigen, ohne daß klar wäre, ob der Zusammenhang auch auf Dauer erhalten bleibt. Die Zahl der Longitudinalstudien ist eher spärlich (Überblick bei Kindler 2002, S. 13 ff.). Ihre Befunde erlauben zumindest die vorsichtige Schlußfolgerung, daß einige der Zusammenhänge auch langfristig gültig sind. Im Bereich der sozioemotionalen Enwicklung zeigen die vorliegenden Longitudinalstudien; a) einen Zusammenhang zwischen erhöhter väterlicher Beteiligung und weniger Verhaltensauffälligkeiten bei Kindern; b) einen Einfluß des väterlichen Spielverhaltens bei Kindern mit vier Jahren auf die psychosoziale Anpassungsfähigkeit im Sinne der Ich-Kontrolle (Impulsbeherrschung) bei diesen mit 14 Jahren, allerdings tritt dieser Effekt nur bei Jungen auf; c) einen Einfluß väterlicher Spielfeinfühligkeit bei Kindern von zwei Jahren auf die Qualität der Bindung im weiteren Lebenslauf. Da die Bindungstheorie in den letzten zehn Jahren enorm an öffentlichem Interesse gewonnen hat und Bindungssicherheit bzw. -unsicherheit als wesentlicher Aspekt sozioemotionaler Entwicklung gelten, werden die Ergebnisse der bindungstheoretischen Väterforschung weiter unten in einem separaten Abschnitt dargestellt.

Differentielle Effekte: Geschlechtsrolle, Aggression und Autonomie

Die Betonung der Wichtigkeit von Wärme, Zugewandtheit und Feinfühligkeit führt häufig zu der Befürchtung, die damit einhergehende Feminisierung der Erziehung habe negative Auswirkungen auf die

5 In letzter Zeit werden auch weniger sichtbare Formen väterlicher Beteiligung diskutiert (affektiv-kognitive Beschäftigung mit dem Kind während dessen Abwesenheit, Planung seiner Aktivitäten, Reparieren seines Fahrrads etc.; s. Parke 2000, S. 46; Fthenakis/Minsel 2002, S. 24 f., 28). Naturgemäß sind solche Formen der Beteiligung schwieriger zu erheben als direktes Engagement oder Zugänglichkeit, scheinen aber, sofern sie erfaßt werden, ebenfalls einen positiven Einfluß auf die kindliche Entwicklung zu haben.

männliche Identitätsentwicklung. Kinder seien heute bis zum Alter von zehn Jahren überwiegend von Frauen umgeben und entsprechend fehle es an männlichen Rollenvorbildern für Jungen. In bezug auf die Identitätsentwicklung ist zu unterscheiden zwischen Kerngeschlechtsidentität (man fühlt sich als Mann oder Frau), sexueller Orientierung (man wählt einen gleich- oder gegengeschlechtlichen Partner zum Liebes-/Sexualobjekt) und Geschlechtsrollenorientierung (man benimmt sich typisch weiblich oder männlich). Ein Einfluß der Familienumwelt und des Erziehungsverhaltens auf die Kerngeschlechtsidentität läßt sich nicht, einer auf die sexuelle Orientierung nur in Einzellfallstudien (z. B. Reiche 2001) oder für eine kleine Subgruppe von Homosexuellen nachweisen (Friedman 1986). Auch wenn der Vater die primärbetreuende Erziehungsperson ist, unterscheiden sich die Kinder weder in ihrer Kerngeschlechtsidentität noch in ihrer sexuellen Orientierung von primär durch Mütter betreuten Kindern. Nur für die Geschlechtsrollenorientierung ergibt sich der übliche Befund flexiblerer Rollenvorstellungen. (Überblick bei Radin 1994; weitere Literatur bei Rauchfleisch 1997 und im letzten Abschnitt des siebten Kapitels). Das gleiche gilt für Kinder, die von homosexuellen oder lesbischen Paaren großgezogen wurden (Überblick bei Rauchfleisch 1997, Fthenakis 2000, Fthenakis/Ladwig 2002). Die mittlerweile vorliegenden Untersuchungen konvergieren in dem Befund, daß die Zahl späterer Homosexueller nicht größer ist, als bei von heterosexuellen Paaren großgezogenen Kindern und der geschätzten Häufigkeit in der Bevölkerung entspricht (6 %–9 %). Auch in anderen Entwicklungsbereichen ergeben sich keine Benachteiligungen. Passagere Schwierigkeiten treten auf, wenn die Kinder nicht von Anfang an in einer homosexuellen Partnerschaft aufwachsen, sondern ein Elternteil zunächst heterosexuell ist und dann die Präferenz wechselt, oder aber durch erwartete oder tatsächlich verständnislose Reaktionen des sozialen Umfeldes. Die Kinder zögern dann, Freunde einzuladen, manche befürchten auch, selbst homosexuell zu werden. Beides verliert sich im Laufe der Entwicklung. Resümiert man die dargestellten Befunde, so kann man festhalten, daß Kinder im großen und ganzen eher auf die Persönlichkeit ihrer Eltern reagieren als auf deren Geschlecht.

Daraus sollte man jedoch nicht den Schluß ziehen, daß der Mann/Frau-Unterschied für die Erziehung bedeutungslos ist (Überblick bei Maccoby 1998, Kap. 10 und Bischof-Köhler 2002, Kap. 8). Zum einen ergibt sich der schon mehrfach erwähnte Einfluß auf die Geschlechtsrolle. Zum anderen ist immer wieder die Beobachtung gemacht worden, daß Männer und Frauen in mancher Hinsicht verschieden mit ihren Kindern umgehen. Es ist plausibel anzunehmen, daß dies einen Einfluß auf die Kinder hat, wenn auch nicht im Bereich der Psychopathologie so doch in der Ausprägung individueller Persönlichkeitsmerkmale.

Der am besten gesicherte Befund zum differentiellen Umgang ist, daß Mütter stärker pflegerische, Väter stärker spielerische Aktivitäten im Umgang mit ihren Kindern entfalten und beide sich auch in der Art des Spielens unterscheiden. Mütter spielen sanfter, Väter rauher, und zwar sowohl mit Mädchen als auch mit Jungen, wobei sie sich von den Mädchen im Lauf der Zeit zu sanfterem Spiel erziehen lassen (Herzog 1991). Das vor allem mit Jungen praktizierte grobmotorische, körperbetonte Spiel (Hochwerfen; akzentuierte Wechsel zwischen aktiven und passiven Phasen) hat verschiedenen Untersuchungen zufolge (Herzog 1998, Tremblay 2003) einen Effekt auf die Fähigkeit zum gekonnten Umgang mit Aggression. Die natürlicherweise höherer Aggressivität schon kleiner Jungen (Tremblay et al. 1999) wird so konstruktiv in Bewegungsspielen kanalisiert und sublimiert. Fällt diese Lernmöglichkeit weg, ergeben sich Probleme bei der Aggressionsbewältigung. Lemche/Stöckler (2002) haben diese Idee noch erweitert und den positiven Beitrag des väterlichen Spielstils nicht nur zur Aggressionsbewältigung, sondern generell zur Emotionsregulation dokumentiert und darüber hinaus Erklärungen dafür vorgeschlagen, warum ein derartiger Stil solche Effekte hat.

Die Literatur zum differentiellen Umgang von Eltern mit ihren Kindern in Abhängigkeit vom Geschlecht ihrer Kinder, also die Beantwortung der Frage, ob Mütter und Väter anders mit Töchtern als mit Söhnen umgehen, füllt Bibliotheken und soll hier nicht dargestellt werden. Kursorisch kann gesagt werden, daß die Gemeinsamkeiten die Unterschiede überwiegen, wobei Frauen weniger als Männer auf den Geschlechtsunterschied ihrer Kinder achten. Für Frauen sind sie in erster Linie »alle Kinder« (Seiffge-Krenke 2001 a, S. 392 mit weiteren Informationen und zusätzlicher Literatur; ebenso Eickhorst et al. 2003, S. 463 ff.). Andere differentielle Effekte ergeben sich in Abhängigkeit vom Alter der Kinder. Insbesondere für die Adoleszenz wurde herausgefunden, daß Väter ihre Kinder beiderlei Geschlechts für selbständiger halten als Mütter und ihnen auch mehr Freiraum lassen. »Väter trauen ihren Kindern schon viel früher, rund vier Jahre, Unabhängigkeit zu, Mütter dagegen nahmen ihre Kinder im Verlauf der Adoleszenz weiterhin als relativ abhängig war. Sie sahen 16-Jährige als so abhängig an wie Väter 12-Jährige« (Seiffge-Krenke 2001 a, S. 394). Diesen Untersuchungen zufolge (Kurzfassung Shulmann 1997, ausführlich Shulmann/Seiffge-Krenke 1997 und Seiffge-Krenke 2004, Kap. 7) fördert eine solche väterliche Betrachtungsweise die Autonomie der Kinder und kompensiert die eher retardierenden mütterlichen Bestrebungen, enge Beziehungen aufrechtzuerhalten. Allerdings fühlen sich Kinder beiderlei Geschlechts stärker mit der Mutter als mit dem Vater verbunden, so daß zumindest diese Studie eine eher traditionelle Aufgabenteilung und Ergänzung hinsichtlich der Fähigkeit zur Förderung von Intimität und Autonomie ergab.

Ursachen väterlicher Beteiligung

Nachdem in den vorigen Abschnitten einige Effekte väterlicher Beteiligung dargestellt wurden, sollen nun mögliche Ursachen solcher Beteiligung untersucht werden. Die Perspektive wird also vom Kind auf den Vater gelenkt und die Frage lautet nicht mehr: Wie wirkt väterliche Beteiligung auf das Kind, sondern: Was führt zu väterlicher Beteiligung? Die in der Literatur zu diesem Thema am häufigsten genannten Einflußfaktoren sind folgende (Überblick bei Fthenakis/Minsel 2002, S. 163 ff. und Matzner 2004, S. 21 ff.):

Erstens: Die Persönlichkeit des Mannes, insbesondere die Erfahrungen mit dem eigenen Vater. Hier werden zwei Hypothesen diskutiert. Die Kompensationshypothese besagt, daß Väter mit schlechter Vatererfahrung dazu neigen, sich stärker zu beteiligen, um es beim eigenen Kind besser zu machen. Die Modellhypothese besagt, daß Väter in ihrer eigenen guten Vatererfahrung ein Vorbild haben, das sie mit ihren Kindern praktizieren. Für beide Hypothesen gibt es bestätigende Befunde. Bei manchen Vätern ist Kompensation ein wirksames Motiv für verstärkte Beteiligung (wobei offen bleibt, ob sie, mangels Vorbild, auch die Ressourcen für gute Väterlichkeit haben und nicht nur das Motiv). Bei anderen wird in Identifikation – und nicht in Gegenidentifikation – mit dem Vater den Kindern die eigene Beziehung zum Vater wirksam vorgelebt.

Als *zweite* Einflußgröße väterlicher Beteiligung gelten Eigenschaften des Kindes, insbesondere Geschlecht und Alter. Dieses Thema wurde oben schon angesprochen. Väter beschäftigen sich etwas mehr mit Söhnen als mit Töchtern und mehr mit kleinen als mit größeren Kindern. Außerdem verschiebt sich mit zunehmendem Alter der Kinder der Inhalt der Beschäftigung von Pflege und Spiel zu gemeinsamen Freizeitaktivitäten, unter denen das Fernsehen einen prominenten Platz einnimmt. Auch der *dritte* Einflußfaktor, soziale Schichtzugehörigkeit und Bildungsniveau, wurde oben schon erwähnt und auf die Uneindeutigkeit der Befunde hingewiesen.

Als *vierter* Faktor wird ein normativer Wandel der Einstellung zu Vaterschaft und Geschlechtsrolle diskutiert (Nave-Herz 2002; Matzner 2004, S. 67 ff.). Während bei Vätern der Jahrgänge 1920–1930 Vorstellungen vom Vater als Ernährer und eine traditionelle Geschlechsrollenotientierung dominieren, werden solche Vorstellungen bereits bei den Jahrgängen 1931–1950 flexibler, und dieser Trend verstärkt sich noch bei den Jahrgängen 1950 ff. Auch Facharbeiter der jüngeren Generation zeigen eine hohe Affinität zu komplementären und egalitären Partnerschaftsvorstellungen, was sich indes weder bei ihnen noch in der Mittelschicht in eine entsprechende Praxis umsetzen muß. Ein häufig bestätigter diesbezüglicher Befund ist, daß eine moderne Einstellung zu Partnerschaft und Familie *vor* der Geburt faktisch nicht, oder zumindest nicht in dem von beiden Eltern gewünschten Umfang, mit vermehrter väterlicher Beteiligung *nach* der Geburt einhergeht. Immerhin ist die Tatsache, daß Väter der jüngeren Generation – im Unterschied zu denen der älteren – Entschuldigungen für mangelnde Beteiligung anführen, ein Indiz für einen normativen Wandel von Vaterschaftsvorstellungen (Nave-Herz 2002). Verantwortlich für die Ideal/Real-Diskrepanz, die sich in bezug auf die Kinderfürsorge innerhalb weniger Monate nach der Geburt einstellt und als »Retraditionalisierungseffekt« bezeichnet wird, ist unter anderem:

Fünftens der Umfang der väterlichen Berufstätigkeit, der sich – wie oben erwähnt – als einer der zentralen Bestimmungsgründe väterlicher (Nicht-)Beteiligung erweist (Matzner 2004, S. 116 ff.). Zwar hat die durchschnittliche Berufsarbeitszeit zwischen 1960 und 1995 von 47,5 auf 40,5 Stunden abgenommen, aber in den letzten Jahren zeigt sich ein Trend dahin gehend, daß viele (Berufstätige) immer mehr, andere (Arbeitslose) immer weniger arbeiten. Insbesondere bei freiberuflich Tätigen, selbständigen Handwerkern, Bauern und Angestellten der arrivierten Mittelschicht ist eine 50–60 Stundenwoche keine Seltenheit und eine geschlechtsspezifische Arbeitsteilung die notwendige Folge, unabhängig davon, welche Einstellung dazu vorherrscht. 90 % der berufstätigen Männer arbeiten Vollzeit und nur 7 % in Teilzeit, was väterlicher Beteiligung an der Kinderfürsorge enge Grenzen setzt. 67 % der berufstätigen Männer, deren Frauen nicht berufstätig sind, geben Probleme mit der Vereinbarkeit von Beruf und Familie an und würden sich gerne mehr um ihre Kinder kümmern. Auch die geringe Inanspruchnahme des Erziehungsurlaubs, heute »Elternzeit« genannt, durch Männer (in Deutschland 2 % im Jahr 2001, 5 % im Jahr 2004) erklärt sich nicht (nur) aus deren Abneigung gegen den Umgang mit kleinen Kindern, sondern (auch) aus handfesten ökonomischen Gründen. Solange das Arbeitseinkommen der Mannes höher ist als das der Frau, wäre es ökonomisch irrational und oft sogar unmöglich, auf diesen Teil des Einkommens zu verzichten und mit dem geringeren der Frau vorliebzunehmen. Obwohl das Datenmaterial diesbezüglich noch vorläufig ist, gibt es erste Beobachtungen aus Schweden, die darauf hinweisen, daß die Zahl der Männer, die Elternzeit in Anspruch nehmen, dann ansteigt, wenn nicht ein fester Betrag, sondern 80 % des letzten Nettoeinkommens als Elterngeld gezahlt werden. In Schweden ist die Zahl der Väter, die Elternzeit in Anspruch nehmen zwischen 1975 und heute von 0,5 % auf 43 % gestiegen, die durchschnittliche Zeit, die von Vätern in Elternzeit verbracht wird, allerdings nur von 27 auf 30 Tage. Regelungen, die eine Verlängerung auf dem Verwaltungswege erreichen wollten – etwa indem Mütter und Väter sich die eineinhalb Jahre Elternzeit teilen *müssen* – sind an den Einsprüchen der Mütter gescheitert, die ihre Zeit auch mit den Kindern verbringen *wollen*. Immerhin zeigen die referierten Zahlen (nach Gamillscheg 2004) zum einen, daß Väter durchaus bereit sind, sich (mehr) um ihre Kinder zu kümmern, zum anderen, daß die Familie auch heute noch eine Wirtschaftsgemeinschaft ist und nicht nur ein Ort »reiner Beziehungen« (ähnlich Bertram 2002), auch wenn sich eine diesbezügliche Verschiebung nicht bestreiten läßt.[6]

6 Dazu noch zwei Bemerkungen. Die heute vieldiskutierte Ganztagsbetreuung von Kindern (s. Kapitel 7), sei es in geeigneten Frühbetreuungseinrichtungen oder Kindergärten, sei es in Ganztagsschulen, könnte den unerwünschten Nebeneffekt haben, verstärkte väterliche Beteiligung zu untergraben. Die verfügbaren Daten aus Frankreich etwa zeigen, daß französische Väter im europäischen Vergleich eine recht geringe Beteiligung aufweisen (Matzner 2004, S. 129), auch wenn sie dort ebenfalls zugenommen hat (Le Camus 2000, S. 28). Als Beleg für den oben nur

Eine *sechste* wichtige Determinante väterlicher Beteiligung ist die Qualität der Ehebeziehung, die zugleich auch eine wichtige Determinante gesunder kindlicher Entwicklung ist. Um den letzten Punkt zuerst abzuhandeln: Es kann als gesichert gelten, daß chronische Ehekonflikte ein Risikofaktor für die seelische Gesundheit von Kindern sind (Erel/Burman 1995, Cummings/O'Reilly 1997, Fincham 1998, Fthenakis et al. 2002, S. 267 ff.). Die Qualität der Ehebeziehung hat aber auch einen erheblichen Einfluß auf die väterliche Beteiligung. Wird die Ehe von Vätern als schlecht eingeschätzt, sinkt ihre Beteiligung und deren Qualität, wohingegen die Qualität der Mutter-Kind-Beziehung erstaunlich unabhängig davon ist (Überblick bei Herlth 2002). Interessanterweise ist die Ehezufriedenheit der Mutter nicht abhängig von der väterlichen Beteiligung an Haushaltsarbeiten (die von Müttern auf 20 % ihrer eigenen geschätzt wird), sondern von ihrer Einschätzung der väterlichen Sensitivität. Väterliche Sensitivität ist ein Maß für die von der Mutter eingeschätzte Bereitschaft des Vaters, ihre Bedürfnisse und die des Kindes wahrzunehmen und darauf einzugehen, also ein Maß für väterliche Beziehungsfähigkeit und eine der wichtigsten Variablen mütterlicher Ehezufriedenheit (Herlth 2002). Letztere entscheidet wiederum darüber, ob Mütter überhaupt bereit sind, ihre Männer an der Kinderfürsorge teilhaben zu lassen, was als »gate-keeping«-Funktion der Mutter bezeichnet wird.

Diese Idee konvergiert mit psychoanalytischen Vorstellungen, etwa von Lacan und Winnicott (Überblick bei Borens 1993, Julien 1995 und Grieser 1998), die besagen, daß die Mutter dem Kind den Vater, der zunächst ein Fremder sei, »zeige«, ihn also in die Familie einführe; und er konvergiert mit manchen Aspekten der gleich zu behandelnden

angedeuteten Wandel der Familie von der Wirtschafts- zur Emotionsgemeinschaft und für eine entsprechende Veränderung des familiären Binnenklimas kann eine Vielzahl von Befunden angeführt werden. Ich beschränke mich auf drei: 1. 30 % aller Kinder leben heute in traditionellen elternzentrierten Familien, aber 70 % in kindzentrierten. Vor 50 Jahren war das Verhältnis noch umgekehrt. 2. 40 % der Kinder leben heute in postmaterialistisch eingestellten Familien, 24 % in materialistisch eingestellten. Auch hier hat sich im Zeitverlauf eine erhebliche Verschiebung zugunsten postmaterialistischer Einstellungen ergeben (Matzner 2004, S. 121). 3. Die leitenden Erziehungsvorstellungen und die Erziehungspraxis haben sich erheblich gewandelt. Standen früher Gehorsam und Unterordnung im Vordergrund, sind es heute Selbständigkeit und freier Wille (Fend 1988, S. 113 f.; Klages/Gensicke 1994; Reuband 1997; Münchmeier 2001).

modernen Triangulierungstheorie. Amendt (1999) hat die in der »Türsteherfunktion« der Mutter liegenden Mißbrauchsmöglichkeiten besitzergreifender Mütter dargestellt, die ihre Männer marginalisieren, um pathologische Symbiosebedürfnisse auszuagieren. Allerdings sind Mütter auch in dieser Hinsicht nicht omnipotent, was durch den Befund belegt wird, daß die Familienorientierung des Vaters, das heißt seine reale Präsenz in der Familie, eine von der mütterlichen Ehezufriedenheit *unabhängige* Variable für väterliche Beteiligung ist (Herlth 2002).

Triangulierung I: Systemisch

Die Befunde über die Abhängigkeit väterlicher Beteiligung von der Mutter und über den Einfluß ehelicher Konflikte auf die kindliche Entwicklung können als Hinweis für die Berechtigung einer systemischen Sicht auf die Familie betrachtet werden. Bei einer solchen Sichtweise wird die Familie als Ganzes in den Blick genommen und nicht nur die je individuellen Persönlichkeiten von Vater und Mutter, denn deren Beziehung zueinander entfaltet Wirkungen, die über die der individuellen Persönlichkeiten hinausgehen. Ein weiterer Beleg für systemische Effekte ist, daß die Mutter anders mit dem Kind interagiert, wenn der Vater anwesend ist. Sie reagiert dann weniger auf die sprachlichen Äußerungen des Kindes und spricht auch weniger mit ihm. Außerdem verändert die bloße Anwesenheit des Vaters die Effektivität mancher Erziehungsmaßnahmen. Verbote etwa sind effektiver, wenn der Vater anwesend ist (Schütze 1989).[7] All dies belegt den Einfluß eines anwesenden Dritten auf die dyadische Interaktion, selbst wenn der Dritte gar nicht eingreift. Es belegt allerdings noch nicht die Fähigkeit zur triadischen Interaktion.

Die Frage, ab welchem Alter Kinder in der Lage sind, gleichzeitig mit Vater und Mutter zu interagieren und nicht nur in jeweiligen Dyaden, ist von der Forschungsgruppe um Fivaz-Depeursinge und Corboz-Warnery umfassend untersucht worden (Kurzdarstellung bei Frascaro-

7 Im Gegensatz zu einer weitverbreiteten Überzeugung ist es allerdings nicht in erster Linie der Vater, der für Verbote zuständig ist und sie durchsetzt, sondern die Mutter (Kreppner 2002, S. 351, 357 f.).

lo et al. 1996; ausführlich Fivaz-Depeursinge/Corboz-Warnery 1999). Die Autorinnen haben Vater, Mutter und einen drei Monate alten Säugling so plaziert, daß sie sich in einem Dreieck gegenübersitzen. Die Anweisung lautet, miteinander zu spielen. Dabei soll eine bestimmte zeitliche Reihenfolge eingehalten werden. Zuerst (Phase 1) interagiert die Mutter mit dem in einer Wippe sitzenden Säugling und der Vater schaut zu. Danach (Phase 2) interagiert der Vater mit dem Kind und die Mutter sieht zu, anschließend (Phase 3) interagieren alle drei miteinander und zum Abschluß (Phase 4) Vater und Mutter miteinander und der Säugling sieht zu. In den Phasen eins, zwei und vier findet also eine dyadische Interaktion in Anwesenheit eines Dritten statt, in Phase drei eine genuin triadische Interaktion. Das Ziel des Spiels ist es, positive Affekte miteinander zu teilen und eine Atmosphäre von Gemeinsamkeit herzustellen.

Die genaue Auswertung der videographierten Interaktion, die sowohl an klinisch auffälligen als auch an normalen Familien durchgeführt wurde, ergab vier Typen von Familienallianzen: eine kooperative Allianz, in der die Synchronisierung der Affekte und das gemeinsame Spiel sowohl in den dyadischen als auch in der triadischen Phase gut gelingen; eine angespannte Allianz, die diesbezüglich weniger gut aber immer noch passabel funktioniert; eine kollusive Allianz, in der die Kooperation problematisch ist, und eine gestörte Allianz, in der sie pathologisch ist. In den letzten beiden Allianztypen sind sowohl die dyadischen als auch die triadischen Interaktionen beeinträchtigt, etwa weil sich in Phase 1 bereits der Vater einmischt oder in Phase 2 die Mutter oder in Phase 3 keine Gemeinsamkeit zustande kommt. Die faszinierenden Detailbeobachtungen können hier nicht beschrieben werden (s. dazu Fivaz-Depeursinge/Corboz-Warnery 1999).

Zwei weitere Befunde sollen aber noch kursorisch erwähnt werden: Zum einen, daß der im ersten Lebensjahr gefundene Allianztyp auch weiterhin stabil bleibt, zumindest bis ins bisher untersuchte vierte Lebensjahr. Dies zeigt, daß sich aus dem Spiel und der dabei erhobenen Kooperations(un)fähigkeit Vorhersagen für den späteren Umgang mit Kooperation und Konflikt in der Familie ableiten lassen. Von hohem Interesse ist auch die Feststellung, daß es zwischen der in der Spielsituation festgestellten triadischen Kompetenz der Familie beziehungsweise des Kindes und seiner Bindungsqualität *keinen* Zusammenhang gibt (Fivaz-Depeursinge, mündliche Mitteilung, September 2002). Dies weist darauf hin, daß die Bindungsqualität nur einen bestimmten Ausschnitt des individuellen Lebensgefühls erfaßt und durch familienbezogenere Charakteristika ergänzt werden sollte. Ein Kind, das in einer kooperativen Allianz aufwächst und bindungsunsicher ist, muß sich nicht schlechter fühlen oder beziehungsunfähiger sein als eines, das in einer kollusiven Allianz aufwächst, aber sicher gebunden ist.

Triangulierung II: Psychoanalytisch

In der klassischen Psychoanalyse nahm der Vater eine zentrale Stellung ein. Freud schrieb der Bewältigung des ödipalen Konfliktes einen entscheidenden Einfluß auf die weitere Persönlichkeitsentwicklung des Kindes zu. In der dritten Auflage der *Drei Abhandlungen zur Sexualtheorie* (1905) heißt es kurz und bündig: »Jedem menschlichen Neuankömmling ist die Aufgabe gestellt, den Ödipuskomplex zu bewältigen, wer es nicht zustande bringt, ist der Neurose verfallen.« Eines des wichtigsten Themen der ödipalen Entwicklungsphase zwischen vier und sechs Jahren ist, daß das Kind erotisch gefärbte Liebesbeziehungen zu zwei Personen (Vater und Mutter) unterhält, die auch miteinander eine Liebesbeziehung haben. Dem Inzestverbot folgend müssen die Eltern den erotischen Teil dieser Wünsche (Junge begehrt Mutter, Mädchen begehrt Vater) zurückweisen und das Kind muß mit dieser Zurückweisung fertig werden, um sich, nach einer Latenzphase, neue Liebesobjekte suchen zu können. Das zentrale Strukturmerkmal der ödipalen Konstellation ist also der Ausschluß des Kindes aus einer erotisch gefärbten Beziehung zwischen zwei Erwachsenen.[8]

Unter dem Eindruck der Hospitalismusstudien von Spitz (1945; 1946 a, b) und Bowlby (1951), die – wenn auch aus heutiger Sicht methodisch unzulänglich – die negativen Folgen frühen Mutterverlustes dokumentierten, kam es zu einer verstärkten Beschäftigung mit der Mutter-Kind-Dyade, und der Vater wurde zu einer eher randständigen Figur. Der gelingenden oder mißlingenden frühen Mutter-Kind-Beziehung wurde nun ein entscheidender Einfluß auf die Persönlichkeits-

8 Auf die Unterscheidung zwischen einer entwicklungspsychologischen und einer strukturalistischen Lesart des Ödipuskomplexes gehe ich im nächsten Abschnitt ein (ausführlich dazu Haesler 2002).

entwicklung des Kindes zugesprochen. Eine der einflußreichsten psychoanalytischen Theorien über die Bedeutung der Mutter-Kind-Beziehung, die zu dieser Zeit entstand, ist diejenige von Margaret Mahler (Kurzfassung Mahler 1974; ausführlich Mahler et al. 1975). Mahler postuliert eine ursprüngliche Mutter-Kind-Symbiose, das heißt einen Zustand der Zweieinheit von Mutter und Kind, aus dem das Kind allmählich ausschlüpft, um ein von der Mutter getrenntes und eigenständiges Wesen zu werden (Separation/Individuation).

Dem Vater wird in dieser Theorie die Funktion zugeschrieben, die Ablösung aus der Symbiose zu fördern. Besondere Bedeutung gewinnt er in der Zeit, wenn das Kind ungefähr 18 Monate alt ist. Diese Zeit wird von Mahler als Wiederannäherungskrise bezeichnet. Damit ist eine Konstellation gemeint, in der das Kind sich einerseits seiner Getrenntheit von der Mutter deutlich bewußt ist, sich andererseits aber von dieser Wahrnehmung affektiv überfordert fühlt und deshalb eine Tendenz entwickelt, in den symbiotischen Zustand zurückzuflüchten. Dort fühlt es sich aber ebenfalls nicht (mehr) wohl, weil die dabei drohende Verschmelzung mit der Mutter seine gerade gewonnene (Teil-)Selbständigkeit bedroht. Das Kind gerät so in einen Ambivalenzkonflikt zwischen Autonomiebestrebungen einerseits und regressiven Symbiosewünschen andererseits mit den entsprechenden Ängsten des Verschlungen- oder Alleingelassenwerdens. In diesem Konflikt ist es nun der Vater, der die angstfreie Ablösung von der Mutter ermöglicht. Er »rettet« das Kind vor seinen regressiven Sehnsüchten oder vor symbiotischen Übergriffen der Mutter, indem er sich als drittes Objekt außerhalb der Mutter-Kind-Dyade zur Verfügung stellt. Das Kind kann an der Beobachtung einer angstfrei vorgelebten elterlichen Beziehung lernen, wie eine gelungene Balance zwischen Intimität und Autonomie aussieht. In dieser Sichtweise ist der Vater das »unkontaminierte Objekt«, »der Ritter in der strahlenden Rüstung«, der dem Kind bei seiner Bewältigung des Ambivalenzkonfliktes mit der Mutter hilft und zugleich ein Modell reifer Mehrpersonenbeziehungen vorlebt. Diese präödipale und deshalb *frühe* Triangulierung ist für ihr Gelingen allerdings auf die Mithilfe der Mutter angewiesen, die die Zuwendung des Kindes zum Vater nicht mißbilligen oder behindern sollte, etwa wegen eigener ungestillter Symbiosewünsche in bezug auf das Kind; und sie ist auf die Bereitschaft des Vaters angewiesen, eine Beziehung mit dem Kind einzugehen, ohne es der Mutter entfremden zu wollen. Eltern, die das können, bezeichnet man intrapsychisch trianguliert, weil sie in der eigenen Vorstellungswelt über bedeutsame dritte Objekte außerhalb des Kosmos dyadischer Beziehungen verfügen. Dies fördert wiederum die Fähigkeit des Kindes, sich aus der Symbiose mit der Mutter zu lösen.

Diese Theorie (Überblicke bei Rotmann 1978; Buchholz 1990; Stork 1991; Ermann 1993; Dammasch/Metzger 1999; Schon 1995, 2000; Grieser 1998, 2003; Aigner 2001) ist immer wieder umgearbeitet und modifiziert worden (zum neuesten Stand psychoanalytischer Väterforschung siehe Ereky 2002, Lemche/Stöckler 2002, Trowell/Etchegoyen 2002, Dammasch/Metzger 2006).[9] Eine der wesentlichsten Umarbeitungen besteht darin, dem Vater nicht erst ab dem Alter von 18 Monaten des Kindes eine Bedeutung zuzusprechen, sondern von dessen Lebensanfang an. Hier konvergiert die psychoanalytische mit der im vorigen Abschnitt dargestellten systemischen Triangulierungstheorie. Die Pointe beider besteht nicht nur im Nachweis, daß schon kleinste Kinder in der Lage sind, Beziehungen zu Mutter *und* Vater aufzunehmen – dann wäre nur gezeigt, daß sie zu multiplen dyadischen Beziehungen fähig sind –, sondern darin, daß schon drei bis neun Monate alte Säuglinge fähig sind, Beziehungen zur elterlichen Beziehung aufzunehmen und von ihr beeinflußt zu werden.

Die Forschungsgruppe um Bürgin und von Klitzing (Überblick bei Bürgin 1998 a, b; von Klitzing 2002 a, b; von Klitzing/Bürgin 2005) hat eine reichhaltige, empirisch grundierte psychoanalytische Theorie der frühesten Triangulierung vorgelegt, die hier nur in wenigen Andeutungen behandelt werden kann. In einem Interviewverfahren, dem Baseler Elterninterview, wird die triadische Kompetenz der Eltern[10]

9 Triangulierungstheorien sind mittlerweile auch in Soziologie und Philosophie heimisch geworden. In der Familiensoziologie vertritt Oevermann (zusammenfassend 2000; s. a. Allert 1998 und Hildenbrand 2002) schon seit langem eine an Freud und andere Autoren angelehnte strukturalistische Familientheorie, in der das Verhältnis von familiären Dyaden und Triaden als für die Autonomieentwicklung des Kindes zentral betrachtet wird. Für die Rezeption von Triangulierungstheorien in der allgemeinen Soziologie siehe Fischer (2000), für die Philosophie Bedorf (2003), für die Literaturwissenschaft Koschorke (2004).

10 Darunter verstehen die Autoren die Fähigkeit von Müttern und Vätern, triadische Beziehungen zu gestalten. Sie schließt die Fähigkeit ein, »ihre zukünftigen familialen Beziehungen zu antizipieren und zu konzeptualisieren – das heißt das Kind als Dritten bereits auf der Ebenen der Vorstellungen in die eigene Beziehungswelt zu integrieren –, ohne sich selbst oder den Partner aus der Beziehung zum Kind auszuschließen« (von Klitzing 2002 a, S. 869).

vor der Geburt ihres Kindes und zu einigen Zeitpunkten danach erfaßt und deren Auswirkung auf verschiedene Parameter der kindlichen Entwicklung erhoben. Es stellte sich heraus, daß bei Eltern mit hoher triadischer Kompetenz die Verhaltensregulation und Impulskontrolle der Kinder im Alter von vier Jahren besser war; ebenso die narrative Kompetenz der Kinder, also ihre Fähigkeit, entlang bestimmter Vorgaben Geschichten zu erzählen beziehungsweise mit Puppen angedeutete Spielhandlungen gehaltvoll fortzusetzen; auch der Inhalt der Geschichten war bei Kindern von Eltern mit hoher triadischer Kompetenz liebevoller und weniger aggressiv. Weiter ergab sich ein signifikanter Zusammenhang zwischen der elterlichen triadischen Kompetenz und der triadischen Beziehungsfähigkeit des Säuglings, wobei die Fähigkeit des Säuglings zum Trilog in besonderem Ausmaß mit der triadischen Kompetenz *des Vaters* korreliert (ebd., S. 878). Allerdings wurde dieser Zusammenhang nur für Kinder im Alter von vier Monaten gefunden, spätere Dreierinteraktionen wiesen keinen signifikanten Zusammenhang mehr mit den frühen Interaktionen auf (ebd., S. 877).

Mittlerweile hat sich im Anschluß an die in den letzten beiden Abschnitten dargestellte Forschung eine Debatte darüber entzündet, ob Säuglinge gar nicht primär in Dyaden leben, sondern ebensosehr in Triaden, oder ob nicht doch die Dyade die primäre Beziehungsform ist, zu der die triadische dann mehr oder weniger früh und intensiv hinzutritt (Überblick bei Schon 1995, S. 25 ff.; Metzger 2000, 2002, 2005). Wie dem auch sei: Auf jeden Fall hat der Vater in der psychoanalytischen Theorie und Forschung wieder erheblich an Einfluß und Interesse gewonnen. Im übrigen scheint mir eine Polarisierung in der Frage Dyade *oder* Triade, wie sie von manchen Autoren vorgenommen wird, überflüssig. »Mit Sicherheit mindern trianguläre Interaktionen in keiner Weise die Bedeutung der dyadischen Interaktionen ... doch sie verändern zwangsläufig unsere Perspektive auf die soziale Kompetenz eines kleinen Kindes ...« (Fivaz-Depeursinge/Corboz-Warnery 1999, S. 253)

Triangulierung III: Strukturalistisch

Üblicherweise werden als prototypische väterliche Funktionen die Trennung von der Mutter, der Schutz vor äußeren Gefahren, das Grenzensetzen, die Hinwendung zur Außenwelt in Gestalt einer Realitäts-/Berufsorientierung, sowie die Vermittlung religiöser und kultureller Traditionen und Werte betrachtet. Verdichtet wird dies so ausgedrückt, daß der Vater Geld, Gott und Gesetz repräsentiere (Lissmann 2000). Repräsentieren heißt hier, daß der einzelne konkrete Vater für diese Prinzipien steht, also ihr Agent und Exekutionsorgan ist, ohne daß er beliebig über sie verfügen könnte. Väter, die sich, wie der des Senatspräsidenten Schreber (1902/1973), zum omnipotenten Gesetzgeber aufschwingen und ihre Kinder in ungebrochener Willkür malträtieren, treiben sie in die (paranoide) Psychose, gerade weil sie nicht das Gesetz *repräsentieren*, sondern das Gesetz *sind* (Julien 1995); und psychotische Mütter, die im Wahn ihr Kind nicht mehr auf die Realität verweisen können, halten es in einer Symbiose fest, in der ein Drittes nicht mehr vorkommt wie im Fallbeispiel von Borens (1993), in dem eine stillende Mutter sich vom Kot und Urin ihres Kindes ernährt, so daß ein vollständig geschlossener Kreislauf entsteht. Es gibt also eine diesen Kreislauf aufbrechende Funktion des Dritten.

Dieses Dritte kann eine Person sein (der Vater, auf den sich die Mutter bezieht), oder ein Abstraktum (das Gesetz oder die Norm, die der Vater vertritt und die von der Mutter respektiert werden). Dadurch wird dem Kind vermittelt, daß es etwas Drittes außerhalb der Zweierbeziehung gibt, das für die Mutter wichtig ist und um dessentwillen sowohl ihre Besitzergreifung gegenüber dem Kind Grenzen hat, als auch die Besitzergreifung des Kindes ihr gegenüber. Weil sie noch etwas anderes liebt als das Kind (den Vater) und etwas anderes respektiert (z. B. das Inzesttabu), ist die Symbiose nicht vollkommen und das Kind muß Einschränkungen seiner Allmachtansprüche im Namen von etwas Drittem hinnehmen. Dieser Verzicht beziehungsweise das Dritte, das ihn erzwingt (oder ermöglicht), hat deshalb eine strukturbildende Kraft, weil es in eine unabgegrenzte Zweiheit eine Grenze einführt. Es gibt etwas außerhalb der Dyade. Dieses Dritte heißt oft auch väterliches »Prinzip«, muß aber nicht vom Vater vertreten oder durch ihn personifiziert werden. Triangulierung in diesem Sinne meint also, daß es ein subjekttranszendentes Etwas gibt, über das die Subjekte nicht verfügen können, sondern das sie respektieren (müssen), um nicht in Willkür oder Wahnsinn zu zweit zu verfallen. In der hier dargestellten Lesart bezeichnet das Dritte Personen oder Regeln/Strukturen, deren *Inhalte* zunächst einmal gegen das *Prinzip* des Dritten gleichgültig sind. Inhalte sind empirische Fragen, Prinzipien strukturelle.[11]

Strukturalistische Überlegungen werden gelegentlich dazu verwendet – oder können dazu verwendet werden –, den Beitrag des empirischen Vaters »kleinzuargumentieren«. Es wird dann gesagt, es sei gar nicht (so) wichtig, was dieser oder jener Vater faktisch tue, sondern ob er für das Kind das Dritte oder Allgemeine repräsentiere und/oder ob die Mutter in der Lage sei, einen Bezug zu diesem Dritten herzustellen. Dann sei sie »intrapsychisch trianguliert« und die Kinder alleinerziehender Mütter gedeihen nach dieser Lesart dann, wenn/weil die Mutter intrapsychisch trianguliert ist – oder eben nicht, weil sie nicht trianguliert ist. Es fehlt nicht der konkrete Vater, sondern »der Vater in der Mutter« und auf diesem Argumentationswege können empirische Befunde über die negativen Folgen von Alleinerziehung in einen strukturtheoretischen Rahmen eingefädelt werden, der immun ist gegen seine Widerlegung: Wenn die Kinder Alleinerziehender nicht gedeihen,

11 Empirisch sind Väter und Mütter heute indessen weniger prinzipienfest, was zu vielfältigen kulturkritischen Klagen über den Verfall der Erziehung und die Aufsässigkeit moderner Kinder geführt hat. Bei genauerer Betrachtung wird indessen deutlich, daß »weniger prinzipienfest« nicht heißt, daß es keine Prinzipien mehr gibt, sondern daß *ihre Inhalte* zur Disposition stehen. Deshalb sind die Prinzipien fragiler geworden und können auch nicht mehr mit der gleichen Unbedingtheit und Unbefangenheit angewendet werden, sondern nur noch flexibel und – wenn man so will – nachgiebiger. Insofern gibt es durchaus einen »Abschied vom Prinzipiellen«, der aber nicht ein Abschied von der Maxime ist, *daß* es Prinzipien gibt, sondern ein Abschied davon, daß sie unbefragt gültig sind und unbefragt exekutiert werden können. Die vielbeschworene Verunsicherung moderner Eltern ist die Kehrseite dieser Diskursivierung von Moral und Erziehung, die alle modernen Gesellschaften kennzeichnet. Sie ist unter dem Stichwort »Von der *Er*ziehung zur *Be*ziehung« (Büchner 1983, Büchner et al. 1997) oder »Vom Befehlshaushalt zum Verhandlungshaushalt« (Reuband 1997) in erziehungswissenschaftliche Debatten eingeflossen (s. a. die weiteren Differenzierungen bei Ecarius 2002, die restriktive und assertive Befehlshaushalte sowie Verhandlungshaushalte an der kurzen und an der langen Leine unterscheidet). Es gibt natürlich immer noch Regeln, auf die Vater und Mutter sich berufen, aber deren Gütigkeit kann nicht mehr vorausgesetzt, sondern muß begründet werden. Eltern repräsentieren immer noch etwas Allgemeines, sie sind nie nur sie selbst, nie nur konkrete, sondern immer auch allgemeine Andere, heute aber in der Form, daß sie sich der Begründungspflicht für ihr erzieherisches Handeln unterwerfen, also *dem Prinzip* der Begründung (de Swaan 1991).

dann weil die Mutter nicht trianguliert war – oder umgekehrt. Oft wird zwar eingeräumt, daß die Anwesenheit einer konkreten dritten Person der Mutter die Ausübung ihrer intrapsychischen Trianguliertheit und deren Übersetzung in konkretes Handeln erleichtert und die Abwesenheit einer dritten Person sie erschwert. Aber das eigentlich Entscheidende ist nicht die wirkliche dritte Person in ihrer konkreten Anwesenheit und ihren alltäglichen Erziehungshandlungen und auch nicht die tatsächliche Abwesenheit des Vaters und die konkreten Belastungen, die dadurch für Mutter und Kind auftreten, entscheidend ist vielmehr die intrapsychische Triangulierung, das heißt die Fähigkeit der Mutter, auf ein Drittes oder einen Dritten bezogen zu sein. Bei allem Respekt vor der theoretischen und heuristischen Kraft solcher Überlegungen bevorzuge ich selbst – wie wahrscheinlich schon deutlich geworden ist – eine stärker am empirischen Vater orientierte Erforschung seines Beitrags zur kindlichen Entwicklung.[12]

12 In meiner Wahrnehmung der zeitgenössischen familiären Realität läßt sich auch ein »Dahinschwinden des Ödipuskomplexes« (Loewald 1979) beobachten. Es ergibt sich aus der Verschiebung »Von der Gattenfamilie zur Elternfamilie« (Schütze 1994; s. dazu auch die instruktiven Überlegungen von Bertram 1997, S. 101 f., 104 und Nave-Herz 2002). In der (traditionellen) Gattenfamilie sind die Kinder stärker aus der Beziehung zwischen den Eltern ausgeschlossen, die sich primär als Ehegatten und sekundär als Eltern verstehen. In der (zeitgenössischen) Elternfamilie sind Kinder gleichberechtigter, weil sich die Eltern weniger als Gatten füreinander und mehr als Eltern für ihre Kinder verstehen. Die damit verbundene Verschiebung vom Ausschluß des Kindes aus der elterlichen Dyade zum (verstärkten) Einschluß in die familiäre Interaktion wird in allen oben dargestellten frühen Triangulierungstheorien thematisiert, in denen der Vater weniger eine verbietende Gestalt ist und mehr ein »Daddy«. Versteht man den Ödipuskomplex als eine universale Konstellation, die dadurch gekennzeichnet ist, daß zwei (heterosexuelle?) Erwachsene eine erotisch getönte Beziehung miteinander haben, an der das Kind nicht teilhaben kann, dann ist die ödipale Konstellation in der Tat universal, solange das Inzestverbot gilt. Einer solchen – mehr auf eine allgemeine Struktur als auf deren konkrete empirische Ausprägung fokussierten – Betrachtung entgehen indes häufig die feineren Veränderungen, die sich innerhalb dieser allgemeinen Konstellation abspielen und die darauf hinauslaufen, daß heute Eltern-Kind-Beziehungen horizontaler geworden sind. Natürlich können sie nie vollständig gleichberechtigt sein, ohne das Inzesttabu und die Generationenschranke aufzuheben. »Verblassen des Ödipuskomplexes« ist in meiner Lesart eine Metapher für die Demokratisierung der Eltern-Kind-Beziehung und die daraus resultierenden möglichen Folgen für die seelischen Strukturen von Kindern. Eine davon könnte der Abbau zwanghafter Über-Ich-Anteile sein (s. Epilog). Im übrigen kann man mit guten Gründen bezweifeln, daß die ödipale Konstellation

Der phantasierte Vater

Ein weiteres Spezifikum psychoanalytischer Theorien ist die Beschäftigung mit dem phantasierten Vater (Überblick bei Grieser 1998). Diese Akzentuierung bezieht ihre Berechtigung aus der unter anderem in Kindertherapien immer wieder gemachten Beobachtung, daß ein abwesender Vater einen ebenso starken Einfluß auf das kindliche Seelenleben haben kann wie ein anwesender – häufig sogar einen noch stärkeren. Kinder entwickeln einen Vater in der Phantasie oder Phantasien über den Vater, die nicht bloße Abbilder der Realität sind. Ist der Vater schwach, kann er als stark phantasiert werden, weil das Kind das Bedürfnis nach einem starken Vater hat; ist er überwältigend, kann er als gütig phantasiert werden, um die Angst zu bannen; oder aber das Gefühl der Überwältigung kann auf andere Personen, zum Beispiel die Mutter verschoben werden, um das Bild vom gütigen Vater beizubehalten. Hat der Vater Kind und Mutter verlassen, so kann sich das Kind die Schuld dafür geben – etwa in der Form, daß es meint, der Vater sei gegangen, weil es böse zu ihm war – und so für das ihm Unerklärliche eine Erklärung finden. Solche Vaterphantasien müssen nicht den Erfahrungen mit dem realen Vater entsprechen, können aber Kinder nachhaltig beschäftigen und ihre Entwicklung und Beziehungsfähigkeit manchmal ein ganzes Leben lang beeinflussen. Naturgemäß sind sie in Untersuchungen mit einer konventionellen empirischen Methodologie nur begrenzt zugänglich.

Manche Autoren (Überblick bei Grieser 1998, Lissmann 2000, Zoja

universal ist. Universal ist die »anthropologische Grundsituation« zwischen *einem* Erwachsenen und dem Kind. Die weitere Behandlung dieses Themas würde jedoch den Rahmen dieses Kapitels sprengen und muß deshalb unterbleiben (für Details siehe Laplanche 2004 a, b). Reiche (2004 a, S. 173 f.) hat in einer interessanten Überlegung die Privilegierung strukturtheoretischer Triangulierungskonzepte vor empirischen als Ausdruck der veränderten Familienrealität gedeutet. »Daß wir den Ödipuskomplex immer mehr in Richtung auf das Wirken einer formalen Dreiheit, einer Triangularität hin formulieren und immer mehr von den drei konventionellen Seiten des Dreiecks Vater/Mutter/Kind abstrahieren …, ist selbst ein … Reflex auf die historische Tatsache, daß das immer öfter neu sich bildende Paar immer weniger Kinder hervorbringt und diese wenigen Kinder immer seltener in festen Familiendreiecken aufwachsen. Den Kindern wie den Psychoanalytikern wird zunehmend eine große Abstraktionsleistung abverlangt: Die Psychoanalytiker müssen den Ödipuskomplex ohne den stabilen Rahmen einer Familie konzeptualisieren … und die Kinder müssen eine Triangulierung zu Stande bringen, obwohl sie – vom Familiendreieck her gesehen – in fragmentierten Vielecken oder Flächen mit verschwimmenden Rändern aufwachsen.«

2000, Aigner 2001) gehen sogar davon aus, daß jedes Kind ein angeborenes (unbewußtes) Urbild vom Vater hat, eine Vaterimago, die durch Stärke und Strenge gekennzeichnet ist. Diese Imago geht der realen Erfahrung mit dem Vater voraus und färbt sie ein. Der reale Vater hat dann die Funktion, in die Fußstapfen der Imago zu treten, sie zu modifizieren und mit Realitätsgehalt anzureichern. Väterliche Güte ist in dieser Lesart nicht (nur) deshalb förderlich für Kinder, weil sie von realer Wärme und Zugewandtheit mehr profitieren als von realer Strenge und Strafe, sondern weil die reale Güte des Vaters die angeborenen archaischen Phantasien von einem grausamen Vater mildern und ihnen so ihre beängstigende Kraft nimmt. Hier wird also von einem Primat der Phantasie ausgegangen, die universale Inhalte aufweist, und der Realität wird die Aufgabe zugesprochen, diese primitiven Phantasien zu zähmen. Wieder andere Theorierichtungen gehen stärker davon aus, daß sich Vaterbilder auf dem Boden realer Erfahrungen mit dem Vater entwickeln und es für vorfindliche Phantasien väterlicher Strenge, Rache oder Zerstörung (Kastration) zumindest triftige Anhaltspunkte in dessen realem Verhalten gegeben haben muß; oder aber sie erklären sich die Abweichung des Phantasiebildes von der realen Erfahrung damit, daß das Kind Äußerungen und Verhaltensweisen des Vaters wegen altersbedingter kognitiver Unreife mißverstanden hat.

Im Grunde gibt es also in der Phantasiefrage drei Optionen: 1. Vaterbilder entstehen durch Bearbeitungen von realen Erfahrungen in der Phantasie und diese Bearbeitungen können zu Vaterbildern führen, die sich weit von der Realität entfernen; 2. Vaterbilder beruhen auf realen Erfahrungen, die durch Phantasien modifiziert aber selten gravierend entstellt werden; 3. Vaterbilder beruhen auf angeborenen Phantasien/Imagines vom Vater, die von der Realität allenfalls modifiziert aber nicht hervorgebracht werden. Die Bevorzugung der einen oder anderen Theorie führt zu unterschiedlichen Auffassungen über das, was die Entwicklung von Kindern stärker bestimmt: die Imago/Phantasie oder die Realität. Dies hat Konsequenzen für die Einschätzung aktueller familienpolitischer Trends wie der Zunahme von Kindern alleinerziehender Elternteile oder der Feminisierung von Erziehung. Die Vatertheorien Lacanscher Prägung (Überblick bei Borens 1993; Julien 1995; Lang 1995, 2000; Aigner 2001, S. 107 ff.) sehen darin keine besondere Gefährdung, weil es in erster Linie darauf ankomme, daß – wie oben dargestellt – die Mutter intrapsychisch trianguliert sei und dem Kind das Bild eines starken Vaters vermittle, dessen Abwesenheit in der Realität dann nicht (so sehr) ins Gewicht falle. Die Vatertheorien Jungscher Prägung (Überblick bei Lissmann 2000; Zoja 2000; Aigner 2001, S. 99 ff.) beklagen das Verschwinden real starker Väter, weil es dazu führe, daß die in der Imago aufbewahrte Sehnsucht nach einem starken Vater keine reale Entsprechung mehr habe. Außerdem sei ein schwacher Vater nicht in der Lage, sich der Gewalt der Imago entgegenzustellen. Das Bedürfnis nach einem starken Vater bleibe so unbefriedigt erhalten und hänge sich an gesellschaftliche Schwundformen (Idole, politische Ideologien) oder äußere sich in psychopathologischen Symptomen wie Kriminalität oder Drogensucht. Eine an der Realität orientierte Vatertheorie wiederum wird den Verlust starker oder strenger Väter eher als Gewinn verbuchen und darauf verweisen, daß liebevolle Väter nicht unbedingt schwach sein müssen und mit dem Abbau väterlicher »Größe« auch Chancen zu weniger Autoritätsgehorsam, weniger Unterwerfungsbereitschaft und mehr individueller Autonomie verbunden sind.

Exkurs: Historisches und Kulturkritisches zum Vater

Dieses Thema soll nun noch etwas vertieft werden. Die Diagnose vom »Verschwinden des Vaters« und die Befürchtung negativer Folgen sind fast so alt wie der Vater selbst und spätestens seit Mitscherlichs (1963) Buch über den Weg in die vaterlose Gesellschaft ein fester Bestandteil familiensoziologischer und familienhistorischer Überlegungen. Mitscherlich vertrat die Auffassung, daß im Prozeß der Industrialisierung der Vater aus dem unmittelbaren Blickfeld des Kindes verschwindet. Als Bauer, Handwerker oder in der Hausmanufaktur war er im Stall, auf dem Acker oder in der Stube tätig und für sein Kind greif- und sichtbar. Die Schrumpfung des agrarischen Sektors und der Niedergang der Manufakturen im Gefolge der Industrialisierung führte dazu, daß er zunehmend als Lohnabhängiger in der Fabrik verschwand und damit aus dem Gesichtskreis seines Kindes, das keine Anschauung mehr von dem hatte, was er tat. Diese Entwicklung führt zu einer Schwächung der väterlichen Autorität, weil letztere an die Ausübung einer das Kind anleitenden und für es sichtbaren Tätigkeit gebunden ist.

Für Horkheimer (1936) ist es nicht der Übergang von der Agrar- zur Industriegesellschaft, sondern der Übergang vom Kapitalismus des selbständigen Unternehmertums zum Monopolkapitalismus, der zu einem Verfall väterlicher Autorität führt. Diese gründet sich nämlich weniger auf ganztägige Sichtbarkeit und Einweisung in berufsbezogene Tätigkeit – das ist längst Vergangenheit – als vielmehr auf die »Aura«, die den Vater umgibt, wenn er selbständig ist. In Horkheimers Familienbild kehrt ein als Unternehmer erfolgreicher Vater abends von der Arbeit heim, wird von Frau und Dienstpersonal ehrerbietig begrüßt, hat das ökonomische Monopol der Familienversorgung inne und wird deshalb mit Achtung und Ehrfurcht behandelt, die das Kind wahrnimmt und beeindruckt. Zugleich gibt ihm seine wirtschaftliche Selbständigkeit ein Selbstbewußtsein, das Respekt einflößt und so hat er Autorität in der Familie, weil er Autorität außerhalb der Familie hat. Mit dem Übergang zum Monopolkapitalismus nun verschwindet dieser zum Typus stilisierte freie Unternehmer und macht Managern Platz, die als abhängig Beschäftigte, wenn auch komfortabel bezahlt, nicht mehr selbständig sind und deshalb ihre Autorität in der Familie verlieren. Jemand, der in der Welt nichts mehr zu sagen hat, hat auch zu Hause nichts mehr zu sagen und wenn er durchgreifen will, ist sein Durchgreifen in der Familie nicht mehr von seiner gesellschaftlichen Stellung gedeckt und deshalb bloße Anmaßung. Familiäre Autorität verkommt zur Tyrannei und nicht nur der proletarische Vater ist ohne Autorität, sondern jetzt auch der Mittelschichtvater. Die Folge davon ist eine Schwächung der Ich- und Über-Ich-Bildung bei den Kindern.[13]

13 Interessanterweise ist ein ähnlicher Gedanke zur selben Zeit in der von Horkheimer herausgegebenen »Zeitschrift für Sozialforschung« von Margaret Mead (1936) in bezug auf die amerikanische *Mutter* geäußert worden. Bei Mead lautet das Argument, daß die Frau in der patriarchalischen Gesellschaft Amerikas nichts zu sagen habe und im Erwerbsleben keine Rolle spiele. Deshalb sei ihre Autorität in der Familie ein von ihrer gesellschaftlichen Stellung nicht gedeckter Scheck, unglaubwürdig und ohne Substanz. Eine mögliche Konsequenz davon sei, daß dominantes mütterliches Verhalten in einer patriarchalischen Kultur zu Charakterstörungen beim Kind führen könne, während das gleiche Verhalten in einer Kultur, in der die Mutter eine einflußreichere Stellung einnehme, keine solchen Folgen haben müsse. Der Verfall väterlicher oder mütterlicher Autorität wird von Horkheimer und Mead mit makrosoziologischen Veränderungen durch die Unterstellung in einen Zusammenhang gebracht, daß schon kleine Kinder bemerken, ob die Erziehungshandlungen ihrer Eltern durch deren Stellung in der Gesellschaft legitimiert sind. Plausibler wäre es meines Erachtens, die väterliche Autorität und die privilegierte Stellung des Mannes in der Familie aus seinem *Einkommens*monopol abzuleiten, nicht aus seiner Stellung im Produktionsprozeß. Dann wäre ein ökonomisch induzierter Autoritätsverlust des Vaters aber erst mit dem Aufstieg der mütterlichen Berufstätigkeit zu konstatieren.

Andere Autoren haben den Topos des väterlichen Autoritätsverlustes noch ausgeweitet. Lenzen (1991) etwa konstatiert im geschichtlichen Überblick einen Niedergang des Vaters, der bereits etwa 700 v. Chr. in Sparta begann. Vorher war der Vater Vorstand des Oikos (Hauses), das ein weitgehend autarker Wirtschaftsbetrieb war; ab 700 v. Chr. wurden dem Haus Teile seiner Autarkie entzogen, weil es jetzt in die Herstellung von Kriegsmaterial und Kriegern einbezogen wurde. Deshalb wurden Kinder nun auch von anderen männlichen Erwachsenen – in Kriegskunst – ausgebildet, was den Beginn der Einschränkung väterlicher Autorität anzeigt. Dieser Anfang fand kein Ende mehr, sondern seine Fortsetzung in der griechischen Polis und im antiken Rom.

Obwohl die römische Familie als der Höhepunkt des Patriarchats gilt, war die Macht des Vaters auch hier schon erheblich eingeschränkt (Überblick bei Krause 2003). Zwar kam ihm auf dem juristischen Papier sogar das Recht zu, über Leben und Tod seiner Kinder zu entscheiden, aber dieses Recht durfte nicht willkürlich ausgeübt werden. Auch die Mitgift der Frau durfte er nur verwalten, nicht nach Gutdünken ausgeben. Faktisch war auch seine Autorität über die Kinder begrenzt, denn um die Töchter kümmerte er sich nicht und um die Söhne erst, wenn sie sechs Jahre alt waren. Sie wurden allerdings an der kurzen Leine gehalten, was jedoch nur in der Oberschicht möglich war. In ihr lebten Söhne und Töchter von oft knapp bemessenen Zuwendungen ihrer Väter und wurden erst nach deren Ableben durch Erbschaft finanziell selbständig, was zu einem recht gespannten Verhältnis zwischen Jung und Alt beitrug. Hinzu kam, daß auch diese Zeit schon angekränkelt war vom Geist jugendlicher Insubordination, wie die Szene aus einer Komödie des Sokrates belegt, in der ein Sohn seinen Vater diskursiv für Prügel zur Rechenschaft zieht und ihm selbst welche androht (zit. in Lenzen 1991, S. 88). Insgesamt war die römische Familie recht vaterlos. Auf Grund der herrschenden Gebräuche heiratete ein römischer Mann im Alter von 30 Jahren eine 20jährige Frau. Bei einer durchschnittlichen Lebenserwartung von 45 Jahren war ein Kind 15 Jahre alt wenn der Vater starb. Rom war also bevölkert von vaterlosen Adoleszenten – Krause schätzt ihre Zahl auf 30 % –, die dann bei erneuter Verheiratung der Frau Stiefväter bekamen. Die häufig als modern betrachtete Patchworkfamilie war also schon damals eine Realität. Überhaupt war, nicht nur wegen der hohen Sterblichkeit und dem Altersunterschied zwischen den Ehepartnern, sondern auch wegen hoher Scheidungsraten die römische Familie ein recht instabiles Gebilde.

Auch in den folgenden Jahrhunderten wurde es nicht besser. Knibiehler (1996), die als Frau den Niedergang der väterlichen Autorität weniger melancholisch beschreibt als Lenzen (1991) und Zoja (2000), notiert folgende weitere Stationen: Mit dem Aufkommen des Christentums kam eine Mitleidsreligion in die Welt, die die Autorität des Vaters weiter untergrub, zumal in ihr auch die Stellung des Sohnes gestärkt wurde. Der Marienkult der mittelalterlichen katholischen Kirche führte zu einer Stärkung der Mutter. Auch die Aufklärung beförderte den Niedergang des Vaters, weil sie unbefragte Autoritäten anzweifelte und mit ihrer Egalitäts- und Fraternitätsideologie am Abbau väterlicher Autorität mitwirkte. Eine Stärkung der Frauen ergab sich weiter dadurch, daß die Kirche, der Aufklärung mißtrauend, danach strebte, die religiöse Erziehung der Kinder in die Hände der Mütter zu verlagern. Der Grund dafür war, daß diese – mangels Zugang zu Schul- und Ausbildung – ungebildeter, unaufgeklärter und deshalb in den Augen der Kirchenobrigkeit vertrauenswürdigere Agenten der Vermittlung religiöser Traditionen waren. Das Aufkommen der allgemeinen Schulpflicht verlagerte die verbliebenen Teile der weltlichen Erziehung aus der Familie in andere Institutionen und Vater Staat trat an die Stelle des leiblichen Vaters. Im zwanzigsten Jahrhundert und insbesondere seit 1970 gab in der etwas einseitigen Verfallsgeschichte von Lenzen und Zoja die Emanzipationsbewegung der Frau dem Vater den Rest, so daß er heute überwiegend in der Schwundform des schwachen, aber bemühten Papas existiert. Vom einstmaligen Patriarchat übrig blieb nur die Alimentationspflicht, die immer umfassender wurde, der aber keine entsprechenden Rechte mehr gegenüberstanden, und am Ende ist ein Vater zu besichtigen, der weitgehend damit beschäftigt ist, die Ansprüche von Frau und Kindern zu erfüllen. Die Kinder, entlastet vom Beitrag zur familiären Reproduktion, den sie früher noch durch Hand- und Spanndienste in Hof und häuslicher Manufaktur oder durch Fabrikarbeit zu leisten hatten, beginnen nun auch noch, den Vater für seine Bemühungen zur Rechenschaft zu ziehen und dann muß sich nicht mehr wie früher der Sohn gegenüber dem Vater rechtfertigen, sondern der Vater gegenüber dem Sohn.

Diese Umkehrung des Generationenverhältnisses hat Zoja zufolge ungute Auswirkungen auf die Psyche des Kindes, weil in ihr eine väterliche Imago existiert, die durch Stärke und Größe gekennzeichnet ist. Dieses Bild enthält für das Kind ein Paradox, weil Stärke nicht nur ein Schutz gegen drohende Gefahren ist, sondern sich auch gegen das Kind richten kann. Wer also einen starken Vater will, muß immer auch einen bedrohlichen mit in Kauf nehmen. Die Utopie eines nach außen starken, nach innen aber nur gütigen Vaters ist unerreichbar, weil Stärke und Güte Eigenschaften sind, die sich bis zu einem gewissen Grade ausschließen. Deshalb ist auch eine »Verteilung« dieser Eigenschaften auf verschiedene Personen – Vater: Stärke, Mütter: Güte – unausweichlich. Sicher gibt es auch starke Mütter und gütige Väter, aber erstens ist dies eher (arche)untypisch und zweitens kann *eine* Person nicht gleich gut beide Funktionen ausfüllen, woraus sich – in Verbindung mit der Archetypentheorie – ein allerdings nicht ausgesprochenes Plädoyer für eine traditionelle Rollenteilung ergibt. Die Depotenzierung des Vaters ist deshalb ein Unglück für das Kind, weil der Platz für das in der Vaterimago aufbewahrte Bedürfnis nach Stärke unbesetzt bleibt und auch nicht einfach von der Mutter übernommen werden kann.[14]

Diese Überlegungen entziehen sich hinsichtlich der angenommenen Folgen für die seelische Entwicklung von Kindern weitgehend der empirischen Überprüfung und die gelegentlich impressionistisch angeführten Belege können nicht recht überzeugen.[15] Indes geht es in diesen Überlegungen auch weniger um den empirischen Vater, der stark oder schwach sein kann, als vielmehr um kollektive und/oder individuelle Vaterimagines, also um Formen *symbolischer* Väterlichkeit oder seelisch-kulturelle Archetypen, die den Hintergrund realer Väterlichkeit bilden. Erodiert dieser Hintergrund, also die im kollektiven Bewußtsein verankerte *Idee* von väterlicher Stärke, so kann sich der empirische Vater nur noch als Individuum abmühen, aber letztlich keine glaubwürdige Figur mehr abgeben. Hier schließt sich der Kreis zu den eingangs erwähnten Überlegungen von Horkheimer, der dem konkreten Vater ebenfalls weniger Bedeutung beimaß und seine Wirk-

14 Weiter oben wurde dargestellt, daß andere Autoren (z. B. Lissmann 2000) – ebenfalls unter Berufung auf die Imagotheorie Jungs – *väterliche Güte* für nötig halten, um die archaischen Aspekte der Imago zu zähmen, *väterliche Stärke*, um der Gewalt der Imago zu begegnen. Sie gehen also nicht, wie Zoja, von einer tendenziellen Unvereinbarkeit beider Aspekte in einer Person aus.

15 Ein Beleg soll sein, daß vaterlose Kinder häufiger kriminell oder drogensüchtig werden. Dabei wird zu wenig beachtet, daß die erhöhte Wahrscheinlichkeit für diese oder andere Formen solcher Auffälligkeiten nicht auf die Vaterabwesenheit per se zurückzuführen sind, sondern auf indirekte Effekte, die ein fehlender Vater auf das mütterliche Erziehungsverhalten hat. Ich gehe darauf weiter unten im Abschnitt über den abwesenden Vater genauer ein.

mächtigkeit und Ausstrahlung von seiner gesellschaftlichen Stellung im Produktionsprozeß abhängig machen wollte. Bei Lenzen und Zoja ist es weniger die Stellung im Produktionsprozeß als vielmehr die Verankerung in Weltbildern und kulturellen Praktiken, die dem individuellen Vater Kraft gibt. Alle diese Theorien konvergieren, bei Unterschieden im Detail, in der Auffassung, daß konkrete Väter einer »höheren« Beglaubigung bedürfen, oder, säkular gesprochen, einer gesellschaftlichen Verankerung, und daß der Schwund oder Wandel dieser Verankerung Folgen für die Glaubwürdigkeit von Erziehungsmaßnahmen hat. Richtig daran ist, daß kein Vater in einem sozialen Vakuum lebt; eher unklar bleibt, wie und ob überhaupt die soziale Vermitteltheit väterlicher (und mütterlicher) Erziehungshandlungen, die man trivialerweise nicht bestreiten kann, von kleinen Kindern wahrgenommen und wie sie wirksam wird. Hier wären genauere Ausführungen und Belege wünschenswert.

Vielleicht hat der Familialismus der Psychoanalyse, das heißt ihre Beschränkung auf den Einfluß von Vater, Mutter und Geschwistern bei der Charakterbildung, darin seinen guten Grund, daß die soziale Vermitteltheit elterlichen Erziehungshandelns für die Erlebniswelt kleiner Kinder in den entscheidenden ersten fünf Lebensjahren als solche gar nicht wahrnehmbar ist und sich deshalb auch nicht in einer Psychoanalyse rekonstruieren läßt. Dort ist nur zugänglich was Vater und Mutter getan haben und/oder was sich das Kind darüber zurechtphantasiert hat. Dies mag auch ein Grund dafür sein, wieso die vielen Versuche, Psychoanalyse und Soziologie zu vermitteln, häufig nicht überzeugend waren (ausführlich dazu Reiche 2004 a, weniger skeptisch Busch 2001).

Nachdem dieses Kapitel abgeschlossen war, kam mir das neue Buch von Strenger (2005) zur Kenntnis, das sich ebenfalls mit dem Thema der kulturellen Vaterlosigkeit befaßt. Unter kultureller Vaterlosigkeit versteht der Autor einen Wandel im Generationenverhältnis, der für die nach 1970 Geborenen neu sein soll. Diese von ihm Generation X Genannten leben in relevanten Teilen in einem kulturellen Universum, zu dem die Generation vor ihnen kaum noch Zugang hat. Die Welt von MTV, des Internets, des Body-Shaping und der High-Tech-Firmen mit überwiegend jugendlichem Personal weist nur noch wenig Kontinuität mit der Welt der vorherigen Generation auf. Der Mangel an Kontinuität, der durch das rapide Modernisierungstempo zeitgenössischer Gesellschaften verschärft wird, führt dazu, daß die jüngere Generation die ältere kaum noch um Rat fragt und, würde sie es tun, selten einen tauglichen erhielte. Diese Form von »Vaterlosigkeit«, die zugleich mit einer enormen Freiheit den Jungen einen erheblichen zusätzlichen Selbstformierungs- und Weltorientierungsaufwand aufbürdet, kann zu einer schleichenden Entfremdung der Generationen führen, weil die Eltern die Lebens- und Arbeitsformen ihrer Kinder zunehmend weniger verstehen. Gleichzeitig ist ihnen, als modernen Eltern, der Weg autoritärer Kritik versperrt. *Ihr genuiner Respekt für die Individualität ihrer Kinder hält sie davon ab.* So kommt es zu einer »Tragödie im Sittlichen«, in der die Eltern/Väter, egal was sie tun, schuldig werden: Entweder sie nehmen auf Grund ihrer Überzeugungen starke und kritische Wertungen vor mit der Gefahr offener Mißbilligung; oder sie halten sich zurück, was in den Kindern ebenfalls eine ungestilltes, aber eher sprachloses Anerkennungsbedürfnis hinterläßt (siehe dazu das vorzügliche Fallbeispiel in Strenger 2005, Kap. 2). Diese zugegebenermaßen etwas prononcierte Polarisierung weist auf das Thema der kulturellen Vaterlosigkeit aus der Perspektive eines möglichen neuen Verhältnisses der Generationen zueinander hin, was jedoch hier nicht weiter vertieft werden kann. Nach diesem Ausflug in Gefilde jenseits der Entwicklungspsychologie nun wieder zurück zu kleinteiligeren empirischen Befunden.

Väter in der Bindungstheorie

Die Bindungstheorie (Kurzüberblick und Literatur in Kapitel 7) begann Ende der 1950er Jahre mit der Frage nach der Natur des Bandes zwischen Mutter und Kind und stützte sich bei der Beantwortung dieser Frage zunächst auf Ergebnisse der Tierverhaltensforschung, unter anderem die eingangs erwähnten Untersuchungen von Harlow an Rhesusaffen. Harlow hatte Affenkinder von ihren Müttern getrennt und beobachtet, bei wem sie in Angstsituationen Zuflucht suchen: bei einer »Drahtmutter« mit Milchflaschen als Brüsten oder bei einer mit weichem Frotteestoff bezogenen »Drahtmutter« ohne Brüste. Die Affen bevorzugten die Frotteemutter, was Harlow zu der Schlußfolgerung veranlaßte, daß orale Bedürfnisse beim Zustandekommen von Beziehungen eine geringere Rolle spielen als Kontaktbedürfnisse.

John Bowlby, Psychoanalytiker und Begründer der Bindungstheorie, verdichtete diese und andere Befunde aus der Tierverhaltensforschung zu dem Argument, daß auch Menschenkinder nicht, wie in der psychoanalytischen Triebtheorie angenommen, wegen oraler Triebspannungen die Nähe zu anderen Menschen suchen, sondern weil sie sich alleine fühlen. Sicherheit zu gewinnen, nicht Triebabfuhr zu genießen sei das primäre Motiv zwischenmenschlicher Beziehungen. Bowlbys Untersuchungen zu den Folgen früher Mutter-Kind-Trennungen brachten ihn darüber hinaus zu der Überzeugung, daß die Mutter die bedeutendste Figur im Leben des Kindes ist und der Vater eine eher randständige Figur, was auch der sozialen Realität seiner Zeit entsprach. In der Weiterentwicklung der Bindungstheorie durch die Psychologin Mary Ainsworth ging es vor allem um die Erforschung der Qualität der Mutter-Kind-Bindung. In einer standardisierten Untersuchungssituation, der sogenannten Fremden-Situation, wurde festgestellt, daß es drei Typen von Bindung gibt: sichere, vermeidende und ambivalente. Diese Bindungstypen sind das Ergebnis der Mutter-Kind-Interaktion im ersten Lebensjahr. Feinfühlige mütterliche Reaktionen auf die Trostbedürfnisse ihres Kindes führen zu sicherer Bindung, inkonsistente zu ambivalenter und zurückweisende zu vermeidender Bindung (s. Kapitel 7).

Die Mutterzentriertheit der Bindungstheorie ist vielfach kritisiert worden (z. B. Beck-Gernsheim 1995). Mittlerweile hat sich die Bindungstheorie dem Vater zugewandt (Überblick bei Kindler 2002, Grossmann et al. 2002, Kindler/Grossmann 2004, Grossmann/Grossmann 2004, Kap. III.4). Eines der Ergebnisse dieser Forschung ist, daß die Determinanten sicherer Bindung zum Vater nicht dieselben sind wie die zur Mutter. Zwar sind Väter im Prinzip ebenso gut in der Lage, das Kind bei Kummer feinfühlig zu trösten, aber empirisch zeigen sie eine Bevorzugung von Spielinteraktionen, die sie auch herausfordernder gestalten als Mütter. Eltern erfüllen also faktisch sich ergänzende Aufgaben, und der zentrale Befund der Bindungsforschung mit Vätern ist, daß väterliche herausfordernde Spielfeinfühligkeit beim Zustandekommen sicherer Bindung an den Vater eine vergleichbare Rolle einnimmt wie mütterliche Trostfeinfühligkeit im Hervorbringen sicherer Bindung an die Mutter. Väter, die mit einem zweijährigen Kind in einer standardisierten Spielsituation (aus Knete eine Figur formen), feinfühlig und herausfordernd interagieren, haben häufiger Kinder, die sicher an sie gebunden sind als Väter, denen diese Aufgabe weniger gut oder nicht gelingt. In weiteren Untersuchungen wurden nicht nur Einflüsse väterlicher Spielfeinfühligkeit auf die Bindungsqualität der Kinder mit zwei, sechs, zehn und 16 Jahren gefunden, sondern auch ein positiver Einfluß väterlicher Spielfeinfühligkeit auf das Selbstvertrauen des Kindes in neuen Situationen und auf seine soziale Kompetenz, die unter anderem durch Untersuchungen seiner Vorstellungen über Freundschaftsbeziehungen erfaßt wurde.

Bindung an den Vater – so ist resümierend festzuhalten – gründet sich auf andere Interaktions- und Erfahrungsbereiche als Bindung an die Mutter und hat auch spezifische Folgen. Als Konsequenz für die Psychopathologie ergibt sich, daß mangelndes Selbstvertrauen von Kindern und mangelndes Vertrauen in die helfende Kraft zwischenmenschlicher Beziehungen nicht (nur) auf den fehlenden »Glanz im Auge der Mutter« zurückzuführen ist, sondern mindestens ebenso sehr – wenn nicht sogar mehr – auf fehlende herausfordernde Unterstützung des Vaters in bezug auf die Exploration der Welt.

Diese Konzeptualisierung des väterlichen Beitrages zur kindlichen Entwicklung ist weiterhin dem dyadischen Paradigma verpflichtet. Der Vater wird nun zwar als eigenständige Figur betrachtet, die einen differentiellen Beitrag zur Persönlichkeitsbildung des Kindes leistet, aber dieser Beitrag wird eher als additiv zu dem der Mutter gedacht und es werden weiterhin zwei Dyaden untersucht, aber keine Triade. Außerdem ist geltend gemacht worden, dieses Modell sei zu sehr traditionellen Geschlechtsrollenstereotypien verhaftet: Mütter trösten, Väter spielen (von Klitzing 2002 c). Die Bindungstheoretiker antworten darauf, daß Mutter und Vater im Prinzip auch die Rollen tauschen können, empirisch aber die beschriebene Arbeitsteilung vorherrscht. Abschließend sei noch einmal auf den oben schon erwähnten Befund verwiesen, daß es keinen Zusammenhang gibt zwischen der Fähigkeit des Kindes, triadische Beziehungen einzugehen und sicherer Bindung (weder bei Fivaz-Depeursinge/Corboz-Warnery noch bei Bürging/von Klitzing). Sichere Bindung kann auch mit suboptimaler Triangulierung und optimaler Triangulierung mit unsicherer Bindung einhergehen. Anscheinend erfassen Bindungskonstrukt und Triangulierungskonstrukt unterschiedliche Entwicklungsbereiche: Sichere Bindung entsteht durch mütterliche Trost- und väterliche Spielfeinfühligkeit, die Fähigkeit zur triadischen Interaktion durch elterliche Trianguliertheit beziehungsweise kooperative Allianzen. Wie und ob beides zusammenhängt (oder warum nicht) ist eine noch weitgehend offene Frage.

Väter und Psychopathologie I: Der abwesende Vater

Die oben diskutierte »Entväterlichung« bezieht sich vor allem auf kulturelle Formen der möglichen Schwächung des »Vaterprinzips«. Real haben Väter, wie die im ersten Teil des Kapitels dargestellten Untersuchungen deutlich machten, heute eher mehr Umgang mit ihren Kindern als die Generationen vor ihnen. Es gibt jedoch auch soziodemographische Trends, die zu einer realen Entväterlichung beitragen. Seit 1970 ist die Zahl der Alleinerziehenden (in 90 % der Fälle sind dies die Mütter[16]) kontinuierlich angestiegen und liegt heute bei knapp 20 %. Ungefähr 40 % davon sind geschieden, weitere 20 % leben vom Partner getrennt, 33 % sind ledig und 7 % verwitwet. Den Überblicksarbeiten von Weitoft et al. (2003), Franz/Lensche (2003) und Franz (2005), an die ich mich bei der vorliegenden Darstellung anlehne, kann man entnehmen, daß sowohl die Alleinerziehenden als auch die Alleinerzogenen einem erhöhten Risiko für psychische Erkrankungen und Befindlichkeitsstörungen ausgesetzt sind. Alleinerziehende haben häufiger Depressionen (40 % aller Alleinerziehenden sind nach zwei Jahren depressiv) und zeigen ein gehäuftes Vorkommen von Nikotin- und Alkoholabusus; außerdem häufiger nicht-klinische Befindlichkeitsstörungen, was zu einer erhöhten Inanspruchnahme ärztlicher Leistungen führt. Die Kinder Alleinerziehender unterliegen einem, je nach Krankheitsbild, zwei- bis vierfach erhöhten Risiko für verschiedene psychische Erkrankungen, Suizid, Alkohol- und Drogenmißbrauch sowie Kriminalität, wobei Jungen in der Regel stärker betroffen sind als Mädchen.

Die geschilderten Befunde sind Korrelationen und lassen deshalb im strengen Sinn keine kausalen Schlußfolgerungen zu. In bezug auf den Zusammenhang zwischen Alleinerziehung und erhöhter seelischer Belastung der Alleinerziehenden werden derzeit zwei Hypothesen diskutiert. Die eine besagt, daß psychische Vorbelastungen häufiger zu Trennung/Scheidung führt, die andere besagt, daß Trennung/Scheidung häufiger zu psychischen Belastungen führt. Wahrscheinlich ist beides richtig. Auch über die konkreten Mechanismen, vermittels derer sich das Merkmal Alleinerziehung in erhöhte Belastung/Erkrankungshäufigkeit bei Eltern und Kindern übersetzt, besteht noch Unklarheit. Ökonomische Benachteiligung ist ein hervorstechendes Merkmal

16 Zu alleinerziehenden Vätern siehe Matzner (2002).

Alleinerziehender. 40 % der Alleinerziehenden in Deutschland leben in relativer Armut, verfügen also über weniger als die Hälfte des Durchschnittseinkommens, verglichen mit 17 % einer nicht-alleinerziehenden Kontrollgruppe. Eine Möglichkeit der Problemtransmission ist, daß ökonomische Unsicherheit zu vermehrter berufsbedingter mütterlicher Abwesenheit und mangelnder Überwachung des Kindes führt; eine zweite, daß die berufliche oder seelische Belastung Alleinerziehender zu vermehrtem Streß und damit verbundener Einschränkung kompetenten Erziehungsverhaltens führt. Wahrscheinlich trifft auch hier beides zu. Die ökonomische Belastung allein erklärt allenfalls einen Teil der Probleme, denn in Schweden sind nur 10 % der Alleinerziehenden von relativer Armut betroffen, aber dennoch ist das Risiko für Eltern und Kinder, krank zu werden, erhöht.

Nun ist Alleinerziehung, auch wenn sie seit 1970 kontinuierlich ansteigt, kein neues Phänomen. Nach dem Zweiten Weltkrieg wuchsen hierzulande etwa 25 % der Kinder ohne Väter auf. Die Folgen sind unterschätzt worden. Mitscherlich (1963) verliert in seinem einflußreichen Buch über die »Vaterlose Gesellschaft« kaum ein Wort über die reale Vaterlosigkeit, aber psychoanalytische Kasuistiken (Petri 1999, Radebold 2004) zeichnen ein eindringliches Bild von den möglichen Folgen des – kriegsbedingten – Vaterverlustes. Hierbei handelt es sich nicht um psychotherapeutische Dramatisierungen, wiewohl eingeräumt werden muß, daß häufig gerade die am stärksten Betroffenen sich einer Psychotherapie unterziehen (müssen) und die Nicht-Betroffenen in solchen Kasuistiken deshalb nicht auftauchen. Insofern können klinische Untersuchungen ein nicht-repräsentatives Bild zeichnen. Epidemiologische Untersuchungen bestätigen indes klinische Befunde zu den Folgen früher Vaterabwesenheit. Franz et al. (1999) verglichen Personen der Kriegsjahrgänge 1939–1945, von denen eine Gruppe in den ersten sechs Lebensjahren regelmäßig Kontakt zum Vater hatte, die andere nicht. Auch noch 50 Jahre später war die Gruppe ohne Vaterkontakt gesundheitlich stärker beeinträchtigt als die Vergleichsgruppe und zwar auch dann, wenn der Vater nach dem Krieg wieder heimkehrte (ähnlich Brähler et al. 2004). Resümiert man die dargestellten Befunde, so ergibt sich, daß reale Vaterabwesenheit in der frühen Kindheit ein Risikofaktor für seelische Erkrankungen verschiedenster Art ist. Zur Entdramatisierung dieses Befundes kann angeführt werden, daß sich die Mehrzahl der Alleinerzogenen dennoch normal entwickelt und daß die gesundheitlichen Belastungen von Alleinerziehenden sich oft im Bereich erhöhter Befindlichkeitsstörungen bewegen, ohne das Niveau klinischer Erkrankungen zu erreichen (Franz/Lensche 2003, S. 130).

Väter und Psychopathologie II: Der anwesende Vater

Außerdem sollte berücksichtigt werden, daß nicht nur ein abwesender, sondern auch ein anwesender Vater das Risiko für seelische Erkrankungen erhöhen kann. Phares/Compas (1992) und Phares (1992, 1996) sind dem möglichen Beitrag der Väter zur Psychopathologie ihrer Kinder ausführlich nachgegangen. Väterliche Eigenschaften können – wie mütterliche – grundsätzlich auf vier verschiedenen Wegen an das Kind weitergegeben werden: auf genetischem Weg durch Vererbung eines Risikos; auf dem Weg direkter Interaktion; auf dem Weg indirekter Erziehungsmaßnahmen wie Strukturierung des Alltags oder Beeinflussung des Umgangs mit Gleichaltrigen und auf dem Weg ehelicher Konfliktspannungen. Zunächst konstatieren die Autoren eine Asymmetrie in der Forschung dahin gehend, daß in der überwältigenden Mehrzahl der ausgewerteten Untersuchungen der Einfluß der Mutter, nicht aber der des Vaters auf die Erkrankung des Kindes untersucht wird. Danach stellen sie die vorliegenden Untersuchungen zu väterlichen Einflüssen dar.

Diese können auf verschiedene Weisen erfaßt werden. Man kann zum einen mit einer klinischen Diagnose versehene *Kinder* als Ausgangsgruppe nehmen, sodann deren Väter untersuchen und diese mit einer Gruppe von Vätern nicht-klinischer Kinder vergleichen; oder man kann mit einer klinischen Diagnose versehene *Väter* als Ausgangsgruppe nehmen, ihre Kinder untersuchen und sie dann mit einer Gruppe von Kindern nicht-klinischer Väter vergleichen. Beide Vorgehensweisen führen, äußerst verkürzt gesprochen, zu dem Resultat, daß Väter einen relevanten Beitrag zur Psychopathologie ihrer Kinder leisten (ausführlich Phares 1996).

Natürlich können Kinder auch seelisch krank werden, ohne daß die Väter krank sind. Untersuchungen an Kindern mit Aufmerksamkeits-Defizit-Syndrom haben ergeben (ref. nach Phares/Compas 1992), daß ihre Väter sich von denen einer Kontrollgruppe zwar in einigen nicht-klinischen Merkmalen unterscheiden (z. B. geringere Aufmerksamkeitsspanne, höhere Anzahl von Drinks pro Tag), nicht aber im Ausmaß feststellbarer Psychopathologie (etwa Alkoholismus oder Antisozialität). Dasselbe gilt für die Mütter dieser Kinder, die zwar im Vergleich mit Müttern einer Kontrollgruppe erhöhte Depressionswerte zeigen, aber nicht klinisch depressiv sind. Außerdem sind die erhöhten Depressionswerte wahrscheinlich eher eine Folge der mit der kindlichen Erkrankung einhergehenden Belastungen als deren Ursache, was sich aber in den häufig verwendeten korrelationsstatistischen Querschnittsuntersuchungen nicht definitiv feststellen läßt. Schließlich sei noch der Befund erwähnt, daß ein väterlicher Einfluß nicht nur bei bestimmten Typen kindlicher Erkrankung wie Delinquenz oder aggressiven Verhaltensstörungen zu finden ist, sondern ebenfalls, wenn auch in geringerem Umfang, bei anderen Erkrankungen wie Eßstörungen, Angststörungen und Depressionen. Ebensowenig sind es nur bestimmte väterliche Psychopathologien – wie Delinquenz –, die zu negativen Folgen beim Kind führen, sondern ebensosehr andere – wie beispielsweise Depression.

Die bisher vorliegenden Studien leiden zum Teil darunter, daß der Einfluß von Mutter und Vater nicht getrennt (genug) erhoben wird. Zur genaueren Erhebung differentieller Beiträge wären mehr Studien nötig, die es von ihrer methodischen Anlage her erlauben würden, die jeweiligen Beiträge herauszupräparieren. Außerdem fehlen Longitudinaluntersuchungen und solche, die sich mit den Mechanismen der Transmission bei einzelnen Erkrankungen befassen. Delinquenz wird vermutlich anders weitergegeben als Depression. Von letzterer weiß man, daß depressive Eltern im Vergleich mit nicht-depressiven eine herabgesetzte Sensitivität für positive Emotionsausdrücke ihrer Kinder haben, aber eine unverminderte für die negativen. Auf diese Weise werden negative Zustände bei den Kindern akzentuiert und geradezu unbewußt konditioniert (Franz 2005), während bei Delinquenz das Kind häufig Delegierter unbewußter delinquenter Impulse der Eltern ist oder mit seinem delinquenten Akt die elterliche Aufmerksamkeit erregen will (Rauchfleisch 1981, Bittner 1994).

Zusammenfassend kann man festhalten, daß die Befunde aus psychotherapeutischen Behandlungen, entwicklungspsycho(patho)logischen Untersuchungen und epidemiologischen Studien zeigen, daß ein kranker Vater oder ein (retrospektiv) als schlecht eingeschätztes Verhältnis zum Vater für beide Geschlechter ein Risikofaktor für seelische Erkrankungen ist, was Tress (1986) zu der pointierten Feststellung veranlaßt: »Besser kein Vater als ein schlechter.« Zu ähnlichen Ergebnissen gelangen Silverstein/Auerbach (1999), die in einer lesenswerten Überblicksarbeit gegen einen vor allem in den U. S. A. virulenten Trend argumentieren, Probleme in Familie und Gesellschaft (Drogensucht, Kriminalität) auf Vaterlosigkeit zurückzuführen (s. etwa Blankenhorn 1995 und Popenoe 1996). In Gefolge dieser Diskussion hat eine verstärkte Orientierung auf die Höherwertigkeit und Förderungswürdigkeit biologischer Elternschaft stattgefunden, für die es nach Ansicht der Autoren keine triftigen Belege gibt (ähnlich Jaffee et al. 2003). Selbst der von Soziobiologie und evolutionärer Psychologie immer wieder angeführte Befund, daß Kinder aus Stieffamilien einem höheren Mißhandlungsrisiko ausgesetzt sind als Kinder biologischer Väter, erweist sich bei näherer Inspektion insofern als fragwürdig, als andere mögliche Einflüsse, die das in Stieffamilien tatsächlich feststellbare erhöhte Mißhandlungsrisiko erklären könnten, oft gar nicht berücksichtigt werden. Schon der einfache Befund, daß biologische Väter im adoleszenten Alter ihre Kinder genauso häufig mißhandeln wie Stiefväter, läßt an der Triftigkeit einer biologischen Interpretation der erhöhten Mißhandlungsrate in Stieffamilien zweifeln.

Abschließend sei noch erwähnt, daß Väter nicht nur zur Psychopathologie ihrer Kinder beitragen können, sondern auch zu deren Genesung. Den Untersuchungen von Mattejat/Remschmidt (1997) zufolge ist der Therapieerfolg bei jugendpsychiatrisch hospitalisierten Patienten stärker von der Qualität der Familienbeziehung abhängig als vom Störungsbild und, entgegen der Erwartung der Autoren, auch stärker von der Qualität der Vater-Kind-Beziehung als von der der Mutter-Kind-Beziehung. Die Autoren erklären sich diesen starken Einfluß des Vaters damit, daß »eine schwere psychische Störung, die zu einer stationären Aufnahme führt, für die Patienten und ihre Familien eine besondere Krisensituation darstellt und daß das väterliche Verhalten in einer solchen Situation – im Gegensatz zu ›normalen‹ Alltagssituationen – psychologisch besonders bedeutsam ist und einen Indikator für die Tragfähigkeit der Familienbeziehung darstellt« (ebd., S. 389).

Fazit

Für die Vätergenerationen seit 1970 läßt sich eine zunehmende Familienorientierung und eine auch quantitativ erhöhte Beteiligung am Umgang mit den Kindern feststellen. Gleichzeitig nimmt die Zahl der

Alleinerziehenden (Mütter) kontinuierlich zu. Daraus ergibt sich, daß Väter zugleich mehr und weniger anwesend sind. Die Anwesenden sind länger anwesend, aber auch die Zahl der Abwesenden steigt. Dieses Paradox des zugleich Mehr und Weniger ist von Reiche (2004 a) für fast alle (psychoanalytischen) Zeitdiagnosen konstatiert worden: Mehr Sexualität (in den Medien) aber weniger (im Schlafzimmer); mehr Arbeit (für Arbeitsplatzbesitzer) aber zugleich weniger (für Arbeitslose); mehr moralische Sensibilität bei manchen 20- bis 30jährigen Erwachsenen verglichen mit 65- bis 80jährigen, aber zugleich weniger bei anderen jungen Erwachsenen derselben Alterskohorte. Es ist also keine Erosion der Moral zu konstatieren, sondern eine Zunahme der Varianz des moralischen Engagements bei den Jüngeren (Nunner-Winkler 1999, 2000 a). Auch gibt es heute mehr Hilfsbereitschaft in bezug auf das Elend der Welt (gemessen am Spendenaufkommen), aber zugleich weniger wirkliche Hilfsbereitschaft wegen »Mitleidsmüdigkeit«; außerdem mehr Vereinzelung (Singles), aber zugleich weniger, weil die Vereinzelten neue Formen der Gesellung hervorbringen oder alte neu beleben (Club- und Gruppenreisen, Chorsingen). Die Reihe ließe sich beliebig fortsetzen. In bezug auf das Vaterthema sind wir heute noch auf dem Weg in eine vaterlose Gesellschaft und zugleich auf dem Weg aus ihr heraus zu neuen Formen von Väterlichkeit. Dies zeigt, daß griffige Zeitdiagnosen – sei es nun vaterlose Gesellschaft, Sexualisierung der Gesellschaft, Versingelung der Gesellschaft oder Auflösung des Über-Ich – die Komplexität der Verhältnisse nicht mehr erfassen.

Dies läßt sich auch an Details der Väterforschung zeigen. Eine Reihe von Autoren hat Vätertypologien entwickelt, um genauer zu beschreiben, wie Vaterschaft heute verstanden und praktiziert wird. Werneck (1998) unterscheidet neue, eigenständige und familienorientierte Väter; Matzner (2004) traditionelle, moderne, ganzheitliche und familienorientierte; Bambey/Gumbinger (2006, Gumbinger/Bambey in Vorb.) randständige, unsicher-gereizte, zurückgezogen-traditionelle, partnerschaftlich-traditionelle, egalitäre und eine nicht eindeutig zuordenbare (unprofilierte) Gruppe.[17] Diese Typologien sind instruktiv und geben

17 Werneck hat herausgefunden, daß 13 % der Väter zum Zeitpunkt der Geburt »Neue Väter« waren. Drei Jahre nach der Geburt ist der Prozentsatz auf 9 % gefallen. Gleichzeitig ist die Zahl der Eigenständigen (die ihre Interessen unabhängig von der Familie verfolgen), von 56 % auf 66 % gestiegen – ein weiterer Beleg für den Traditionalisierungseffekt. Gumbinger/Bambey haben 29 % ihrer untersuchten Gruppe als egalitäre Väter eingestuft – die Kategorie, die den intui-

gute Orientierungen über Formen von Vaterschaft in einer pluralisierten Gesellschaft. Eine genauere Betrachtung der Typen zeigt indes, daß sie sich noch einmal in Subtypen aufgliedern lassen und/oder in sich reich facettiert sind. So gibt es einen durch die Mutter an den Rand gedrängten Vater und einen, der auf Grund seiner Persönlichkeit freiwillig randständig ist; beide Faktoren interagieren auch noch, indem ein persönlichkeitsdisponiert randständiger Vater seine Frau geradezu einlädt, ihn zu marginalisieren. Der Typus des partnerschaftlich-traditionellen Vaters weist ebenfalls verschiedene Spielarten auf, hat aber auch bei nur einer Spielart viele Facetten. Ein solcher Vater kann zum Beispiel in bezug auf die familiäre Arbeitsteilung und Berufstätigkeit seiner Frau durchaus modern sein; seine Frau ist ganztags berufstätig und er, als Selbständiger zu Hause arbeitend, der primäre Ansprechpartner seiner Kinder. Dennoch ist er in seiner Geschlechtsrollenvorstellung bezüglich seiner Söhne eher konventionell eingestellt und will »richtige Männer« aus ihnen machen.

Auch über die Auswirkungen der jeweiligen Väterlichkeiten besteht noch Unklarheit. Werneck und Matzner befassen sich nicht mit deren Folgen für das Kind, Gumbinger/Bambey suchen nach einem Zusammenhang zwischen Vaterschaftstyp und kindlicher Autonomieentwicklung. Erste Ergebnisse lassen die vorsichtige Vermutung zu, daß es einen Zusammenhang zwischen sowohl partnerschaftlich-traditioneller als auch egalitärer Vaterschaft einerseits und gelungener Autonomieentwicklung des Kindes andererseits gibt, wobei die Autonomieentwicklung natürlich auch noch von einer Vielzahl anderer Variablen abhängt, die sich im Detail oft gar nicht alle spezifizieren lassen. Eindeutige Aussagen sind von solch differenzierter Forschung nicht zu erwarten. Dem Wunsch nach Eindeutigkeit dennoch folgend, kann

tiven Vorstellungen von neuen Vätern am nächsten kommt (Beteiligung an Kinder- und Hausarbeit, Familienorientierung, egalitäre Geschlechtsrollenvorstellungen etc.). Die Einschätzung wurde vorgenommen, als die Kinder zehn Jahre alt waren, die Familien also den Traditionalisierungseffekt hinter sich hatten. Die Typologie wurde bei Werneck und Gumbinger/Bambey mit Hilfe einer Clusteranalyse anhand nicht-repräsentativer Stichproben gebildet. Die genannten Zahlen erlauben also keinen Schluß auf die tatsächlich in der Gesellschaft vorhandene Anzahl »neuer Väter«. Die Stichprobe von Gumbinger/Bambey ist indes auf Grund ihrer Größe (n = 1.524) und Zusammensetzung zumindest »repräsentativitätsverdächtig«. Insgesamt wurden in dieser Studie 35 % der Väter als tendenziell egalitär, 40 % als eher prekär (randständig, unsicher, zurückgezogen) und 25 % als unprofiliert eingestuft.

man als tentatives Resümee von 30 Jahren Väterforschung folgendes festhalten:

1. Heutige Väter beteiligen sich mehr an Fürsorge und Erziehung ihrer Kinder als dies in der Vergangenheit der Fall war, auch wenn die Praxis dieser neuen Vaterschaft hinter ihrem Idealbild erheblich zurückbleibt.

2. Diese Beteiligung wirkt sich in der Regel positiv auf die Kinder aus, allerdings nur, wenn sie freiwillig erfolgt und bestimmten qualitativen Maßstäben genügt.

3. Väter können ihren Kindern durch ungeeignete Erziehungsmaßnahmen mehr schaden als durch Abwesenheit.

4. Vaterabwesenheit – heutzutage hauptsächlich durch Trennung vom Partner hervorgerufen und nicht mehr wie in früheren Zeiten durch Tod – ist ein Risikofaktor für die kindliche Entwicklung. Dabei sind es nicht oder nicht nur die direkten Effekte des Verlusts einer geliebten Person, die das Kind beeinträchtigen, sondern die indirekten Effekte in Gestalt der Auswirkungen von Trennung/Scheidung auf das mütterliche Erziehungsverhalten. Trotz dieses Risikos entwickelt sich die Mehrzahl der Kinder Alleinerziehender normal. In der Scheidungsforschung wird mittlerweile eine Subgruppe von alleinerzogenen Kindern, die sich zwei Jahre nach der Scheidung erholt hat (50 %) von einer anderen unterschieden (25 %), bei der das nicht der Fall ist (Amato 2000, ref. nach Franz/Lensche 2003, S. 118).[18] Risikomildernd bei Vaterverlust wirken finanzielle Unterstützung, Trennungsmediation und Erziehungshilfen, sei es in Gestalt konkreter Erziehungsprogramme oder in Gestalt supportiver Unterstützungspersonen wie Großeltern oder Familienhelfer. Von größter Bedeutung ist die Fähigkeit des Vaters, auch nach der Scheidung eine gute Beziehung zum Kind aufrechtzuerhalten, was allerdings der Langzeitstudie von Napp-Peters (1995) zufolge nur in 25 % der Fälle gelingt.

18 Auch Napp-Peters (1995) fand heraus, daß 25 % der Kinder nach einer Scheidung anhaltende psychosoziale Schwierigkeiten hatten. Nur einer Minderheit hiervon – nämlich ebenfalls 25 % – gelang es, diese in den folgenden zwölf Jahren zu überwinden. Allerdings gab es auch Kinder, die zum ersten Untersuchungszeitpunkt unbeeinträchtigt waren, aber zwölf Jahre später Probleme zeigten – vor allem Identitäts- und Beziehungsängste –, die auf die Scheidung zurückzuführen waren. Wallerstein et al. (2000) sind generell der Auffassung, daß die Scheidungsfolgen mit der Zeit eher zu- als abnehmen.

5. Die Dimensionen emotionale Wärme, Zugewandtheit, Sensitivität, Geduld und Anregung im Umgang mit dem Kind scheinen die wichtigsten zu sein. »Eltern, die auf die Erziehung ihrer Kinder mit Zuneigung und emotionaler Wärme, mit klaren und erklärbaren Regeln, mit der Bereitstellung entwicklungsangemessener Anregungsbedingungen und mit der Gewährung sich erweiternder Handlungsspielräume Einfluß nehmen, können im Schnitt damit rechnen, daß ihre Kinder sich zu selbstbewußten, emotional stabilen, sozial kompetenten, selbstverantwortlichen und leistungsfähigen Personen entwickeln« (Schneewind 1999, S. 139; ähnlich Brazelton/Greenspan 2000). Kinder reagieren stärker auf die Persönlichkeit ihrer Eltern als auf deren Geschlecht. Der spezifische Beitrag des Vaters, der in der Förderung der Trennung von der Mutter, der Vermittlung von Traditionen und Werten, dem Erwerb einer Geschlechtsrolle und der Hinwendung zur Außenwelt gesehen wird, sollte nicht überschätzt werden. Diese Funktionen können grundsätzlich auch von nicht-väterlichen Dritten innerhalb oder außerhalb der Familie wahrgenommen werden. Die Qualität der Zuwendung ist wichtiger als die Familienform (Bornstein 1995, Lamb 1999 a). Der bekannte Befund, daß sich Kinder adoleszenter Mütter besser entwickeln, wenn die Mutter mit ihrer eigenen Mutter zusammenlebt, als wenn sie mit dem – meist ebenfalls adoleszenten – Vater zusammenlebt, illustriert dies nachdrücklich. Insofern sollte man auch in der Feminisierung der Erziehung keine allzu großen Gefahren sehen – zumal in einer Gesellschafts- und Wirtschaftsordnung, die von körperlicher Arbeit weitgehend entlastet und durch Dienstleistung und Vernetzung gekennzeichnet ist, weibliche Fähigkeiten wie Einfühlung, Teamwork und Kooperation funktionaler sind als traditionelle männliche Führungsstärke.

6. Kultur- und religionsgeschichtliche Studien (Kurzüberblick Abramovitch 1997; umfassend Tellenbach 1976, 1978 a, b, 1979) sprechen – mehr als entwicklungspsychologische Forschung – für die Existenz von (kollektiven) Mutter- und Vaterimagines. In bezug auf den Vater gibt es die Imago des verlassenden Vaters (»Vater, mein Vater, warum hast du mich verlassen«), des verschlingenden Vaters (Kronos), des mordenden (Herodes) oder Mordabsichten hegenden Vaters (Laios), des verlassenen und dennoch verzeihenden Vaters (in der Geschichte vom verlorenen Sohn), des autoritätsgehorsamen, aber trotzdem liebenden Vaters (Abraham) und andere mehr. Inwieweit solche, in kulturellen Überlieferungen tradierten Bilder auch in jeder individuellen Psyche beheima-

tet und wirksam sind, entzieht sich den üblichen Methoden empirischer Forschung und soll hier nicht entschieden werden. Vielmehr sollte über einige Aspekte und Befunde der zeitgenössischen Vaterforschung berichtet werden, damit sich der Leser ein Bild machen und dann seine Vorlieben und Abneigungen informierter als zuvor kultivieren kann.

Kapitel 9 Familiäre Wurzeln der Jugendgewalt

Einleitung

Über Ursachen und Ausmaß von Jugendgewalt wird seit geraumer Zeit kontrovers diskutiert. Wer sich mit diesem Thema beschäftigt, wird mit Erstaunen feststellen, daß selbst über die einfache Frage, ob Jugendgewalt in den letzten zwanzig Jahren zugenommen hat oder nicht, keine Einigkeit besteht. Einigermaßen unstrittig ist, was unter Jugendgewalt zu verstehen ist, nämlich Mord, Totschlag, Körperverletzung, Vergewaltigung, Raub und räuberische Erpressung durch Täter im Alter zwischen 14 und 21 Jahren. Diese Delikte werden in der polizeilichen Kriminalstatistik erfaßt. Da jedoch nicht jedes Delikt angezeigt wird, ist diese Statistik nur begrenzt aussagefähig. Dunkelfeldstudien, in denen Jugendliche unter Zusicherung von Anonymität befragt werden, ob und wie häufig sie selbst Gewalt ausgeübt haben oder Opfer von Gewalt geworden sind, sollen die offizielle Statistik ergänzen und eine Einschätzung der tatsächlichen Gewalthäufigkeit ermöglichen. Ein Problem solcher Dunkelfeldstudien ist, ob die Befragten wahrheitsgemäß berichten; eines der polizeilichen Kriminalstatistik ist, daß heute im Vergleich zu früher möglicherweise mehr Gewaltdelikte angezeigt, aber nicht mehr begangen werden. Unter Berücksichtigung dieser und anderer Probleme kommen Pfeiffer (1998), Pfeiffer/Wetzels (1999) und Greve/Wetzels (1999) zu dem Ergebnis, daß Jugendgewalt in Europa und Deutschland im Zeitraum zwischen 1984 und 1996 tatsächlich zugenommen hat. Sie schätzen, daß der größere Teil des statistischen Anstiegs einen realen Anstieg widerspiegelt, der kleinere eine gestiegene Anzeigebereitschaft. Andere Autoren (z. B. Albrecht 2001 mit weiterer Literatur) relativieren diesen Befund, gehen allerdings ebenfalls davon aus, daß zumindest eine gewisse Zunahme zu konstatieren ist.

Als mögliche Ursachen kandidieren eine Vielfalt von Einflüssen: Armut; Arbeitslosigkeit; exzessiver Konsum gewalttätiger Mediendarstellungen; elterliches Erziehungsversagen; die sich verschärfende Konkurrenz in Schule und Gesellschaft; das erhöhte Modernisierungstempo zeitgenössischer Gesellschaften, das eine wachsende Zahl von Modernisierungsverlierern produziert, die sich mit Gewalt gegen ihre Marginalisierung wehren; der Verlust traditioneller Werte und Milieus, der zu Orientierungslosigkeit und dadurch bedingter erhöhter Gewaltbereitschaft führt – und vieles andere mehr. Alle diese Vermutungen sind mehr oder weniger gut belegt (Generalüberblick bei Heitmeyer/Hagan 2002). Jugendgewalt kann also viele Ursachen haben und ist, wie man sagt, ein multifaktorielles Geschehen.

Hypothesen zur Jugendgewalt

Parallel zur Diskussion über Jugendgewalt hat in den letzten 30 Jahren eine Diskussion über Kindesmißhandlung und ihre Folgen stattgefunden (Überblicke bei Cicchetti/Carlson 1989, Wetzels 1997, Garbarino/Bradshaw 2002, Egle et al. 2005). Beide Diskussionsstränge liefen lange Zeit unverbunden nebeneinander her (Greve/Wetzels 1999, S. 102). Sie sollen hier miteinander verknüpft werden. Meine erste These ist, daß Jugendgewalt eine ihrer wesentlichen Ursachen in körperlich mißhandelnden Erziehungspraktiken hat, daß also, vereinfacht gesagt, Gewalt gegen Kinder gewalttätige Kinder schafft, die später gewalttätige Jugendliche und Erwachsene werden. Damit ist auch gesagt, so die zweite These, daß Jugendgewalt nicht, wie häufig angenommen, im Jugendalter entsteht. Vielmehr soll gezeigt werden, daß die Mehrzahl jugendlicher Gewalttäter bereits im frühesten Kindesalter deutliche aggressive Verhaltensauffälligkeiten aufweisen. Es gibt somit eine erhebliche Kontinuität zwischen frühkindlicher physischer Aggressivität und späterer Gewalt. Praktisch folgt daraus, daß Intervention möglichst früh beginnen und möglichst intensiv sein sollte (Tremblay 2004 a, S. 405; ausführlich Cierpka 2005 a, b). Schon mit sechs Jahren ist Aggressivität charakterologisch so verhärtet, daß Kinder, wie Perry et al. (1990) es einmal ausdrückten, nicht mehr aggressiv sind, weil sie geschlagen werden, sondern geschlagen werden, weil sie aggressiv sind. In der Formulierung »charakterologisch verhärtet« ist die dritte These enthalten, daß nämlich chronische Gewalttätigkeit Ausdruck einer Charakterpathologie ist und sich nicht hinreichend aus sozialen oder situativen Einflüssen erklären läßt. Dennoch spielen auch solche Einflüsse eine Rolle, wenn auch weniger bei chronischer individueller als bei gelegentlicher und kollektiver Gewalt. Dazu mehr am Ende des Kapitels.

Die Entwicklung von Aggression und Risikofaktoren für ihre Persistenz

Jeder Mensch hat die Fähigkeit, auf tatsächliche oder vermeintliche Bedrohungen mit Aggression zu reagieren. Unter Aggression/Gewalt wird im folgenden, in Anlehnung an Nunner-Winkler (2004), die (absichtliche) Zufügung körperlicher Schmerzen oder Schäden verstanden. Aggression ist wie Angst eine universale Disposition. Sie ist aber, ebensowenig wie Angst, ein Trieb, der einer kontinuierlich fließenden inneren Reizquelle entspringt. Eher ist sie eine Zündflamme, die durch geeignete Auslöser entfacht wird (Überblick bei Dornes 1997, Kap. 9). Tremblay vertritt eine etwas andere Auffassung. Er hält das Auftreten physischer Aggression bei allen Kindern ab einem bestimmten Alter für natürlich. Demzufolge wird Aggression für ihn nicht *ge*lernt, sondern *ver*lernt. Kinder müssen in dieser Sichtweise lernen, ihre natürlicherweise auftretenden aggressiven Verhaltensweisen im Laufe der Entwicklung zu hemmen. Diese Theorie steht Hobbes und Freud näher als Rousseau und Bandura, läuft aber in ihren praktischen Implikationen auf dasselbe hinaus: Während »romantische« Theorien und Lerntheorien der Aggression die Umwelt für die Aggressions*genese* verantwortlich machen, machen Trieb- oder Konstitutionstheorien sie für das Erlernen ihrer *Kontrolle* verantwortlich.

Was wissen wir über die Ontogenese aggressiven Verhaltens und dessen Transformation in spätere Jugendgewalt? Untersucht man Kinder im Zeitraum zwischen einem und 16 Jahren, so ergibt sich folgendes Bild (Tremblay 2004 a, b; Tremblay et al. 1999, 2005): Physische Aggression wie Schlagen, Beißen und Treten tritt erstmals im Alter zwischen 12 und 17 Monaten auf. Sie erreicht ihren Höhepunkt zwischen 27 und 45 Monaten. Danach nimmt ihre Häufigkeit ab, und sie wird zunehmend durch indirekte (verbale) Aggression ersetzt. Der Entwicklungsverlauf ist für Mädchen derselbe wie für Jungen. Jungen sind von Anfang an aggressiver als Mädchen und bleiben es. Tremblay et al.

(2004) nennen folgende psychosoziale Prädiktoren beziehungsweise Risikokofaktoren für hohe Aggressivität im Alter zwischen eineinhalb und dreieinhalb Jahren: 1. Die Mutter ist Teenager, 2. sie raucht, trinkt oder nimmt Drogen, 3. sie ist antisozial in der Highschool, 4. sie gebraucht harsche, strafende Erziehungspraktiken, 5. sie ist alleinstehend und/oder lebt im Streit mit dem Vater des Kindes, 6. sie weist ein niedriges Einkommens-/Bildungsniveau auf. Diese Faktoren sind auch prädiktiv für hohe Aggressivität in den folgenden Jahren.[1]

Von Anfang an gibt es erhebliche Unterschiede zwischen Kindern, die Tremblay (2000 a, b) für den Alterszeitraum zwischen sechs und fünfzehn Jahren umfassend dokumentiert hat. Von 1.037 Jungen einer repräsentativen kanadischen Stichprobe im Alter von sechs Jahren sind 17 % gar nicht oder kaum aggressiv und bleiben im weiteren Entwicklungsverlauf auch so; 52 % sind mäßig aggressiv und werden es immer weniger, so daß sie sich im Lauf der Zeit der Gruppe der Nicht-Aggressiven weitgehend annähern; 28 % sind relativ aggressiv, zeigen einen leichten Anstieg zwischen sechs und zehn Jahren und danach einen erheblichen Abfall, ohne indes das niedrige Niveau der ersten beiden Gruppen ganz zu erreichen; 4 % sind sehr aggressiv und bleiben es. Die beiden letzten Gruppen – also 32 % – machen Eltern und Lehrern Probleme, wobei die Probleme nur bei 4 % nicht verschwinden. Vergleicht man die Gruppe der 28 % relativ Aggressiven, deren Aggressivität ab zehn Jahren abnimmt, mit den 4 %, die weiterhin chronisch aggressiv sind, so bleiben von den oben genannten sechs Faktoren im wesentlichen zwei übrig, in denen sich diese beiden Gruppen voneinander unterscheiden: jugendliches Alter der Mutter und niedriges Einkommens-/Bildungsniveau (Nagin/Tremblay 2001).

Ähnliche Daten stammen aus einer Untersuchung von Shaw et al.

1 Als Risikofaktoren auf seiten des Kindes werden niedere Intelligenz, mangelnde Impulskontrolle und beeinträchtigte Sprachentwicklung genannt (Tremblay et al. 1999, Nagin/Tremblay 2001). Letztere ist schon im Alter von drei Jahren ein guter Prädiktor für spätere Impulsivität und physische Aggressivität, möglicherweise deshalb, weil Kinder, die nicht gelernt haben, ihre Konflikte sprachlich zu regeln, dies eher gewalttätig tun. Dadurch kann auch der Einfluß des Bildungsniveaus auf die Neigung zur physischen Aggressionsausübung miterklärt werden. Tremblay (2004 b, S. 233) schätzt, daß die Hälfte der Varianz aggressiven Verhaltens im Alter von 18 Monaten auf genetische Faktoren zurückzuführen ist, die andere Hälfte auf Umwelteinflüsse. Letztere spielen beim Erlernen von Aggressions*beherrschung* eine herausragende Rolle.

(2003). Sie untersuchten 284 Jungen im Alter zwischen zwei und acht Jahren. 14 % waren gar nicht oder kaum aggressiv, 43 % moderat aggressiv mit Abnahme im weiteren Zeitverlauf, 38 % relativ aggressiv mit Abnahme im Zeitverlauf, und 6 % waren sehr aggressiv und blieben es. Die beiden letzten Gruppen unterschieden sich in dieser Untersuchung weder hinsichtlich des Alters der Mutter noch hinsichtlich ihres Bildungsniveaus, wohl aber im Ausmaß der mütterlichen Zurückweisung. Dies zeigt, daß Alter und Bildungsniveau eher Risiko*indikatoren* als wirkliche kausale Faktoren sind. Da jugendliche, arme und ungebildete Mütter häufiger physisch strafende, harsche Erziehungspraktiken verwenden, liegt die Vermutung nahe, daß diese kausal sind und nicht Alter, Bildung oder Einkommen (s. a. Nagin/Tremblay 2001, S. 393).[2]

Andere Autoren (Snyder/Patterson 1987, Loeber 1990, Campbell 1995, Farrington 1995, Lösel 1995, Fonagy et al. 1997) nennen als wesentliche Risikofaktoren für spätere (gewalttätige) Jugenddelinquenz folgende Besonderheiten der Familieninteraktion: 1. mangelndes Disziplinmanagement (lax oder verstrickt), 2. keine positive Beziehung zum Kind, 3. fehlende Überwachung von und Interesse für die kindlichen Aktivitäten, 4. harte, strafende Erziehungspraktiken, 5. »broken-home«-Konstellationen, 6. Alkoholismus, Kriminalität und Aggressivität der Eltern, 7. Depression der Mutter in den ersten Lebensmonaten des Kindes (Hay 2005, S. 123). Bei Vorhandensein von mehr als einem dieser Faktoren steigt die Wahrscheinlichkeit späterer Delinquenz kumulativ an. Besonders hervorzuheben ist, daß sich *Gewalt*delinquente von *Eigentums*delinquenten vor allem dadurch unterscheiden, daß erstere in ihrer Kindheit stärker und häufiger physisch strafenden elterlichen Erziehungspraktiken ausgesetzt waren (Snyder/Patterson 1987, S. 236). Rechnet man den Effekt der Erziehungspraktiken statistisch heraus, so verschwindet derjenige der am häufigsten genannten soziodemographischen Variablen – Armut und Bildungsniveau – (fast) völlig (ebd., S. 232, 236, 250; Einschränkungen bei Tremblay et al. 2004).

2 Als protektiver Faktor für die Verhinderung eines hohen physischen Aggressionsniveaus wird in der Forschung häufig »rough and tumble play« genannt. In ihm wird der spielerische Umgang mit Aggression gelernt. Aus anderen Forschungen ist bekannt, daß vor allem Väter diese Form des Spiels mit ihren Kindern bevorzugen, was die Bedeutung des Vaters für die Fähigkeit zur Aggressionsbewältigung verdeutlicht (s. Kapitel 8).

Dies verdeutlicht erneut, daß soziale Benachteiligung hauptsächlich durch das Nadelöhr elterlicher Erziehungspraktiken ihre Wirkung auf die Kinder entfaltet.

Pfeiffer/Wetzels (1999) sind in einer informativen Studie, in der sie Familienhintergründe und Gewalttätigkeit von deutschen und türkischen Jugendlichen verglichen, ebenfalls der Frage nach dem Zusammenhang zwischen sozialer Lage, Erziehungsverhalten und deren Folgen nachgegangen. Türkische Jugendliche stammen häufiger aus a) sozial benachteiligten Familien mit b) niederen Bildungsabschlüssen und c) gewalttätigen Erziehungspraktiken. Sie werden dreimal so häufig körperlich mißhandelt und sind dreimal so häufig in Gewalttaten verstrickt wie ihre deutschen Altersgenossen. Es erübrigt sich fast der Hinweis, daß sie nicht gewalttätiger sind, weil sie Türken sind, sondern weil sich bei ihnen, aus welchen Gründen auch immer, die Risiken häufen, die Gewalt fördern. Allerdings bleibt auch nach statistischer Kontrolle der genannten drei Faktoren die Gewaltbelastung männlicher türkischer Jugendlicher erhöht, was möglicherweise auf die in dieser Bevölkerungsgruppe virulenten gewaltfördernden Ehr- und Männlichkeitsvorstellungen zurückzuführen ist. Aus den referierten Untersuchungen und anderen (z. B. Lewis et al. 1989, Lewis 1992, Straus 1991) ergibt sich als ein wesentliches Resultat: Gewalttätige Erziehungspraktiken fördern (männliche) kindliche Aggressivität und Jugendgewalt.[3]

3 Dies ist keine gänzlich unkontroverse Feststellung. Manche Autoren (z. B. Leggewie 1993 und Schneider 1993; kritisch dazu Mitscherlich-Nielsen 1993) wollen eine antiautoritäre Erziehung als Mitursache jugendlicher Gewalttätigkeit dingfest gemacht haben. Dafür gibt es wenig Anhaltspunkte. Abgesehen davon, daß notorisch unklar ist, wie antiautoritäre Erziehung konkret aussieht, ergeben alle vorliegenden Untersuchungen zum Thema Erziehungsstil und Gewaltneigung einen deutlichen Zusammenhang zwischen Gewalt in der Erziehung und Gewalttätigkeit der so Erzogenen. Bei gutwilliger Lesart könnte man die oben als delinquenzfördernd genannten Parameter des mangelnden Disziplinmanagements und der mangelnden Überwachung mit antiautoritärer Erziehung in Verbindung bringen. Die Lektüre der referierten Literatur ergibt indes, daß damit eher schwere Formen von Kindesvernachlässigung gemeint sind und nicht liberales *Laisser-faire*. Antiautoritäre Erziehung im Sinne mangelnder Setzung von Grenzen kann zu Widersetzlichkeit, Undiszipliniertheit, Angst, kurz: Neurosen führen (Ahrbeck 1997, Kap. 2), in den seltensten Fällen aber zu chronischer Gewalttätigkeit.

Intergenerationelle Transmission von Gewalt

Der Zusammenhang zwischen kindlicher Gewalterfahrung und späterer Gewalttätigkeit ist in der Mißhandlungsforschung unter dem Titel der intergenerationellen Weitergabe von Gewalt diskutiert worden (Überblick bei Dornes 1997, Kap. 8 und Hopf 2005, Kap. 9). Die Grundfrage lautet: Sind mißhandelnde Eltern selbst mißhandelte Kinder gewesen? 30 Jahre Forschung zu diesem Thema haben ergeben, daß es zwischen Mißhandlungserfahrungen in der Kindheit und späterer Gewalttätigkeit gegen die eigenen Kinder keinen deterministischen, wohl aber einen probabilistischen Zusammenhang gibt. Nicht jeder, der als Kind mißhandelt wurde, mißhandelt als Erwachsener seine eigenen Kinder. Die Transmissionsraten streuen – je nach Untersuchungsmethode – zwischen 15 und 90 %. Oliver (1993) hat die gesamte Literatur gesichtet und kam zu dem Ergebnis, daß etwa ein Drittel die Mißhandlung weitergibt, bei einem zweiten Drittel das Risiko dazu besteht, falls die Lebensumstände schwierig sind oder werden, und das letzte Drittel sich erfolgreich vom Wiederholungszwang befreit. Die zuletzt genannte Gruppe unterscheidet sich von der, die die Mißhandlung wiederholt, in drei Merkmalen: a) sie kann auf emotional unterstützende Personen wie Verwandte oder Freunde zurückgreifen, b) sie lebt in aktuell befriedigenden Partnerbeziehungen, c) sie hat eine Psychotherapie von mindestens sechs Monaten absolviert (Egeland 1993).

Nun ist Gewalterfahrung in der Kindheit weder die notwendige noch die hinreichende Bedingung für spätere Gewaltanwendung gegen die eigenen Kinder. Den Untersuchungen von Wetzels (1997, S. 246) zufolge wenden 25 % der Eltern, die als Kinder *nicht* geschlagen wurden, dennoch gelegentlich Schläge als Erziehungsmittel an (von denen, die geschlagen wurden, sind es 65 %). Sie mißhandeln ihre Kinder allerdings nicht. Eine gewaltfreie Kindheit immunisiert also nicht gegen gelegentliche und weniger schwere Formen der Ausübung von Alltagsgewalt (Züchtigung).[4] Ebenso ist denkbar, daß ein Jugendlicher oder Erwachsener in bestimmten Situationen gelegentlich

4 Wohl aber gegen chronische Mißhandlung. Nur in knapp einem Prozent der Fälle kommt es bei Eltern, die als Kinder nicht mißhandelt wurden, zur Mißhandlung ihrer Kinder (Egeland et al. 2002).

gewalttätig wird, ohne als Kind Opfer von Gewalt geworden zu sein. Eher unwahrscheinlich ist allerdings, daß er *chronisch* gewalttätig wird. Bei Pfeiffer/Wetzels (1999, S. 12 f.) betrug die Rate der jugendlichen Mehrfachgewalttäter ohne Viktimisierung durch elterliche Gewalt 4,5 %.

Natürlich wird auch nicht jedes Kind, das schwer mißhandelt wurde, später zum Gewalttäter. Verschiedene Studien zeigen, daß Gewalterfahrung in der Kindheit die Wahrscheinlichkeit für spätere (Gewalt) delinquenz um das Zwei- bis Vierfache erhöht, aber keineswegs notwendig zu Gewalt führt (Überblick bei Lewis et al. 1989 und Smith/Thornberry 1995; weitere Literatur bei Wetzels 1997, S. 248 ff. und Greve/Wetzels 1999, S. 102). Es gibt nämlich noch andere Möglichkeiten, Gewalterfahrungen in der Kindheit zu verarbeiten: man kann drogenabhängig werden oder depressiv, ängstlich oder bindungsunfähig, psychosomatisch oder posttraumatisch erkranken, ein chronisches Schmerzsyndrom entwickeln oder Selbstbeschädigungsneigungen – alle diese Erkrankungen und noch einige andere weisen einen signifikanten Zusammenhang mit Kindesmißhandlung auf (Überblick bei Egle et al. 2005).

Eines ist allerdings eher selten: daß man *gesund* bleibt (Lösel 1995, S. 11). Die Forschung zu Risiko- und Schutzfaktoren in der kindlicher Entwicklung (Überblick bei Dornes 2000 a, Kap. 3 und Egle/Hardt 2005) hat gezeigt, daß maximal 10–30 % der Kinder, die unter belasteten Familienverhältnissen aufwachsen, einigermaßen gesund bleiben. Für chronisch gewaltbelastete Familien dürfte der Prozentsatz eher noch geringer sein. Zimrin (1986) hat die Entwicklung von 28 mißhandelten Kindern über den Zeitraum von 14 Jahren nach der Mißhandlung untersucht. Neun (etwa ein Drittel) überstanden sie nach dem Eindruck der Autorin einigermaßen unbeschadet, 19 (etwa zwei Drittel) wiesen gravierende Beeinträchtigungen auf. Solche Ergebnisse sind natürlich methodenabhängig. Es ist davon auszugehen, daß es persönliche und psychosoziale Belastungen als Folge von Kindesmißhandlung gibt, die mit manchen Testbatterien, Fragebögen und symptom- beziehungsweise verhaltensorientierten Erhebungsmethoden nur unzureichend erfaßt werden (Starr et al. 1991, S. 14). Eine Kombination verschiedener Methoden und die (Weiter-)Entwicklung subjektsensibler Erhebungsverfahren ist deshalb anzustreben. Dadurch wird die Zahl der als unbeschadet eingeschätzten vermutlich sinken, aber es wird ein mehr oder weniger großer Rest bleiben, der von den

Mißhandlungserfahrungen erstaunlich wenig beeinträchtigt ist. Fonagy et al. (1997, S. 255) schätzen ihn in einer retrospektiven Untersuchung auf 4 %.[5]

Mögliche Ursachen für den Anstieg von Jugendgewalt

Wenn also Gewalt gegen Kinder eine wesentliche Ursache späterer Jugendgewalt ist, ist es nützlich, sich einen Überblick über das Ausmaß von Gewalt gegen Kinder zu verschaffen. Die Häufigkeit chronischer Mißhandlungen wird auf 5–10 % geschätzt, 1,5 % werden offiziell erfaßt (Wetzels 1997, Engfer 2000, Gelles 2002). Sie hat sich trotz liberalisierter Erziehungspraktiken in den letzten 30 Jahren nicht wesentlich verändert. Was sich verändert hat, ist das Ausmaß leichterer Gewalthandlungen gegen Kinder. Den Untersuchungen von Reuband (1997), Wetzels (1997), Greve/Wetzels (1999) Schneewind (2002) und anderen (ref. in Knapp 2005) zufolge berichten jüngere Alterskohorten übereinstimmend, von ihren Eltern seltener und leichter geschlagen worden zu sein als ältere. Insofern ist der Umgang mit Kindern tatsächlich weniger gewalttätig geworden. Dies hat allerdings nicht zu einem Rückgang der Jugendgewalt geführt, weil gelegentliche körperliche Strafen zwar schmerzlich und psychisch verletzend sind, aber nicht die Gewalttätigkeit fördern. Es ist der konstante, veränderungsresistente Bodensatz *chronischer* Gewalt gegen Kinder, der für die Gewalt jugendlicher Mehrfachtäter (mit)verantwortlich ist.

Warum ist die Jugendgewalt (zwischen 1984 und 1996) dann aber nicht konstant geblieben, sondern angestiegen? Eine mögliche Erklärung fokussiert auf den »Import« gewaltförmiger Erziehungsstile durch die Migration türkischer, ex-jugoslawischer und rußlanddeutscher »vormoderner« Kulturen mit gewaltförmigen Erziehungspraktiken. In dieser Sichtweise sind es nicht ein Zuviel an Modernisierung,

5 Wie hoch der Anteil der gesund gebliebenen Personen auch immer ist, ihre Untersuchung kann Aufschluß über Faktoren geben, die zur Aufrechterhaltung (oder Wiedergewinnung) seelischer Gesundheit trotz erlittener Mißhandlung beitragen können. Zimrin etwa fand in ihrer oben erwähnten Arbeit heraus, daß die relativ Unbeeinträchtigten optimistischer und intelligenter waren und in der Vergangenheit und/oder Gegenwart eine vertrauensvolle Beziehung zu einem anderen Menschen hatten.

Individualisierung und der Verlust von festen Traditionen, der Gewalttätigkeit befördert, sondern im Gegenteil ein Mangel an Modernisierung, übermäßige Traditionsverhaftetheit und kollektivistische Orientierungen (Karstedt 2001, 2004). Diese Auffassung ist nicht unumstritten. Heitmeyer et al. (1995, S. 187 ff.) haben herausgefunden, daß die Gewaltneigung in einem von ihnen als *traditionslos* bezeichneten Arbeitermilieu hoch ist. Kühnel/Strobl (2001) bestreiten die von Steffen (2001) belegte höhere Gewalttätigkeit von Aussiedlerjugendlichen; ebenso den zwischen kollektivistischen Wertorientierungen und Gewaltneigungen. Sie finden jedoch einen zwischen traditionellen Männlichkeitsvorstellungen und Gewaltneigung (Strobl/Kühnel 2004). Wieder andere Interpreten (z. B. Thome 2001, 2004) gehen tentativ davon aus, daß der in fast allen westlichen Gesellschaften zu beobachtende Anstieg von (Jugend-)Gewalt seit Mitte der 1960er Jahre ein Indiz für die Erschöpfung der zivilisierenden Potentiale der Moderne sein könnte. Ursachen dieser Erschöpfung seien etwa die Erosion des staatlichen Gewaltmonopols und die durch den Konsumkapitalismus herbeigeführte Lockerung von Disziplinierungszumutungen. Dieses spannende Thema kann hier jedoch nicht weiter vertieft werden.[6]

6 Übereinstimmung besteht darin, daß seit Beginn der Moderne, also seit dem 16. Jahrhundert, ein signifikanter Rückgang der Homizidraten festzustellen ist und zwar von 30 Tötungsdelikten pro 100 000 Einwohner im 15. Jahrhundert auf etwa 1,3 im Jahr 1960 (Eisner 2001, 2002). Die zivilisierenden Potentiale der Moderne stehen also, zumindest für den Bereich der individuellen interpersonellen Gewalt, außer Frage. Seit 1960 ist jedoch eine Trendumkehr zu beobachten, von der noch unklar ist, ob es sich dabei um eine temporäre Abweichung vom langfristigen Trend handelt oder aber um einen säkularen Wandel. Für die These einer temporären Abweichung sprechen die neuesten Daten (für Deutschland): Abnahme der Morde zwischen 1993 und 2004 von 666 auf 352 pro Jahr, der Sexualmorde von 32 auf 18, des Bankraubs um 50 % und der Zahl der polizeilich registrierten Gesamtdelikte um 1 %. Wo Zunahmen zu registrieren sind, etwa im Bereich der Drogenkriminalität, sind diese häufig auf die steigende Effektivität polizeilicher Ermitlungsarbeit zurückzuführen, durch die das Dunkelfeld ausgetrocknet wird. Dadurch steigen die offiziellen Deliktzahlen, aber nicht weil es mehr Delikte gibt, sondern weil mehr erfaßt werden. Auch die Jugendgewalt zeigt übrigens seit 1997 in Deutschland wieder einen rückläufigen Trend (Pfeiffer 2005 a, b).

Persönlichkeit und Familienhintergrund von chronischen Gewalttätern

Gewaltkriminelle unterscheiden sich von einer Normalstichprobe durch die Häufung von 1. Persönlichkeitsstörungen, 2. Alkohol- und Drogenmißbrauch, 3. Herkunft aus zerrütteten Familienverhältnissen, 4. niederes Bildungsniveau und 5. Zugehörigkeit zur niederen Sozialschicht. Psychologisch unterscheiden sie sich durch 1. Frustrationsintoleranz und mangelnde Impulskontrolle, 2. hohes Depressions-, Angst- und Aggressionsniveau, 3. Über-Ich-Pathologien, 4. unreife Abwehrmechanismen wie Projektion und Externalisierung und 5. geringes Selbstwertgefühl (Rauchfleisch 1992, Bittner 1994, Marneros 2002, van der Kolk/Streeck-Fischer 2002, Fonagy 2006). Bei ungefähr 50 % liegt eine schwere Persönlichkeitsstörung vor (Borderline-, narzißtische, dissoziale Identitätsstörung). 70 % oder mehr weisen eine traumatisierende Vorgeschichte mit oft unvorstellbaren körperlichen Mißhandlungen und zerrütteten Familienverhältnissen auf (Lempa 2001, Marneros 2002, Sutterlüty 2002).

Die Vorgeschichte eines späteren chronischen Gewalttäters sieht häufig so aus (Fonagy 2006): Der Vater ist Alkoholiker, gewalttätig, arbeitslos oder in wechselnden Gelegenheitsarbeiten von kurzer Dauer beschäftigt. Die Mutter kann die Kinder vor seinen Übergriffen nicht schützen und wird häufig selbst deren Opfer. Die Kinder werden mißhandelt, vernachlässigt oder beides. Häufige und frühe Kontakte zu Institutionen der Sozial- und Familienfürsorge sind an der Tagesordnung, ebenso wechselnde Heimaufenthalte, Schulschwänzen, Schulabbrüche und der Besuch von Sonderschulen. Schon im Kindergarten häufen sich die aggressiven Verhaltensauffälligkeiten. Als Illustration mag der Fall eines Gewalttäters dienen, der dem Interviewpartner erzählt, wie er und seine Schwester vom ständig betrunkenen Vater allabendlich aus dem Bett gezerrt und verprügelt wurden. Danach mußte er sich wieder ins Bett legen, damit der Vater seine Blase über ihm entleeren konnte. Dies war nicht etwa eine Ausnahmesituation, sondern eine jahrelang ausgeübte Praxis. Den Büchern von Marneros und Sutterlüty kann man weitere einschlägige Fallbeispiele entnehmen.

Vorläufer und Stabilität von Aggression und Gewalt

Die Vorstellung, Jugendgewalt entstehe und vergehe mit der Jugend (Matza 1964), ist eine Teilwahrheit. Sicher gibt es eine altersbedingte Beruhigung und nicht zufällig ist die Gruppe der Senioren diejenige mit der niedrigsten Gewaltrate. Das Ausmaß des Nachlassens der Gewalt nach dem Alter von 21 Jahren wird aber vermutlich überschätzt, ebenso wie deren Vorgeschichte unterschätzt wird. Zunächst einmal ist an den oben erwähnten Befund zu erinnern, daß physische Aggression im Alter zwischen 27 und 45 Monaten ihren Höhepunkt erreicht und danach im Normalfall mehr oder weniger kontinuierlich abnimmt. Wenn ein Zweijähriger seinem Spielgefährten mit einer Schippe auf den Kopf schlägt, erscheint er in keiner Gewaltstatistik, tut er das gleiche 14 Jahre später mit einer Bierflasche, so wird diese Tat statistisch als Jugendgewalt erfaßt. In diesem Sinne wäre nicht die Gruppe der 16- bis 21-jährigen Männer die gewalttätigste, sondern die der Zwei- bis Dreijährigen.

Dort »krümmt« sich auch, was später ein Gewalttäter werden »will«. Nagin/Tremblay (1999, S. 1132) und Tremblay (2000 a, S. 132 ff.) halten die »late-onset-Theorie«, die den Beginn der Gewaltkriminalität auf das Jugendalter datiert (Kurzüberblick bei Loeber/Stouthamer-Loeber 1998), für ein Artefakt mangelnder Untersuchung der frühen Kindheit.[7] Die dazu vorliegenden Untersuchungen belegen, daß in der Kindheit der Wind gesät wird, der im Jugend- und Erwachsenenalter als Sturm geerntet wird oder, vorsichtiger ausgedrückt, zum Sturm werden kann. Erhebungen zur Kindheitsgeschichte jugendlicher Gewalttäter ergeben, daß man ihre Aggressivität häufig bis in die ersten Lebensjahre zurückverfolgen kann. Gewalttätigkeit in der Adoleszenz, der *keine* hohe physische Aggression in der (frühen) Kindheit vorangegangen wäre, ist eher selten (Tremblay 2003, S. 191, 194). In der Untersuchung von Moffitt et al. (1996) etwa war dies nur in 23 % der Fall. Andere Untersuchungen gelangen zu ähnlichen Resultaten (Loeber 1990, S. 10; van der Kolk/Streeck-Fischer 2002 mit weiterer Literatur). Etwa 75 %

7 Auch der Rückgang in älteren Altersgruppen hängt vermutlich zumindest teilweise damit zusammen, daß sich die Gewalt vom öffentlichen in den familiären Raum verlagert, ein Teil der Jugendgewalt sich also in Familiengewalt verwandelt. Mir sind derzeit allerdings keine Untersuchungen bekannt, die diese Vermutung erhärten könnten. Als Indiz kann immerhin gelten, daß Gewalt in den Paarbeziehungen der 20- bis 24jährigen am häufigsten vorkommt (Gelles 2002, S. 1055).

aller chronischen jugendlichen Gewalttäter weisen also in retrospektiven Studien eine Kindheitsvorgeschichte von aggressiven Verhaltensauffälligkeiten auf, wobei die Kindheit häufig nur unzulänglich untersucht wird. Deren genauere Untersuchung würde ergeben, daß die tatsächlichen Raten eher noch höher sein dürften. Ähnliches gilt für prospektive Studien, die zeigen, daß die zu zwei Zeitpunkten erhobene Gewalttätigkeit in der Kindheit (mit acht und zehn Jahren) in 50 % der Fälle eine Vorhersage von Gewalttätigkeit im Alter von 18 und 30 Jahren erlaubt (Farrington 1995).[8]

Physische Aggression, einmal entstanden, tendiert dazu, stabil zu bleiben. Ordnet man Kinder in vier Gruppen ein – nicht aggressive, wenig aggressive, ziemlich aggressive und sehr aggressive –, so verbleibt die Hälfte der Kinder im weiteren Entwicklungsverlauf in der Ursprungsgruppe. Die Stabilität von Aggression beträgt also 50 % und ist mittlerweile für die Zeiträume von 2 bis 30 Jahren dokumentiert (Olweus 1979, Cummings et al. 1989, Rose et al. 1989, Shaw et al. 1994, Campbell et al. 1994, Campbell 1995, Farrington 1995, Fergusson 1998, Loeber et al. 2000, Tremblay 2000, NICHD 2004). Für kürzere Zeiträume finden sich sogar gelegentlich noch höhere Stabilitätsraten. In der im siebten Kapitel erwähnten NICHD-Studie (2004) blieb das Aggressionsniveau sogar bei 88 % der 1.100 ausgewerteten Kinder für den Zeitraum zwischen zwei und acht Jahren stabil. Aggression ist somit, neben Intelligenz, für die es vergleichbare Daten gibt, das stabilste Merkmal, das die Persönlichkeitspsychologie kennt. Strittig ist allenfalls noch, in welchem Umfang diese Stabilität wirklich auf internalisierte Persönlichkeitsmerkmale zurückzuführen ist, oder ob sie nicht doch zumindest teilweise auf der Persistenz einer aggressionsfördernden Umwelt beruht (Albrecht 2002, S. 795). Wahrscheinlich wirken beide Elemente ineinander und verstärken sich in malignen Rückkoppelungsschleifen. Bei Intelligenz und Aggressivität gibt es auch eine genetische Komponente; ebenso bei der Neigung, auf Mißhandlung mit Depressivität und Antisozialität zu reagieren (Caspi et al. 2002). Über die Gen*expression* jedoch – also darüber, was von einer genetischen Disposition manifest wird – entscheidet in erheblichem Ausmaß die Umwelt (Bauer 2002). »Ohne das

8 Auch indirekte Viktimisierung beeinflußt die Gewaltneigung. Kinder, die Zeugen von Gewalt zwischen ihren Eltern werden, haben ebenfalls eine stark erhöhte Wahrscheinlichkeit, später Gewaltopfer (Frauen) oder Gewalttäter (Männer) zu werden (van der Kolk/Streeck-Fischer 2002).

Einwirken von Umweltfaktoren scheinen genetische Faktoren alleine ... kaum eine Vulnerabilitätserhöhung für psychische Erkrankungen bewirken zu können« (Egle 2005, S. 82 mit weiterer Literatur). Günstige Umwelten können ungünstige Dispositionen latent halten, ungünstige Umwelten bringen sie zum Vorschein und verstärken sie noch. Dieser Sachverhalt einer Gen-Umwelt-Interaktion ist mittlerweile sowohl für schwere Erkrankungen wie die Schizophrenie (Tienari et al. 1994) als auch für Kriminalität (Bohman 1996) und physische Aggressivität (Tremblay 2004 a, b) gut belegt.

Rechtsradikale Jugendgewalt

Was für chronische Gewalttäter gilt, gilt gleichermaßen für rechtsradikale chronische Gewalttäter. Quantitativ ist rechtsradikale Gewalt ein Randphänomen und macht nur 0,5 % aller jährlich etwa 200000 Gewalttaten aus. Sie ist vor allem als Problem der politischen Psychologie behandelt worden. Mit der gleichen Berechtigung kann man sie auch als Problem der Familienpsychologie und Psychopathologie betrachten (Streeck-Fischer 1992, Hopf et al. 1995, Marneros 2002). Den Untersuchungen von Marneros (2002) zufolge unterscheiden sich rechtsradikale Mehrfachgewalttäter persönlichkeitspsychologisch und was den Familienhintergrund angeht nicht von gewöhnlichen Mehrfachgewalttätern – mit einer Ausnahme: bei rechtsradikalen Gewalttätern findet sich eine auffällige Häufung von Vaterlosigkeit. Dies legt die psychoanalytisch inspirierte Vermutung nahe, daß vaterlose Gesellen nicht auch noch vaterlandslose Gesellen werden wollen und eine häufig konfuse, bizarre und abwegige Vorstellung von Vaterlandsliebe an die Stelle ebenso konfuser, bizarrer oder fehlender Vaterliebe setzen (s. dazu ausführlich und differenzierend Aigner 2001, Kap. 9, 10 und 17 mit weiterer Literatur).

Die Auffassung, daß rechtsradikale Gewalttäter ganz gewöhnliche Kriminelle sind, wird häufig als entpolitisierend betrachtet. Die einfache Tatsache, daß es in Sachsen-Anhalt zehnmal so viele rechtsradikale Gewalttaten gibt wie in Hessen, weist auf Einflußfaktoren jenseits der Psychopathologie hin. Entsprechend hat es nicht an Versuchen gefehlt, rechtsradikale (Gewalt-)Aktivitäten vom Geruch der Psychopathologie zu befreien (Willems 1992, Nunner-Winkler 1994, Joas 1997,

Lempa 2001). Wahrscheinlich verdichtet sich hier, wie Hardtmann (2001, S. 1048) schreibt, vieles: »Situatives, Zufälliges und die Gruppendynamik spielen ebenso eine Rolle wie eine lieblose und inkonsequente Erziehung im Elternhaus, Sprachlosigkeit, problematische Schul- und Berufskarrieren, Hoffnungs- und Perspektivlosigkeit, innere Leere, Langeweile, Drogenkonsum und – als besonders gravierend bewertet – ein mangelndes Selbstwertgefühl, Wünsche nach einer Autorität und Hilfe bei der Findung von Lebenszielen.« Die vielen Fallbeispiele bei Marneros (2002) können jedoch auch den skeptischen Leser davon überzeugen, daß zumindest chronische rechtsradikale Mehrfachgewalttäter nicht Opfer einer Situation oder Gruppendynamik sind, sondern solche Situationen und Gruppen aktiv aufsuchen, um ihre Psychopathologie auszuagieren.

In der hier vertretenen entwicklungspsychopathologischen Perspektive beeinflußt das sozialpsychologische Klima einer Gesellschaft eher die Manifestations*formen*, in denen sich Gewalt äußert, als das individuelle Gewalt*potential*, das in erster Linie von familiären Sozialisationspraktiken abhängt. Auch diese Aussage gilt indes nur mit Einschränkungen. Einerseits ist bekannt, daß ein soziales Klima, das Gewalt fördert oder toleriert, einen erheblichen Einfluß auf ihre Auftretenshäufigkeit hat. In einer groß angelegten Untersuchung haben Archer und Gartner (1984, ref. nach Lore/Schultz 1993, S. 22) festgestellt, daß nahezu alle Gesellschaften, für die Daten vorliegen, fünf Jahre *nach* einem Krieg signifikant höhere Zahlen von Gewaltverbrechen aufweisen als in einem Zeitraum von fünf Jahren *vor* dem Krieg. Dieses Ergebnis ist besonders aussagekräftig, weil die Zahl junger Männer, die statistisch die größte Gruppe unter den Gewalttätern darstellen, nach einem Krieg erheblich geringer ist als vorher. Diese Befunde zeigen, kurz gesagt, daß Krieg »verroht« und ein soziales Klima schafft, in dem sich Gewalt leichter *manifestiert* als in Nichtkriegszuständen.[9] Andererseits ist ebenso unstrittig, daß durch Gewalterfahrungen und Traumatisierungen im Krieg Gewaltpotentiale auch neu geschaffen werden können, die von familiären Sozialisationsvorerfahrungen zwar nicht gänzlich unabhängig, aber doch nicht hauptsächlich auf sie zurückzuführen sind (Shay 1994).

9 Faktoren wie ökonomische Verelendung und wirtschaftliche Not, die üblicherweise als Ursachen für erhöhte Nachkriegskriminalität angeführt werden, wurden bei dieser Untersuchung berücksichtigt und ihre Effekte herausgerechnet.

Wie übersetzen sich Risikofaktoren für Gewalt in intrapsychische Gewaltpotentiale?

Bisher war von Risikofaktoren, Prädiktoren und Familienkonstellationen die Rede, die Gewalt begünstigen. Solche Faktoren sagen wenig über die konkreten Mechanismen aus, durch die sie ihre Wirkung entfalten und sich in Gewaltpotentiale *im* Individuum übersetzen. Eine Analogie kann das Problem verdeutlichen. Untersucht man zwei Gruppen von stationär behandelten psychiatrischen Patienten, von denen eine bei Aufnahme ins Krankenhaus einen persönlichen Gegenstand mitbringen darf, die andere nicht, so ergeben Follow-up-Untersuchungen, daß die Krankenhäuser, die die Mitnahme eines solchen Gegenstandes erlauben, signifikant bessere Behandlungsergebnisse erzielen, als die, die es nicht erlauben. Niemand wird glauben, daß die Mitnahme eines solchen Gegenstandes ein kausal wirksamer kurativer Faktor für psychiatrische Erkrankungen ist. Vielmehr ist die Erlaubnis zur Mitnahme indikativ für die Einstellung des Personals zum Patienten, und in dieser Einstellung werden manche der wirklich kurativen Elemente enthalten sein. Das Nicht-mitnehmen-Dürfen eines persönlichen Gegenstandes ist also eher ein Risiko*indikator* als ein Risikofaktor. Ähnlich verhält es sich mit manchen der oben genannten Risikofaktoren oder Prädiktoren von Gewalt. Niederes Bildungsniveau der Mutter oder deren jugendliches Alter sind nichts, was per se eine erhöhte Gewalttätigkeit der Kinder bewirken würde, sondern nur Risikoindikatoren für Faktoren (Erziehungsversagen/Mißhandlung), die Gewaltpotentiale schaffen. Aber auch hier muß man fragen: wieso und auf Grund welcher Mechanismen übersetzt sich erfahrene Gewalt in ausgeübte Gewalt? Die bisher dargestellten Untersuchungen, die gruppenstatistische Designs verwenden, können diesbezüglich wenig erklären.

Die aus der Psychoanalyse stammenden Konzepte des Wiederholungszwanges, der Identifizierung mit dem Aggressor und der Verkehrung von passiv Erlittenem in aktiv Ausgeübtes sind von erheblicher Erklärungskraft – und zwar für jede Form der Traumabewältigung, nicht nur für die eines Gewalttraumas. Untersuchungen an den Opfern von Naturkatastrophen (Erdbeben, Staudammbrüche) haben ergeben, daß die Betroffenen im Rückblick sich selbst für die Katastrophe mitverantwortlich machen. So glauben sie etwa, daß es schon vor dem Unglück Anzeichen für die Katastrophe gegeben habe, beispielsweise, daß der Damm schon vor Tagen »geknackt« habe. Hätten sie darauf geachtet, so wäre das Unglück zu verhindern gewesen. Durch diese retrospektive Verantwortungszuschreibung wird das Trauma in die Omnipotenz des Subjekts überführt. Ähnlich schreiben sich mißhandelte Kinder die Verantwortung für die Mißhandlung zu, weil sie nur so die Phantasie aufrechterhalten können, diese wäre im Prinzip oder durch eine Änderung des eigenen Verhaltens zu beeinflussen gewesen. Nichts scheint schwerer auszuhalten als das Unbeeinflußbare und Sinnlose. Zugleich aber wird durch diese Verantwortungsübernahme, die ein Versuch der Traumabewältigung ist, die Wirkung des Traumas auf Dauer gestellt, weil dadurch das traumatische Objekt oder die traumatische Situation ins Subjekt einwandert, das heißt »introjiziert« wird und sich dort festsetzt (Ehlert/Lorke 1988; Ehlert-Balzer 1996; umfassend Fischer/Riedesser 1998).

Entsprechend ist ein entwertetes Selbstbild ein durchgehendes Merkmal mißhandelter Kinder und späterer Gewalttäter. Das in Akten ohnmächtiger Gewalterfahrung entstandene Gefühl von Wertlosigkeit, Wut, Ohnmacht und Vernichtungsangst schafft eine chronische Qual in der Seele, die mit normalen Mitteln kaum zu bewältigen ist. Drogen, Alkohol, Selbstverletzungen – und eben auch Gewaltausübung – sind Möglichkeiten und Versuche, das Unerträgliche erträglich zu machen. Bei all diesen Maßnahmen hat das Subjekt die Kontrolle über die Situation. Es nimmt die Drogen, das Messer, die Fäuste und fügt sich selbst oder anderen in einem aktiven Akt *die* Verletzungen zu, die es früher passiv und ohnmächtig erleiden mußte. Deshalb wird es auch süchtig danach. Es ist nicht nur die pharmakologische Wirkung der Droge, sondern auch die psychologische: die Kontrolle über eine Situation oder ein »Objekt«, die man nie hatte, verschafft ein Gefühl von momentaner Wirkmächtigkeit, das die Wiederholung befeuert.

Ähnlich verhält es sich mit Gewalt, nach der man ebenfalls süchtig und von der man ebenfalls abhängig werden kann. Sutterlüty (2002) hat in einer brillanten Studie, die nur sparsam von psychoanalytischen Überlegungen Gebrauch macht, genau diese Mechanismen, wenn auch in einer anderen Theoriesprache, beschrieben. In suggestiven Fallanalysen werden »intrinsische« Gewaltmotive herauspräpariert, die im Akt der Gewaltanwendung selbst entstehen. Seine Überlegungen gehen über die Ermittlung von Risikofaktoren hinaus und führen ins Innere des Subjekts. Dort findet er Affekte von Triumph und Ohnmacht, Vernichtungswut und Vernichtungsangst, Zerstörungslust und Raserei, in denen Erfahrungen aus der Kindheit wiederbelebt werden und die erklären, daß Gewalt euphorisieren kann wie eine Droge, weil sie ein Gefühl von Demütigung, Wertlosigkeit und Ohnmacht temporär in den Triumph physischer Überlegenheit verwandelt.[10]

Der Autor widersteht der Versuchung, diese Gewalterfahrung zu anthropologisieren, wie es in Teilen der neueren Gewaltsoziologie (kritische Überblicksarbeiten: Endreß 2004, Hüttermann 2004, Imbusch 2004, Schroer 2004), insbesondere bei Sofsky (1996) geschieht. Für Sofsky ist der Mensch von Natur aus gewalttätig und empfindet Vergnügen an der Gewaltausübung gegen andere – und zwar zu allen Zeiten und unter allen Umständen. Deshalb lenke die Analyse sozialer oder psychologischer Bedingungskonstellationen vom eigentlichen Kern der Gewalt ab und sei entbehrlich. Sofsky vertritt indessen nicht die Theorie eines angeborenen Aggressions- oder Destruktionstriebes, weil er um die Schwäche dieser Theorie weiß: Sie verortet die Gewaltentstehung im Körper. Würde sie dort entstehen, so wäre sie letztlich erschöpfbar, weil alle Körperprozesse eine natürliche Sättigungsgrenze aufweisen. Die Unerschöpflichkeit menschlicher Destruktivität und ihre alle Grenzen überschreitende Kraft haben aber ihren letzten Grund in der menschlichen Vorstellungskraft. Das Böse ist etwas Geistiges. Es entsteht nicht im Körper, auch wenn es sich dort austobt. Weil der Mensch sich alles vorstellen kann, kann er jede »natürliche« Grenze der Aggression, die es im Tierreich noch gibt, überschreiten. So wahr nun diese Einsicht ist, so falsch ist ihre Anthropologisierung. Daß Gewaltausübung eine erhebende Erfahrung sein kann, wird auch von Sutterlüty überzeugend beschrieben. Im Unterschied zu Sofsky kennt er aber die Biographie seiner Gewalttäter und kann deshalb zeigen, daß Gewalt nicht für alle Menschen euphorisierend wirkt, sondern nur für entsprechend sozialisierte. Vor allem gewaltgeschädigte Individuen sind für die euphorisierende Wirkung von Gewalt anfällig, andere werden von ihr eher abgeschreckt. Sutterlütys Studie läßt sich somit als eindrucksvolle Bestätigung der These lesen, daß chronische Gewaltaus-

10 Der Leser sei für Details auf das auch stilistisch vorzügliche Buch verwiesen. Zu psychoanalytischen Untersuchungen von Aggression und Gewalt siehe u. a. Fonagy et al. (1993), Fonagy/Target (1995), Dornes (1997, Kap. 9), Glasser (1998), Maiello (1999), Perelberg (1999), Eisenberg (2000), Lachmann (2000), Bohleber (2001), Schlösser/Gerlach (2002), Trimborn (2003), Veigel (2003), Streeck-Fischer (2004), Küchenhoff et al. (2005) und Fonagy (2006).

übung meistens auf dem Boden frühkindlicher traumatischer Erfahrungen erwächst und Ausdruck einer schweren Persönlichkeitsstörung ist.

Die situative Entstehung von Gewalt

Milgram (1974) hat in seiner berühmten Studie die situativen Wurzeln von Gewalt freigelegt und gezeigt, wie die Macht der Situation die des Charakters erodieren kann. Zimbardos Stanforder Gefängnisexperiment weist in eine ähnliche Richtung (Haney et al. 1973). Der Grundtenor beider Untersuchungen lautet: Böse Taten werden nicht von bösen Menschen begangen; sie werden von Menschen begangen, die Kooperation und Folgebereitschaft gegenüber einer Autorität über andere Werte stellen und deshalb anderen, auch gegen innere Widerstände, Gewalt antun. Eine solche Konzeption von Gewalt ist die größte Herausforderung für eine charakterologische Gewalttheorie, und entsprechend hat es nicht an Versuchen gefehlt zu zeigen, daß Milgram und Zimbardo die Persönlichkeitskomponente ihrer gehorsamen Probanden zu gering veranschlagten (Literatur bei Fromm 1973, Lechleitner 1998 und Kühl 2005). Obwohl manche der angeführten Argumente überzeugen, sollte man dennoch einräumen, daß eine Gewalttheorie, die auf Sozialisationsdefekte und Persönlichkeitsstörungen fokussiert, nur eine begrenzte Reichweite hat. Sie erklärt am besten die individuelle Gewaltausübung chronischer Gewalttäter. Weniger gut erklärt sie Formen kollektiver (Gruppen-)Gewalt, kalter »technologischer« Gewalt und politisch organisierter bürokratischer Gewalt. Die »Banalität des Bösen« (Hannah Arendt) ist mit ihr nicht recht zu fassen (s. a. Browning 1992 und Welzer 2005).[11]

11 Eine organisationssoziologische Interpretation der Milgram- und Stanford-Experimente findet sich bei Kühl (2005). Er betrachtet die Teilnahme an den Experimenten wie den freiwilligen »Eintritt« in eine Organisation und die Gehorsamsverweigerung wie einen »Austritt«. Da niemand ohne seine eigene Entscheidung zu diskreditieren unmittelbar nach Eintritt gleich wieder austreten kann, ist die Sorge um Gesichtsverlust bei Nichtgehorsam ein wichtiges Motiv für Folgebereitschaft. Diese muß nicht von der Organisation erzwungen werden, sondern ist mit der freiwilligen Eintrittserklärung quasi automatisch gegeben. Für weitere Details siehe den Originaltext.

Auch bei individueller situativer Gewalt hat sie ihre Grenzen. Oben wurde gesagt, daß 50 % der Gewalttaten von 5 % chronischen Mehrfachgewalttätern verübt wird. Ein Teil der anderen 50 % sind einmalige Übergriffe, oft im Affekt und aus der Dynamik einer Streitsituation heraus entstanden und ursprünglich gar nicht intendiert. Der Kinder- und Jugendpsychiater Lempp (1977), der über reiche Erfahrung in der Begutachtung jugendlicher Gewaltstraftäter verfügt, »hat in seiner langen Praxis nicht weniger als achtzig Fälle vollendeter und versuchter Tötungsdelikte Jugendlicher in Gerichtsverfahren psychiatrisch zu begutachten gehabt... Charakteristisch ist nach Lempp die Bildung sogenannter Handlungsketten: Es ist etwas Unrechtes geplant worden, ein Einbruchsdiebstahl beispielsweise oder ein sexueller Angriff auf ein Mädchen oder eine alte Frau – plötzlich läuft irgend etwas schief. Der Einbrecher wird überrascht, das Mädchen wehrt sich und schreit. Nun gerät der Aggressor in Panik, meint, er könne nicht mehr anders, tritt die ›Flucht nach vorn‹ an und tötet. Nachträglich habe man oft den Eindruck eines geplanten Handlungsverlaufs, aber in Wirklichkeit sei eins zum anderen gekommen. Besonders bei Gruppendelikten sei dieses Sich-selbständig-Machen von der Situation deutlich zu beobachten... Instruktiv sind die wenigen Beispiele aus Lempps Material, wo kein Mord verübt wurde, obwohl die psychische Konstellation durchaus gegeben war. In diesen Fällen trat einfach etwas dazwischen, was das Geschehen in eine andere Richtung lenkte. An sich hätte genauso gut eine Tötung herauskommen können«... Sowohl manche Tötung als auch deren Unterlassung sind also zwischenmenschliche Un- und Zufälle, »entstanden durch eine meist einmalige, kaum reproduzierbare, vielfach zufällige Konstellation divergierender Faktoren, die zum Teil in der Persönlichkeit, zum großen Teil jedoch außerhalb der Täterpersönlichkeit liegen« (Bittner 1994, S. 182 f.).

Weitere Differenzierungen sind möglich. Nunner-Winkler et al. (2005) sind in einer Studie ebenfalls der Frage nach dem Gewicht persönlichkeitsspezifischer versus situativer Faktoren nachgegangen. Der situative Faktor war in ihrer Studie allerdings nicht der Zufall, sondern ein pazifistisches Schulmilieu. Untersucht wurde, ob dieser soziale Kontext die Häufigkeit von Gewalthandlungen beeinflußt. Einerseits konnte die sozialisationstheoretische Hypothese über den Zusammenhang zwischen Gewalterfahrung in der Familie und der Häufigkeit späterer Gewalthandlungen bestätigt werden. Am seltensten fanden sich nämlich Gewalthandlungen bei Befragten mit guten Familienerfahrungen. Andererseits hat ein pazifistisches Schulmilieu auch einen eigenständigen Einfluß auf die Häufigkeit von Gewalthandlungen. »Selbst Befragte mit guten Familienerfahrungen begehen in gewaltbejahenden Schulmilieus etliche Gewalttaten, und selbst Befragte mit schlechten Familienerfahrungen verhalten sich in pazifistischen Schulkontexten fast gewaltfrei, wohingegen sie in gewaltbereiten Milieus überproportional viele Gewalthandlungen begehen« (ebd., S. 137 f.). Diese Ergebnisse werden noch dahingehend präzisiert, daß in Fällen extremer Familienerfahrung (schwerer und chronischer Mißhandlung) die handlungssteuernde Kraft der Persönlichkeit überwiegt (wie in den Studien von Marneros und Sutterlüty beschrieben), daß aber für das Verhalten von Personen, die eher im Normalbereich anzusiedeln sind, die Kontextbedingungen einen höheren Erklärungsbeitrag leisten (ebd., S. 139 f.).

Fazit

Erstens: Es gibt eine Entwicklungsgeschichte von Gewalt, die früh beginnt. Zweitens: Es gibt einen deutlichen Zusammenhang zwischen Gewalterfahrung in Kindheit/Familie und späterer Jugendgewalt. Drittens: Chronische Gewalt gegen Kinder schafft Charakterpathologien und chronische Gewalttäter, die für die Hälfte aller Gewalttaten verantwortlich sind. Viertens: Frühintervention verspricht bei dieser Gruppe die besten Erfolge, weil Gewalt ab sechs Jahren charakterologisch verhärtet und danach nur noch begrenzt oder mit erheblichem Aufwand psychotherapeutischen und sozialarbeiterischen Bemühungen zugänglich ist. Damit soll keinem therapeutischen Nihilismus in bezug auf ältere oder erwachsene chronische Gewalttäter das Wort geredet werden, sondern nur auf den ebenso einfachen wie vielfältig belegten Sachverhalt hingewiesen werden, der besagt »je früher, desto besser«. Fünftens: Es gibt nicht nur charakterologische, sondern auch situative Wurzeln von Gewalt. Sofern sie zufällig sind (wie in den Beispielen von Lempp), sind sie die durch Präventions- und Interventionsmaßnahmen kaum zu beeinflussen. Sofern sie Milieucharakter haben und das Milieu nicht von schwer gestörten Persönlichkeiten bevölkert ist (wie in der Studie von Nunner-Winkler et al.), sind Interventionsmaßnahmen in hohem Maße erfolgversprechend. Mit einem gewissen Ausmaß an interpersoneller individueller Gewalt werden wir jedoch immer leben müssen.

Epilog Emotionale Anerkennung und der Wandel psychischer Strukturen

Die Geschichte der Kindheit ist ein Alptraum, aus dem wir erst im zwanzigsten Jahrhundert erwachen. Kindstötung, Verstümmelung, sexueller Mißbrauch und alle nur denkbaren Formen der Gewalt und Mißachtung waren integraler Bestandteil vormoderner Gesellschaften, die den Rohstoff Kind vernutzten wie wir heute die Natur – so Lloyd deMause (1974) in seiner psychohistorischen Geschichte der Kindheit. Die alternative Sicht von Philippe Ariès (1960) hebt hervor, daß mit der Institutionalisierung der Kindheit seit dem Ancien régime auch vormalige Freiheiten der Kinder verloren gegangen sind. Diese Freiheiten bestanden vor allem in der gleichsam natürlichen und ungezwungenen Teilhabe der Kinder an der Welt der Erwachsenen – ihrer materiellen und sexuellen Reproduktion, ihrem Alltag sowie ihrem Leben und Sterben. Wie fast alles kann also die Geschichte der Kindheit entweder als Fortschritts- oder als Verfallsgeschichte geschrieben werden. Der Gewinn an Rücksicht, Respekt, Rechtssicherheit und Bildung wird erkauft mit einer Abtrennung der Kinderwelt von derjenigen der Erwachsenen, der Einrichtung eines Schonraums und Moratoriums, die einhergeht mit einem Verlust an Realitätsgehalt, der für das Selbstbild von Kindern nicht ohne Folgen bleiben kann.

Das Jahrhundert des Kindes und insbesondere sein letztes Quartal hat eine historisch einmalige Berücksichtigung des Kindeswohls mit sich gebracht, ohne daß den Kindern deshalb immer wohler geworden wäre. Zeitgenössische Beobachter und Wissenschaftler berichten vielmehr von einer Persistenz seelischer Leiden bei Säuglingen und Kindern, die in einem eigenartigen Kontrast zu den ernsthaften und nachhaltigen Bemühungen um ihr Wohlergehen steht. Ist also der Fortschritt eine Schimäre oder ein Nullsummenspiel, in dem der Gewinn an Rücksichtnahme auf kindliche Bedürfnisse mit einem Verlust an »Welthaltigkeit« ihrer Existenz verbunden ist, der ihr Wohlergehen ebenso beeinträchtigen kann wie die vormalige fraglose Be- und Mißhandlung als kleine Erwachsene?

Will man diese eigenartige Paradoxie verstehen, so ist es nötig, sich Klarheit darüber zu verschaffen, ob es grundlegende und unverzichtbare Faktoren gibt, die das Wohlergehen und die Autonomieentwicklung von Kindern beeinflussen. Eine der Besonderheiten der menschlichen Spezies besteht sicher darin, daß sie als »extrauterine Frühgeburt« (Portmann 1951) in einem Zustand von Hilflosigkeit zur Welt kommt, der bei anderen Nestflüchtern nicht gleichermaßen zu finden ist. Der menschliche Säugling erreicht erst mit einem Jahr die motorischen Fertigkeiten, die andere Primaten bereits kurz nach der Geburt haben. Aus dieser langen Periode existentieller Angewiesenheit auf Hilfe und Unterstützung bei elementaren Lebensfunktionen ergibt sich eine Verletzlichkeit der Entwicklung und eine Bedeutsamkeit der Bezugspersonen, für die es im Tierreich keine Parallele gibt. Eine zweite damit verwandte Eigenart der menschlichen Spezies ist ihre Instinktentbundenheit sowohl auf seiten der Eltern wie auf der des Kindes. Elementare Vollzüge der Aufzucht des Nachwuchses werden nicht mehr von Instinktprogrammen sichergestellt, sondern die biologisch noch vorhandenen Dispositionen unterliegen der Beeinflussung durch den individuellen und sozialen »Geist«, was zu einer hohen interkulturellen und interindividuellen Variabilität von Erziehungspraktiken führt. Angesichts dieser Vielfalt scheint es vermessen, nach Invarianten zu suchen, die als unverzichtbare anthropologische Grundvoraussetzungen des Kindeswohls gelten könnten. Dennoch ist ein solcher Versuch nicht nutzlos, öffnet er doch den Blick für die Gestaltbarkeit von Erziehungsverhältnissen und deren identitätskonstitutiven Charakter.

Die letzten 30 Jahre haben zu einer wahren Explosion des Wissens über kindliche Bedürfnisse geführt. Die Vorstellung, Kinder seien im Kern triebhafte Wesen, die mit einer Mischung von Liebe und Strafe sozialisiert werden müßten, hat sich als unterkomplex erwiesen. Ebenso die Idee vom Säugling als einer Tabula rasa, dessen Wohlergehen durch angemessene Konditionierungsprogramme sicherzustellen sei. Als zentral für die gesunde Entwicklung von Kindern hat sich die Bedeutung einer dauerhaft emotional zugewandten Betreuungsperson herausgestellt, die allen anderen bekannten Einflußfaktoren überlegen ist. Diese Bedeutung ergibt sich aus den oben genannten Faktoren der verlängerten Aufzucht unter instinktlabilen Bedingungen.

Die Angewiesenheit auf Bezugspersonen teilt der menschliche Säugling mit anderen Primaten, die, wenn auch nicht in gleichem Maß und gleicher Dauer, ebenfalls auf Hilfestellung angewiesen sind. Auch sie bedürfen der Pflege und des Kontakts mit einem erwachsenen Artgenossen, um zu überleben und zu gedeihen. Dennoch weist der menschliche Säugling (mindestens) eine Entwicklungsbesonderheit auf – und ist zu seinem Wohlergehen auf sie angewiesen –, die einzigartig ist: Er befindet sich in einer Beziehung mit einem erwachsenen Gefährten, die sich dadurch auszeichnet, daß er sich in der Interaktion mit ihm auf eine Art und Weise *emotional* angesprochen und verbunden fühlt, die sich im Tierreich so nicht finden läßt (s. Kapitel 4). Er fühlt, wenn auch auf eine zunächst rudimentäre Weise, daß der andere ein Wesen ist wie er selbst – nicht nur ein interessantes und besonderes Objekt, sondern eine Person, zu der er sich hingezogen fühlt und die ihn emotional berührt. Diese besondere Weise der Verbundenheit läßt in ihm das Bedürfnis entstehen, die bewußten und unbewußten *Einstellungen* dieses faszinierenden Wesens zu erkunden. Er extrahiert aus den Pflege- und kommunikativen Handlungen seines Gegenübers eine *Haltung* zu sich selbst, die in sein keimendes Selbstverhältnis einwandert und es prägt, färbt, vielleicht sogar allererst konstituiert.

Im Unterschied dazu haben Schimpansen zwar ein elementares Bedürfnis nach Körperkontakt und sie erkranken, wenn es nicht erfüllt wird. Dennoch scheinen sie nicht in gleichem Maße ein Bedürfnis nach Erkundung der Einstellung des anderen, seines Bewußtseins – und seines Unbewußten – zu haben (Heyes 1998, Tomasello 1998, 1999).[1] Sicherlich gibt es auch bei Tieren elementare Formen des Ausdrucksverstehens. Die Gazelle tut gut daran, die Jagdbewegungen des Löwen als irgendwie »gegen« sich gerichtet zu verstehen und die Flucht zu ergreifen; und der Affe ist gut beraten, auf den schlangentypischen Warnruf seines Artgenossen als ein Kommunikationssignal zu reagieren; aber Tiere verstehen (und benutzen) solche Ausdrucksbewegungen nicht als Enthüllung oder Bekundung einer Einstellung zu sich oder anderen, das heißt nicht als Mitteilung einer *emotionalen* Wertschätzung oder Ablehnung, wie der menschliche Säugling spätestens ab neun

1 Die Thematisierung des Bedürfnisses nach Entzifferung der *unbewußten* Botschaften des Anderen macht den Kern der Theorie Laplanches (1988, 1992, 2004 a, b) aus. In Begriffen der modernen Kognitionspsychologie kann man sie als Variante der »Theory of Mind« verstehen, nämlich als »theory of unconscious and sexual mind« (siehe dazu Kapitel 6).

Monaten dies tut (s. Kapitel 3–5). Damit entsteht das Bedürfnis, nicht nur die Verhaltensweisen des anderen, sondern auch seine Einstellungen zu sich beeinflussen zu wollen. Menschliche Interaktions- und Kommunikationsverhältnisse unterscheiden sich also von tierischen dadurch, daß sie einen »Überschuß« enthalten, der darin besteht, daß in ihnen Einstellungen transportiert werden, die als emotionale Bewertungen wahrgenommen werden und deshalb für die Entwicklung eines (gesunden) Verhältnisses zu sich selbst von ebenso elementarer Bedeutung sind wie Nahrung und Schutz für das Überleben. Diese Form der Wertschätzung, die sich in Pflege- und kommunikativen Handlungen enthüllt, soll hier in Anlehnung an Honneth (2003 a, Kap. 1; 2003 b) als *emotionale Anerkennung* bezeichnet werden. Ich bin davon überzeugt, daß Kinder in ihrem Wohlergehen und ihrer Selbständigkeitsentwicklung auf eine solche emotionale Anerkennung angewiesen sind. Identitätsbildung und emotionale Anerkennung stehen demzufolge in einem notwendigen Bedingungsverhältnis.[2]

Dies ist keine unkontroverse Annahme und sie ist historisch vergleichsweise neu. Vergangene Generationen und Epochen wußten von diesem Bedürfnis noch nichts oder machten zumindest nicht so viel Aufhebens davon wie zeitgenössische (Taylor 1991, S. 56 ff.; Todorov 1995, S. 103 ff.; Gestrich et al. 2003). Es muß also damals andere, funktional äquivalente Formen der Anerkennung dieses Bedürfnisses gegeben haben oder aber das Bedürfnis trat unter einem anderen Namen und in anderer Gestalt auf. Eine dieser Gestalten war sicher die Religion, in der der Mensch sich von Gott gesehen und erkannt fühlen konnte, ohne auch psychologisch anerkannt zu sein. Ein funktionales Äquivalent war die quasi natürliche Zugehörigkeit zu einer ständischen Ordnung oder einem Clan, bei der allerdings auf die Individualität des Einzelnen wenig Rücksicht genommen wurde. Bezogen auf Kinder läßt sich vermuten, daß ihr in vergangenen Zeiten ungleich größerer Beitrag zur materiellen Reproduktion der Familie ebenfalls ein solches Äquivalent gewesen ist. Eingebunden in die Notwendigkeit, im bäuerlichen Haushalt Vieh zu hüten, bei der Getreideernte zu helfen, Brot zu backen oder, in industriellen Zeiten, in Manufaktur und Fabrik oft unter härtesten und unmenschlichen Bedingungen zu arbeiten, könnte diese elementare Form des Gebrauchtwerdens in einem handfesten

2 Eine vorzügliche Darstellung des Anerkennungsthemas in der Psychoanalyse gibt Wildt (2005).

ökonomischen Sinn, trotz aller damit verbundenen Leiden, zu einer subkutanen und gar nicht explizit kommunizierten (Selbst-)Wahrnehmung von der Bedeutung der eigenen Person geführt haben (Gestrich 1999, Göppel 1999). Sie muß heute, wo diese Notwendigkeiten zumindest in den fortgeschrittenen westlichen Gesellschaften nicht mehr in gleichem Maß existieren, kompensiert werden.

Wenn das Kind nicht mehr materiell, sondern in erster Linie emotional wichtig ist, erfährt seine Existenz einen Bedeutungsverlust, der nicht ohne Folgen für sein Selbstverständnis bleiben kann und eine Form des Ausgleichs erfordert, die in der Psychologisierung zwischenmenschlicher Beziehungen ihren Ausdruck findet. Der materielle Bedeutungsschwund geht einher mit einer emotionalen Bedeutungsaufwertung, die zu einem expliziten Wertschätzungsbedürfnis führt, dessen zumindest implizite und teilweise Befriedigung in anderen Zeiten ein gleichsam natürlicher Bestandteil der kindlichen Lebens- und vor allem Arbeitswelt war. In anderen Worten: Die Entdeckung, aber auch die Kultivierung emotionaler kindlicher Anerkennungsbedürfnisse ist – in relevantem Ausmaß – überhaupt nur in Gesellschaften möglich, die Kinder weitgehend vom Produktions- und Reproduktionsprozeß freigesetzt haben.

Der Fortschritt, der in der Institutionalisierung von Kindheit als einer besonders schutzbedürftigen Lebensphase besteht, ist gar nicht zu überschätzen. Die Lebensbedingungen von heutigen Kindern haben sich – verglichen mit vergangenen Jahrhunderten – in der westlichen Hemisphäre in einem enormen Ausmaß verbessert. Indessen, so will es scheinen, hat diese Besserung ihren Preis, den man in Kurzform so ausdrücken könnte, daß moderne Kinder nicht mehr *für* etwas anerkannt werden (wollen) sondern *als* etwas. Schon im Kindergarten wollen oder werden sie nicht mehr nur für ihr Wohlverhalten gelobt, sondern in ihren individuellen Eigenarten respektiert; in der Schule nicht mehr nur für Leistungen prämiert, sondern in ihrer Individualität und Besonderheit gefördert; in der Familie weniger in ihrem sichtbaren Beitrag zum Funktionieren des Familienverbandes gebraucht (Schuhe putzen, in der Küche helfen, Auto waschen, Garten pflegen), sondern in ihrer bloßen Existenz wertgeschätzt; außerdem sind es jetzt, sofern sich die Wertschätzung nicht auf die bloße Existenz, sondern auf bestimmte Fähigkeiten und Eigenschaften bezieht, weniger handfeste und stärker selbstbezogene »kreative« Tätigkeiten (Musizieren, Ballett), die in den Mittelpunkt des Wertschätzungsbedürfnisses rücken. Nun ist es nicht so, daß nur die Kinder das wollen, sondern die Eltern wollen und tun es auch. Illustrativ dafür ist ein Vater, der einen modernen, die Frühförderung bevorzugenden Kindergarten besucht. Nachdem er das Bildungsprogramm studiert hat, das auch Rechnen und Schreiben im Vorschulalter umfaßt, sagt er zu der Betreuerin: »Ich möchte nicht, daß mein Kind hier Lesen lernt, sondern daß es glücklich ist.« Solche Äußerungen wären vor 50 Jahren kaum denkbar gewesen und sind indikativ für eine Verschiebung der Wahrnehmung kindlicher Bedürfnisse, die durchaus segensreiche Wirkungen haben kann. Die Kehrseite dieser Verschiebung ist, daß sie für Pathologien von Anerkennungsbedürfnissen ein weites Feld eröffnet. Wenn die Ausbildung eines gesunden Selbstwertgefühls und einer stabilen Identität in erheblichem Umfang auf psychologischen Kommunikationsprozessen innerhalb der Familie beruht, so treten andere Quellen in den Hintergrund, werden nicht mehr genutzt – und die in den Vordergrund getretenen sind darüber hinaus riskant.

Auf anthropologischer Ebene besteht das Risiko im Instinktmangel und der komplementären Ausbildung der Phantasie. Der Mensch ist ein phantasierendes Tier. Die Wahrnehmung und Interpretation von Bedürfnissen kleiner Kinder durch Erwachsene ist in so erheblichen Maß phantasmatisch aufgeladen, daß ihre Sicherstellung immer riskant ist. Die Phantasie einer Mutter, ihr Kind könne verhungern, kann die Wahrnehmung seiner tatsächlichen Nahrungsbedürfnisse so überformen, daß sie es ständig füttert – und so bereits im Säuglingsalter eine Eßstörung induziert. Dieses Gefährdungspotential durch die Phantasie ist humanspezifisch. In ihr liegt der anthropologische Grund der Neurose. Ihn gab es zu allen Zeiten, ebenso wie auch den entwicklungsfördernden Effekt gutartiger Zuschreibungen. Neu scheint indes die »Entbettung« solcher Zuschreibungen aus einem weiteren gesellschaftlichen Kontext und die Einkapselung innerhalb der Familie. Es gibt keine tradierten, gesellschaftlich abgesicherten Formen des Umgangs mit Fütterproblemen bei Säuglingen mehr – oder, genauer gesagt, es gibt neue: Eltern-Säuglings-Beratungsstellen, Fütter- und Stillgruppen, Ernährungsberatung für Säuglinge und dergleichen. Dies sind legitime und nützliche Formen der Reinstitutionalisierung, die ein Segen für die Betroffenen sind und die den Spott, der sich über sie gelegentlich ergießt, nicht verdienen. Ihre Existenz indiziert – im Unterschied zur weit verbreiteten Idee vom Bedeutungsverlust der Familie als zentraler Sozialisationsinstanz – eher das Gegenteil: ihre Aufwertung, vielleicht

Überlastung. Reduziert auf ihre Kernfunktion der Persönlichkeitsbildung tritt genau diese Kernfunktion, die sie immer schon hatte, deutlich(er) zutage – ja, wird erst in ihrem ganzen Ausmaß sichtbar und gewinnt eine ebenso enorme wie fragile Bedeutung. So wenig wie die eheliche Beziehung durch wirtschaftliche, politische, religiöse oder sozialmoralische Motive heute noch stabilisiert (oder entfremdet) wird und deshalb neuer Formen der Einbettung bedarf (Ehe-, Paar- und Familientherapie; juristische Gleichstellungsmaßnahmen), wird auch die Beziehung zu den Kindern nicht mehr durch etwas außerhalb dieser Beziehung gestützt. Kinder werden, wie Ehegatten, im besten Falle »nur« noch geliebt.[3] In dieser »thematischen Reinigung der Familie« (Tyrell 1976, S. 397) liegen Risiken und Chancen. Über die Chancen muß nicht viel gesagt werden. Der Rückgang vormaliger Fremdbestimmung ist offenkundig. Effi Briest würde heute mit Mann und Eltern in Familientherapie gehen und nicht sterben (Schütze 1984). Die damit einhergehenden Risiken sind erst in letzter Zeit deutlicher zutage getreten.

Häufig ist zu hören, daß wir in einem Zeitalter des Narzißmus und der übermäßigen Selbstbezogenheit leben (Lasch 1979). Der Narzißt ist jedoch kein Egoist im herkömmlichen Sinne, der durch kulturkonservative Klagen zur Raison gebracht werden könnte. Er ist vielmehr ein Individuum, das, in chronischem Zweifel über seinen Wert, auf der Suche nach Objekten ist, die ihm diesen Wert bestätigen. Er ist also in extremem Maß objekt- und nicht selbstbezogen. Diese Bezogenheit weist allerdings eine spezifische Färbung auf. Die andere Person wird weitgehend unter der Perspektive wahrgenommen, was sie für die Aufrechterhaltung des eigenen labilen Identitäts- und Selbstwertgefühls tun kann. Konturiert sie sich mit eigenen Bedürfnissen, kann sie die ersehnte Bestätigungsfunktion nicht ausüben und wird fallengelassen (Kohut 1971). Solche Persönlichkeiten gab es zu allen Zeiten (Don Juan, Oblomov, Zeno Cosini). Die sie kennzeichnende Gleichzeitigkeit von intensivem Objekthunger und Fragilität der Beziehung tritt dann als auffällig in der Vordergrund, wenn Beziehungen nicht mehr durch

3 Bertram (2002) hat in einer instruktiven Arbeit Skepsis bezüglich der Idee geäußert, daß moderne Familien, insbesondere die von ihm als heute vorherrschend betrachteten multilokalen Mehrgenerationenfamilien, ihren Zusammenhalt ausschließlich auf affektive Beziehungen gründen. Der interessierte Leser sei auf die Lektüre der Originalarbeit verwiesen.

Zwecke außerhalb ihrer selbst stabilisiert werden, weil »reine« Beziehungen zum normativen Ideal von Beziehungen geworden sind.

Dieser Wandel ist durch vielerlei demographische, ökonomische, soziokulturelle und juristische Wandlungen hervorgerufen worden (Rückgang der Kinderzahl, Einführung der Rentenversicherung, Wertewandel, Befreiung der Kinder vom Beitrag zur materiellen Reproduktion der Familie). Gleichzeitig hat sich ein Sensorium innerhalb der Gesellschaft für *die* verbliebene Kernfunktion der Familie entwickelt: reine, zweckfreie emotionale Zuwendung und Förderung der Persönlichkeitsbildung (Giddens 1992). Die Ablösung traditioneller Erziehungsziele wie Gehorsam und Unterordnung durch das zentrale Ziel der Selbständigkeit reflektiert diesen Wandel der Gesellschaft, in der die genannten alten Tugenden dysfunktional geworden sind. Starre Persönlichkeiten sind dem rapiden Wandel nicht gewachsen. Eltern wollen deshalb nicht mehr so sehr, daß ihre Kinder sich unterordnen, sondern daß sie selbständige, flexible Persönlichkeiten werden (Schneewind 2000, Münchmeier 2001) und sie versprechen sich von einer Respektierung kindlicher Anerkennungsbedürfnisse eine Erreichung dieses Ziels (das sich in einer gewandelten Lebens- und Arbeitswelt bewähren muß oder auch scheitern kann). Einschlägige Untersuchungen zeigen, »daß sich die moderne Leitnorm der Erziehung zur Selbständigkeit (gemessen an der hohen Respektierung kindlicher Interessenäußerung und an der geringen Zustimmung zur Anwendung elterlicher Strafen) als dominantes Muster für moderne Eltern-Kind-Beziehungen in über zwei Dritteln der Familien vor allem aus höheren Sozialschichten durchgesetzt hat. Umgekehrt ist eine deutliche Elternzentriertheit der Eltern-Kind-Beziehungen und eine vergleichsweise größere Distanz zwischen Eltern und Kindern nur noch in etwa einem Drittel der Familien zu finden, die eher aus niedrigen sozialen Statusgruppen kommen« (Büchner et al. 1996, S. 226).

Die mit der Selbständigkeitserziehung einhergehende Lockerung von Disziplinierungszumutungen hat sicherlich einen befreienden, möglicherweise unter bestimmten Bedingungen aber auch einen riskanten, labilisierenden Effekt. Schütze (1988, S. 110 f.) vermutet die Entstehung eines strukturell schwer zu lösenden Paradoxes, daß nämlich das vermehrte Engagement der Eltern zur Förderung der Selbständigkeit tendenziell das Gegenteil bewirkt: »Kinder können sich kaum noch alleine beschäftigen, da sie seit der Säuglingszeit daran gewöhnt sind, daß ständig jemand zur Verfügung steht, der sich ihnen widmet«.

Ein zweite Form des Paradoxes resultiert aus der veränderten Funktion des Kindes für die Familie. »Das Kind nimmt auf Grund seiner Funktion, emotionale Bedürfnisbefriedigung zu gewähren, Freude zu machen, Lebenssinn zu stiften, die zentrale Stellung in der Familie ein, und die Ehebeziehung scheint gegenüber der Eltern-Kind-Beziehung an Eigenwert zu verlieren. Diese Konstellation könnte aber strukturell dem gleichzeitig herrschenden Leitbild, die Eigenständigkeit des Kindes zu fördern, entgegenwirken« (ebd., S. 112) – unter anderem deshalb, weil sie die Kinder mit der Verantwortung für den Lebenssinn ihrer Eltern belastet und das elterliche Wohlbefinden in wachsendem Maße in Abhängigkeit von der Zustimmung der Kinder zu ihren Erziehungsmaßnahmen gerät. Damit wächst den Kindern eine unangemessene, der Selbständigkeitsentwicklung eher zuwiderlaufende Verantwortung für ihre Eltern zu. Diese Konstellation wird in der familientherapeutischen Literatur unter dem Titel der »Parentifizierung« beschrieben, womit die altersunangemessene und potentiell pathogene Übernahme elterlicher Aufgaben durch Kinder gemeint ist.

Aber selbst im Fall einer gelungenen Selbständigkeitserziehung ohne diese Nebenwirkungen könnten Kinder – so meine Vermutung – nicht nur freier im Ausdruck ihrer Bedürfnisse, sondern vielleicht auch unfähiger oder unwilliger werden, sich »zusammenzureißen«. Das traditionelle Konzept der Ich-Stärke oder das des Über-Ichs hatte immer auch die Konnotation von Unterdrückung störender Bedürfnisregungen. Mit der durch eine demokratisierte Erziehung hervorgerufenen flexibleren Einstellung zu den eigenen Bedürfnissen geht möglicherweise auch eine Schwächung dieses Formierungspotentials einher. Wir stünden dann vor dem Problem, daß sich in den sogenannten spät- oder postmodernen Formen der Identität ein erheblicher Wandel psychischer Strukturen anzeigt. Nicht mehr Homogenität und Ich-Stärke, sondern Heterogenität und innere Pluralisierung wären Kennzeichen spätmoderner Subjektivität, die insgesamt plastischer, lebendiger und authentischer, aber auch labiler und verletzlicher geworden wäre (Honneth 2000).[4]

4 Die soziologische, sozialpsychologische, psychologische und psychoanalytische Literatur zum Thema Wandel der Identitätsbildung beziehungsweise Wandel psychischer Strukturen ist vom Umfang her kaum noch zu überblicken. Über die im Text genannten Arbeiten hinaus befassen sich unter anderem folgende Autoren – aus höchst unterschiedlichen und oft auch begrifflich sehr heterogenen Perspektiven – mit diesem Thema: Krappmann (1969), Ziehe (1975), Hohl (1989), Seligman

Unterstützung erhalten diese psychoanalytisch inspirierten Vermutungen zum Persönlichkeitswandel durch empirisch-familienpsychologische Untersuchungen. Schweewind (Kurzfassung 2001; ausführlich Schweewind/Ruppert 1995; s. a. das thematisch ähnliche Projekt von Wild/Hofer 2001) hat in einer Longitudinalstudie die möglichen Auswirkungen des Wandels der Erziehungsvorstellungen für die Jahre 1975–1992 untersucht. Sowohl Eltern als auch Kinder entwickeln sich »im Laufe des 16-Jahres-Intervalls gleichermaßen – wenn auch ausgehend von einem unterschiedlichen Anfangsniveau – in Richtung einer größeren Unabhängigkeit sowie einer geringeren Normgebundenheit und Entschlußbereitschaft...« (S. 29). Die Kindergeneration war im Vergleich zur Elterngeneration weniger belastbar (ebd. S. 31), was sich daran zeigte, daß sie auf kritische Lebensereignisse häufiger mit körperlichen Symptomen reagierte. Diese Befunde konvergieren mit den oben vorgetragenen Überlegungen, daß der moderne »psychische Apparat« sowohl freier und triebfreundlicher als auch fragiler geworden ist (in Schneewinds Terminologie: größere Unabhängigkeit und geringere Normgebundenheit versus geringere Entschlußbereitschaft und höhere Anfälligkeit für körperliche Symptome bei Belastung).

Der Befund geringerer Normgebundenheit der jüngeren Generation ist von Nunner-Winkler (1999) in einer anders verfahrenden Untersuchung – in der sie dem möglichen Zusammenhang zwischen gewandelten Partnerschafts- und Erziehungspraktiken und dem Aufbau moralischer Motivation bei Kindern nachging – bestätigt worden. Sie fand, daß in der jüngsten Kohorte der 20- bis 30jährigen die Zahl der amoralischen Probanden höher war als bei den 40- bis 50jährigen und den 65- bis 85jährigen. Interpretiert man diesen Befund nicht als Artefakt größerer Ehrlichkeit in den Auskünften der Jüngeren, so gibt er zu denken. Die Autorin relativiert ihn allerdings durch den Hinweis auf

(1990), Lash/Friedman (1992), Barratt (1993), Marcia et al. (1993), Joas (1994), Haußer (1995), Lohauß (1995), Wenzel (1995), Conzen (1996), Kraus (1996), Sloan (1996), Simon/Mummendey (1997), Ehrenberg (1998), Sennett (1998), Wallerstein/Goldberger (1998), Keupp/Höfer (1997), Keupp et al. (1999), Willems/Hahn (1999), Elliott (1999), Elliott/Spezzano (2000), Nunner-Winkler (1991, 2000 b), Grundmann (2000), Zima (2000), Busch (2001), Veith (2001), Thomä (2002), Twenge (2002), Altmeyer (2003), Schallberger (2003), Reiche (2004 a, b, c), Straub (1991, 1998, 2004), Straub/Renn (2002), Straub/Zielke (2005), Strenger (1998, 2002, 2005), Balbus (2005), Eberhard (2005), Funk (2005), Winterhoff-Spurk (2005), Diamond (2006).

die größere interne Differenzierung in der Gruppe der Jüngeren. »Unter den Jüngeren gibt es Befragte, deren moralisches Engagement das bei irgendeinem der Älteren gefundene bei weitem übersteigt. Es findet sich aber auch ein Ausmaß offen zugestandener moralischer Indifferenz, wie es bei den Älteren, die lebenslang stärkeren sozialen Kontrollen ausgesetzt waren, nicht nachweisbar ist« (S. 327). Es gibt also unter den Jüngeren gleichzeitig mehr sehr moralische und mehr unmoralische.

Ob sich solche Tendenzen wie die genannten – also geringere Normgebundenheit, geringere Entschlußbereitschaft und geringere Belastbarkeit einerseits, größere Unabhängigkeit andererseits – heute noch verstärken und wenn ja, welche neue Formen der sozialen Einrahmung beziehungsweise Stabilisierung der sowohl freieren als auch labileren Identitätsform(en) notwendig und zweckmäßig sind, sollte in Zukunft genauer untersucht werden (Dornes, in Vorb.).

Literaturverzeichnis

Abramovitch, H. (1997): Images of the »father« in psychology and religion. In: M. Lamb (Hrsg.): The Role of the Father in Child Development. New York u. a. (Wiley), 19–32 (3rd rev. ed.)

Adorno, T. (1952): Die revidierte Psychoanalyse. In: Gesammelte Schriften Band 8/1. Frankfurt am Main (Suhrkamp) 1996, 20–41

Ahnert, L. (1998): (Hrsg.): Tagesbetreuung für Kinder unter drei Jahren. Theorien und Tatsachen. Bern u. a. (Huber)

Ahnert, L. (2004): (Hrsg.): Frühe Bindung. Entstehung und Entwicklung. München (Ernst Reinhardt)

Ahnert, L. und **H. Rickert** (2000): Belastungsreaktionen bei beginnender Tagesbetreuung aus der Sicht der frühen Mutter-Kind-Bindung. Psychologie in Erziehung und Unterricht 47: 189–202

Ahnert, L. und **M. Lamb** (2001): The east german child care system. American Behavioral Scientist 44: 1843–1863

Ahnert, L., H. Rickert und **M. Lamb** (2000): Shared caregiving: Comparisons between home and child-care settings. Developmental Psychology 36: 339–351

Ahrbeck, B. (1997): Konflikt und Vermeidung. Psychoanalytische Überlegungen zu aktuellen Erziehungsfragen. Neuwied u. a. (Luchterhand)

Aichhorn, T. (2001): Das Differential in der Psychoanalyse. Sprachverwirrung: Übertragung – Übersetzung. Zeitschrift für psychoanalytische Theorie und Praxis 16: 405–443

Aichhorn, T. (2004): Die Relevanz metapsychologischer Überlegungen für die Praxis der Psychoanalyse. In: L. Bayer und I. Quindeau (Hrsg.): Die unbewußte Botschaft der Verführung. Interdisziplinäre Studien zur Verführungstheorie Jean Laplanches. Gießen (Psychosozial), 31–57

Aigner, J. (2001): Der ferne Vater. Zur Psychoanalyse von Vatererfahrung, männlicher Entwicklung und negativem Ödipuskomplex. Gießen (Psychosozial)

Ainsworth, M., M. Blehar, E. Waters und **S. Wall** (1978): Patterns of Attachment. A Psychological Study of the Strange Situation. Hillsdale, NJ (Erlbaum)

Aitken, K. und **C. Trevarthen** (1997): Self/other organization in human development. Development and Psychopathology 9: 653–677

Albrecht, G. (2001): Einleitung: Gewaltkriminalität zwischen Mythos und Realität. In: G. Albrecht, O. Backes und W. Kühnel (Hrsg.): Gewaltkriminalität zwischen Mythos und Realität. Frankfurt am Main (Suhrkamp), 9–67

Albrecht, G. (2002): Soziologische Erklärungsansätze individueller Gewalt und ihre empirische Bewährung. In: W. Heitmeyer und J. Hagan (Hrsg.): Internationales Handbuch der Gewaltforschung. Wiesbaden (Westdeutscher Verlag), 763–818

Aldridge, M., K. Stone, M. Sweeney und **T. Bower** (2000): Preverbal children with autism understand the intentions of others. Developmental Science 3: 294–301

Allert, T. (1998): Die Familie. Fallstudien zu einer unverwüstlichen Lebensform. Berlin und New York (de Gruyter)

Altmeyer, M. (2000 a): Narzißmus und Objekt. Ein intersubjektives Verständnis der Selbstbezogenheit. Göttingen (Vandenhoeck & Ruprecht)

Altmeyer, M. (2000 b): Narzißmus, Intersubjektivität und Anerkennung. Psyche 54: 143–171

Altmeyer, M. (2003): Im Spiegel des Anderen. Anwendungen einer relationalen Psychoanalyse. Gießen (Psychosozial)

Altmeyer, M. und **H. Thomä** (2006): (Hrsg.): Die vernetzte Seele. Die intersubjektive Wende in der Psychoanalyse. Stuttgart (Klett-Cotta)

Alvarez, A. (1992): Zum Leben wiederfinden. Psychoanalytische Therapie mit autistischen, Borderline-, vernachlässigten und mißbrauchten Kindern. Frankfurt am Main (Brandes & Apsel) 2001

Alvarez, A. (1996): Adressing the element of deficit in children with autism: Psychotherapy which is both psychoanalytically and developmentally informed. Clinical Child Psychology and Psychiatry 1: 525–537

Alvarez, A. (1999 a): Disorder, deviance and personality. Factors in the persistence and modifiability of autism. In: A. Alvarez und S. Reid (Hrsg.): (1999): Autism and Personality. Findings from the Tavistock Autism Workshop. London und New York (Routledge), 62–78

Alvarez, A. (1999 b): Frustration und Getrenntheit, Lust und Verbundenheit: Reflexionen über Bedingungen, unter denen böse oder gute Überraschungen zum Lernen anspornen. Kinderanalyse 9, 2001: 210–228

Alvarez, A. (2000): Diskussion von Stern (2000 a) und Green (2000 a). Zeitschrift für psychoanalytische Theorie und Praxis 16, 2001: 73–79

Alvarez, A. und **S. Reid** (1999): (Hrsg.): Autism and Personality. Findings from the Tavistock Autism Workshop. London und New York (Routledge)

Amato, P. (2000): The consequences of divorce for adults and children. Journal of Marriage and the Family 62: 1269–1287

Amato, P. und **F. Rivera** (1999): Paternal involvement and children's behavior problems. Journal of Marriage and the Family 61: 375–384

Amato, P. und **J. Sobolewski** (2001): The effects of divorce and marital discord on adult children's psychological well-beeing. American Sociological Review 66: 900–921

Amendt, G. (1999): Vatersehnsucht. Annäherung in elf Essays. Universität Bremen, Institut für Geschlechter- und Generationenforschung (Eigendruck)

Andersson, G. (1988): Kritik und Wissenschaftsgeschichte. Tübingen (Mohr)

Anthony, J. (1958): An experimental approach to the psychopathology of childhood autism. British Journal of Medical Psychology 31: 211–225

Anthony, J. (1973): Tustin in Kleinianland. Review of Autism and Childhood Psychosis. Psychotherapy and Social Science Review 1: 14–22

Anzieu, D. (1985): Das Haut-Ich. Frankfurt am Main (Suhrkamp) 1991

Archer, D. und **R. Gartner** (1984): Violence and Crime in Cross-National Perspective. New Haven (Yale Univ. Press)

Ariès, P. (1960): Geschichte der Kindheit. München (Hanser) 1974

Arlow, J. (1958): (Rep.): The psychoanalytic theory of thinking. Journal of the American Psychoanalytic Association 6: 143–153

Asperger, H. (1944): Die autistischen Psychopathen im Kindesalter. Archiv für Psychiatrie 117: 76–136

Astington, J. (1993): Wie Kinder das Denken entdecken. München und Basel (Ernst Reinhardt) 2000

Avramides, A. (2001): Other Minds. London und New York (Routledge)

Bailey, A., W. Phillips und **M. Rutter** (1996): Autism: Towards an integration of clinical, genetic, neuropsychological and neurobiological perspectives. Journal of Child Psychology and Psychiatry 37: 89–126

Baillargeon, R. (2002): The acquisitation of physical knowledge in infancy. In: U. Goswami (Hrsg.): Blackwell Handbook of Childhood Cognitive Development. Oxford (Blackwell), 47–83

Balbus, I. (2005): Mourning and Modernity. New York (Other Press)

Balzer, W. (1997): Die Wissenschaft und ihre Methoden. Grundsätze der Wissenschaftstheorie. Ein Lehrbuch. Freiburg und München (Alber)

Bambey, A. und **H.-W. Gumbinger** (2006): Der randständige Vater – Sozialwissenschaftliche Erkundungen einer prekären Familienkonstellation. In: F. Dammasch und H.-G. Metzger (Hrsg.): Die Bedeutung des Vaters. Frankfurt am Main (Brandes & Apsel), 218–254

Bard, K. und **C. Russel** (1999): Evolutionary foundations of imitation: Social cognitive and developmental aspects of imitative processes in non-human primates. In: J. Nadel und G. Butterworth (Hrsg.): Imitation in Infancy. Cambridge (Cambridge Univ. Press), 89–123

Baron-Cohen, S. (1987): Autism and symbolic play. British Journal of Developmental Psychology 5: 139–148

Baron-Cohen, S. (1993): From attention-goal psychology to belief-desire psychology: The development of a theory of mind, and its dysfunction. In: S. Baron-Cohen, H. Tager-Flusberg und D. Cohen (Hrsg.): Understanding other Minds. Perspectives from Autism. Oxford u. a. (Oxford Univ. Press), 59–82

Baron-Cohen, S. (1995): Mindblindness. An Essay on Autism and Theory of Mind. Cambridge und London (MIT Press)

Baron-Cohen, S. (2000): Theory of mind and autism: A fifteen year review. In: S. Baron-Cohen, H. Tager-Flusberg und D. Cohen (Hrsg.): Understanding other Minds. Perspectives from Developmental Cognitive Neuroscience. Oxford (Oxford Univ. Press), 3–20

Baron-Cohen, S. (2003): Vom ersten Tag an anders. Das weibliche und das männliche Gehirn. Düsseldorf und Zürich (Walter) 2004

Baron-Cohen, S., A. Leslie und **U. Frith** (1985): Does the autistic child have a ›theory of mind‹? Cognition 21: 37–46

Baron-Cohen, S., J. Allen und **C. Gillberg** (1992): Can autism be detected at 18 months? The needle, the haystack, and the CHAT. British Journal of Psychiatry 161: 839–843

Baron-Cohen, S., et al. (2000): The early identification of autism: The checklist for autism in toddlers (CHAT). Journal of the Royal Society of Medicin 93: 521–525
Barrat, B. (1993): Psychoanalysis and the Postmodern Impulse. Baltimore und London (The Johns Hopkins Press)
Barresi, J. und **C. Moore** (1996): Intentional relations and social understanding. Behavioral and Brain Sciences 19: 107–154 (mit Kommentaren)
Barrow, J. (1988): Die Natur der Natur. Wissen an den Grenzen von Raum und Zeit. Reinbek bei Hamburg (Rowohlt) 1996
Barton, M. und **M. Williams** (1993): Infant day care. In: C. Zeanah (Hrsg.): Handbook of Infant Mental Health. New York und London (Guilford Press), 445–461
Basch-Kahre, E. (1985): Patterns of thinking. International Journal of Psycho-Analysis 66: 455–470
Bateman, A. und **P. Fonagy** (2004): Psychotherapy for Borderline Personality Disorders: Mentalization Based Treatment. Oxford (Oxford Univ. Press)
Bates, J., D. Marvinney, T. Kelly, K. Dodge, D. Bennett und **G. Pettit** (1994): Child care history and kindergarten adjustment. Developmental Psychology 30: 690–700
Bauer, J. (2002): Das Gedächtnis des Körpers. Wie Beziehungen und Lebensstile unsere Gene steuern. Frankfurt am Main (Eichborn)
Bauer, J. (2005): Warum ich fühle, was du fühlst. Intuitive Kommunikation und das Geheimnis der Spiegelneurone. Hamburg (Hoffmann und Campe)
Baumrind, D. (1967): Child care practices anteceeding three patterns of preschool behavior. Genetic Psychological Monographs 75: 45–88
Baumrind, D. (1991): Effective parenting during early adolescent transition. In: P. Cowan und E.M. Hetherington (Hrsg.): Family Transitions. Hillsdale NJ (Erlbaum), 111–163
Baydar, N. und **J. Brooks-Gunn** (1991): Effects of maternal employment and child care arrangements on preschoolers' cognitive and behavioral outcomes: Evidence from the Children of the National Longitudinal Survey of Youth. Developmental Psychology 27: 932–945
Bayer, L. (2004): Die allgemeine Verführungstheorie als Paradigma der Sozialisationstheorie. In: L. Bayer und I. Quindeau (Hrsg.): Die unbewußte Botschaft der Verführung. Interdisziplinäre Studien zur Verführungstheorie Jean Laplanches. Gießen (Psychosozial), 74–89
Bayer, L. und **I. Quindeau** (2004): (Hrsg.): Die unbewußte Botschaft der Verführung. Interdisziplinäre Studien zur Verführungstheorie Jean Laplanches. Gießen (Psychosozial)
Beck-Gernsheim, E. (1995): Für eine »soziale Öffnung« der Bindungsforschung. Familiendynamik 20: 193–200
Becker, E. (1973): Die Überwindung der Todesfurcht. Dynamik des Todes. Olten (Walter) 1976
Becker, N. (2000): Artikel ›Sexualität‹. In: W. Mertens und B. Waldvogel (Hrsg.): Handbuch psychoanalytischer Grundbegriffe. Stuttgart u.a. (Kohlhammer), 661–666 (3. überarb. Aufl. des Handbuchs erscheint 2006)
Bedorf, T. (2003): Dimensionen des Dritten. Sozialphilosophische Modelle zwischen Ethischem und Politischem. München (Fink)
Beebe, B. und **F. Lachmann** (1994): Representation and internalization in infancy: Three principles of salience. Psychoanalytic Psychology 11:127–165 (dt. in: B. Bee-

be und F. Lachmann, Säuglingsforschung und die Psychotherapie Erwachsener. Stuttgart, Klett-Cotta 2004, 163–205)

Beebe, B., F. Lachmann und **J. Jaffe** (1997): Mother-infant interaction structures and presymbolic self and object representations. Psychoanalytic Dialogues 7: 133–182 (dt. in: B. Beebe und F. Lachmann, Säuglingsforschung und die Psychotherapie Erwachsener. Stuttgart, Klett-Cotta 2004, 103–139)

Beebe, B., S. Knoblauch, J. Rustin und **D. Sorter** (2003 a): Introduction: A systems view. Psychoanalytic Dialogues 13: 743–775

Beebe, B., Sorter D., J. Rustin und **S. Koblauch** (2003 b): A comparison of Meltzoff, Trevarthen, and Stern. Psychoanalytic Dialogues 13: 777–804

Beebe, B., J. Rustin, D. Sorter und **S. Knoblauch** (2003 c): An expanded view of intersubjectivity in infancy and its application to psychoanalysis. Psychoanalytic Dialogues 13: 805–841

Beebe, B., S. Knoblauch, J. Rustin und **D. Sorter** (2005): Forms of Intersubjectivity in Infant Research and Adult Treatment. New York (Other Press)

Beebe, B., J. Jaffe, F. Lachmann, S. Feldstein, C. Crown und **M. Jasnow** (2000): System models in development and psychoanalysis: The case of vocal rythm coordination and attachment. Infant Mental Health Journal 21: 99–122

Beier, K., H. Bosinski, U. Hartmann und **K. Loewit** (2001): Sexualmedizin. Grundlagen und Praxis. München und Jena (Urban und Fischer)

Belsky, J. (1988): The »effects« of infant day care reconsidered. Early Childhood Research Quarterly 3: 235–272

Belsky, J. (2001): Developmental risks (still) associated with early child care. Journal of Child Psychology and Psychiatry 42: 845–859

Belsky, J. und **L. Steinberg** (1978): The effects of day care: A critical review. Child Development 49: 929–949

Belsky, J. und **M. Rovine** (1988): Nonmaternal care in the first year of life and the security of infant-parent attachment. Child Development 59: 157–167

Belsky, J. und **D. Eggebeen** (1991): Early and extensive maternal employment and young children's socioemotional development: Children of the National Longitudinal Survey of Youth. Journal of Marriage and the Family 53: 1083–1100

Benjamin, J. (1988): Die Fesseln der Liebe. Psychoanalyse, Feminismus und das Problem der Macht. Frankfurt am Main und Basel (Stroemfeld/Roter Stern) 1990

Benjamin, J. (1993): Phantasie und Geschlecht. Psychoanalytische Studien über Idealisierung, Anerkennung und Differenz. Frankfurt am Main (Fischer) 1996

Beres, D. (1965): Symbol und Objekt. Psyche 24, 1970: 921–941

Bergmann, M. (2000): (Hrsg.): The Hartmann Era. New York (Other Press)

Bergmann-Mausfeld, G. (2000): Empathie und Resonanz. Psychoanalyse und Säuglingsforschung. Forum der Psychoanalyse 16: 204–213

Bernfeld, S. (1925): Psychologie des Säuglings. Wien (Springer)

Bernstein, R. (1983): Beyond Objectivism and Relativism. Science, Hermeneutics, and Praxis. Philadelphia (Univ. of Pennsylvania Press)

Bertram, H. (1997): Familien leben. Neue Wege zur flexiblen Gestaltung von Lebenszeit, Arbeitszeit und Familienzeit. Gütersloh (Verlag Bertelsmann Stiftung)

Bertram, H. (2002): Die multilokale Mehrgenerationenfamilie. Berliner Journal für Soziologie 12: 517–529

Bettelheim, B. (1967): Die Geburt des Selbst. Erfolgreiche Therapie autistischer Kinder. München (Kindler) 1977

Bieri, P. (2001): Das Handwerk der Freiheit. Über die Entdeckung des eigenen Willens. München und Wien (Hanser)

Binswanger, R. (1996): Kindliche Masturbation – ein genetischer Gesichtspunkt, insbesondere bei Anorexia und Bulimia nervosa. Psyche 50: 644–670

Bion, W. (1959): Angriffe auf Verbindungen. In: E. Spillius (Hrsg.): Melanie Klein heute. Entwicklungen in Theorie und Praxis. Band 1. Stuttgart (Verlag Internationale Psychoanalyse) 1990: 110–129

Bion, W. (1962): Eine Theorie des Denkens. Psyche 17, 1963: 426–435

Bion, W. (1962): Lernen durch Erfahrung. Frankfurt am Main (Suhrkamp) 1990

Bion, W. (1965): Transformationen. Frankfurt am Main (Suhrkamp) 1997

Bischof-Köhler, D. (1989): Spiegelbild und Empathie. Die Anfänge der sozialen Kognition. Bern u. a. (Huber)

Bischof-Köhler, D. (1998): Zusammenhänge zwischen kognitiver, motivationaler und emotionaler Entwicklung in der frühen Kindheit und im Vorschulalter. In: H. Keller (Hrsg.): Lehrbuch Entwicklungspsychologie. Bern u. a. (Huber), 319–376

Bischof-Köhler, D. (2000): Kinder auf Zeitreise. Theory of Mind, Zeitverständnis und Handlungsorganisation. Bern u. a. (Huber)

Bischof-Köhler, D. (2002): Von Natur aus anders. Die Psychologie der Geschlechtsunterschiede. Stuttgart u. a. (Kohlhammer)

Bittner, G. (1994): Problemkinder. Zur Psychoanalyse kindlicher und jugendlicher Verhaltensauffälligkeiten. Göttingen (Vandenhoeck & Ruprecht)

Bjorklund, D. und **A. Pellegrini** (2000): Child development and evolutionary psychology. Child Development 71: 1687–1708

Blankenhorn, D. (1995): Fatherless America. Confronting Our Most Urgent Social Problem. New York (Basic Books)

Blum, H. (1979): On the concept and consequences of the primal scene. Psychoanalytic Quarterly 48: 27–47

BMFG (1980): Das Modellprojekt »Tagesmütter«. Abschlußbericht der wissenschaftlichen Begleitung. Schriftenreihe des Bundesministeriums für Jugend, Familie und Gesundheit, Band 85. Stuttgart u. a. (Kohlhammer)

Bölte, S. und **F. Poustka** (2004): Tiefgreifende Entwicklungsstörungen. In: F. Petermann, K. Niebank und H. Scheithauer (Hrsg.): Entwicklungswissenschaft. Entwicklungspsychologie – Genetik – Neuropsychologie. Berlin und Heidelberg (Springer), 411–435

Boesch, C. und **M. Tomasello** (1998): Chimpanzee and human cultures. Current Anthropology 39: 591–613 (mit Kommentaren)

Bohleber, W. (2001): (Hrsg.): Zur Psychoanalyse menschlicher Destruktivität. Psyche 55: Heft 9–10

Bohman, J. (1991): New Philosophy of Social Science. Problems of Indeterminacy. Cambridge (Polity Press)

Bohman, M. (1996): Predisposition to criminality: Swedish adoption studies in retrospect. Ciba Foundation Symposium 194: 99–109

Bollas, C. (1987 a): Das Verwandlungsobjekt. In: C. Bollas (1997): Der Schatten des Objekts. Das ungedacht Bekannte. Zur Psychoanalyse der frühen Entwicklung. Stuttgart (Klett-Cotta), 25–41

Bollas, C. (1987 b): Der Geist des Objekts als die Hand des Schicksals. In: C. Bollas (1997): Der Schatten des Objekts, a.a.O., 42–52
Boller, N. (2001): Rezension von M. Leuzinger-Bohleber, M. Koukkou und W. Mertens (1998). Psyche 55: 88–90
Borens, R. (1993): »... Vater sein dagegen sehr«. Zeitschrift für psychoanalytische Theorie und Praxis 8: 19–31
Bornstein, M. (1995): (Hrsg.): Handbook of Parenting, Vol. 1: Children and Parenting. Mahwah NJ (Erlbaum)
Bouchard, M.-A. und **S. Lecours** (2004): Analyzing forms of superego functioning as mentalizations. International Journal of Psycho-Analysis 85: 879–896
Bower, T. (1989): The Rational Infant. Learning in Infancy. New York (W. H. Freeman)
Bowlby, J. (1951): Mütterliche Zuwendung und geistige Gesundheit. München (Kindler) 1973
Bowlby, J. (1958): Über das Wesen der Mutter-Kind-Bindung. Psyche 13, 1959: 415–456
Bowlby, J. (1960 a): Die Trennungsangst. Psyche 15, 1961: 411–464
Bowlby, J. (1960 b): Grief and mourning in infancy and early childhood. The Psychoanalytic Study of the Child 15: 9–52
Bowlby, J. (1969): Bindung. Eine Analyse der Mutter-Kind-Beziehung. München (Kindler) 1975
Bowlby, J. (1980): Verlust. Trauer und Depression. Frankfurt am Main (Fischer) 1983
Bradley, B. (1989): The asymmetric involvement of infants in social life: Consequences for theory. Revue Internationale de Psychologie Sociale 2: 61–81
Bradley, B. (1991): Infancy as paradise. Human Development 34: 35–54
Brähler, E., O. Decker und **H. Radebold** (2004): Ausgebombt, vertrieben, vaterlos – Langzeitfolgen bei den Geburtsjahrgängen 1930–1945 in Deutschland. In: H. Radebold (Hrsg.): Kindheiten im II. Weltkrieg und ihre Folgen. Gießen (Psychosozial), 111–136
Bråten, S. (1988): Dialogic mind: The infant and the adult in protoconversation. In: M. E. Carvello (Hrsg.): Nature, Cognition and System. Dordrecht (Kluwer Academic Publishers), 187–205
Bråten, S. (1992): The virtual other in infants' minds and social feelings. In: A. Wold (Hrsg.): The Dialogical Alternative. Toward a Theory of Language and Mind. Oslo (Scandinavian Univ. Press), 77–97
Bråten, S. (1993): Infant attachment and self-organization in light of this thesis: Born with the other in mind. In: I. L. Gomnaes und E. Osborne (Hrsg.): Making Links. How Children Learn. Oslo (Yrkeslitteratur), 25–38
Bråten, S. (1996): When toddlers provide care. Infant's companion space. Childhood. A Global Journal of Child Research 3: 449–465
Bråten, S. (1997): What enables infants to give care? In: S. Bråten (2000): Modellmakt og altersentriske spedbarn. Essays on Dialogue in Infant and Adult. Bergen/Norwegen (Sigma), 231–243 (zweisprachiger Aufsatzband in Norwegisch und Englisch; ISBN 82-7916-009-4)
Bråten, S. (1998 a): (Hrsg.): Intersubjective Communication and Emotion in Early Ontogeny. Cambridge (Cambridge Univ. Press)

Bråten, S. (1998 b): Infant learning by altercentric participation: The reverse of egocentric observation in autism. In: S. Bråten (1998 a), a.a.O., 105–124
Bråten, S. (1998 c): Introduction. In: S. Bråten (1998 a): a.a.O., 1–12
Bråten, S. (1998 d): Intersubjective communion and understanding: Development and perturbation. In: S. Bråten (1998 a), a.a.O., 372–382
Bråten, S. (2002): Altercentric participation by infants and adults in dialogue. Ego's virtual participation in Alter's complementary act. In: M. Stamenov und V. Gallese (Hrsg.): Mirror Neurons and the Evolution of Brain and Language. Amsterdam/Philadelphia (John Benjamins), 273–294
Bråten, S. (2003 a): Beteiligte Spiegelung. Alterzentrische Lernprozesse in der Kleinkindentwicklung und der Evolution. In: U. Wenzel, B. Bretzinger und K. Holz (Hrsg.): Subjekt und Gesellschaft. Zur Konstitution von Sozialität. Festschrift für Günter Dux. Weilerswist (Velbrück), 139–169
Bråten, S. (2003 b): Im Gegensatz zu Piagets Theorie. Spracherwerb und Sprachentwicklung von einem alterzentrischen Standpunkt betrachtet. In: N. Psarros, P. Stekeler-Weithofer und G. Vobruba (Hrsg.): Die Entwicklung sozialer Wirklichkeit. Auseinandersetzungen mit einer historisch-genetischen Theorie der Gesellschaft. Weilerswist (Velbrück), 61–88
Braungart-Rieker, J., S. Courtney und **M. Garwood** (1999): Mother- and father-infant attachment: Families in context. Journal of Family Psychology 13: 535–553
Brazelton, T. B. und **S. Greenspan** (2000): Die sieben Grundbedürfnisse von Kindern. Weinheim und Basel (Beltz) 2002
Brazelton, T. B., B. Koslowski und **M. Main** (1974): The origins of reciprocity: The early mother-infant interaction. In: M. Lewis und L. Rosenblum (Hrsg.): The Effect of the Infant on Its Caregiver. New York u. a. (Wiley), 49–76
Bremner, G. (2001): Cognitive development: Knowledge of the physical world. In: G. Bremner und A. Fogel (Hrsg.): Blackwell Handbook of Infant Development. Oxford (Blackwell), 99–138
Brenman Pick, E. (2000): Diskussion von Green (2000 a) und Stern (2000 a). Zeitschrift für psychoanalytische Theorie und Praxis 16, 2001: 80–89
Britton, R. (1989): Die fehlende Verbindung. Die Sexualität der Eltern im Ödipuskomplex. In: R. Britton, M. Feldman und E. O'Shaughnessy (1998): (Hrsg.): Der Ödipuskomplex in der Schule Melanie Kleins. Stuttgart (Klett-Cotta), 95–115
Britton, R. (1995): Psychic reality and unconscious belief. International Journal of Psycho-Analysis 76: 19–24
Bromfield, R. (2000): Long-term psychodynamic psychotherapy with a high-functioning autistic adolescent. In: S. Epstein (Hrsg.): Autistic Spectrum Disorders and Psychoanalytic Ideas: Reassessing the Fit. Psychoanalytic Inquiry 20: 732–745
Brooks-Gunn. J., W. Han und **J. Waldvogel** (2002): Maternal employment and child cognitive outcomes in the first three years of life: The NICHD study of early child care. Child Development 73: 1052–1072
Browning, C. (1992): Ganz normale Männer. Das Reserve-Polizeibataillon 101 und die ›Endlösung‹ in Polen. Reinbek bei Hamburg (Rowohlt) 1993
Bruner, J. (1968): Processes of Cognitive Growth: Infancy. Worcester (Clark Univ. Press)
Bruns, G. (1997): Koreferat zu Jean Laplanche: Ziele des psychoanalytischen Prozesses. In: H. Peters und T. Rollwagen (1997): (Hrsg.): Ziele des psychoanalyti-

schen Prozesses. Herbsttagung der Deutschen Psychoanalytischen Vereinigung in Wiesbaden vom 20.–23.11.1996, Frankfurt am Main (Eigendruck der Congress-Organisation Geber + Reusch), 109–123

Bucci, W. (1997): Psychoanalysis and Cognitive Science. A Multiple Code Theory. New York und London (Guilford Press)

Buchholz, M. (1990): Die Rotation der Triade. Forum der Psychoanalyse 6: 116–134

Buchholz, M. (1997): Psychoanalytische Professionalität. Forum der Psychoanalyse 13: 75–93

Buchholz, M. (1999): Psychotherapie als Profession. Gießen (Psychosozial)

Buchholz, M. (2004): Die Geburt der Sprache aus dem Geist der Musik. Evolutionstheoretische Überlegungen zum Verhältnis von Psychoanalyse und Musik (unveröff. Ms.)

Büchner, P. (1983): Vom Befehlen und Gehorchen zum Verhandeln. Entwicklungstendenzen von Verhaltensstandards und Umgangsformen seit 1945. In: U. Preuss-Lausitz et al. (Hrsg.): Kriegskinder, Konsumkinder, Krisenkinder. Zur Sozialisationsgeschichte seit dem 2. Weltkrieg. Beltz (Weinheim), 196–212

Büchner, P., B. Fuhs, H.-H. Krüger (1996): (Hrsg.): Vom Teddybär zum ersten Kuß. Wege aus der Kindheit in Ost- und Westdeutschland. Opladen (Leske + Budrich)

Büchner, P., B. Fuhs, H.-H. Krüger (1997): Transformation der Eltern-Kind-Beziehungen? Facetten der Kindbezogenheit des elterlichen Erziehungsverhaltens in Ost- und Westdeutschland. Zeitschrift für Pädagogik 37: 35–52 (Beiheft)

Burack, J., T. Charman, N. Yirmiya und **P. Zelazo** (2001): (Hrsg.): The Development of Autism. Perspectives from Theory and Research. Mahwah und London (Erlbaum)

Bürgin, D. (1998 a): Psychoanalytische Ansätze zum Verständnis der frühen Eltern-Kind-Triade. In: K. von Klitzing (Hrsg.): Psychotherapie in der frühen Kindheit. Göttingen (Vandenhoeck & Ruprecht), 15–31

Bürgin, D. (1998 b): Vater als Person und Vater als Prinzip. In: D. Bürgin (Hrsg.): Triangulierung. Der Übergang zur Elternschaft. Stuttgart und New York (Schattauer), 179–214

Busch, H.-J. (2001): Subjektivität in der spätmodernen Gesellschaft. Weilerswist (Velbrück)

Buss, D. (1999): Evolutionary Psychology. The New Science of the Mind. Boston u. a. (Allyn & Bacon)

Butterworth, G. (1994): Theories of mind and the facts of embodiment. In: C. Lewis und P. Mitchell (Hrsg.): Children's Early Understanding of Mind. Hillsdale, NJ (Erlbaum), 115–132

Byrne, R. (1995): The Thinking Ape. Evolutionary Origins of Intelligence. Oxford (Oxford Univ. Press) (7th ed. 2002)

Byrne, R. (2002): Seeing actions as hierarchically organized structures: Great ape manual skills. In: A. Meltzoff und W. Prinz (Hrsg.): The Imitative Mind. Development, Evolution, and Brain Base. Cambridge (Cambridge Univ. Press), 122–140

Byrne, R. und **A. Russon** (1998): Learning by imitation: A hierarchical approach. Behavioral and Brain Sciences 21: 667–721 (mit Kommentaren)

Cabrera, N., C. Tamis-LeMonda, R. Bradley, S. Hofferth und **M. Lamb** (2000): Fatherhood in the twenty-first century. Child Development 71: 127–136

Call, J. und **M. Tomasello** (1998): Distinguishing intentional from accidental actions in orangutans *(pongo pygmaeus)*, chimpanzees *(pan troglodytes)*, and human children *(homo sapiens)*. Journal of Comparative Psychology 112: 192–206

Call, J. und **M. Tomasello** (1999): A nonverbal false belief task: The performance of children and great apes. Child Development 70: 381–395

Camaioni, L. (1993): The development of intentional communication: A re-analysis. In: J. Nadel und L. Camaioni (Hrsg.): New Perspectives in Early Communicative Development. London und New York (Routledge), 82–96

Campbell, S. (1995): Behavior problems in preschool children: A review of recent research. Journal of Child Psychology and Psychiatry 36: 113–149

Campbell, S., E. Pierce, C. March, L. Ewing und **E. Szumowski** (1994): Hard to manage preschool boys: Symptomatic behavior across contexts and time. Child Development 65: 836–851

Carpenter, M. und **M. Tomasello** (2000): Joint attention, cultural learning, and language acquisitation. Implications for children with autism. In: A. Wetherby und B. Prizant (Hrsg.): Autism Spectrum Disorders. Baltimore (Brookes), 31–54

Carpenter, M., J. Call und **M. Tomasello** (2002): Understanding ›prior intentions‹ enables two-year-olds to imitatively learn a complex task. Child Development 73: 1431–1441

Carpenter, M., K. Nagell und **M. Tomasello** (1998 a): Social Cognition, Joint Attention and Communicative Competence from 9 to 15 Months of Age. Monographs of the Society for Research in Child Development, Serial No. 255. Chicago (Chicago Univ. Press)

Carpenter, M., N. Akhtar und **M. Tomasello** (1998 b): Fourteen- through 18-month-old infants differentially imitate intentional and accidental actions. Infant Behavior and Development 21: 315–330

Carruthers, P. und **P. Smith** (1996): (Hrsg.): Theories of Theories of Mind. Cambridge (Cambridge Univ. Press)

Caspi, A., et al. (2002): Role of genotype in cycle of violence in maltreated children. Science 297: 851–854

Cassidy, J. und **P. Shaver** (1999): (Hrsg.): Handbook of Attachment: Theory, Research, and Clinical Applications. New York und London (Guilford Press)

Chabert, C. (1996): Book review essay: Introduction to the work of Didier Anzieu. International Journal of Psycho-Analysis 77: 601–613

Charman, T. (1997): The relationship between joint attention and pretend play in autism. Development and Psychopathology 9: 1–16

Charman, T. (1998): Specifying the nature and course of the joint attention impairment in autism and the preschool years. Autism. The International Journal of Research and Practice 2: 61–79

Charman, T. (2000): Theory of mind and the early diagnosis of autism. In: S. Baron-Cohen, H. Tager-Flusberg und D. Cohen (Hrsg.): Understanding other Minds. Perspectives from Developmental Cognitive Neuroscience. Oxford (Oxford Univ. Press), 422–441

Charman, T. und **S. Baron-Cohen** (1997): Prompted pretend play in autism. Journal of Autism and Developmental Disorders 27: 325–332

Charman, T., J. Swettenham, S. Baron-Cohen, A. Cox, G. Baird und **A. Drew** (1997): Infants with autism: An investigation of empathy, pretend play, joint attention, and imitation. Developmental Psychology 33: 781–789

Chase-Landsdale, P. und **M. Owen** (1987): Maternal employment in a family context: Effects on infant-mother and infant-father attachments. Child Development 58: 1505–1512

Chused, J. (1986): Consequences of paternal nurturing. Psychoanalytic Study of the Child 41: 419–438

Cicchetti, D. und **V. Carlson** (1989): (Hrsg.): Child Maltreatment. Theory and Research on the Causes and Consequences of Child Abuse and Neglect. Cambridge (Cambridge Univ. Press)

Cierpka, M. (2005 a): Gewaltprävention – Unterstützung der Familien und Förderung der Kinder. In: U. Egle, S. O. Hoffmann und P. Joraschky (Hrsg.): Sexueller Mißbrauch, Mißhandlung, Vernachlässigung. Erkennung, Therapie und Prävention der Folgen früher Streßerfahrungen. Stuttgart und New York (Schattauer), 636–649 (3. überarb. Aufl.)

Cierpka, M. (2005 b): Ansätze zur Prävention der Langzeitfolgen früher Streßerfahrungen. In: U. Egle, S. O. Hoffmann und P. Joraschky (Hrsg.): Sexueller Mißbrauch, Mißhandlung, Vernachlässigung. Erkennung, Therapie und Prävention der Folgen früher Streßerfahrungen. Stuttgart und New York (Schattauer), 650–659 (3. überarb. Aufl.)

Ciompi, L. (1997): Die emotionalen Grundlagen des Denkens. Entwurf einer fraktalen Affektlogik. Göttingen (Vandenhoeck & Ruprecht)

Clements, W. und **J. Perner** (1994): Implicit understanding of belief. Cognitive Development 9: 377–395

Cohen, D. und **F. Volkmar** (1997): (Hrsg.): Handbook of Autism and Developmental Disorders. New York u. a. (Wiley) (2nd rev. ed.)

Colin, V. (1996): Human Attachment. Philadelphia (Temple Univ. Press)

Collins, A., E. Maccoby, L. Steinberg, M. Hetherington und **M. Bornstein** (2000): Contemporary research on parenting. American Psychologist 55: 218–232

Conzen, P. (1996): Erik H. Erikson. Leben und Werk. Stuttgart u. a. (Kohlhammer)

Cooper, A. (2001): Psychoanalytischer Pluralismus – Fortschritt oder Chaos? In: W. Bohleber und S. Drews (Hrsg.): Die Gegenwart der Psychoanalyse – die Psychoanalyse der Gegenwart. Stuttgart (Klett-Cotta), 58–77

Coyne, G. (2000): Was wußte Gott? Der Spiegel Nr. 52 vom 25.12. 2000, 118–122

Crick, F. (1994): Was die Seele wirklich ist. Die naturwissenschaftliche Erforschung des Bewußtseins. Reinbek bei Hamburg (Rowohlt) 1997

Crossley, N. (1996): Intersubjectivity. The Fabric of Social Becoming. London u. a. (Sage)

Csibra, G. und **G. Gergely** (1998): The teleological origins of mentalistic action explanation: A developmental hypothesis. Developmental Science 1: 255–259

Csibra, G., G. Gergely, S. Bíró, O. Koós und **M. Brockbank** (1999): Goal attribution without agency cues: The perception of ›pure reason‹ in infancy. Cognition 72: 237–267

Cummings, E. und **A. O'Reilly** (1997): Fathers in family context: Effects of marital quality on child adjustment. In: M. Lamb (Hrsg.): The Role of the Father in Child Development. New York u. a. (Wiley), 49–65 (3rd rev. ed.)

Cummings, E., R. Iannotti und **C. Zahn-Waxler** (1989): Aggression between peers in early childhood: Individual continuity and developmental change. Child Development 60: 887–895

Cushman, P. (1991): Ideology obscured. Political uses of the self in Daniel Stern's infant. American Psychologist 46: 206–219

Cushman, P. (1995): Constructing the Self, Constructing America. A Cultural History of Psychotherapy. New York u. a. (Addison-Wesley Publishing)

Dahl, G. (2001): Primärer Narzißmus und inneres Objekt. Zum Schicksal einer Kontroverse. Psyche 55: 577–611

Dahmer, H. (1973): Libido und Gesellschaft. Studien über Freud und die Freudsche Linke. Frankfurt am Main (Suhrkamp)

Damasio, A. (1994): Descartes' Irrtum. Fühlen, Denken und das menschliche Gehirn. München und Leipzig (List) 1995

Damasio, A. (1999): Ich fühle, also bin ich. Die Entschlüsselung des Bewußtseins. München (List) 2000

Dammasch, F. und **H.-G. Metzger** (1999): Die Suche nach der Differenz – Zur Bedeutung des Vaters in der familialen Triade. Zeitschrift für psychoanalytische Theorie und Praxis 14: 284–307

Dammasch, F. und **H.-G. Metzger** (2006): (Hrsg.): Die Bedeutung des Vaters. Psychoanalytische Perspektiven. Frankfurt am Main (Brandes & Apsel)

Darmstädter, T. (2001): Ursprünge des Psychischen. Wilfred Bions Formulierungen einer psychoanalytischen Erkenntnistheorie. Tübingen (edition diskord)

Datler, W., K. Ereky und **K. Strobel** (2002): Alleine unter Fremden. Zur Bedeutung des Trennungserlebens von Kleinkindern in Kinderkrippen. In: W. Datler, A. Eggert-Schmid Noerr und L. Winterhager-Schmid (Hrsg.): Das selbständige Kind. Jahrbuch für psychoanalytische Pädagogik, Band 12. Gießen (Psychosozial), 53–77

Daudert, E. (2002): Die Reflective Self Functioning Scale. In: B. Strauß, A. Buchheim und H. Kächele (Hrsg.): Klinische Bindungsforschung. Theorien – Methoden – Ergebnisse. Stuttgart und New York (Schattauer), 54–67

Dawson, G. und **F. McKissick** (1984): Self recognition in autistic children. Journal of Autism and Developmental Disorders 14: 383–394

De Clerck, R. (1997) : Die Freud-Klein-Kontroverse. London 1941–1945. In: R. Kennel und G. Reerink (Hrsg.): Klein – Bion. Eine Einführung. Tübingen (edition diskord), 25–40

De Moncheaux, C. (1962): The psychoanalytic study of thinking. International Journal of Psycho-Analysis 43: 311–314

De Swaan, A. (1991): Vom Befehlsprinzip zum Verhandlungsprinzip. Über neue Verschiebungen im Gefühlshaushalt des Menschen. In: H. Kuzmics und I. Mörth (Hrsg.): Der unendliche Prozeß der Zivilisation. Zur Kultursoziologie der Moderne nach Norbert Elias. Frankfurt am Main und New York (Campus), 173–198

De Waal, F. (2001): Der Affe und der Sushimeister. Das kulturelle Leben der Tiere. München (Hanser) 2002

Deleau, M. (1993): Communication and the development of symbolic play: The need for a pragmatic perspective. In: J. Nadel und L. Camaioni (Hrsg.): New Perspectives in Early Communicative Development. London und New York (Routledge), 97–115

DeMause, L. (1974): (Hrsg.): Hört ihr die Kinder weinen. Eine psychogenetische Geschichte der Kindheit. Frankfurt am Main (Suhrkamp) 1977

Demos, V. (1985): The elusive infant. Psychoanalytic Inquiry 5: 553–568

Deutsch, H. (1919): Der erste Liebeskummer eines zweijährigen Knaben. Internationale Zeitschrift für Psychoanalyse 5: 111–115

Diamond, D. (2006): Narzißmus als klinisches und gesellschaftliches Phänomen. In: O. Kernberg und H.-P. Hartmann (Hrsg.): Narzißmus. Grundlagen – Störungsbilder – Therapie. Stuttgart und New York (Schattauer), 171–204

Diederich, W. (1974): (Hrsg.): Beiträge zur diachronischen Wissenschaftstheorie. Frankfurt am Main (Suhrkamp)

Döring, E. (1998): Paul K. Feyerabend zur Einführung. Hamburg (Junius)

Dornes, M. (1993): Der kompetente Säugling. Frankfurt am Main (Fischer) (13. Aufl. 2004)

Dornes, M. (1997): Die frühe Kindheit. Frankfurt am Main (Fischer) (7. Aufl. 2003)

Dornes, M. (2000 a): Die emotionale Welt des Kindes. Frankfurt am Main (Fischer) (4. Aufl. 2004)

Dornes, M. (2000 b): Artikel ›Symbiose‹. In: W. Mertens und B. Waldvogel (Hrsg.): Handbuch psychoanalytischer Grundbegriffe. Stuttgart u. a. (Kohlhammer), 690–695 (eine erweiterte Fassung des Artikels erscheint in der 3. überarbeiteten Auflage des Handbuchs 2006)

Dornes, M. (2001): Primärer Narzißmus: widerlegbar oder nicht? Kommentar zu G. Dahl (2001). Psyche 55: 612–619

Dornes, M. (2004): Mentalisierung, psychische Realität und die Genese des Affekt- und Handlungsverständnisses in der frühen Kindheit. In: C. Rohde-Dachser und F. Wellendorf (Hrsg.): Inszenierungen des Unmöglichen. Theorie und Therapie schwerer Persönlichkeitsstörungen. Stuttgart (Klett-Cotta), 297–338

Dornes, M. (in Vorb.): Theorien zum Wandel psychischer Strukturen: Ein Überblick (unveröff. Ms.)

Dunn, J. (1995): Intersubjectivity in psychoanalysis: A critical review. International Journal of Psycho-Analysis 76: 723–738

Eagle, M. (1984): Neuere Entwicklungen in der Psychoanalyse. Eine kritische Würdigung. München und Wien (Verlag Internationale Psychoanalyse) 1988

Eaker, E. (2002): Hausmänner leiden unter den hohen Erwartungen. Referiert nach: Frankfurter Rundschau vom 26.4.2002

Eberhard, H.-J. (2005): Rollenübernahme und unbewußte Konflikte. Der Identitätsbegriff an der Schnittstelle zwischen Psychoanalyse und Handlungssoziologie. Forum der Psychoanalyse 21: 78–86

Ecarius, J. (2002): Familienerziehung im historischen Wandel. Opladen (Leske + Budrich)

Edelheit, H. (1971): Mythopoiesis and the primal scene. The Psychoanalytic Study of Society 5: 212–233

Edelman, G. (1992): Göttliche Luft, vernichtendes Feuer. Wie der Geist im Gehirn entsteht. München und Zürich (Piper) 1995

Egeland, B. (1993): A history of abuse is a major risk factor for abusing the next generation. In: R. Gelles und D. Loseke (Hrsg.): Current Controversies on Family Violence. Newberry Park (Sage), 197–208

Egeland, B., M. Bosquet und **A. Chung** (2002): Continuities and discontinuities in the intergenerational transmission of child maltreatment: Implications for breaking the cycle of abuse. In: K. Browne et al. (Hrsg.): Early Prediction and Prevention of Child Abuse. A Handbook. New York u. a. (Wiley), 217–232

Egle, U. (2005): Frühe Streßerfahrungen in der Kindheit haben gesundheitliche Langzeitfolgen. In: Stiftung zum Wohl des Pflegekindes (Hrsg.): Traumatische Erfahrungen in der Kindheit – langfristige Folgen und Chancen der Verarbeitung in der Pflegefamilie. Idstein (Schulz-Kirchner), 73–95

Egle, U. und **J. Hardt** (2005): Pathogene und protektive Entwicklungsfaktoren für die spätere Gesundheit. In: U. Egle, S. O. Hoffmann und P. Joraschky (Hrsg.): Sexueller Mißbrauch, Mißhandlung, Vernachlässigung. Erkennung, Therapie und Prävention der Folgen früher Streßerfahrungen. Stuttgart und New York (Schattauer), 20–43 (3. überarb. Aufl.)

Egle, U., S. O. Hoffmann und **P. Joraschky** (2005): (Hrsg.): Sexueller Mißbrauch, Mißhandlung, Vernachlässigung. Erkennung, Therapie und Prävention der Folgen früher Streßerfahrungen. Stuttgart und New York (Schattauer) (3. überarb. Aufl.)

Ehlert, M. und **B. Lorke** (1988): Zur Psychodynamik der traumatischen Reaktion. Psyche 42: 502–532

Ehlert-Balzer, M. (1996): Das Trauma als Objektbeziehung. Forum der Psychoanalyse 12: 291–314

Ehrenberg, A. (1998): Das erschöpfte Selbst. Depression und Gesellschaft in der Gegenwart. Frankfurt am Main und New York (Campus) 2004

Eickhorst, A., B. Lamm und **J. Borke** (2003): Die Rolle des Vaters: Eine entwicklungspsychologische Bestandsaufnahme. In: H. Keller (Hrsg.): Handbuch der Kleinkindforschung. Bern u. a. (Huber) (3. überarb. Aufl.), 451–487

Eigen, M. (1980): On the significance of the face. Psychoanalytic Review 67: 427–441

Eigen, M. (1983): Dual union or undifferentiation? A critique of Marion Milner's view of the sense of psychic creativeness. International Review of Psycho-Analysis 10: 415–428

Eigen, M. (1985): Bions Ausgangspunkt entgegen: Zwischen Katastrophe und Glaube. Wege zum Menschen 47, 1995: 459–476

Eisenberg, G. (2000): Amok – Kinder der Kälte. Über die Wurzeln von Wut und Haß. Reinbek bei Hamburg (Rowohlt)

Eisner, M. (2001): Individuelle Gewalt und Modernisierung in Europa 1200–2000. In: G. Albrecht, O. Backes und W. Kühnel (Hrsg.): Gewaltkriminalität zwischen Mythos und Realität. Frankfurt am Main (Suhrkamp), 71–100

Eisner, M. (2002): Langfristige Gewaltentwicklung: Empirische Befunde und theoretische Erklärungsansätze. In: W. Heitmeyer und J. Hagan (Hrsg.): Internationales Handbuch der Gewaltforschung. Wiesbaden (Westdeutscher Verlag), 58–80

Eissler, K. (1953): The effect of the structure of the ego on psychoanalytic technique. Journal of the American Psychoanalytic Association 1: 104–143

Eissler, K. (1965): Medical Orthodoxy and the Future of Psychoanalysis. New York (Int. Univ. Press)

Eissler, K. (1971): Todestrieb, Ambivalenz, Narzißmus. In: K. Eissler (1980): Todestrieb, Ambivalenz, Narzißmus. München (Kindler), 7–63

Eissler, K. (1975): Der Sündenfall des Menschen. In: K. Eissler (1980): Todestrieb, Ambivalenz, Narzißmus. München (Kindler), 64–134

Eliot, L. (1999): Was geht da drinnen vor? Gehirnentwicklung in den ersten fünf Lebensjahren. Berlin (Berlin Verlag) 2001

Elliott, A. (1999): Social Theory and Psychoanalysis in Transition. Self and Society from Freud to Kristeva. London und New York (Free Association Books) (2nd ed.)

Elliott, A. und **C. Spezzano** (2000): (Hrsg.): Psychoanalysis at Its Limits. Navigating the Postmodern Turn. London und New York (Free Association Books)

Ellsworth, C., D. Muir und **S. Hains** (1993): Social competence and person-object differentiation: An analysis of the still-face effect. Developmental Psychology 29: 63–73

Endreß, M. (2004): Entgrenzung des Menschlichen. Zur Transformation der Strukturen des menschlichen Weltbezuges durch Gewalt. In: W. Heitmeyer und H.-G. Soeffner (Hrsg.): Gewalt. Entwicklungen, Strukturen, Analyseprobleme. Frankfurt am Main (Suhrkamp), 174–201

Engel, U. (2000): Einige Bemerkungen zur philosophischen Dimension in Bions Werk. In: U. Engel, L. Gast und J. Gutmann (Hrsg.): Bion. Aspekte der Rezeption in Deutschland. Tübingen (edition diskord), 11–25

Engfer, A. (2000): Gewalt gegen Kinder in der Familie. In: U. Egle, S. O. Hoffmann und P. Joraschky (Hrsg.): Sexueller Mißbrauch, Mißhandlung und Vernachlässigung. Erkennung und Therapie psychischer und psychosomatischer Folgen früher Traumatisierungen. Stuttgart und New York (Schattauer), 23–39 (2. überarb. Aufl.)

Epstein, S. (2000 a): (Hrsg.): Autistic Spectrum Disorders and Psychoanalytic Ideas: Reassessing the Fit. Psychoanalytic Inquiry 20: Heft 5

Epstein, S. (2000 b): Prologue. In: S. Epstein (Hrsg.): Autistic Spectrum Disorders and Psychoanalytic Ideas: Reassessing the Fit. Psychoanalytic Inquiry 20: 631–636

Erdelyi, M. (1985): Psychoanalysis. Freuds Cognitive Psychology. New York (Freeman)

Ereky, K. (2002): Präödipale Triangulierung. Zur psychoanalytischen Diskussion um die Frage des Entstehens der frühen familiären Dreiecksbeziehungen. In: W. Datler, A. Eggert-Schmid Noerr und L. Winterhagen-Schmid (Hrsg.): Das selbständige Kind. Jahrbuch für psychoanalytische Pädagogik, Band 12: 151–177, Gießen (Psychosozial)

Erel, O. und **B. Burman** (1995): Interrelatedness of marital relations and parent-child relations. A meta-analytic review. Psychological Bulletin 118: 108–132

Ermann, M. (1993): »Frühe« Triangulierung. In: W. Mertens (Hrsg.): Schlüsselbegriffe der Psychoanalyse. Stuttgart (Verlag Internationale Psychoanalyse), 200–208

Ertem, I. (1996): The parentless child in the hospital: A view from Turkey. The Signal. Newsletter of the World Association for Infant Mental Health 4: Heft 2, 1–9

Esman, A. (1973): The primal scene. A review and a reconsideration. The Psychoanalytic Study of the Child 28: 49–81

Evans, R. (1997): Fakten und Fiktionen. Über die Grundlagen historischer Erkenntnis. Frankfurt am Main und New York (Campus) 1998

Fadiga, L., L. Fogassi, G. Pavesi und **G. Rizzolatti** (1995): Motor facilitation during action observation. A magnetic stimulation study. Journal of Neurophysiology 73: 2608–2611

Farrington, D. (1995): Stabilität und Prädiktion von aggressivem Verhalten. Gruppendynamik 26: 23–40

Feinman, S. (1992): (Hrsg.): Social Referencing and the Social Construction of Reality in Infancy. New York und London (Plenum Press)

Fend, H. (1988): Sozialgeschichte des Aufwachsens. Bedingungen des Aufwachsens und Jugendgestalten im zwanzigsten Jahrhundert. Frankfurt am Main (Suhrkamp)

Ferenczi, S. (1932): Sprachverwirrung zwischen dem Erwachsenen und dem Kind (Die Sprache der Zärtlichkeit und der Leidenschaft). In: S. Ferenczi (1984): Bausteine zur Psychoanalyse, Band 3. Bern u. a. (Huber), 511–525

Fergusson, D. (1998): Stability and change in externalising behaviours. European Archives of Psychiatry and Clinical Neuroscience 248: 4–13

Ferrari, M. und **W. Matthews** (1983): Self-recognition deficits in autism. Syndrome-specific or general developmental delay? Journal of Autism and Developmental Disorders 13: 317–324

Figdor, H. (1997): Kinder aus geschiedenen Ehen: Zwischen Trauma und Hoffnung. Mainz (Matthias-Grünewald)

Fincham, F. (1998): Child development and marital relations. Child Development 69: 543–574

Fink, K. (2000): Rezension von R. Hinshelwood, Die Praxis der kleinianischen Psychoanalyse. Psyche 54: 1182–1184

Fischer, G. und **P. Riedesser** (1998): Lehrbuch der Psychotraumatologie. München und Basel (Ernst Reinhardt)

Fischer, J. (2000): Der Dritte. Zur Anthropologie der Intersubjektivität. In: W. Eßbach (Hrsg.): wir/ihr/sie. Identität und Alterität in Theorie und Methode. Würzburg (Ergon), 103–136

Fisher, H. (2004): Warum wir lieben. Die Chemie der Leidenschaften. Düsseldorf und Zürich (Walter) 2005

Fivaz-Depeursinge, E. (2002): Emotion and cognition in the first year of life. On triangulation between infant, mother and father. Evolution and Cognition 8: 20–26

Fivaz-Depeursinge, E. und **A. Corboz-Warnery** (1999): Das primäre Dreieck. Vater, Mutter und Kind aus entwicklungstheoretisch-systemischer Sicht. Heidelberg (Auer) 2001

Fletcher, J. (2003): (Hrsg.): Jean Laplanche and the Theory of Seduction. Schwerpunktheft der Zeitschrift ›New Formations: A Journal of Culture/Theory/Politics‹, No. 48, Winter 2002–2003. London (Lawrence und Wishart)

Flitner, E. und **P. Merle** (1991): Einführung in die Theorie von Jean Laplanche. Forum der Psychoanalyse 7: 136–143

Fonagy, P. (1998): Die Bedeutung der Dyade und Triade für das wachsende Verständnis seelischer Zustände. In: D. Bürgin (Hrsg.): Triangulierung. Der Übergang zur Elternschaft. Stuttgart und New York (Schattauer), 141–161

Fonagy, P. (2001 a): Bindungstheorie und Psychoanalyse. Stuttgart (Klett-Cotta) 2003

Fonagy, P. (2001 b): The human genome and the representational world. Bulletin of the Menninger Clinic 65: 427–448

Fonagy, P. (2006): Persönlichkeitsstörung und Gewalt. Ein psychoanalytisch-bindungstheoretischer Ansatz. In: O. Kernberg und H.-P. Hartmann (Hrsg.): Narzißmus. Grundlagen – Störungsbilder – Therapie. Stuttgart und New York (Schattauer), 486–540

Fonagy, P. und **M. Target** (1995): Den gewalttätigen Patienten verstehen: Der Einsatz des Körpers und die Rolle des Vaters. In: M. Berger und J. Wiesse (1996): (Hrsg.): Geschlecht und Gewalt. Psychoanalytische Blätter, Band 4. Göttingen (Vandenhoeck & Ruprecht), 55–90

Fonagy, P. und **M. Target** (1996): Playing with Reality I. Theory of mind and the normal development of psychic reality. International Journal of Psycho-Analysis 77: 217–233

Fonagy, P. und **M. Target** (2000): Mit der Realität spielen. Zur Doppelgesichtigkeit psychischer Realität von Borderline-Patienten. Psyche 55, 2001: 961–995

Fonagy, P. und **M. Target** (2002): Neubewertung der Entwicklung der Affektregulation vor dem Hintergrund von Winnicotts Konzept des falschen Selbst. Psyche 56: 839–862

Fonagy, P. und **M. Target** (2003): Psychoanalytic Theories: Perspectives from Developmental Psychopathology. London und Philadelphia (Whurr Publishers)

Fonagy, P., G. Moran und **M. Target** (1993): Aggression und das psychische Selbst. Praxis der Kinderpsychologie und Kinderpsychiatrie 47, 1998: 125–143

Fonagy, P., G. Gergely, E. Jurist und **M. Target** (2002): Affect Regulation, Mentalization, and the Development of the Self. New York (Other Press) (dt. Übers.: Affektregulierung, Mentalisierung und die Entwicklung des Selbst. Stuttgart, Klett-Cotta 2004)

Fonagy, P., M. Target, G. Gergely, J. Allen und **A. Bateman** (2003): The developmental roots of borderline personality disorder in early attachment relationships: A theory and some evidence. Psychoanalytic Inquiry 23: 412–459

Fonagy, P., M. Target, M. Steele, H. Steele, T. Leigh, A. Levinson und **R. Kennedy** (1997): Morality, disruptive behavior, borderline personality disorder, crime, and their relationship to security of attachment. In: L. Atkinson und K. Zucker (Hrsg.): Attachment and Psychopathology. New York und London (Guilford Press), 223–274

Frankel, S. (1994): The exclusivity of the mother-child bond: Contributions from psychoanalytic and attachment theories and day-care research. Psychoanalytic Study of the Child 49: 86–106

Frankel, S. und **S. Harrison** (1974): Children's exposure to parental intercourse. Medical Aspects of Human Sexuality 8: 115–116

Frankel, S. und **I. Sherick** (1977): Observations on the normal development of envy. Psychoanalytic Study of the Child 32: 257–281

Franz, M. (2005): Langzeitfolgen von Trennung und Scheidung. In: U. Egle, S. O. Hoffman und P. Joraschky (Hrsg.): Sexueller Mißbrauch, Mißhandlung, Vernachlässigung. Erkennung, Therapie und Prävention der Folgen früher Streßerfahrungen. Stuttgart und New York (Schattauer), 116–128 (3. überarb. Aufl.)

Franz, M. und **H. Lensche** (2003): Allein erziehend – allein gelassen? Die psychosoziale Beeinträchtigung allein erziehender Mütter und ihrer Kinder in einer Bevölkerungsstichprobe. Zeitschrift für psychosomatische Medizin und Psychotherapie 49: 115–138

Franz, M., K. Lieberz, N. Schmitz und **H. Schepank** (1999): Wenn der Vater fehlt. Epidemiologische Befunde zur Bedeutung früher Abwesenheit des Vaters für die psychische Gesundheit im späteren Leben. Zeitschrift für psychosomatische Medizin und Psychotherapie 45: 260–278

Frascarolo, F., E. Fivaz-Depeursinge und **A. Corboz-Warnery** (1996): Triadische Allianzen zwischen Vätern, Müttern und ihren Kindern beim Spiel. Eine Untersuchung von triadischen Spielsituationen. In: K. Steinhardt, W. Datler und J. Gstach (2002): (Hrsg.): Die Bedeutung des Vaters in der frühen Kindheit. Gießen (Psychosozial), 100–121

Freud, S. (1899): Über Deckerinnerungen. Fischer (Frankfurt am Main) GW I: 531–554

Freud, S. (1900): Die Traumdeutung. GW II/III.

Freud, S. (1904): Zur Psychopathologie des Alltagslebens. GW IV

Freud, S. (1905): Drei Abhandlungen zur Sexualtheorie. GW V: 27–145

Freud, S. (1908): Der Dichter und das Phantasieren. GW VII: 213–223

Freud, S. (1911): Formulierungen über die zwei Prinzipien des psychischen Geschehens. GW VIII: 229–238

Freud, S. (1912/13): Totem und Tabu. GW IX

Freud, S. (1916/17): Vorlesungen zur Einführung in die Psychoanalyse. GW XI

Freud, S. (1917): Trauer und Melancholie. GW X: 427–446

Freud, S. (1918): Aus der Geschichte einer infantilen Neurose. GW XII: 27–157

Freud, S. (1920): Jenseits des Lustprinzips. GW XIII: 1–69

Freud, S. (1923): Das Ich und das Es. GW XIII: 237–289

Freud, S. (1930): Das Unbehagen in der Kultur. GW XIV: 419–506

Freud, S. (1932/33): Neue Folge der Vorlesungen zur Einführung in die Psychoanalyse. GW 15

Freud, S. (1938): Abriß der Psychoanalyse. GW 17: 63–138

Friedman, R. (1988): Zur historischen und theoretischen Kritik am psychoanalytischen Modell der Homosexualität. In: R. Friedman und L. Lerner (1991): (Hrsg.): Zur Psychoanalyse des Mannes. Berlin u. a. (Springer), 77–113

Friedman, S., S. Randolph und **A. Kochanow** (2001): Childcare research at the dawn of a new millenium: Taking stock of what we know. In: G. Bremner und A. Fogel (Hrsg.): Blackwell Handbook of Infant Development. Oxford (Blackwell), 660–692

Frith, U. (1989): Autismus. Ein kognitionspsychologisches Puzzle. Heidelberg u. a. (Spektrum) 1992 [2nd rev. ed. Oxford (Blackwell) 2003]

Frith, C. und **U. Frith** (1999): Interacting minds – a biological basis. Science 286: 1692–1695

Fromm, E. (1973): Anatomie der menschlichen Destruktivität. Reinbek bei Hamburg (Rowohlt) 1977

Frommer, J. und **W. Tress** (1998): Primär traumatisierende Welterfahrung oder primäre Liebe? Zwei latente Anthropologien in der Psychoanalyse. Forum der Psychoanalyse 14: 139–150

Frost, E. (1999): Gedanken zur Autismusforschung. Zeitschrift für psychoanalytische Theorie und Praxis 14: 416–437

Früh, F. (2003): Die sexuelle Brust. Ein Beitrag zu einem psychoanalytischen Verständnis der weiblichen Sexualität. Psyche 57: 385–402

Fthenakis, W. (1985 a): Väter. Band 1: Zur Psychologie der Vater-Kind-Beziehungen. München (Urban und Schwarzenberg)

Fthenakis, W. (1985 b): Väter. Band 2: Zur Vater-Kind-Beziehung in verschiedenen Familienstrukturen. München (Urban und Schwarzenberg)

Fthenakis, W. (1992): Zur Rolle des Vaters in der Entwicklung des Kindes. Praxis der Psychotherapie und Psychosomatik 37: 179–189

Fthenakis, W. (1998): Erziehungsqualität: Operationalisierung, empirische Überprüfung und Messung eines Konstrukts. In: W. Fthenakis und M. Textor (Hrsg.): Qualität von Kinderbetreuung. Konzepte, Forschungsergebnisse, internationaler Vergleich. Weinheim und Basel (Beltz), 52–74

Fthnenakis, W. (2000): Gleichgeschlechtliche Lebensgemeinschaften und kindliche Entwicklung. In: J. Basedow, K. Hopt, M. Kötz und P. Jopffel (Hrsg.): Die Rechtsstellung gleichgeschlechtlicher Lebensgemeinschaften. Max-Planck-Institut für ausländisches und internationales Privatrecht, Band 70: 351–389

Fthenakis, W. und **A. Ladwig** (2002): Homosexuelle Väter. In: W. Fthenakis und M. Textor (Hrsg.): Mutterschaft, Vaterschaft. Weinheim und Basel (Beltz), 129–154

Fthenakis, W. und **B. Minsel** (2002): Die Rolle des Vaters in der Familie. Stuttgart u. a. (Kohlhammer)

Fthenakis, W., B. Kalicki und **G. Peitz** (2002): Paare werden Eltern. Die Ergebnisse der LBS-Familien-Studie. Opladen (Leske + Budrich)

Fthenakis, W. et al. (1999): Engagierte Vaterschaft. Die sanfte Revolution in der Familie. Opladen (Leske + Budrich)

Fuchs, T. (2000): Leib, Raum, Person. Entwurf einer phänomenologischen Anthropologie. Stuttgart (Klett-Cotta)

Fuller, S. (2000): Thomas Kuhn. A Philosophical History for Our Times. Chicago (Univ. of Chicago Press)

Funk, R. (2005): Ich und Wir. Psychoanalyse des postmodernen Menschen. München (dtv)

Gallagher, S. (2001): The practice of mind. Theory, simulation or primary interaction? Journal of Consciousness Studies 8: 83–108

Gallagher, S. und **A. Meltzoff** (1996): The earliest sense of self and others: Merleau-Ponty and recent developmental studies. Philosophical Psychology 9: 211–233

Gallese, V. (2000): The acting subject: Toward the neural basis of social cognition. In: T. Metzinger (Hrsg.): Neural Correlates of Consciousness. Empirical and Conceptual Questions. Cambridge und London (MIT Press), 325–333

Gallese, V. (2001): The ›shared manifold‹ hypothesis: From mirror neurons to empathy. Journal of Consciousness Studies 8: 33–50

Gallese, V. (2003): The manifold nature of interpersonal relations: The quest for a common mechanism. Philosophical Transactions of the Royal Society London B 358: 517–528

Gallese, V. und **A. Goldman** (1998): Mirror neurons and the simulation theory of mind-reading. Trends in Cognitive Sciences 2: 493–501

Gallup, G., J. Anderson und **D. Shillito** (2002): The mirror test. In: M. Bekoff, C. Allen und G. Burghardt (Hrsg.): The Cognitive Animal. Cambridge und London (MIT Press), 325–333

Gamillscheg, H. (2004): Das »schwedische Modell« ist vorbildlich. Frankfurter Rundschau vom 14. 9. 2004

Garbarino, J. und **C. Bradshaw** (2002): Gewalt gegen Kinder. In: W. Heitmeyer und

J. Hagan (Hrsg.): Internationales Handbuch der Gewaltforschung. Wiesbaden (Westdeutscher Verlag), 899–920
Gehlen, A. (1940): Der Mensch. Seine Natur und seine Stellung in der Welt. Wiesbaden (Athenaion) (12. Aufl. 1972)
Gehlen, A. (1956): Urmensch und Spätkultur. Wiesbaden (Athenaion) (4. Aufl. 1977)
Gelles, R. (2002): Gewalt in der Familie. In: W. Heitmeyer und J. Hagan (Hrsg.): Internationales Handbuch der Gewaltforschung. Wiesbaden (Westdeutscher Verlag), 1043–1077
Gergely, G. (1992): Developmental reconstructions: Infancy from the point of view of psychoanalysis and developmental psychology. Psychoanalysis and Contemporary Thought 15: 3–55
Gergely, G. (2000): Ein neuer Zugang zu Margaret Mahler: normaler Autismus, Symbiose, Spaltung und libidinöse Objektkonstanz aus der Perspektive der kognitiven Entwicklungstheorie. Psyche 56, 2002: 809–838
Gergely, G. (2002): The development of understanding self and agency. In: U. Goswami (Hrsg.): Blackwell Handbook of Childhood Cognitive Development. London (Blackwell), 26–46. Erweiterte Fassung in: P. Fonagy, G. Gergely, E. Jurist und M. Target (2004): Affektregulierung, Mentalisierung und die Entwicklung des Selbst. Stuttgart (Klett-Cotta), 210–257
Gergely, G. (2003): The development of teleological versus mentalizing observational learning strategies in infancy. Bulletin of the Menninger Clinic 67: 109–127
Gergely, G. und **J. Watson** (1996): The social biofeedback theory of parental affect-mirroring: The development of emotional self-awareness and self-control in infancy. International Journal of Psycho-Analysis 77: 1181–1212. Erweiterte Fassung in: P. Fonagy, G. Gergely, E. Jurist und M. Target (2004): Affekregulierung, Mentalisierung und die Entwicklung des Selbst. Stuttgart (Klett-Cotta), 153–209
Gergely, G. und **J. Watson** (1999): Early socio-emotional development. Contingency perception and the social-biofeedback model. In: P. Rochat (Hrsg.): Early Social Cognition. Understanding Self and Others in the First Months of Life. Mahwah, NJ (Erlbaum), 101–136
Gergely, G., O. Koós und **J. Watson** (2001): Contingency perception and the role of contingent parental reactivity in early socio-emotional development. In: J. Nadel und J. Decety (Hrsg.): Imitation, Action et Intentionalité. Paris (Presses Universitaires de France)
Gergely, G., P. Fonagy und **M. Target** (2002): Bindung, Mentalisierung und die Ätiologie der Borderline-Persönlichkeitsstörung. Selbstpsychologie. Europäische Zeitschrift für psychoanalytische Therapie und Forschung 3: 61–82 (Heft 7)
Gergely, G., Z. Nádasdy, G. Csibra und **S. Biró** (1995): Taking the intentional stance at 12 months of age. Cognition 56: 165–193
Gerhard, U., T. Knijn und **A. Weckwert** (2003): (Hrsg.): Erwerbstätige Mütter. Ein europäischer Vergleich. München (Beck)
Gestrich, A. (1999): Vergesellschaftungen des Menschen. Einführung in die historische Sozialisationsforschung. Tübingen (edition diskord)
Gestrich, A., J.-U. Krause und **M. Mitterauer, M.** (2003): Geschichte der Familie. Stuttgart (Kröner)
Giddens, A. (1992): Wandel der Intimität. Sexualität, Liebe und Erotik in modernen Gesellschaften. Frankfurt am Main (Fischer) 1993

Glasser, M. (1998): On violence. International Journal of Psycho-Analysis 79: 887–902

Golse, B. (1994): Infantile autism: A view from France. The Signal. Newsletter of the World Association for Infant Mental Health. Band 2, Heft 2: 1–6

Gomez, J. (1994): Mutual awareness in primate communication: A Gricean approach. In: S. Parker, R. Mitchell und M. Boccia (Hrsg.): Self-Awareness in Animals and Humans. Developmental Perspectives. Cambridge (Cambridge Univ. Press), 61–80

Gomez, J. (1998): Do concepts of intersubjectivity apply to non-human primates? In: S. Bråten (Hrsg.): Intersubjective Communication and Emotion in Early Ontogeny. Cambridge (Cambridge Univ. Press), 245–259

Gomez, J., E. Sarria und **J. Tamarit** (1993): The comparative study of early communication and theories of mind: Ontogeny, phylogeny, and pathology. In: S. Baron-Cohen, H. Tager-Flusberg und D. Cohen (Hrsg.): Understanding other Minds. Perspectives from Autism. Oxford u. a. (Oxford Univ. Press), 397–426

Gomille, C. (1988): Wahrnehmung, Emotionalität und Kommunikation in den ersten Lebensmonaten. Dissertation im Fachbereich Gesellschaftswissenschaften der J. W. Goethe-Universität Frankfurt am Main (unveröffentlicht)

Gopnik, A. und **A. Meltzoff** (1997): Words, Thoughts, and Theories. Cambridge und London (MIT Press)

Gopnik, A., P. Kuhl und **A. Meltzoff** (1999): Forschergeist in Windeln. Kreuzlingen und München (Ariston) 2000 (engl. Orig.: The scientist in the crib)

Gopnik, A., L. Capps und **A. Meltzoff** (2000): Early theories of mind: What a theory of mind can tell us about autism. In: S. Baron-Cohen, H. Tager-Flusberg und D. Cohen (Hrsg.): Understanding other Minds. Perspectives from Developmental Cognitive Neuroscience. Oxford (Oxford Univ. Press), 50–72

Göppel, R. (1999): Frühe Selbständigkeit für Kinder – Zugeständnis oder Zumutung? In: W. Datler et al. (Hrsg.): Das selbständige Kind. Jahrbuch für psychoanalytische Pädagogik 12: 32–52

Görlich, B., A. Lorenzer und **A. Schmidt** (1980): Der Stachel Freud. Frankfurt am Main (Suhrkamp)

Grandin, T. (1995): Ich bin die Anthropologin auf dem Mars. Mein Leben als Autistin. München (Knaur) 1997

Green, A. (1995): Hat Sexualität etwas mit Psychoanalyse zu tun? Psyche 52, 1998: 1170–1191

Green, A. (2000 a): Science und science-fiction in der Säuglingsforschung. Zeitschrift für psychoanalytische Theorie und Praxis 15: 438–466

Green, A. (2000 b): Diskussionsbemerkung. Zeitschrift für psychoanalytische Theorie und Praxis 16, 2001: 97–99

Green, A. (2000 c): Illusion and disillusionment in the attempt to present a more reasonable theory of mind. In: M. Bergman (Hrsg.): The Hartman Era. New York (Other Press), 105–116

Green, A. (2000 d): Discussion. In: M. Bergmann (Hrsg.): The Hartmann Era. New York (Other Press), 248–258, 280–282, 302–303

Greenacre, P. (1953): Certain relationships between fetishism and the faulty development of the body image. In: Dies. (1971): Emotional Growth, Vol. 1. New York (Int. Univ. Press), 9–30

Greenacre, P. (1966): Problems of overidealization of the analyst and of analysis: Their manifestations in the transference and countertransference. In: Dies. (1971): Emotional Growth, Vol. 2. New York (Int. Univ. Press), 743–761

Greenberg, J. und **S. Mitchell** (1983): Object Relations in Psychoanalytic Theory. Cambridge und London (Harvard Univ. Press)

Greenson, R. (1968): Die Beendigung der Identifizierung mit der Mutter und ihre besondere Bedeutung für den Jungen. In: R. Greenson (1982): Psychoanalytische Erkundungen. Stuttgart (Klett-Cotta), 257–264

Grenz, F. (1974): Adornos Philosophie in Grundbegriffen. Auflösung einiger Deutungsprobleme. Mit einem Anhang: Theodor W. Adorno und Arnold Gehlen: Ist die Soziologie eine Wissenschaft vom Menschen? Ein Streitgespräch. Frankfurt am Main (Suhrkamp)

Greve, W. und **P. Wetzels** (1999): Kriminalität und Gewalt in Deutschland. Lagebild und offene Fragen. Zeitschrift für Sozialpsychologie 30: 95–110

Grieser, J. (1998): Der phantasierte Vater. Zu Entstehung und Funktion des Vaterbildes beim Sohn. Tübingen (edition diskord)

Grieser, J. (2003): Von der Triade zum triangulären Raum. Forum der Psychoanalyse 19: 99–115

Grossmann, K. und **K. Grossmann** (2004): Bindung – das Gefüge psychischer Sicherheit. Stuttgart (Klett-Cotta)

Grossmann, K., K. Grossmann, E. Fremmer-Bombik, H. Kindler, H. Scheuerer-Englisch, M. Winter und **P. Zimmermann** (2002): Väter und Kinder – Die »andere« Bindung und ihre längsschnittliche Bedeutung für die Bindungsentwicklung, das Selbstvertrauen und die soziale Entwicklung des Kindes. In: K. Steinhardt, W. Datler und J. Gstach (Hrsg.): Die Bedeutung des Vaters in der frühen Kindheit. Gießen (Psychosozial), 43–72

Grotstein, J. (1980): A proposed revision of the psychoanalytic concept of primitive mental states. Part I: Introduction to a newer psychoanalytic metapsychology. Contemporary Psychoanalysis 16: 479–546

Grotstein, J. (1993): (Hrsg.): Fear of Fusion. Psychoanalytic Inquiry 13, Heft 1

Grotstein, J. (2000): Some considerations of »hate« and a reconsideration of the death instinct. Psychoanalytic Inquiry 20: 462–480

Grundmann, M. (2000): Kindheit, Identitätsentwicklung und Generativität. In: A. Lange und W. Lauterbach (Hrsg.): Kinder in Familie und Gesellschaft zu Beginn des 21. Jahrhunderts. Stuttgart (Lucius und Lucius), 87–104

Gumbinger, H.-W. und **A. Bambey** (in Vorb.): Väter heute – Ein Forschungsbericht (unveröff. Ms.)

Gutwinski-Jeggle, J. (2003): Zur Rolle der Sprache im Rahmen einer psychoanalytischen Theorie der Symbolbildung. Psyche 57: 1057–1085

Haas, J.-P. (2001): Rezension von W. Bion (1965): Transformationen. Psyche 55: 184–187

Habermas, J. (1981): Dialektik der Rationalisierung. Jürgen Habermas im Gespräch mit Axel Honneth, Eberhard Knödler-Bunte und Arno Widmann. Ästhetik und Kommunikation 12: Heft 45/46

Hacking, I. (1999): Was heißt ›soziale Konstruktion‹? Zur Kritik einer Kampfvokabel in den Wissenschaften. Frankfurt am Main (Fischer)

Haesler, L. (2002): Das ödipale Dreieck – Lebensgeschichtliches Ereignis oder psychische Struktur? In: B. Ahrbeck und J. Körner (Hrsg.): Der vergessene Dritte in Erziehung und Therapie. Neuwied u. a. (Luchterhand), 25–49

Haith, M. und **J. Benson** (1998): Infant cognition. In: W. Damon (Hrsg.): Handbook of Child Psychology, Vol. 2. New York u. a. (Wiley), (5th rev. ed.), 199–254

Han, W., J. Waldfogel und **J. Brooks-Gunn** (2001): The effects of early maternal employment on later cognitive and behavioral outcomes. Journal of Marriage and Family 63: 336–354

Haney, C., C. Banks und **P. Zimbardo** (1973): Interpersonal dynamics in a simulated prison. International Journal of Criminology and Penology 1: 69–97

Happé, F. (1994): Autism. An Introduction to Psychological Theory. Hove (Psychology Press) 1999

Hardin, H. (1985): On the vicissitudes of early primary surrogate mothering. Journal of the American Psychoanalytic Association 33: 609–629

Hardin, H. (1987): On the vicissitudes of Freud's early mothering. I: Early environment and loss. Psychoanalytic Quarterly 56: 628–644

Hardin, H. (1988 a): On the vicissitudes of Freud's early mothering. II: Alienation from his biological mother. Psychoanalytic Quarterly 57: 72–86

Hardin, H. (1988 b): On the vicissitudes of Freud's early mothering. III: Freiberg, screen memories, and loss. Psychoanalytic Quarterly 57: 209–223

Hardin, H. und **D. Hardin** (2000): On the vicissitudes of early primary surrogate mothering. II: Loss of the surrogate mother and arrest of mourning. Journal of the American Psychoanalytic Association 48: 1229–1258

Hardtmann, G. (2001): Die Funktionalisierung des Opfers als ›Container‹: Rechtsradikale Jugendliche und Gewalt. Psyche 55: 1027–1050

Hare, B., J. Call und **M. Tomasello** (2001): Do chimpanzees know what conspecifics know? Animal Behaviour 61: 139–151

Harlow, H. (1958): The nature of love. American Psychologist 13: 673–685.

Harris, P. (1989): Das Kind und die Gefühle. Bern u. a. (Huber) 1992

Harris, P. und **H. Leevers** (2000): Pretending, imagery and self-awareness in autism. In: S. Baron-Cohen, H. Tager-Flusberg und D. Cohen (Hrsg.): Understanding other Minds. Perspectives from Developmental Cognitive Neuroscience. Oxford (Oxford Univ. Press), 182–202

Harsch, H. (2001): Wie Kinder aufwachsen. Zur Geschichte und Psychodynamik der Doppelbemutterung. Psyche 55: 358–378

Harsch, H. (2004): Beruf und Mutterschaft: Implikationen eines Konflikts aus psychoanalytischer Sicht. In: G. Bruns, A. Dreher und A. Mahler-Bungers (Hrsg.): Psychoanalyse und Familie – Andere Lebensformen, andere Innenwelten? Tagungsband zur Arbeitstagung der Deutschen Psychoanalytischen Vereinigung in Bad Homburg vom 19.–22. November 2003. Bad Homburg (Geber und Reusch), 25–43

Hartmann, M. (2002): Widersprüche, Ambivalenzen, Paradoxien – Begriffliche Wandlungen in der neueren Gesellschaftstheorie. In: A. Honneth (Hrsg.): Befreiung aus der Mündigkeit. Paradoxien des gegenwärtigen Kapitalismus. Frankfurt am Main und New York (Campus), 221–251

Hartmann, M. und **A. Honneth** (2004): Paradoxien des Kapitalismus. Ein Untersuchungsprogramm. Initial 15: 4–17

Harvey, E. (1999): Short-term and long-term effects of early parental employment on children of the longitudinal survey of youth. Developmental Psychology 35: 445–459

Haußer, K. (1995): Identitätspsychologie. Berlin u. a. (Springer)

Hay, D. (2005): The beginnings of aggression in infancy. In: R. Tremblay et al. (Hrsg.): Developmental Origins of Aggression. New York (Guilford Press), 107–132

Hegener, W. (2002): Ur-Verführung und verlorenes Objekt – Zur Einschreibung des Triebs in der Theorie Freuds. Psyche 56: 721–755

Heimann, M. und **E. Ullstadius** (1999): Neonatal imitation and imitation among children with autism and Down's syndrome. In: J. Nadel und G. Butterworth (Hrsg.): Imitation in Infancy. Cambridge (Cambridge Univ. Press), 235–253

Heisterkamp, G. (2001): Mittelbares und unmittelbares Verstehen im psychotherapeutischen Handlungsdialog. In: W. Milch und H.-J. Wirth (Hrsg.): Psychosomatik und Kleinkindforschung. Gießen (Psychosozial), 173–198

Heitmeyer, W. und **J. Hagan** (2002): (Hrsg.): Internationales Handbuch der Gewaltforschung. Wiesbaden (Westdeutscher Verlag)

Heitmeyer, W. et al. (1995): Gewalt. Schattenseiten der Individualisierung bei Jugendlichen aus unterschiedlichen Milieus. Weinheim und München (Juventa)

Henningsen, P. (1998): Im Spiegel des Anderen sich selbst erkennen? Zur Bedeutung der kognitiven Neurowissenschaft für die Psychoanalyse. Psychotherapie, Psychosomatik, medizinische Psychologie 48: 78–87

Henningsen, P. (2000): Vom Gehirn lernen? Zur Neurobiologie von psychischer Struktur und innerer Repräsentanz. Forum der Psychoanalyse 16: 99–115

Henningsen, P. (2003): Psychosomatik als interpersonelle Neurowissenschaft. Ein Konzept und seine Anwendung auf somatoforme Störungen (unveröff. Ms.)

Henningsen, P. und **L. Kirmayer** (2000): Mind beyond the net: Implications of cognitive neuroscience for cultural psychiatry. Transcultural Psychiatry 37: 467–494

Herlth, A. (2002): Ressourcen der Vaterrolle: Familiale Bedingungen der Vater-Kind-Beziehung. In: H. Walter (Hrsg.): Männer als Väter. Sozialwissenschaftliche Theorie und Empirie. Gießen (Psychosozial), 585–608

Herzog, J. (1991): Die Muttersprache lehren. Aspekte des Entwicklungsdialogs zwischen Vätern und Töchtern. Jahrbuch der Psychoanalyse 27: 29–41

Herzog, J. (1998): Frühe Interaktionen und Repräsentanzen: Die Rolle des Vaters in frühen und späten Triaden; der Vater als Förderer der Entwicklung von der Dyade zur Triade. In: D. Bürgin (Hrsg.): Triangulierung. Der Übergang zur Elternschaft. Stuttgart und New York (Schattauer), 162–178

Hetherington, E. M. und **J. Kelly** (2002): Scheidung. Die Perspektiven der Kinder. Weinheim u. a. (Beltz) 2003

Heyes, C. (1998): Theory of mind in nonhuman primates. Behavioral and Brain Sciences 21: 101–148 (mit Kommentaren)

Hildenbrand, B. (2002): Der abwesende Vater als strukturelle Herausforderung in der familialen Sozialisation. In: H. Walter (Hrsg.): Männer als Väter. Sozialwissenschaftliche Theorie und Empirie. Gießen (Psychosozial), 743–782

Hinshelwood, R. (1991): Wörterbuch der kleinianischen Psychoanalyse. Stuttgart (Verlag Internationale Psychoanalyse) 1993

Hinz, H. (2001): Zur klinischen Leichtgewichtigkeit des Diskurs-Diskurses. Psyche 55: 137–158

Hirsch, M. (1997): Schuld und Schuldgefühl. Zur Psychoanalyse von Trauma und Introjekt. Göttingen (Vandenhoeck & Ruprecht)

Hobson, P. (1989): Beyond cognition: A theory of autism. In: G. Dawson (Hrsg.): Autism: Nature, Diagnosis, and Treatment. New York (Guilford Press), 22–48

Hobson, P. (1990 a): On the origins of self and the case of autism. Development and Psychopathology 2: 163–181

Hobson, P. (1990 b): On psychoanalytic approaches to autism. American Journal of Orthopsychiatry 60: 324–336

Hobson, P. (1991): Against the theory of Theory of Mind. British Journal of Developmental Psychology 9: 33–51

Hobson, P. (1993): Autism and the Development of Mind. Hove und Hillsdale (Erlbaum)

Hobson, P. (1994): Perceiving attitudes, conceiving minds. In: C. Lewis und P. Mitchell (Hrsg.): Children's Early Understanding of Mind. Hove und Hillsdale (Erlbaum), 71–94

Hobson, P. (1995 a): Apprehending attitudes and actions: Separable abilities in early development? Development and Psychopathology 7: 171–182

Hobson, P. (1995 b): Intersubjektivität und Psychopathologie der Entwicklung. Analytische Kinder- und Jugendlichenpsychotherapie 31. Jg., Heft 107, 2000: 253–277

Hobson, P. (1997): Psychoanalysis and infancy. In: G. Bremner, A. Slater und G. Butterworth (Hrsg.): Infant Development. Recent Advances. Hove (Psychology Press), 275–290

Hobson, P. (2000): The grounding of symbols: A socio-developmental account. In: P. Mitchell und K. Riggs (Hrsg.): Children's Reasoning and the Mind. Hove (Psychology Press), 11–35

Hobson, P. (2002): Wie wir denken lernen. Düsseldorf und Zürich (Walter) 2003

Hobson, P., M. Patrick, L. Crandell, R. Pérez und **A. Lee** (2004): Maternal sensitivity and infant triadic communication. Journal of Child Psychology and Psychiatry 45: 470–480

Hochmann, J. (1997): Pour Soigner l'Enfant Autiste: Des Contes à Rever Debut. Paris (Odile Jacob)

Hochschild, A. (1997): Keine Zeit. Wenn die Firma zum Zuhause wird und zu Hause nur Arbeit wartet. Opladen (Leske + Budrich) 2002

Hock, U. (2000): Das Unbewußte Denken. Frankfurt am Main (Fischer)

Hock, U. (2001): Lacan – Laplanche: Zur Geschichte einer Kontroverse. In: H.-D. Gondek, R. Hofmann und H.-M. Lohmann (Hrsg.): Jacques Lacan – Wege zu seinem Werk. Stuttgart (Klett-Cotta), 203–235

Hoerl, C., N. Eilan, T. McCormack und **J. Roessler** (2001): (Hrsg.): Joint Attention. Oxford (Oxford Univ. Press)

Hohl, J. (1989): Zum Symptomwandel psychischer Störungen: Sozialhistorische und sozialpsychologische Aspekte. In: H. Keupp und H. Bilden (Hrsg.): Verunsicherungen. Das Subjekt im gesellschaftlichen Wandel. Göttingen (Hogrefe), 103–124

Holmes, J. (1993): John Bowlby und die Bindungstheorie. München (Ernst Reinhardt) 2002

Honneth, A. (1987): Kritische Theorie. Vom Zentrum zur Peripherie einer Denktradition. In: A. Honneth (1999): Die zerrissene Welt des Sozialen. Sozialphilosophische Aufsätze. Frankfurt am Main (Suhrkamp), 25–72 (erw. Neuausgabe)

Honneth, A. (1992): Kampf um Anerkennung. Zur moralischen Grammatik sozialer Konflikte. Frankfurt am Main (Suhrkamp) (um ein Nachwort erweiterte Neuausgabe 2003)

Honneth, A. (1993): Dezentrierte Autonomie. Moralphilosophische Konsequenzen aus der Subjektkritik. In: A. Honneth (2000): Das Andere der Gerechtigkeit. Aufsätze zur praktischen Philosophie. Frankfurt am Main (Suhrkamp), 237–252

Honneth, A. (2000): Objektbeziehungstheorie und postmoderne Identität. Über das vermeintliche Veralten der Psychoanalyse. Psyche 54: 1087–1107 [auch in: Ders. (2003): Unsichtbarkeit. Stationen einer Theorie der Intersubjektivität. Frankfurt am Main, Suhrkamp, 138–161]

Honneth, A. (2001 a): Facetten des vorsozialen Selbst. Eine Erwiderung auf J. Whitebook (2001). Psyche 55: 790–802

Honneth, A. (2001 b): Das Werk der Negativität. Eine psychoanalytische Revision der Anerkennungslehre. In: W. Bohleber und S. Drews (Hrsg.): Die Gegenwart der Psychoanalyse – die Psychoanalyse der Gegenwart. Stuttgart (Klett-Cotta), 238–245

Honneth, A. (2002): Paradoxien der Individualisierung. In: A. Honneth (Hrsg.): Befreiung aus der Mündigkeit. Paradoxien des gegenwärtigen Kapitalismus. Frankfurt am Main und New York (Campus), 141–158

Honneth, A. (2003 a): Unsichtbarkeit. Stationen einer Theorie der Intersubjektivität. Frankfurt am Main (Suhrkamp)

Honneth, A. (2003 b): Der Grund der Anerkennung. Eine Erwiderung auf kritische Rückfragen. Nachwort zur Neuausgabe von »Kampf um Anerkennung«. In: Ders.: Kampf um Anerkennung. Frankfurt am Main (Suhrkamp), 306–341

Honneth, A. (2005 a): Eine Physiognomie der kapitalistischen Lebensform. Skizze der Gesellschaftstheorie Adornos. In: A. Honneth (Hrsg.): Dialektik der Freiheit. Frankfurter Adorno-Konferenz 2003. Frankfurt am Main (Suhrkamp), 165–187

Honneth, A. (2005 b): Verdinglichung. Eine anerkennungstheoretische Studie. Frankfurt am Main (Suhrkamp)

Hopf, C. (2005): Frühe Bindungen und Sozialisation. Eine Einführung. Weinheim und München (Juventa)

Hopf, C., P. Rieker, M. Sanden-Marcus und **C. Schmidt** (1995): Familie und Rechtsextremismus. Familiale Sozialisation und rechtsextreme Orientierungen junger Männer. Weinheim und München (Juventa)

Hopkins, J. (1990): The observed infant of attachment theory. British Journal of Psychotherapy 6: 460–470

Hoppe-Graff, S. und **B. Mäckelburg** (1991): Phantasie und Illusion beim Spielen. Zu William Sterns Psychologie des Kinderspiels. Zeitschrift für Entwicklungspsychologie und Pädagogische Psychologie 23: 115–131

Hoppe-Graff, S. und **W. Edelstein** (1993): (Hrsg.): Die Konstruktion kognitiver Strukturen. Perspektiven einer konstruktivistischen Entwicklungspsychologie. Bern u. a. (Huber)

Horkheimer, M. (1936): Autorität und Familie: Allgemeiner Teil. In: E. Fromm, M. Horkheimer, H. Mayer, H. Marcuse, u. a.: Autorität und Familie, Band 1. Paris (Librairie Félix Alcan), 3–76

Horowitz, M. (1988): (Hrsg.): Psychodynamics and Cognition. Chicago und London (Univ. of Chicago Press)

Howes, C. (1999): Attachment relationships in the context of multiple caregivers. In: J. Cassidy and P. Shaver (Hrsg.): Handbook of Attachment: Theory, Research, and Clinical Applications. New York und London (Guilford Press), 671–687

Howes, C. und **C. Hamilton** (1992): Children's relationships with child care teachers. Child Development 63: 867–878

Howes, C. und **C. Hamilton** (1993): The changing experience of child care: Changes in teachers and in teacher-child relationships and children's social competence with peers. Early Childhood Research Quarterly 8: 15–32

Hoyt, M. (1978): Primal scene experiences as recalled and reported by college students. Psychiatry 41: 57–71

Hoyt, M. (1979): Primal-scene reactions. Accounts of firsthand experiences. Bulletin of the Menninger Clinic 43: 424–442

Hoyt, M. (1980): On the psychology and psychopathology of primal-scene experience. Journal of the American Academy of Psychoanalysis 8: 311–335

Hrdy, S. (1999): Mutter Natur. Die weibliche Seite der Evolution. Berlin (Berlin Verlag) 2000

Hübner, W. (2001): Verführung und Verführbarkeit. Überlegungen zur metapsychologischen Bedeutung der Allgemeinen Verführungstheorie von Jean Laplanche. Zeitschrift für psychoanalytische Theorie und Praxis 16: 444–465

Hüttermann, J. (2004): ›Dichte Beschreibung‹ oder Ursachenforschung der Gewalt? Anmerkungen zu einer falschen Alternative im Lichte der Problematik funktionaler Erklärungen. In: W. Heitmeyer und H.-G. Soeffner (Hrsg.): Gewalt. Entwicklungen, Strukturen, Analyseprobleme. Frankfurt am Main (Suhrkamp), 107–124

Hungerford, A., C. Brownell und **S. Campbell** (2000): Child care in infancy: A transactional perspective. In: C. Zeanah (Hrsg.): Handbook of Infant Mental Health. New York und London (Guilford Press), 519–532 (2nd rev. ed.)

Hunter, V. (1991): John Bowlby: An interview. Psychoanalytic Review 78: 159–175

Hunter, V. (1992): An interview with Francis Tustin. Psychoanalytic Review 79: 1–24

Hurrelmann, K. (2002): Einführung in die Sozialisationstheorie. Weinheim und Basel (Beltz) (8. überarb. Aufl.)

Huston, A. und **S. Aronson** (2005): Mothers' time with infant and time in employment as predictors of mother-child relationships and children's early development. Child Develoment 76: 467–482

Hutchison, W., K. Davis, A. Lozano, R. Tasker und **J. Dostrovsky** (1999): Pain-related neurons in the human cingulate cortex. Nature and Neuroscience 2: 403–405

Imbasciati, A. (1989): Toward a psychoanalytic model of cognitive processes. International Review of Psycho-Analysis 16: 223–236

Imbusch, P. (2004): ›Mainstreamer‹ versus ›Innovateure‹ der Gewaltforschung. Eine kuriose Debatte. In: W. Heitmeyer und H.-G. Soeffner (Hrsg.): Gewalt. Entwicklungen, Strukturen, Analyseprobleme. Frankfurt am Main (Suhrkamp), 125–148

Isay, R. (1978): (Rep.): The pathogenicity of the primal scene. Journal of the American Psychoanalytic Association 26: 131–142

Jackson, J. (1993): Multiple caregiving among african-american infants and infant attachment: The need for an emic approach. Human Development 36: 87–102

Jacobvitz, D., N. Hazen und **K. Thalhuber** (2001): Die Anfänge von Bindungs-Desorganisation in der Kleinkindzeit. In: G. Suess, H. Scheuerer-Englisch und W.-K. Pfeifer (Hrsg.): Bindungstheorie und Familiendynamik. Gießen (Psychosozial-Verlag), 125–156

Jaffee, S., T. Moffitt, A. Caspi und **A. Taylor** (2003): Life with (or without) fathers: The benefits of living with two parents depend on the father's antisocial behavior. Child Development 74: 109–126

Janetzke, H. (1993): Stichwort Autismus. München (Heyne) (2. überarb. Aufl.)

Joas, H. (1994): Kreativität und Autonomie. Die soziologische Identitätstheorie und ihre postmoderne Herausforderung. In: A. Barkhaus et al. (1996): (Hrsg.): Identität, Leiblichkeit, Normativität. Neue Horizonte anthropologischen Denkens. Frankfurt am Main (Suhrkamp), 357–369

Joas, H. (1997): Handlungstheorie und Gewaltdynamik. In: H. Joas (2000): Kriege und Werte. Studien zur Gewaltgeschichte des 20. Jahrhunderts. Weilerswist (Velbrück), 272–284

Joffe, J., B. Beebe, S. Feldstein, C. Crown und **M. Jasnow** (2001): Rhythms of Dialogue in Infancy. Monographs of the Society for Research in Child Development No. 265. Boston und Oxford (Blackwell)

Joffe, W. (1969): A critical review of the status of the envy concept. International Journal of Psycho-Analysis 50: 533–545

Johnson, J., P. Cohen, J. Brown, E. Smailes und **D. Bernstein** (1999): Childhood maltreatment increases risk for personality disorders during early adulthood. Archives of General Psychiatry 56: 600–605

Joshi, H. und **G. Verropoulou** (2000): Maternal Employment and Child Outcomes. Analysis of two Birth Cohort Studies. London (The Smith Institute)

Julien, P. (1995): Die drei Dimensionen der Vaterschaft. Arbeitshefte Kinderanalyse, Heft 21: 73–86

Kagan, J. (1981): The Second Year. The Emergence of Self-Awareness. Cambridge und London (Harvard Univ. Press)

Kagan, J., R. Kearsley und **P. Zelazo** (1978): Infancy. Its Place in Human Development. Cambridge (Harvard Univ. Press)

Kanner, L. (1943): Autistic disturbances of affective contact. Nervous Child 2: 217–250

Karen, R. (1994): Becoming Attached. First Relationships and How They Shape our Capacity to Love. New York und Oxford (Oxford Univ. Press) 1998

Karstedt, S. (2001): Individualismus und Gewalt: Extreme Modernisierung oder Re-Traditionalisierung der Gesellschaft? In: G. Albrecht, O. Backes und W. Kühnel (Hrsg.): Gewaltkriminalität zwischen Mythos und Realität. Frankfurt am Main (Suhrkamp), 236–255

Karstedt, S. (2004): Typen der Sozialintegration und Gewalt: Kollektivismus, Individualismus und Sozialkapital. In: W. Heitmeyer und H.-G. Soeffner (Hrsg.): Gewalt. Entwicklungen, Strukturen, Analyseprobleme. Frankfurt am Main (Suhrkamp), 269–292

Kastner-Koller, U. und **P. Deimann** (2000): Sprachentwicklung bei Kindern mit autistischem Syndrom. In: H. Grimm (Hrsg.): Enzyklopädie der Psychologie. Serie III: Sprache, Band 3: Spracherwerb und Sprachentwicklung. Göttingen u. a. (Hogrefe), 641–661

Kaufhold, R. (1988): Bruno Bettelheim und der »Mythos« der Schuldfrage. Zeitschrift für Heilpädagogik 33: 820–826

Keenan, J. (2003): Das Gesicht im Spiegel. Auf der Suche nach dem Ursprung des Bewußtseins. München (Ernst Reinhardt) 2005

Kempe, R. und **C. Kempe** (1978): Kindesmißhandlung. Stuttgart (Klett-Cotta) 1980

Kernberg, O. (1991 a): Sexual excitement and rage: Building blocks of drives. Sigmund Freud House Bulletin 15: 3–35

Kernberg, O. (1991 b): Die Psychopathologie des Hasses. Forum der Psychoanalyse 7: 251–270

Kernberg, O. (1996): Haß als zentraler Affekt der Aggression. Zeitschrift für psychosomatische Medizin und Psychoanalyse 42: 281–305

Keupp, H. und **R. Höfer** (1997): (Hrsg.): Identitätsarbeit heute. Klassische und aktuelle Perspektiven der Identitätsforschung. Frankfurt am Main (Suhrkamp)

Keupp, R. et al. (1999): Identitätskonstruktionen. Das Patchwork der Identitäten in der Spätmoderne. Reinbek bei Hamburg (Rowohlt) (2., um ein neues Schlußkapitel erw. Aufl. 2002)

Kindler, H. (2002): Väter und Kinder. Langzeitstudien über väterliche Fürsorge und die sozioemotionale Entwicklung von Kindern. Weinheim und München (Juventa)

Kindler, H. und **K. Grossmann** (2004): Vater-Kind-Bindung und die Rollen von Vätern in den ersten Lebensjahren ihrer Kinder. In: L. Ahnert (Hrsg.): Frühe Bindung. Entstehung und Entwicklung. München (Reinhardt), 240–255

King, P. und **R. Steiner:** (1991): (Hrsg.): Die Freud/Klein-Kontroversen 1941–1945, 2 Bände. Stuttgart (Klett-Cotta) 2000

King, V. (2000): Artikel ›Geschlechtsidentität‹. In: W. Mertens und B. Waldvogel (Hrsg.): Handbuch psychoanalytischer Grundbegriffe. Stuttgart u. a. (Kohlhammer), 245–249 (3. überarb. Aufl. des Handbuchs erscheint 2006)

Kißgen, R. und **R. Schleiffer** (2002): Zur Spezifitätshypothese eines Theory-of-Mind-Defizits beim frühkindlichen Autismus. Zeitschrift für Kinder- und Jugendpsychiatrie und Psychotherapie 30: 29–40

Kißgen, R., J. Drechsler, S. Fleck, C. Lechmann und **R. Schleiffer** (2005): Autismus, Theory of Mind und figurative Sprache. Heilpädagogische Forschung 31: 81–100

Klages, H. und **T. Gensicke** (1994): Spannungsfelder des Wertewandels. Von der spontanen Entwicklung von Selbstentfaltungswerten zu deren Integration. In: N. Seibert (Hrsg.): Bildung und Erziehung an der Schwelle zum dritten Jahrtausend. München (Pims), 674–695

Klauber, T. und **M. Rhode** (2004): (Hrsg.):The Many Faces of Asperger's Syndrome. London (Karnac)

Kleeman, J. (1965): A boy discovers his penis. The Psychoanalytic Study of the Child 20: 239–266

Kleeman, J. (1966): Genital self-discovery during a boy's second year. A follow-up. The Psychoanalytic Study of the Child 21: 358–392

Kleeman, J. (1975): Genital self-stimulation in infant and toddler girls. In: J. Marcus und J. Francis (Hrsg.): Masturbation: From Infancy to Senescence. New York (Int. Univ. Press), 77–106

Klein, G. (1967): Peremptory ideation: Structure and force in motivated ideas. In: R. Holt (Hrsg.): Essays in Honor of David Rapaport. Psychological Issues Monograph Series, No. 18–19, New York (Int. Univ. Press), 80–128

Klein, M. (1944): Gefühlsleben und Ich-Entwicklung des Säuglings unter besonderer Berücksichtigung der depressiven Position. In: M. Klein (1996): Gesammelte Schriften Band I, 2. Stuttgart (frommann-holzboog), 261–320

Klicpera, C. und **P. Innerhofer** (1999): Die Welt des frühkindlichen Autismus. München (Ernst Reinhardt) (2. überarb. Aufl.)

Klin, A. und **D. Cohen** (1994): Theoretical perspectives on autism. The Signal. Newsletter of the World Association for Infant Mental Health. Band 2, Heft 2: 7–12

Klin, A., F. Volkmar und **S. Sparrow** (1992): Autistic social dysfunction: Some limitations of the theory of mind hypothesis. Journal of Child Psychology and Psychiatry 33: 861–876

Klin, A., F. Volkmar und **S. Sparrow** (2000 a): (Hrsg.): Asperger Syndrome. New York (Guilford Press)

Klin, A., R. Schultz und **D. Cohen** (2000 b): Theory of mind in action: Developmental perspectives on social neuroscience. In: S. Baron-Cohen, H. Tager-Flusberg und D. Cohen (Hrsg.): Understanding other Minds. Perspectives from Developmental Cognitive Neuroscience. Oxford (Oxford Univ. Press), 357–388

Klitzing, K. von (2002 a): Frühe Entwicklung im Längsschnitt. Von der Beziehungswelt der Eltern zur Vorstellungswelt des Kindes. Psyche 56: 863–887

Klitzing, K. von (2002 b): Vater – Mutter – Säugling. Von der Dreierbeziehung in den elterlichen Vorstellungen zur realen Eltern-Kind-Beziehung. In: H. Walter (Hrsg.): Männer als Väter. Sozialwissenschaftliche Theorie und Empirie. Gießen (Psychosozial), 783–810

Klitzing, K. von (2002 c): Jenseits des Bindungsprinzips. In: K. Steinhardt, W. Datler und J. Gstach (Hrsg.): Die Bedeutung des Vaters in der frühen Kindheit. Gießen (Psychosozial), 87–99

Klitzing, K. von und **D. Bürgin** (2005): Parental capacities for triadic relationships during pregnancy: Early predictors of children's behavioral and representational functioning at preschool age. Infant Mental Health Journal 26: 19–39

Knapp, U. (2005): Der Erziehungsstil ist nicht mehr Privatsache. Frankfurter Rundschau vom 22. 4. 2005

Knibiehler, Y. (1996): Geschichte der Väter. Eine kultur- und sozialhistorische Spurensuche. Freiburg u. a. (Herder)

Koellreuter, A. (2005): Artikel ›Jean Laplanche‹. In: G. Stumm et al. (Hrsg.): Personenlexikon der Psychotherapie. Wien und New York (Springer), 273–275

Körner, J. (1998): Einfühlung: Über Empathie. Forum der Psychoanalyse 14: 1–17

Kohut, H. (1971): Narzißmus. Eine Theorie der psychoanalytischen Behandlung narzißtischer Persönlichkeitsstörungen. Frankfurt am Main (Suhrkamp) 1973

Kohut, H. (1977): Die Heilung des Selbst. Frankfurt am Main (Suhrkamp) 1979

Koschorke, A. (2004): Graduiertenkolleg: Die Figur des Dritten. http:/www.uni-konstanz.de/figur3/prg2.htm (Stand 5. 8. 2004)

Kostka, K. (2004): Im Interesse des Kindes? Elterntrennung und Sorgerechtsmodelle in Deutschland, Großbritannien und den USA. Frankfurt am Main (Eigenverlag des deutschen Vereins für öffentliche und private Fürsorge)

Krappmann, L. (1969): Soziologische Dimensionen der Identität. Stuttgart (Klett)

Kraus, W. (1996): Das erzählte Selbst. Die narrative Konstruktion von Identität in der Spätmoderne. Pfaffenweiler (Centaurus)

Krause, J.-U. (2003): Antike. In: A. Gestrich, J.-U. Krause und M. Mitterauer, Geschichte der Familie. Stuttgart (Kröner), 21–159

Krejci, E. (1997): Vorwort. In: W. Bion (1965): Transformationen. Frankfurt am Main (Suhrkamp) 1997, 7–16

Kreppner, K. (2002): Väter in ihren Familien. Differentielle Aspekte für die Sozialisation. In: H. Walter (Hrsg.): Männer als Väter. Sozialwissenschaftliche Theorie und Empirie. Gießen (Psychosozial), 345–380

Kriegman, D. und **M. Slavin** (1989): The myth of the repetition compulsion and the negative therapeutic reaction: An evolutionary biological analysis. In: A. Goldberg (Hrsg.): Progress in Self Psychology, Vol. 5. Hillsdale, NJ (Analytic Press), 209–252

Kubie, L. (1954): The fundamental nature of the distinction between normality and neurosis. Psychoanalytic Quarterly 23: 167–204

Kubie, L. (1956): Psychoanalyse und Genie. Der schöpferische Prozeß. Reinbek bei Hamburg (Rowohlt) 1966

Küchenhoff, J. (1998): Öffentlichkeit und Körpererfahrung. In: G. Schmidt und B. Strauß (Hrsg.): Sexualität und Spätmoderne. Über den kulturellen Wandel der Sexualität. Stuttgart (Enke), 39–54

Küchenhoff, J. (1999): Verlorenes Objekt, Trennung und Anerkennung. Forum der Psychoanalyse 15: 189–203

Küchenhoff, J., A. Hügli und **U. Mäder** (2005): (Hrsg.): Gewalt. Ursachen, Formen, Prävention. Gießen (Psychosozial)

Kühnel, W. und **R. Strobl** (2001): Junge Aussiedler als Täter und Opfer von Gewalthandlungen. In: G. Albrecht, O. Backes und W. Kühnel (Hrsg.): Gewaltkriminalität zwischen Mythos und Realität. Frankfurt am Main (Suhrkamp), 326–354

Kühl, S. (2005): Ganz normale Organisationen. Organisationssoziologische Interpretationen simulierter Brutalitäten. Zeitschrift für Soziologie 34: 90–111

Kugiumutzakis, G. (1998): Neonatal imitation in the intersubjective companion space. In: S. Bråten (Hrsg.): Intersubjective Communication and Emotion in Early Ontogeny. Cambridge (Cambridge Univ. Press), 63–88

Kusch, M. und **F. Petermann** (2001): Entwicklung autistischer Störungen. Göttingen (Hogrefe) (3. überarb. Aufl.)

Kutter, P. (1989): Moderne Psychoanalyse. Eine Einführung in die Psychologie unbewußter Prozesse. München und Wien (Verlag Internationale Psychoanalyse)

Lachmann, F. (2000): Aggression verstehen und verändern. Psychotherapeutischer Umgang mit destruktiven Selbstzuständen. Stuttgart (Pfeiffer bei Klett-Cotta) 2004

Laewen, H.-J. (1994): Zum Verhalten und Wohlbefinden von Krippenkindern. Psychologie in Erziehung und Unterricht 41: 1–13

Laewen, H.-J., B. Andres und **É. Hédervári** (2000): Die ersten Tage in der Krippe. Neuwied und Berlin (Luchterhand) (3. überarb. Aufl.)

Lagache, D. (1961): La psychanalyse et la structure de la personalité. In: Oeuvres IV. Paris (Presses Universitaires de France)

Lakatos, I. (1970): Falsifikation und die Methodologie wissenschaftlicher Forschungsprogramme. In: I. Lakatos und A. Musgrave (1974): (Hrsg.): Kritik und Erkenntnisfortschritt. Braunschweig (Vieweg), 89–189

Lamb, M. (1976): (Hrsg.): The Role of the Father in Child Development. New York u. a. (Wiley) (1st ed.)

Lamb, M. (1981): (Hrsg.): The Role of the Father in Child Development. New York u. a. (Wiley) (2nd rev. ed.)

Lamb, M. (1986 a): (Hrsg.): The Role of the Father. Applied Perspectives. New York u. a. (Wiley)

Lamb, M. (1986 b): The changing role of fathers. In: M. Lamb (Hrsg.): The Father's Role. Applied Perspectives. New York u. a. (Wiley), 3–27

Lamb, M. (1997): The development of father-infant relationship. In: M. Lamb (Hrsg.): The Role of the Father in Child Development. New York u. a. (Wiley), 104–120 (3rd rev. ed.)

Lamb, M. (1998): Nonparental child care: Context, quality, correlates, and consequences. In: W. Damon (Hrsg.): Handbook of Child Development, Vol. 4. New York u. a. (Wiley) (5th rev. ed.), 73–133

Lamb, M. (1999 a): (Hrsg.): Parenting and Child Development in »Nontraditional« Families. Mahwah NJ (Erlbaum)

Lamb, M. (1999 b): Nonparental child care. In: M. Lamb (Hrsg.): Parenting and Child Development in »Nontraditional« Families. Mahwah, NJ (Erlbaum), 39–55

Lamb, M. (2000): The history of research on father involvement: An overview. In: H. E. Peters, G. W. Peterson, S. Steinmetz und R. Day (Hrsg.): Fatherhood. Research, Interventions and Politics. New York u. a. (Haworth), 23–42

Lamb, M. und **H. Weßels** (1997): Tagesbetreuung. In: H. Keller (Hrsg.): Handbuch der Kleinkindforschung. Bern u. a. (Huber) (2. überarb. Aufl.), 695–717

Lamb, M. und **L. Ahnert** (2003): Institutionelle Betreuungskontexte und ihre entwicklungspsychologische Relevanz für Kleinkinder. In: H. Keller (Hrsg.): Handbuch der Kleinkindforschung. Bern u. a. (Huber) (3. überarb. Aufl.), 525–564

Lamb, M., K. Sternberg und **M. Prodromidis** (1992): Non-maternal care and the security of infant-mother attachment: A reanalysis of the data. Infant Behavior and Development 15: 71–83

Lamb, M., M. Bornstein und **D. Teti** (2002): Development in Infancy. An Introduction. Mahwah und London (Erlbaum) (4th rev. ed.)

Lamb, M., J. Pleck, E. Charnov und **J. Levine** (1985): Paternal behavior in humans. American Zoologist 25: 883–894

Lang, H. (1973): Die Sprache und das Unbewußte. Jacques Lacans Grundlegung der Psychoanalyse. Frankfurt am Main (Suhrkamp)

Lang, H. (1995): Das Konzept der »strukturalen Triade«. In: P. Buchheim, M. Cierpka und T. Seifert (Hrsg.): Konflikte in der Triade. Lindauer Texte. Berlin u. a. (Springer), 50–58

Lang, H. (2000): Im Anfang waren es drei – das Konzept der »strukturalen Triade« oder der Ödipuskomplex heute. In: H. Lang, Strukturale Psychoanalyse. Frankfurt am Main (Suhrkamp), 156–172

Langer, S. (1942): Philosophie auf neuem Wege. Frankfurt am Main (Fischer) 1965

Lansky, M. (2003): Discussion of Peter Fonagy et al.'s »The developmental roots of borderline personality disorder in early attachment relationships«. Psychoanalytic Inquiry 23: 460–472

Laplanche, J. (1987): New Foundations for Psychoanalysis. Cambridge (Blackwell) 1989

Laplanche, J. (1988): Die allgemeine Verführungstheorie und andere Aufsätze. Tübingen (edition diskord)

Laplanche, J. (1992): Die unvollendete kopernikanische Revolution in der Psychoanalyse. Frankfurt am Main (Fischer) 1996

Laplanche, J. (1993): Kurze Abhandlung über das Unbewußte. Psyche 53, 1999: 1213–1246

Laplanche, J. (2000): Sexuality and attachment in metapsychology. In: D. Widlöcher (2000 a) (Hrsg.): Infantile Sexuality and Attachment. New York (Other Press) 2001, 37–54 [dt. Übers. erscheint in: M. Altmeyer und H. Thomä (2006): (Hrsg.): Die vernetzte Seele. Die intersubjektive Wende in der Psychoanalyse. Stuttgart (Klett-Cotta)]

Laplanche, J. (2004 a): Ausgehend von der anthropologischen Grundsituation ... In: L. Bayer und I. Quindeau (Hrsg.): Die unbewußte Botschaft der Verführung. Interdisziplinäre Studien zur Verführungstheorie Jean Laplanches. Gießen (Psychosozial), 17–30

Laplanche, J. (2004 b): Die rätselhaften Botschaften des Anderen und ihre Konsequenzen für den Begriff des »Unbewußten« im Rahmen der Allgemeinen Verführungstheorie. Psyche 58: 898–913 (franz. Übers. in: Psychiatrie Française Heft 4/2005, mit Kommentaren)

Laplanche, J. und **J.-B. Pontalis** (1967): Das Vokabular der Psychoanalyse. Frankfurt am Main (Suhrkamp) 1972

Largo, R. und **M. Czernin** (2003): Glückliche Scheidungskinder. Trennungen und wie Kinder damit fertig werden. München (Piper)

LaRossa, R. (1988): Fatherhood and social change. Family Relations 37: 451–457

LaRossa, R. (1997): The Modernization of Fatherhood. Chicago und London (Univ. of Chicago Press)

Lasch, C. (1979): Das Zeitalter des Narzißmus. München (Steinhausen) 1980

Lash, S. und **J. Friedman** (1992): (Hrsg.): Modernity and Identity. Oxford (Blackwell)

Le Camus, J. (2000): Väter. Die Bedeutung des Vaters für die psychische Entwicklung des Kindes. Weinheim u. a. (Beltz) 2001

Lechleitner, H. (1998): Das Gleichnis vom Gehorsam. Erinnerung an Stanley Milgram. Merkur 52, Heft 588: 267–273

Lecours, S. und **M.-A. Bouchard** (1997): Dimensions of mentalisation: Outlining levels of psychic transformation. International Journal of Psycho-Analysis 78: 855–875

Leekam, S. und **C. Moore** (2001): The development of attention and joint attention in children with autism. In: J. Burack, T. Charman, N. Yirmiya und P. Zelazo (Hrsg.): The Development of Autism. Perspectives from Theory and Research. Mahwah und London (Erlbaum), 105–129

Legerstee, M. (1991): The role of person and object in eliciting early imitation. Journal of Experimental Child Psychology 51: 423–433

Legerstee, M. (1992): A review of the animate-inanimate distinction in infancy. Implications for models of social and cognitive knowing. Early Development and Parenting 1: 59–67

Legerstee, M. (1994): Patterns of 4-month-old infant responses to hidden silent and sounding people and objects. Early Development and Parenting 3: 71–80

Legerstee, M. (1997 a): Changes in social-conceptual development. Domain-specific structures, self-organization, and indeterminism. In: A. Fogel und J. Valsiner (Hrsg.): Dynamics and Indeterminism in Developmental and Social Processes. Hillsdale, NJ (Erlbaum), 245–260

Legerstee, M. (1997 b): Contingency effects of people and objects on subsequent cognitive functioning in three-month-old infants. Social Development 6: 307–321

Legerstee, M. und **J. Varghese** (2001): The role of maternal affect mirroring on social expectancies in three-month-old infants. Child Development 72: 1301–1313

Leggewie, C. (1993): Das Plädoyer eines Antiautoritären für Autorität. Die ZEIT vom 5.3.1993

Lehr, U. (1978): Die Rolle der Mutter in der Sozialisation des Kindes. Darmstadt (Steinkopff) (2. Aufl.)

Lelord, G. und **A. Rothenberger** (2000): Dem Autismus auf der Spur. Verstehen, erklären, behandeln – ein Lesebuch. Göttingen (Vandehoeck & Ruprecht)

Lemche, E. und **L. Stöckler** (2002): On the outer and inner reality of the father and its significance for the development of affect regulation. Psychoanalysis and Contemporary Thought 25: 115–163

Lempa, G. (2001): Der Lärm der Ungewollten. Psychoanalytische Erkundungen zu Fremdenfeindlichkeit, Gewalt und politischem Extremismus. Göttingen (Vandenhoeck & Ruprecht)

Lempp, R. (1977): Jugendliche Mörder. Bern u. a. (Huber)

Lenzen, D. (1991): Vaterschaft. Vom Patriarchat zur Alimentation. Reinbek bei Hamburg (Rowohlt)

Lenzen, M. (2005): In den Schuhen des anderen. Simulation und Theorie in der Alltagspsychologie. Paderborn (mentis)

Lerner, P. und **H. Lerner** (1985): Contributions of object relations theory toward a general psychoanalytic theory of thinking. Psychoanalysis and Contemporary Thought 8: 469–513

Leslie, A. (1987): Pretense and representation: The origins of ›theory of mind‹. Psychological Review 94: 412–426

Leslie, A. (1994): ToMM, ToBy, and Agency: Core architecture and domain specifity. In: L. Hirschfeld und S. Gelman (Hrsg.): Mapping the Mind. Domain Specifity in Cognition and Culture. Cambridge (Cambridge Univ. Press), 119–148

Leuzinger-Bohleber, M., M. Koukkou und **W. Mertens** (1998): (Hrsg.): Erinnerung von Wirklichkeiten. Psychoanalyse und Neurowissenschaften im Dialog. 2 Bände. Stuttgart (Verlag Internationale Psychoanalyse)

Lewis, D. (1992): From abuse to violence: Psychophysiological consequences of maltreatment. Journal of the American Academy of Child and Adolescent Psychiatry 31: 383–391

Lewis, D., C. Mallouh und **V. Webb** (1989): Child abuse, delinquency, and violent criminality. In: D. Cicchetti und V. Carlson (Hrsg.): Child Maltreatment. Theory and Research on the Causes and Consequences of Child Abuse and Neglect. Cambridge (Cambridge Univ. Press), 707–721

Lewis, M. (1997): Altering Fate. Why the Past Does not Predict the Future. New York und London (Guilford Press)

Lichtenberg, J. (1983): Psychoanalyse und Säuglingsforschung. Berlin u. a. (Springer) 1991
Lichtenberg, J. (1985): Response: In search of the elusive baby. Psychoanalytic Inquiry 5: 621–648
Lichtenberg, J. (1988): Motivational-funktionale Systeme als psychische Strukturen. Forum der Psychoanalyse 7, 1991: 85–97
Lichtenberg, J. (1989): Psychoanalysis and Motivation. Hillsdale, New Jersey (Analytic Press)
Lipps, T. (1903): Einfühlung, innere Nachahmung und Organempfindungen. Archiv für die gesamte Psychologie 20: 185–204
Lissmann, K. (2000): Geld, Gott und Gesetz. In: Kursbuch 140: Die Väter. Berlin (Rowohlt/Berlin Verlag), 45–52
Loeber, R. (1990): Development and risk factors of juvenile antisocial behavior and delinquency. Clinical Psychology Review 10: 1–41
Loeber, R. und **M. Stouthamer-Loeber** (1998): Development of juvenile aggression and violence. Some common misconceptions and controversies. American Psychologist 53: 242–259
Loeber, R., J. Burke, B. Lahey, A. Winters und **M. Zera** (2000): Oppositional defiant and conduct disorders: A review of the past 10 years. Part I. Journal of the American Academy of Child and Adolescent Psychiatry 39: 1468–1484
Löchel, E. (2000): Artikel ›Symbol, Symbolisierung‹. In: W. Mertens und B. Waldvogel (Hrsg.): Handbuch psychoanalytischer Grundbegriffe. Stuttgart u. a. (Kohlhammer), 695–698 (3. überarb. Aufl. des Handbuchs erscheint 2006)
Lösel, F. (1995): Entwicklung und Ursachen der Gewalt in unserer Gesellschaft. Gruppendynamik 26: 5–22
Loewald, H. (1979): Das Dahinschwinden des Ödipuskomplexes. In: H. Loewald (1986): Psychoanalyse. Aufsätze aus den Jahren 1951–1979. Stuttgart (Klett-Cotta), 377–400
Lohauß, P. (1995): Moderne Identität. Theorien und Konzepte. Opladen (Leske + Budrich)
Lore, R. und **L. Schultz** (1993): Control of human aggresssion: A comparative perspective. American Psychologist 48: 16–25
Lotze, H. (1858): Mikrokosmos. Ideen zur Naturgeschichte und Geschichte der Menschheit. Versuch einer Anthropologie, Band 2. Leipzig (Meiner) (3. Aufl. 1878)
Loveland, K. (1993): Autism, affordances, and the self. In: U. Neisser (Hrsg.): The Perceived Self. Ecological and Interpersonal Sources of Self Knowledge. Cambridge (Cambridge Univ. Press), 237–253
Ludwig, I. und **V. Schlevogt** (2002): Bessere Zeiten für erwerbstätige Mütter? WSI-Mitteilungen 55: 133–138
Ludwig, I., V. Schlevogt, U. Klammer und **U. Gerhard** (2002): Managerinnen des Alltags. Strategien erwerbstätiger Mütter in Ost- und Westdeutschland. Berlin (edition sigma)
Lüders, K. (1997): Bions Container-Contained-Modell. In: R. Kennel und G. Reerink (Hrsg.): Klein – Bion. Eine Einführung. Tübingen (edition diskord), 85–100
Lyon, K. (2003): Unconscious fantasy: Its scientific status and clinical utility. Journal of the American Psychoanalytic Association 51: 957–967

Maccoby, E. (1998): Psychologie der Geschlechter. Sexuelle Identität in den verschiedenen Lebensphasen. Stuttgart (Klett-Cotta) 2000

Mähler, C. (1999): Naive Theorien im kindlichen Denken. Zeitschrift für Entwicklungspsychologie und Pädagogische Psychologie 31: 53–66

Mahler, M. (1952): Kindliche Psychosen und Schizophrenie: Autistische und symbiotische Psychosen. In: M. Mahler (1985): Studien über die drei ersten Lebensjahre. Stuttgart (Klett-Cotta), 164–189

Mahler, M. (1968): Symbiose und Individuation. Band I: Psychosen im frühen Kindesalter. Stuttgart (Klett) 1972

Mahler, M. (1974): Symbiose und Individuation. Die psychische Geburt des Menschenkindes. Psyche 29,1975: 609–625

Mahler, M., F. Pine und **A. Bergman** (1975): Die psychische Geburt des Menschen. Symbiose und Individuation. Frankfurt am Main (Fischer) 1978

Maiello, S. (1999): Zerstörte Verbindungen. Angriff oder Zusammenbruch? Über die Ursprünge von Gewalt. Kinderanalyse 11, 2003: 306–329

Maier, C. (1995): Urszenenphantasien in der analytischen Behandlung. Forum der Psychoanalyse 11: 201–220

Maier, C. (2000): Artikel ›Urszene‹. In: W. Mertens und B. Waldvogel (Hrsg.): Handbuch psychoanalytischer Grundbegriffe. Stuttgart u. a. (Kohlhammer), 775–777 (3. überarb. Aufl. des Handbuchs erscheint 2006)

Mainka, I. (2004): Dossier: Erziehen üben! Die ZEIT Nr. 44 vom 21.10. 2004, S. 17–21

Malle, B., L. Moses und **D. Baldwin** (2001): (Hrsg.): Intentions and Intentionality: Foundations of Social Cognition. Cambridge (MIT Press)

Mandler, J. (1998): Representation. In: W. Damon (Hrsg.): Handbook of Child Psychology, Vol. 2. New York u. a. (Wiley) (5th rev. ed.), 255–308

Maratos, O. (1998): Psychoanalysis and the management of pervasive developmental disorders, including autism. In: C. Trevarthen, K. Aitken, D. Papoudi und J. Robarts (1998): Children with Autism. Diagnosis and Intervention to Meet Their Needs. London (Jessica Kingsley Publishers) (2nd rev. ed.), 203–214

Marcia, J., A. Waterman, D. Matteson, S. Archer und **J. Orlofsky** (1993): (Hrsg.): Ego Identity. A Handbook for Psychosocial Research. New York (Springer)

Marcuse, H. (1955): Triebstruktur und Gesellschaft. Ein philosophischer Beitrag zu Sigmund Freud. Frankfurt am Main (Suhrkamp) 1967

Marneros, A. (2002): Hitlers Urenkel. Rechtsradikale Gewalttäter – Erfahrungen eines wahldeutschen Gerichtsgutachters. Bern u. a. (Scherz)

Martinson, F. (1981): Eroticism in infancy and childhood. In: L. Constantine und F. Martinson (Hrsg.): Children and Sex. New Findings, New Perspectives. Boston (Little Brown), 23–35

Matte-Blanco, I. (1975): The Unconscious as Infinite Sets. London (Duckworth)

Mattejat, F. und **H. Remschmidt** (1997): Die Bedeutung der Familienbeziehungen für die Bewältigung von psychischen Störungen – Ergebnisse aus empirischen Untersuchungen zur Therapieprognose bei psychisch gestörten Kindern und Jugendlichen. Praxis der Kinderpsychologie und Kinderpsychiatrie 46: 371–392

Matza, D. (1964): Delinquency and Drift. New York u. a. (Wiley) (Reprint: New Jersey, Transaction Publishers 1990)

Matzner, M. (1998): Vaterschaft heute. Klischees und soziale Wirklichkeit. Frankfurt am Main und New York (Campus)

Matzner, M. (2002): Alleinerziehende Väter. In: H. Walter (Hrsg.): Männer als Väter. Sozialwissenschaftliche Theorie und Empirie. Gießen (Psychosozial), 187–218
Matzner, M. (2004): Vaterschaft aus der Sicht von Vätern. Wiesbaden (VS Verlag für Sozialwissenschaften)
Mayes, L. und **D. Cohen** (1994): Experiencing self and others: Contributions from studies of autism to the psychoanalytic theory of social development. Journal of the American Psychoanalytic Association 42: 191–218
Mayes, L. und **D. Cohen** (1996): Children's developing theory of mind. Journal of the American Psychoanalytic Association 44: 117–142
Mayes, L., D. Cohen und **A. Klin** (1993): Desire and fantasy: A psychoanalytic perspective on theory of mind and autism. In: S. Baron-Cohen, H. Tager-Flusberg und D. Cohen (Hrsg.): Understanding other Minds. Perspectives from Autism. Oxford u. a. (Oxford Univ. Press), 450–465
McGrew, W. (1998): Culture in nonhuman primates? Annual Review of Anthropology 27: 301–328
Mead, G. H. (1934): Geist, Identität und Gesellschaft. Frankfurt am Main (Suhrkamp) 1968
Mead, M. (1936): On the institutionalized role of women and character formation. Zeitschrift für Sozialforschung 5: 69–75 (dtv reprint 1980)
Meins, E., C. Fernyhough, E. Fradley und **M. Tuckey** (2001): Rethinking maternal sensitivity: Mothers' comments on infants' mental processes predict security of attachment at 12 months. Journal of Child Psychology and Psychiatry 42: 637–648
Meins, E., C. Fernyhough, R. Wainwright, M. das Gupta, E. und **M. Tuckey** (2002): Maternal mind-mindedness and attachment security as predictors of theory of mind understanding. Child Development 73: 1715–1726
Meissner, W. (2000 a): The self as relational in psychoanalysis I: Relational aspects of the self. Psychoanalysis and Contemporary Thought 22: 177–204
Meissner, W. (2000 b): The self as relational in psychoanalysis II: The self as related within the analytic process. Psychoanalysis and Contemporary Thought 22: 205–247
Meltzer, D. (1975): Explorations in Autism. A Psychoanalytic Study. Strath Tay (Clunie)
Meltzoff, A. (1988): Infant imitation after a 1-week delay: Long term memory for novel acts and multiple stimuli. Developmental Psychology 24: 470–476
Meltzoff, A. (1995): Understanding of intentions of others: Re-enactment of intended acts by 18-month-old children. Developmental Psychology 31: 838–850
Meltzoff, A. (2002): Imitation as a mechanism of social cognition: Origins of empathy, theory of mind, and the representation of action. In: U. Goswami (Hrsg.): Blackwell Handbook of Childhood Cognitive Development. London (Blackwell), 6–25
Meltzoff, A. und **K. Moore** (1977): Imitation of facial and manual gestures by human neonates. Science 189: 75–78
Meltzoff, A. und **A. Gopnick** (1993): The role of imitation in understanding persons and developing a theory of mind. In: S. Baron-Cohen, H. Tager-Flusberg und D. Cohen (Hrsg.): Understanding other Minds. Perspectives from Autism. Oxford u. a. (Oxford Univ. Press), 335–366
Meltzoff, A. und **K. Moore** (1995): Infants' understanding of people and things:

From body imitation to folk psychology. In: J. Bermúdez, A. Marcel und N. Eilan (Hrsg.): The Body and the Self. Cambridge (MIT Press), 43–69

Meltzoff, A. und **K. Moore** (1998): Infant intersubjectivity: Broadening the dialogue to include imitation, identity and intention. In: S. Bråten (Hrsg.): Intersubjective Communication and Emotion in Early Ontogeny. Cambridge (Cambridge Univ. Press), 47–62

Meltzoff, A. und **K. Moore** (1999): Person and representation: Why infant imitation is important for theories of human development. In: J. Nadel und G. Butterworth (Hrsg.): Imitation in Infancy. Cambridge (Cambridge Univ. Press), 9–35

Meltzoff, A. und **R. Brooks** (2001): »Like me« as a building block for understanding other minds: Bodily acts, attention, and intention. In: B. Malle, L. Moses und D. Baldwin (Hrsg.): Intentions and Intentionality. Foundations of Social Cognition. Cambridge (MIT Press), 171–191

Meltzoff, A. und **W. Prinz** (2002): (Hrsg.): The Imitative Mind. Cambridge (Cambridge Univ. Press)

Meltzoff, A., A. Gopnik und **B. Repacholi** (1999): Toddlers' understanding of intentions, desires, and emotions: Explorations of the dark ages. In: P. Zelazo, J. Astington und D. Olson (Hrsg.): Developing Theories of Intention. Mahwah und London (Erlbaum), 17–41

Mentzos, S. (1993): Der Krieg und seine psychosozialen Funktionen. Frankfurt am Main (Fischer)

Mertens, W. (1992): Entwicklung der Psychosexualität und der Geschlechtsidentität, Band 1: Geburt bis 4. Lebensjahr. Stuttgart u. a. (Kohlhammer)

Mertens, W. (1994): Entwicklung der Psychosexualität und Geschlechtsidentität, Band 2: Kindheit und Adoleszenz. Stuttgart u. a. (Kohlhammer)

Mesibov, G., L. Adams und **E. Schopler** (2000): Autism. A brief history. In: S. Epstein (Hrsg.): Autistic Spectrum Disorders and Psychoanalytic Ideas: Reassessing the Fit. Psychoanalytic Inquiry 20: 637–647

Metzger, H.-G. (1999): Der abhängige und der kompetente Säugling. Eine kritische Relativierung der Säuglingsforschung. Zeitschrift für psychoanalytische Theorie und Praxis 14: 381–400

Metzger, H.-G. (2000): Zwischen Dyade und Triade. Psychoanalytische Familienbeobachtungen zur Bedeutung des Vaters im Triangulierungsprozeß. Tübingen (edition diskord)

Metzger, H.-G. (2002): Zwischen Dyade und Triade. Neue Horizonte und traditionelle Rollen für den Vater. In: K. Steinhardt, W. Datler und J. Gstach (Hrsg.): Die Bedeutung des Vaters in der frühen Kindheit. Gießen (Psychosozial), 29–42

Metzger, H.-G. (2005): Über die Angst der Väter vor der frühen Kindheit – psychoanalytische Überlegungen. Psyche 59: 611–628

Michaelis, D. (1995): »Heute gehen wir Baby-Gucken und morgen…« Psychoanalyse auf der Höhe des Zeitgeistes. In: S. Zepf (Hrsg.): Diskrete Botschaften des Rationalen. Psychoanalyse jenseits des Common-sense. Göttingen (Vandenhoeck & Ruprecht), 144–175

Milgram, S. (1974): Das Milgram Experiment. Zur Gehorsamsbereitschaft gegenüber Autorität. Reinbek bei Hamburg (Rowohlt)

Mitchell, P. (1997): Introduction to the Theory of Mind. Children, Autism and Apes. London u. a. (Arnold)

Mitscherlich, A. (1963): Auf dem Weg zur vaterlosen Gesellschaft. Ideen zur Sozialpsychologie. München (Piper)

Mitscherlich-Nielsen, M. (1993): Was können wir aus der Vergangenheit lernen? Psyche 47: 743–753

Modell, A. (1993): The Private Self. Cambridge und London (Harvard Univ. Press)

Möller, H. J. (1978): Psychoanalyse. Erklärende Wissenschaft oder Deutungskunst? München (Fink)

Moffitt, T., A. Caspi, N. Dickson, P. Silva und **W. Stanton** (1996): Childhood-onset versus adolescent-onset antisocial conduct problems in males: Natural history from ages 3 to 18 years. Development and Psychopathology 8: 399–424

Money-Kyrle, R. (1968): Cognitive development. International Journal of Psycho-Analysis 49: 691–698

Montagu, A. (1971): Körperkontakt. Die Bedeutung der Haut für die Entwicklung des Menschen. Stuttgart (Klett) 1974

Moore, C. (1996): Theories of mind in infancy. British Journal of Developmental Psychology 14: 19–40

Moore, C. und **V. Corkum** (1994): Social understanding at the end of the first year. Developmental Review 14: 349–372

Moore, C. und **P. Dunham** (1995): (Hrsg.): Joint Attention. Its Origin and Role in Development. Hillsdale und Hove (Erlbaum)

Münchmeier, R. (2001): Aufwachsen unter veränderten Bedingungen. Zum Strukturwandel von Kindheit und Jugend. Praxis der Kinderpsychologie und Kinderpsychiatrie 50: 119–134

Muir, D., und **S. Hains** (1999): Young infants' perception of adult intentionality. In: P. Rochat (Hrsg.): Early Social Cognition. Understanding Others in the First Months of Life. Mahwah und London (Erlbaum), 155–187

Mundy, P. (1995): Joint attention and socio-emotional approach behavior in children with autism. Development and Psychopathology 7: 63–82

Mundy, P., M. Sigman und **C. Kasari** (1993): The theory of mind and joint attention deficits in autism. In: S. Baron-Cohen, H. Tager-Flusberg und D. Cohen (Hrsg.): Understanding other Minds. Perspectives from Autism. Oxford u. a. (Oxford Univ. Press), 181–203

Murray, L. (1998): Contributions of experimental and clinical perturbations of mother-infant communication to the understanding of infant intersubjectivity. In: S. Bråten (1998 a): (Hrsg.): Intersubjective Communication and Emotion in Early Ontogeny. Cambridge (Cambridge Univ. Press), 127–143

Murray, L. und **C. Trevarthen** (1985): Emotional regulation of interaction between two-month-olds and their mother. In: T. Field und N. Fox (Hrsg.): Social Perception in Infants. Norwood, NJ (Ablex),177–197

Murray, L. und **L. Andrews** (2000): The Social Baby. Understanding Babies' Communication from Birth. Richmond, Surrey, UK (CP Publishing)

Mutius, B. von (2000): Die Verwandlung der Welt. Ein Dialog mit der Zukunft. Stuttgart (Klett-Cotta)

Myers, W. (1974): The primal scene: Exposure to parental intercourse. Medical Aspects of Human Sexuality 8: 156–165

Myers, W. (1979): Clinical consequences of chronic primal scene exposure. Psychoanalytic Quarterly 48: 1–26

Nachman, P. (1991): The maternal representation. A comparison of caregiver and mother-reared toddlers. Psychoanalytic Study of the Child 46: 69–90

Nadel, J. (2002): Imitation and imitation recognition: Functional use in preverbal infants and nonverbal children with autism. In: A. Meltzoff und W. Prinz (Hrsg.): The Imitative Mind. Development, Evolution, and Brain Base. Cambridge (Cambridge Univ. Press), 42–62

Nadel, J. und **G. Butterworth** (1999): (Hrsg.): Imitation in Infancy. Cambridge (Cambridge Univ. Press)

Nadel, J. und **H. Tremblay-Leveau** (1999): Early perception of social contingencies and interpersonal intentionality: Dyadic and triadic paradigms. In: P. Rochat (Hrsg.): Early Social Cognition. Understanding Others in the First Months of Life. Mahwah und London (Erlbaum), 189–212

Nagin, D. und **R. Tremblay** (1999): Trajectories of boys' physical aggression, opposition, and hyperactivity on the path to physically violent and nonviolent juvenile delinquency. Child Development 70: 1181–1196

Nagin, D. und **R. Tremblay** (2001): Parental and early childhood predictors of persistent physical aggression in boys from kindergarten to high-school. Archives of General Psychiatry 58: 389–394

Nahum, J. (1998): The irrelevance of Wolff? Journal of the American Psychoanalytic Association 46: 270–274

Napp-Peters, A. (1995): Familien nach der Scheidung. München (Kunstmann)

Nave-Herz, R. (2002): Zeitgeschichtlicher Wandel der Rolle von Vätern und Großvätern. Psychoanalytische Familientherapie. Zeitschrift für Paar-, Familien- und Sozialtherapie, Heft 5: 5–18

Neubauer, C. (2000): Die kritische Vernunft am anderen Ort. Bericht über die Herbsttagung der Deutschen Psychoanalytischen Vereinigung. Frankfurter Allgemeine Zeitung vom 31.11. 2000

Neubauer, C. (2003): Dyade, Triade, Charade. Bericht über die Herbsttagung der Deutschen psychoanalytischen Vereinigung. Frankfurter Allgemeine Zeitung vom 28.11.2003

Neubauer, P. (1985): Preoedipal objects and object primacy. Psychoanalytic Study of the Child 40: 163–182

NICHD (1996): Characteristics of infant child care: Factors contributing to positive caregiving. Early Childhood Research Quarterly 11: 296–306

NICHD (1997 a): Familial factors associated with the characteristics of nonmaternal care for infants. Journal of Marriage and the Family 59: 389–408

NICHD (1997 b): Child care in the first year of life. Merrill-Palmer Quarterly 43: 340–360

NICHD (1997 c): The effects of infant child care on infant-mother attachment security: Results of the NICHD study of early child care. Child Development 68: 860–879

NICHD (1998 a): Early child care and self-control, compliance, and behavior problems at twenty-four and thirty-six months. Child Development 69: 1145–1170

NICHD (1998 b): Relations between family predictors and child outcomes? Are they weaker for children in child care? Developmental Psychology 34: 1119–1128

NICHD (1999 a): Chronicity of maternal depressive symptoms, maternal sensitivity, and child functioning at 36 months. Developmental Psychology 35: 1297–1310

NICHD (1999 b): Child care and mother-child interaction in the first 3 years of life. Developmental Psychology 35: 1399–1413

NICHD (2000): The relation of child care to cognitive and language development. Child Development 71: 960–980

NICHD (2001): About the NICHD study of early child care; prepared by Robin Peth-Pierce; public information and communication branch, NICHD. http://www.nichd.nih.publications/pubs/ early_child_care.htm

NICHD (2002): Early child care and children's development prior to school entry. American Educational Research Journal 39: 133–164

NICHD (2003 a): Does amount of time spent in child care predict socioemotional adjustment during the transition to kindergarten? Child Development 74: 976–1005

NICHD (2003 b): Modeling the impacts of child care quality on children's preschool cognitive development. Child Development 74: 1454–1475

NICHD (2004): Trajectories of Physical Aggression from Toddlerhood to Middle Childhood. Monographs of the Society for Research in Child Development. Serial No. 278, Vol. 69, No. 4. Boston und Oxford (Blackwell)

NICHD (2005): Krippenkinder anfangs aggressiver. Erst als Grundschüler ausgeglichen. Bericht von der Pressekonferenz der NICHD 2005. Frankfurter Allgemeine Zeitung Nr. 134 vom 13.6.2005

Niedergesäß, B. (1989): Förderung oder Überforderung? Probleme und Chancen der außerfamilialen Betreuung von Kleinstkindern. Mainz (Matthias Grünewald)

Niemann, H.-J. (2004): Lexikon des Kritischen Rationalismus. Tübingen (Mohr Siebeck)

Nunner-Winkler, G. (1991): Ende des Individuums oder autonomes Subjekt? In: W. Helsper (Hrsg.): Jugend zwischen Moderne und Postmoderne. Opladen (Westdeutscher Verlag), 113–129

Nunner-Winkler, G. (1994): Ethnozentrismus: Abwehr gegen das Fremde – Zur Tragweite nicht-pathologischer Erklärungsstrategien. In: A. Cropeley et al. (Hrsg.): Probleme der Zuwanderung, Band 2. Göttingen (Hogrefe), 71–94

Nunner-Winkler, G. (1999): Sozialisationsbedingungen moralischer Motivation. In: H. Leu und L. Krappmann (Hrsg.): Zwischen Autonomie und Verbundenheit. Bedingungen und Formen der Behauptung von Subjektivität. Frankfurt am Main (Suhrkamp), 299–329

Nunner-Winkler, G. (2000 a): Wandel in den Moralvorstellungen. Ein Generationenvergleich. In: W. Edelstein und G. Nunner-Winkler (Hrsg.): Moral im sozialen Kontext. Frankfurt am Main (Suhrkamp), 299–336

Nunner-Winkler, G. (2000 b): Identität aus soziologischer Sicht. In: W. Greve (Hrsg.): Psychologie des Selbst. Weinheim (Beltz/Psychologie Verlags Union), 302–316

Nunner-Winkler, G. (2004): Überlegungen zum Gewaltbegriff. In: W. Heitmeyer und H.-G. Soeffner (Hrsg.): Gewalt. Entwicklungen, Strukturen, Analyseprobleme. Frankfurt am Main (Suhrkamp), 21–61

Nunner-Winkler, G., M. Nikele und **D. Wohlrab** (2005): Jugendgewalt und pazifistisches Schulmilieu. Journal für Konflikt- und Gewaltforschung, Heft 1: 123–146

Oevermann, U. (1979): Ansätze zu einer soziologischen Sozialisationstheorie und ihre Konsequenzen für die allgmeine soziologische Anlayse. Kölner Zeitschrift für Soziologie und Sozialpsychologie, Sonderheft Nr. 21, G. Lüschen (Hrsg.): Deutsche Soziologie seit 1945, 143–168

Oevermann, U. (2000): A theoretical model of family structure. (Fellow lecture at the Hanse-Wissenschaftskolleg in Delmenhorst, 7. 6. 2000, unveröff. Ms.)

Ogden, T. (1984): Trieb, Fantasie und psychologische Tiefenstruktur. Forum der Psychoanalyse 2, 1986: 177–196

Ogden, T. (1994): The analytic third. Working with intersubjective clinical facts. International Journal of Psycho-Analysis 75: 3–19

Olesker, W. (2004): Review of »Affect Regulation, Mentalization, and the Development of the Self«. Psychoanalytic Quarterly 73: 535–545

Oliver, J. (1993): Intergenerational transmission of child abuse: Rates, research, and clinical implications. American Journal of Psychiatry 150: 1315–1324

Olivier, C. (1980): Jokastes Kinder. Die Psyche der Frau im Schatten der Mutter. Düsseldorf (Claassen) 1987

Olweus, D. (1979): Stability of aggression reaction patterns in males: A review. Psychological Bulletin 86: 976–1005

Onishi, K. und **R. Baillargeon** (2005): Do 15-month-old infants understand false belief? Science 308: 255–258

Oppenheim, D. und **N. Koren-Karie** (2002): Mothers' insightfulness regarding their children's internal worlds: The capacity underlying secure child-mother relationships. Infant Mental Health Journal 23: 593–605

Orange, D., G. Atwood und **R. Stolorow** (1997): Intersubjektivität in der Psychoanalyse. Kontextualismus in der psychoanalytischen Praxis. Frankfurt am Main (Brandes & Apsel) 2001

Osofsky, J. (1996): Commentary on Wolff. Journal of the American Psychoanalytic Association 44: 422–429

Osofsky, J. und **H. Fitzgerald** (1999): (Hrsg.): WAIMH Handbook of Infant Mental Health. 4 Vols. New York u. a. (Wiley)

Paniagua, C. (1997): Das Konzept der Intersubjektivität – einige kritische Bemerkungen. Psyche 53, 1999: 958–971

Panksepp, J. (1998): Affective Neuroscience. The Foundations of Human and Animal Emotions. New York und Oxford (Oxford Univ. Press)

Panksepp, J. (2001): The long-term psychobiological consequences of infant emotions: Prescriptions for the twenty-first century. Infant Mental Health Journal 22: 132–173

Papousek, H. und **M. Papousek** (1987): Intuitive parenting: A dialectic counterpart to the infant's integrative competence. In: J. Osofsky (Hrsg.): Handbook of Infant Development. New York u. a. (Wiley), 669–720 (2nd rev. ed.)

Papousek, H. und **M. Papousek** (1995): Intuitive parenting. In: M. Bornstein (Hrsg.): Handbook of Parenting, Vol. 2. Mahwah, NJ (Erlbaum), 117–136

Paris, J., H. Zweig-Frank und **H. Guzder** (1993): The role of psychological risk factors in recovery from borderline personality disorders. Comprehensive Psychiatry 34: 1076–1081

Parke, R. (2000): Father involvement: A developmental psychological perspective.

In: H. E. Peters, G. W. Peterson, S. Steinmetz und R. Day (Hrsg.): Fatherhood. Research, Interventions and Politics. New York u. a. (Haworth), 43–58

Passett, P. (2004): Die anthropologische Dimension der Sexualität. In: L. Bayer und I. Quindeau (Hrsg.): Die unbewußte Botschaft der Verführung. Interdisziplinäre Studien zur Verführungstheorie Jean Laplanches. Gießen (Psychosozial), 139–169

Pauen, S. (2003): Säuglingsforschung aus kognitiver Sicht. In: H. Keller (Hrsg.): Handbuch der Kleinkindforschung. Bern u. a. (Huber) (3. überarb. Aufl.), 283–318

Paul, A. (1998): Von Affen und Menschen. Verhaltensbiologie der Primaten. Darmstadt (Wissenschaftliche Buchgesellschaft)

Paul, A. (2002): Evolutionsbiologische Mutmaßungen über die Vaterschaft. In: H. Walter (Hrsg.): Männer als Väter. Sozialwissenschaftliche Theorie und Empirie. Gießen (Psychosozial), 287–321

Perelberg, R. (1999): (Hrsg.): Psychoanalytic Understanding of Violence and Suicide. London und New York (Routledge)

Perler, D. und **M. Wild** (2005): (Hrsg.): Der Geist der Tiere. Philosophische Texte zu einer aktuellen Diskussion. Frankfurt am Main (Suhrkamp)

Perner, A. (1998): Über das Zusammenspiel von psychischen und somatischen Prozessen in der Genese des Autismus. Arbeitshefte Kinderanalyse, Heft 26, November 1998: 23–69

Perner, J. (1991): Understanding the Representational Mind. Cambridge und London (MIT Press)

Perner, J. und **H. Wimmer** (1985): John thinks that Mary thinks that…: Attribution of second order beliefs by 5-to 10-year old children. Journal of Experimental Psychology 39: 437–471

Perner, J., S. Leekham und **H. Wimmer** (1987): Three-year-olds' difficulty with false belief: The case for a conceptual deficit. British Journal of Developmental Psychology 5: 125–137

Perry, D., L. Perry und **J. Boldizar** (1990): Learning of aggression. In: M. Lewis und S. Miller (Hrsg.): Handbook of Developmental Psychopathology. New York und London (Plenum Press), 135–146 (1st ed.)

Petri, H. (1999): Das Drama der Vaterentbehrung. Freiburg u. a. (Herder)

Peuckert, R. (2004): Familienformen im sozialen Wandel. Wiesbaden (Verlag für Sozialwissenschaften/UTB) (5. überarb. Aufl.)

Pfeiffer, C. (1998): Juvenile crime and violence in Europe. Crime and Justice. A Review of Research 23: 255–328

Pfeiffer, C. (2005 a): Weniger Verbrecher, mehr Panikmache. Die ZEIT Nr. 23 vom 2. 6. 2005

Pfeiffer, C. (2005 b): Interview in: stern Nr. 34 vom 18. 8. 2005, S. 32

Pfeiffer, C. und **P. Wetzels** (1999): Zur Struktur und Entwicklung von Jugendgewalt in Deutschland. Ein Thesenpapier auf Basis aktueller Forschungsergebnisse. Aus Politik und Zeitgeschichte B26/99: 3–22

Phares, V. (1992): Where's poppa? The relative lack of attention to the role of fathers in child and adolescent psychopathology. American Psychologist 47: 656–664

Phares, V. (1996): Fathers and Developmental Psychopathology. New York u. a. (Wiley)

Phares, V. und **B. Compas** (1992): The role of fathers in child and adolescent psychopathology: Make room for daddy. Psychological Bulletin 111: 387–412

Phillips, W., S. Baron-Cohen und **M. Rutter** (1992): The role of eye contact in goal detection: Evidence from normal infants and children with autism or mental handicap. Development and Psychopathology 4: 375–383

Phillips, W., S. Baron-Cohen und **M. Rutter** (1998): Understanding intention in normal development and in autism. British Journal of Developmental Psychology 16: 337–348

Phillips, A., H. Wellman und **E. Spelke** (2002): Infants' ability to connect gaze and emotional expression to intentional action. Cognition 85: 53–78

Piaget, J. (1945): Nachahmung, Spiel und Traum. Stuttgart (Klett) 1975 (Studienausgabe, Gesammelte Werke Band 5)

Pierrehumbert, B., T. Ramstein, A. Karmaniola und **O. Halfon** (1996): Child care in the preschool years. European Journal of Psychology and Education 11: 201–214

Pine, F. (1990): Infant research, the symbiotic phase, and clinical work. In: F. Pine (1990): Drive, Ego, Object, and Self. A Synthesis for Clinical Work. New York (Basic Books), 232–246

Pine, F. (1992): Some refinements of the separation-individuation concept in light of research on infants. Psychoanalytic Study of the Child 47: 103–116

Pleck, J. (1997): Paternal involvement: Levels, sources, and consequences. In: M. Lamb (Hrsg.): The Role of the Father in Child Development. New York u. a. (Wiley), 66–103 (3rd rev. ed.)

Popenoe, D. (1996): Life without Father. Compelling New Evidence that Fatherhood and Marriage are Indispensable for the Good of Children and Society. New York (Free Press)

Portmann, A. (1951): Zoologie und das neue Bild vom Menschen. Reinbek bei Hamburg (Rowohlt) 1956

Pothast, U. (1998): Lebendige Vernünftigkeit. Zur Vorbereitung eines menschenangemessenen Konzepts. Frankfurt am Main (Suhrkamp)

Poulin-Dubois, D. (1999): Infants' distinction between animate and inanimate objects: The origins of naive psychology. In: P. Rochat (Hrsg.): Early Social Cognition. Understanding Others in the First Months of Life. Mahwah, New Jersey und London (Erlbaum), 257–280

Poustka, F., S. Bölte, S. Feineis-Matthews und **G. Schmötzer** (2004): Autistische Störungen. Göttingen (Hogrefe)

Povinelli, D. und **D. O'Neill** (2000): Do chimpanzees use their gestures to instruct each other? In: S. Baron-Cohen, H. Tager-Flusberg und D. Cohen (Hrsg.): Understanding other Minds. Perspectives from Developmental Cognitive Neuroscience. Oxford (Oxford Univ. Press), 459–487

Povinelli, D., et al. (1997): Chimpanzees recognize themselves in mirrors. Animal Behaviour 53: 1083–1088

Premack, D. und **G. Woodruff** (1978): Does the chimpanzee have a theory of mind? Behavioral and Brain Sciences 4: 515–629 (mit Kommentaren)

Prenzel, W. und **B. Strümpel** (1990): Männlicher Rollenwandel zwischen Partnerschaft und Beruf. Zeitschrift für Arbeits- und Organisationspsychologie 34: 29–36

Pruett, K. (1983): Infants of primary nurturing fathers. Psychoanalytic Study of the Child 38: 257–277

Pruett, K. (1985): Oedipal configurations in young father-raised children. Psychoanalytic Study of the Child 40: 435–456

Pruett, K. und **B. Litzenberger** (1992): Latency development in the children of primary nurturing fathers: Eight-year follow-up. Psychoanalytic Study of the Child 47: 85–101

Quindeau, I. und **V. Sigusch** (Hrsg.): Freud und das Sexuelle. Neue psychoanalytische und sexualwissenschaftliche Perspektiven. Frankfurt am Main und New York (Campus)

Radebold, H. (2004): Abwesende Väter und Kriegskindheit. Göttingen (Vandenhoeck & Ruprecht) (3. überarb. Aufl.)

Radin, N. (1994): Primary caregiving fathers in intact families. In: A. E. Gottfried und A. W. Gottfried (Hrsg.): Redifining Families: Implications for Children's Development. New York (Plenum), 11–54

Raguse, H. (1998): Psychoanalytische Hermeneutik. Weltanschauung oder Regelcorpus? Psyche 52: 648–703

Rakison, D. und **D. Poulin-Dubois** (2001): Developmental origins of the animate-inanimate distinction. Psychological Bulletin 127: 209–228

Rapaport, D. (1950): On the psychoanalytic theory of thinking. In: M. Gill (1967): (Hrsg.): The Collected Papers of David Rapaport, New York und London (Basic Books), 313–328 (auch in: International Journal of Psycho-Analysis 31: 161–170)

Rapaport, D. (1951 a): (Hrsg.): Organization and Pathology of Thought. New York (Columbia Univ. Press)

Rapaport, D. (1951 b): On the organization of thought processes: Implications for psychiatry. In: M. Gill (1967): (Hrsg.): The Collected Papers of David Rapaport, New York und London (Basic Books), 432–439

Rapaport, D. (1957): Cognitive structures. In: M. Gill (1967): (Hrsg.): The Collected Papers of David Rapaport, New York und London (Basic Books), 631–664

Rauchfleisch, U. (1981): Dissozial. Entwicklung, Struktur und Psychodynamik dissozialer Persönlichkeiten. Göttingen (Vandenhoeck & Ruprecht)

Rauchfleisch, U. (1997): Alternative Familienformen. Eineltern, gleichgeschlechtliche Paare, Hausmänner. Göttingen (Vandenhoeck & Ruprecht)

Rayner, E. (1995): Unconscious Logic. An Introduction to Matte-Blanco's Bi-Logic and Its Use. London (Routledge)

Reddy, V. (1991): Playing with others' expectations: Teasing and mucking about in the first year. In: A. Whiten (Hrsg.): Natural Theories of Mind. Evolution, Development and Simulation of Everyday Mindreading. Oxford (Blackwell), 143–158

Reddy, V., D. Hay, L. Murray und **C. Trevarthen** (1997): Communication in infancy: Mutual regulation of affect and attention. In: G. Bremner, A. Slater und G. Butterworth (Hrsg.): Infant Development. Recent Advances. Hove (Psychology Press), 247–273

Reerink, G. (1997): Theorie des Denkens: Freud und Bion. In: R. Kennel und G. Reerink (Hrsg.): Klein – Bion. Eine Einführung. Tübingen (edition diskord), 101–112

Reiche, R. (2001): Der gewöhnliche Weg zur Homosexualität beim Mann. In: W. Bohleber und S. Drews (Hrsg.): Die Gegenwart der Psychoanalyse – die Psychoanalyse der Gegenwart. Stuttgart (Klett-Cotta), 288–303

Reiche, R. (2004 a): Triebschicksal der Gesellschaft. Über den Strukturwandel der Psyche. Frankfurt am Main und New York (Campus)

Reiche, R. (2004 b): Früh, tief, schwer – Probleme psychoanalytischer Zeitdiagnose. In: C. Rohde-Dachser und F. Wellendorf (Hrsg.): Inszenierungen des Unmöglichen. Theorie und Therapie schwerer Persönlichkeitsstörungen. Stuttgart (Klett-Cotta), 339–366

Reiche, R. (2004 c): Adorno und die Psychoanalyse. In: A. Gruschka und U. Oevermann (Hrsg.): Die Lebendigkeit der kritischen Gesellschaftstheorie. Wetzlar (Büchse der Pandora), 235–254

Reiche, R. (2005): Nachwort. In: S. Freud, Drei Abhandlungen zur Sexualtheorie. Reprint der Erstausgabe. Frankfurt am Main (Fischer), 95–127

Remschmidt, H. (2003): Autismus. In: B. Herpertz-Dahlmann et al. (Hrsg.): Entwicklungspsychiatrie. Stuttgart und New York (Schattauer), 373–396

Repacholi, B. (1998): Infants' use of attentional cues to identify the referent of another person's emotional expression. Developmental Psychology 34: 1017–1025

Repacholi, B. und **A. Gopnik** (1997): Early reasoning about desires: Evidence from 14- and 18-month olds. Developmental Psychology 33: 12–21

Resch, F. (1996): Entwicklungspsychopathologie des Kindes- und Jugendalters. Ein Lehrbuch. Weinheim (Psychologie Verlags Union)

Reuband, K.-H. (1997): Aushandeln statt Gehorsam? Erziehungsziele und Erziehungspraktiken in den alten und neuen Bundesländern im Wandel. In: L. Böhnisch und K. Lenz (Hrsg.): Familien. Eine interdisziplinäre Einführung. Weinheim und München (Juventa), 129–153

Rhode, M. und **G. Shulman** (2000): (Hrsg.): The International Journal of Infant Observation and Its Applications. Band 3, Heft 3 (Special Issue on Autism), 3–90

Rhode, M. und **T. Klauber** (2004): (Hrsg.): The Many Faces of Asperger's Syndrome. London (Karnac)

Ricoeur, P. (1977): The question of proof in Freud's psychoanalytic writings. Journal of the American Psychoanalytic Association 25: 835–871

Rizzolatti, G., L. Fadiga, L. Fogassi und **V. Gallese** (1999): Resonance behaviors and mirror neurons. Archives Italiennes de Biologie 137: 85–100

Robertson, J. (1962): Hospitals and Children. A Parent's-Eye View. New York und London (Gollancz)

Robertson, J. und **J. Robertson** (1971): Neue Beobachtungen zum Trennungsverhalten kleiner Kinder. Psyche 29, 1975: 626–664

Robertson, J. (1953): Film: A two year old goes to hospital. New York (New York Film Library)

Robertson, J. (1958): Film: Going to hospital with mother. New York (New York Film Library)

Roberston, J. (1968): Film: Young children in brief separation: Jane, aged 17 months, in foster care for ten days. (Kommentar in deutscher Sprache; Institut für den Wissenschaftlichen Film Göttingen)

Robertson, J. (1969): Film: Young children in brief separation: John, aged 17 months, for 9 days in a residential nursery. (Kommentar in deutscher Sprache; Institut für den Wissenschaftlichen Film Göttingen)

Rochat, P. (2001 a): The Infant's World. Cambridge und London (Harvard Univ. Press)

Rochat, P. (2001 b): Origins of self-concept. In: G. Bremner und A. Fogel (Hrsg.): Blackwell Handbook of Infant Development. Oxford (Blackwell), 191–212

Rochat, P. und **T. Striano** (1999): Social-cognitive development in the first year. In: P. Rochat (Hrsg.): Early Social Cognition. Understanding Others in the First Months of Life. Mahwah, New Jersey (Erlbaum), 3–34

Rönnqvist, L. und **C. von Hofsten** (1994): Neonatal finger and arm movements as determined by a social and an object context. Early Development and Parenting 3: 81–94

Roeyers, H., P. van Oost und **S. Bothuyne** (1998): Immediate imitation and joint attention in young children with autism. Develoment and Psychopathology 10: 441–450

Rogers, S. (1999): An examination of the imitation deficit in autism. In: J. Nadel und G. Butterworth (Hrsg.): Imitation in Infancy. Cambridge (Cambridge Univ. Press), 254–283

Rogers, S. und **B. Pennington** (1991): A theoretical approach to the deficits in infantile autism. Development and Psychopathology 3: 137–162

Rogers, S., L. Bennetto, R. McEvoy und **B. Pennington** (1996): Imitation and pantomime in high functioning adolescents with autism spectrum disorders. Child Development 67: 2060–2073

Roggman, L., J. Langlois, L. Hubbs-Tait und **L. Rieser-Danner** (1994): Infant day care, attachment, and the ›file drawer problem‹. Child Development 65: 1429–1443

Roiphe, H. und **E. Galenson** (1981): Infantile Origins of Sexual Identity. New York (Int. Univ. Press)

Rollett, B. und **U. Kastner-Koller** (2001): (Hrsg.): Autismus. Stuttgart (Fischer)

Rose, S., S. Rose und **J. Feldman** (1989): Stability of behavior problems in very young children. Development and Psychopathology 1: 5–19

Rosenfeld, A., C. Smith, A. Weingart, W. Brewster und **D. Haavik** (1980): The primal scene: A study of prevalence. American Journal of Psychiatry 137: 1426–1428

Rothenberger, A. und **G. Hüther** (1997): Die Bedeutung von psychosozialem Streß im Kindesalter für die strukturelle und funktionelle Hirnreifung. Praxis der Kinderpsychologie und Kinderpsychiatrie 46: 623–644

Rothhaupt, J. (1997): Beta-Elemente und körperliches Leiden. In: R. Kennel und G. Reerink (Hrsg.): Klein – Bion. Eine Einführung. Tübingen (edition diskord), 140–148

Rotmann, M. (1978): Über die Bedeutung des Vaters in der »Wiederannäherungs-Phase«. Psyche 32: 1105–1147

Rubin, K., P. Hastings, X. Chen, S. Stewart und **K. McNichol** (1998): Intrapersonal and maternal correlates of aggression, conflict, and externalising problems in toddlers. Child Development 69: 1614–1629

Rüschemayer, G. (2004): Sozial sei der Mensch, hilfreich und klug. Frankfurter Allgemeine Sonntagszeitung Nr. 1 vom 4. 1. 2004

Russell, C., K. Bard und **L. Adamson** (1997): Social referencing by young chimpanzees *(pan troglodytes)*. Journal of Comparative Psychology 111: 185–193

Russell, G. (1986): Primary caretaking and role sharing fathers. In: M. Lamb (Hrsg.): The Father's Role. Applied Perspectives. New York u. a. (Wiley), 29–57

Russell, G. (1999): Primary caregiving fathers. In: M. Lamb (Hrsg.): Parenting and Child Development in ›Nontraditional‹ Families. Mahwah, NJ (Erlbaum), 57–81

Rutter, M. (1972): Bindung und Trennung in der frühen Kindheit. München (Juventa) 1978

Rutter, M. (1979): Maternal deprivation. New findings 1972–1978. Child Development 50: 283–305

Rutter, M. (1991): A fresh look at ›maternal deprivation‹. In: P. Bateson (Hrsg.): The Development and Integration of Behavior. Cambridge (Cambridge Univ. Press), 331–374

Rutter, M. (1999): Autism: The two-way interplay between research and clinical work. Journal of Child Psychology and Psychiatry 40: 169–188

Sagi, A., N. Koren-Karie, M. Gini, Y. Ziv und **T. Joels** (2002): Shedding further light on the effects of various types and quality of early child care on infant-mother attachment relationship: The Haifa study of early child care. Child Development 73: 1166–1186

Sandler, J. (1960): Sicherheitsgefühl und Wahrnehmungsvorgang. Psyche 15, 1961/62: 124–131

Sandler, J. (2000): Diskussionsbemerkung. Zeitschrift für psychoanalytische Theorie und Praxis 16, 2001: 105

Sandler, J. und **W. Joffe** (1969): Auf dem Weg zu einem Grundmodell der Psychoanalyse. Psyche 23: 461–480

Sandler, J., A.-M. Sandler und **R. Davies** (2000): (Hrsg.): Clinical and Observational Psychoanalytic Research: Roots of a Controversy. André Green and Daniel Stern. London und New York (Karnac)

Savage-Rumbaugh, S. und **R. Lewin** (1994): Kanzi – der sprechende Schimpanse. München (Knaur) 1998

Scarr, S. (1984): Wenn Mütter arbeiten. Wie Kinder und Beruf sich verbinden lassen. München (Beck) 1987

Scarr, S. (1998): American child care today. American Psychologist 53: 95–108

Schafer, R. (1995): In the wake of Heinz Hartmann. International Journal of Psycho-Analysis 76: 223–235

Schallberger, P. (2003): Identitätsbildung in Familie und Milieu. Zwei mikrosoziologische Studien. Frankfurt am Main und New York (Campus)

Scharff, J. (2002): Zur Zentrierung auf innere und äußere Faktoren als zwei Perspektiven klinischen Verstehens. Psyche 56: 601–629

Scheerer, A.-K. (2004): Außerfamiliäre Betreuung im Kleinkindalter – Gewinn, Gefahr, Verlust? Diskussion eines sozialpolitischen Themas aus psychoanalytischer Sicht. In: G. Bruns, A. Dreher und A. Mahler-Bungers (Hrsg.): Psychoanalyse und Familie – Andere Lebensformen, andere Innenwelten? Tagungsband zur Arbeitstagung der Deutschen Psychoanalytischen Vereinigung in Bad Homburg vom 19.–22. November 2003. Bad Homburg (Geber und Reusch), 215–229

Schlösser, A.- M. und **A. Gerlach** (2002): (Hrsg.): Gewalt und Zivilisation. Gießen (Psychosozial)

Schmid-Noerr, G. (2001): Erich Fromm und die »Frankfurter Schule«. Psyche 55: 803–834

Schmid-Schönbein, C. (1993): Die komplementäre Rolle von Erfolg und Mißerfolg für die Konstruktion neuer Erkenntnisse – pädagogische Implikationen. In: S. Hoppe-Graff und W. Edelstein (Hrsg.): Die Konstruktion kognitiver Strukturen. Perspektiven einer konstruktivistischen Entwicklungspsychologie. Bern u. a. (Huber), 178–194

Schmidt, G. (1983): Motivationale Grundlagen sexuellen Verhaltens. In: H. Thomae (Hrsg.): Enzyklopädie der Psychologie. Serie IV: Motivation und Emotion, Band 2: Psychologie der Motive. Göttingen u. a. (Hogrefe), 70–109

Schmidt, G. (1984): Kurze Entgegnung auf Volkmar Siguschs »Lob des Triebes«. In: M. Dannecker und V. Sigusch (Hrsg.): Sexualtheorie und Sexualpolitik. Ergebnisse einer Tagung. Stuttgart (Enke), 17–19

Schmidt, G. (2000): (Hrsg.): Kinder der sexuellen Revolution. Kontinuität und Wandel studentischer Sexualität 1966–1996. Gießen (Psychosozial)

Schmidt, G. (2004): Das neue Der Die Das. Über die Modernisierung des Sexuellen. Gießen (Psychosozial)

Schmidt-Hellerau, C. (2002): Das Ich, der Analytiker und die analytische Beziehung. Überlegungen zur gegenwärtigen amerikanischen Psychoanalyse. Psyche 56: 657–686

Schmidtchen, G. (1997): Emotionale Unterstützung und normative Anforderungen. Jugend und Gesellschaft 2/1997: 20–21

Schneewind, K. (1999): Familienpsychologie. Stuttgart u. a. (Kohlhammer) (2. überarb. Aufl.)

Schneewind, K. (2000): Kinder und elterliche Erziehung. In: A. Lange und W. Lauterbach (Hrsg.): Kinder in Familie und Gesellschaft zu Beginn des 21. Jahrhunderts. Stuttgart (Lucius und Lucius), 187–208

Schneewind, K. (2001): Persönlichkeits- und Familienentwicklung im Generationenvergleich. Zusammenfassung einer Längsschnittstudie über 16 Jahre. Zeitschrift für Soziologie der Erziehung und Sozialisation 21: 23–44

Schneewind, K. (2002): Familie und Gewalt. In: R. Nave-Herz (Hrsg.): Kontinuität und Wandel der Familie in Deutschland. Eine zeitgeschichtliche Analyse. Stuttgart (Lucius und Lucius), 131–157

Schneewind, K. und **S. Ruppert** (1995): Familien gestern und heute: ein Generationenvergleich über 16 Jahre. München (Quintessenz)

Schneider, P. (1993): Erziehung nach Mölln. Kursbuch 113: 131–141

Schneider, W. L. (1991): Objektives Verstehen. Rekonstruktion eines Paradigmas. Gadamer, Popper, Toulmin, Luhmann. Opladen (Westdeutscher Verlag)

Schoenhals, H. (1997): Unbewußte Phantasie und die Welt der inneren Objekte. In: R. Kennel und G. Reerink (Hrsg.): Klein – Bion. Eine Einführung. Tübingen (edition diskord), 41–53

Schon, L. (1995): Entwicklung des Beziehungsdreiecks Vater – Mutter – Kind. Stuttgart u. a. (Kohlhammer)

Schon, L. (2000): Triangulierung. In: W. Mertens und B. Waldvogel (Hrsg.): Handbuch psychoanalytischer Grundbegriffe. Stuttgart u. a. (Kohlhammer), 732–736

Schorsch, E. (1978): Die Stellung der Sexualität in der psychischen Organisation des Menschen. Nervenarzt 49: 456–460

Schramme, T. (2000): Patienten und Personen. Zum Begriff der psychischen Krankheit. Frankfurt am Main (Fischer)

Schreber, D. P. (1902/1973): Denkwürdigkeiten eines Nervenkranken. Frankfurt am Main (Syndikat)

Schroer, M. (2004): Gewalt ohne Gesicht. Zur Notwendigkeit einer umfassenden Gewaltanalyse. In: W. Heitmeyer und H.-G. Soeffner (Hrsg.): Gewalt. Entwicklungen, Strukturen, Analyseprobleme. Frankfurt am Main (Suhrkamp), 151–173

Schülein, J. (1999 a): Die Logik der Psychoanalyse. Eine erkenntnistheoretische Studie. Gießen (Psychosozial)
Schülein, J. (1999 b): Schwierigkeiten psychoanalytischer Theorie. Anmerkungen zur wissenschaftstheoretischen Diskussion. Zeitschrift für psychoanalytische Theorie und Praxis 14: 308–334
Schütze, Y. (1984): ... und dann ging Effi in die Familientherapie. Wie universal ist die systemische Familientherapie? Psychologie heute, 11 Jg., Heft 3: 46–49
Schütze, Y. (1988): Zur Veränderung im Eltern-Kind-Verhältnis seit der Nachkriegszeit. In: R. Nave-Herz (Hrsg.): Wandel und Kontinuität der Familie in der Bundesrepublik Deutschland. Stuttgart (Enke), 95–114 [2. überarb. Auflage unter dem Titel: Kontinuität und Wandel der Familie in Deutschland. Eine zeitgeschichtliche Analyse. Stuttgart (Lucius und Lucius) 2002, 71–97]
Schütze, Y. (1989): Die Bedeutung des Vaters für die Entwicklung des Kindes. In: B. Paetzold und L. Fried (Hrsg.): Einführung in die Familienpädagogik. Weinheim und Basel (Beltz), 52–68
Schütze, Y. (1994): Von der Gattenfamilie zur Elternfamilie. In: A. Herlth, E. Brunner, H. Tyrell, und J. Kriz (Hrsg.): Abschied von der Normalfamilie. Berlin u. a. (Springer), 91–101
Schuhrke, B. (1991): Körperentdecken und psychosexuelle Entwicklung. Theoretische Überlegungen und eine Längsschnittuntersuchung an Kindern im zweiten Lebensjahr. Regensburg (S. Roderer)
Scott, F. und **S. Baron-Cohen** (1996): Imagining real and unreal things: Evidence of a dissociation in autism. Journal of Cognitive Neuroscience 8: 371–382
Searle, J. (1983): Intentionalität. Eine Abhandlung zur Philosophie des Geistes. Frankfurt am Main (Suhrkamp) 1987
Seel, M. (2000): Rezension von Richard Raatzsch: Philosophiephilosophie. Die ZEIT Nr. 40 vom 30. 11. 2000
Segal, H. (1957): Bemerkungen zur Symbolbildung. In: E. Spillius (1990): (Hrsg.): Melanie Klein heute. Entwicklungen in Theorie und Praxis, Band 1: Beiträge zur Theorie. München und Wien (Verlag Internationale Psychoanalyse), 202–224
Segal, H. (1964): Melanie Klein. Eine Einführung in ihr Werk. München (Kindler) 1974
Seidler, G. (2001): Phänomenologische und psychodynamische Aspekte von Scham- und Neidaffekten. Psyche 55: 43–62
Seiffge-Krenke, I. (2001 a): Neuere Ergebnisse der Vaterforschung. Psychotherapeut 46: 391–397
Seiffge-Krenke, I. (2001 b): Väter und Söhne, Väter und Töchter. Forum der Psychoanalyse 17: 51–63
Seiffge-Krenke, I. (2004): Psychotherapie und Entwicklungspsychologie. Berlin und Heidelberg (Springer)
Seligman, M. (1990): Why is there so much depression today? The waxing of the individual and the waning of the commons. In: R. Ingram (Hrsg.): Contemporary Psychological Approaches to Depression. New York (Plenum Press), 1–9
Seligman, S. (1996): Commentary on Wolff. Journal of the American Psychoanalytic Association 44: 430–446
Sennett, R. (1998): Der flexible Mensch. Die Kultur des neuen Kapitalismus. Berlin (Berlin Verlag)

Shapiro, T. (2000): Autism and the psychoanalyst. In: S. Epstein (Hrsg.): Autistic Spectrum Disorders and Psychoanalytic Ideas: Reassessing the Fit. Psychoanalytic Inquiry 20: 648–659

Shaw, D., K. Keenan und **J. Vondra** (1994): Developmental precursors of externalising behavior: Ages 1 to 3. Developmental Psychology 30: 355–364

Shaw, D., M. Gilliom, E. Ingoldsby und **D. Nagin** (2003): Trajectories leading to school-age conduct problems. Developmental Psychology 39: 189–200

Shay, J. (1994): Achill in Vietnam. Kampftrauma und Persönlichkeitsverlust. Hamburg (Hamburger Edition) 1999

Shulman, S. (1997): Der Beitrag von Vätern zum Individuationsprozeß in der Adoleszenz. Praxis der Kinderpsychologie und Kinderpsychiatrie 46: 321–337

Shulman, S. und **I. Seiffge-Krenke** (1997): Fathers and Adolescents. Developmental and Clinical Perspectives. London und New York (Routledge)

Siegler, R. (1998): Das Denken von Kindern. München und Wien (Oldenbourg) 2001

Sigman, M. und **L. Capps** (1997): Autismus bei Kindern. Ursachen, Erscheinungsformen und Behandlung. Bern u. a. (Huber) 2000

Sigusch, V. (1984): Lob des Triebes. In: M. Dannecker und V. Sigusch (Hrsg.): Sexualtheorie und Sexualpolitik. Ergebnisse einer Tagung. Stuttgart (Enke), 3–16 [auch in: Ders. (1984): Vom Trieb und von der Liebe. Frankfurt am Main (Campus), 27–42]

Sigusch, V. (2001): (Hrsg.): Sexuelle Störungen und ihre Behandlung. Stuttgart und New York (Thieme) (3. überarb. Aufl.)

Sigusch, V. (2005): Neosexualitäten. Über den kulturellen Wandel von Liebe und Perversion. Frankfurt am Main und New York (Campus)

Sigusch, V. (2006): Strukturwandel der Sexualität [Arbeitstitel]. Frankfurt am Main und New York (Campus)

Silverman, D. (1998): The relevance of infant observation. Journal of the American Psychoanalytic Association 46: 265–270

Silverstein, L. und **C. Auerbach** (1999): Deconstructing the essential father. American Psychologist 54: 397–407

Simon, B. und **A. Mummendey** (1997): Selbst, Identität und Gruppe: Eine sozialpsychologische Analyse des Verhältnisses von Individuum und Gruppe. In: A. Mummendey und B. Simon (Hrsg.): Identität und Verschiedenheit. Zur Sozialpsychologie der Identität in komplexen Gesellschaften. Bern u. a. (Huber), 11–38

Sinason, V. (1992): Mental Handicap and the Human Condition. London (Free Association Books)

Slavin, M. und **D. Kriegman** (1992): The Adaptive Design of the Human Psyche. Psychoanalysis, Evolutionary Biology, and the Therapeutic Process. New York und London (Guilford Press)

Sloan, T. (1996): Damaged Life. The Crisis of the Modern Psyche. Routledge (London und New York)

Smith, A. (1759): Theorie der ethischen Gefühle. Frankfurt am Main (Schauer) 1949

Smith, C. und **T. Thornberry** (1995): The relationship between childhood maltreatment and adolescent involvement in delinquency. Criminology 33: 451–479

Smith, I. und **S. Bryson** (1994): Imitation and action in autism: A critical review. Psychological Bulletin 116: 259–273

Snyder, J. und **G. Patterson** (1987): Family interaction and delinquent behavior. In:

H. Quay (Hrsg.): Handbook of Juvenile Delinquency. New York u. a. (Wiley), 216–243 (2nd ed.)

Sodian, B. (2003): Die Entwicklungspsychologie des Denkens – das Beispiel der Theory of Mind. In: B. Herpertz-Dahlmann et al. (Hrsg.): Entwicklungspsychiatrie. Biopsychologische Grundlagen und die Entwicklung psychischer Störungen. Stuttgart und New York (Schattauer), 85–97

Sodian, B. (2005): Tiefgreifende Entwicklungsstörungen: Autismus. In: P. Schlottke et al. (Hrsg.): Enzyklopädie der Psychologie. Serie II: Klinische Psychologie, Band 5: Störungen im Kindes- und Jugendalter. Göttingen (Hogrefe), 419–452

Sofsky, W. (1996): Traktat über die Gewalt. Frankfurt am Main (Fischer)

Solomon, J. und **C. George** (1999): (Hrsg.): Attachment Disorganization. New York und London (Guilford Press)

Spangler, G. und **K. E. Grossmann** (1993): Biobehavioral organization in securely and insecurely attached infants. Child Development 64: 1439–1450

Spangler, G. und **M. Schieche** (1995): Psychobiologie der Bindung. In: G. Spangler und P. Zimmermann (Hrsg.): Die Bindungstheorie. Grundlagen, Forschung und Anwendung. Stuttgart (Klett-Cotta), 297–310

Speidel, H. (1978): Über den Symbolbegriff in der Psychoanalyse. Psyche 32: 289–328

Spensley, S. (1995): Frances Tustin. London und New York (Routledge)

Spezzano, C. (1995): Classical versus contemporary theory: Differences that matter clinically. Contemporary Psychoanalysis 31: 20–46

Spiker, D. und **M. Ricks** (1984): Visual self-recognition in autistic children: Developmental relationships. Child Development 55: 214–225

Spitz, R. (1945): Hospitalismus: Eine Untersuchung der Genese psychischer Krankheitsbilder in der frühen Kindheit. In: G. Bittner und E. Schmid-Cords (1969): (Hrsg.): Erziehung in früher Kindheit. München (Piper), 77–98

Spitz, R. (1946 a): Hospitalismus II: Katamnese zur 1945 veröffentlichten Untersuchung. In: G. Bittner und E. Schmid-Cords (1969): (Hrsg.): Erziehung in früher Kindheit. München (Piper), 99–103

Spitz, R. (1946 b): Die anaklitische Depression. In: G. Bittner und E. Schmid-Cords (1969): (Hrsg.): Erziehung in früher Kindheit. München (Piper), 104–135

Spitz, R. (1955): Die Urhöhle. Zur Genese der Wahrnehmung und ihrer Rolle in der psychoanalytischen Theorie. Psyche 9, 1956: 641–667

Spitz, R. (1962): Ein Nachtrag zum Problem des Autoerotismus. In: Ders. (1976): Vom Dialog. Stuttgart (Klett), 27–65

Spitz, R. (1976): Vom Dialog. Studien über den Ursprung der menschlichen Kommunikation und ihrer Rolle in der Persönlichkeitsbildung. Stuttgart (Klett)

Spitz, R. und **K. Wolf** (1949): Autoerotism: Some empirical findings and hypotheses on three of its manifestations in the first year of life. In: R. Spitz (1983): Dialogues from Infancy. Selected Papers, hg. von R. Emde. New York (Int. Univ. Press), 53–83

Stamenov, M. und **V. Gallese** (2002): (Hrsg.): Mirror Neurons and the Evolution of Brain and Language. Amsterdam/Philadelphia (John Benjamins)

Starr, R., D. MacLean und **D. Keating** (1991): Life-span developmental outcomes of child maltreatment. In: R. Starr und D. Wolfe (Hrsg.): The Effects of Child Abuse and Neglect: Issues and Research. New York und London (Guilford Press), 1–22

Steele, B. (1994): Psychoanalysis and the maltreatment of children. Journal of the American Psychoanalytic Association 42: 1001–1025

Steele, B. und **C. Pollock** (1968): Eine psychiatrische Untersuchung von Eltern, die Säuglinge und Kleinkinder mißhandelt haben. In: R. Helfer und H. Kempe (1978): (Hrsg.): Das geschlagene Kind. Frankfurt am Main (Suhrkamp), 161–243

Steffen, W. (2001): Ausländerkriminalität zwischen Mythos und Realität. In: G. Albrecht, O. Backes und W. Kühnel (Hrsg.): Gewaltkriminalität zwischen Mythos und Realität. Frankfurt am Main (Suhrkamp), 282–300

Stegmüller, W. (1987a): Hauptströmungen der Gegenwartsphilosophie, Band 2. Stuttgart (Kröner) (8. überarb. Aufl.)

Stegmüller, W. (1987b): Hauptströmungen der Gegenwartsphilosophie, Band 3. Stuttgart (Kröner) (8. überarb. Aufl.)

Stehr, N. (2000): Die Macht der Schwachen. Von der Zerbrechlichkeit moderner Gesellschaften, der Stagnation der Herrschaft und den Folgen wissenschaftlicher Erkenntnisse. Velbrück Almanach Wissenschaft, Herbst 2000: 15–23

Steiner, R. (2000): Introduction. In: J. Sandler, A.-M. Sandler und R. Davies (Hrsg.): Clinical and Observational Psychoanalytic Research: Roots of a Controversy. André Green and Daniel Stern. London und New York (Karnac), 1–17

Steiner, R. (2003): Introduction. In: R. Steiner (Hrsg.): Unconscious Phantasy. London und New York (Karnac), 1–66

Stephan, A. (2004): Sind Tiere »schwer von Begriff«? Deutsche Zeitschrift für Philosophie 52: 569–583

Stern, D. (1985): Die Lebenserfahrung des Säuglings. Stuttgart (Klett-Cotta) 1992

Stern, D. (1995): Die Mutterschaftskonstellation. Eine vergleichende Darstellung verschiedener Formen der Mutter-Kind-Psychotherapie. Stuttgart (Klett-Cotta) 1998

Stern, D. (2000a): Die Relevanz der empirischen Säuglingsforschung für die psychoanalytische Theorie und Praxis. Zeitschrift für psychoanalytische Theorie und Praxis 15: 467–483

Stern, D. (2000b): Diskussionsbemerkung. Zeitschrift für psychoanalytische Theorie und Praxis 16, 2001: 92–95

Stern, D. (2000c): Introduction to the paperback edition. In: D. Stern, The Interpersonal World of the Infant. New York (Basic Books), S. XI–XXXIX

Stern, D. (2004): Der Gegenwartsmoment. Veränderungsprozesse in Psychoanalyse, Psychotherapie und Alltag. Frankfurt am Main (Brandes & Apsel) 2005

Stoller, R. (1975): Perversion. Die erotische Form von Haß. Reinbek bei Hamburg (Rowohlt) 1979 [Nachdruck: Gießen (Psychosozial) 2001]

Stoller, R. (1976): Sexual excitement. Archives of General Psychiatry 33: 899–909

Stolorow, R., B. Brandchaft und **G. Atwood** (1987): Psychoanalytische Behandlung. Ein intersubjektiver Ansatz. Frankfurt am Main (Fischer) 1996

Stone, W. (1997): Autism in infancy and early childhood. In: D. Cohen und F. Volkmar (Hrsg.): Handbook of Autism and Pervasive Developmental Disorders. New York u. a. (Wiley), 266–282 (2nd rev. ed.)

Stork, J. (1991): Der Vater – Störenfried oder Befreier? In: J. Stork (1991): Wege der Individuation. Beiträge über die Dialektik in der Psychoanalyse. Weinheim (Verlag Internationale Psychoanalyse), 71–93

Straub, J. (1991): Identitätstheorie im Übergang? Über Identitätsforschung, den

Begriff der Identität und die zunehmende Beachtung des Nicht-Identischen in subjekttheoretischen Diskursen. Sozialwissenschaftliche Rundschau 23: 49–71

Straub, J. (1998): Personale und kollektive Identität. Zur Analyse eines theoretischen Begriffs. In: A. Assmann und H. Friese (Hrsg.): Identitäten. Erinnerung, Geschichte, Identität. Band 3. Frankfurt am Main (Suhrkamp), 73–104

Straub, J. (2004): Identität. In: F. Jäger und B. Liebsch (Hrsg.): Handbuch der Kulturwissenschaften, Band 1: Grundlagen und Schlüsselbegriffe. Stuttgart (Metzler), 277–303

Straub, J. und **J. Renn** (2002): (Hrsg.): Transitorische Identität. Der Prozeßcharakter des modernen Selbst. Frankfurt am Main und New York (Campus)

Straub, J. und **B. Zielke** (2005): Autonomie, narrative Identität und die postmoderne Kritik des sozialen Konstruktionismus: »Relationales« und »dialogisches« Selbst als zeitgemäße Alternativen? In: F. Jaeger und J. Straub (Hrsg.): Was ist der Mensch, was Geschichte? Bielefeld (Transcript)

Straus, M. (1991): Discipline and deviance. Physical punishment of children and violence and other crime in adulthood. Social Problems 38: 133–154

Streeck-Fischer, A. (1992): ›Geil auf Gewalt‹: Psychoanalytische Bemerkungen zu Adoleszenz und Rechtsradikalismus. Psyche 46: 745–768

Streeck-Fischer, A. (2004): (Hrsg.): Adoleszenz – Bindung – Destruktivität. Stuttgart (Klett-Cotta)

Strenger, C. (1989): The classic and the romantic vision in psychoanalysis. International Journal of Psycho-Analysis 70: 593–610 [auch in: Ders. (2002): The Quest for Voice in Contemporary Psychoanalysis. Madison, Int. Univ. Press, 101–135]

Strenger, C. (1991): Between Hermeneutics and Science. An Essay on the Epistemology of Psychoanalysis. New York (Int. Univ. Press)

Strenger, C. (1997): Further remarks on the classic and the romantic vision in psychoanalysis: Klein, Winnicott, and Ethics. Psychoanalysis and Contemporary Thought 20: 207–243 [auch in: Ders. (2002): The Quest for Voice in Contemporary Psychoanalyis. Madison, Int. Univ. Press, 137–171]

Strenger, C. (1998): Individuality, the Impossible Project: Psychoanalysis and Self-Creation. Madison (Int. Univ. Press)

Strenger, C. (2002): The Quest for Voice in Contemporary Psychoanalysis. Madison (Int. Univ. Press)

Strenger, C. (2005): The Designed Self. Psychoanalysis and Contemporary Identities. Hillsdale und London (Analytic Press)

Striano, T. (2004): Direction of regard and the still face effect in the first year: Does intention matter? Child Development 75: 468–479

Strobl, R. und **W. Kühnel** (2004): Stimmt die These vom Zusammenhang zwischen kollektivistischen Werten und Gewalt? Theoretische Überlegungen und empirische Analysen am Beispiel von Aussiedlerjugendlichen. In: W. Heitmeyer und H.-G. Soeffner (Hrsg.): Gewalt. Entwicklungen, Strukturen, Analyseprobleme. Frankfurt am Main (Suhrkamp), 293–311

Sullivan, K., D. Zaitchik und **H. Tager-Flusberg** (1994): Preschoolers can attribute second order beliefs. Developmental Psychology 30: 395–402

Sutterlüty, F. (2002): Gewaltkarrieren. Jugendliche im Kreislauf von Gewalt und Mißachtung. Frankfurt am Main und New York (Campus)

Swettenham, J. (2000): Teaching theory of mind to individuals with autism. In: S. Baron-Cohen, H. Tager-Flusberg und D. Cohen (Hrsg.): Understanding other Minds. Perspectives from Developmental Cognitive Neuroscience. Oxford (Oxford Univ. Press), 442–456

Székely, L. (1961/1962): Das Denken im Rahmen der psychoanalytischen Theorie. Jahrbuch der Psychoanalyse 2: 25–40

Tager-Flusberg, H. (2000): Language and understanding minds: Connections in autism. In: S. Baron-Cohen, H. Tager-Flusberg und D. Cohen (Hrsg.): Understanding other Minds. Perspectives from Developmental Cognitive Neuroscience. Oxford (Oxford Univ. Press), 124–149

Tager-Flusberg, H. (2001): A reexamination of the theory of mind hypothesis of autism. In: J. Burack, T. Charman, N. Yirmiya und P. Zelazo (Hrsg.): The Development of Autism. Perspectives from Theory and Research. Mahwah und London (Erlbaum), 173–193

Tarabulsy, G., R. Tessier und **A. Kappas** (1996): Contingency detection and contingent organization of behavior in interactions: Implications for socioemotional development. Psychological Bulletin 120: 25–41

Target, M. und **P. Fonagy** (1996): Playing with Reality II: The development of psychic reality from a theoretical perspective. International Journal of Psycho-Analysis. 77: 459–479

Taylor, C. (1991): Das Unbehagen an der Moderne. Frankfurt am Main (Suhrkamp) 1995

Tellenbach, H. (1976): (Hrsg.): Das Vaterbild in Mythos und Geschichte: Ägypten, Griechenland, Neues und Altes Testament. Stuttgart u. a. (Kohlhammer)

Tellenbach, H. (1978 a): (Hrsg.): Das Vaterbild im Abendland, Band 1. Stuttgart u. a. (Kohlhammer)

Tellenbach, H. (1978 b): (Hrsg.): Das Vaterbild im Abendland, Band 2. Stuttgart u. a. (Kohlhammer)

Tellenbach, H. (1979): (Hrsg.): Das Vaterbild in Kulturen Asiens, Afrikas und Ozeaniens. Stuttgart u. a. (Kohlhammer)

Theunissen, M. (1977): Der Andere. Studien zur Sozialontologie der Gegenwart. Berlin und New York (de Gruyter)

Thimm, K. (2005): Abends in die Elternschule. Der Spiegel Nr. 29 vom 18. 7. 2005: 124–133

Thomä, D. (2002): Der bewegliche Mensch. Moderne Identität aus philosophischer Sicht. Forum der Psychoanalyse 18: 201–223

Thomä, H. (1990): Aggression und Destruktivität jenseits der Triebmythologie. In: P. Buchheim und T. Seifert (Hrsg.): Zur Psychodynamik und Psychotherapie von Aggression und Destruktivität. Berlin u. a. (Springer), 29–42

Thomä, H. (1999): Zur Theorie und Praxis von Übertragung und Gegenübertragung im psychoanalytischen Pluralismus. Psyche 53: 820–904 (mit Kommentaren)

Thomä, H. (2000): Gemeinsamkeiten und Widersprüche zwischen vier Psychoanalytikern. Psyche 54: 172–190 (mit Replik auf die Kommentare)

Thomä, H. (2001): Intersubjektivität und Bifokalität der Übertragung. In: W. Bohleber und S. Drews (Hrsg.): Die Gegenwart der Psychoanalyse – die Psychoanalyse der Gegenwart. Stuttgart (Klett-Cotta), 370–388

Thomä, H. (2004): Ist es utopisch, sich zukünftige Psychoanalytiker ohne besondere berufliche Identität vorzustellen? Forum der Psychoanalyse 20: 133–157

Thome, H. (2001): Hilft uns die Kriminalgeschichte, Kriminalität in der Gegenwartsgesellschaft zu verstehen? In: G. Albrecht, O. Backes und W. Kühnel (Hrsg.): Gewaltkriminalität zwischen Mythos und Realität. Frankfurt am Main (Suhrkamp), 165–194

Thome, H. (2004): Theoretische Ansätze zur Erklärung langfristiger Gewaltkriminalität seit Beginn der Neuzeit. In: W. Heitmeyer und H.-G. Soeffner (Hrsg.): Gewalt. Entwicklungen, Strukturen, Analyseprobleme. Frankfurt am Main (Suhrkamp), 315–345

Tienari, P., et al. (1994): The Finnish adoptive family study of schizophrenia. Implications for family research. British Journal of Psychiatry, 164 (suppl. 23): 20–26

Tietze, W., D. Cryer, J. Bairrao, J. Palacios und **G. Wetzel** (1996): Comparisons of observed process quality in early child care and education programs in five countries. Early Childhood Research Quarterly 11: 447–475

Tischler, S. (1971): Clinical work with the parents of psychotic children. Psychiatria, Neurologia, Neurochirurgia 74: 225–249

Tischler, S. (1979): Living with a psychotic child. International Journal of Psycho-Analysis 60: 29–38

Todorov, T. (1995): Abenteuer des Zusammenlebens. Versuch einer allgemeinen Anthropologie. Berlin (Wagenbach) 1996

Tomasello, M. (1995 a): Understanding the self as social agent. In: P. Rochat (Hrsg.): The Self in Infancy. Theory and Research. Advances in Psychology, No. 112. Amsterdam u. a. (Elsevier), 449–460

Tomasello, M. (1995 b): Joint attention as social cognition. In: C. Moore und P. Dunham (Hrsg.): Joint Attention. Hillsdale und Hove (Erlbaum), 103–130

Tomasello, M. (1998): Uniquely primate, uniquely human. Developmental Science 1: 1–30

Tomasello, M. (1999 a): Die kulturelle Entwicklung des menschlichen Denkens. Frankfurt am Main (Suhrkamp) 2002

Tomasello, M. (1999 b): Social cognition before the revolution In: P. Rochat (Hrsg.): Early Social Cognition. Mahwah und London (Erlbaum), 301–314

Tomasello, M. (1999 c): Having intentions, understanding intentions, and understanding communicative intentions. In: P. Zelazo, J. Astington und D. Olson (Hrsg.): Developing Theories of Intention. Social Understanding and Self-Control. Mahwah, New Jersey (Erlbaum), 63–76

Tomasello, M. (2001): Kulturelle Transmission. Eine Betrachtung aus dem Blickwinkel von Schimpansen und kleinen Kindern. In: H. Keller (2003): (Hrsg.): Handbuch der Kleinkindforschung. Bern u. a. (Huber) (3. überarb. Aufl.), 29–48

Tomasello, M. und **L. Camaioni** (1997): A comparison of the gestural communication of apes and human infants. Human Development 40: 7–24

Tomasello, M., S. Savage-Rumbaugh und **A. Kruger** (1993): Imitative learning of actions on objects by children, chimpanzees, and enculturated chimpanzees. Child Development 64: 1688–1705

Trautner, H. (2002): Entwicklung der Geschlechtsidentität. In: R. Oerter und L. Montada (Hrsg.): Entwicklungspsychologie. Weinheim u. a. (Beltz/PVU), 648–674 (5. überarb. Aufl.)

Travis, L. und **M. Sigman** (2000): A developmental approach to autism. In: A. Sameroff, M. Lewis und S. Miller (Hrsg.): Handbook of Developmental Psychopathology. New York u. a. (Kluwer/Plenum), 641–655 (2nd rev. ed.)
Tremblay, R. (2000 a): The development of aggressive behavior during childhood: What have we learned in the past century? International Journal of Behavioral Development 24: 129–141
Tremblay, R. (2000 b): The origins of youth violence. Isuma: 19–24
Tremblay, R. (2003): Why socialization fails. The case of chronic physical aggression. In: B. Lahey, T. Moffitt und A. Caspi (Hrsg.): Causes of Conduct Disorder and Juvenile Delinquency. New York und London (Guilford Press), 182–224
Tremblay, R. (2004 a): Development of physical aggression during infancy. Infant Mental Health Journal 25: 399–407
Tremblay, R. (2004 b): The development of human physical aggression: How important is early childhood? In: L. Leavitt und D. Hall (Hrsg.): Social and Moral Development: Emerging Evidence on the Toddler Years. New Brunswick, NJ (Johnson & Johnson Pediatric Institute), 221–238
Tremblay, R., et al. (1999): The search for the ›onset‹ of physical aggression: Rousseau and Bandura revisited. Criminal Behavior and Mental Health 9: 8–23
Tremblay, R., et al. (2004): Physical aggression during early childhood: Trajectories and predictors. Pediatrics 114: e43-e50
Tremblay, R., et al. (2005): (Hrsg.): Developmental Origins of Aggression. New York (Guilford Press)
Tress, W. (1986): Das Rätsel der seelischen Gesundheit. Traumatische Kindheit und früher Schutz gegen psychische Störungen. Göttingen (Vandenhoeck & Ruprecht)
Tress, W. (1987): Sprache – Person – Krankheit. Vorklärungen zu einer psychologischen Medizin der Person. Berlin u. a. (Springer)
Trevarthen, C. (1974): Conversations with a two-month-old. New Scientist, 2. May: 230–235
Trevarthen, C. (1979): Communication and cooperation in early infancy: A description of primary intersubjectivity. In: M. Bullowa (Hrsg.): Before Speech. The Beginning of Interpersonal Communication. Cambridge u. a. (Cambridge Univ. Press), 321–347
Trevarthen, C. (1980): The foundations of intersubjectivity: Development of interpersonal and cooperative understanding in infants. In: D. Olson (Hrsg.): The Social Foundations of Language and Thought. New York und London (Norton), 316–342
Trevarthen, C. (1992): An infant's motives for thinking and speaking in the culture. In: A. Wold (Hrsg.): The Dialogical Alternative. Toward a Theory of Language and Mind. Oslo (Scandinavian Univ. Press), 99–137
Trevarthen, C. (1993 a): The function of emotions in early infant communication and development. In: J. Nadel und L. Camaioni (Hrsg.): New Perspectives in Early Communicative Development. London und New York (Routledge), 48–81
Trevarthen, C. (1993 b): The self is born in intersubjectivity: The psychology of an infant communicating. In: U. Neisser (Hrsg.): The Perceived Self. Ecological and Interpersonal Sources of Self-Knowledge. Cambridge (Cambridge Univ. Press), 121–173
Trevarthen, C. (1998): The concept and foundations of infant intersubjectivity. In:

S. Bråten (Hrsg.): Intersubjective Communication and Emotion in Early Ontogeny. Cambridge (Cambridge Univ. Press), 15–46

Trevarthen, C. (2001): Intrinsic motives for companionship in understanding: Their origin, development, and significance for mental health. Infant Mental Health Journal 22: 95–131

Trevarthen, C. (2003): Neuroscience and intrinsic psychodynamics: Current knowledge and potential for therapy. In: J. Corrigall und H. Wilkinson (Hrsg.): Revolutionary Connections. Psychotherapy and Neuroscience. London (Karnac), 53–78

Trevarthen, C. und **P. Hubley** (1978): Secondary intersubjectivity: Confidence, confiding, and acts of meaning in the first year of life. In: A. Lock (Hrsg.): Action, Gesture, and Symbol. The Emergence of Language. London u. a. (Academic Press), 183–229

Trevarthen, C. und **K. Aitken** (2001): Infant intersubjectivity: Research, theory, and clinical applications. Journal of Child Psychology and Psychiatry 42: 3–48

Trevarthen, C., T. Kokkinaki und **G. Fiamenghi** (1999): What infants' imitations communicate: With mothers, with fathers and with peers. In: J. Nadel und G. Butterworth (Hrsg.): Imitation in Infancy. Cambridge (Cambridge Univ. Press), 127–185

Trevarthen, C., K. Aitken, D. Papoudi und **J. Robarts** (1998): Children with Autism. Diagnosis and Intervention to Meet Their Needs. London und Philadelphia (Jessica Kingsley) (2nd rev. ed.)

Trimborn, W. (2003): Der Verrat am Selbst – Zur Gewalt narzißtischer Abwehr. Psyche 57: 1033–1056

Tronick, E. (1989): Emotions and emotional communication in infancy. American Psychologist 44: 112–119

Tronick, E. (1998): Dyadically expanded states of consciousness and the process of therapeutic change. Infant Mental Health Journal 19: 290–299

Tronick, E., H. Als, L. Adamson, S. Wise und **B. Brazelton** (1978): The infant's response to entrapement between contradictory messages in face-to-face interaction. Journal of the American Academy of Child Psychiatry 17: 1–13

Trowell, J. und **A. Etchegoyen** (2002): (Hrsg.): The Importance of Fathers. A Psychoanalytic Re-Evaluation. London und New York (Bruner/Routledge)

Tuch, R. (1999): The construction, reconstruction, and deconstruction of memory in the light of social cognition. Journal of the American Psychoanalytic Association 47: 153–185

Turnheim, M. (2004): Autistische Geistesblindheit. Kognitivismus, Phänomenologie und Psychoanalyse. Psyche 58: 707–735

Tustin, F. (1981): Autistische Zustände bei Kindern. Stuttgart (Klett-Cotta) 1989

Tustin, F. (1991): Anmerkungen zum psychogenen Autismus. Psyche 47, 1993: 1172–1183

Tustin, F. (1992): Autistic States in Children. London (Routledge) (2nd rev. ed.)

Tustin, F. (1994 a): Die Zementierung eines Irrtums. Arbeitshefte Kinderanalyse, Heft 22/23, April 1996: 15–37

Tustin, F. (1994 b): Autistic children who are assessed as not brain-damaged. Journal of Child Psychotherapy 20: 103–131

Twenge, J. (2002): Birth cohort, social change, and personality. The interplay of dysphoria and individualism in the 20th century. In: D. Cervone und W. Mischel

(Hrsg.): Advances in Personality Science. New York und London (Guilford Press), 196–218

Tyrell, H. (1976): Probleme einer Theorie der gesellschaftlichen Ausdifferenzierung der privatisierten modernen Kleinfamilie. Zeitschrift für Soziologie 5: 393–417

Tyson, P. und **R. Tyson** (1990): Lehrbuch der psychoanalytischen Entwicklungspsychologie. Stuttgart u. a. (Kohlhammer) 1997

van der Kolk, B. und **A. Streeck-Fischer** (2002): Trauma und Gewalt bei Kindern und Heranwachsenden. Eine entwicklungspsychologische Perspektive. In: W. Heitmeyer und J. Hagan (Hrsg.): Internationales Handbuch der Gewaltforschung. Wiesbaden (Westdeutscher Verlag), 1020–1040

van Ijzendoorn, M. (1992): Intergenerational transmission of parenting: A review of studies in nonclinical populations. Developmental Review 12: 76–99

van Ijzendoorn, M. (1993): Commentary on Jackson (1993). Human Development 36: 103–105

van Ijzendoorn, M. und **M. Bakermans-Kranenburg** (1996): Attachment representations in mothers, fathers, adolescents, and clinical groups: A meta-analytic search for normative data. Journal of Consulting and Clinical Psychology 64: 8–21

van Ijzendoorn, M. und **A. Sagi** (1999): Cross-cultural patterns of attachment: Universal and contextual dimensions. In: J. Cassidy und P. Shaver (Hrsg.): Handbook of Attachment: Theory, Research, and Clinical Applications. New York und London (Guilford Press), 713–734

van Schaik, C., et al. (2003): Orangutan cultures and the evolution of material culture. Science 299: 102–105

Vandell, D. und **M. Corasaniti** (1990): Child care and the family: Complex contributors to child development. New Directions for Child Development 49: 23–37

Veigel, M. (2003): Gewalt als Selbstschutz gegen Angst. Die psychoanalytische Behandlung eines Rechtsradikalen. Forum der Psychoanalyse 19: 326–342

Veith, H. (2001): Das Selbstverständnis des modernen Menschen. Theorien des vergesellschafteten Individuums im 20. Jahrhundert. Frankfurt am Main und New York (Campus)

Vinden, P. und **J. Astington** (2000): Culture and understanding other minds. In: S. Baron-Cohen, H. Tager-Flusberg und D. Cohen (Hrsg.): Understanding other Minds. Perspectives from Developmental Cognitive Neuroscience. Oxford (Oxford Univ. Press), 503–519

Vischer, R. (1873): Über das optische Formgefühl. Ein Beitrag zur Ästhetik. In: R. Vischer (1927): Drei Schriften zum ästhetischen Formproblem. Halle (Niemeyer), 1–44

Vogel, C. (1989): Vom Töten zum Mord. Das wirkliche Böse in der Evolutionsgeschichte. München (Hanser)

Vogeley, K. und **A. Newen** (2003): Ich denke was, was du nicht denkst. Gehirn und Geist, Heft 2, 2003: 52–59

Vogeley, K., et al. (2001): Mind reading: Neural mechanisms of theory of mind and self-perspective. NeuroImage 14: 170–181

Vogt, R. (2001): Der »Todestrieb«, ein notwendiger, möglicher oder unmöglicher Begriff? Psyche 55: 878–905

Volkmar, F. (2000): Understanding autism: Implications for psychoanalysis. In: S. Epstein (Hrsg.): Autistic Spectrum Disorders and Psychoanalytic Ideas: Reassessing the Fit. Psychoanalytic Inquiry 20: 660–674

Walden, T. (1991): Infant social referencing. In: J. Garber und K. Dodge (Hrsg.): The Development of Emotional Regulation and Dysregulation. Cambridge (Cambridge Univ. Press), 69–88

Wallerstein, J., J. Lewis und **S. Blakeslee** (2000): Scheidungsfolgen – Die Kinder tragen die Last. Eine Langzeitstudie über 25 Jahre. Münster (Votum) 2002

Wallerstein, R. (2001): Entwicklung und moderne Transformation der (amerikanischen) Ich-Psychologie. Psyche 55: 649–684

Wallerstein, R. und **L. Goldberger** (1998): (Hrsg.): Ideas and Identities: The Life and Work of Erik Erikson. Madison (Int. Univ. Press)

Walper, S. (1998): Die Individuation in Beziehung zu beiden Eltern bei Kindern und Jugendlichen aus konfliktbelasteten Kernfamilien und Trennungsfamilien. Zeitschrift für Soziologie der Erziehung und Sozialisation 18: 134–151

Walper, S. (2002): Verlust der Eltern durch Trennung, Scheidung oder Tod. In: R. Oerter und L. Montada (Hrsg.): Entwicklungspsychologie. Weinheim u. a. (Beltz/PVU), 818–832 (5. überarb. Aufl.)

Walter, H. (1992): Vom Sinnesorgan der Haut zur imaginären Hülle des Ichs. Zu Didier Anzieus: Das Haut-Ich. Psyche 46: 653–667

Walter, W. und **J. Künzler** (2002): Parentales Engagement. Mütter und Väter im Vergleich. In: N. Schneider und H. Matthias-Bleck (Hrsg.): Elternschaft heute. Opladen (Leske + Budrich), 95–119

Want, S. und **P. Harris** (2002): How do children ape? Applying concepts from the study of non-human primates to the developmental study of ›imitation‹ in children. Developmental Science 5: 1–41 (mit Kommentaren)

Warsitz, R.-P. (2004): Der Andere im Ich. Antlitz – Antwort – Verantwortung. Psyche 58: 783–810

Watson, J. (1972): Smiling, cooing, and »the game«. Merrill-Palmer Quartely 18: 323–339

Watson, J. (1985): Contingency perception in early social development. In: T. Field und N. Fox (Hrsg.): Social Perception in Infants. Norwood, NJ (Ablex), 157–176

Weinberg, K. und **E. Tronick** (1996): Infant affective reactions to the resumption of maternal interaction after the still-face. Child Development 67: 905–914

Weiß, J. (1971): Weltverlust und Subjektivität. Zur Kritik der Institutionenlehre Arnold Gehlens. Freiburg (Rombach)

Weißner, T. und **R. Gallimore** (1977): My brother's keeper: Child and sibling caregiving. Current Anthropology 18: 971–975

Weitoft, G., A. Hjern, B. Haglund und **M. Rosén** (2003): Mortality, severe morbidity, and injury in children living with single parents in Sweden: A population-based study. The Lancet 361: 289–295

Wellman, H. (1993): Early understanding of mind: The normal case. In: S. Baron-Cohen, H. Tager-Flusberg und D. Cohen (Hrsg.): Understanding other Minds. Perspectives from Autism. Oxford u. a. (Oxford Univ. Press), 10–39

Wellman, H. und **K. Lagattuta** (2000): Developing understandings of mind. In: S. Baron-Cohen, H. Tager-Flusberg und D. Cohen (Hrsg.): Understanding Other

Minds. Perspectives from Developmental Cognitive Neuroscience. Oxford (Oxford Univ. Press), 21–49

Wellman, H. und **A. Phillips** (2001): Developing intentional understandings. In: B. Malle, L. Moses und D. Baldwin (Hrsg.): Intentions and Intentionality: Foundations of Social Cognition. Cambridge (MIT Press), 125–148

Welzer, H. (2005): Täter. Wie aus ganz normalen Menschen Massenmörder werden. Frankfurt am Main (Fischer)

Wenzel, H. (1995): Gibt es ein postmodernes Selbst? Berliner Journal für Soziologie 5: 113–131

Werneck, H. (1998): Übergang zur Vaterschaft. Auf der Suche nach den »Neuen Vätern«. Wien und New York (Springer)

Werner, H. und **B. Kaplan** (1963): Symbol Formation. Hillsdale, NJ (Erlbaum) (2nd ed. 1984)

Werschkull, F. (2005): Subjektwerdung als Antwort auf vorgreifende Anerkennung. Interdisziplinäre Studien. Diplomarbeit am Institut für Sozialpsychologie der Ludwig-Maximilians-Universität München

Westen, D. (1997): Towards a clinically and empirically sound theory of motivation. International Journal of Psycho-Analysis 78: 521–548

Wetz, F.-J. (1993): Hans Blumenberg zur Einführung. Hamburg (Junius)

Wetzels, P. (1997): Gewalterfahrung in der Kindheit. Sexueller Mißbrauch, körperliche Mißhandlung und deren langfristige Folgen. Baden-Baden (Nomos)

Whitebook, J. (2001): Wechselseitige Anerkennung und die Arbeit des Negativen. Psyche 55: 755–789

Whitebook, J. (2003): Die Grenzen des ›intersubjective turn‹. Eine Erwiderung auf Axel Honneth. Psyche 57: 250–261

Whiten, A. (1998): Imitation of the sequential structure of actions by chimpanzees *(pan troglodytes)*. Journal of Comparative Psychology 112: 270–281

Whiten, A. (2002): The imitator's representation of the imitated: Ape and child. In: A. Meltzoff und W. Prinz (Hrsg.): The Imitative Mind. Development, Evolution, and Brain Base. Cambridge (Cambridge Univ. Press), 98–121

Whiten, A. und **R. Byrne** (1991): The emergence of metarepresentation in human ontogeny and primate phylogeny. In: A. Whiten (Hrsg.): Natural Theories of Mind. Evolution, Development and Simulation of Everyday Mindreading. Oxford (Blackwell), 267–281

Whiten, A., et al. (2003): Cultures in chimpanzees. Nature 399: 682–685

Whiten, A., et al. (2005): Conformity to cultural norms of tool use in chimpanzees. Nature: Online-Ausgabe vom 21. 8. 2005 (nature doi: 10.1038/nature04047)

Widlöcher, D. (2000 a): (Hrsg.): Infantile Sexuality and Attachment. New York (Other Press) 2001

Widlöcher, D. (2000 b): Primäre Liebe und infantile Sexualität: eine immerwährende Debatte. Zeitschrift für psychoanalytische Theorie und Praxis 15: 61–84

Wild, E. und **M. Hofer** (2001): Innerfamiliale Beziehungserfahrung und Entwicklung in Zeiten sozialen Wandels. In: S. Walper und R. Pekrun (Hrsg.): Familie und Entwicklung. Aktuelle Perspektiven der Familienpsychologie. Göttingen u. a. (Hogrefe), 131–151

Wildt, A. (2005): »Anerkennung« in der Psychoanalyse. Deutsche Zeitschrift für Philosophie 53: 461–478

Willems, H. (1992): Fremdenfeindliche Gewalt. Gruppendynamik 23: 433–448

Willems, H. und **A. Hahn** (1999): (Hrsg.): Identität und Moderne. Frankfurt am Main (Suhrkamp)

Wimmer, H. und **J. Perner** (1983): Beliefs about beliefs: Representation and constraining function of wrong beliefs in young children's understanding of deception. Cognition 13: 103–128

Wimpory, D., P. Hobson, J. Williams und **S. Nash** (2000): Are infants with autism socially engaged? A study of recent retrospective parental reports. Journal of Autism and Developmental Disorders 30: 525–536

Wing, L. (1996): The Autistic Spectrum. A Guide for Parents and Professionals. London (Constable)

Winnicott, D. (1953): Übergangsobjekte und Übergangsphänomene. In: D. Winnicott (1976): Von der Kinderheilkunde zur Psychoanalyse. München (Kindler), 293–312

Winnicott, D. (1958): Die Fähigkeit zum Alleinsein. In: D. Winnicott (1974): Reifungsprozesse und fördernde Umwelt. München (Kindler), 36–46

Winterhoff-Spurk, P. (2005): Kalte Herzen. Wie das Fernsehen unseren Charakter formt. Stuttgart (Klett-Cotta)

Wolff, P. (1967): Überlegungen zu einer psychoanalytischen Theorie des Spracherwerbs. Psyche 28, 1974: 853–899

Wolff, P. (1996): The irrelevance of infant observations for psychoanalysis. Journal of the American Psychoanalytic Association 44: 369–474 (mit Diskussion)

Wolff, P. (1998): Response to Silverman and Nahum. Journal of the American Psychoanalytic Association 46: 274–278

Woodward, A. (1998): Infants selectively encode the goal object of an actor's act. Cognition 69: 1–34

Woodward, A., J. Sommerville und **J. Guajardo** (2001): How infants make sense out of intentional action. In: B. Malle, L. Moses und D. Baldwin (Hrsg.): Intentions and Intentionality: Foundations of Social Cognition. Cambridge (MIT Press), 149–170

Yirmiya, N., O. Erel, M. Shaked und **D. Solomonica-Levi** (1998): Meta-analysis comparing theory of mind abilities of individuals with autism, individuals with mental retardation, and normally developing individuals. Psychological Bulletin 124: 283–307

Zahavi, D. und **J. Parnas** (2003): Conceptual problems in infantile autism research. Journal of Consciousness Studies 10: 53–71

Zeanah, C. (1993): (Hrsg.): Handbook of Infant Mental Health. New York und London (Guilford Press) (2nd rev. ed. 2000)

Zelazo, P., J. Astington und **D. Olson** (1999): (Hrsg.): Developing Theories of Intention. Social Understanding and Self-Control. Mahwah, NJ (Erlbaum)

Zepf, S. (2006): Psychoanalyse und Säuglingsbeobachtung – Einige epistemologische und methodologische Anmerkungen. Erscheint in: Kinderanalyse 14: Heft 1 oder 2 (mit Kommentaren)

Zepf, S., B. Ullrich und **S. Hartmann** (1998): Affekt und mimisches Verhalten. Psychotherapie, Psychosomatik und medizinische Psychologie 48: 156–167

Ziegler, W. (1992): Anerkennung und Nicht-Anerkennung. Studien zur Struktur zwischenmenschlicher Beziehungen aus symbolisch-interaktionistischer, existenzphilosophischer und dialogischer Sicht. Bonn und Berlin (Bouvier)

Ziehe, T. (1975): Pubertät und Narzißmus. Sind Jugendliche entpolitisiert? Frankfurt am Main und Köln (Europäische Verlagsanstalt)

Zima, P. (1997): Moderne/Postmoderne. Gesellschaft, Philosophie, Literatur. Tübingen und Basel (Francke/UTB)

Zima, P. (1999): Dialogische Theorie. Zum Problem der wissenschaftlichen Kommunikation in den Sozialwissenschaften. Ethik und Sozialwissenschaften 10: 585–669 (mit Diskussion)

Zima, P. (2000): Theorie des Subjekts. Subjektivität und Identität zwischen Moderne und Postmoderne.Tübingen und Basel (Francke/UTB)

Zimrin, H. (1986): A profile of survival. Child Abuse and Neglect 10: 339–349

Zoja, L. (2000): Das Verschwinden der Väter. Düsseldorf und Zürich (Walter) 2002

Zulehner, P. und **R. Volz** (1998): Männer im Aufbruch. Ostfildern (Schwabenverlag)

Namen- und Sachregister

Quellennachweise

Kapitel 1: Zuerst erschienen in: Psyche. Zeitschrift für Psychoanalyse und ihre Anwendungen 56, 2002: Heft 9–10 (redigiert)

Kapitel 2: Zuerst erschienen in: R. Zwiebel und M. Leuzinger-Bohleber (Hrsg.): Träume, Spielräume. Band 2: Kreativität und Persönlichkeitsentwicklung. Göttingen (Vandenhoeck & Ruprecht) 2003 (überarbeitet und erweitert)

Kapitel 3: Zuerst erschienen in: Forum der Psychoanalyse 18, 2002: Heft 4 (überarbeitet und erweitert)

Kapitel 4: Zuerst erschienen in: WestEnd. Neue Zeitschrift für Sozialforschung 2, 2005: Heft 1 (überarbeitet und erweitert)

Kapitel 5: Zuerst erschienen in: Forum der Psychoanalyse 20, 2004: Heft 2 (überarbeitet und erweitert)

Kapitel 6: Eine stark gekürzte Fassung erschien zuerst in: I. Quindeau und V. Sigusch (Hrsg.): Freud und das Sexuelle. Neue psychoanalytische und sexualwissenschaftliche Perspektiven. Frankfurt am Main und New York (Campus) 2005

Kapitel 7: Zuerst erschienen in: A. Honneth (Hrsg.): Befreiung aus der Mündigkeit. Paradoxien des gegenwärtigen Kapitalismus. Frankfurt am Main und New York (Campus) 2002 (überarbeitet und erweitert)

Kapitel 8: Originalbeitrag

Kapitel 9: Zuerst erschienen in: WestEnd. Neue Zeitschrift für Sozialforschung 1, 2004: Heft 1 (überarbeitet und erweitert)

Epilog: Originalbeitrag

Martin Dornes

Die frühe Kindheit

Entwicklungspsychologie der ersten Lebensjahre

Band 13548

Die Bedeutung der Kindheit für die weitere Persönlichkeitsentwicklung ist eines der großen Themen der Psychologie des 20. Jahrhunderts. Freuds Behauptung, das Kind sei der Vater des Mannes, ist sowohl auf Zustimmung als auch auf Widerspruch gestoßen. Heute kann kaum noch ein Zweifel daran bestehen, daß Erfahrungen in der Kindheit ganz erheblich die späteren Denk- und Gefühlsgewohnheiten beeinflussen. Allerdings haben sich inzwischen die Akzente verlagert: Nicht mehr die psychosexuelle Entwicklung steht, wie zu Freuds Zeiten, im Zentrum des Interesses, sondern die Schicksale von Aggression und Bindungsfähigkeit. Martin Dornes beschreibt die Eigenarten der Denk- und Gefühlsprozesse kleiner Kinder. Außerdem befaßt er sich mit der Entstehung und Entwicklung von Aggression, den Ursachen und Folgen der Kindesmißhandlung, der Angst im Säuglingsalter sowie der Frage, ob schon Säuglinge *unbewußt* denken und fühlen.

Fischer Taschenbuch Verlag

fi 1298 / 5

Martin Dornes
Die emotionale Welt des Kindes
Band 14715

Die emotionale Entwicklung von Säuglingen und Kleinkindern: Martin Dornes' neueste, aufregend zu lesenden Forschungen schließen unmittelbar an seine erfolgreichen Bücher »Der kompetente Säugling« und »Die frühe Kindheit« an und bilden zugleich den Abschluß der Trilogie.

Fischer Taschenbuch Verlag

fi 14715 / 2

Martin Dornes

Der kompetente Säugling

Die präverbale Entwicklung des Menschen

Band 11263

In den letzten Jahren hat sich in der Säuglingsforschung eine geradezu revolutionäre Umwälzung vollzogen. Mit neuartigen Methoden und Fragestellungen sind Psychoanalytiker, Psychologen und Kinderpsychiater bei ihren Untersuchungen von Säuglingen zu erstaunlichen Ergebnissen gekommen. Wurde der Säugling früher als ein Wesen angesehen, das seinen körperlichen Bedürfnissen passiv ausgeliefert ist und die Welt und sich selbst nur unscharf wahrnimmt, so scheint heute klar, dass seine Fähigkeiten weit unterschätzt wurden. In den verschiedenen Kapiteln des Buches beschreibt der Autor die neueren Erkenntnisse über die Kompetenz von Säuglingen: Sie sehen, hören, riechen, fühlen und interagieren von Geburt an sehr viel mehr und sehr viel differenzierter, als bisher angenommen wurde. Die Bedeutung dieser Befunde für die psychoanalytische Theorie und Therapie wird ausführlich diskutiert. Der Autor plädiert für eine Intensivierung des interdisziplinären Dialogs zwischen der Psychoanalyse und den Nachbarsdisziplinen.

Fischer Taschenbuch Verlag

fi 11263 / 1

Carl R. Rogers

Die klientenzentrierte Gesprächspsychotherapie

Client-Centered Therapy

Mit Beiträgen von

Elaine Dorfman, Thomas Gordon und Nicholas Hobbs

Aus dem Amerikanischen von Erika Nosbüsch

Band 42175

Die klientenzentrierte Gesprächspsychotherapie auf der Grundlage des nicht-direktiven Standpunktes in Beratung und Therapie, bei uns auch kurz »Rogers-Therapie« genannt, gewinnt zunehmend an Bedeutung für die Spieltherapie mit Kindern, für Schule und Erziehung, aber auch für die Gruppentherapie Erwachsener. Das Buch enthält eine klare Darstellung der Verfahrensweisen, mit deren Hilfe beratungsbedürftigen Menschen geholfen werden kann, zu einer neuen und besseren Anpassung der Persönlichkeit zu gelangen. Es behandelt nicht nur das Wesen des therapeutischen Prozesses, sondern auch die Probleme, die in der Beratung auftauchen können. Das Buch versucht eine dynamische Integration erfolgreicher Techniken der allgemeinen Beratung und der Beratungsverfahren in besonderen Situationen.

Fischer Taschenbuch Verlag

fi 353 / 7

Carl R. Rogers

Die nicht-direktive Beratung

Counseling and Psychotherapy

Aus dem Amerikanischen von Erika Nosbüsch

Band 42176

Dieses Buch ist nach den Worten des Verfassers Ausdruck seiner Überzeugung, daß die Beratung ein erlernbarer, überschaubarer und verstehbarer Prozeß ist, ein Prozeß, der vermittelt, überprüft, verfeinert und verbessert werden kann. Es soll angehende wie erfahrene Berater und Therapeuten zu weiterer Erforschung von Theorie und Praxis anregen. Rogers ist überzeugt, daß wir eher zu wenig als zuviel Vertrauen in die Wachstumsmöglichkeiten des Individuums haben, und er möchte mit seinem Buch dazu beitragen, die im Individuum beschlossenen Wachstums- und Entwicklungspotentiale zu erkunden und zu fördern. Das Buch ist »im wahrsten Sinne des Wortes ein praktisches Buch, geschrieben von einem Mann, der über langjährige und erfolgreiche Erfahrung als Berater und Psychotherapeut ver-fügt« (Leonard Carmichael in seinem Vorwort).

Fischer Taschenbuch Verlag

fi 355 / 11

Piet C. Kuiper

Seelenfinsternis

Die Depression eines Psychiaters

Aus dem Niederländischen von Marlies Menges

Band 12764

In diesem vielbesprochenen Buch schildert der niederländische Psychiater Piet C. Kuiper auf beklemmende Weise eine schwere Depression, die ihn in eine tiefe Lebenskrise stürzte und seine Einweisung in eine Klinik notwendig machte. All sein Wissen über seelische Störungen versagte vor seiner eigenen Erkrankung. Nach seiner Genesung schrieb er dieses einmalige Dokument nieder, das zu einem Bestseller geworden ist.

»Seine größte Intensität gewinnt Kuipers Bericht bei der Schilderung jener Schuldhölle, in der er während seiner Krankheit unterzugehen drohte. Das Zentralkapitel ›Im tiefen Abgrund‹ ist eine auch schriftstellerisch unerhörte Innenansicht der Hölle aus der Sicht der Depression.« *Ludger Lütkehaus*

Fischer Taschenbuch Verlag

fi 778 / 7

Alfred Adler
Menschenkenntnis
Band 26080

Die Individualpsychologie Adlers gehört mit der Tiefenpsychologie Sigmund Freuds und der Analytischen Psychologie C. G. Jungs zum Fundament der modernen Psychologie. Kenntnisse und Einsichten, die Adler als praktischer Arzt in Wien erwarb, bildeten einen wichtigen Teil der Grundlagen seiner Psychologie, in der er das Gesetz der seelischen Entwicklung des Menschen zu erfassen suchte. Nach Adlers Überzeugung ist gerade dieses Gesetz der seelischen Entwicklung »der wichtigste Wegweiser für jeden, der nicht dunklen Regungen verfallen will, sondern bewusst sein Schicksal aufzubauen bestrebt ist. Wir treiben mit diesen Untersuchungen Menschenkenntnis, eine Wissenschaft, die kaum sonst irgendwie gepflegt wird, die uns aber als die wichtigste und für alle Schichten der Bevölkerung unerläßliche Beschäftigung erscheint.« Seine Einsicht, dass die Neurosen auf die Konflikte zwischen dem natürlichen Geltungsstreben des Menschen und seiner tatsächlichen sozialen Rolle zurückzuführen sind, hat in der zweiten Hälfte des 20. Jahrhunderts eine neue Bedeutung erhalten. Adlers grundlegendes Buch »Menschenkenntnis« gilt auch im Ausland als Standardwerk der modernen Psychologie.

Fischer Taschenbuch Verlag

fi 26080 / 1

Sigmund Freud
als Briefschreiber und Diskussionspartner

Sigmund Freud
Brautbriefe
Briefe an Martha Bernays aus den Jahren 1882 bis 1886
Ausgewählt, herausgegeben und
mit einem Vorwort versehen von Ernst L. Freud
Band 6733

Sigmund Freud/C. G. Jung
Briefwechsel
Herausgegeben von William McGuire und Wolfgang Sauerländer
Gekürzt von Alan McGlashan
Band 6775

Freud im Gespräch mit seinen Mitarbeitern
Aus den Protokollen der Wiener Psychoanalytischen Vereinigung
Herausgegeben, eingeleitet und
mit Zwischentexten versehen von Ernst Federn
Band 6774

Stefan Zweig
Über Sigmund Freud
Porträt, Briefwechsel, Gedenkworte
Band 9240

SIGMUND FREUD
WERKE IM TASCHENBUCH

Herausgegeben von Ilse Grubrich-Simitis
Redigiert von Ingeborg Meyer-Palmedo

Die Sammlung präsentiert das Lebenswerk des Begründers der Psychoanalyse breiten Leserschichten in neuer Gliederung und Ausstattung. Sie löst sukzessive die früheren Taschenbuchausgaben der Schriften Sigmund Freuds ab. Erstmals werden auch die Bereiche Behandlungstechnik und Krankheitslehre sowie einige voranalytische Schriften einbezogen. Zeitgenössische Wissenschaftler haben Begleittexte verfaßt; sie stellen Verbindungen zur neueren Forschung her, gelangen zu einer differenzierten Neubewertung des Freudschen Œuvres und beschreiben dessen Fortwirkung in einem weiten Spektrum der intellektuellen Moderne.

EINFÜHRUNGEN:

Vorlesungen zur Einführung in die Psychoanalyse
Biographisches Nachwort von Peter Gay
Band 10432

Neue Folge der Vorlesungen zur Einführung in die Psychoanalyse
Biographisches Nachwort von Peter Gay
Band 10433

Abriß der Psychoanalyse
Einführende Darstellungen
Einleitung von F.-W. Eickhoff
Band 10434

»Selbstdarstellung«
Schriften zur Geschichte der Psychoanalyse
Herausgegeben und eingeleitet von Ilse Grubrich-Simitis
Band 10435 (*in Vorbereitung*)

Michael Titze, Christof T. Eschenröder

Therapeutischer Humor

Grundlagen und Anwendungen

Band 12650

Lachen ist gesund, weiß der Volksmund. Auch die Wissenschaft hat sich in den letzten zwanzig Jahren verstärkt mit der These beschäftigt, dass Humor und Lachen bei der Behandlung von psychischen und organischen Krankheiten für den Prozess der Heilung förderlich sein können. Wie das Phänomen Humor wissenschaftlich erklärt werden kann und warum Lachen eine heilende Wirkung hat, darüber geben Michael Titze und Christof T. Eschenröder umfassend Auskunft.

Im praxisbezogenen Teil des Buches bieten die Autoren einen Überblick über die Bedeutung und Anwendung von Humor in verschiedenen Psychotherapieformen und informieren über die vorliegenden Forschungsergebnisse. Anhand von vielen Fallbeispielen wird humoristisches Vorgehen erläutert. Die Anwendungsgebiete für humorbezogene Techniken sind vielfältig. Psychotherapeuten, Psychologen und Ärzte erhalten Anregungen, wie sie Klienten und Patienten mit humoristischen Methoden helfen können, einseitige negative Einstellungen in Frage zu stellen und neue Verhaltensweisen auszuprobieren.

Fischer Taschenbuch Verlag

fi 12650 / 1